독자의 1초를
아껴주는 정성을
만나보세요!

세상이 아무리 바쁘게 돌아가더라도 책까지 아무렇게나 빨리 만들 수는 없습니다.

인스턴트 식품 같은 책보다 오래 익힌 술이나 장맛이 밴 책을 만들고 싶습니다.

땀 흘리며 일하는 당신을 위해 한 권 한 권 마음을 다해 만들겠습니다.

마지막 페이지에서 만날 새로운 당신을 위해 더 나은 길을 준비하겠습니다.

취업과 이직을 위한
프로그래머스 코딩 테스트 문제 풀이 전략: 파이썬 편
Programmers Coding Test with Python

초판 발행 · 2023년 2월 24일

지은이 · 김범수
발행인 · 이종원
발행처 · (주)도서출판 길벗
출판사 등록일 · 1990년 12월 24일
주소 · 서울시 마포구 월드컵로10길 56(서교동)
대표 전화 · 02)332-0931 | **팩스** · 02)323-0586
홈페이지 · www.gilbut.co.kr | **이메일** · gilbut@gilbut.co.kr

기획 및 책임편집 · 안윤경(yk78@gilbut.co.kr) | **디자인** · 박상희 | **제작** · 이준호, 손일순, 이진혁, 김우식
영업마케팅 · 임태호, 전선하, 차명환, 박민영, 지운집, 박성용 | **영업관리** · 김명자 | **독자지원** · 윤정아, 최희창

교정교열 · 김은숙 | **전산편집** · 박진희 | **출력 및 인쇄** · 금강인쇄 | **제본** · 금강제본

ISBN 979-11-407-0289-3　93000
(길벗 도서번호 080338)

정가 40,000원

독자의 1초를 아껴주는 정성 길벗출판사

(주)도서출판 길벗 | IT교육서, IT단행본, 경제경영서, 어학&실용서, 인문교양서, 자녀교육서 www.gilbut.co.kr
길벗스쿨 | 국어학습, 수학학습, 어린이교양, 주니어 어학학습, 학습단행본 www.gilbutschool.co.kr

페이스북 · www.facebook.com/gbitbook
예제소스 · https://github.com/gilbutITbook/080338

PROGRAMMERS
CODING TEST
WITH PYTHON

취업과 이직을 위한

프로그래머스 코딩 테스트 문제 풀이 전략 : 파이썬 편

김범수 지음

길벗

개발자에 대한 역량을 평가할 때 가장 광범위하게 쓰이는 기준이 코딩 테스트입니다. 가장 기본이 되는 역량이며 누구에게나 필요하기 때문입니다.

저는 종종 코딩 테스트의 필요성을 설명할 때 특수부대 선발 과정을 예로 드는데요. 뛰어난 특수부대원을 선발하는 과정에는 대부분 장거리 달리기를 통한 체력 평가가 들어갑니다. 물론 체력 외에도 다양한 군사적 기술과 리더십 등이 필요하지만 장거리를 뛸 수 없는 군인이라면 뛰어난 특수부대원이 될 수 없겠지요.

개발자도 마찬가지입니다. 개발자에게 요구되는 다양한 역량이 있지만 코딩 테스트를 통과할 수 있는 수준의 기본기가 없다면 뛰어난 개발자가 되기는 어렵습니다.

여기서 한 가지 주의할 점이 있는데요. 특수부대원의 선발 과정에 장거리 달리기가 있다고 해서 마라톤 선수가 가장 뛰어난 특수부대원이 될 수 있는 게 아니듯이, 코딩 테스트를 잘 한다고 해서 가장 뛰어난 개발자가 되는 것은 아니라는 점입니다.

〈취업과 이직을 위한 프로그래머스 코딩 테스트 문제 풀이 전략: 파이썬 편〉에는 너무 쉽지도, 불필요하게 어렵지도 않은 적절한 수준의 문제들이 포함되어 있습니다. 그리고 그 문제들을 해결하는 데 필요한 이론과 각 문제에 대한 올바른 접근 방법을 단계별로 잘 제시하고 있어 인상적입니다. 어떤 개념들은 글만으로 이해하기 어려운 경우가 있는데, 설명과 함께 나와 있는 친절한 그림과 함께 보면 더욱 쉽게 이해할 수 있을 겁니다.

코딩 테스트라는 개발자의 기초 체력을 키우려는 여러분에게 이 책이 학습의 좋은 동반자가 되기를 기대합니다.

정두식
Programmers ㈜그렙 CSO

공부하기 싫어지는 순간이 있습니다. 뭘 배워도 재미있지 않고, 필요치 않다는 생각이 들어 흥미가 뚝 떨어지곤 하죠. 필자에게는 고등학교 3학년의 수학이 그랬던 것 같습니다. 개념을 하나 배우고 나면 재미있는 내용들이 있는데, 그걸 학습하지 못하고 시험에 나오는 것만 공부해야 했고, 높은 점수를 얻기 위해서는 유형별로 정리하고, 유형에 따른 풀이법까지 외워야만 한다는 사실이 너무 힘들었던 것 같습니다. 결과는 결국 좋지 않았고요.

시간이 지난 후에 알고리즘을 공부하기 시작하면서 그때처럼 후회하고 싶지 않았습니다.

그래서 코딩 테스트와는 관계가 없더라도 재미있어 보이면 살펴보고, 나중에 사용하지 않을 개념이더라도 일단 찾아보고, 문제 하나를 며칠씩 고민해가며 이렇게 풀어보고 저렇게 풀어보면서 공부했습니다. 빠르진 않더라도 저에게 맞는 방법으로 공부하고 싶었거든요. 지나고 보니 코딩 테스트 문제를 풀 때 가장 중요한 것이 '어떤 논리를 사용할지 찾아서, 그걸 어떻게 엮어야 하는지에 대한 흐름을 만들어내는 점'이라는 것을 생각해보면 결국 모두 필요한 과정이었습니다.

이 책은 그런 과정에서 탄생한 작은 결과물이라고 생각하면 될 것 같습니다. 어쩌면 '중요하지 않은 것 같은데 자세하게 설명하거나, 특정 단어를 계속 강조하거나, 쓸데없이 설명이 복잡한 부분'이 있을 수도 있습니다. 최대한 수정하고 다듬었지만, 그래도 미흡한 부분이 많을 것이라고 생각됩니다. 각 유형을 직접 공부하면서, 주어진 문제를 어떻게 이해했고 어떤 방식으로 풀어나갈지에 대해 하나씩 설명한다는 느낌으로 읽어주셨으면 합니다.

항상 속 썩이는데도 그저 옆에서 묵묵히 응원해주신 부모님에게, 그리고 이해하기 어려운 그림을 잘 표현해서 그려주신 디자이너에게, 마지막으로 쓸 게 너무 많아 산으로 가는 내용을 계속해서 정리해주신 편집자에게 심심한 감사의 말씀을 올립니다.

2023년 1월

김범수

다음처럼 코딩 테스트 학습 과정을 정리했습니다. 각자의 상황에 맞게 활용해주세요.

기초 단계 : 코딩 테스트가 처음이에요!

0단계 | 파이썬 언어 공부(언어에 익숙하지 않다면 먼저 공부부터!)

1단계 | 프로그래머스 기본 연습 100문제 풀어보기
https://school.programmers.co.kr/learn/challenges/beginner

2단계 | 기본 라이브러리 및 코딩 테스트 주의사항 암기(1, 2장 참고)

초급 단계 : 기본은 알겠는데 아직 너무 어려워요!

3단계 | 7장까지 책을 정독하고, 문제 풀기(Level 3 이상은 넘어가기)

4단계 | 문제를 풀고 어디에서 많이 틀렸는지 확인하기

5단계 | 추가적으로 동일 유형의 문제를 찾아서 풀기(백준 등)

중급 단계 : 슬슬 감이 오는 것 같기도 하고...

6단계 | 12장까지 책을 정독하고, 문제 풀기(너무 어려운 문제는 넘어가기)

7단계 | 7장까지 풀었던 문제 중에서 못 푼 문제 다시 풀기

8단계 | 풀었던 내용을 정리하고, 자주 틀리는 원인을 분석하기

9단계 | 연습이 더 필요하다면 고득점 kit 문제 또는 유형별 문제 풀어보기
https://school.programmers.co.kr/learn/challenges?tab=algorithm_practice_kit

고급 단계 : 어떻게 해야 할지 알 것 같아요!

10단계 | 직접 시간을 측정하면서 14장까지 나온 모든 문제 풀기

11단계 | 오래 걸렸거나(문제당 2시간 이상 걸렸거나), 못 푼 문제들은 되짚어보고, 정리하기

12단계 | 실제로 시험을 본다는 느낌으로 카카오 문제 등 대회 문제를 풀어보기

스케줄 안내

코딩 테스트 학습이 처음이라면 1장부터 개념 학습과 문제 풀이를 순서대로 공부합니다. 7장까지 전부 완독했으면, 코딩 테스트에서 필요한 가장 기본적인 지식은 모두 습득할 수 있습니다. 이후 12장까지 나아가면서 유형들과 추가적인 자료 구조, 알고리즘을 학습하고, 반복 연습을 진행하게 될 것입니다.

13, 14장의 경우 개념 설명 없이 곧바로 시험 문제와 문제 풀이에 들어가므로 12장까지 모두 읽은 다음 한 번 정리하고 나서 학습하는 것을 권장합니다. 충분히 준비되었다고 생각된다면, 실제 시간을 측정하면서 문제 풀이에 얼마나 걸렸는지 직접 확인하면서 진행합니다. 시험 환경과 최대한 비슷하게 풀수록 실제 시험에 적응하기 쉬워집니다.

2장에서는 시간 복잡도를 다룹니다. 실제 시험에서는 최대한 시간을 아껴야 하는 만큼, 코드를 작성하기 전 구상한 알고리즘의 효율성을 필수적으로 점검해야 합니다. 연습 문제를 풀 때 처음에는 어렵고 시간이 더 걸리더라도 시간 복잡도를 계산하고 유효한 풀이인지 생각하는 연습을 해보는 것이 좋습니다.

시험 1주 전 학습 스케줄

코딩 테스트 기초는 알고 있고, 시험 1주일 전 빠르게 대비하고 싶다면 다음의 핵심 문제만 골라 풀어보세요. 문제 번호에 해당하는 문제와 풀이는 목차에서 확인할 수 있습니다.

03	04	08	12	17	18	19	21	23
24	26	29	30	32	35	37	40	41
42	43	44	45	46	47	48	49	50
51	53	55	57	58	60	61	62	63
64	65	66	13장 전체			14장 전체		

책에서 제공하는 예제 파일은 길벗출판사 웹 사이트에서 도서명으로 검색하여 내려받거나 깃허브에서 내려받을 수 있습니다.

- **길벗출판사 웹 사이트**: https://www.gilbut.co.kr
- **출판사 깃허브**: https://github.com/gilbutITbook/080338

1. 깃허브에 접속하면 다음처럼 문제 리스트가 보입니다. 풀고자 하는 문제 링크를 클릭하세요.

2. 다음처럼 문제가 나오는데, 풀이한 코드를 제출하고 채점하려면 프로그래머스 사이트에 로그인해야 합니다(회원가입은 구글 계정 등으로 쉽게 할 수 있습니다).

3. 로그인한 후 다시 해당 페이지를 살펴보면 다음처럼 **초기화, 코드 실행, 제출 후 채점하기** 버튼이 활성화됩니다.

4. 사용할 언어가 'Python3'인지 확인한 후 solution.py에 풀이한 코드를 넣고, **제출 후 채점하기** 버튼을 클릭하세요.

5. 실행 결과와 실패/성공 여부, 점수를 보여줍니다.

성공했을 경우

실패했을 경우

- 책에 실린 문제 외에도 많은 문제를 프로그래머스 사이트(https://programmers.co.kr)에서 언어와 레벨에 맞춰 풀어볼 수 있습니다.

- 1,500개 이상의 기업이 참여하고, 20,000건 이상 실시한 기업 코딩 테스트를 기반으로 하여 프로그래머스에서 '프로그래머스 코딩역량인증시험'을 시작했고, 그중 '코딩전문역량인증시험 (PCCP, Programmers Certified Coding Professional)'의 모의고사 2회분과 문제 풀이를 14장에 수록했습니다.

파이썬 입문 단계를 지났다면 누구나 고민해보는 문제가 있습니다. '코딩 테스트를 통과할 수 있을까? 그렇다면 어떻게 대비해야 하지?'라고요. 이미 코딩 테스트를 다룬 책이 많이 나와 있습니다. 당연히 좋은 내용을 담고 있지만, 문법을 막 뗀 후 바로 응용해보며 코딩 테스트를 준비하기에 어떤 책이 적합할지 고르기가 어렵습니다. 그런 분들에게 이 책을 추천합니다. 일반적인 코딩 테스트 책들이 당연히 안다는 가정하에 적당한 수준으로만 설명해주는 데 반해, 이 책은 시간 복잡도 등 다양한 요소를 고려하여 최선의, 혹은 최적의 알고리즘 설계 방식이 무엇인지 자세하게 알려줍니다. 또한, 과정을 쉽게 이해할 수 있는 그림과 표를 사용해 알고리즘을 막 공부하기 시작한 분들에게도 매우 적합합니다. 저는 현재 학생들을 상대로 파이썬 수업을 진행 중인데, 입문 단계를 지나 'COS PRO 파이썬' 자격증 취득을 마친 학생들에게 이 책으로 코딩 테스트 관련 알고리즘을 어떻게 설계할 수 있을지를 교육해보고 싶네요. 저 또한 코딩 테스트 책들을 많이 접했지만, 이렇게 입문자에게 맞게 하나씩 친절하게 설명해주는 책은 거의 보지 못한 것 같습니다. 입문 단계를 지나 코딩 테스트를 응시할 수 있을 정도의 실력을 올리고 싶은 분에게, 그리고 프로그래머스 OJ 사이트를 이용하여 다양한 케이스를 접하고 싶은 분들에게 이 책을 추천 드립니다.

김태웅 | 클라크 스퀘어, 로보틱스 퍼실리테이터

'한 권으로 끝내는 파이썬 코딩 테스트!' 파이썬 기반 코딩 테스트 책이 흔하지 않은데 신간이 나와 반갑고, 국내 기업(특히 카카오)에서 많이 이용하는 프로그래머스 문제를 다루는 책이기에 저와 같이 당장 코딩 테스트를 앞둔 파이썬 사용자에게 매우 유용합니다. 방대한 양과 다양한 종류의 문제 풀이가 수록되어 있어 이 책 한 권만으로도 거의 모든 유형의 코딩 테스트 문제를 풀어낼 수 있습니다. 게다가 파이썬 언어의 특성까지 심도 있게 다루었기 때문에, 개인적으로 취업 및 이직을 준비하며 입사 지원 단계 중 코딩 테스트에서 가장 많이 탈락했던 제가 왜 코딩 테스트를 통과하지 못했는지 이 책을 읽으며 깨달을 수 있었습니다. 또한, 단순히 문제 풀이를 위한 팁과 알고리즘 소개만 담긴 것이 아니라 파이썬 언어의 특성까지 다루었기 때문에 코딩 테스트를 앞둔 취업 준비생뿐만 아니라 현업에서 파이썬을 사용하는 현직자(실무자)에게도 추천하고 싶습니다.

최민주 | 취업 준비생(Wecode 부트캠프 41기 진행 중)

책에서는 현실적으로 도움이 되는 노하우들을 많이 설명하고 있습니다. 어떻게 하면 코딩 테스트에서 좋은 결과를 얻을 수 있을지, 코드 작성 시 어떠한 방법을 사용해야 할지 등 여러 기법과 노하우를 알려줍니다. 책 초반에는 처음 학습하는 독자도 문제없이 학습할 수 있게 파이썬 코드 작성 시 필요한 중요 포인트를 잘 설명하고 있습니다. 또한, 프로그래머스(programmers)의 엄선된 문제를 선별하여 연습하는데, 주요 알고리즘 항목별로 이론 및 핵심적인 문제를 연습하면서 자연스럽게 코딩 테스트에 익숙해질 수 있습니다. 다양한 문제들을 풀어보면서, 단순 문제 풀이가 아닌 저자가 옆에서 설명해주는 것처럼 친절하게 해설합니다. 추가로 13장에서는 카카오 2022 블라인드 테스트 문제를 풀어보면서 최신 알고리즘 문제를 경험할 수 있으며, 14장에서는 코딩전문역량인증시험 PCCP 모의고사를 풀면서 다양한 문제를 접하고 어떠한 부분이 부족한지 파악하기 쉽게 구성되어 있습니다.

박찬웅 | IT 개발자

이 책은 프로그래머스의 다양한 문제를 풀어보면서 기초적인 알고리즘부터 고급 알고리즘까지 익힐 수 있습니다. 주제별로 단순 문제 풀이뿐만 아니라, 문제 풀이에 필요한 사전 지식들도 친절하게 설명하고 있습니다. 또한, 많은 기업에서 코딩 테스트 플랫폼으로 사용하는 프로그래머스 환경에도 익숙해질 수 있습니다. 파이썬으로 코딩 테스트를 시작하려는 분들, 프로그래머스 테스트를 통해 실력을 기르고 싶은 분들에게 이 책을 추천합니다.

박현우 | 티맥스 와플 프런트엔드 개발자

코딩 테스트를 통과하기 위해서는 최대한 많은 문제를 풀어보고 문제를 보는 시각을 키워야 합니다. 유명 IT 기업에서 코딩 테스트 플랫폼으로 많이 사용되고 있는 프로그래머스의 실제 문제들과 다양한 문제 풀이 방식을 담고 있기에 코딩 테스트를 준비하는 취업 준비생들에게 딱 맞는 책이라고 생각합니다.

허헌 | 프리랜서 개발자

5장 재귀 **159**

12장   구현   499

코딩 테스트

1.1 코딩 테스트란?

코드를 짠다는 것은 어떤 의미일까요? 너무 어렵게 생각하지 않아도 됩니다. 철학적인 질문을 하려는 것은 아니니까요. 이렇게 질문을 던지면 선뜻 대답하기 어렵지만, 조금만 생각해보면 의외로 여러 방면에서 코드를 짜고 있는 자신을 발견할 수 있을 겁니다. 엑셀에서 함수를 사용하는 것도, 파워포인트에서 매크로를 만드는 것도 모두 코드를 짜는 것입니다. 그건 아니라고요? 하지만 코드는 컴퓨터가 대신 여러분의 일을 빠르게 처리하는 것을 목적으로 작성된 절차이고, 여러분이 사용하는 매크로나 함수도 일을 빠르게 처리하기 위한 목적으로 사용되는 기능입니다. 복잡하고 어려운 과정을 거쳐야 코드를 짰다고 말할 수 있는 것은 아닙니다. 물론 본격적으로 언어를 사용하여 코드를 작성한다면 이야기가 다르겠지만, 코딩이라는 개념이 그렇게 생소하고 어려운 말은 아니라는 겁니다.

▼ **그림 1-1** 엑셀에서 함수를 사용하는 것도 코드를 짜는 것

본격적으로 이야기하기 전에 어떤 이유로든 IT 업계에 취업을 희망한다면 한 번쯤 들어봤을 코딩 테스트에 대해 간략하게 알아보는 시간을 갖겠습니다. 코딩 테스트를 문자 그대로 해석하면 주어진 문제를 컴퓨터가 이해할 수 있는 언어(코드)로 작성하여 해결하는 것을 의미합니다. 하지만 실제로 문제를 해결하기 위해서는 문제에서 무엇을 원하는지 알아야 하고, 어떤 방식으로 풀어나갈지 계획을 세워야 하며, 컴퓨터 작동 방식에 맞춰 문제를 해석할 수 있는 센스 등 다양한 능력이 요구됩니다. 그러다 보니 큰맘 먹고 코딩 테스트 책을 펼쳤는데 이해가 되지 않아 그대로 덮어버리곤 합니다.

보통 코딩 테스트를 준비할 때 막막함을 느낀다면 크게 두 가지 중 하나일 것입니다.

1. 코드가 무엇인지 잘 모르겠고, 문제를 보니 답답하기만 하다.

2. 기본적인 코드는 짤 수 있지만 정작 문제를 풀려고 하면 어떻게 시작할지 모르겠다.

1번에 해당한다면, 책을 읽기 전에 먼저 기본적인 프로그래밍 언어에 대한 지식과 문법부터 배우는 것을 추천합니다. 가장 기초적인 부분이 준비되어 있지 않으면 어떤 내용도 이해할 수 없으므로 언제든지 다시 공부하고 돌아와도 좋습니다.

이 책은 2번, 즉 기본 코드를 짤 수 있지만 막상 문제를 보면 손댈 수 없는 사람들을 위해 집필했습니다. 코딩 테스트 개념을 처음부터 하나씩 배워 나간다고 생각하고 부담 없이 시작하면 됩니다. 프로그래머스(programmers.co.kr)에서 제공하는 여러 문제를 다각도로 분석하고, 다양한 방법으로 풀면서 고정된 방법이 아니라 상황에 맞게 자신의 방식대로 코딩할 수 있도록 설명할 것입니다. 이 과정에서 어떤 문제라도 풀 수 있는 자신감과 경험을 얻기를 바랍니다.

1.2 / 코딩 테스트를 보는 이유
SECTION

코딩 테스트를 보는 목적은 크게 세 가지입니다. 문제 해결 과정을 보는 것, 생각하는 실력을 다지는 것, 똑같은 결과를 빠르고 효율적으로 푸는 것입니다.

1.2.1 문제 해결 과정을 보는 것

"코딩을 하다가 막히면 구글에서 검색하거나 스택 오버플로에 물어보면 되지 않나요? 인터넷 없이 하는 코딩 테스트가 진짜 실력을 의미하는 건 아니잖아요?"

사실 따지고 보면 코딩하다 모르는 내용이 생길 때 인터넷의 도움을 받지 않는 것이 오히려 나쁜 습관입니다. 반드시 스스로 해결해야만 실력이 느는 건 아니기 때문이죠. 하지만 이 질문을 반대로 말하면, 무언가 풀리지 않는다고 인터넷에서 적당히 돌아가는 코드를 가져와 끼워 넣어 작동시키는 것이 진정한 실력일까요?

실제로 코드를 짤 때는 수많은 변수가 고려되어야 합니다. 작동해야 할 기능대로 구현하는 것은 물론, 사용하는 언어의 특징, 코드를 실행할 환경 준비, 악의적인 사용자 공격에 대비할 보안 정책 등을 모두 생각하고 작업해야 합니다. 그 후에는 해당 기능이 정상적으로 동작하는지 수많은 테스트로 검증 작업을 진행합니다. 이처럼 코드를 짜는 행위 자체에는 여러 상황과 현실적인 문제가 섞이기 때문에 결국 어느 정도는 경험에 좌우됩니다.

그러면 사람마다, 회사마다 사용하는 언어도 다르고 상황도 다른데, 어떤 기준으로 개발을 잘하는 사람을 판단할 수 있을까요? 그래서 코드를 짜서 문제를 해결하는 능력 자체를 평가하게 되었고, 이것이 코딩 테스트입니다.

코딩 테스트는 실무와 달리 사용자의 입장을 고려한 사용자 친화적 화면(UI)이나 사용자 경험(UX)을 위한 기능 등을 작성할 필요가 없으므로 많은 경험보다는 순수하게 코드를 얼마나 잘 짜는지에 대한 능력만 봅니다.

코딩 테스트의 특징은 다음처럼 정리할 수 있습니다.

1. **실무에서 쓰는 요소를 적용할 필요가 없습니다.** 예를 들어 어떤 문자열을 읽어서 특정 기능을 수행하는 프로그램을 개발한다면 실제 개발 환경에서는 입력값을 검증하고, 출력값을 명확하게 보여줄 방법을 모두 구상해야 하지만, 코딩 테스트는 이런 사항을 전혀 신경 쓰지 않아도 됩니다.

2. **시간과 메모리 제한이 있습니다.** 몇 초 내에, 그리고 몇 MB 이내로 프로그램이 실행되어야 한다는 조건이 있습니다. 실무에선 작업 시간이 오래 걸릴 때 로딩 화면이 돌거나 진행 중이라는 문구로 기다리게 할 수 있지만, 코딩 테스트에선 제한 사항을 준수하지 않으면 코드가 올바르게 동작하더라도 틀린 것으로 간주합니다.

3. **따라서 문제를 어떻게 효율적으로 풀 수 있는지만 고민하면 됩니다.** 현업에서는 개발 도중 발생하는 여러 현실적인 문제로 인해 효율성을 포기하는 경우도 있고, 때로는 예기치 못한 하드웨어 관련 오류로 인해 일부러 특정 코드를 짜는 일도 생깁니다. 하지만 코딩 테스트에서는 주어진 환경과 채점 환경이 모두 동일하며, 입력값과 결괏값까지 명확하게 정해져 있어 이런 부분을 고민하지 않아도 됩니다.

4. **대신 문제를 풀면서 언어별로 존재하는 한계점에 대한 대책을 세울 필요가 있습니다.** 예를 들어 C 언어로 코딩 테스트를 본다고 하면 매우 큰 숫자를 연산할 경우 int가 아닌 long 자료형으로 대응해야 하고, 파이썬의 경우 문자열을 아스키코드로 고친다면 어떤 함수를 사용하는지 알아야 합니다. 각 언어의 특징에 따라 달라지는 부분이 있어 중요한 내용은 항상 기억해두는 것이 좋습니다.

결국 여러 가지 상황적 변수를 모두 제거하고, 주어진 문제를 얼마나 효율적으로 해결할 수 있는 것인가를 보는 것이 코딩 테스트의 가장 큰 목적입니다.

1.2.2 모든 것의 기초, 생각하는 실력을 다지는 것

그렇다면 '어떻게' 문제를 효율적으로 해결할 수 있는지를 생각하는 것이 우리의 주요 목표라고 할 수 있습니다. 문제를 해결하는 방법은 여러 가지이며, 그중 효율적으로 해결할 방법을 골라 수행하는 것은 여러분이 직접 해야 하는 일입니다. 하지만 여기에서 많은 사람이 보이지 않는 벽을 느낍니다.

왜 그럴까요? 이해하기 쉬운 예를 들어봅시다. 만일 누군가 "배열의 특정 요소에서 평균을 구하고 싶어"라고 말한다면 조금 헤매더라도 코드를 짜는 것은 어렵지 않습니다. 하지만 "배열의 특정 요소에서 특징을 찾아내서 그것들의 평균을 구하고 싶어"라고 말한다면, 이 시점부터 갑자기 막막해집니다.

여러 이유가 있지만 가장 근본적인 원인은 코드를 짜면서 필요한 논리를 끌어낼 수 없기 때문입니다. 흔히 우리가 코드를 배운다고 한다면 '이 코드는 이렇게 작동하고 이런 상황에 사용하는 것이다'라고만 배우는데, 이 상황에서 왜 그 코드를 사용해야 하는지, 아니면 이렇게 적용하는 것이 왜 좋은지에 대한 내용은 설명하지 않습니다. 하지만 코딩 테스트에는 단순히 지식만으로 해결할 수 없는 논리적으로 해결해야 하는 문제도 등장하기 때문에 이런 문제들은 경험이 충분하지 않으면 해결하기 어렵습니다.

다행히 코딩 테스트의 난이도가 그다지 높지 않고, 정답을 도출하는 방법이 하나로 고정되어 있지 않기 때문에 여러분은 나만의 방법으로 규칙을 찾고 코드에 적용하는 능력을 갖춰나간다면 충분히 문제를 풀 수 있을 것입니다. 이 책으로 생각하는 실력을 다지는 데 집중하세요.

1.2.3 똑같은 결과를 빠르고, 효율적으로

이 책에서는 코딩 테스트의 주요 출제 유형인 배열, 문자열, 재귀, 완전 탐색, 정렬, 해시, 동적 프로그래밍(DP), 탐욕 알고리즘, 스택, 큐/덱, 이진 탐색, 우선순위 큐, 그래프를 다루며 핵심 개념을 설명한 후 다양한 문제를 여러 가지 방법으로 풀어봅니다.

이때 단순히 이 문제는 이 방법으로 풀어야 한다는 형태로 암기하면 안 됩니다. 물론 문제에 알맞은 문제 풀이 방법이 있는 경우도 있지만, 모범 답안만 외우면 실력이 늘지 않습니다. 문제를 풀면서 이 알고리즘을 왜 선택했고 어떻게 활용했는지에 대해 끊임없이 생각하고 고민하세요.

코딩 테스트는 다음과 같은 과정으로 준비하는 걸 권장합니다.

1. **문제를 읽고 스스로 풀어보는 시간을 갖습니다.** 시간 초과(TO, TimeOut)가 발생하거나, 해결 방법이 생각나지 않아도 괜찮습니다. 알고 있는 모든 지식을 동원해 충분한 시간과 노력을 들여 문제를 풀어보세요.

2. **문제를 모두 풀었다면, 과정을 되짚으면서 해설을 읽어봅니다.** 모범 답안을 보고 문제를 어떻게 이해하고 접근했는지 살펴보고 여러분의 풀이와 어떤 점이 다른지, 어떤 점이 부족했는지를 생각해봅니다.

3. **설명이 이해되지 않는 부분은 체크하고 과감히 넘어가세요.** 뒷장에서 다시 설명하는 개념도 있기 때문에 한 번 책을 읽고 나서 돌아오면 의외로 쉽게 이해할 수 있습니다.

4. **풀이법을 모두 이해했다면 한 문제를 푼 겁니다. 하지만 꼭 한 가지 방법으로만 문제를 풀 필요는 없습니다.** (가능하다면) 책에서는 여러 가지 방법으로 문제를 풀어볼 것입니다. 똑같은 문제를 다르게 해석하고 푸는 과정을 되짚으며 문제에서 제시한 키워드를 어떻게 풀어나가는지 고민해보세요.

처음 코딩 테스트 문제를 풀면 쉽게 시간 초과가 발생하고, 틀리는 경우가 잦아 바로 정답을 보고 싶은 욕구가 생깁니다. 하지만 최대한 참고, 풀어보세요. 틀리는 것에 너무 스트레스 받지 말고(처음인데 틀리는 게 당연하죠!), 도전하고 고민하는 과정을 충분히 거쳐야 합니다.

1.3 SECTION 코딩과 디버깅

좋은 코드는 어떻게 짜는 걸까요? 먼저 최단 시간에 끝내기 위해 적절한 알고리즘이나 다루기 편한 자료 구조를 사용해야 합니다. 하지만 디버깅을 잘 수행하는 것이 가장 첫 번째로 해야 할 일입니다. 단번에 원하는 대로 작동하는 코드를 짜는 마술은 없으니까요. 코딩과 디버깅의 관계를 간략히 살펴봅시다.

1.3.1 잘 짠 코드란 무엇인가?

어느 정도 문제를 이해하고 푸는 것에 익숙해지면, '과연 내가 제대로 코드를 짠 걸까?'라는 생각이 들 때가 있습니다. 아니면 열심히 생각해서 코드를 짰는데, 정답을 보니 암담할 때가 있죠. 자연스러운 현상이며, 내가 짠 코드가 괜찮은지 평가하는 것도 중요한 요소입니다.

그렇다면 잘 짠 코드는 어떤 기준으로 평가할까요? 크게 시간 복잡도, 공간 복잡도, 가독성, 세 가지로 평가합니다. 시간 복잡도와 공간 복잡도가 가장 중요하고, 그 다음이 가독성입니다. 자세한 내용은 2장에서 설명하므로, 여기서는 간단히 개념만 알아보겠습니다.

시간 복잡도

시간 복잡도는 작업을 얼마나 더 빠르게 처리하는지에 대한 척도입니다. 간단한 예를 들어보겠습니다. 무작위로 나열된 100개의 숫자에서 원하는 데이터를 찾아내야 할 때 1) 100개를 전부 탐색해서 그중 하나를 찾는 방법과 2) 한 번만 정렬해서 중앙값에서 큰지 작은지 여부를 판단하고 그 다음 중앙값으로 넘어가 찾는 방법을 사용할 수 있습니다. 두 방법 중 2)번이 시간 복잡도가 더 작으며, 이건 곧 작업 처리 속도가 더 빠르다는 의미입니다.

이처럼 시간 복잡도는 똑같은 결과를 얼마나 더 빠르게 처리할 수 있을지에 대한 척도가 되며, 입력 수가 많아질수록 속도가 기하급수적으로 늘어나기 때문에 알고리즘을 구현할 때 가장 중요하게 생각합니다. 책에서 문제를 풀 때도 자주 언급됩니다.

공간 복잡도

공간 복잡도는 실행하면서 메모리를 얼마나 사용하는지에 대한 척도입니다. 시간 복잡도만큼 중요하지는 않지만, 메모리 제약 조건이 제시되거나 기준치 이상의 메모리를 사용하게 되면 올바른 답을 이끌어내는 코드라도 통과할 수 없습니다. 만약 입력값이 100만 개 이상이라면 한 번쯤 메모리를 잘못 사용하고 있지 않는지 확인할 필요가 있습니다. 다만 대부분의 코딩 테스트는 공간 복잡도까지 고려하는 문제가 잘 나오지 않습니다.

가독성

마지막으로 가독성은 일정 기준에 따라서 작성했는지에 대한 척도입니다. 어떤 수치로 결정되는 사항은 아니지만 상당히 중요한 점 중 하나입니다. 정해진 흐름을 고려하지 않거나, 언어별 특징을 생각하지 않고 코드를 짜면 스파게티 코드가 되기 쉽습니다. 상황에 따라서는 시간 복잡도보다 더 중요한 사항이 될 수 있습니다. 예로 다음 코드를 봅시다.

```
def f(a, b, c):
    i = 1
    j = a
    while True:
        i += 1
        j *= b
        if i == c:
            return j
```

위 코드의 함수가 어떤 기능을 하는지 5초 내로 말할 수 있나요? 아니요. 불가능합니다. 코드를 보고 이해하려면 아무리 빨라도 30초 이상 걸릴 겁니다. 그리고 고심 끝에 '주어진 숫자를 n번 거듭제곱하는 함수'라고 이야기하겠죠.

이렇게 알아보기 어렵고 한 번에 이해할 수 없는 코드는 함수가 오작동했을 때 어디를 어떻게 고쳐야 할지 판단하기 어렵기 때문에 나중에 치명적인 문제가 되어 돌아올 수 있습니다. 오류가 발생하면 아마 어디를 어떻게 수정할지 고민하다가 시간만 보내게 될 겁니다. 코드는 항상 이해하기 쉽고 각 과정이 명확하게 드러나도록 해야 나중에 코드를 수정하거나 재사용하기 쉽습니다.

1.3.2 코드를 짤 때 흔히 하는 실수

오타, 잘못된 참조, 잘못된 괄호처럼 명백한 실수라면 컴파일할 때 바로 확인이 가능합니다. 이러한 오류는 컴파일러의 요구대로 수정하기만 하면 됩니다. 하지만 실행 도중 발생한 오류(runtime error)는 좀 더 고민이 필요하죠.

다음처럼 자주 하는 실수들을 염두에 두고 미리 체크하면서 코드를 짜는 게 좋습니다.

1. **존재하지 않는 요소에 접근하는지 확인합니다.** 예를 들어 배열을 10개로 만들었다면 마지막 인덱스는 9입니다. 배열 연산 도중 이러한 사실을 잊고 인덱스를 잘못 조회해 종종 오류가 생기곤 합니다.

2. **파이썬에서는 배열 슬라이싱 기능을 사용할 때 [시작 위치(포함), 종료 위치(포함 안 함), 간격]이라는 걸 항상 기억합니다.** 다른 언어를 써본 분들이 파이썬을 사용할 때 가장 흔히 하는 실수입니다(2장에서 추가로 설명하겠습니다).

3. **'~보다 크다/작다' 조건으로 조건식을 만들 때, 조건식의 경계값을 제대로 체크하지 않아 의도하지 않게 동작하기도 합니다.** 15보다 크다고 하면 15를 입력했을 때 올바르게 작동하는지, 혹시 >=를 착각하고 >로 쓰진 않았는지 점검합니다.

4. **연산자 우선순위 문제도 빠질 수 없습니다.** 연산자 우선순위가 헷갈린다면 괄호를 사용하는 것이 좋습니다. 만약 a + b × c라는 식이 있는데, 더하는 식을 먼저 수행해야 한다면 a + b를 괄호로 감싸줘야 올바르게 작동합니다. (a + b) × c처럼 말이죠. 의외로 이 부분을 신경 쓰지 않아 계산식이 꼬이는 상황이 벌어지기도 합니다.

5. **자료형 변환도 항상 유념해야 합니다.** 파이썬은 자료형이 문제가 될 일은 많지 않지만, 문자열 + 숫자 형태로 결합한다면 str( ) 함수로 미리 문자열을 만들어 합치는 것이 좋습니다.

6. **최대치나 최소치 설정을 제대로 했는지 검사하는 습관도 중요합니다.** 예를 들어 어떤 숫자를 아주 큰 수로 나누어 나머지를 구하는 문제가 나왔을 때 아주 큰 수라 0을 하나 덜 입력하는 등의 실수를 하기도 합니다. 만약 운이 없으면 예제 테스트 케이스만 통과하고 실제 제출에서는 통과하지 못하기도 합니다.

7. **반복문이나 재귀 함수에서 종료 조건이 어긋나 영원히 프로그램이 끝나지 않는 일도 종종 일어납니다.** 반복문은 항상 조건이 FALSE일 때 종료된다는 사실을 기억하세요. 수정하는 것 자체는 어렵지 않아도 시간을 많이 소모합니다.

8. **절대 0으로 곱하거나 나누지 마세요.** 0으로 곱하는 건 그나마 낫지만 0으로 나누면 에러와 함께 프로그램이 바로 중단됩니다. 계산 문제가 등장하면 0을 항상 조심하세요.

1.3.3 디버깅과 시행착오 줄이기

코드를 디버깅하는 것은 매우 중요한 과정입니다. 한 번에 정답 코드를 작성하는 것은 매우 어렵고, 예상치 못한 반례를 만나면서 코드를 수정해야 하는 일도 잦습니다. 통상적으로 코드를 작성할 때 '논리에 맞는 코드 → 주어진 테스트 케이스를 통과하는 코드 → 모든 테스트 케이스를 통과하는 코드' 순으로 작은 구상에서 큰 구상으로 단계를 지나면서 완성하는데, 문제를 처음 풀어보거나 익숙하지 않은 유형이 나온다면 중간중간 코드를 테스트하는 과정을 거치기 때문에 시간이 많이 지연됩니다. 코딩 테스트는 이 과정에서 발생하는 시간을 최대한 줄이는 것이 가장 중요합니다.

하지만 시간을 무작정 줄이는 것은 불가능합니다. 코드를 테스트하는 과정을 줄일 수 있는 방법은 자신이 얼마나 그 코드를 확신할 수 있는지에 달려 있기 때문에 문제를 많이 풀어보는 것 이외에는 시간을 '많이' 줄이기 힘듭니다.

대신 불필요한 디버깅과 시행착오를 줄일 수 있는 몇 가지 사항을 정리해봤습니다.

1. **개발할 기능을 과정별로 분리하는 습관을 들여야 합니다.** 이를 '모듈화'라고 하며, 한 프로그램이 작동하는 순서를 과정별로 모듈화해서 문제가 발생했을 때 어디에서 발생했는지 책임 소재를 명확히 알 수 있으므로 디버깅할 범위를 확 줄일 수 있습니다(다만 어느 정도 모듈화할 것인지는 몇 번 해보면서 직접 기준을 세우는 것이 좋습니다. 너무 잘게 모듈화하면 역으로 성능이 떨어지거든요).

2. **변수를 사용할 때 제일 위에 선언하는 상수, 메인 함수에서 사용하는 전역 변수, 모듈 내부에서 사용하는 지역 변수를 확실히 구분 짓고, 이를 어디서 초기화하고 사용하는지 명시적으로 표시하는 것이 좋습니다.** 쓰기 편하다는 이유로 변수를 한 줄에 모두 선언하고 조작할 경우 나중에 디버깅하기 어렵습니다. 코딩 테스트나 실제 개발에서 한 줄에 많은 작업을 하는 것은 결코 멋지지 않고, 잘 짠 코드가 아닙니다(특히 파이썬에서는 한 줄 코딩을 지원하는 기능이 많아 더욱 유의해야 합니다). 코드에 대한 완전한 확신이 없다면 무조건 여러 줄로 만들어서 개발하는 것을 추천합니다.

```python
#에라토스테네스의 체 구하기 - 한 줄로 구현
from functools import reduce
n = 100
print(reduce((lambda r, x: r-set(range(x**2, n, x)) if (x in r) else r),range(2, int(
n**0.5)), set(range(2, n))))
```

```python
#에라토스테네스의 체 구하기
n = 1000
a = [False, False] + [True] * (n - 1)
primes = []

for i in range(2, n + 1):
    if a[i]:
        primes.append(i)
        for j in range(2 * i, n + 1, i):
            a[j] = False

print(primes)
```

3. **앞서 언급했듯이 변수 이름을 a, b, c와 같이 의미 없이 짓지 말아야 합니다.** 함수 이름도 마찬가지입니다. 이름이 길어지더라도 모호하거나 아무 의미도 없는 표현으로 정의하지 마세요. 당장 코드를 구현하기에 급급해서 1초의 시간이라도 아끼려고 하다가 나중에 코드 전체를 다시 짜야 하는 대형 참사를 일으킬 수도 있습니다.

4. 외부 라이브러리 사용은 자제하고, 내부 (표준) 라이브러리를 적극적으로 사용하는 습관을 들이면 디버깅 은 물론 코딩하는 시간까지 줄일 수 있습니다. 난이도가 높아지면 일부 자료 구조를 직접 구현해야 하거나 여러 내용을 조합해야 하는 경우가 생기지만, 내부 라이브러리를 사용하면 라이브러리 가 지원하는 동작은 아무런 문제가 없음을 보장할 수 있기 때문에 (자신이 잘못 사용한 경우가 아니라면) 정렬, 인덱스 검색처럼 동작하는 데 시간이 소요되는 코드를 안정적으로 관리할 수 있습니다. 또한, 스택, 큐 같은 자료 구조를 만들 경우 여러분이 직접 구현하려면 데이터를 담 을 공간과, 현재 데이터가 있는지 여부 등을 확인하기 위해 추가 코드를 작성해야 하지만 라이 브러리를 사용하면 단 몇 줄로 모든 작업을 진행할 수 있습니다.

5. 파이썬에서 지원하지 않는 기능(삼항연산자, 증감연산자 등)을 파악하고, 이를 대체할 기능을 아는 것도 중요합니다. 사소한 것들이지만 다른 언어에 대한 지식이 있다면 오히려 이 부분에서 발목을 잡 히기도 합니다.

지금까지 코딩 테스트에 대한 기본적인 개념과 주의할 점을 알아보았습니다. 다음 장에서는 코딩 테스트의 핵심인 시간 복잡도를 알아보겠습니다.

시간 복잡도

시간 복잡도란?

코드를 실행하면 원하는 기능을 수행하고 종료되기까지 어느 정도의 시간이 걸립니다. 짧고 간단한 코드라면 금방 끝나겠지만, 복잡하고 어려운 코드라면 시간이 좀 더 걸릴 겁니다. 만약 지금에 만족하지 못하고 더 빠르게 실행되는 코드를 짜고 싶다면 어떻게 해야 할까요? 이를 대답하려면 어느 알고리즘이 더 나은지 비교할 수 있는 **기준**이 필요합니다.

문제 해결에 필요한 입력값과 문제를 해결하는 프로그램이 주어졌을 때, 프로그램이 입력값을 받아 동작하고 결과를 만들어내는 데 걸리는 정도를 **복잡도**라고 합니다. 그중 얼마나 오래 걸리는지는 **시간 복잡도**라고 하고, 얼마나 많은 메모리를 사용하는지는 **공간 복잡도**라고 합니다.

코딩 테스트에서는 두 복잡도에 대한 조건이 함께 제시됩니다. 문제에 맞는 코드를 짜는 것은 물론, 이 코드가 몇 초/몇 MB 이내에 실행되어야 하는지도 중요하다는 의미입니다. 따라서 가장 먼저 제시된 제한 시간과 메모리 사용량을 확인한 후 조건에 맞게 실행되도록 문제를 풀어야 합니다.

문제나 언어마다 주어진 시간이 다르지만 프로그래머스는 특별히 언급하지 않으면 제한 시간이 **10초**입니다. 하지만 10초가 어느 정도인지 감이 오지 않죠? 이를 이해하려면 먼저 우리가 짠 코드를 어떻게 시간으로 나타낼 수 있는지에 대해 알 필요가 있습니다. 몇 가지 시간 복잡도에 대해 알아봅시다.

2.1.1 빅오(Big-O) 표기법

실제로 코드를 실행해보면 소프트웨어나 하드웨어적 변수가 많아 똑같은 코드라도 환경에 따라 실행 시간이 조금씩 다릅니다. 이런 차이 때문에 시간을 정확한 수치로 표현하기는 어렵지만, 문법이나 구성에서 발생하는 비용을 수치화해 문제를 푸는 데 필요한 총 연산의 수를 수학적으로 표기할 수 있습니다. 이를 **점근 표기법**이라고 하며, 세 가지 표기법 중 가장 흔하게 사용하며, 최악의 경우를 계산하는 **빅오(Big-O) 표기법**에 대해 알아보겠습니다.

빅오 표기법은 알고리즘이 해당 차수이거나, 그보다 낮은 차수의 시간 복잡도를 가지는 점근적 상한 표기 방법을 의미합니다. 쉽게 '최악의 경우 이 정도의 시간이 걸린다'로 이해하면 됩니다.

좀 더 자세하게 수학적으로 정의하면 다음과 같습니다.

모든 $0 < n_0 \le n$에 대하여 $0 \le f(n) \le cg(n)$인 양의 상수 c와 n_0이 존재하면 $f(n) \in Og(n)$)이다.

예를 들어 a 변수에 +1을 하는 코드를 작성했다고 한다면(코드로 a += 1) 이를 실행하기 위해 필요한 연산은 총 1번입니다. 만약 데이터 개수가 n개라면 프로그램을 실행할 때 발생하는 비용을 f(x)라고 가정하면 데이터 개수만큼 연산을 1번 수행하므로 $f(n) = n$이라고 표기할 수 있고, 이를 빅오 표기법으로 나타내면 $O(n)$이 됩니다.

조금 더 나아가 n개의 데이터를 수행하는 데 걸리는 시간이 제곱만큼, 즉 (충분히 큰 값인 n과 상수 c에 대해) $f(n) = 4n^2 + 4n + 1$이라고 한다면 동일 최대 차수인 최소 단위 시간 복잡도 $g(n) = n^2$이 있을 때 $f(n) \le cg(n)$이 성립하는 상수 c가 존재하므로 결론적으로 표기법 O(x)를 사용하여 최소 단위인 $O(n^2)$으로 표현할 수 있습니다.

빅오 표기법을 사용하니 실제로 소요되는 시간의 최고 차항만 남았군요. 왜 이럴까요? 앞서 언급했던 '충분히 큰 값'은 입력 개수가 100개, 200개 정도의 적은 데이터가 아니라 10만 개, 100만 개 수준이므로 $4n^2$과 $4n$을 비교하면 연산 횟수가 **400억 vs 40만** 정도로 차이나기 때문에 작은 수는 상대적으로 무시할 수 있어 최고 차항 미만의 연산은 전체 소요 시간에 큰 영향을 줄 수 없습니다.

▼ **그림 2-1** 차수별 시간 복잡도 비중

즉, 연산 횟수가 최고 차항에 비례하는 흐름을 보인다면 부가적인 연산은 신경 쓸 필요가 없습니다. 가령 $n^2 + 2n + 1$의 시간 복잡도 역시 최고 차항만 계산하여 $O(n^2)$으로 줄어듭니다. 같은 이유로 $99n$의 시간 복잡도는 $O(n)$으로 줄어듭니다.

2.1.2 시간 복잡도 그래프

빅오 표기법으로 나타낼 수 있는 시간 복잡도는 대략 $O(1)$, $O(\log n)$, $O(n)$, $O(n \log n)$, $O(n^2)$, $O(2^n)$, $O(n!)$이며, 다음 그림에서 각각 어느 정도의 시간을 소모하는지 확인할 수 있습니다.

▼ **그림 2-2** 시간 복잡도 그래프

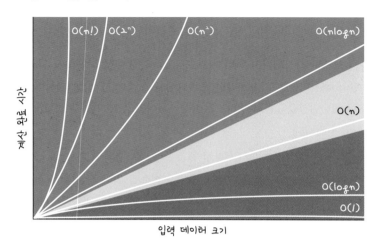

각 시간 복잡도에 따른 연산 횟수를 정리하면 다음과 같습니다.

▼ **표 2-1** 입력 데이터 수에 따른 시간 복잡도의 연산 횟수

시간 복잡도	입력 데이터 수(n)						
	1	2	4	8	16	32	64
$O(1)$	1	1	1	1	1	1	1
$O(logn)$	0	1	2	3	4	5	6
$O(n)$	1	2	4	8	16	32	64
$O(nlogn)$	0	2	8	24	64	160	384
$O(n^2)$	1	4	16	64	256	1024	4096
$O(2^n)$	2	4	16	256	65536	4294967296	표현 불가
$O(n!)$	1	2	24	40326	20922789888000	2.6313084e+35	표현 불가

예를 들어 입력 데이터 수가 64로 적은 경우에도 연산 횟수가 표 아래로 향할수록 기하급수적으로 늘어나는 것을 확인할 수 있습니다. 만약 문제에서 주어진 입력 데이터 수가 10만 개고, 사용하는 알고리즘의 시간 복잡도가 $O(n^2)$이라면 10만 x 10만으로 100억 번 연산을 수행하게 됩니다. 컴퓨터는 대략 1초에 1억 번(왜 1억 번인지는 잠시 뒤에 알아볼게요) 연산하므로 이 프로그램은 동작하는 데 100초가 걸린다는 결론을 낼 수 있습니다.

따라서 시간 복잡도가 어떨지 미리 생각하고, 문제가 생길 여지가 있으면 이를 개선하는 습관을 들여야 합니다. 예를 들어 문제에서 주어진 '입력값의 최대 크기가 10만 개라면 시간 복잡도가 O(nlogn) 정도인 알고리즘으로 문제를 풀어야 한다'는 것을 알고 그에 맞는 알고리즘을 선택해야 합니다. 만약 O(nlogn)이 아닌 O(n²) 시간 복잡도인 알고리즘으로 풀면 높은 확률로 시간 초과가 발생해 테스트에 실패합니다.

각 시간 복잡도의 개념과 사용되는 상황 등을 좀 더 자세하게 알아보겠습니다.

- O(1): 입력 데이터 수의 크기와 복잡도에 상관없이 항상 상수(고정된 시간)를 가지는 알고리즘 입니다. 예를 들어 '내림차순으로 정렬된 숫자 배열에서 제일 큰 수를 알아내는 함수'가 있다면 제일 큰 숫자는 배열의 가장 마지막 요소이므로 이를 불러오기만 하면 됩니다. 즉, 연산은 1번 이면 충분합니다. 이 알고리즘은 전체 시간 복잡도를 계산할 때 연산 횟수에 거의 영향을 받지 않습니다. 해시 테이블의 삽입, 삭제, 검색 시에도 상수 시간을 보장합니다.

- O(logn): 크기가 커질수록 처리 시간이 짧아지는 알고리즘입니다. 아주 많은 데이터가 존재하 더라도 매우 짧은 시간에 끝나기 때문에 이상적인 알고리즘이라고 할 수 있습니다. 이진 탐색 이 가장 대표적이며, (정렬된) 배열에서 어떤 숫자를 찾을 때 찾아야 하는 숫자보다 작은 숫자 데이터들은 탐색하지 않으므로 탐색할 범위가 계속 $\frac{1}{2}$씩 줄어듭니다. 꼭 $\frac{1}{2}$이 아니더라도 비례 해서 줄어든다면 해당 시간 복잡도에 속한다고 말할 수 있습니다.

- O(n): 입력 데이터 수만큼 정직하게 시간을 소모하는 알고리즘입니다. 배열 탐색이나 초기화, for 문 1개 사용, 문자열 탐색, 데이터 재구축 등 입력 데이터를 다루는 동작 대부분이 이에 해 당합니다. 그래서 가장 경계해야 할 시간 복잡도이기도 합니다. O(n) 알고리즘이 두 번 중첩되 도록 유도하는 문제에서 이 알고리즘을 사용하면 바로 시간 복잡도가 O(n²)이 되어 시간이 매 우 길어지므로 항상 조심해서 사용해야 합니다.

- O(nlogn): 입력 데이터 수에 비례해서 연산이 추가로 필요한 알고리즘입니다. 정렬을 사용한 다면 무조건 이 정도의 시간이 걸린다고 봐도 무방합니다. 주어진 데이터를 '정렬'하라는 문제 라면 O(nlogn) 시간 복잡도 이내로 끝내야 통과할 수 있습니다. 그 외에도 O(n) × O(logn)처 럼 조합되는 알고리즘 또한 이 경우에 해당하므로 생각보다 자주 보게 될 것입니다.

- $O(n^2)$: 입력 데이터 수의 제곱만큼 시간을 소모하는 알고리즘입니다. 입력 데이터가 제법 큰 (10만 개 이상) 문제에서 이 알고리즘을 사용하면 높은 확률로 시간이 초과됩니다. for 문이 2중 중첩되었거나, 배열끼리 값을 비교/조작하거나, 2차원 배열을 사용한다면 이 정도의 시간이 소요됩니다. 자주 만들고 사용하는 알고리즘이 대부분 여기에 속하므로 '이 정도의 시간 복잡도라면 괜찮겠지'라고 생각하면 안 됩니다. 일단 n^2 기반으로 연산하면 다른 부가 연산이 필요할 경우 상당히 부담되기 때문에 전략적으로 필요할 때만 수행하는 게 좋습니다.

- $O(2^n)$ 이상: 입력 데이터 수가 정말 적거나 특수한 조건이 있을 때만 사용하는 시간 복잡도입니다. 대표적인 예로 피보나치의 수가 있으며, 구해야 하는 숫자가 커질수록 이전 결괏값을 전부 계산해야 하기 때문에 연산 횟수가 기하급수적으로 늘어납니다. 만약 코드를 테스트할 때 입력 데이터가 아주 적은데도 체감할 수 있을 정도로 시간이 길어진다면 이 방법을 사용하는 걸 고려해봐야 합니다.

주로 사용하는 시간 복잡도를 알아봤습니다. 단, 이해하기 쉽도록 설명한 것이기 때문에 입력 데이터 수에 따라 **반드시** 어떤 시간 복잡도를 사용해야 한다는 것은 아닙니다. 문제마다 주어진 상황과 조건이 다르기 때문에 예상한 것보다 시간 복잡도가 긴 알고리즘으로 풀어도 통과할 수 있고, 결국 알고리즘 선택과 코드 구현 방법은 여러분의 몫입니다.

2.1.3 시간 복잡도 선택 시 참고할 만한 사항

지금까지의 설명으로 코딩 테스트는 단순히 빨리 풀려고 노력하는 것이 아니라 문제를 읽고, 입력 데이터 수를 확인한 다음, 요구 사항을 만족시킬 알고리즘이 무엇인지 고민해야 한다는 것을 알았습니다. 하지만 막 코딩 테스트에 입문한 상황에서는 어떤 기준으로 선택해야 하는지 막막할 수 있습니다. 따라서 시간 복잡도를 선택하는 데 도움될 수 있는 몇 가지 사항을 소개하겠습니다. 더 필요한 설명은 나중에 하나씩 알려드릴 예정입니다.

문제를 어떻게 풀지 생각하고 코드를 최적화하는 것은 경험의 영역이지만, 문제를 해석하여 어떻게 풀지 전략을 짜는 것은 지식의 영역입니다. 어떤 방법을 사용할지 선택하기 어렵다면 사전 지식을 활용하여 필요 없는 방법은 과감하게 배제하는 게 시간을 많이 줄일 수 있습니다.

1. 최대 시간이 1초일 때 입력 데이터 수에 따른 시간 복잡도

    A. 1,000개라면 → $O(n^2)$ 이하

    B. 10,000개라면 → $O(n^2)$ 미만(최대한 적게 사용하는 방향으로)

C. 100,000개라면 → O(nlogn) 이하

D. 1,000,000개라면 → O(nlogn) 미만(가급적 O(n) 정도로)

E. 그 이상이라면 → 입력 데이터 수가 백만 개 이상이라면 문제의 조건을 유심히 살펴보세요. 특정 알고리즘을 사용하도록 요구할 가능성이 큽니다.

2. 자주 사용하는 자료 구조의 시간 복잡도

▼ 표 2-2 자주 사용하는 자료 구조에 따른 시간 복잡도

자료 구조	탐색	삽입	삭제
배열	O(n)	O(n)	O(n)
정렬된 배열	O(logn)	O(n)	O(n)
연결 리스트	O(n)	O(1)	O(1)
스택/큐	O(n)	O(1)	O(1)
해시	O(1)	O(1)	O(1)
이진 트리	O(logn)	O(logn)	O(logn)

잠깐만요

연산에서 1초의 기준이란?

문제를 풀다 보면 시간 제한에 걸리곤 합니다. 연산이 비효율적이거나, 입력값과 맞지 않는 알고리즘을 사용했기 때문일 수도 있습니다. 1초에 몇 번까지 연산할 수 있는지 인터넷에서 검색해보면 '1억 번 연산에 1초'라는 말을 상당히 많이 볼 수 있습니다. 왜 1억 번일까요? 의외로 굉장히 단순한 이유입니다. **CPU가 1초에 1억 번 연산**하기 때문입니다.

채점 서버는 물리적 CPU를 바탕으로 연산하고, 코드를 돌리면서 시간 복잡도를 테스트합니다. 따라서 입력 데이터 10만 개를 정렬하는 경우 for 문 2개로 계산하면 O(n²)이므로 10만 X 10만 = 100억 정도의 연산이 발생하고, 이는 곧바로 시간 초과로 이어집니다. 하지만 그와 동시에 '시간이 지나면 컴파일러도 더 좋아질 것이고, CPU도 좋아질 테니 시간 여유가 더 생기지 않을까?'라는 생각이 떠오르겠지만 아쉽게도 그렇지 않습니다.

최근에는 컴퓨터나 컴파일러(그리고 그 외의 장치들)의 성능이 매우 좋아지면서 1초에 약 10억 회 정도까지 연산이 가능한데, 문제 출제자 또한 이를 고려합니다. 만약 응시자가 제출한 코드의 시간 복잡도가 O(n)이라면 조금 비효율적인 코드라고 통과할 수 있지만, 시간 복잡도가 O(n²)이라면 어떻게 최적화해도 통과할 수 없도록 문제를 설계합니다(설명할 때는 이해하기 쉽도록 10의 제곱 형태로 맞아 떨어지는 입력 개수를 예로 들었으나, 실제 문제에서는 특정 시간 복잡도 이하만 가능하도록 입력 개수가 절묘하게 정해져서 제시됩니다).

그러므로 결국 1초에 1억 번 만큼은 아니더라도 그 이상 연산되면 실패하기 때문에 일종의 용어처럼 사용됩니다. 아무리 코드를 최적화하더라도 근본적인 알고리즘이 틀리면 어떤 방법을 써도 통과할 수 없습니다. 따라서 입력 데이터와 연산 횟수를 고려해서 시간 제한을 넘기지 않는 알고리즘을 선택하는 게 중요합니다.

2.2 시간 복잡도 계산하기

앞서 시간 복잡도의 개념과 사용되는 상황을 어느 정도 이해했다면 몇 가지 의문이 생깁니다.

첫째, for 문을 2번 중첩하면 무조건 $O(n^2)$이고, 3번 중첩하면 무조건 $O(n^3)$인가요? 둘째, 빅오 표기법은 최고 차항만 신경 쓴다고 했는데 만약 n^2과 999999n이라면 둘 중 누가 더 빠른가요? 셋째, 앞으로 자주 사용할 알고리즘의 시간 복잡도는 어느 정도일까요?

이 의문은 코드가 어느 정도의 시간 복잡도를 가지는지 예측하기 어렵다는 것에서 비롯됩니다. 코드의 실행 시간을 예측하려면 많은 연습과 경험이 필요하고, 이 외에도 수많은 변수가 있기 때문에 알고리즘에 능통하더라도 예측하기 쉽지 않습니다. 지금부터는 경험이 없더라도 코드의 시간 복잡도를 예측할 수 있는 몇 가지 사항을 알아보겠습니다.

2.2.1 어림짐작해보기

먼저 '대략적으로 어느 정도 걸리겠다'라고 감을 잡는 일부터 시작해봅시다. 다음처럼 구구단을 계산하는 코드를 만들었습니다.

```python
def printTimeTable(time):
    for i in range(1, 10):
        print("%d x %d = %d" % (time, i, time * i))
```

입력받은 단의 ×9까지만 출력하는 코드입니다. 여기에 입력 데이터가 무작위로 몇 만 개 주어진다면 이 프로그램의 시간 복잡도는 얼마일까요?

for 문을 하나 사용했기 때문에 $O(n)$인가요? 틀린 말은 아닙니다. 그렇다면 문제 조건을 조금 바꿔서 임의의 숫자부터 9단까지 구구단을 출력한다면 동일한 논리대로 $O(n^2)$이 될까요?

```python
def printAllTimeTable(time):
    for start in range(time, 10):
        for multiply in range(1, 10):
            print("%d x %d = %d" % (start, multiply, start * multiply))
```

직접 실행 시간을 확인해보겠습니다. 임의의 데이터 10만 개로 진행했으며, 순서대로 **해당 구구단만 연산 → 해당 구구단부터 9단까지 전부 연산**하는 순으로 실행했습니다. print( ) 함수를 연산 **1번**이라고 가정하고 얼마나 오랜 시간이 걸리는지 확인해봅시다.

실행하니 다음처럼 출력되었습니다.

```
elapsed time: 2.24192214012146
elapsed time: 2.5613863468170166
```

첫 번째 결과는 $O(n)$의 결과로 2.2초가 나왔습니다. 두 번째는 for 문을 2번 사용한 $O(n^2)$이므로 $O(n)$ 실행 시간인 2.2초의 제곱인 4.8초 정도가 나올 것 같았는데, 실제로는 0.3초 정도만 차이가 나네요. 예상과는 다른 결과입니다. 그럼 입력 개수를 100만 개 정도로 늘려볼까요?

```
elapsed time: 22.730210065841675
elapsed time: 26.596558094024658
```

출력 결과를 보니 3~4초 정도만 늘어났습니다. 이 정도도 엄청나게 큰 차이라고 할 수 있지만 n^2 연산이라고 하기에는 너무나도 적은 차이입니다. 왜 그럴까요? 코드를 자세히 살펴봅시다.

```python
import time, random
def printAllTimeTable(time): #주어진 숫자부터 9단까지 출력
    for start in range(time, 10):
        for multiply in range(10):
            print("%d x %d = %d" % (start, multiply, start * multiply))

def printTimeTable(time):      #주어진 숫자의 단만 출력
    for i in range(10):
        print("%d x %d = %d" % (time, i, time * i))

data = [random.randrange(1, 10) for i in range(100000)] #10만 개의 무작위 숫자 생성
startTime = time.time()

for num in data:                #n단 구구단 출력
```

```
        printTimeTable(num)
    print('elapsed time: %f' % (time.time() - startTime))

    startTime = time.time()

    for num in data:                #n단~9단 구구단 출력
        printAllTimeTable(num)
    print('elapsed time: %f' % (time.time() - startTime))
```

주어진 숫자의 9단까지만 출력하는 함수의 경우 1번 입력하고, 9번 연산을 수행합니다. 입력이 10만 개라면 10만 개 × 9이고, 이는 곧 9n이므로 O(n)이라고 나타낼 수 있습니다. 또한, 주어진 숫자부터 9단까지 출력하는 함수의 경우 1~9 중 하나의 값이 필요하므로, 최악의 경우를 상정하여 1이 입력이라면 10만 개 × 9 × 9가 되어 81n이 되므로 역시 O(n)이라고 표현할 수 있습니다 (평균으로 생각하면 45n 정도됩니다).

이번 예는 이해하기 쉽게 단순화하여 코드를 짠 점도 있지만, 기본적으로 구구단을 계산하는 과정 자체가 항상 동일한 연산량을 가지므로 입력 개수에 영향을 받고, 따라서 O(n) 알고리즘의 오차 범위 이내로 귀결된다는 점을 알 수 있습니다. 따라서 계산이 고정된 횟수 이내로 끝난다면 반복문이나 좀 복잡한 연산을 했더라도 섣부르게 O(n²)이라고 단정 지을 필요가 없습니다. 앞서 언급했지만 빅오 표기법은 코드가 얼마나 복잡하게 돌아가는지에 대해 빠르게 감을 잡기 위한 정도로 사용되는 것이지, 정확한 측정 시간을 위해 사용하는 표기법이 아닙니다.

내장 함수 시간 복잡도

추가로 파이썬에서 자주 사용하는 내장 함수인 리스트와 집합, 딕셔너리의 시간 복잡도를 알아보겠습니다. 개발의 편의성과 안전성을 위해 내장 함수와 라이브러리를 자주 사용하곤 하는데, 각각의 시간 복잡도 또한 알아 둘 필요가 있습니다. 코드의 시간 복잡도를 생각하는 것도 중요하지만, 사용하는 함수의 실행 시간이 어느 정도인지 모른다면 예측했던 것과 다른 결과가 나올 것입니다. 책에 실린 내용 외에도 개인적으로 자주 사용하는 코드가 있다면 실행 시간을 직접 찾아볼 것을 권장합니다.

리스트(list; [ ])

▼ **표 2-3** 리스트의 시간 복잡도

시간 복잡도	기능	사용 예(변수: data, data2)
O(1)	조회	`data[1]`
	값 할당	`data[1] = 1`
	길이 가져오기	`len(data)`
	리스트 1개 추가	`data.append(2)`
	마지막 리스트 1개 제거	`data.pop()`
	리스트 초기화	`data.clear()`
O(n)	리스트 슬라이싱	`data[a:b]`[1]
	리스트 + 리스트	`data.extend(data2)`
	리스트 할당	`list(data)`
	리스트 비교	`data == data2 / data != data2`
	값 범위 할당	`data[a:b] = 3`
	특정 리스트 항목 제거	`del data[1] / data.pop(1)`
	리스트에 값이 있는지 확인	`1 in data`
	리스트 복사	`data.copy()`
	최솟값/최댓값 탐색	`min(data), max(data)`
	리스트 역순	`data.reverse()`
	리스트 전체 연산	`for v in data:`
O(nlogn)	리스트 정렬	`data.sort() / sorted(data)`
O(kn)	데이터 전체 반복(k번)	`2 * data`

집합(set; { })

▼ **표 2-4** 집합의 시간 복잡도

시간 복잡도	기능	사용 예(변수: data, data2)
O(1)	길이 가져오기	`len(data)`
	요소 추가	`data.add(5)`
	집합에 값이 있는지 확인	`1 in data`
	값 제거	`data.remove() / data.discard() / data.pop()`
	집합 초기화	`data.clear()`

---

1 b－a라서 O(n) '미만'입니다. 최악의 경우를 상정하여 O(n)으로 표기했습니다.

시간 복잡도	기능	사용 예(변수: data, data2)
O(n)	집합 할당	`set(data)`
	집합 검사	`data == data2, data != data2`
	집합 비교	`data <= data2, data >= data2` (피연산자 쪽으로 시간 복잡도가 측정됨)
	집합 연산	`data	data2, data & data2, data - data2,` `data ^ data2`
	집합 전체 연산	`for v in data:`
	집합 복사	`data.copy()`

딕셔너리(dictionary; {})

▼ 표 2-5 딕셔너리의 시간 복잡도

시간 복잡도	기능	사용 예(변수: data)
O(1)	조회	`data[1] / data.get(1, 0)`
	값 할당	`data[1] = 1`
	길이 가져오기	`len(data)`
	값 제거	`del data[1] / data.pop(1) / data.popitem()`
	딕셔너리 초기화	`data.clear()`
	딕셔너리 키 가져오기	`data.keys()`
O(n)	딕셔너리 할당	`dict(data)`
	딕셔너리 전체 연산	`for i in data:`

배운 내용을 한 번 확인해볼까요? 주어진 데이터를 정렬하는 코드로 시간 복잡도를 계산해봅시다.

```
from random import choices
data = choices(range(1, 10), k=100000)
sorted(data)
```

임의의 데이터 10만 개를 정렬한다면 리스트 정렬은 $O(n\log n)$이므로 전체 시간 복잡도는 $O(n\log n)$이 됩니다.

처음부터 시간 복잡도를 바로 예측하는 것은 어렵습니다. 먼저 가장 오래 걸리는 작업이나 라이브러리 함수의 시간 복잡도를 계산하고, 추가로 연산이 발생하는 곳을 탐색하는 방향으로 잡는 것이 좋습니다. 이렇게 '코드를 실행하기 위해 이 정도 시간이 걸리겠구나'라는 감이 왔다면 본격적으로 시간 복잡도를 줄일 수 있는 방법을 알아보겠습니다.

2.2.2 시간 복잡도 줄이기

시간 복잡도 예측 방법을 대략 알았다면 이번에는 더 빠르게 실행하는 코드를 짤 수 방법을 알아보겠습니다.

지금까지 알고리즘의 시간 복잡도를 줄이는 방법은 '입력 개수를 보고 그에 맞는 적절한 알고리즘 선택한다', '자료형이나 자료 구조를 적극적으로 사용한다', '반복문을 줄인다' 등 직접적으로 연산량 자체를 줄이는 방법만 살펴봤습니다. 하지만 코딩 테스트는 그리 만만치 않습니다. 이 모든 사항을 고려했는데도 불구하고 시간 초과가 발생하거나 예상하지 못한 입력값으로 실패하는 경우가 흔합니다. 이번에서는 파이썬에서 주의해야 할 점과 시간 복잡도를 줄이도록 코드를 짜는 방법에 대해 알아보겠습니다.

readline(): 입력 속도를 빠르게

코딩 테스트마다 입력값을 제공하는 방법이 다릅니다. 프로그래머스의 경우 입력값을 모두 주고, 원하는 기능만 구현하면 되는 함수 형태로 시작 코드가 주어지지만, 실제 테스트를 볼 때는 입력값을 받는 코드도 직접 구현해야 하는 경우가 있습니다.

이럴 때는 sys 모듈의 readline()을 활용합니다. 파이썬으로 값을 입력받을 때는 input()을 사용한다고 배웠지만, 이 함수는 데이터가 많을수록 효율이 떨어집니다. 받은 문자열을 다시 쪼개더라도 readline() 함수를 사용하여 빨리 읽어오는 게 훨씬 효율적입니다.

```
import sys
data = sys.stdin.readline()
```

리스트 곱셈: 초기화와 할당을 빠르게

기본적으로 배열(리스트)을 다룰 때는 동적으로 다루지만, 가끔 미리 할당해 놓은 고정 배열에다가 계산해야 하는 경우가 있습니다. 이럴 때 리스트에 곱셈 연산을 하여 초기화와 할당을 동시에 진행하도록 만들 수 있습니다.

```
data1 = [0 for _ in range(1000)]
data2 = [0] * 1000
```

data1의 경우 for 문을 1,000번 반복하면서 리스트에 0을 집어넣기 때문에 O(n)만큼 소모되지만, data2의 경우 [0]을 1,000번 반복하는 것이 전부이므로 O(n) 시간으로 동일한 작업을 수행할 수 있습니다.

문자열 합치기: "".join()을 쓰고 +는 사용하지 말자

문자열을 다룰 때 자세히 소개하겠지만, 문자열을 합칠 때는 문자열의 개수가 정말 적은 것이 아니라면 + 연산자를 사용하면 안 됩니다. 다른 언어와는 다르게 파이썬의 문자열은 내용을 변경할 수 없기 때문에 +로 합칠 경우 각각의 문자열을 새로운 메모리에 복사하여 새 문자열을 만들기 때문에 사실상 시간 복잡도가 $O(n^2)$ 정도가 됩니다. 따라서 `''.join()`을 사용해 문자열을 합쳐야 이러한 계산 과정을 거치지 않고 빠르게 합칠 수 있습니다.

조건문 연산 줄이기: 짧은 것부터 먼저 계산하자

if 조건문에서 다중 조건을 사용하면 두 조건 중 빨리 실행되는 쪽을 앞쪽으로 배치하는 것이 유리합니다. and 연산을 할 때 앞의 연산 결과가 False라면 뒤의 연산은 실행하지 않고 바로 넘어가며, or 또한 앞의 연산 결과가 True라면 뒤의 연산을 실행하지 않습니다.

슬라이싱: 불필요한 연산을 최소로

다른 언어에는 없는 특별한 기능이죠. 리스트, 튜플, 문자열과 같은 자료형에 범위를 지정해 일부분만 추출하는 기능입니다. 덕분에 많은 코드를 절약할 수 있어 개발하기 편리합니다.

예를 들어 a 리스트가 있다고 하면 a[start : end : step] 형식으로 사용합니다. start는 시작 위치에 자신을 포함하지만, end는 끝낼 위치에 자신을 포함하지 않습니다. 숫자를 생략할 수도 있는데, 시작 위치를 생략하면 가장 첫 번째부터, 끝 위치를 생략하면 가장 마지막까지로 인식합니다.

step은 start부터 end까지의 범위에서 step만큼 건너뛰면서 값을 가져옵니다(기본은 +1). 특이하게도 음수를 넣을 수 있고, 이때는 양수 계산법과는 반대로 맨 끝에서부터 인덱스를 탐색합니다 (가령 a[-1:-3]이라고 하면 맨 끝에서부터 맨 끝에서 두 번째 요소까지 가져옵니다).

이렇게만 보면 한정된 자료형에만 사용할 수 있는 강력하지만 제한적인 기능처럼 보이지만, 실제로는 연속된(iterable) 자료형이라면 어떤 것이라도 슬라이싱할 수 있습니다.

문자열은 어떨까요? 문자열 역시 슬라이싱 기능을 사용할 수 있습니다.

```
print('Python is awesome'[3::2])
```

2차원, 3차원 배열은 어떨까요? 당연히 가능합니다.

```
data = [[(0, 1), (2, 3), (4, 5)], [(6, 7), (8, 9), (0, 1)]]
print(data[1:][0][::2])
```

이 외에도 for 문에 사용 가능하다는 등 여러 가지 특징이 있으니 익혀 두세요. 시간 복잡도를 줄일 때는 직접적으로 연산량을 줄일 수도 있지만, 슬라이싱으로 하나의 변수를 최대한 활용하는 것 또한 실행 속도를 높이는 데 많은 도움이 됩니다.

표준 라이브러리 활용하기: 속도와 안전성 모두 잡기

다른 언어로 프로그램을 구현해도 숙지해야 할 당연한 사항입니다. 라이브러리를 사용하는 것은 개발의 필수 과정 중 하나이며, 사용법에 익숙해져야 (처음 보는 유형이 나와도) 모든 코드를 직접 구현하지 않고 라이브러리에 일정 부분을 맡겨 손쉽게 처리할 수 있습니다.

> **잠깐만요**
>
> **다른 언어를 알고 있지만 파이썬으로 시험을 본다면?**
>
> 코딩 테스트를 여러 언어로 볼 필요는 없지만, 간혹 자주 사용하는 언어와는 다른 언어로 시험을 보는 경우가 생깁니다. 기존 언어와 착각해서 없는 기능이라고 생각해 자신도 모르게 구현할 필요가 없는 코드까지 작성하기도 합니다.
>
> 예를 들어 자바로 문제를 풀면서 클래스를 다루기 위해 get/set 기능을 통해 값을 할당하고 받아오는 기능을 개발했다고 합시다. 파이썬으로 동일한 문제를 푸는 데 언어의 차이를 고려하지 않고 자바에서 하던 것처럼 get/set 기능을 개발하면 개발 효율이 크게 떨어집니다(기본적으로 공개 속성이기 때문에 그럴 필요가 없고, 이 방식은 여러 성능적 문제를 그대로 떠안게 됩니다. 정말 필요하다면 @property 데코레이터를 사용하세요).
>
> 따라서 언어별 기본 특성들을 숙지하고, 유용한 라이브러리도 파악해 두세요. 또한, 지금 이 코드를 직접 구현하는 게 맞는지도 다시 한 번 생각해보세요.

필요한 기능을 코드로 직접 구현할 경우 고려해야 할 사항이 많습니다. 입력값을 충분히 고려하여 설계했는지, 실행 도중에 오류는 없는지, 효율을 제대로 따졌는지 등 작성한 코드를 사용하기 위해 많은 검증이 필요하고 이는 곧 시간 낭비로 연결됩니다. 하지만 표준 라이브러리를 사용하면 검증할 필요가 없어지므로 이러한 문제를 모두 해결할 수 있습니다.

단, 많은 코딩 테스트에서 외부 라이브러리를 사용하지 못하게 하므로 표준 라이브러리는 적극적으로 사용하되 외부 라이브러리는 사용하지 않는 방향으로 진행하세요.

다음은 자주 사용하는 자료 구조나, 계산할 때 바로 쓸 수 있는 라이브러리입니다. 여기서는 간단히 소개만 하고, 각각을 사용하는 장에서 자세히 설명할 예정입니다.

1. heapq: 이진 트리 기반의 최소 힙 자료 구조입니다. 항상 정렬된 상태로 값의 추가/삭제가 이루어집니다. 우선순위 큐나 최단 거리 알고리즘을 구현할 때 많이 사용됩니다.

2. collections: 연속되는 자료를 가지고 있는 자료형에서 동일한 원소가 몇 개 있는지 확인 가능한 counter가 있기 때문에 해시 문제를 풀 때 유용합니다. 추가로 덱(dequeue) 자료 구조를 구현하는 데 사용하는 deque도 있습니다.

3. itertools: 경우의 수 문제에 사용하며 순열(permutations), 조합(combinations), 중복순열(permutations_with_replacement), 중복조합(combinations_with_replacement) 등에 사용합니다.

4. math: 복잡한 수학 연산을 대신하는 라이브러리입니다. 최대공약수, 최소공배수, 팩토리얼, 제곱근, 로그 등을 계산하며, 파이, 자연상수와 같은 상수도 존재해 수학 문제가 나온다면 이것만 있으면 됩니다.

5. bisect: 이진 탐색 기능을 제공합니다. 정렬된 데이터가 필요하며, 특정 범위 안에 원소가 있는지 검사하거나 몇 개가 존재하는지 확인하는 데 유용합니다.

리스트 컴프리헨션 vs 제너레이터: 편의성과 효율의 대결

리스트에 1부터 10까지 데이터를 넣는다면 for 문을 사용한 기본 형태는 다음과 같습니다.

```python
data = []
for i in range(1, 11):
    data.append(i)
```

이 코드를 한 줄로 줄이려면 **컴프리헨션**(comprehension)을 사용하면 됩니다.

```python
[i for i in range(1, 11)]
```

파이썬의 리스트와 비슷한 자바, C 언어 등의 배열에서는 이와 동일한 작업을 하려면 배열을 선언하고, for 문을 통해 값을 할당하는 방식으로 진행해야 합니다. 그러나 컴프리헨션을 사용하면 선언과 할당이 한 번에 이루어지기 때문에 간단하고 짧은 문장으로 모든 일을 해결할 수 있습니다. 여기서는 리스트를 주로 다루기 때문에 리스트 컴프리헨션이라고 부르지만 tuple, set, dict 같은 자료형에서도 모두 사용할 수 있습니다.

리스트 컴프리헨션은 다음처럼 사용합니다.

```
[(변수 표현식) for (사용할 변수) in (순회 가능한 연속적인 데이터)]
```

이 외에도 조건문을 추가할 수 있어 원하는 값만 추출할 수 있습니다.

바로 앞의 코드에서 짝수만 뽑고 싶다면 간단하게 뒤에 if 문을 추가하면 됩니다.

```
[i for i in range(11) if i % 2 == 0]
```

또한, if 문 뒤에 다시 if 문을 중첩할 수도 있습니다. 이때 if 문은 and로 취급합니다(직접적으로 and를 넣으면 오류가 발생합니다. 마찬가지로 or도 사용할 수 없습니다). 이 코드에서 짝수와 5의 배수를 동시에 만족하는 숫자만 필요하다고 하면 다음 코드처럼 작성하면 됩니다.

```
[i for i in range(11) if i % 2 == 0 if i % 5 == 0]
```

즉, **선언 → 할당 → 재구성** 과정을 단 한 줄에 모두 끝낼 수 있으며, 시간은 $O(n)$으로 여러 줄로 바꿔 써도 차이가 발생하지 않아서 간편하게 데이터를 준비할 수 있습니다.

잠깐만요

리스트 컴프리헨션은 지금 소개한 기능보다 더 많은 일을 할 수 있습니다. 2차원 배열을 1차원 배열로 압축(flatten)하거나, 데이터의 구조를 직접적으로 변형하지 않고도 원하는 연산을 진행할 수 있죠. 그러나 이런 특징은 여러분이 한 줄에 모든 것이 들어간 이상한 코드를 많이 보게 되는 주요 원인이 되기도 합니다.

사용하기 간편하고 많은 것을 할 수 있다고 해도, 너무 심하게 줄이는 것은 좋지 않습니다. 앞서 말했지만 **이해하지 못하는 코드는 오히려 큰 문제를 일으키는 도화선이 됩니다.**

그러나 컴프리헨션은 데이터가 10만 개나 100만 개 있을 때 이 데이터를 모두 생성하기 때문에 크게 신경 쓸 필요가 없다고 했던 공간 복잡도를 고려하게 하는 원인이 되기도 합니다. 편리한 기능은 대부분 이렇게 공간 복잡도가 커지는 경우가 많습니다. 따라서 이에 대한 대응책으로 **제너레이터**(generator)를 사용합니다.

제너레이터는 연속 가능한(iterator) 자료형을 반환하는 함수로, 실행 중 yield를 만나면 값을 반환하고 더 이상 진행할 수 없는 상태가 아니라면 next()가 호출되기 전까지 대기합니다. 즉,

한 번에 모두 실행하고 그에 대한 결괏값을 반환하는 것이 아니라, 함수가 실행되었다가 다음 next()를 대기하면서 실행이 멈춥니다. 제너레이터를 만드는 방법은 두 가지로, 함수를 정의할 때 return 대신 yield 문구를 집어넣거나, 컴프리헨션 문구를 소괄호로 감싸주는 방식으로 표현식을 생성합니다. 예제에서는 직접 제너레이터를 생성하지 않고 후자의 방법으로 생성하여 설명하겠습니다.

1부터 10까지의 데이터를 선언하는 앞의 코드를 제너레이터로 바꾸려면 컴프리헨션을 괄호로 감싸면 됩니다.

```
(i for i in range(11))
```

이 함수는 한 번에 1부터 10까지 진행하지 않고, 직접 next()를 호출해야 1, 2, 3의 값이 반환됩니다. 이때 이전 값은 갖지 않으며, 필요하다면 따로 list() 같은 함수를 통해 실행되는 값을 저장해야 합니다.

제너레이터의 장점은 함수가 실행할 것이 매우 많아도 메모리는 항상 고정된 값을 지닌다는 점을 꼽을 수 있습니다. 만약 100만 개의 데이터를 제곱해서 더해야 한다면, 리스트 컴프리헨션과 제너레이터의 성능은 얼마나 차이가 날까요?

```
from sys import getsizeof
import time

#리스트 컴프리헨션
comprehension = [num ** 2 for num in range(1000000)]
startTime = time.time()
sum_comprehension = sum(comprehension)
print("comprehension time: %f" % (time.time() - startTime))
print("comprehension memory size: %dByte. which means %dMB" % (getsizeof(comprehension),
getsizeof(comprehension) / 1024 / 1024)

#제너레이터
generator = (num ** 2 for num in range(1000000))
startTime = time.time()
sum_generator = sum(generator)
print("generator time: %f" % (time.time() - startTime))
print("generator memory size: %dByte" % getsizeof(generator))
```

실행 시간은 거의 비슷하지만(둘 다 O(n) 시간이 소요되며, 출력 결과를 보면 제너레이터가 더 빠르지만 실행 환경에 따라 달라질 수 있습니다) 메모리 사용량은 큰 차이를 보입니다.

```
comprehension time: 0.3193655014038086
comprehension memory size: 8697456Byte, which means 8MB
generator time: 0.27238035202026367
generator memory size: 112Byte
```

컴프리헨션 방식은 8MB를 사용했으나 제너레이터는 단 112Byte만 사용합니다. 이렇게 메모리를 많이 절약할 수 있는 장점이 있지만, 반대로 실행하기 전까지는 데이터를 갖지 않으므로 결과 정보를 저장하려면 실행 비용 + 변수를 사용해야 하는 단점도 있습니다.

결국 리스트 컴프리헨션과 제너레이터를 언제 사용할 것인지는 여러분의 판단입니다. 컴프리헨션을 제너레이터로 대체하여 사용하는 것이 가능하고 여러 장점을 가질 수 있더라도 절대적인 대체제가 아니라는 점을 염두에 두기 바랍니다.

데이터 돌려쓰기: 중복 피하기

코드는 일종의 논리 흐름입니다. 문제를 해결하기 위해 일련의 풀이 흐름이 존재하고, 이 흐름을 얼마나 잘 최적화하는지는 프로그래머의 실력입니다.

능숙한 프로그래머라면 연속적인 논리를 한 번에 합쳐 사용하며, 불필요한 실수를 줄이는 데 집중합니다. 간단한 예로 설명해보겠습니다. 주어진 데이터 10만 개를 제곱해서 반환하라는 문제의 코드를 다음처럼 짰다고 합시다.

```python
def solution(data):
    answer = data

    for i in range(len(answer)):
        temp = answer[i] * answer[i]
        answer[i] = temp

    return answer
```

이처럼 필요하지 않은 변수를 항상 할당하는 방식으로 코드를 짜면 수정하지 말아야 할 데이터를 수정하는 등 문제 외적인 부분(휴먼 에러)에서 실수하기 쉬워집니다. 가령 data 값을 answer 변수에 할당한 뒤 **data 변수를 수정하면** answer에 할당된 data가 변하므로 나중에 answer 변수를 조회했을 때 수정된 값을 보고 당황할 수 있습니다. 이러한 불필요한 연산 낭비를 막기 위해선 항상 의미 없는 데이터의 복사나 연산이 발생했는지 확인해야 합니다.

앞의 코드는 다음처럼 수정할 수 있습니다.

```
def solution(data):
    return [i * i for i in data]
```

'~~주어진 데이터를 변수로 받아~~ 받은 데이터를 → ~~for 문으로 순환하여~~ 리스트 컴프리헨션으로 → 항목마다 데이터를 제곱하고 → 정답을 반환한다' 형태로 핵심은 그대로 유지하되 중복되는 논리나 단계적인 논리를 하나로 합쳐서 코드의 길이와 불필요한 연산을 줄였습니다. 이렇게 문제를 풀고 난 이후에 자신의 코드를 개선할 점이 있는지 점검하는 게 좋습니다.

2.2.3 여러 상황에서의 시간 복잡도 생각해보기

지금부터는 '최적화가 중요하다, 알고리즘을 잘 짜는 것이 중요하다'라는 당연하고 중요한 사실에서 약간 벗어나 조금 더 현실적인 이야기를 하려고 합니다.

지금까지 언급한 시간 복잡도는 가장 오래 걸리는 연산의 소요 시간을 기준으로 하며, (입력 개수가 충분히 많기 때문에) 그 이외의 기타 연산들은 실행 시간에 크게 영향을 줄 수 없으므로 계산에 포함하지 않는다고 했습니다. 그래서 정말 이상한 작업을 하는 것이 아니라면 약간 비효율적으로 코드를 짜더라도 충분히 통과합니다. 그럼에도 불구하고 굳이 이렇게 최악을 고려해 시간 복잡도를 예측해보는 이유는 구현한 코드가 제 시간에 실행되지 못해 아예 처음부터 새로 짜는 것보다 낫기 때문입니다.

어떻게 보면 제한된 시간과 입력 개수가 서로 줄다리기하는 것이라고 생각할 수 있습니다. 쉬운 문제는 알고리즘 하나만 잘 선택해도 시간 복잡도 측정이 간단하고 모든 문제 풀이가 끝나지만, 어려운 문제는 데이터의 전처리나 단계적 작업이 필요하므로 한 번에 시간 복잡도를 계산하기 어렵고 정확하지 않은 경우가 많습니다. 이런 상황에서 제한 시간 안에 사용할 수 있는 알고리즘들을 파악할 수 있다면 알고리즘 선택 폭이 굉장히 넓어지고 그동안 기피하기만 했던 기법에도 손댈 수 있을 것입니다.

어쨌든 반복문이 가장 큰 핵심

그래도 핵심은 변하지 않습니다. 가장 오래 걸리는 반복문을 찾는 것이 핵심이고, 이 반복문의 시간 복잡도를 구하는 것이 제일 먼저 해야 할 일입니다. 다르게 말하면 함수별로 걸리는 시간 복잡도를 예측해 가장 오래 걸리는 함수가 있다면 다른 작업을 줄일지, 아니면 해당 함수를 최적화할지 전략을 짜는 겁니다.

그렇다면 여기서 배열을 하나 더 얹어서 배열 안의 배열, 즉 2차원 배열을 만든다면 어떨까요? 아마 언어를 처음 배울 때 '2차원 배열은 간단하게 배열에 배열을 집어넣는 형태'라고만 배우고 잘 사용해보지 않았을 것입니다. 1차원 배열도 아리송한데 2차원 배열까지 이해하려면 어려우니까요. 하지만 코딩 테스트에서는 2차원 배열을 자주 사용합니다.

본격적으로 2차원 배열을 설명하기 전에 먼저 2차원 배열은 어떤 모습을 띠고 있는지 확인해봅시다. 의외로 간단합니다. 배열에 배열을 집어넣은 형태입니다.

```
data = [[1, 2, 3], [4, 5, 6]]
```

2차원 배열이라고 해서 갑자기 엄청나게 어려워지거나 복잡해지지는 않습니다. 요소가 배열인 배열을 만들었다고 생각하면 접근하기 편합니다.

그림으로 살펴볼까요? 먼저 1차원 배열을 선언하면 다음과 같이 한 방향으로 연속적인 데이터가 나열됩니다.

▼ **그림 3-2** 배열 생성 시 할당되는 구조

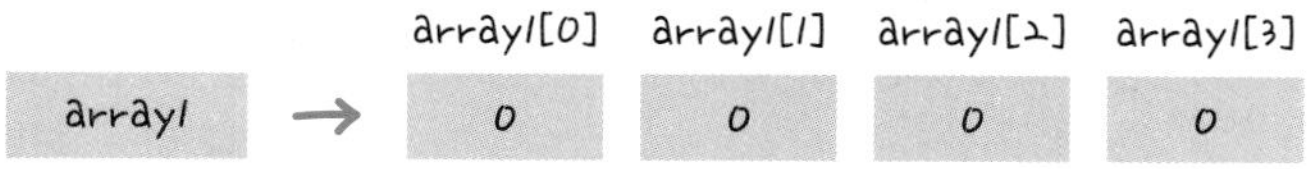

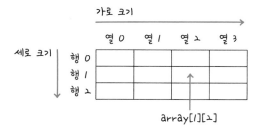

예를 들어 array1 배열의 첫 번째 항목에 접근하려면 0번째 주소인 array1[0]으로 접근해야 하며, 동일한 논리로 세 번째 항목에 접근하려면 array1[2]로 접근하면 됩니다. 조회하려는 항목의 순서인 N에서 1을 뺀 숫자가 바로 원하는 데이터를 조회할 수 있는 인덱스입니다(N − 1).

이제 한 차원을 더 얹어서 배열을 2차원으로 선언할 경우 다음 그림과 같이 사각형이 됩니다.

▼ **그림 3-3** 2차원 배열을 직관적으로 볼 때

이 배열에서 원하는 값을 찾으려면 1차원 배열과 다르게 '세로 위치 → 가로 위치' 순으로 조회해야 합니다(보통 리스트 안에 있는 리스트 개수는 정해져 있지 않지만, 코딩 테스트에서는 항상 고

정된 개수가 주어집니다). 즉, 세로 방향으로 먼저 행을 고른 다음, 가로 방향으로 열을 고르면 원하는 데이터를 찾을 수 있습니다.

세로 → 가로 형태로 이해하기 어렵다면, 좌표로 이해하는 것도 하나의 방법이 될 수 있습니다. 만약 원하는 데이터가 (1, 2)에 있다면, 행 1, 열 2 순으로 배열에 접근하면 된다고 생각하는 것도 나쁘지 않습니다. 단순히 배열을 단어로만 이해하는 것이 아니라 여러분이 문제를 접했을 때 곧바로 사용할 수 있도록 배열에 대해 좀 더 깊게 알아볼 것입니다.

3.1.2 배열을 다양하게 생각해보기

1차원 배열과 2차원 배열에 대해 어느 정도 알았다면 앞으로는 2차원 배열로 어떤 것을 할 수 있을지 알아보겠습니다.

> **잠깐만요**
>
> 이번 장에서는 2차원 배열을 다루고 익숙해지기 위해 집중할 것이며, 배열을 활용하여 데이터를 관리하는 일은 하지 않습니다. 어떻게 보면 중간에 끊는 느낌이 들겠지만 아쉽게도 배열에 대해 많은 것을 알게 되어도 그 자체로는 무언가를 하기 힘들고, 반대로 배열을 빼놓고 다른 개념을 이야기하면 가장 기초가 되는 배열을 모르기 때문에 아예 문제를 풀지 못합니다. 따라서 지금은 최대한 배열에 적응하는 것을 목표로 설명하고, 나중에 필요한 내용들은 그때마다 추가로 설명하겠습니다.

2차원 배열의 가장 큰 핵심은 '그룹'입니다. 단순히 특정 데이터만 많이 가진 1차원 배열과는 달리 본격적으로 데이터에 의미를 부여하기 시작하는 구조이며, 이런 정보를 기반으로 새로운 데이터를 구축하거나, 원하는 정보를 얻어내기 위한 조작을 합니다. 코딩 테스트에서 제공되는 배열의 경우 특이한 상황이 아니라면 각 항목마다 가지고 있는 길이가 모두 똑같은 사각형으로 제공되는데, 문제에 맞춰 배열을 어떻게 바라볼지에 대한 시각을 다양하게 갖출 필요가 있습니다.

코딩 테스트에서 배열 문제가 나오면 배열 자체를 활용해서 문제를 풀어야 합니다. 계산하라고 할 수도 있고, 특정 모양을 만들라고 할 수도 있고, 특정 부분만 추출해서 추가로 작업하라고 할 수도 있고, 심지어 회전하라고 할 수도 있습니다. 이 외에 상상도 못한 문제들이 나오는데, 이런 문제들은 배열 자체를 얼마나 잘 다룰 수 있는지에 대해 평가하려는 목적이 강합니다. 따라서 개념적으로만 배열을 이해하고 사용하려 한다면 문제를 이해하고 접근하는 데만 상당한 시간을 소모하기 때문에 쉬운 난이도라도 어렵게 느껴지는 경우가 많습니다.

일단 실생활에서 쉽게 볼 수 있는 것을 예로 들어 배열을 설명하겠습니다. 다음 그림은 프로그래머스의 아이콘을 2차원 배열로 변환시켜 여러분이 보기 편하도록 픽셀마다 밝기가 어느 정도인지 표시한 그림입니다.

▼ 그림 3-4 그림을 2차원 배열로 시각화하기

배열을 바라보는 방법은 여러 가지가 있지만, 단순히 숫자로 이해하기보다는 이렇게 눈으로 인식할 수 있는 이미지로 생각하면 문제를 풀 때 많은 도움이 됩니다. 예를 들어 그림 3-3을 보여주고 2차원 배열로 생성된 데이터가 어떤 모양을 가지는지 확인하라는 문제가 나왔다고 합시다. 이때 배열을 그저 연속적인 자료형 정도로 생각한다면 각 원소마다 0부터 255까지의 수치 중 어느 쪽에 더 가까운지, 그리고 어디에 있는지 매번 값을 보면서 생각해야 하므로 결과를 확인하는 데 시간이 오래 걸립니다. 하지만 배열을 이미지로 생각하면 더욱 빠르게 정보를 이해할 수 있습니다.

한 번 익혀 두면 앞으로 나올 모든 배열 조작 문제, 특히 어떤 모양을 요구하거나 만들어야 하는 문제에서 유용하게 쓸 수 있을 겁니다. 배열의 일부분이 필요하다고요? 이미지의 일부를 자른다고 생각하면 됩니다. 배열을 회전한다고요? 이미지를 회전한다고 생각하면 됩니다. 배열을 조작하는 모든 행동을 이미지를 조작하는 행동으로 생각하면 단순히 데이터를 조작한다고 생각하는 것보다 훨씬 이해하기 쉽고 적용하기 간편합니다.

실제 카카오 코딩 테스트에서 출제된 문제 또한 배열을 이미지처럼 생각하고 회전할 수 있으면 쉽게 풀 수 있지만, 단순하게 모든 경우의 수를 고려하면서 수학적으로 풀면 문제 하나에 1시간 이상 소모하게 됩니다. 쉽게 풀리지 않는 문제가 있다면 개념을 치환해서 생각해보는 것도 하나의 방법입니다.

이 외에 자신의 기준에서 이해하기 쉬운 방법이라면 얼마든지 좋습니다. 주 목적은 문제를 읽고, 주어진 배열을 보고 어떻게 풀 수 있을지에 대해 빠르게 전략을 세우는 것이기 때문에 최대한 상상력을 발휘해봅시다.

1차원 배열을 2차원 배열 대신 사용할 수 있을까요?

분명 배열은 '연속된 데이터의 집합'이라고 언급했습니다. 2차원 배열은 사람의 입장에서는 '이건 이미지야, 이건 좌표야'라고 생각하면서 최대한 모양을 만들려고 노력하지만 컴퓨터의 입장에서 보면 그냥 데이터가 연속적으로 많이든 자료형에 불과하니까요. 그런 의미에서 아예 1차원 배열을 2차원처럼 속여서 사용하면 되지 않을까라고 생각할 수 있습니다. data[a][b]라면 data[a * b]와 같은 식으로 말이죠.

물론 충분히 가능합니다. 2차원 배열이지만 모든 배열의 값을 더해야 하는 등의 조건이 주어진다면 이렇게 코드를 짰을 때 배열의 차원을 낮추는(flatten) 과정을 생략할 수 있으므로 한 번쯤 시도해볼 만한 전략입니다. 배열의 최대 크기(size)는 항상 일정하게 주어지므로 data[a * size + b]처럼 추가로 계산할 필요 없이 사용할 수 있습니다.

그러나 대부분의 상황에서는 굳이 2차원 배열을 1차원으로 속여서 개발할 이유도, 필요도 없습니다. 이런 방식으로 크게 이득을 얻는 것이 없다면 주어진 대로 사용하는 것이 가장 좋습니다. 애당초 배열의 차원은 사람의 관점에서 이해하기 쉬운 형태로 등장한 개념입니다.

3.2 2차원 배열 다뤄보기
SECTION

본격적으로 문제를 풀면서 배열을 연습해보겠습니다. 문제를 풀 때 항상 종이와 연필을 가까이하는 것이 중요합니다. 처음 배우는 유형이라면 머리로만 생각해서 풀 수 있을 거라는 기대는 하지 않는 것이 좋습니다. 해당 유형의 문제를 아주 많이 풀어 완벽하게 적응한 것이 아니라면, 생각을 정리하는 것이 가장 중요한 첫 번째 과정입니다. 일단 작전을 구상하고, 생각을 정리해보세요. 그 다음에 문제를 풀고, 답을 보면서 한 번 더 자신의 생각을 정리해보세요. 느려도 괜찮습니다. 한 문제라도 온전히 자신의 것으로 만드는 것이 중요합니다.

3.2.1 2차원 배열 응용

2차원 배열 자체를 다루는 유형입니다. 배열을 씹고 뜯고 맛보는 수준의 조작 문제가 많이 등장하며, 문제가 너무 복잡해보인다고 어떻게 해야 할지 겁먹지 말고 침착하게 진행하세요.

문제 ① 교점에 별 만들기 - Level 2

URL https://programmers.co.kr/learn/courses/30/lessons/87377

Ax + By + C = 0으로 표현할 수 있는 n개의 직선이 주어질 때, 이 직선의 교점 중 정수 좌표에 별을 그리려 합니다.

예를 들어 다음과 같은 직선 5개를

- 2x - y + 4 = 0
- -2x - y + 4 = 0
- -y + 1 = 0
- 5x - 8y - 12 = 0
- 5x + 8y + 12 = 0

좌표 평면 위에 그리면 다음 그림과 같습니다.

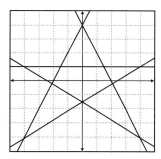

이때 모든 교점의 좌표는 (4, 1), (4, -4), (-4, -4), (-4, 1), (0, 4), (1.5, 1.0), (2.1, -0.19), (0, -1.5), (-2.1, -0.19), (-1.5, 1.0)입니다. 이 중 정수로만 표현되는 좌표는 (4, 1), (4, -4), (-4, -4), (-4, 1), (0, 4)입니다.

만약 정수로 표현되는 교점에 별을 그리면 다음과 같습니다.

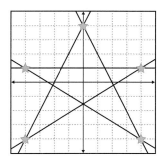

위의 그림을 문자열로 나타낼 때, 별이 그려진 부분은 *, 빈 공간(격자선이 교차하는 지점)은 . 으로 표현하면 다음과 같습니다.

```
"..........."
".....*....."
"..........."
"..........."
".*.......*."
"..........."
"..........."
"..........."
"..........."
".*.......*."
"..........."
```

이때 격자판은 무한히 넓으니 모든 별을 포함하는 최소한의 크기만 나타내면 됩니다.

따라서 정답은

```
"....*...."
".........."
".........."
"*.......*"
".........."
".........."
".........."
".........."
"*.......*"
```

입니다.

직선 A, B, C에 대한 정보가 담긴 배열 line이 매개변수로 주어집니다. 이때 모든 별을 포함하는 최소 사각형을 return하도록 solution 함수를 완성해주세요.

제한 사항

- line의 세로(행) 길이는 2 이상 1,000 이하인 자연수입니다.
    - line의 가로(열) 길이는 3입니다.
    - line의 각 원소는 [A, B, C] 형태입니다.
    - A, B, C는 -100,000 이상 100,000 이하인 정수입니다.
    - 무수히 많은 교점이 생기는 직선 쌍은 주어지지 않습니다.
    - A = 0이면서 B = 0인 경우는 주어지지 않습니다.
- 정답은 1,000 * 1,000 크기 이내에서 표현됩니다.
- 별이 한 개 이상 그려지는 입력만 주어집니다.

line	result
[[2, -1, 4], [-2, -1, 4], [0, -1, 1], [5, -8, -12], [5, 8, 12]]	["....*....", ".........", ".........", "*.......*", ".........", ".........", ".........", ".........", "*.......*"]
[[0, 1, -1], [1, 0, -1], [1, 0, 1]]	["*.*"]
[[1, -1, 0], [2, -1, 0]]	["*"]
[[1, -1, 0], [2, -1, 0], [4, -1, 0]]	["*"]

입출력 예 설명

입출력 예 #1

문제 예와 같습니다.

입출력 예 #2

직선 y = 1, x = 1, x = -1은 다음과 같습니다.

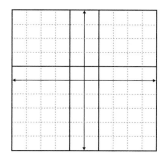

(-1, 1), (1, 1)에서 교점이 발생합니다.

따라서 정답은

"*.*"

입니다.

입출력 예 #3

직선 y = x, y = 2x는 다음과 같습니다.

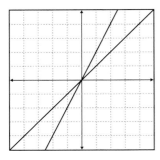

(0, 0)에서 교점이 발생합니다.

따라서 정답은

"*"

입니다.

입출력 예 #4

직선 y = x, y = 2x, y = 4x는 다음과 같습니다.

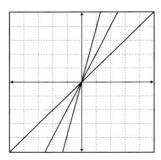

(0, 0)에서 교점이 발생합니다.

따라서 정답은

"*"

입니다.

참고 사항

Ax + By + E = 0

Cx + Dy + F = 0

두 직선의 교점이 유일하게 존재할 경우, 그 교점은 다음과 같습니다.

$$x = \frac{BF - ED}{AD - BC} \qquad y = \frac{EC - AF}{AD - BC}$$

또, AD - BC = 0인 경우 두 직선은 평행 또는 일치합니다.

시작부터 너무 어려운 문제를 만난 것 같나요? 이 문제는 **문제를 잘 보면서 하라는 대로만 하면 바로 답을 맞출 수 있습니다.** 문제를 풀면서 추가로 고민해야 할 사항도 없고, 숨겨진 요소도 없습니다.

문제 풀이 흐름

직선이 주어지면

1. 주어진 직선에서 교점을 구합니다.

2. 그중 정수 교점만 따로 변수로 저장합니다.

3. 교점을 모두 표현할 수 있는 최소한의 사각형을 알아냅니다.

4. 모든 교점을 *로 찍어서 표현합니다.

5. 배열을 거꾸로 뒤집어 반환합니다.

코드 작성

1. 주어진 직선에서 교점을 구합니다.

문제 설명에 이미 교점 공식이 주어져 있으므로 이 공식을 이용해 주어진 모든 교점을 구하면 됩니다. for 문이 두 번 중첩되므로 $O(n^2)$이지만, 직선의 개수도 적은 편(1,000개)이고 직선끼리 겹치는 일(무한히 교점이 만들어지는 경우)은 없기 때문에 충분히 작동하리라 예상할 수 있습니다.

```python
for i in range(n):
    a, b, e = line[i]
    for j in range(i + 1, n):
        c, d, f = line[j]
        if a * d == b * c: continue
        x = (b * f - e * d) / (a * d - b * c)
        y = (e * c - a * f) / (a * d - b * c)
```

주어진 직선의 방정식 개수만큼 for 문을 돌리면서 각 순차마다 방정식의 정보를 얻어온 뒤, 해당 순서의 방정식부터 끝까지 두 방정식의 정보를 공식을 사용해 교점을 구합니다. 시간 복잡도를 구한다면, 횟수가 늘어날수록 전체 반복 횟수가 줄어드는 구조이므로 $\frac{n(n+1)}{2}$ 정도의 연산량이 발생합니다. 즉, 'O(n^2)보다는 조금 더 빠르다' 정도로 이해하면 됩니다.

2. 그중 정수 교점만 따로 변수로 저장합니다.

1번의 결괏값이 **정수**인지 검사하고, 정수라면 해당 교점을 변수로 만들어 저장합니다.

```
if x == int(x) and y == int(y):
    x = int(x)
    y = int(y)
    pos.append([x, y])
```

값을 비교할 때는 int( )로 좌표를 형 변환해야 합니다. 나누기를 해서 만들어진 실수[1]는 부동소수점 표시의 한계로 인해 소수점끼리 더하면 값이 바뀌는데, 이 상황에서 값을 비교하면 예상과는 다른 결과가 나올 수 있기 때문입니다.

예) 0.1 + 0.2 == 0.3 #False

만약 float끼리 적극적으로 계산해서 두 값을 비교하는 문제가 나왔다면 내장 라이브러리인 fractions이나 decimal 라이브러리를 사용해 오차를 제거하여 완벽한 상태에서 값을 비교해야 합니다. 또한, 정수로 형을 변환할 때 소수점이 버려지는데 이 수치로 인해 예상과는 다른 결과가 나오는지도 확인해야 합니다. 다행스럽게도 문제에서 소수점이 존재하는 교점을 구할 필요가 없으므로 int( ) 함수만 사용해서 값을 정수로 만들어도 됩니다. 어떤 방법이든 형 변환이 발생한다면 꼭 추가로 보정해야 하는 사항이 있는지 체크하고 넘어가세요.

3. 교점을 모두 표현할 수 있는 최소한의 사각형을 알아냅니다.

교점을 모두 표현할 수 있는 최소한의 사각형을 알아내기 위해선 교점인 좌표들을 보고 영점으로부터 가장 멀리 있는 좌표를 찾아 최댓값/최솟값을 계산하는 방식으로 대응하면 됩니다. 교점을 모두 모은 상태에서도 할 수 있으나 추가 비용이 발생하므로 교점을 계산했을 때마다 수치를 확인하는 방향으로 진행하겠습니다.

---

1 부동 소수점 오차라고 하며, 조금 더 자세한 정보는 해당 페이지를 참고하세요. https://docs.python.org/ko/3/tutorial/floatingpoint.html

```
if x_min > x: x_min = x
if y_min > y: y_min = y
if x_max < x: x_max = x
if y_max < y: y_max = y
```

4. 모든 교점을 *로 찍어서 표현합니다.

마지막으로 2번, 3번의 조건을 교점 *로 표현한 다음 모두 모으면 정답이 나옵니다.

다만 앞서 언급했듯이 파이썬에는 고정된 리스트를 생성하는 방법이 없습니다(C 언어처럼 int a[10] 형태로 만들 수 없음). 따라서 for 문을 사용해 직접 할당하거나 리스트의 곱셈 또는 컴프리헨션 방식으로 생성해야 합니다. 여기에서는 리스트 컴프리헨션으로 만들겠습니다.

```
x_len = x_max - x_min + 1
y_len = y_max - y_min + 1
coord = [['.'] * x_len for _ in range(y_len)]

for star_x, star_y in pos:
    nx = star_x + abs(x_min) if x_min < 0 else star_x - x_min
    ny = star_y + abs(y_min) if y_min < 0 else star_y - y_min
    coord[ny][nx] = '*'
```

최소 길이를 가진 정사각형을 만들기 위해 3번 과정에서 정의한 x_max, y_max, x_min, y_min 변수를 사용하여 가로와 세로의 길이를 구합니다. 그리고 이 가로와 세로 길이로 좌표를 기록할 사각형 정보를 가진 2차원 배열을 생성합니다. 이후 기억한 교점 정보를 for 문을 돌려 정의한 최소 크기의 사각형에 좌표를 찍습니다.

그런데 좌표를 찍으려고 하니 한 가지 문제가 생깁니다. 최소 크기의 정사각형을 가진 2차원 배열에서 음수 좌표를 표현하는데, 정사각형은 0부터 양수만 존재합니다. 두 가지 해결책이 있는데, 배열의 중앙을 (0, 0)으로 생각하여 좌표를 찍거나 abs(절댓값) 연산을 통해 증가량을 계산하여 표현해야 합니다.

어느 것을 선택해도 상관없으나, 전자의 경우 배열은 음수 인덱스를 가질 수 없기 때문에 추가 보정을 해야 하며, 길이가 짝수라면 중앙 좌표를 임의로 선택해야 합니다. 이런 자잘한 보정이 많을수록 실수하기 쉽습니다. 따라서 후자인 abs()로 증가량 자체를 보정하여 좌표를 찍어주는 방식을 사용하겠습니다. 그러면 훨씬 직관적이고 쉽습니다. 대신 최댓값/최솟값 계산처럼 이 값을 더할지, 뺄지가 경우에 따라 달라지므로 논리를 잘 점검합시다.

5. 배열을 거꾸로 뒤집어 반환합니다.

이제 결과로 나온 좌푯값들을 하나의 문자열로 만든 다음 정답 배열에 넣어주면 필요한 데이터를 전부 얻을 수 있습니다.

> **TIP**
>
> 2장에서 이야기했지만, 문자열을 2~3개 이상 합친다면 ''.join()을 사용해야 합니다. + 연산자를 사용하면 새로운 문자열을 생성하여 이를 합치는 내부 연산이 추가되어 보이지 않는 처리 비용이 많이 발생합니다. + 연산자로 문자열 몇천 개만 합쳐도 금방 시간 초과가 발생합니다.

그런데 마지막으로 나온 answer 배열을 return하려고 하니 정답을 역순으로 제출해야 하네요. 이럴 경우 [].reverse() 또는 reversed([])를 사용하거나, 슬라이싱을 사용해 [::-1]을 붙여 반대로 출력하도록 합니다. 다만 이처럼 연산이 1번 더 추가되었기 때문에 O(n)만큼의 시간 복잡도가 추가로 발생합니다.

```python
for result in coord:
    answer.append(''.join(result))

return answer[::-1]
```

처음부터 역순으로 진행해서 문제를 풀면 이러한 비용을 걱정할 필요 없이 바로 답을 만들 수 있으나 지금 시점에서는 조금 어려울 수 있습니다. 이번 문제에서는 이 정도의 추가 비용은 전혀 문제가 되지 않으므로 시간 복잡도를 약간 희생하는 방향으로 진행했습니다.

이렇게 정답 코드가 완성되었습니다. 여러분이 작성한 코드와 비교해서 다른 점이 있는지 살펴보세요.

전체 코드   3장/교점에_별_만들기.py

```python
def solution(line):
    #prevent swallow copy
    pos, answer = [], []
    n = len(line)

    x_min = y_min = int(1e15)
    x_max = y_max = -int(1e15)

    for i in range(n):
        a, b, e = line[i]
        for j in range(i + 1, n):
            c, d, f = line[j]
```

```
                if a * d == b * c :
                    continue

                x = (b * f - e * d) / (a * d - b * c)
                y = (e * c - a * f) / (a * d - b * c)

                if x == int(x) and y == int(y):
                    x = int(x)
                    y = int(y)
                    pos.append([x,y])
                    if x_min > x: x_min = x
                    if y_min > y: y_min = y
                    if x_max < x: x_max = x
                    if y_max < y: y_max = y

    x_len = x_max - x_min + 1
    y_len = y_max - y_min + 1
    coord = [['.'] * x_len for _ in range(y_len)]

    for star_x, star_y in pos:
        nx = star_x + abs(x_min) if x_min < 0 else star_x - x_min
        ny = star_y + abs(y_min) if y_min < 0 else star_y - y_min
        coord[ny][nx] = '*'

    for result in coord: answer.append(''.join(result))

    return answer[::-1]
```

또 다른 문제 풀이

책에서 제시하는 풀이가 유일한 정답은 아닙니다. 다른 사람이 푼 내용을 살펴보면 생각보다 다양한 풀이가 있다는 사실을 알 수 있습니다. 이번에는 똑같은 문제를 다른 방식으로 풀어보겠습니다. 문제 풀이를 위한 과정 자체는 이전과 동일하게 진행합니다.

1. **주어진 직선에서 교점을 알아냅니다.**

```
for i in range(len(line)):
    a, b, e = line[i]
    for j in range(i + 1, len(line)):
        c, d, f = line[j]
```

```
        if ((a * d) - (b * c)) == 0:
            continue

        x = ((b * f) - (e * d)) / ((a * d) - (b * c))
        y = ((e * c) - (a * f)) / ((a * d) - (b * c))
```

방정식을 처음부터 모두 비교하는 논리는 동일합니다. 차이점이 있다면 계산 실수를 방지하기 위해 괄호를 사용했다는 점을 들 수 있습니다. 계산식의 경우 정확한 순서를 밟지 않으면 정답이 나오지 않으므로 약간 번거롭더라도 잘못 계산될 가능성을 줄이는 방식으로 진행하겠습니다.

2. 그중 정수 교점만 기억하고, 최소/최대 크기를 알아냅니다.

```
if x.is_integer() and y.is_integer():
    x = int(x)
    y = int(y)
    meet.append([x, y])
    x_max, y_max = max(x_max, x), max(y_max, y)
    x_min, y_min = min(x_min, x), min(y_min, y)
```

교점의 방정식 공식으로 나온 float과 이를 정수로 형 변환한 int의 값을 비교하지 않고, float 값을 그대로 두고 is_integer() 함수로 직접 이 숫자가 정수인지 확인하는 과정으로 변경했습니다. 소수점을 확인할 필요가 없다면 이 방식도 유효하니 해당 값이 정수인지 확인하는 또 다른 방법을 기억해두세요.

3. 교점을 모두 표현할 수 있는 최소한의 사각형을 알아냅니다.

```
width = abs(x_max - x_min) + 1
height = abs(y_max - y_min) + 1
answer = [['.'] * width for _ in range(height)]
```

계산 결과는 동일하나 이번에는 조금 더 이해하기 쉽게 abs() 함수를 사용하여 영점에서부터 얼마나 떨어졌는지 계산하는 방식으로 바꿨습니다. 수치를 계산하는 방법은 여러분이 원하는 대로 선택하면 됩니다.

4. 모든 교점을 *로 찍어서 표현합니다.

```python
meet = sorted(meet, key = lambda i: -i[1])

for x, y in meet:
    ny = y_max - y
    nx = x - x_min
    answer[ny][nx] = '*'

return list(map(''.join, answer))
```

앞서 처리해야 할 문제 중 하나인 '사실 결과가 정반대라면 거꾸로 출력해야 하는데 어떻게 하지?'에 대한 질문을 역순 정렬로 해결했습니다. 정렬의 시간 복잡도가 O(nlogn)이라서 비효율적인 코드라고 생각할 수 있습니다. 느려지는 게 맞습니다. 이전 풀이의 코드는 가장 느리게 실행되더라도 0.2초이지만, 이 코드는 0.4초로 약 2배 이상 더 걸립니다.

이 방법은 별을 찍을 때 무조건 가장 작은 좌표부터 시작하므로 나중에 배열을 뒤집을 필요가 없고, 점을 찍을 때 주어진 값이 양수인지 음수인지 매번 확인할 필요가 없으므로 실수할 가능성을 크게 낮췄습니다. 이런 식으로 무조건 빠르게 돌아가는 것에만 집중하는 것이 아니라 자신의 약점(자주 실수하는 유형, 반복적으로 틀리는 부분)은 시간 복잡도를 조금 희생하여 커버할 수도 있기 때문에 시간이 느리더라도 얻을 수 있는 이득을 살펴보기 바랍니다.

전체 코드

3장/교점에_별_만들기_정렬.py

```python
def solution(line):
    meet = list()
    x_max = y_max = -float('inf')
    x_min = y_min = float('inf')

    for i in range(len(line)):
        a, b, e = line[i]
        for j in range(i + 1, len(line)):
            c, d, f = line[j]
            if ((a * d) - (b * c)) == 0:
                continue

            x = ((b * f) - (e * d)) / ((a * d) - (b * c))
            y = ((e * c) - (a * f)) / ((a * d) - (b * c))
            if x.is_integer() and y.is_integer():
                x = int(x)
                y = int(y)
```

```
                meet.append([x, y])
                x_max, y_max = max(x_max, x), max(y_max, y)
                x_min, y_min = min(x_min, x), min(y_min, y)

    width = abs(x_max - x_min) + 1
    height = abs(y_max - y_min) + 1
    answer = [['.'] * width for _ in range(height)]
    meet = sorted(meet, key = lambda i: -i[1])

    for x, y in meet:
        ny = y_max - y
        nx = x - x_min
        answer[ny][nx] = '*'

    return list(map(''.join, answer))
```

결과는 동일하지만, 두 풀이 방법은 문제를 해결하기 위한 접근 방식이 다릅니다. 이 방법 말고도 여러 가지 방법으로 풀 수 있으니, 문제를 만나면 항상 다양한 방법으로 풀 수 있을지를 고민해보세요.

잠깐만요

배열을 생성하고 값을 바꿨더니 다른 곳에도 영향을 미친다면?

문제 풀이에서 2차원 배열을 생성하기 위해 리스트 컴프리헨션을 사용했는데, 한 가지 주의해야 할 점이 있습니다. 리스트의 곱셈은 동일한 데이터의 주소를 복사하는 얕은 복사(shallow copy)이기 때문에 리스트의 곱셈을 2번 해서 [[v]*n]*n처럼 2차원 배열을 생성할 경우 생성된 1차원 배열을 여러 개 복제(access)하여 사용하는 것이므로 값을 수정하면 복사된 모든 배열의 동일한 위치에 있는 값이 같이 변경됩니다. 따라서 [[0]*10 for i in range(10)]처럼 직접 숫자를 생성하여 할당하는 방식으로 2차원 배열을 생성해야 합니다.

1차원 배열의 곱셈도 동일하게 얕은 복사이지만, 2차원 배열의 곱셈(1차원 배열 복사)과 다르게 복사한 값이 **정수 0**(정수 0을 담고 있는 주솟값)이기 때문에 이 값이 다른 값으로 변경될 수 없고, 새 값을 할당(assign)하면 해당 값만 동일한 값이 아닌 다른 값으로 할당되므로 다른 값이 같이 변경되지 않습니다.

문제 ❷ 행렬 테두리 회전하기 - Level 2

URL https://programmers.co.kr/learn/courses/30/lessons/77485

rows x columns 크기인 행렬이 있습니다. 행렬에는 1부터 rows x columns까지의 숫자가 한 줄씩 순서대로 적혀 있습니다. 이 행렬에서 직사각형의 범위를 여러 번 선택해, 테두리 부분에 있는 숫자들을 시계 방향으로 회전시키려 합니다. 각 회전은 (x1, y1, x2, y2)인 정수 4개로 표현하며, 그 의미는 다음과 같습니다.

- x1 행 y1 열부터 x2 행 y2 열까지의 영역에 해당하는 직사각형에서 테두리에 있는 숫자들을 한 칸씩 시계 방향으로 회전합니다.

6 × 6 크기 행렬의 예입니다.

1	2	3	4	5	6
7	8	9	10	11	12
13	14	15	16	17	18
19	20	21	22	23	24
25	26	27	28	29	30
31	32	33	34	35	36

이 행렬에 (2, 2, 5, 4) 회전을 적용하면, 다음 그림과 같이 2행 2열부터 5행 4열까지 영역의 테두리가 시계 방향으로 회전합니다. 이때 중앙의 15와 21이 있는 영역은 회전하지 않는 것을 주의하세요.

1	2	3	4	5	6
7	14	8	9	11	12
13	20	15	10	17	18
19	26	21	16	23	24
25	27	28	22	29	30
31	32	33	34	35	36

행렬의 세로 길이(행 개수) rows, 가로 길이(열 개수) columns, 그리고 회전들의 목록 queries가 주어질 때, 각 회전들을 배열에 적용한 뒤, 그 회전에 의해 위치가 바뀐 숫자들 중 **가장 작은 숫자들을 순서대로 배열에 담아** return하도록 solution 함수를 완성해주세요.

제한 사항

- rows는 2 이상 100 이하인 자연수입니다.
- columns는 2 이상 100 이하인 자연수입니다.

- 처음에 행렬에는 가로 방향으로 숫자가 1부터 하나씩 증가하면서 적혀 있습니다.
  - 즉, 아무 회전도 하지 않았을 때, i행 j열에 있는 숫자는 ((i - 1) x columns + j)입니다.
- queries의 행의 개수(회전의 개수)는 1 이상 10,000 이하입니다.
- queries의 각 행은 4개의 정수 [x1, y1, x2, y2]입니다.
  - x1 행 y1 열부터 x2 행 y2 열까지 영역의 테두리를 시계 방향으로 회전한다는 뜻입니다.
  - 1 ≤ x1 < x2 ≤ rows, 1 ≤ y1 < y2 ≤ columns입니다.
  - 모든 회전은 순서대로 이루어집니다.
  - 예를 들어, 두 번째 회전에 대한 답은 첫 번째 회전을 실행한 다음, 그 상태에서 두 번째 회전을 실행했을 때 이동한 숫자 중 최솟값을 구하면 됩니다.

입출력 예

rows	columns	queries	result
6	6	[[2, 2, 5, 4], [3, 3, 6, 6], [5, 1, 6, 3]]	[8, 10, 25]
3	3	[[1, 1, 2, 2], [1, 2, 2, 3], [2, 1, 3, 2], [2, 2, 3, 3]]	[1, 1, 5, 3]
100	97	[[1, 1, 100, 97]]	[1]

입출력 예 설명

입출력 예 #1

- 회전을 수행하는 과정을 그림으로 표현하면 다음과 같습니다.

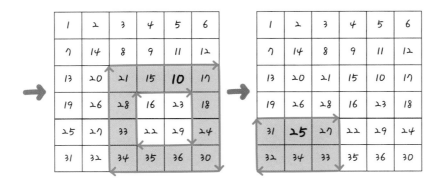

입출력 예 #2

- 회전을 수행하는 과정을 그림으로 표현하면 다음과 같습니다.

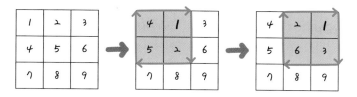

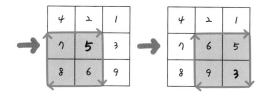

입출력 예 #3

- 이 예에서는 행렬의 테두리에 위치한 모든 칸들이 움직입니다. 따라서 행렬의 테두리에 있는 수 중 가장 작은 숫자인 1이 바로 답이 됩니다.

배열 회전 문제입니다. 회전하는 방법을 알고 있다면 매우 쉽게 풀 수 있지만, 어떻게 해야 할지 감을 잡을 수 없으면 굉장히 난해한 문제입니다. 차분하게 종이와 연필을 들고 문제를 분석해봅시다.

문제 풀이 흐름

행렬의 크기와 회전해야 하는 두 좌표가 주어지면

1. 1씩 증가하는 행렬을 생성합니다.
2. 회전해야 할 위치들의 값을 받아옵니다.
3. 행렬을 시계 방향으로 회전시킵니다.
4. 3번 과정에서 최솟값을 찾습니다.

코드 작성

1. **1씩 증가하는 행렬을 생성합니다.**

   행렬(2차원 배열)을 만드는 것은 쉽습니다. 2차원 배열을 선언하고 for 문을 사용하여 생성한 뒤, 가로 방향으로 1씩 증가시키면서 배열에 값을 할당하면 됩니다.

   ```
   matrix = [[(i) * columns + (j + 1) for j in range(columns)] for i in range(rows)]
   ```

2. **회전해야 할 위치들의 값을 받아옵니다.**

   이 또한 쉽습니다. 주어진 좌표에서 1을 빼야 배열의 실제 위치에 접근할 수 있다는 점만 기억한다면 아무런 문제가 없습니다. 회전하는 부분을 코드로 만들 수도 있지만 내용이 길기 때문에 함수로 분리하겠습니다.

   ```
   result = []
   for x1, y1, x2, y2 in queries:
       result.append(rotate(x1 - 1, y1 - 1, x2 - 1, y2 - 1, matrix))
   ```

   이제 시계 방향으로 회전시키는 rotate() 함수를 만들어야 합니다.

3. **행렬을 시계 방향으로 회전시킵니다.**

   '시계 방향으로 회전하는 과정'은 단순히 생각을 정리하는 것만으로는 문제를 풀기 어렵습니다. 배열을 통째로 회전하는 거라면 모를까, 테두리만 돌린다고 하니 갑자기 어떻게 값을 다뤄야 할지 망설이게 되죠. 시계 방향으로 밀라고 언급되었으니 말 그대로 시계 방향으로 밀 수 있지만, 굉장히 번거로운 과정을 거쳐야 합니다.

   그렇다면 어떻게 접근하는 것이 좋을까요? 그 답을 찾으려면 먼저 왜 번거로운 과정을 거쳐야 하는지 알아야 합니다. 이해하기 쉽게 컨베이어 벨트를 예로 설명하겠습니다.

   ▼ **그림 3-5** 컨베이어 벨트

시작 좌표와 끝 좌표가 주어지면 사각형이 생기는데(문제 설명에 나왔던 좌표 (2, 2, 5, 4)를 예로 들겠습니다), 여기서 중앙을 제외한 테두리 부분을 시계 방향으로 회전하면 됩니다. 마치 컨베이어 벨트가 움직이듯이, 오른쪽으로 도는 것이죠.

▼ **그림 3-6** 컨베이어 벨트처럼 돌아가는 배열

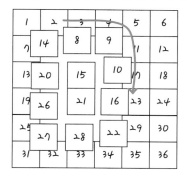

도는 과정 자체는 어렵지 않지만, 이렇게 구현하려면 한 가지 문제가 발생합니다.

▼ **그림 3-7** 문제의 조건대로 배열 이동을 했지만 예상한 것과 다른 결과가 나온다

❶ 좌표를 통해 시작 배열의 위치를 잡고

1	2	3	4	5	6
7	8	9	10	11	12
13	14	15	16	17	18
19	20	21	22	23	24
25	26	27	28	29	30
31	32	33	34	35	36

❷ 시계 방향으로 값을 할당하면

1	2	3	4	5	6
7	8	8	9	11	12
13	14	15	16	17	18
19	20	21	22	23	24
25	26	27	28	29	30
31	32	33	34	35	36

❸ 어라? 10이 없어졌네?

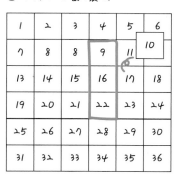

변수는 일단 값이 한 번 변경되면 이전 값을 기억하지 않습니다. 이렇게 값이 사라졌다면 나머지 작업에서도 똑같이 값이 사라질 것입니다. 그렇다면 사라지는 값을 기억했다가 마지막에 다시 할당하는 과정이 필수적으로 요구됩니다. 이런 식으로 본래 해야 하는 작업에 다른 작업이 많이 추가되면 이 과정에서 발생하는 문제가 없는지까지 체크해야 하므로 실수하기 쉽습니다.

분명히 회전하라고 해서 회전했더니 문제가 더 커지는 상황이 됐네요. 이렇게 순수하게 보이는 대로만 문제를 풀면 생각치도 못한 변수가 발생해 추가 비용이 들이거나 고민거리가 늘어날 수 있습니다. 번뜩이는 아이디어가 필요할 때입니다. 생각을 바꿔 앞에서 살펴본 시계 회전 과정을 반대로 실행하면 어떨까요?

▼ **그림 3-8** 반대로 생각하기

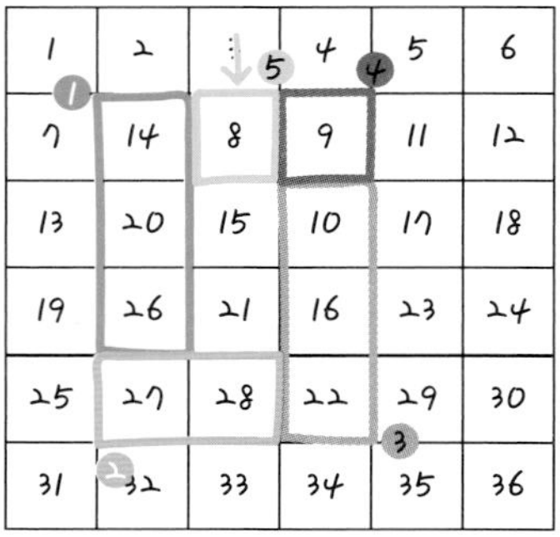

기존 방식대로라면 '왼쪽 위 → 오른쪽 위 → 오른쪽 아래 → 왼쪽 아래' 순으로 배열의 값을 밀어가며 구현해야 하지만, 반대로 '왼쪽 아래(①) → 오른쪽 아래(②) → 오른쪽 위(③) → 왼쪽 위(④)' 순서로 방식을 바꾸면 맨 처음 숫자 8만 사라지기 때문에 해당 값만 잘 기억해두었다가 마지막에 들어갈 위치로 할당하기만(⑤) 하면 됩니다. 추가 과정이 단 1번만 생겼습니다.

이렇게 하면 배열 회전에 대한 문제도 해결할 수 있습니다.

```
def rotate(x1, y1, x2, y2, matrix):
    first = matrix[x1][y1]
    min_value = first

    #왼쪽
    for k in range(x1, x2):
        matrix[k][y1] = matrix[k + 1][y1]
        min_value = min(min_value, matrix[k + 1][y1])
    #아래
    for k in range(y1, y2):
        matrix[x2][k] = matrix[x2][k + 1]
```

```
            min_value = min(min_value, matrix[x2][k + 1])
        #오른쪽
        for k in range(x2, x1, -1):
            matrix[k][y2] = matrix[k - 1][y2]
            min_value = min(min_value, matrix[k - 1][y2])
        #위
        for k in range(y2, y1 + 1, -1):
            matrix[x1][k] = matrix[x1][k - 1]
            min_value = min(min_value, matrix[x1][k - 1])

        matrix[x1][y1 + 1] = first
        return min_value
```

4. 3번 과정에서 최솟값을 찾습니다.

회전한 배열 값에서 최솟값을 찾는 방법은 매우 간단합니다. 회전하기 위해 찾는 모든 값 중에서 가장 작은 값을 찾으면 됩니다. 여기에서는 배열을 회전할 때 최솟값도 같이 확인하도록 구현했습니다. 앞의 코드에서 min_value가 이에 해당합니다.

이렇게 문제의 정답 코드가 완성되었습니다. 전체 코드는 다음과 같습니다.

전체 코드   3장/행렬_테두리_회전하기.py

```
def rotate(x1, y1, x2, y2, matrix):
    first = matrix[x1][y1]
    min_value = first

    #왼쪽
    for k in range(x1, x2):
        matrix[k][y1] = matrix[k + 1][y1]
        min_value = min(min_value, matrix[k + 1][y1])
    #아래
    for k in range(y1, y2):
        matrix[x2][k] = matrix[x2][k + 1]
        min_value = min(min_value, matrix[x2][k + 1])
    #오른쪽
    for k in range(x2, x1, -1):
        matrix[k][y2] = matrix[k - 1][y2]
        min_value = min(min_value, matrix[k - 1][y2])
    #위
    for k in range(y2, y1 + 1, -1):
        matrix[x1][k] = matrix[x1][k - 1]
        min_value = min(min_value, matrix[x1][k - 1])
```

```
        matrix[x1][y1 + 1] = first
        return min_value

def solution(rows, columns, queries):
    matrix = [[(i) * columns + (j + 1) for j in range(columns)] for i in range(rows)]
    result = []
    for x1, y1, x2, y2 in queries:
        result.append(rotate(x1 - 1, y1 - 1, x2 - 1, y2 - 1, matrix))

    return result
```

지난 번 문제와 다르게 중간에 막혔던 부분은 없었나요? 3번 조건을 해결했다면 나머지는 정말 지시하는 대로 구현하면 됩니다.

문제 풀이 최적화

이번에는 앞의 풀이 방식을 조금 더 최적화할 수 있는 방법을 알아보겠습니다. 파이썬에서는 슬라이싱 기능을 지원한다는 걸 기억하고 있나요? 슬라이싱을 사용하면 for 문을 줄이고 문제를 매우 쉽게 풀 수 있습니다.

1. **가로 방향으로 1씩 증가하는 주어진 크기만큼의 행렬을 만듭니다.**

   동일하게 리스트 컴프리헨션으로 생성하겠습니다. 이 코드는 변수 이름을 제외하면 모두 똑같습니다.

   ```
   board = [[columns * j + (i + 1) for i in range(columns)] for j in range(rows)]
   ```

2. **회전해야 할 위치들의 값을 받아옵니다.**

   이번에는 함수를 따로 만들지 않고, 기존의 변수로 다뤄서 문제를 해결해보겠습니다. 함수로 만드는 것과 어떤 차이가 있는지 생각하면서 살펴보세요.

   ```
   for query in queries:
       a, b, c, d = query[0] - 1, query[1] - 1, query[2] - 1, query[3] - 1
   ```

역시 앞의 코드와 동일하게 배열을 조회할 때는 원래 숫자에 −1을 해야 한다는 점만 기억하면 됩니다.

- 반시계 나선형이므로 '처음에는 밑으로, 그 다음은 오른쪽으로, 그 다음은 왼쪽 대각선 위쪽으로, 그 다음은 다시 밑으로…' 순으로 방향이 정의되어야 합니다.
    - 좌표로 나타내면 $y + 1 \rightarrow x + 1 \rightarrow x - 1, y - 1 \rightarrow y + 1 \cdots$이 됩니다.
- 방향 회전 기준
    - 다음 숫자를 넣을 배열이 없거나, 만약 다른 값이 이미 할당되어 있다면 끝에 닿았다고 간주하여 방향을 전환해야 합니다.

문제 풀이 흐름

앞의 조건을 모두 정리한 문제 풀이 과정입니다.

1. n × n 2차원 배열을 생성합니다.
2. 반시계 방향(시작은 아래로)의 나선형으로 배열을 채워나갑니다.
3. 배열의 끝에 닿으면 방향을 변경합니다.
4. 마지막으로 할당할 숫자가 0이 아닐 때/삼각형을 모두 채웠다면 정답을 제출합니다.

코드 작성

1. n × n 2차원 배열을 생성합니다.

2차원 배열을 생성하는 방법은 몇 번 해봤으므로 추가 설명은 하지 않습니다.

```
snail = [[0] * i for i in range(1, n + 1)]
```

다만 이번에는 파이썬의 특징을 활용하여 배열을 생성하겠습니다. 리스트는 다른 언어의 배열과 다르게 크기를 고정으로 생성할 필요가 없습니다. 필요 없는 배열은 아예 처음부터 생성하지 않으므로 메모리를 절약할 수 있습니다. 대신 방향 계산은 그대로 이루어져야 정상적인 조회가 가능하므로 배열을 다루는 데 익숙하지 않다면 `[[0] * 5 for _ in range(n)]`처럼 빈 공간도 같이 생성하여 오류를 막는 것이 좋습니다.

2. 반시계 방향(시작은 아래로)의 나선형 형태로 배열을 채워나갑니다.

나선형 형태로 배열을 채우는 기능을 제공하는 라이브러리나 함수가 없으므로 직접 정의해야 합니다.

먼저 배열에 반시계 방향을 적용하려면 처음에는 아래로 내려가야 하므로 밑으로 1칸씩 내려가야 하고, 그 다음은 오른쪽으로 진행하므로 오른쪽으로 1칸씩, 마지막으로는 좌측 대각선 위 방향으로 진행해야 하므로 위로 1칸, 좌측으로 1칸 진행하는 방식이 될 것입니다. 따라서 진행 방향을 관리하는 변수를 만들어 현재 방향에 따라 자동으로 진행할 방향을 선택할 수 있게 조정하는 것이 좋습니다.

```python
dx = [0, 1, -1]
dy = [1, 0, -1]
x = y = angle = 0
cnt = 1
size = (n + 1) * n // 2        #len(snail)과 같습니다.
while cnt <= size:
    snail[y][x] = cnt
    ny = y + dy[angle]
    nx = x + dx[angle]
    cnt += 1
```

또한, 최대 반복 횟수를 구하려면 1부터 n까지의 합을 계산해야 합니다. for 문을 사용해서 계산할 수도 있으나 공식 $\frac{n \times (n-1)}{2}$로 계산하면 단 한 번만으로 합을 구할 수 있습니다. //은 나눗셈의 몫만 반환하는 파이썬 연산자로 int()로 형 변환하는 것을 목적으로 합니다.

3. 배열의 끝에 닿으면 방향을 변경합니다.

n = 4라면 공식에 따라 반복문이 총 10번 돌아가면서 배열 할당을 시도합니다. 그러나 배열의 크기는 10보다 작고(삼각형의 높이), 5개 이상의 요소를 탐색하려고 하면 없는 곳을 참조했기 때문에 오류가 발생하면서 프로그램이 강제로 종료됩니다. 따라서 다음 배열이 존재하는지 꼭 확인해야 합니다. 더불어 회전하면서 다음 배열이 존재하지만 이미 값이 할당된 상태라면 충돌로 판정하므로 해당 부분 또한 확인해야 합니다.

```python
if 0 <= ny < n and 0 <= nx <= ny and snail[ny][nx] == 0:
    y, x = ny, nx
else:
    angle = (angle + 1) % 3
    y += dy[angle]
    x += dx[angle]
```

충돌이 아니라면 값을 할당하고, 충돌이라면 진행 방향을 변경하는 방식으로 진행합니다. 여기까지의 과정이 머리로 그려지면 문제를 푼 것이나 다름없습니다.

4. 삼각형을 모두 채웠다면 배열을 1차원으로 만들어 정답을 제출합니다.

앞에서 짠 코드에 while cnt <= size 조건이 있으므로 n의 크기만큼 배열을 모두 채우면 자동으로 while 문을 벗어납니다. 이때 나오는 snail 배열을 1차원 배열로 압축(flatten)하여 반환하면 문제를 해결할 수 있습니다.

```
return [i for j in snail for i in j]
```

⊣ 잠깐만요 ⊢

2차원 배열을 1차원으로 만드는 방법은 크게 두 가지입니다.

1. 라이브러리를 사용합니다.
   a. itertools.chain(<2차원 배열>)로 사용할 수 있으며, 실행하는 즉시 1차원 함수로 만듭니다.
   b. functools.reduce(<원소 조작 함수>, <2차원 배열>)로 사용할 수 있으며, lambda 또는 함수를 사용해 주어진 자료 구조를 조작(전체 조회 + 필터링)할 때 자주 사용합니다. 이번 문제에서는 reduce(lambda x, y :x + y, arr)로 접근할 수 있습니다.
2. 리스트 컴프리헨션을 사용합니다. [y for x in lists for y in x] 형태로 2중 for 문을 사용한 것과 동일하지만, 한 줄로 모든 것을 구현할 수 있다는 장점이 있습니다.

이번 코드에서는 2번 방식을 사용했습니다.

이 외에도 가능한 방법이 몇 가지 더 있지만, 속도 문제 때문에 잘 사용하지 않습니다. 라이브러리를 사용해도 무방하나 통상적으로 리스트 컴프리헨션으로 처리하는 경우가 많으니 외우면 좋습니다.

전체 코드   3장/삼각_달팽이.py

```python
def solution(n):
    dx = [0, 1, -1]
    dy = [1, 0, -1]
    snail = [[0] * i for i in range(1, n + 1)]
    x = y = angle = 0
    cnt = 1
    size = (n + 1) * n    // 2   #len(snail)과 같습니다.

    while cnt <= size:
        snail[y][x] = cnt
        ny = y + dy[angle]
        nx = x + dx[angle]
        cnt += 1

        if 0 <= ny < n and 0 <= nx <= ny and snail[ny][nx] == 0:
            y, x = ny, nx
        else:
            angle = (angle + 1) % 3
```

```
        y += dy[angle]
        x += dx[angle]

    return [i for j in snail for i in j]
```

아무래도 이런 유형의 문제를 처음 풀다보니 방향을 정하는 데 고민이 많았을 것입니다. 어떤 문제든 최대한 단순화하여 푸는 것이 제일 좋습니다. 다양한 상황을 고려한다고 필요 없는 부분까지 고민해 코드를 짜는 것은 스스로 문제의 난이도를 높이는 꼴입니다.

문제 풀이 최적화

앞에서 풀이한 내용 자체는 괜찮았지만 좀 더 정리할 부분은 없을지 궁금합니다. 내용을 다시 짚어보면서 최적화해보겠습니다.

1. n × n 2차원 배열을 생성합니다.

이전과 동일한 방식으로 2차원 배열을 생성합니다.

```
res = [[0] * i for i in range(1, n + 1)]
```

2. 반시계 방향의(시작은 아래로) 나선형으로 배열을 채워 나갑니다.

반시계 방향 자체를 구현해야 하는 것은 변하지 않습니다. 하지만 구현을 어떻게 하는가에 따라 결과가 크게 달라질 수 있습니다. 다음 코드를 보죠.

```
y, x = -1, 0
num = 1

for i in range(n):
    for _ in range(i, n):
        angle = i % 3
        #순서대로 아래 -> 오른쪽 -> 위 (반시계 나선형)
        if angle == 0: y += 1
        elif angle == 1: x += 1
        elif angle == 2: y -= 1; x -= 1  #;는 줄바꿈 기호이며, 코드 블록의 통일성을 위해
사용했습니다.
        res[y][x] = num
        num += 1
```

이전 정답 코드에서는 방향 전환을 하려면 현재 배열의 진행 방향에서 충돌(=나아갈 방향이 없는 상황)을 감지했을 때가 기준이 되었지만, 이번에는 방식을 조금 바꿔 현재 각도에서 바로 직접적으로 좌표를 변경하는 방식으로 접근하겠습니다. 다뤄야 할 방향이 많고 복잡하다면 방향 데이터를 미리 변수로 만들어 사용하는 것이 좋지만, 지금처럼 진행 방향이 고정되어 있고 그 개수가 적다면 직접적으로 위치를 담당하는 변수에서 계산하게 만들어 직관성을 높일 수 있습니다.

또한, while 문 대신 for 문을 사용하여 n의 크기에 맞춰 최대 크기만큼 반복하도록 조건문을 작성했습니다. n이 4라면 for 문을 순회하면서 4 + 3 + 2 + 1번 탐색과 할당 작업을 수행합니다.

3. 배열의 끝에 닿으면 현재 각도 정보에 따라 방향을 변경합니다.

따라서 충돌을 감지할 필요가 없어졌기 때문에 자동으로 과정 하나를 줄일 수 있습니다. 개발해야 할 과정 하나가 완전히 사라졌네요. 남은 것은 그저 방향 전환을 위해 각도(angle)에 따라 진행 방향을 더하고 빼기만 하면 됩니다.

4. 삼각형을 모두 채웠다면 배열을 1차원으로 만들어 정답을 제출합니다.

역시 앞의 코드와 동일하게 컴프리헨션을 사용하여 차원을 낮춰서 return하면 됩니다.

```python
return [i for j in res for i in j]
```

전체 코드   3장/삼각_달팽이_최적화.py

```python
def solution(n):
    res = [[0] * i for i in range(1, n + 1)]
    y, x = -1, 0
    num = 1

    for _ in range(n):
        for j in range(i, n):
            angle = i % 3
            #순서대로 아래 -> 오른쪽 -> 위 (반시계 나선형)
            if angle == 0: y += 1
            elif angle == 1: x += 1
            elif angle == 2: y -= 1; x -= 1
            res[y][x] = num
            num += 1

    return [i for j in res for i in j]
```

1부터 n까지의 숫자를 2중 for 문으로 실행하면 숫자가 증가하는 동시에 자동으로 하위 for 문에서 수행할 반복문의 횟수가 고정되므로 충돌을 걱정할 필요가 없어졌습니다. 두 가지 개념을 하나로 합쳐서 사용했기 때문에 일처리가 훨씬 간단해졌고, 이해하기 쉬워졌습니다(통상적으로 파이썬에서는 while 문보다 for 문의 실행 속도가 더 빠릅니다).

이렇게 반복문을 어떻게 사용하는지에 따라 과정 하나를 줄일 수도 있습니다. 보통 방향 전환 문제를 풀 때 while 문을 사용하는 이유 중 하나가 방향 전환의 기준을 다음 진행 방향이 막혔는지에 따라 판단하는 수동적 대응 때문입니다. 일단 쭉 진행하다가 문제가 발생하면 그제서야 대처하는 방식으로 코드를 짜면 생각 이상으로 코드가 길어집니다. 가능하다면 변수의 진행 방향을 반복문 단위에서 직접 조정해주는 방식으로 대응하세요.

보통 처음에는 개념을 따로따로 나눠서 구현하는 경우가 많습니다. 그 편이 생각하기도 좋고 코드가 꼬일 걱정을 하지 않아도 되니까요. 그러나 기능을 분리하고 변수를 많이 만들수록 고려할 사항이 늘어나며, 이를 확인하기 위한 중복 논리를 계속 작성하게 됩니다. 필요한 경우가 아니라면 생각을 줄일 수 있도록 가급적 사용하는 변수를 줄이고 여러 논리를 한 번에 만족하는 코드를 짭시다.

거리두기 확인하기 - Level 2

URL https://programmers.co.kr/learn/courses/30/lessons/81302

개발자를 희망하는 '죠르디'가 카카오에 면접을 보러 왔습니다. 코로나 바이러스 감염 예방을 위해 응시자들은 거리를 둬서 대기를 해야하는데 개발 직군 면접인 만큼 아래와 같은 규칙으로 대기실에 거리를 두고 앉도록 안내하고 있습니다.

1. 대기실은 5개이며, 각 대기실은 5×5 크기입니다.
2. 거리두기를 위하여 응시자들끼리는 맨해튼 거리[2]가 2 이하로 앉지 말아 주세요.
3. 단 응시자가 앉아 있는 자리 사이가 파티션으로 막혀 있을 경우에는 허용합니다.

예를 들어

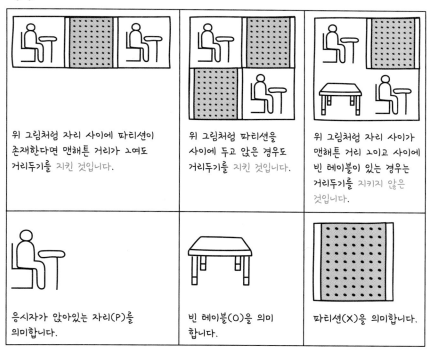

위 그림처럼 자리 사이에 파티션이 존재한다면 맨해튼 거리가 2여도 거리두기를 지킨 것입니다.	위 그림처럼 파티션을 사이에 두고 앉은 경우도 거리두기를 지킨 것입니다.	위 그림처럼 자리 사이가 맨해튼 거리 2이고 사이에 빈 테이블이 있는 경우는 거리두기를 지키지 않은 것입니다.
응시자가 앉아있는 자리(P)를 의미합니다.	빈 테이블(O)을 의미합니다.	파티션(X)을 의미합니다.

5개의 대기실을 본 '죠르디'는 각 대기실에서 응시자들이 거리두기를 잘 지키고 있는지 알고 싶어졌습니다. 자리에 앉아 있는 응시자들의 정보와 대기실 구조를 대기실별로 담은 2차원 문자열 배열 places가 매개변수로 주어집니다. 각 대기실별로 거리두기를 지키고 있으면 1을, 한 명이라도 지키지 않고 있으면 0을 배열에 담아 return 하도록 solution 함수를 완성해주세요.

---

2 두 테이블 T1, T2가 행렬 (r1, c1), (r2, c2)에 각각 위치하고 있다면, T1, T2 사이의 맨해튼 거리는 |r1 - r2| + |c1 - c2|입니다.

제한 사항

- places의 행 길이(대기실 개수) = 5
  - places의 각 행은 하나의 대기실 구조를 나타냅니다.
- places의 열 길이(대기실 세로 길이) = 5
- places의 원소는 P, O, X로 이루어진 문자열입니다.
  - places 원소의 길이(대기실 가로 길이) = 5
  - P는 응시자가 앉아 있는 자리를 의미합니다.
  - O는 빈 테이블을 의미합니다.
  - X는 파티션을 의미합니다.
- 입력으로 주어지는 5개 대기실의 크기는 모두 5×5입니다.
- return 값 형식
  - 1차원 정수 배열에 5개의 원소를 담아서 return합니다.
  - places에 담겨 있는 5개 대기실의 순서대로, 거리두기 준수 여부를 차례대로 배열에 담습니다.
  - 각 대기실 별로 모든 응시자가 거리두기를 지키고 있으면 1을, 한 명이라도 지키지 않고 있으면 0을 담습니다.

입출력 예

places	result
[["POOOP", "OXXOX", "OPXPX", "OOXOX", "POXXP"], ["POOPX", "OXPXP", "PXXXO", "OXXXO", "OOOPP"], ["PXOPX", "OXOXP", "OXPOX", "OXXOP", "PXPOX"], ["OOOXX", "XOOOX", "OOOXX", "OXOOX", "OOOOO"], ["PXPXP", "XPXPX", "PXPXP", "XPXPX", "PXPXP"]]	[1, 0, 1, 1, 1]

입출력 예 설명

입출력 예 #1

첫 번째 대기실

No.	0	1	2	3	4
0	P	O	O	O	P
1	O	X	X	O	X
2	O	P	X	P	X
3	O	O	X	O	X
4	P	O	X	X	P

- 모든 응시자가 거리두기를 지키고 있습니다.

두 번째 대기실

No.	0	1	2	3	4
0	P	O	O	P	X
1	O	X	P	X	P
2	P	X	X	X	O
3	O	X	X	X	O
4	O	O	O	P	P

- (0, 0) 자리의 응시자와 (2, 0) 자리의 응시자가 거리두기를 지키고 있지 않습니다.
- (1, 2) 자리의 응시자와 (0, 3) 자리의 응시자가 거리두기를 지키고 있지 않습니다.
- (4, 3) 자리의 응시자와 (4, 4) 자리의 응시자가 거리두기를 지키고 있지 않습니다.

세 번째 대기실

No.	0	1	2	3	4
0	P	X	O	P	X
1	O	X	O	X	P
2	O	X	P	O	X
3	O	X	X	O	P
4	P	X	P	O	X

- 모든 응시자가 거리두기를 지키고 있습니다.

네 번째 대기실

No.	0	1	2	3	4
0	O	O	O	X	X
1	X	O	O	O	X
2	O	O	O	X	X
3	O	X	O	O	X
4	O	O	O	O	O

- 대기실에 응시자가 없으므로 거리두기를 지키고 있습니다.

다섯 번째 대기실

No.	0	1	2	3	4
0	P	X	P	X	P
1	X	P	X	P	X
2	P	X	P	X	P
3	X	P	X	P	X
4	P	X	P	X	P

- 모든 응시자가 거리두기를 지키고 있습니다.

두 번째 대기실을 제외한 모든 대기실에서 거리두기가 지켜지고 있으므로, 배열 [1, 0, 1, 1, 1]을 return합니다.

제한 시간 안내

- 정확성 테스트: 10초

문제 풀이

> **잠깐만요**
>
> 문제 풀이 경험이 있다면 '이 문제는 너비 우선 탐색(BFS)으로 풀어야 하는 거 아닌가요?'라고 문의할 수 있습니다. 그러나 문제의 총 크기가 5×5이기 때문에 BFS로 풀지 않아도 충분하며, 이번에는 **일부러 사용하지 않고 배열 접근으로만 풀어보겠습니다**(문제를 보는 시각을 키우기 위해서는 여러 방법으로 풀어보는 것이 중요합니다). 어렵고 비효율적으로 보이더라도 한번 작동 원리를 이해하고 나면 나중에 배울 DFS, BFS 개념을 이해할 때 도움이 많이 될 것입니다.

먼저 참고 사항에 있는 맨해튼 거리에 대해 다시 설명하면 '두 점 간의 거리는 두 점의 좌표 차이를 절댓값의 합으로 표현하는 방식'입니다. 쉽게 말해 두 점 간의 거리가 2 이상 차이나야 거리두기를 실천한 것이라고 말할 수 있습니다. 문제를 풀 때는 거리두기를 실천한 것을 찾기보다 거리두기를 실천하지 않은 것을 찾는 게 더 빠르므로, 맨해튼 거리가 2 이하인 경우만 확인하는 방식으로 문제를 풀겠습니다. 단 거리만 측정하는 것이 아니라 파티션의 존재도 고려해야 하기 때문에 추가적인 검증이 필요합니다.

문제 풀이 흐름

거리에 대한 의문이 풀렸으니 이제 문제를 분석해봅시다.

1. 주어진 장소(places)의 정보를 받습니다.

2. 문자열(string)을 문자(char)의 배열([ ])로 생각하여 2중 for 문을 작성합니다.

3. 맨해튼 거리 2 이하 & 파티션의 유무를 고려하여 거리두기를 잘했는지 검사합니다.

4. 그 결괏값을 반환합니다.

이제 응시자가 앉은 자리(P)에서부터 맨해튼 거리가 2 이하인 경우를 모두 찾고, 파티션이 존재하는지 점검하는 과정만 거치면 됩니다. 가능한 모든 경우를 확인해보겠습니다.

- 거리 1

    - 밑에 사람이 있는 경우

    - 오른쪽에 사람이 있는 경우

    - 오른쪽 또는 밑이 파티션이 아닌데 오른쪽 아래에 사람이 있는 경우

    - 왼쪽 또는 밑이 파티션이 아닌데 왼쪽 아래에 사람이 있는 경우

- 거리 2

    - 밑이 파티션이 아닌데 밑의 밑에 사람이 있는 경우

    - 오른쪽이 파티션이 아닌데 오른쪽의 오른쪽에 사람이 있는 경우

이렇게 총 6가지를 만들 수 있습니다. 이 6가지를 검증할 수 있다면 나머지는 코드를 짜기만 하면 됩니다. 이 6개의 조건문을 어떻게 정리할 것인지는 여러분의 자유입니다. 배열을 조회할 때 최대 크기를 벗어난 인덱스로 조회하면 프로그램에 오류가 발생한다는 사실만 기억하면 됩니다.

코드 작성

1. 주어진 장소(places)의 정보를 받습니다.

이번에도 함수로 분리하여 개발하겠습니다. 장소를 for 문으로 순회하여 얻은 각 정보 데이터를 함수에 넣어 실행하고 그 결괏값을 받아 함수에 집어넣는 컴프리헨션 방식을 사용하겠습니다.

```
def solution(places):
    return [check(place) for place in places]
```

2. 문자열(string)을 문자(char)의 배열([])로 생각하여 2중 for 문을 작성합니다.

전달받은 장소(place) 값은 문자열로 이루어진 1차원 배열입니다. 하지만 확인할 것은 각 문자열의 위치에서 맨해튼 거리 2 이상을 만족하는가이므로 문자열을 2차원 배열화해야 합니다. 그러려면 배열에서 현재 위치의 인덱스 또한 알아야 하므로 enumerate( )를 사용하겠습니다.

```
def check(place):
    for idx_row, row in enumerate(place):
        for idx_col, cell in enumerate(row):
```

3. 맨해튼 거리 2 이하 & 파티션의 유무를 고려하여 거리두기를 잘했는지 검사합니다.

이제 장소가 준비되었으니, 거리두기를 잘 시행했는지 모두 검사해야 합니다. 여기서 한 가지 짚고 넘어갈 점은 만약 현재 자신의 위치에서 맨해튼 거리를 측정하여 경우의 수를 검증할 때 문제가 발생한다는 것입니다. 반복문 내부에서는 자신의 위치에서 다른 응시자(P)가 어디에 있는지 알 방법이 없기 때문이죠. 주어진 지도에서 미리 응시자의 좌표를 계산한 뒤 거리 공식을 사용할 수는 있으나 이럴 경우 모든 좌표에서 거리를 계산해야 하고 추가적으로 파티션의 존재까지 확인해야 하니 일을 줄이려고 하다가 오히려 일을 키우게 됩니다(BFS 탐색 방식).

이럴 때는 거리로 계산하는 것이 아니라 현재 자신의 위치에서 **다른 응시자가 있으면 안 되는 경우**만 전부 확인하고, 아니면 넘어가는 방식으로 대응하는 게 훨씬 유리합니다. 장소의 크기가 5×5이고, 앞서 확인했던 6가지 경우의 수만 검사하면 되므로 전체를 확인하는 것보다 빠르게 작업을 끝낼 수 있습니다.

단, 6가지를 어떤 기준으로 확인할지는 여러분의 몫입니다. 책에서는 가로 방향/세로 방향으로 묶어서 확인하는 방법을 쓸 것입니다. 이 방법은 중복 코드가 발생하므로 코드의 효율성 자체는 좋지 않습니다. 최대한 이해하기 쉽게 작성했지만, 여러분의 마음에 들지 않는다면 원하는 다른 방법을 적용해도 됩니다.

```
if cell != 'P':
    continue

isNotEndRow = idx_row != 4
isNotEndCol = idx_col != 4
isNotFirstCol = idx_col != 0
isBeforeThirdRow = idx_row < 3
isBeforeThirdCol = idx_col < 3
```

```
#D(Down), D2(2 times Down)
#R(Right), R2(2 times Right)
#L(Left)
#RD(Right - Down), LD(Left - Down)

if isNotEndRow:
    D = place[idx_row + 1][idx_col]
    if D == 'P': return 0
    if isBeforeThirdRow:
        D2 = place[idx_row + 2][idx_col]
        if D2 == 'P' and D != 'X': return 0
    if isNotEndCol:
        R = place[idx_row][idx_col + 1]
        RD = place[idx_row + 1][idx_col + 1]
        if RD == 'P' and (D != 'X' or R != 'X'): return 0
    if isNotFirstCol:
        L = place[idx_row][idx_col - 1]
        LD = place[idx_row + 1][idx_col - 1]
        if LD == 'P' and (D != 'X' or L != 'X'): return 0
if isNotEndCol:
    R = place[idx_row][idx_col + 1]
    if R == 'P': return 0
    if isBeforeThirdCol:
        R2 = place[idx_row][idx_col + 2]
        if R2 == 'P' and R != 'X': return 0

return 1
```

따져야 할 경우의 수가 많고 배열 문제의 특징상 현재 가지고 있는 배열의 크기를 초과하는 인덱스를 가질 수 없으므로 미리 딕셔너리에 정의한 상태를 기반으로 경우의 수를 확인합니다. 맨해튼 거리가 최대 2이므로 자신의 위치보다 최대 2칸 아래에 있는지 확인하는 과정도 거쳐야 합니다. 이러한 과정을 모두 if 문 안에 넣을 수도 있으나 if 문 자체가 매우 커지면 코드의 가독성이 나빠집니다. 하지만 조건문의 특징을 활용하고 싶다면 사용해도 상관은 없습니다. 필요하다면 코드의 가독성 정도는 포기해도 괜찮습니다(대신 이해하기 쉽게 주석을 넣어주세요).

마지막으로 반환된 정답을 리스트로 만들어 제출하면 됩니다.

```python
def check(place):
    for idx_row, row in enumerate(place):
        for idx_col, cell in enumerate(row):
            if cell != 'P':
                continue

            isNotEndRow = idx_row != 4
            isNotEndCol = idx_col != 4
            isNotFirstCol = idx_col != 0
            isBeforeThirdRow = idx_row < 3
            isBeforeThirdCol = idx_col < 3

            #D(Down), D2(2 times Down)
            #R(Right), R2(2 times Right)
            #L(Left)
            #RD(Right - Down), LD(Left - Down)

            if isNotEndRow:
                D = place[idx_row + 1][idx_col]
                if D == 'P': return 0
                if isBeforeThirdRow:
                    D2 = place[idx_row + 2][idx_col]
                    if D2 == 'P' and D != 'X': return 0
                if isNotEndCol:
                    R = place[idx_row][idx_col + 1]
                    RD = place[idx_row + 1][idx_col + 1]
                    if RD == 'P' and (D != 'X' or R != 'X'): return 0
                if isNotFirstCol:
                    L = place[idx_row][idx_col - 1]
                    LD = place[idx_row + 1][idx_col - 1]
                    if LD == 'P' and (D != 'X' or L != 'X'): return 0
            if isNotEndCol:
                R = place[idx_row][idx_col + 1]
                if R == 'P': return 0
                if isBeforeThirdCol:
                    R2 = place[idx_row][idx_col + 2]
                    if R2 == 'P' and R != 'X': return 0

    return 1

def solution(places):
    return [check(place) for place in places]
```

이렇게 해서 배열을 활용하는 방법을 모두 경험했습니다. 지금은 배열에서 시작해 배열로 끝나지만, 나중에는 배열에서 방향으로 탐색하는 형태로 계속 사용되므로 지금은 코드가 이상해 보여도 '이런 방식으로 사용하는구나'라고만 기억해두세요.

┤ 잠깐만요 ├

때로는 무식한 게 더 효과적일 때가 있다

이번 문제에서는 너비 우선 탐색(BFS)으로 풀지 않고 해결할 수 있는 코드를 살펴봤습니다. 현재 시점에서 BFS를 안다는 것은 코딩 테스트에 대해 어느 정도 경험이 있고 관련 지식이 있다는 의미입니다. 그렇다면 왜 BFS를 사용하지 않고 이렇게 풀었을까요?

BFS는 현재 자신의 위치에서 상하좌우 네 방향으로 뻗어나가면서 경우의 수를 확인하는, 즉 어떤 위치에서 존재하는 모든 방향으로 퍼져나가면서 조건을 만족하는지 확인하는 탐색 방식입니다. 즉, 이 과정에서 탐색할 필요가 없는 요소까지 전부 확인한다는 의미입니다.

반대로 6가지 경우의 수만 따져서 바로 판단하면 for 문 2개라는 고정된 최대 연산 횟수에 불가능한 조합의 검출만 하면 되므로 더욱 빠르게 실행됩니다.

문제에서 제공되는 예제 1을 기반으로 테스트했을 때 BFS는 총 63번의 탐색 과정을 거치지만, 경우의 수는 26번만 탐색합니다. 따라서 무조건 이것은 BFS로 해결해야 하는 문제다!라고 단정 짓지 말고, 전체 탐색이 의미가 있는지 충분히 고민한 후 적용해야 합니다.

▼ 표 3-1 BFS와 6가지 경우의 수 사용 비교

BFS	경우의 수
테스트 1 〉 통과 (0.12ms, 10.3MB)	테스트 1 〉 통과 (0.03ms, 10.3MB)
테스트 2 〉 통과 (0.06ms, 10.2MB)	테스트 2 〉 통과 (0.02ms, 10.4MB)
테스트 3 〉 통과 (0.06ms, 10.3MB)	테스트 3 〉 통과 (0.02ms, 10.3MB)
테스트 4 〉 통과 (0.05ms, 10.3MB)	테스트 4 〉 통과 (0.02ms, 10.4MB)
테스트 5 〉 통과 (0.04ms, 10.2MB)	테스트 5 〉 통과 (0.01ms, 10.3MB)
테스트 6 〉 통과 (0.07ms, 10.3MB)	테스트 6 〉 통과 (0.02ms, 10.3MB)
테스트 7 〉 통과 (0.05ms, 10.3MB)	테스트 7 〉 통과 (0.02ms, 10.4MB)
테스트 8 〉 통과 (0.07ms, 10.2MB)	테스트 8 〉 통과 (0.02ms, 10.4MB)

3.2.3 연산(숫자)

마지막으로 자주 나오지는 않지만, 한 번쯤 짚고 넘어갈 필요가 있는 배열의 숫자 계산 유형을 살펴보고 이 장을 마무리하겠습니다. 이 문제처럼 수학 지식을 확인하는 문제도 출제되는데(프로그래밍 또한 수학 영역에 걸쳐 있는 분야이기 때문에), 이때는 수학 지식을 모를 경우 풀기 어렵습니다. 따라서 자주 나오는 수학 지식은 미리 학습해두는 것이 좋습니다.

행렬의 곱셈 - Level 2

URL https://programmers.co.kr/learn/courses/30/lessons/12949

2차원 행렬 arr1과 arr2를 입력받아, arr1에 arr2를 곱한 결과를 반환하는 함수, solution을 완성해주세요.

제한 조건

- 행렬 arr1, arr2의 행과 열의 길이는 2 이상 100 이하입니다.
- 행렬 arr1, arr2의 원소는 -10 이상 20 이하인 자연수입니다.
- 곱할 수 있는 배열만 주어집니다.

입출력 예

arr1	arr2	return
[[1, 4], [3, 2], [4, 1]]	[[3, 3], [3, 3]]	[[15, 15], [15, 15], [15, 15]]
[[2, 3, 2], [4, 2, 4], [3, 1, 4]]	[[5, 4, 3], [2, 4, 1], [3, 1, 1]]	[[22, 22, 11], [36, 28, 18], [29, 20, 14]]

문제 풀이

행렬의 곱셈만 하면 되는 간단한 문제입니다. 하지만 행렬의 곱셈을 어떻게 하는지 모른다면 예와 결과만으로 어떻게 이게 가능한 것인지 한참 동안 고민하게 되는 문제이기도 합니다.

행렬의 곱셈은 다음과 같이 수행합니다(예는 2×2 행렬).

$$A = \begin{pmatrix} a_{11} & a_{12} \\ a_{21} & a_{22} \end{pmatrix}, \quad B = \begin{pmatrix} b_{11} & b_{12} \\ b_{21} & b_{22} \end{pmatrix}$$
$$\Rightarrow AB = \begin{pmatrix} a_{11}b_{11} + a_{12}b_{21} \, a_{11}b_{12} + a_{12}b_{22} \\ a_{21}b_{11} + a_{22}b_{21} \, a_{21}b_{12} + a_{22}b_{22} \end{pmatrix}$$

수식이 잘 이해되지 않는다면 수학1 '행렬과 그래프' 과정을 다시 한번 보고 오는 것을 권장합니다. 수학 문제가 나온 경우 필요한 공식을 모르면 문제를 풀 수 없습니다.

문제 풀이 흐름

공식만 알고 있다면 추가로 고민할 필요 없이 그대로 구현하면 됩니다. 다음 과정을 거치면 됩니다.

1. 피연산자(arr1)와 연산자(arr2)의 크기만큼 행렬을 생성합니다.

2. 먼저 피연산자(arr1)의 배열을 for 문으로 순차 조회합니다. - i

3. 연산자(arr2) 원소의 크기만큼 다시 for 문으로 순차 조회합니다. - j

4. arr1 원소의 크기만큼 또 다시 for 문으로 순차 조회합니다. - k

5. arr1[i][k] * arr2[k][j]를 수행한 값을 저장하여 답을 제출합니다.

핵심은 피연산자의 곱은 가로 방향, 연산자의 곱은 세로 방향으로 진행하면서 곱의 결과를 모두 더하는 것입니다.

$$\begin{pmatrix} 1 & 2 & 3 \\ 4 & 5 & 6 \\ 7 & 8 & 9 \end{pmatrix} \times \begin{pmatrix} 1 \\ 1 \\ 1 \end{pmatrix} = \begin{pmatrix} 1 \times 1 + 2 \times 1 + 3 \times 1 \\ 4 \times 1 + 5 \times 1 + 6 \times 1 \\ 7 \times 1 + 8 \times 1 + 9 \times 1 \end{pmatrix}$$

이번 과정은 계속해서 동일한 내용이었던 1번을 제외하고 2번부터 5번을 모두 한 번에 수행하면 됩니다.

전체 코드   3장/행렬의_곱셈.py

```python
def solution(arr1, arr2):
    answer = [[0 for _ in range(len(arr2[0]))] for _ in range(len(arr1))]
    for i in range(len(arr1)):
        for j in range(len(arr2[0])):
            for k in range(len(arr1[0])):
                answer[i][j] += (arr1[i][k] * arr2[k][j])
    return answer
```

'피연산자 행렬의 세로 길이(i) → 연산자 행렬의 가로 길이(j) → 피연산자 행렬의 가로 길이(k)' 순으로 1부터 증가하는 3중 for 문을 만든 후, 미리 생성했던 '피연산자 크기 × 연산자' 위치에 행렬의 곱셈 공식을 이용해 할당하면 정답을 만들 수 있습니다.

어떤가요? 행렬에 대해서 어느 정도 알고 있었다면 왜 Level 2 문제인지 궁금했을 수도 있습니다. 하지만 행렬을 모르면 아예 손도 못 대고, 너무 단편적으로만 알고 있었다면 문제를 푸는 데 상당한 시간이 소요되었을 것입니다.

코딩 테스트에 나오는 모든 문제와 개념은 행렬을 알고 있는 것처럼 문제 풀이의 가장 핵심이 되는 정보를 미리 알고 있거나 경험이 있다면 쉽게 풀 수 있지만, 그렇지 않을 경우 가설을 세우고, 증명하고, 다시 가설을 세우는 과정 등을 통해 논리가 맞다는 것을 끊임없이 확인해야 하기 때문에 시간이 많이 걸립니다. 그만큼 사전 정보를 알고 있는 게 중요하며, 무조건 문제를 많이 풀어서 경험을 쌓는 것보단 여러 지식을 얼마나 빠르게 가져와서 코드에 합칠 수 있는가에 더 집중해야 합니다.

최근 여러 코딩 테스트에서 '~를 구현해라, ~를 풀어라' 형태의 단순한 질의 응답 문제보다는 실생활과 엮어 구현해야 할 사항과 목적을 설명에 담아 출제하고 있으므로 그 속에서 무엇이 필요한지 알아내고, 어떻게 해야 문제를 풀 수 있는지 고민이 필요합니다.

다음 장 '문자열'에서는 두고두고 여러분을 괴롭힐 유형들과, 읽는 것만으로도 머리가 아픈 여러 문제를 통해 쉽게 풀어나갈 수 있는 방법을 소개하겠습니다.

문자열

4.1

문자열이란

실무와 가장 밀접한 분야이면서, 또 한편으로는 그렇지 않은, 문자열 세계에 오신 것을 환영합니다. 이번 장에서는 문자열에 대해 처음부터 끝까지 하나씩 살펴보며, 어떤 문제가 출제되는지 또 어떤 문제가 여러분을 괴롭힐지 알아보겠습니다.

4.1.1 문자열의 특징

문자열(string)이란 문자(char) 또는 문자들로 구성된 집합을 의미합니다. 언어마다 이를 표현하는 방법이 다르지만, 파이썬에서는 기본적으로 "(큰따옴표)와 '(작은따옴표) 문법을 모두 지원합니다. 또한, 여러 줄을 표기하기 위해 """, ''' 처럼 연속해서 3개의 따옴표를 사용하기도 합니다(주석으로도 많이 활용됩니다).

```
big = "Programmers"
small = 'Programmers'
multiple = """Programmers with style
I like it a lot"""
```

처음 문자열을 학습할 때는 '표현하고 싶은 글자를 따옴표로 감싸면 됩니다'처럼 간략하게 배우고, 이후로는 더 배우지 않기 때문에 문자열 개념에 대해 의문을 갖지 않는 경우가 대부분입니다. 단지 그 기능을 사용하는 것이 목적이라면 작동 방법만 알면 되고, 작동 원리 등은 굳이 필요하지 않다고 생각할 수도 있습니다. 그러나 실제로는 이런 점을 파고들어 문제가 출제되므로 문자열을 별 것 아닌 것으로 생각했다간 쓴맛을 볼 수 있습니다. 이런 일을 방지하기 위해 문자열 개념을 처음 배운다는 생각으로 하나씩 설명할 것입니다.

문자열이란

먼저 컴퓨터가 받아들이는 문자열과 여러분이 보는 문자열은 차이가 꽤 크다는 것을 알고 시작해야 합니다. 모든 것을 숫자로 이해하는 컴퓨터가 문자를 인식하도록 하려면 '문자를 숫자로 변환하는 과정'을 추가로 거쳐야 하며, 이 과정에서 보통 문자 집합(character set) 중 가장 대표적인 유니코드를 사용합니다.

만약 변수에 문자열로 "Programmers is good"을 할당한다면 컴퓨터는 여러분이 선언한 문자열을 각 글자에 해당하는 숫자로 인식합니다. 그리고 모든 글자에 대한 정보를 한곳에 담아야 하기 때문에 암묵적으로 배열로 선언합니다. 기존의 배열처럼 [ ] 형태로 선언하지는 않지만 엄연히 배열로 취급하며, 배열처럼 사용합니다.

```
sample = "Programmers is good"
print(sample[0])          #'P'가 나옵니다.
print(sample[15:])        #'good' 이렇게 슬라이싱도 지원합니다.
sample[15:] = "awesome"   #이 코드는 실패합니다.
```

단, 파이썬의 경우 한 번 선언된 문자열은 상수(const)로 취급하기 때문에 값을 조회할 수는 있으나 임의로 변경할 수는 없습니다. 따라서 2장에서 언급했듯이 문자열을 + 연산자로 합치면 상수와 상수를 합치는 형태가 되고, 이는 새 상수를 생성하여 할당하는 방식이기 때문에 굉장히 비효율적입니다. 이 점만 유의하면 문자열을 다루는 데 큰 문제는 없을 것입니다.

문자열에 대한 가장 기초적인 개념을 알았다면, 이제 문자열로 무엇을 할 수 있을지 알아봅시다.

문자열의 문제 유형

자주 등장하는 단골 유형부터 안 나올 것 같다 싶으면 나와서 사정없이 괴롭히는 유형까지 모두 살펴보겠습니다. 지금 이야기한 유형들 중 대부분은 이번 장에서 다룰 계획입니다. 이 외에도 다양한 유형이 등장할 수 있으니 항상 열린 마음으로 문자열을 대해주세요.

1. 문자열 뒤집기

문자열을 통째로 뒤집는 것은 매우 쉽습니다. 문자열에 슬라이싱으로 [::-1]을 사용해 역으로 만들면 됩니다. 가장 흔한 문제를 꼽자면 팰린드롬(palindrome)[1] 문제가 있으며, 뒤집은 문자열이 원래 문자열하고 일치하는지 확인하는 간단한 문제입니다.

하지만 문제 난이도가 Level 1 정도가 아니라면 통상적으로 다른 유형과 섞여서 '문자열을 뒤집은 후 ~를 해라' 형태로 출제됩니다. 좀 더 어렵게는 일부분만 문자를 뒤집어야 하거나, 상황에 맞춰 뒤집어야 할 문자열이 다른 상황을 요구하기도 합니다. 이럴 경우 보통 for 문을 사용해서 문자열을 뒤집는 편이지만, 이 외에도 투 포인터(two pointers), 슬라이싱 같은 여러 방법을 기억해두는 것이 좋습니다.

---

1 회문으로 번역하며, madam, eye처럼 거꾸로 읽어도 순서대로 읽는 것과 같은 문장이나 낱말, 숫자, 문자열(sequence of characters) 등을 말합니다. 보통 낱말 사이에 있는 띄어쓰기나 문장 부호는 무시합니다.

2. 아스키 코드 다루기

C 언어를 배운 경험이 있다면 문자를 숫자(아스키 코드)로 변환하여 계산한 다음, 다시 문자로 치환하여 원하는 결괏값을 만들어 내는 문제를 한 번 정도는 풀어봤을 겁니다. 파이썬에서도 이러한 문제를 풀 수 있도록 문자를 숫자로 바꿔주는 ord( ) 함수와 숫자를 문자로 바꿔주는 chr( ) 함수를 제공합니다. 이러한 함수들을 사용하여 a에 1을 더하여 b로 만드는 등의 행동을 할 수 있으며, 기본적으로 알파벳 순회 같은 문제에서 자주 등장합니다.

```python
print(ord('A')) #65
print(chr(65))  #A
```

3. 진법 변경하기

10진수를 다른 진법으로 변경하거나 다른 진법의 숫자를 10진수로 변경하라는 문제가 나온다면 이 유형입니다. 다른 진법에서 10진수로 변경할 때는 int(〈표현 숫자〉, 〈숫자 진법〉) 표기법을 사용해 별다른 조치 없이 바로 변환할 수 있지만, 10진수에서 다른 진법으로 바꿀 때는 이야기가 다릅니다. 파이썬에서는 기본적으로 자주 사용하는 2진법 bin( ), 8진법 oct( ), 16진법 hex( ) 함수를 지원하지만, 이 외의 진법은 따로 함수로 구현해야 합니다.

```python
def radixChange(num, radix):
    if num == 0: return '0'
    nums = []
    while num:
        num, digit = divmod(num, radix)
        nums.append(str(digit))
    return ''.join(reversed(nums))
```

문자열을 이야기하는데 왜 갑자기 숫자가 등장하는 걸까요? 10진수의 경우 숫자 그대로 사용하면 되지만, 그 외의 진법으로 만들어진 숫자는 **문자열**이 되기 때문에 이 숫자를 사용하려면 변환이 필요합니다. 단순한 문자열이면 모를까 진법 숫자는 자릿수 하나하나가 중요하기 때문에 이 점을 이용하여 문제를 출제합니다. 진법으로 만들어진 문자열 자체를 다루는 문제도 있기 때문에 변환 코드는 외워둡시다.

4. 애너그램 확인하기

애너그램은 영단어의 철자 위치를 바꿔 다른 영단어를 만들어 내는 것으로, 두 단어를 주고 이 단어가 애너그램인지 확인하는 문제가 많습니다. 더 어려운 방식으로는 많은 단어를 주고 이 중에서 애너그램이 어떤 것인지 구별하라는 문제가 나올 수도 있습니다.

철자의 위치만 바뀔 뿐 철자 자체가 변하지는 않으므로 문자열을 정렬해 서로 비교해도 되지만, 이 방법은 정렬을 사용하기 때문에 O(nlogn)의 시간이 소요됩니다. 대신 딕셔너리를 활용하여 단어별로 더하고 빼는 작업을 하면 작업 시간을 O(n)으로 크게 낮출 수 있습니다. 이러한 방법을 해시 테이블이라고 하며, 해시 단원에서 자세히 다룹니다.

5. 문자열에서 원하는 문자 찾기

실무에서도 많이 사용하는 작업 중 하나이며, **검색** 문제를 해결할 때 가장 많이 사용하는 형태이자 외부 라이브러리의 도움 없이 빠르게 해결할 수 있는 방법을 끊임없이 찾아야 하는 문제 유형입니다.

문제마다 요구하는 조건이 조금씩 다르지만, 기본적으로 탐색할 때 필요 없는 부분을 빠르게 제거하는 것이 가장 핵심입니다. 전체를 검색하는 상황이 아니라면 검색량을 줄일 수 있도록 조건이 제시되거나, 검색해야 하는 문자열의 크기가 매우 작게 나오는 편이므로 무작정 .find()를 사용해 검색하기보다는 다른 방법이 없는지 한 번 더 생각해야 합니다.

6. 기준에 맞춰 재정렬하기

알파벳순, 숫자순 등 특정 기준이 주어지면 그 기준으로 문자열을 정렬하거나 추출하는 작업이 필요한 문제 유형입니다. 이 유형 자체의 난이도는 높지 않지만, 매우 높은 확률로 여기에 추가 조건이 제시되면서 난이도가 높아집니다. 예를 들면 정렬한 후 숫자나 문자를 모두 더하라고 하거나, 그 중에서 어떤 단어가 가장 많이 사용되었는지 체크하라는 등 다양한 방법으로 데이터를 활용하라고 요구합니다. 가장 많이 사용하는 라이브러리는 collections이며, 단어를 세는 것 이외에도 많은 일을 할 수 있어 여러 방면으로 활용됩니다.

7. 문자열 치환하기

특정 위치의 단어를 제시된 단어로 변경하는 유형입니다. 문자열의 특정 위치에 있는 단어를 찾을 수 있어야 합니다. 문제만 보면 굉장히 쉬워 보이지만 실제로 구현해보면 상당히 어렵다고 느낄 수 있습니다. 생각나는 그대로 코딩하면 단어를 순차적으로 살펴보면서 '지금까지 살펴본 단어가 원하는 단어인지 확인하고 수정해야 하나?'라는 생각에 빠져 코드가 굉장히 복잡해지기 쉽습니다.

이럴 때는 string에 있는 replace() 함수를 적극 사용합니다. 직접 무언가를 구현해서 해결하기보단 활용할 수 있는 함수를 여럿 조합하여 원하는 작업을 수행하도록 유도하는 것이 좋습니다. 어려운 문제는 쉽게 풀 수 있는 방법이 없는지 계속 고민해야 합니다.

문자열을 조작하는 문제에서 사실상 최강인 정규표현식입니다. 외워야 할 사항이 매우 많고 실수할 경우 아예 검색되지 않거나 오류가 발생하지만, 일단 한 번 제대로 작성하면 단 한 줄의 정규표현식으로 모든 결과를 가져올 수 있는 막강한 기능을 자랑합니다. 이번 장에서는 정규표현식을 깊게 다루지 않지만, 기본적인 사항은 모두 짚고 넘어갈 것입니다.

이 외의 다른 유형이 등장할 수도 있지만, 기본적으로는 이 틀에서 문제가 출제됩니다. 문자열은 '주어진 데이터를 조작하여 원하는 모양을 만든 다음, 필요한 정보를 수집한다'라는 형태로 출제되므로 단순히 문자열을 조작하는 것만으로는 풀 수 없는 경우가 대부분입니다. 따라서 문자열 자체를 따옴표로 묶는 것만 생각하지 말고 조금 더 넓게 바라볼 필요가 있습니다.

4.1.2 문자열을 다른 방식으로 생각해보기

지금까지 배웠던 문자열은 모두 '문자열을 숫자로 치환하여 생각한다'를 기본으로 합니다. 하지만 문자열은 생각보다 할 수 있는 것이 더 많습니다. 자바스크립트를 예로 들면, "console.log('hello!')"와 같이 선언해놓은 단순한 문자열을 코드로 취급하여 실행할 수 있는 eval() 함수가 있습니다. 더 나아가서는 아예 문자열 안에 모든 코드를 넣고 실행할 수 있을 정도입니다 (하지만 보안은 책임질 수 없습니다).

이런 식으로 단순히 글자를 담은 자료형이 아니라, 더 많은 의미를 가진 데이터의 한 형태로 생각하여 문제를 풀 수 있습니다. 따라서 이번에는 문자열을 문자열이 아닌 다르게 볼 수 있는 방법에 대해 알아보고자 합니다.

```
def solution(s):
    data = s[2:-2].split("},{")
    data = sorted(data, key=lambda x: len(x))
    answer = []
    for item in data:
        item = list(map(int, item.split(",")))
        for value in item:
            if value not in answer:
                answer.append(value)
    return answer
```

제출한 후 결과를 보면 정답은 맞지만, 백만 개 데이터에 0.28초 가량이 소요되었다는 사실을 알수 있습니다. 현재 프로그램의 시간 복잡도가 O(nlogn)이라는 것을 감안해도 필요 이상으로 오래 걸립니다. 파이썬의 정렬은 팀 정렬(tim sort) 알고리즘에[2] 기반하므로 10만 개 데이터 기준 약 0.01초가 걸리기 때문에 아무리 늦어도 0.02초 정도여야 정상입니다.

```
테스트 12 〉 통과 (261.79ms, 12MB)
테스트 13 〉 통과 (282.88ms, 12.1MB)
테스트 14 〉 통과 (262.97ms, 11.9MB)
```

즉, 예상한 결과보다 **약 10배 이상의 시간이 소요됐습니다.** 이 정도의 알고리즘이면 O(n^2) 수준으로, 작동에는 문제가 없으나 개선이 필요한 상태입니다.

문제 풀이 최적화

그럼 어디에서 문제가 생겼을까요? 먼저 코드를 봅시다.

```
...
answer = []
...
for value in item:
    if value not in answer:
        answer.append(value)
...
```

---

2 팀 정렬은 병합 정렬 + 삽입 정렬로 구성된 하이브리드 정렬입니다. 자세한 내용은 https://svn.python.org/projects/python/trunk/Objects/ listsort.txt를 참고하거나 구글에서 검색하여 확인해보세요.

정답 데이터를 만들 때, 넣을 숫자가 중복으로 들어갔는지 검사하는 부분에서 문제가 발생했습니다. 제출할 정답은 배열로 정의되었고, 배열에서 중복을 체크하기 위해 in 문법을 사용했으며, 중복이 아니면 배열에 새 데이터를 추가하는 방식으로 구현했습니다.

배열에 있는 값을 검사하기 위해 in 문법을 사용하면 배열에 존재하는 모든 인덱스를 검사해야 합니다. 전체 탐색은 $O(n)$이 소요되며, 이 논리가 존재하는 모든 집합을 확인할 때 사용했기 때문에 전체 탐색에 추가로 전체 탐색이 발생했으므로 $O(n^2)$ 알고리즘이 되었습니다.

물론 정답 배열의 개수가 순차적으로 증가하기 때문에 정확하게는 $O(n^2)$ 알고리즘이 아니지만, 그에 준하는 알고리즘이라는 상황은 변하지 않습니다. 이 부분을 개선해야 합니다. 그러나 중복된 숫자를 체크하는 부분은 함부로 빼거나 대체할 수 없습니다. 이럴 경우 구성을 고치는 것보다는 검색 비용을 줄이는 것이 좋습니다. 딕셔너리({})를 사용해서 말이죠.

1. **answer 변수를 배열이 아니라 객체(object, 여기에서는 딕셔너리(dict))로 변경합니다.**

    2장에서 언급했듯이 딕셔너리에서 해당 값이 있는지 검색하는 비용은 $O(1)$로 가장 빠릅니다. 이 점을 이용하여 정답 변수를 딕셔너리로 초기화한 다음, 키를 집합의 숫자로 지정하면(값은 아무거나 사용해도 됩니다) 중복 검사 시간은 $O(n)$이 아니라 $O(1)$이면 충분합니다.

    ```
    answer = {}
    ```

2. **문자열을 적절한 방법으로 쪼개고, 결괏값의 길이로 정렬합니다.**

    앞의 코드와 동일한 방식으로 구현하되 과정을 한 번에 합쳐서 진행하겠습니다.

    ```
    s = sorted(s[2:-2].split("},{"), key=len)
    ```

3. **쪼갠 문자열을 한 번 더 ',' 기준으로 쪼개 숫자가 있는 문자를 찾습니다.**

    역시 동일한 과정으로 진행합니다.

    ```
    for tuples in s:
        elements = tuples.split(',')
        for element in elements:
    ```

4. 선착순으로 정답 객체에 할당하고, 중복을 확인하면서 루프를 진행합니다.

```
if number not in answer:
    answer[number] = 1
```

배열과 동일하게 in 문법을 사용하여 중복을 확인합니다. 동일한 작업이지만 O(1) 시간에 수행할 수 있습니다. 중복이 아니라면 새 데이터를 추가해야 하는데, 중복인지 확인할 때는 딕셔너리의 키값만 보므로 값을 어떤 것으로 할당하더라도 문제가 없습니다.

5. 마지막으로 정답을 제출합니다.

그렇다면 결과를 어떻게 다시 배열로 만들까요? 의외로 쉬운데 배열을 선언할 때 값으로 딕셔너리를 넣으면 키값만이 배열 인자로 들어가게 되어 후속 조치를 할 필요 없이 곧바로 원하는 모습의 배열로 변환됩니다.

```
return list(answer)
```

전체 코드

4장/튜플_최적화.py

```
def solution(s):
    answer = {}                     #배열([])에서 딕셔너리({})로 교체
    s = sorted(s[2:-2].split("},{"), key=len)
    for tuples in s:
        elements = tuples.split(',')
        for element in elements:
            number = int(element)
            if number not in answer:
                answer[number] = 1   #딕셔너리 키 사용(값(value)은 아무거나)

    return list(answer)             #딕셔너리의 키값만 배열의 인자가 됨
```

중복 검사의 속도만 해결했을 뿐인데 실행 시간이 굉장히 짧아졌습니다.

```
테스트 11 > 통과 (15.93ms, 11.3MB)
테스트 12 > 통과 (21.76ms, 11.9MB)
테스트 13 > 통과 (22.03ms, 12.1MB)
테스트 14 > 통과 (21.87ms, 12.1MB)
```

정렬할 때 소요되는 시간을 감안하면 예상대로 0.02초 정도가 걸렸습니다. 실행 시간이 0.2~0.3초라도 합격이지만, 가능한 빠르게 실행하도록 연습하는 것이 좋으므로 여유가 된다면 다양한 최적화 기법을 숙지하세요.

⎯ 잠깐만요 ⎯

자료형을 이렇게 사용해도 되나요?

이번 최적화의 목적은 $O(n^2)$ 알고리즘에서 탈출하기 위해서지만, 딕셔너리 자료형을 키 부분만 활용하고 값은 전혀 활용하지 않았습니다. 어떻게 보면 딕셔너리 자료형의 조회 속도가 빠르다는 점만 사용해서 성능을 끌어올린 일종의 꼼수입니다.

만약 딕셔너리 자료형을 제대로 활용할 거라면 만들어진 튜플 데이터를 정렬하지 않고 딕셔너리 자료형에서 각 원소가 몇 번 등장했는지 기록한 다음, 가장 많이 등장한 횟수를 기반으로 정렬하여 키값을 하나의 튜플로 만들어주는 방식으로 정답을 얻을 수 있습니다.

꼼수를 활용한 접근이 어색하게 보일 수 있지만, 실제 코딩 테스트를 보는 입장이면 시간 초과 상황일 때 **자료형을 수정해서 빠르게 해결하기 vs 처음부터 다른 방식으로 접근해서 풀기** 중 하나를 선택해야 한다면 당연히 전자입니다. 최선의 시나리오는 딕셔너리 자료형을 제대로 활용하도록 문제 풀이법을 변경하는 것이지만, 상황이 여의치 않다면 이렇게 가독성을 조금 희생하더라도 시간 복잡도를 줄이는 것도 하나의 방법입니다. 가독성보다는 시간 복잡도를 최우선으로 둬야 하는 점을 기억하세요.

문제 ⑨ 짝지어 제거하기 – Level 2

URL https://programmers.co.kr/learn/courses/30/lessons/12973

짝지어 제거하기는 알파벳 소문자로 이루어진 문자열을 가지고 시작합니다. 먼저 문자열에서 같은 알파벳이 2 개 붙어 있는 짝을 찾습니다. 그다음 그 둘을 제거한 뒤, 앞뒤로 문자열을 이어 붙입니다. 이 과정을 반복해서 문 자열을 모두 제거한다면 짝지어 제거하기가 종료됩니다. 문자열 S가 주어졌을 때, 짝지어 제거하기를 성공적으로 수행할 수 있는지 반환하는 함수를 완성해 주세요. 성공적으로 수행할 수 있으면 1을, 아닐 경우 0을 리턴하 면 됩니다.

예를 들어 문자열 S = baabaa라면

b aa baa → bb aa → aa →

의 순서로 문자열을 모두 제거할 수 있으므로 1을 반환합니다.

제한 사항

- 문자열의 길이 : 1,000,000 이하의 자연수
- 문자열은 모두 소문자로 이루어져 있습니다.

입출력 예

s	result
baabaa	1
cdcd	0

입출력 예 설명

입출력 예 #1

위의 예시와 같습니다.

입출력 예 #2

문자열이 남아 있지만 짝지어 제거할 수 있는 문자열이 더 이상 존재하지 않기 때문에 0을 반환합니다.

문제 풀이

이 문제는 함정을 간파하면 매우 쉽지만, 그렇지 않을 경우 매우 어렵다고 느낄 겁니다. 어떤 함정 을 간파해야 하는지 하나씩 살펴봅시다.

문제 풀이 흐름

함정을 확인하지 않은 채로 진행한다는 가정 아래 코드를 짜보겠습니다. 이럴 경우 처음부터 문제에서 어떻게 풀라고 과정까지 다 알려주기 때문에 딱히 덧붙일 사항이 없습니다.

1. 같은 알파벳을 2개 찾아서 제거합니다.

2. 제거된 문자열을 합치고 원래 문자열에 덮어씁니다(앞뒤로 연결).

3. 남은 문자열의 길이가 1 미만이 될 때까지 1~2번 과정을 반복합니다.

같은 알파벳을 2개 찾을 때 '현재 자신의 위치 + 그 앞의 위치'를 검사하므로 반복문으로 배열을 순회한다면 전체에서 -1만큼 덜 수행해야 한다는 점을 잊지마세요.

이 문제를 풀 때는 다음 두 가지 사항만 신경 쓰면 됩니다.

- 2개씩 짝지어 문자열이 사라진다. → 모두 짝지어지면 결국 0개가 되므로 그 이상이 남으면 제거에 실패한 것이다(개수가 동일해도 제거하지 못했으므로 종료로 판정).

- 짝지은 문자를 공백으로 바꿨는데, 공백 문자열이 남았다. → ''.join()으로 공백 문자열을 전부 자동 소거한다.

코드가 짧은 관계로 바로 정답을 살펴보겠습니다.

전체 코드 4장/짝지어_제거하기.py

```python
def solution(s):
    while len(s) > 1:                    #문자열이 남을 때까지
        s = list(s)                      #문자열을 문자 배열로 변환
        for i in range(len(s) - 1):      #배열 인덱스는 항상 신경 쓸 것
            if s[i] == s[i + 1]: s[i] = s[i + 1] = ''  #중복 문자를 공백으로 변경

        new_s = ''.join(s)               #문자열을 합치면서 공백 자동 제거
        if len(s) == len(new_s): break   #변화가 없으면 제거하지 못했으므로 반복문 탈출
        s = new_s

    return 1 if len(s) == 0 else 0
```

막상 실행하면 논리가 맞는 것과는 다르게 대부분의 테스트가 시간 초과 문구가 뜨면서 실패합니다.

```
테스트 1 > 통과 (0.01ms, 10MB)
테스트 2 > 통과 (12.17ms, 10.8MB)
테스트 3 > 실패 (시간 초과)
테스트 4 > 실패 (시간 초과)
테스트 5 > 실패 (시간 초과)
테스트 6 > 실패 (시간 초과)
테스트 7 > 실패 (시간 초과)
테스트 8 > 실패 (시간 초과)
```

사실상 이번 문제가 처음으로 시간 초과를 맛보는 문제가 아닐까 싶습니다. 이전 문제들은 아예 틀리거나, 성공하거나 둘 중 하나였으니까요.

시간 초과가 발생했을 경우 가장 먼저 확인해야 할 사항은 입력값의 최대 숫자입니다. 이 문제에서는 백만 개라고 했으니, $O(n)$ 또는 $O(nlogn)$ 시간 복잡도로 문제를 풀지 않으면 시간 초과가 발생합니다. 따라서 앞의 코드는 $O(n^2)$ 정도의 시간 복잡도가 발생했다는 의미이기도 합니다. 코드를 자세히 살펴보면 겹치는 두 쌍을 제거하고 합치는데, 만약 전체 문자열에서 제거할 문자열의 쌍이 딱 하나밖에 없었을 경우 1,000,000개→ 999,998개 → 999,996개…처럼 되어 50만 개 × 100만 개만큼 연산이 필요하기 때문에 단순 계산만으로도 가볍게 1억을 넘깁니다.

더구나 그 외에도 $O(n)$ 연산이 많이 발생했기 때문에 실질적으로는 **7만 개 이상**[3]의 데이터는 처리하지 못하고 시간 초과가 발생합니다. 100만 개 중에서 7만 개밖에 안 됐는데 시간 초과가 발생하면 온갖 꼼수를 적용해서 최적화한다고 해도 일정 부분 이상 개선하는 것은 현실적으로 불가능합니다. 결국 이 코드는 사용하지 못하겠네요(극적으로 모든 정확성 테스트 케이스를 통과했더라도 효율성에서 반드시 실패합니다).

이럴 때는 늘 그렇듯이 생각을 바꾸어 문제를 보는 것이 중요합니다. 주어진 전체 문자열에서 알파벳 쌍을 제거하는 것보다는 순차적으로 입력받으면서 알파벳 쌍이 만들어지면 해당 부분을 먼저 제거하는 방식으로 접근해보는 겁니다. 전체 리스트에서 삭제하는 것과 순차적으로 값을 받아서 삭제하는 것 모두 결국 똑같이 전체를 탐색하는 논리이므로 충분히 가능한 방법입니다.

이렇게 순차적으로 탐색하면서 데이터를 쌓고 빼는 구현 방식을 '스택(stack)'이라고 하며, 앞으로 나올 문제에 종종 사용될 자료 구조이므로 나중에 라이브러리로 대체해 사용하더라도 기본 원리는 잘 기억합시다(스택은 11장에서 설명합니다).

---

3 실제 프로그래머스의 코드를 돌려가면서 테스트한 결과입니다.

문제 다시 분석

생각이 바뀌었으니 문제를 다시 분석해야 합니다.

1. 받은 문자열을 for 문으로 1글자씩 읽습니다.

2. 배열에 알파벳을 하나씩 넣고, 만약 배열의 마지막 알파벳과 현재 순회 중인 알파벳이 같다면 배열에서 해당 요소를 제거합니다.

3. 모든 문자열을 다 돌았을 때 배열에 값이 없다면 모두 짝지은 것이고, 남아 있다면 모두 짝짓지 못한 것입니다.

좋습니다. 이 정도면 충분히 구현할 수 있겠군요. 추가로 배열에서 없는 인덱스를 조회하면 프로그램에서 오류가 발생하기 때문에 항상 배열이 비어 있는지 확인합시다.

이번에도 결과 코드가 짧으므로 바로 정답을 확인해보겠습니다.

전체 코드   4장/짝지어_제거하기_수정.py

```python
def solution(s):
    stack = []
    for case in s:
        if stack and stack[-1] == case: stack.pop() #스택에 값이 있고 마지막이 같은지
        else: stack.append(case)
    return 0 if stack else 1
```

코드가 매우 간결해졌습니다. 생각만 바꿨을 뿐인데 문제를 너무 쉽게 풀었네요. 스택을 사용하니 O(n) 시간 안에 문제를 풀 수 있었습니다. 만약 비슷한 문제가 나왔는데, 문제 설명이 함정이라는 것을 깨닫고 바로 스택을 사용했다면 푸는 데 10분도 안 걸리지만, 그렇지 않다면 몇 시간 동안 붙잡고 있다가 정답을 보고 '이렇게 간단한 거야?'라면서 허무하다고 생각했을 겁니다.

아이디어를 떠올리지 못했다고 자책하지 마세요. 발상의 전환은 경험이 중요합니다. 책에 있는 문제를 풀면서 하나씩 배워나간다면 충분히 생각해낼 수 있을 겁니다.

문자열 압축 – Level 2

URL https://programmers.co.kr/learn/courses/30/lessons/60057

데이터 처리 전문가가 되고 싶은 '어피치'는 문자열을 압축하는 방법에 대해 공부하고 있습니다. 최근에 대량의 데이터 처리를 위한 간단한 비손실 압축 방법에 대해 공부하고 있는데, 문자열에서 같은 값이 연속해서 나타나는 것을 그 문자의 개수와 반복되는 값으로 표현하여 더 짧은 문자열로 줄여서 표현하는 알고리즘을 공부하고 있습니다.

간단한 예로 "aabbaccc"의 경우 "2a2ba3c"(문자가 반복되지 않아 한 번만 나타난 경우 1은 생략함)와 같이 표현할 수 있는데, 이러한 방식은 반복되는 문자가 적은 경우 압축률이 낮다는 단점이 있습니다. 예를 들면, "abcabcdede"와 같은 문자열은 전혀 압축되지 않습니다. '어피치'는 이러한 단점을 해결하기 위해 문자열을 1개 이상의 단위로 잘라서 압축하여 더 짧은 문자열로 표현할 수 있는지 방법을 찾아보려고 합니다.

예를 들어 "ababcdcdababcdcd"의 경우 문자를 1개 단위로 자르면 전혀 압축되지 않지만, 2개 단위로 잘라서 압축한다면 "2ab2cd2ab2cd"로 표현할 수 있습니다. 다른 방법으로 8개 단위로 잘라서 압축한다면 "2ababcdcd"로 표현할 수 있으며, 이때가 가장 짧게 압축하여 표현할 수 있는 방법입니다.

다른 예로, "abcabcdede"와 같은 경우, 문자를 2개 단위로 잘라서 압축하면 "abcabc2de"가 되지만, 3개 단위로 자른다면 "2abcdede"가 되어 3개 단위가 가장 짧은 압축 방법이 됩니다. 이때 3개 단위로 자르고 마지막에 남는 문자열은 그대로 붙여주면 됩니다.

압축할 문자열 s가 매개변수로 주어질 때, 위에 설명한 방법으로 1개 이상 단위로 문자열을 잘라 압축하여 표현한 문자열 중 가장 짧은 것의 길이를 return하도록 solution 함수를 완성해주세요.

제한 사항

- s의 길이는 1 이상 1,000 이하입니다.
- s는 알파벳 소문자로만 이루어져 있습니다.

입출력 예

s	result
"aabbaccc"	7
"ababcdcdababcdcd"	9
"abcabcdede"	8
"abcabcabcabcdededededede"	14
"xababcdcdababcdcd"	17

입출력 예에 대한 설명

입출력 예 #1

문자열을 1개 단위로 잘라 압축했을 때 가장 짧습니다.

입출력 예 #2

문자열을 8개 단위로 잘라 압축했을 때 가장 짧습니다.

입출력 예 #3

문자열을 3개 단위로 잘라 압축했을 때 가장 짧습니다.

입출력 예 #4

문자열을 2개 단위로 자르면 "abcabcabcabc6de"가 됩니다.

문자열을 3개 단위로 자르면 "4abcdedededede"가 됩니다.

문자열을 4개 단위로 자르면 "abcabcabcabc3dede"가 됩니다.

문자열을 6개 단위로 자를 경우 "2abcabc2dedede"가 되며, 이때의 길이가 14로 가장 짧습니다.

입출력 예 #5

문자열은 제일 앞부터 정해진 길이만큼 잘라야 합니다.

따라서 주어진 문자열을 x / ababcdcd / ababcdcd로 자르는 것은 불가능합니다.

이 경우 어떻게 문자열을 잘라도 압축되지 않으므로 가장 짧은 길이는 17이 됩니다.

문제 풀이

마지막으로 카카오 2020 블라인드 테스트에서 출제되었던 문제를 풀어보겠습니다. 카카오 코딩 테스트라고 해서 엄청나게 어려운 문제가 나오는 것은 아닙니다. 쉬운 문제는 지문이 긴 대신 그 안에 구현해야 할 정보가 모두 들어 있기 때문에 문장을 잘 읽고 어떻게 접근할지를 결정하기만 하면 문제를 풀 수 있습니다. 대신 문제 풀이법을 결정하기 위한 지식과 이를 만들기 위한 적절한 접근 방법이 요구되므로 **처음으로 테스트를 보는 것이라 가정하고** 조금 자세하게 문제를 분석해보겠습니다.

문제 풀이 흐름

1. 압축의 기준은 자신과 동일한 단어가 문자열 내에 존재할 때 가능합니다. 따라서 단어가 일정 길이 이상을 넘어가면 더 이상 동일한 단어를 찾을 수 없기 때문에 압축 가능한 최대 단어의 길이는 원래 주어진 단어의 $\frac{1}{2}$입니다.

2. 해당 규칙이 몇 번 반복되었는지 확인하기 위해 이를 관리하는 변수를 하나 두어야 하며, 반복된 횟수가 2번 이상일 때만 숫자를 붙여서 반환합니다.

3. 주어진 규칙을 바탕으로 전체를 조사해야 하므로 현재 자기 위치의 단어 + 현재 규칙만큼 앞의 위치를 확인하면서 진행해야 합니다. 주어진 규칙의 길이보다 남은 길이가 짧다면 찾을 수 없기 때문에 탐색을 중단하거나 미리 탐색 범위를 조정해야 합니다.

4. 최종적으로 줄인 문자열 vs 원래 문자열의 길이 중 누가 더 짧은가 비교하면 됩니다. 만약 원래 문자열의 압축 과정을 수행한 문자열의 길이보다 같거나 작으면 압축을 하지 않는 것이 더 좋다는 결론을 낼 수 있습니다.

이 정도만 정리해도 전체 코드를 작성하는 데 충분할 것입니다. 이 외에도 다음 사항을 고민해볼 수 있습니다.

- 압축된 코드를 가지고 있어야 하는가?

  결론부터 말하면 그럴 필요가 없습니다. 압축된 문자열의 길이를 구하기 위해 전부 계산한 이후에 나온 문자열을 합쳐야 하는지 고민할 수 있지만, 문제에서는 압축된 문자열이 중요한 게 아니라 압축된 문자열의 길이가 중요합니다. 따라서 변수를 하나 두어 계산이 완료될 때 압축된 문자열의 길이를 바로바로 더하도록 만드는 것이 더 좋은 방법입니다.

이제 앞에서 상세하게 분석한 전략으로 코드를 작성해보겠습니다.

코드 작성

1. **압축 가능한 길이만큼(전체의 $\frac{1}{2}$) 순회합니다.**

   문자열 압축 과정을 진행하고 최종적으로 압축된 문자가 더 짧은지 vs 원래 문자열이 더 짧은지를 확인해야 하므로 answer 변수에는 처음 받은 문자열의 길이를 할당합니다.

   그 후 전체 문자열 길이의 $\frac{1}{2}$만큼 반복문 순열을 실시합니다(range 범위에 answer 변수를 대신 넣는 것도 가능하지만, 그렇게 사용해야 할 정도로 공간 복잡도가 빡빡하지 않으므로 억지로 메모리를 줄이기 위해 조치할 필요가 없습니다).

   ```
   answer = len(s)
   for x in range(1, len(s) // 2 + 1):
   ```

2. **반복된 규칙을 확인하여 몇 번 반복되었는지/반복된 문자열이 무엇인지 기록한 후 반영합니다.**

   ```
   comp_len = 0
   comp = ''
   ```

```
cnt = 1
for i in range(0, len(s) + 1, x):
    temp = s[i:i + x]
    if comp == temp: cnt += 1
    elif comp != temp:
        comp_len += len(temp)
        if cnt > 1: comp_len += len(str(cnt))
        cnt = 1
        comp = temp
```

아마 문자열 규칙을 전체 탐색하는 부분에 대해 오래 고민했을 것입니다. 이 내용을 좀 더 자세하게 살펴볼게요.

'전체 탐색'의 핵심은 원하는 값을 모든 범위에서 조사하는 것입니다. 이번 문제에서 전체 탐색의 핵심은 '몇 개로 자른 문자열로 압축하면 가장 좋은 효율을 보이는가'입니다. 중간중간 문자열의 개수를 바꿔가면서 이 부분은 2개로, 저 부분은 4개로 문자열을 쪼개 압축했을 때 가장 큰 효율을 보이는지 확인하는 문제가 아닙니다. 따라서 1글자부터 전체 길이의 절반까지 문자열을 전체와 비교해보면서 겹치는 부분이 몇 번 있는지 센 다음, 겹쳐서 단축된 문자열의 길이가 가장 짧은 경우를 구해야 합니다.

```
for x in range(1, len(s) // 2 + 1):
    ...
    for i in range(0, len(s) + 1, x):
        ...
```

즉, 첫 글자부터 전체 문자열의 절반까지 진행하는 것이 첫 번째 루프, 전체 문자열과 현재 규칙의 글자수만큼 진행하면서 비교하는 것이 두 번째 루프에서 하는 일입니다.

▼ 그림 4-1 문자열 규칙을 확인하는 과정

aa
⎯⎯ ⎯⎯ ⎯⎯
aabbaccc

이 그림은 예제 1번에서 문자열 2개를 전체 문자열과 일치하는지 비교하는 과정으로, 이런 식으로 모든 규칙을 문자열과 비교하면 분명히 겹치는 부분이 존재할 것이고 그 숫자를 세어서 그중 최솟값을 갖는 값을 찾으면 됩니다.

3. 압축 과정에서 나온 문자열의 길이와 원래 문자열의 길이를 비교합니다.

이제 앞서 선언했던 answer 변수와, 압축 문자열의 길이를 구하면 끝납니다.

```
answer = min(answer, comp_len)
```

전체 코드   4장/문자열_압축.py

```python
def solution(s):
    answer = len(s)
    for x in range(1, len(s) // 2 + 1):
        comp_len = 0
        comp = ''
        cnt = 1
        for i in range(0, len(s) + 1, x):
            temp = s[i:i + x]
            if comp == temp: cnt += 1
            elif comp != temp:
                comp_len += len(temp)
                if cnt > 1: comp_len += len(str(cnt))
                cnt = 1
                comp = temp
        answer = min(answer, comp_len)

    return answer
```

조건을 하나씩 확인해보면 정답을 다 알려주고 조합만 하면 풀리는 문제입니다. 엄청나게 어려워 보이지만 겁먹지 말고 천천히 문제를 분석하면 단서를 얻을 수 있습니다.

또 다른 문제 풀이

문제를 풀다 보면 이런 생각도 할 수 있을 겁니다. '결국 규칙을 모두 비교해야 한다면, 처음부터 문자열에서 가능한 모든 규칙을 뽑아내서 비교하는 건 안 될까?'라고요. 이에 대한 대답은 '가능하다'입니다. 볼 필요가 없는 규칙도 가지고 오겠지만, 최대 입력 수는 1,000개이므로 소요 시간에 크게 영향을 미치지 못합니다. 직접 구현해봅시다.

1. 압축 가능한 길이만큼 순회합니다.

확인해야 할 문자열 길이 자체는 변하지 않으므로 여전히 $\frac{1}{2}$만큼만 순회해야 합니다. 이번에는 압축을 수행하는 compress() 함수를 만들어서 진행해보겠습니다.

```
if len(s) == 1: return 1
else: return min(compress(s, length) for length in list(range(1, len(s) // 2 + 1)))
```

이번에는 가능한 모든 규칙을 생성하는 과정으로 진행하기 때문에 전체 문자열이 1글자인 경우를 대비해 예외 케이스를 만들어야 합니다. 문자열이 1글자라면 $\frac{1}{2}$을 할 경우 아무것도 남지 않아 배열 조회가 불가능하므로 런타임 에러가 발생합니다.

```
테스트 4 > 통과 (0.04mx, 10.3MB)
테스트 5 > 실패 (런타임 에러)
```

이런 식으로 접근 방식이 바뀌면 조치해야 할 사항도 달라진다는 것을 잊지 마세요. 특히 배열을 조회할 때는 **항상 현재 가진 원소 개수 이상의 숫자로 접근하지는 않았나** 확인해주세요. 굉장히 사소하지만 런타임 에러(아예 프로그램이 터지는 현상)까지 벌어지는 원인입니다.

2. 압축 가능한 길이만큼 반복 규칙 확인 → 전체 문자열에서 가능한 모든 규칙을 먼저 생성합니다.

```
words = [s[i:i + length] for i in range(0, len(s), length)]
```

이전 코드에서는 반복 규칙을 확인하기 위해 일단 현재 자신의 위치에서 주어진 길이만큼 문자열을 만든 다음, 규칙을 문자열 끝까지 순차 비교하면서 중복을 검사하는 방식으로 진행했습니다. 이번에는 주어진 길이만큼 문자열에서 가능한 모든 규칙을 먼저 만들겠습니다.

3. 만든 규칙을 전부 비교 검사합니다.

```
res = []
cur_word = words[0]
cur_cnt = 1
for pattern, compare in zip(words, words[1:] + ['']):
    if pattern == compare: cur_cnt += 1
    else:
        res.append([cur_word, cur_cnt])
        cur_word = compare
        cur_cnt = 1
```

이제 만든 규칙끼리 모두 비교하면서 겹치는 규칙을 찾습니다. 일치하는 규칙이 확인되었을 경우 중복된 문자열과 중복 횟수를 리스트로 만들어 중복을 기록하는 변수(res)에 모두 넣습니다.

4. 압축 과정에서 나온 문자열의 길이와 원래 문자열의 길이를 비교합니다.

중복을 기록한 변수를 for 문으로 순회하면서 몇 번 중복됐는지 점검하고 발생했던 문자열을 모두 더하면 최종적으로 압축 과정을 수행한 결과가 몇 글자인지 알 수 있습니다.

```python
return sum(len(word) + (len(str(cnt)) if cnt > 1 else 0) for word, cnt in res)
```

전체 코드   4장/문자열_압축_패턴.py

```python
def compress(s, length):
    words = [s[i:i+length] for i in range(0, len(s), length)]
    res = []
    cur_word = words[0]
    cur_cnt = 1
    for pattern, compare in zip(words, words[1:] + ['']):
        if pattern == compare: cur_cnt += 1
        else:
            res.append([cur_word, cur_cnt])
            cur_word = compare
            cur_cnt = 1
    return sum(len(word) + (len(str(cnt)) if cnt > 1 else 0) for word, cnt in res)

def solution(s):
    if len(s) == 1: return 1
    else: return min(compress(s, length) for length in list(range(1, len(s) // 2 + 1)))
```

문자열 순회와 비교해서 주목할 만한 점은 총 3가지입니다.

1. 전체 문자열에서 가능한 모든 규칙을 생성한 다음,

2. 첫 번째 규칙과 첫 번째 문자를 제외한 나머지에 적용될 규칙을 zip( ) 함수로 묶어 경우의 수를 모두 생성합니다(배열 조회 시 오류 방지를 위해 마지막 빈 글자를 합쳤습니다).

3. 문자열 압축 함수 compress( )에 들어가는 값은 똑같이 1부터 전체 문자열 길이의 $\frac{1}{2}$입니다. 하지만 글자가 단 1글자인 경우를 대비하고자 if 문으로 예외 케이스를 만듭니다.

만약 여러분이 규칙과 문자열을 비교하는 것이 더 어렵고, 자신과 맞는 방법이 아니라고 생각한다면 이런 식으로 규칙과 규칙끼리 전수 조사를 실시하는 방법도 있습니다. 불필요한 비교가 추가되므로 첫 번째 방법보다 느리지만 약 1ms 정도의 시간 차이라 크게 신경 쓰지 않아도 됩니다.

핵심 개념은 모두 동일합니다. '가능한 조합을 모두 검사해보는 것'입니다. 책에서는 두 가지 방법을 제시했지만 원한다면 다른 방법을 찾을 수도 있습니다. 문제를 보고 '아 이 문제는 ~~니까 ~~로 풀어야겠다'처럼 유형만 외우면 낚시 문제들에 속기 쉽습니다. 문제에서 무엇을 요구하는지 정확하게 파악하고, 이를 해결할 수 있는 방법을 고민하면서 풀어야 합니다.

4.2.2 진법 바꾸기

혼자서 등장하는 경우는 드물고, 문제에서 '주어진 데이터의 진법을 바꾼 후에 ~를 하라' 형태로 추가로 조건이 제시되거나, 진법 변환 개념 자체를 이용하라는 경우가 많습니다. 만약 진법 변환 방법을 모른다면 문제를 풀기 어렵습니다. 따라서 이 문제 유형에 등장하는 진법 변환 코드는 외우는 걸 권장합니다. 사용 원리를 이해하면 방법을 몰라도 유도하여 코드를 짤 수 있으나 시간이 많이 소요되므로 가능하면 외워두세요.

3진법 뒤집기 - Level 1

URL https://programmers.co.kr/learn/courses/30/lessons/68935

자연수 n이 매개변수로 주어집니다. n을 3진법 상에서 앞뒤로 뒤집은 후, 이를 다시 10진법으로 표현한 수를 return하도록 solution 함수를 완성해주세요.

제한 사항

- n은 1 이상 100,000,000 이하인 자연수입니다.

입출력 예

n	result
45	7
125	229

입출력 예 설명

입출력 예 #1

- 답을 도출하는 과정은 다음과 같습니다.

n (10진법)	n (3진법)	앞뒤 반전(3진법)	10진법으로 표현
45	1200	0021	7

- 따라서 7을 return해야 합니다.

입출력 예 #2

- 답을 도출하는 과정은 다음과 같습니다.

n (10진법)	n (3진법)	앞뒤 반전(3진법)	10진법으로 표현
125	11122	22111	229

- 따라서 229를 return해야 합니다.

문제 풀이

처음에는 Level 1 정도의 쉬운 난이도로 진법 변환 개념에 익숙해지는 시간을 갖겠습니다. 우선 주어진 자연수(10진수)를 3진법으로 변환해야 하는데, 흔히 사용하는 진법이 아닙니다. 직접 진수 변환 코드를 작성해야 합니다. 4.1.1절에서 설명했던 코드를 다시 가지고 오겠습니다.

```
def radixChange(num, radix):
    if num == 0: return '0'
    nums = []
    while num:
        num, digit = divmod(num, radix)
        nums.append(str(digit))
    return ''.join(reversed(nums))
```

진수 변환 코드를 만들 수 있다면 나머지는 정말 쉽습니다. 3진수로 변환한 다음 변환된 문자열을
뒤집고, int 함수를 통해 10진수로 다시 변환하기만 하면 됩니다.

4장/3진법_뒤집기.py

전체 코드

```
def radixChange(num, radix):
    if num == 0: return '0'
    nums = []
    while num:
        num, digit = divmod(num, radix)
        nums.append(str(digit))
    return ''.join(reversed(nums))

def solution(n):
    return int(radixChange(n, 3)[::-1], 3)
```

입력받은 숫자를 3진수로 변환한 다음, 변환된 문자열을 역으로 뒤집고, 다시 10진수로 변환하면
됩니다. 10진수에서 n진수로 변환할 때 진법 변환 코드가 필요하지만, 반대로 n진수에서 10진수
로 변환할 때는 매우 쉽습니다. 그저 int(<진법이 있는 문자열>, <n진법>)으로 쓰기만 하면 알
아서 10진수로 변환해줍니다. 이런 기능들은 잘 외워두세요.

이진 변환 반복하기 - Level 2

URL https://programmers.co.kr/learn/courses/30/lessons/70129

0과 1로 이루어진 어떤 문자열 x에 대한 이진 변환을 다음과 같이 정의합니다.

- x의 모든 0을 제거합니다.
- x의 길이를 c라고 하면, x를 'c를 2진법으로 표현한 문자열'로 바꿉니다.

예를 들어 x = "0111010"이라면, x에 이진 변환을 가하면 x = "0111010" → "1111" → "100"이 됩니다.

0과 1로 이루어진 문자열 s가 매개변수로 주어집니다. s가 "1"이 될 때까지 계속해서 s에 이진 변환을 가했을 때, 이진 변환의 횟수와 변환 과정에서 제거된 모든 0의 개수를 각각 배열에 담아 return하도록 solution 함수를 완성해주세요.

제한 사항

- s의 길이는 1 이상 150,000 이하입니다.
- s에는 '1'이 최소 하나 이상 포함되어 있습니다.

입출력 예

s	result
"110010101001"	[3, 8]
"01110"	[3, 3]
"1111111"	[4, 1]

입출력 예 설명

입출력 예 #1

- "110010101001"이 "1"이 될 때까지 이진 변환을 가하는 과정은 다음과 같습니다.

회차	이진 변환 이전	제거할 0의 개수	0 제거 후 길이	이진 변환 결과
1	"110010101001"	6	6	"110"
2	"110"	1	2	"10"
3	"10"	1	1	"1"

3번의 이진 변환을 하는 동안 8개의 0을 제거했으므로, [3, 8]을 return해야 합니다.

- "01110"이 "1"이 될 때까지 이진 변환을 가하는 과정은 다음과 같습니다.

회차	이진 변환 이전	제거할 0의 개수	0 제거 후 길이	이진 변환 결과
1	"01110"	2	3	"11"
2	"11"	0	2	"10"
3	"10"	1	1	"1"

3번의 이진 변환을 하는 동안 3개의 0을 제거했으므로, [3, 3]을 return해야 합니다.

입출력 예 #3

- "1111111"이 "1"이 될 때까지 이진 변환을 가하는 과정은 다음과 같습니다.

회차	이진 변환 이전	제거할 0의 개수	0 제거 후 길이	이진 변환 결과
1	"1111111"	0	7	"111"
2	"111"	0	3	"11"
3	"11"	0	2	"10"
4	"10"	1	1	"1"

- 4번의 이진 변환을 하는 동안 1개의 0을 제거했으므로, [4, 1]을 return해야 합니다.

문제 풀이

이번 문제는 진법 변환을 하는데, 추가로 **임의로 지정한** 이진 변환이 있습니다. 이렇게 '진법 변환의 개념을 활용하여 특정 개념을 정의하고 이걸 사용하여 풀어라'라는 형태의 문제가 나올 수 있습니다. 실제로 사용하는 진법 변환과, 문제에서 임의로 지정한 진법 변환의 의미를 헷갈리지 않아야 합니다.

문제 풀이 흐름

먼저 문제에서 제시한 이진 변환에 대해 풀어보면 다음과 같습니다.

1. 2진법으로 이루어진 문자열에서 0을 모두 제거하고 합칩니다.

2. 남은 1의 개수를 10진법 기준으로 셉니다.

3. 2번 과정에서 나온 개수를 2진법으로 변환합니다.

4단계 아이디의 처음에 위치한 '.'가 제거되었습니다.

".bat.y.abcdefghijklm" → "bat.y.abcdefghijklm"

5단계 아이디가 빈 문자열이 아니므로 변화가 없습니다.

"bat.y.abcdefghijklm" → "bat.y.abcdefghijklm"

6단계 아이디의 길이가 16자 이상이므로, 처음 15자를 제외한 나머지 문자들이 제거되었습니다.

"bat.y.abcdefghijklm" → "bat.y.abcdefghi"

7단계 아이디의 길이가 2자 이하가 아니므로 변화가 없습니다.

"bat.y.abcdefghi" → "bat.y.abcdefghi"

따라서 신규 유저가 입력한 new_id가 "...!@BaT#*..y.abcdefghijklm"일 때 네오의 프로그램이 추천하는 새로운 아이디는 "bat.y.abcdefghi"입니다.

문제

신규 유저가 입력한 아이디를 나타내는 new_id가 매개변수로 주어질 때, '네오'가 설계한 7단계의 처리 과정을 거친 후의 추천 아이디를 return하도록 solution 함수를 완성해주세요.

제한 사항

- new_id는 길이 1 이상 1,000 이하인 문자열입니다.
- new_id는 알파벳 대문자, 알파벳 소문자, 숫자, 특수문자로 구성되어 있습니다.
- new_id에 나타날 수 있는 특수문자는 -_.~!@#$%^&*()=+[{]}:?,<>/로 한정됩니다.

입출력 예

no	new_id	result
예1	"...!@BaT#*..y.abcdefghijklm"	"bat.y.abcdefghi"
예2	"z-+.^."	"z--"
예3	"=.="	"aaa"
예4	"123_.def"	"123_.def"
예5	"abcdefghijklmn.p"	"abcdefghijklmn"

입출력 예에 대한 설명

입출력 예 #1

문제의 예시와 같습니다.

입출력 예 #2

7단계를 거치는 동안 new_id가 변화하는 과정은 다음과 같습니다.

1단계 변화 없습니다.

2단계 "z-+.^." → "z-.."

3단계 "z-.." → "z-."

4단계 "z-." → "z-"

5단계 변화 없습니다.

6단계 변화 없습니다.

7단계 "z-" → "z--"

입출력 예 #3

7단계를 거치는 동안 new_id가 변화하는 과정은 다음과 같습니다.

1단계 변화 없습니다.

2단계 "=.=" → "."

3단계 변화 없습니다.

4단계 "." → "" (new_id가 빈 문자열이 되었습니다.)

5단계 "" → "a"

6단계 변화 없습니다.

7단계 "a" → "aaa"

입출력 예 #4

1단계에서 7단계까지 거치는 동안 new_id("123_.def")는 변하지 않습니다. 즉, new_id가 처음부터 카카오의 아이디 규칙에 맞습니다.

입출력 예 #5

1단계 변화 없습니다.

2단계 변화 없습니다.

3단계 변화 없습니다.

4단계 변화 없습니다.

5단계 변화 없습니다.

6단계 "abcdefghijklmn.p" → "abcdefghijklmn." → "abcdefghijklmn"

7단계 변화 없습니다.

문제 풀이

이번에는 '좁은 의미에서의 문자열 찾아 바꾸기'를 연습해보겠습니다. 문자열에서 특징을 찾아내어 수정하는 문제입니다. 여러 번 수정 과정을 거치는 만큼 함정이 있을 것 같으나 다행히도 그럴 만한 내용은 없습니다. 알려주는 방식대로 구현하면 됩니다.

문제 풀이 흐름

문제 내용을 정리하여 과정을 만들면 다음과 같습니다.

1. 문자열 전체를 소문자로 변환합니다.

2. 지정된 문자를 제외한 나머지 문자를 전부 제거합니다.

3. 마침표가 2번 찍혔다면 그중 하나만 제거합니다.

4. 마침표 양옆으로 문자열을 1개씩 제거합니다.

5. 전부 제거했는데, 아무것도 없으면 'a'를 할당합니다.

6. 나온 결과가 16자 이상일 경우 그 이상은 모두 삭제, 마지막 문자가 따옴표인 경우 역시 삭제합니다.

7. 반대로 3자 미만이면 마지막 문자를 반복해서 3글자 이상으로 만듭니다.

문자를 제거하거나 붙이는 일이 많습니다. 또한, 전체 과정 자체는 순서대로 정확하게 동작해야 하니 어떤 부분을 제외하거나 합쳐서 진행해보겠다는 생각은 하지 않도록 합시다. 파이썬의 문자열 특징을 기억하면서 (문자열을 +로 합치지 않기 등) 조건에 맞게 수정해봅시다.

코드 작성

1. 문자열 전체를 소문자로 변환합니다.

```python
answer = new_id.lower()
```

2. 지정된 문자를 제외한 나머지 문자를 전부 제거합니다.

```python
filtered = []
    for c in answer:
        if c.isalpha() or c.isdigit() or c in ('-', '_', '.'):
            filtered.append(c)
    answer = ''.join(filtered)
```

3. 마침표가 2번 찍혔다면 그중 하나만 제거합니다.

```python
while '..' in answer:
    answer = answer.replace('..', '.')    #replace는 가장 먼저 발견된 것만 수정하니까!
```

4. 마침표 양옆으로 문자열을 1개씩 제거합니다.

```
answer = answer.strip('.')
```

5. 전부 제거했는데, 아무것도 없으면 ' a '를 할당합니다.

```
if answer == '': answer = 'a'
```

6. 나온 결과가 16자 이상일 경우 그 이상은 모두 삭제, 마지막 문자가 따옴표인 경우 역시 삭제합니다.

```
if len(answer) > 15: answer = answer[:15]
if answer[-1] == '.': answer = answer[:-1]
```

7. 반대로 3자 미만이라면 마지막 문자를 반복해서 3글자 이상으로 만듭니다.

```
while len(answer) < 3:
    answer += answer[-1]    #문자열 더하기 비용이 높지 않으므로 이 정도는 가능
```

이제 이 모든 결과를 합치기만 하면 됩니다. 전체 코드는 다음과 같습니다.

전체 코드

4장/신규_아이디_추천.py

```
def solution(new_id):
    #1
    answer = new_id.lower()
    #2
    filtered = []
    for c in answer:
        if c.isalpha() or c.isdigit() or c in ('-', '_', '.'):
            filtered.append(c)
    answer = ''.join(filtered)
    #3
    while '..' in answer:
        answer = answer.replace('..', '.')  #replace는 가장 먼저 발견된 것만 수정하니까!
    #4
    answer = answer.strip('.')
    #5
    if answer == '': answer = 'a'
```

```
#6
if len(answer) > 15: answer = answer[:15]
if answer[-1] == '.': answer = answer[:-1]
#7
while len(answer) < 3:
    answer += answer[-1]       #문자열 더하기 비용이 높지 않으므로 이 정도는 가능

    return answer
```

찾아서 바꾸는 문제 치고는 지시한 대로만 변경하면 되므로 어떤 알고리즘을 사용해야 할지 고민하지 않아도 됩니다. 그래도 핵심 내용은 변하지 않습니다. 문제에서 제시하는 조건대로 문자를 수정할 수 있는지 물어보는 것입니다. 난이도가 높아지면 이 역시 까다로워지므로 지시 사항을 잘 정리합시다.

지금까지 문자열을 찾아서 바꾸는 과정을 직접 수행해보면서, 경험과 논리 정리가 매우 중요하다는 사실을 알게 되었을 것입니다. 하지만 다른 문제의 유형과는 다르게 문자열을 다루는 유형의 경우 이런 과정을 계속해서 반복하다 보면 '뭔가 좀 편리한 방법이 없을까?'라고 생각하겠죠. 정규표현식이 그 답이 될 수 있습니다. 따라서 마지막 절에서는 문자열 조작의 꽃, 정규표현식을 다뤄보겠습니다.

4.3 / 정규표현식
SECTION

이제 문자열 조작의 끝판 왕인 정규표현식(regular expression)을 살펴보겠습니다. 정규표현식은 특정 규칙을 가진 문자열의 집합을 표현하는 데 사용하는 형식 언어[4]입니다. 이해하기 쉽게 '수많은 문자열에서 원하는 데이터를 뽑아내기 위한 형태나 규칙을 정의하는 언어'라고 할 수 있습니다.

정규표현식은 제대로 사용할 수만 있다면 문자열에 대한 고민이 완전히 사라질 정도로 매우 강력하고 파격적입니다. 또한, 파이썬뿐만 아니라 다른 언어에서도 정규표현식을 지원하므로 언어가

---

4 수학, 컴퓨터 과학 분야에서 특정한 법칙에 따라 적절하게 구성된 문자열들의 집합을 말합니다.

바뀌더라도 그대로 사용할 수 있다는 장점도 있습니다. 정규표현식이 생긴 이유와 개념에 대해 알아봅시다.

4.3.1 정규표현식이란

다음 그림은 유닉스 시스템에서 가져온 passwd 파일의 일부입니다.

▼ 그림 4-2 정규표현식을 어디에 사용해야 하는가

```
_mdnsresponder:*:65:65:mDNSResponder:/var/empty:/usr/bin/false
_ard:*:67:67:Apple Remote Desktop:/var/empty:/usr/bin/false
_www:*:70:70:World Wide Web Server:/Library/WebServer:/usr/bin/false
_eppc:*:71:71:Apple Events User:/var/empty:/usr/bin/false
_cvs:*:72:72:CVS Server:/var/empty:/usr/bin/false
_svn:*:73:73:SVN Server:/var/empty:/usr/bin/false
_mysql:*:74:74:MySQL Server:/var/empty:/usr/bin/false
_sshd:*:75:75:sshd Privilege separation:/var/empty:/usr/bin/false
_qtss:*:76:76:QuickTime Streaming Server:/var/empty:/usr/bin/false
_cyrus:*:77:6:Cyrus Administrator:/var/imap:/usr/bin/false
_mailman:*:78:78:Mailman List Server:/var/empty:/usr/bin/false
_appserver:*:79:79:Application Server:/var/empty:/usr/bin/false
_clamav:*:82:82:ClamAV Daemon:/var/virusmails:/usr/bin/false
_amavisd:*:83:83:AMaViS Daemon:/var/virusmails:/usr/bin/false
_jabber:*:84:84:Jabber XMPP Server:/var/empty:/usr/bin/false
_appowner:*:87:87:Application Owner:/var/empty:/usr/bin/false
_windowserver:*:88:88:WindowServer:/var/empty:/usr/bin/false
_spotlight:*:89:89:Spotlight:/var/empty:/usr/bin/false
_tokend:*:91:91:Token Daemon:/var/empty:/usr/bin/false
_securityagent:*:92:92:SecurityAgent:/var/db/securityagent:/usr/bin/false
_calendar:*:93:93:Calendar:/var/empty:/usr/bin/false
_teamsserver:*:94:94:TeamsServer:/var/teamsserver:/usr/bin/false
update_sharing:*:95:-2:Update Sharing:/var/empty:/usr/bin/false
```

여러분이 프로그램을 사용할 때 저장되는 데이터들은 일정한 규칙이 있습니다. 만약 이 데이터 중에서 '몇 번째 항목의 몇 번째 글자가 필요하다'는 요청이 들어왔다고 합시다. 이때 정규표현식을 모른다면 이 문자열 전체를 자르고, 분할하고, 붙이는 등의 복잡한 과정을 통해 문자열을 조작해야 합니다. 더 심하면 문자열에서 특정 규칙을 전부 가져오기 위해 2중 for 문을 사용하면서 조회해야 할 수도 있습니다.

이러한 상황에서 문자열을 처리하고자 '약속된 규칙을 사용하여 문자열을 분리하는 기능'인 정규표현식을 개발하여 사용했고, 시간이 지나면서 다양한 기능이 추가되었습니다. 하지만 연식이 오래되었고 기능이 많이 추가되었다는 것은 반대로 말하자면 **진입 장벽이 높다**는 의미이기도 합니다.

'이렇게 좋은 기능을 왜 모르고 안 썼을까!'라는 생각으로 정규표현식을 배우고자 했다가 얼마 지나지 않아 형용하기 힘든 심연에 빠지곤 하죠. 도대체 정규표현식이 무엇이길래 그럴까요? 가볍게 예를 들어보겠습니다. 만약 주소록 변수에 다음처럼 이름/전화번호/이메일 데이터를 가지고 있다고 합시다.

```
search_target = '''
Luke Skywalker 02-123-4567 luke@daum.net
다스베이더 070-9999-9999 darth_vader@gmail.com
princess leia 010 2454 3457 leia@gmail.com
'''
```

여기에서 전화번호를 찾는다면 사용할 정규표현식은 다음과 같습니다.[5]

```
0\d{1,2}[ -]?\d{3,4}[ -]?\d{3,4}
```

도저히 이해할 수 없는 무엇이 등장했습니다. 동작하는 코드인지 궁금해서 실행해보면 놀랍게도 전화번호 데이터만 가지고 있는 문자열을 얻을 수 있습니다.

```
출력 > 02-123-4567
       070-9999-9999
       010 2454 3457
```

이 코드가 어떻게 원하는 데이터만 가지고 올 수 있는지 궁금하다면 지금부터는 어렵더라도 다음 표를 **모두 외워야 합니다.** 정규표현식은 어떠한 원리에 의해 만들어진 것이 아니라 약속된 기호이므로 암기하는 것밖에 방법이 없습니다.

▼ **표 4-1** 자주 사용하는 정규표현식

표현식	의미
^X	문자열이 X로 시작됨을 의미
X$	문자열이 X로 끝남을 의미
.	임의의 한 문자를 의미
X*	문자 X가 0번 이상 반복됨을 의미
X+	문자 X가 1번 이상 반복됨을 의미
X?	문자 X가 존재할 수도, 존재하지 않을 수도 있음을 의미
X│Y	문자 X 또는 문자 Y가 존재함을 의미
(X)	문자 X를 정규표현식 그룹으로 처리함을 의미
X{n}	문자 X가 n번 반복됨을 의미
X{n,}	문자 X가 n번 이상 반복됨을 의미

○ 계속

---

5 해당 정규표현식은 파이썬 기준이며, 앞으로 등장할 모든 정규표현식은 특별한 언급이 없다면 파이썬 정규표현식으로 작성했습니다.

표현식	의미
X{n, m}	문자 X가 n번 이상 m번 이하 반복됨을 의미
[XY]	문자 X 또는 Y 중 하나임을 의미
[^X]	문자 X를 제외한 문자를 의미
[A-Z]	문자 A부터 문자 Z까지의 문자를 의미(범위)

추가로 자주 사용하는 문자 클래스도 외워두면 좋습니다. 비슷한 \t, \n하고는 다르다는 점을 기억하세요. 주어진 규칙 이외의 모든 문자는 하나의 개별적인 문자로 인식합니다.

▼ 표 4-2 자주 사용하는 문자 클래스

표기법	의미
\d	숫자 [0-9]
\D	숫자가 아닌 것 [^0-9]
\s	공백(whitespace) 문자 [\t\n\r\f\v] (앞의 공백은 공백 문자를 의미)
\S	공백 문자가 아닌 것
\w	문자 + 숫자 [a-zA-Z0-9_]
\W	문자 + 숫자가 아닌 것

이 정도만 외우면 기본적인 정규표현식을 다루는 데는 별 문제가 없습니다.

TIP

정규표현식은 시대가 지나면서 새로운 표현이 생겨나기 때문에 가끔씩 한 번 검색하면서 익히는 것이 좋습니다. 더 많은 파이썬 정규표현식을 알고 싶다면 공식 페이지를 참고하세요.

https://docs.python.org/ko/3/library/re.html

그럼 이제 앞에서 살펴본 정규표현식 코드로 돌아가서, 각 정규표현식이 어떤 의미를 가지는지 분석해보겠습니다.

▼ 그림 4-3 정규표현식으로 가지고 오는 문자열 내용 정리

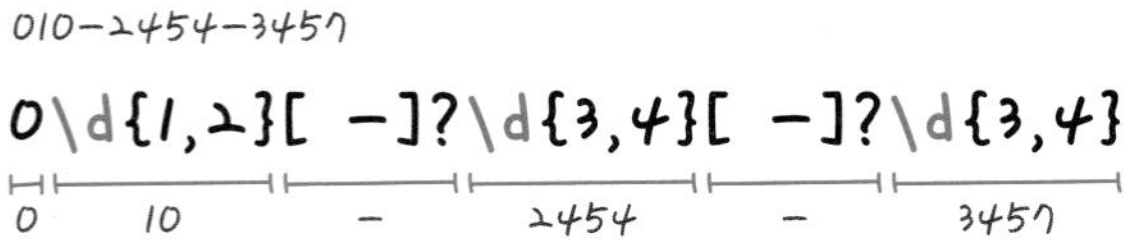

010-2454-3457

0\d{1,2}[-]?\d{3,4}[-]?\d{3,4}

0   10   -   2454   -   3457

맨 처음의 0은 말 그대로 숫자 0을 찾습니다. 그다음 \d{1,2}는 0 다음 숫자 1개 또는 2개를 탐색합니다. [-]?은 공백 또는 하이픈이 존재할 수도 있고, 존재하지 않을 수도 있음을 의미합니다(?를 넣지 않아도 됩니다). \d{3,4}는 숫자 3개 또는 4개를 탐색합니다. 나머지는 동일한 규칙의 반복입니다.

이런 식으로 적절한 정규표현식을 사용하면 문자열을 전처리하는 과정이 대폭 줄어들어 문자열 조작에 대한 걱정을 깨끗이 지워버릴 수 있습니다. 앞에서 풀었던 문제 모두 정규표현식으로 작성하면 코드를 매우 짧게 만들면서 똑같은 정답이 나오므로 시간이 된다면 나중에 연습해보세요.

> **잠깐만요**
>
> **정규표현식의 시간 복잡도는 어느 정도일까요?**
>
> 결론부터 말하자면 어떤 형태로 정의하기가 매우 힘듭니다. 정규표현식을 사용한다는 것은 엄연히 문자열을 검색하는 과정이지만 사용한 정규표현식에 따라 $O(1)$이 될 수도 있고 $O(2^n)$이 되는 등 천차만별이기 때문에 문자열 검색이 얼마나 복잡한지에 따라서 결정된다고 보면 됩니다.
>
> 따라서 복잡한 정규표현식을 사용하면 시간 복잡도가 증가하여 자신도 모르는 사이에 검색 비용이 엄청나게 늘어나 제한 시간 내에 실행하지 못하는 경우도 있습니다. 정규표현식으로도 감당하기 힘든 문자열은 보통 아예 일정 부위를 자르거나 추출해서 사용하는 등의 더 섬세한 전처리가 필요하므로 정규표현식만으로 모든 것을 해결하기 어렵다는 사실을 기억해주세요.

정규표현식을 어느 정도 이해했다면 본격적으로 문제를 풀어보겠습니다. 분명 정규표현식을 모두 외웠다고 하더라도 처음에는 감이 오지 않을 겁니다. 천천히 검색하고 싶은 문자를 분리해가면서 결과를 합친다는 생각으로 진행해봅시다.

문자열 다루기 기본 - Level 1

URL https://programmers.co.kr/learn/courses/30/lessons/12918

문자열 s의 길이가 4 혹은 6이고, 숫자로만 구성돼 있는지 확인해주는 함수, solution을 완성하세요. 예를 들어 s가 "a234"이면 False를 리턴하고 "1234"라면 True를 리턴하면 됩니다.

제한 사항

- s는 길이 1 이상, 길이 8 이하인 문자열입니다.
- s는 영문 알파벳 대소문자 또는 0부터 9까지 숫자로 이루어져 있습니다.

입출력 예

s	return
"a234"	false
"1234"	true

문제 풀이

간단한 정규표현식 문제입니다. 문제를 정확히 이해했다면 정규표현식 없이도 isdigit() 함수로 문제를 풀 수 있으나 이번에는 정규표현식을 사용해서 풀어보겠습니다.

우선 파이썬에서 정규표현식을 사용하려면 re라는 내장 라이브러리를 import하여 진행하면 됩니다. re 라이브러리에서는 여러 가지 정규표현식 검색 함수를 지원하는데, 자주 사용하는 함수를 꼽자면 다음과 같습니다.

1. search(〈표현식〉, 〈검색할 문자열〉): 정규표현식을 통해 검색할 문자에서 첫 번째로 일치하는 문자열을 반환합니다. 만약 없다면 None을 반환합니다.

2. match(〈표현식〉, 〈검색할 문자열〉): 정규표현식을 통해 검색할 문자의 시작 부분에서 일치하는 문자열을 반환합니다. 없다면 None을 반환합니다.

3. findall(〈표현식〉, 〈검색할 문자열〉): 정규표현식을 통해 검색할 문자에서 일치하는 모든 문자열을 배열 형태로 반환합니다.

4. sub(〈표현식〉, 〈표현 함수〉, 〈검색할 문자열〉): string의 replace와 동일한 동작으로 하며, 정규표현식을 통해 검색된 문자열을 표현 함수로 대체합니다.

┤ TIP ├

이 외에도 사용할 수 있는 함수가 있으니 필요하다면 공식 사이트에서 추가적으로 확인하면 됩니다(https://docs.
python.org/ko/3/library/re.html).

이번 문제는 문자열의 길이가 4 또는 6일 때 모든 문자가 숫자로 구성되어 있는지 검사하는 정규
표현식을 작성하면 됩니다. 여기서 두 가지 방법으로 나뉘는데, 숫자 검사 및 문자열의 길이까지
정규표현식으로 표현하여 작성할 수도 있고, 문자열의 길이는 조건문으로 분리하고 숫자인지 검
사하는 부분만 정규표현식으로 표현할 수도 있습니다.

개발하기 편한 쪽부터 먼저 설명하겠습니다.

1. 조건문 이후 정규표현식 사용

문자열의 길이는 len 함수를 통해 따로 검사하고, 숫자인지 검사하는 부분만 정규표현식으로
작성합니다.

전체 코드   4장/문자열_다루기_기본_전처리.py

```python
import re
def solution(s):
    return len(s) in {4,6} and bool(re.match('^[0-9]*$', s))
```

첫 문자가(^) 숫자 중 하나이고([0-9]) 그 숫자가 반복되어(*) 끝까지 유지됨을($) 의미하는 정규
표현식입니다.

어떤 문자가 전부 숫자인지를 검사하는 정규표현식은 의외로 많이 사용됩니다. 이 외에도 영문자
만, 한글만 같이 고정 형식인지를 확인하는 정규표현식도 많이 사용하니 외워두면 좋습니다.

▼ **표 4-3** 자주 사용하는 특정 문구 확인 정규표현식

표기법	의미
^[0-9]*$	숫자만 있는지
^[a-zA-Z]*$	알파벳만 있는지
^[가-힣]*$	한글만 있는지

2. 조건문을 사용하지 않고 정규표현식 사용

아니면 문자열 길이를 확인하여 숫자인지 판단이 가능한 방법도 있습니다.

```
import re
def solution(s):
    return bool(re.match("^(\d{4}|\d{6})$", s))
```

주어진 문자열이 숫자 4개(\d{4}) 또는 6개(\d{6})인지 판단하는 그룹을 생성하여 문자열을 검사하는 방식입니다. 이런 식으로 그룹을 생성하여 if 문으로 검사할 만한 내용들을 정규표현식에 담아 전부 가져오는 것이 가능합니다.

1번과 2번 방법 비교

두 방법 모두 정규표현식을 사용하여 훌륭하게 문자열을 검사했으나 둘 중 어떤 방법이 더 좋은지도 비교해봅시다. 실행 시간 기준으로 보겠습니다.

▼ **표 4-4** 1번과 2번 방법 비교

정규표현식 사용	문자열 사용
테스트 1 〉 통과 (0.20ms, 10.4MB)	테스트 1 〉 통과 (0.07ms, 10.1MB)
테스트 2 〉 통과 (0.13ms, 10.3MB)	테스트 2 〉 통과 (0.00ms, 10.1MB)
테스트 3 〉 통과 (0.13ms, 10.2MB)	테스트 3 〉 통과 (0.11ms, 10.3MB)
테스트 4 〉 통과 (0.13ms, 10.2MB)	테스트 4 〉 통과 (0.07ms, 10.3MB)
테스트 5 〉 통과 (0.12ms, 10.3MB)	테스트 5 〉 통과 (0.00ms, 10.1MB)

문자열 길이를 미리 확인하여 필요한 문자열만 정규표현식으로 검사하는 코드가 실행 시간이 조금 더 빠릅니다. 문제에서 제시된 조건은 문자열 길이가 4 또는 6이어야 하는데 정규표현식만 사용하여 검사하면 문자열의 길이를 미리 확인하지 않기 때문에 주어진 모든 문자열을 살펴봐야 합니다. 하지만 if 문을 사용하여 이러한 부분을 미리 필터링하면 필요한 부분만 정규표현식이 동작하므로 실행 시간을 절약할 수 있습니다. 조건문을 만족하지 않는 경우는 실행되지 않기 때문이죠.

반대로 어떤 코드가 더 구현하기 쉬웠냐고 한다면 역시 정규표현식만 사용하는 쪽의 손을 들 수 있습니다. 모든 조건을 정규표현식 하나에 다 담았기 때문에 추가로 조건을 추가하거나 보정할 필요가 전혀 없으므로 한 줄 적고 실행하는 것으로 통과가 가능합니다. 정규표현식에 익숙해지면 문자열 문제일 때는 어느새 조건문도 생략하고 정규표현식으로 모든 것을 해결하고 있는 자신을 보게 될 것입니다. 한 문제 더 풀어봅시다!

핸드폰 번호 가리기 - Level 1

URL https://school.programmers.co.kr/learn/courses/30/lessons/12948

프로그래머스 모바일은 개인정보 보호를 위해 고지서를 보낼 때 고객들의 전화번호의 일부를 가립니다.
전화번호가 문자열 phone_number로 주어졌을 때, 전화번호의 뒤 4자리를 제외한 나머지 숫자를 전부 *으로 가린 문자열을 return하는 함수, solution을 완성해주세요.

제한 조건

- phone_number는 길이 4 이상, 20 이하인 문자열입니다.

입출력 예

phone_number	return
"01033334444"	"*******4444"
"027778888"	"*****8888"

문제 풀이

마지막으로 풀어볼 문제 역시 정규표현식을 사용하지 않고 풀 수 있지만, 정규표현식으로만 풀어 보겠습니다.

NOTE

정규표현식을 사용하지 않고 문제를 풀면, 문자열의 총 길이에서 4를 뺀 만큼 문자 *를 곱한 뒤(파이썬은 배열 곱셈이 가능하다는 것을 잊지 마세요!) 본래 문자열 뒤에서 4만큼 슬라이싱한 문자열을 합쳐 정답을 만들면 됩니다. 간단하죠?

문제를 풀기 위해선 여러분이 외운 것 이외에 추가 정규표현식을 사용해야 합니다. 탐색한 부분에서 특정 부분만큼 제외하는 정규표현식이 있습니다. 전/후방 탐색(lookaround) 방법은 '일치하는 검색 결과에서 특정 규칙이 감지되면 해당 부분은 결과에서 제외'합니다. 4가지 종류가 있으며, 다음과 같은 정규표현식을 사용하면 됩니다.

▼ 표 4-5 특수 목적으로 사용하는 정규표현식

표기법	의미
〈표현식〉(?=X)	긍정형 전방 탐색
〈표현식〉(?!X)	부정형 전방 탐색
(?<=X)〈표현식〉	긍정형 후방 탐색
(?<!X)〈표현식〉	부정형 후방 탐색

긍정형 탐색의 경우 기존에 사용하던 정규표현식의 앞/뒤에 붙여 사용하면 주어진 조건대로 검색을 하되 조건 X와 일치하는 문자는 결과에서 제외하지만, 반대로 부정형 탐색의 경우 조건 X와 일치하지 않는 문자를 결과에서 제외합니다. 부정형은 잘 사용되지 않으나 ~원, $ 형태로 금액을 찾을 때나 금액 단위를 제외하고 싶을 때 유용합니다.

따라서 문제를 풀기 위해선 긍정형 전방 탐색을 사용해 sub( ) 함수로 탐색된 단어 이외의 모든 단어를 *로 치환하면 됩니다. 바로 확인해보겠습니다.

전체 코드　　　　　　　　　　　　　　　　　　　　　　　　　　　4장/핸드폰_번호_가리기.py

```python
import re

def solution(s):
    return re.sub('\d(?=\d{4})', '*', s)
```

먼저 \d는 해당하는 모든 숫자를 검색하고, 곧이어 긍정 전방 탐색으로 검색된 결과의 마지막 4글자를 제외해서 글자 길이에 상관없이 정확히 나머지를 *로 치환합니다. 이처럼 정규표현식을 많이 알수록 문자열 조작이 훨씬 편해질 것입니다.

지금까지 문자열을 다루는 문제 유형을 모두 확인해봤습니다. 문자열은 정말 많은 곳에서 사용되기 때문에 조작하는 방법을 충분히 익히지 않으면 매 순간마다 문자열 때문에 발목이 잡힐 것입니다. 특히 언어마다 문자열을 대하는 방법이 다르다는 점을 항상 명심하세요. 파이썬의 경우 문자열이 수정 불가능한 배열이기 때문에 특정 문자열만 수정하는 문제의 경우 새로운 변수로 할당해야 한다는 사실, 문자열끼리 더할 때는 + 연산자를 사용하면 ''.join()보다 비용이 더 크게 발생한다는 사실 등 여러 가지 특징을 알고 있어야 합니다. 이를 무시할 경우 결과에서 확인했듯이 몇 배, 심하면 몇십 배 이상 실행 속도가 차이 납니다.

다음 장에서는 반복적으로 나오는 함수를 처리하는 재귀에 대해서 알아볼 것입니다. 5장부터는 '아, 이게 코딩 테스트구나' 싶은 내용들이 많이 등장하니 기대해도 좋습니다.

재귀

코드를 구현하다 보면 함수를 만들 때가 있는데, 놀랍게도 함수 내부에서 자기 자신을 다시 호출할 수 있습니다. 즉, 자기 자신을 계속해서 호출하는 함수이죠. 이번 장에서는 이런 구조가 어떻게 가능한지, 그리고 어떤 방식으로 다루는지 알아보겠습니다.

5.1 / 재귀 함수란?

재귀 함수(recursion function)는 '자기 자신을 호출하는 함수'를 의미합니다. 즉, 함수를 만들 때 함수 자신을 다시 넣어서 다시 호출하게 하는 방법을 말합니다.

▼ **그림 5-1** 무한-파워!

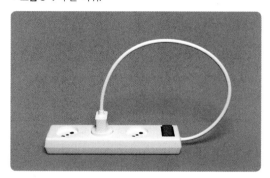

말로 하니 조금 어렵게 느껴집니다. 대부분의 문제는 반복문이 해결해주므로 재귀가 필요 없는 경우가 많고, 실제 동작 원리를 파고 들면 좀 복잡합니다. 또, 실무에서는 많이 사용하지 않습니다.[1]

그래도 코딩 테스트에서는 자주 다루게 될 유형 중 하나이므로, 대충 넘기지 않는 것이 좋습니다. 실무에서 많이 사용하지 않는다고 해도 안 쓰는 거지 못 쓰는 게 아닙니다. 당연히 필요할 때는 사용합니다.

---

1 실무에서 사용하기엔 리스크가 매우 크고, 성능도 좋지 않기 때문입니다. 또한 스택 오버플로라는 예외 상황도 염두에 둬야 합니다(자세한 내용은 잠시 뒤에 다룹니다).

5.1.1 for 문에서 벗어나기

지금까지 반복되는 기능은 전부 반복문을 사용해 구현했습니다. 이 방식이 익숙하고, 재귀 함수가 반복문을 완전히 대체할 만한 것도 아니기 때문입니다. 그렇다면 반대로 왜 재귀 함수를 사용해야 하는지 잠시 이야기해보겠습니다.

구현해야 할 알고리즘이 반복문보다 훨씬 자연스러울 때

문제가 주어지고 코드를 어떻게 구현해야 더 좋을지 고민하는 것은 당연합니다. 시간 복잡도를 줄이기 위해 고민하는 시간 외에도, 코드의 흐름을 자연스럽게 만들기 위해 며칠을 고민하기도 합니다. 이런 상황에선 재귀 함수를 사용하면 많은 도움이 됩니다.

예를 들어봅시다. 피보나치 수를 구현하라는 문제가 주어졌다면, 바로 반복문으로 구현하기보다는 피보나치 수의 점화식인 $f(n) = f(n - 1) + f(n - 2)$에 기반하여 문제를 푸는 것이 더 좋습니다. 반복문을 통해 $n - 1$, $n - 2$의 상태를 직접 계산하는 것보다는 함수를 만든 후 $f(n - 1)$ 형태로 인자를 사용해 함수를 직접 호출하는 쪽이 더 직관적이기 때문입니다. 이렇게 (수학적) 관계를 나타내는 문제, 즉 **점화식**이 존재하는 문제는 재귀 함수로 접근하는 방법이 더 쉽습니다.

상태 변화를 위한 변수 사용 감소

피보나치 수 이야기를 조금 더 해봅시다. 반복문으로 피보나치 수를 구현하려면 피보나치 수를 담아야 할 배열과, 현재 진행 위치가 필요합니다. 이런 식으로 다뤄야 할 변수가 많아지면 코드를 짤 때 실수할 가능성이 높아집니다. 이때 재귀 함수를 사용하면 이런 상태 관리 변수를 사용하지 않아도 되므로 자연스럽게 실수할 가능성이 낮아집니다.

코드를 짤 때는 항상 변수를 잘 의식해야 합니다. 원하는 데이터를 저장할 수 있는 좋은 기능이지만, 때로는 그렇기 때문에 문제를 일으키는 원인이 되기도 합니다. 의도치 않게 변수의 값이 수정되면 해당 변수를 사용하는 기능 또한 영향을 받게 되는데, 이를 사이드 이펙트(side effect)라고 합니다. 재귀 함수를 사용하면 상태 변화시키는 데 변수를 사용할 일이 줄어 사이드 이펙트를 많이 줄일 수 있습니다.

전반적인 가독성 증가

짧은 코드는 다른 의미로 말하자면 읽기 쉬운 코드일 확률이 높습니다. 통상적으로 똑같은 기능을 구현했을 때 100줄짜리 코드보단 10줄짜리 코드가 읽기 더 쉬우며, 그만큼 이해하는 데 걸리는 시간이 짧아집니다.

사실 이렇게 설명해도 '얼마나' 좋아지는지는 한 번에 와닿지 않죠. 역시 직접 해보는 게 빠르겠죠? 피보나치 수를 각각 반복문과 재귀 함수로 구현하여 비교해보겠습니다. 피보나치 수를 만들 때 가장 중요한 건 바로 전과 그 이전의 상태를 모두 더하는 것입니다. 방식이 달라지더라도 기본적으로 구현해야 할 사항은 변하지 않는다는 의미이죠.

▼ **그림 5-2** 피보나치 수 계산 방법

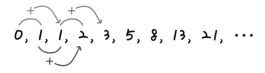

먼저 반복문으로 구현해봅시다. 배열을 사용합니다.

```
#반복문 사용
def fib(n):
    calc = [1, 1]
    for i in range(2, n):
        calc.append(calc[i - 1] + calc[i - 2])

    return calc[n - 1]
```

배열로 구현하면 값을 가지고 있을 배열 하나, n까지 반복 횟수를 위한 변수 하나, 이런 식으로 상태 관리를 위한 변수가 총 2개 사용됩니다. 지금은 그 개수가 적어 눈에 보이지만, 개수가 늘어날수록 관리할 요소가 많아지기 때문에 코드를 다루기 어려워집니다.

이럴 때는 다음처럼 재귀 함수를 사용해서 문제를 해결할 수 있습니다.

```
#재귀 함수 사용
def fib_rec(n):
    if n < 3: return 1
    return fib_rec(n - 1) + fib_rec(n - 2)
```

기존에 만든 상태 관리 변수를 사용하지 않고, 함수의 상태를 나타내는 변수를 인자로 받아서 사용자가 관리할 필요 없이 함수 내부에서 모두 처리할 수 있게 됩니다. 코드가 매우 간결해지는 것은 물론 점화식을 코드로 표시해서 전체적인 논리를 쉽게 파악할 수 있습니다.

5.1.2 재귀의 최대 범위와 한계점 기억하기

얻는 것이 있으면 잃는 것이 있는 법! 재귀를 사용하면 실무에서 재귀를 잘 사용하지 않는 이유 중 결정적 원인인 스택 오버플로(stack overflow)가 발생할 수 있습니다.

```
Traceback (most recent call last):
  File "<string>", line 18, in <module>
  File "<string>", line 14, in fib_rec
  File "<string>", line 14, in fib_rec
  File "<string>", line 14, in fib_rec
  [Previous line repeated 996 more times]
RecursionError: maximum recursion depth exceeded
```

기본적으로 재귀 함수를 사용할 경우 호출 스택(stack)에 누적되는 구조, 즉 함수에서 함수를 실행했을 때 실행이 완료되고 다시 돌아가기 위한 주소가 스택이라는 메모리 구조에 계속해서 쌓입니다.

▼ **그림 5-3** 재귀 함수가 작동하는 원리

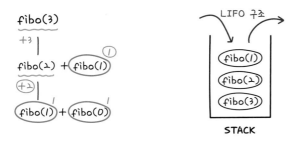

이 스택은 무한히 커질 수 없고 일정 개수 이상을 넘어가면 프로그램이 강제 종료됩니다. 파이썬의 경우 **1,000개**가 한계입니다. 제한 횟수로만 따지면 자바보다 훨씬 작은 스택 허용치이므로 제대로 사용하기 어려울 것 같지만, 대부분의 문제를 풀 때는 이 정도에서도 충분히 실행됩니다. 만약 문제를 풀다가 분명히 실행되는 코드인데 계속 재귀 제한 횟수 초과 오류(RecursionError)가 발생한다면 임의로 sys.setrecursionlimit() 함수를 사용하여 제한 횟수를 늘릴 수 있습니다. **가볍게 만 단위로 늘려서 사용하면 코딩 테스트에서는 재귀 오류를 볼 일이 없습니다.**

5.1.3 참고: 꼬리 재귀

여러분이 재귀 함수에 관심이 있어 검색을 해봤다면 **꼬리 재귀**(tail recursion)라는 말을 한 번쯤 들었을 것입니다. 꼬리 재귀는 기존 재귀 방식의 큰 문제점이었던 스택이 초과될 수 있다는 단점을 개선하기 위해 만들어진 개념입니다. return으로 함수를 반환할 때(재귀 호출을 할 때) **아무런 연산도 하지 않게 함**으로써 함수 종료 이후 곧바로 결과만 반환하게 만들어 스택 사용을 줄일 수 있는 장점이 있습니다.

피보나치 수를 일반 재귀 함수로 구현한 코드를 다시 한 번 보겠습니다.

```
#재귀 함수 사용
def fib_rec(n):
    if n < 3: return 1
    return fib_rec(n - 1) + fib_rec(n - 2)
```

기존의 재귀 방식으로 피보나치 수를 구현하려면 함수를 2번 호출하고, 두 함수에서 결과를 받은 다음, 값을 더해서 반환하는 구조이기 때문에 숫자가 커질수록 함수 호출 횟수가 그만큼 빨리 늘어나 최대 재귀 제한 횟수를 넘기 쉬웠습니다.

```
#꼬리 재귀 함수 사용
def fib_tail(n, first, second):
    if n <= 1: return second
    return fib_tail(n - 1, second, first + second)
```

하지만 이런 식으로 이미 계산이 완료된 함수를 호출하면 추가 연산에 필요한 함수를 호출하지 않아 좀 더 효과적으로 스택을 관리할 수 있습니다. 재귀 함수가 상태를 나타내는 변수를 인자로 받고 점화식을 구현하는 형태라면, 꼬리 재귀 함수는 상태를 나타내는 변수 자체를 점화식으로 사용하는 것이라고 생각하면 됩니다.

그렇다면 꼬리 재귀로 구성하면 어떤 이점이 있을까요? 함수 추가 호출이 없어지기 때문에 실행 속도가 말도 안 되게 빨라집니다. 일반 재귀와 꼬리 재귀로 피보나치 함수를 호출하면서 각 함수 실행에 걸리는 시간을 비교하면 다음과 같은 결과가 나옵니다.

```
a = time.time()
print(fib_rec(35))
print(time.time() - a)
a = time.time() - a
```

```
b = time.time()
print(fib_tail(35, 0, 1))
print(time.time() - b)
b = time.time() - b

print(f'TR runs x{int(a / b)} faster than normal recursion')
```

```
9227465
4.217633962631226
9227465
3.147125244140625e-05
TR runs x68567 faster than normal recursion
```

함수 인자에서 시작해 함수 인자로 끝나기 때문에 추가 함수 호출 비용이 완전히 사라져 한 번의 계산에 한 번의 함수만 호출되는 구조가 완성됩니다. 따라서 일반 재귀로 35번째 피보나치 수를 구하면 4초가 소모되지만, 꼬리 재귀로 35번째 피보나치 수를 구하면 35번의 연산만으로 정답을 구할 수 있습니다. 실제로 재귀 함수를 꼬리 재귀로 바꾸려면 적절한 변환이 필요하기 때문에 난이도는 올라가지만, 기존 재귀에서의 최대 단점을 극적으로 개선할 수 있어 실력이 있다면 한 번쯤 도전해보는 것도 괜찮습니다.

그러나 안타깝게도 **파이썬에서는 이 이상의 효율을 볼 수 없습니다.** 컴파일러를 사용하는 언어의 경우(C 언어나 자바) 꼬리 재귀가 감지되면 컴파일이 이루어지면서 반복문으로 자동 변경되어 스택을 사용하지 않으므로 스택 오버플로의 위험까지 사라집니다. 하지만 파이썬의 경우 이러한 최적화가 전혀 이루어지지 않으니 여전히 재귀 횟수 초과로 인한 오류가 발생할 수 있습니다.[2]

5.2 SECTION / 재귀 정의하기

재귀의 기본적인 동작 원리를 이해했으니 본격적으로 재귀를 만드는 방법에 대해 알아봅시다. 단점도 많지만 잘 사용하면 매우 강력하니 사용하기 적절한 상황을 정리해보겠습니다.

---

2 귀도 반 로섬의 블로그를 보면 꼬리 재귀 최적화(Tail Recursion Elimination, TRE) 기능이 들어갈 경우 스택 트레이스(=디버깅)가 어려워지므로 자동 최적화를 지원하지 않는다고 설명합니다. https://neopythonic.blogspot.com/2009/04/tail-recursion-elimination.html

5.2.1 상태 정의하기

기본적으로 재귀를 활용하려면 점화식에 대한 정의, 즉 상태 정의가 필요합니다. 이 작업은 굉장히 중요한데, 재귀 함수는 한 번 시작하면 모든 작업이 함수에서 시작해 함수에서 끝나므로 작동 중간에 원래 하던 작업을 다른 작업으로 변경할 수 없습니다. 따라서 실행하는 함수가 문제를 풀기 위한 최소식을 만족하도록 정확하게 정의할 필요가 있습니다. 조금 쉽게 말하자면 인자의 값을 바꾸는 것만으로 문제를 풀 수 있는 함수를 만들어야 합니다.

앞에서 계속 다룬 피보나치 수를 예로 들어 볼까요? 설명한 내용을 가져오면 '현재 자신의 숫자를 구하는 방법은 바로 전의 숫자와 그 이전 숫자를 더하는 것이다'라고 정의했죠. 그리고 이 내용 그대로 구현했습니다. 이 정의 자체가 상태 정의이며, 잘 만든 상태 정의는 곧바로 점화식을 만들 수 있는 근거가 됩니다. 즉, 상태 정의가 문제를 풀 수 있는 핵심이 됩니다. 결국 재귀 문제는 **상태를 잘 정의하는 것**이 해답인 셈입니다.

하지만 실제 문제를 풀다 보면 이 과정이 결코 쉽지 않다는 것을 알 수 있습니다. 피보나치 수 문제처럼 너무 유명해서 점화식까지 한 번에 뽑아낼 수 있거나, 난이도가 낮다면 사칙연산이나 간단한 규칙을 만들어서 해결할 수 있지만, 다른 유형과 합쳐지거나 난이도가 높아질수록 단순한 공식으로 귀결되지 않고 '~를 탐색한다, ~를 계산한다'와 같이 특정 행위를 반복하도록 구현하게 됩니다.

이럴 때는 언제나 그렇듯이 생각을 단순화하는 것이 가장 좋습니다. 먼저 재귀 함수로 만들어야 할 목표와 처음 시작해야 할 상태를 정의하는 것부터 하는 겁니다. 가볍게 팩토리얼을 계산하는 문제를, 점화식도 아무것도 모른다는 가정 아래 상태 정의를 해보겠습니다. 팩토리얼은 '주어진 자연수부터 1까지의 모든 숫자를 곱한 결과'를 의미합니다. 따라서 목표는 **주어진 숫자부터 1까지 모두 곱하는 것**이고, 처음 시작해야 할 상태는 **주어진 숫자**겠죠. 이렇게 정의하고 나면 다음에 해야 할 사항들이 하나씩 눈에 들어오면서 재귀 함수를 만들 수 있습니다.

이렇게 개념을 정의하다 보면 '함수 내부에서 필요할 때 if 문으로 예외 처리할 수 있는 기능을 만들어줘도 되지 않을까?'라는 궁금증이 생길 수 있습니다. 앞으로 여러 재귀 문제를 만날 텐데, 문제를 읽고 한 번에 상태를 정의하는 것은 결코 쉽지 않기 때문이죠. 상황에 따라 적당히 맞춰가는 방식은 다른 상황에서라면 충분히 고려해볼 만한 전략이지만 재귀에서는 불가능에 가깝습니다.

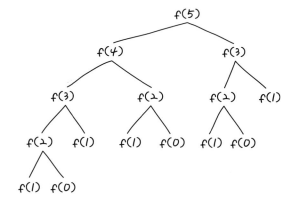

그림에서 f(5)를 실행하기 위해 아래로 뻗어나가는 가지들이 전부 실행될 함수입니다. 함수를 잘 못 만들었을 경우 여기에 있는 모든 함수가 잘못 실행되므로 무조건 오류가 발생합니다. 몇 개의 예외 처리로 해결할 단위가 아닙니다. 지금은 5로 매우 작은 수지만 숫자가 커질수록 아래쪽 가지 에서 호출되는 함수가 기하급수적으로 늘어나기 때문에 임기응변으로 대응하는 전략은 실행할 수 없다고 봐도 좋습니다. 만약 정말로 그래야만 한다면 반복문을 사용하는 게 더 좋습니다.

결국 재귀 함수의 작동 방식을 하나씩 따라가면서 확인하는 것은 불가능에 가깝습니다. 한 번 실 행한 재귀 함수가 구체적으로 어떻게 스택에 쌓이고 빠지면서 동작하는지를 고민하면서 자신이 짠 코드가 맞는지 하나씩 검증해야 하거든요. 적어도 약 몇 십 개, 많으면 몇 백 개쯤 되는 스택이 들어갔다 나갔다 하는 상태를 직접 눈으로 보고 이해한다는 말과 같습니다. 따라서 재귀 함수가 잘 동작하게 하려면 점화식을 잘 만드는 방법밖에 없으므로, 문제를 풀기 위해 만든 상태 정의가 모든 문제를 해결해줄 것이라고 증명해야 합니다.

좀 재미있게 말하면 재귀 함수는 신념이 있어야 한다고 할 수 있겠네요. 함수를 잘 만들어놓으면, 나머지는 알아서 다 실행해줄 것이라고 믿는 것이죠.

5.2.2 종료 조건

앞서 언급한 대로 재귀 함수의 가장 큰 문제점은 자기 자신을 계속 호출하다 보면 결국 감당할 수 있는 스택을 초과하여 프로그램이 강제 종료되는 스택 오버플로 현상이 발생한다는 점이었습니다. 이를 해결하기 위해 꼬리 재귀를 사용하는 것도 하나의 방법이지만, 궁극적으로는 실행한 함 수가 종료되어 값을 반환하면서 스택을 비워야 하므로 종료 조건을 정확하게 명시해야 합니다.

종료 조건을 만드는 방법은 생각보다 단순합니다. 재귀 선언은 함수 내부에서 함수를 호출하며 꼬리를 무는 구조를 만드는 것이라면, 종료 조건 명시는 반대로 함수 내부에서 더 이상 함수를 호출하지 않고 실행을 종료하는 구조를 만드는 것입니다.

앞서 재귀로 구현했던 피보나치 수 코드를 보면 함수의 인자가 3 미만의 숫자로 주어진다면 더 이상 함수를 실행하지 않고 return 1로 곧바로 값을 반환합니다. 이런 식으로 종료 조건을 만들면 함수에서 값을 반환하면서 호출 스택에서 제거되므로 무한히 쌓이지 않고 계속 작동합니다. 즉, 이렇게 **원하는 순간에 재귀 호출을 멈추고 값을 반환하도록 만드는 것**이 핵심입니다.

▼ **그림 5-5** 종료 조건은 난잡해지면 안 된다!

하지만 종료 조건을 제대로 작성하지 않으면 의도치 않게 재귀가 끝나거나, 원하지 않는 값이 나오는 등 다양한 오류가 발생하기도 합니다. 예를 들어 (또다시!) 피보나치 수 구현에서 주어진 숫자가 1 또는 2일 때 1을 반환하면서 종료하도록 선언했는데, 음수가 입력되면 종료 조건을 만족하지 못하고 무한히 함수가 생성되면서 스택 오버플로가 발생합니다.[3] 코딩 테스트에서는 이럴 일이 없지만 항상 오류가 날 가능성은 남기지 않는 것이 제일 좋습니다. 특히 재귀 함수는 논리에 구멍이 뚫리면 곧바로 오류로 직결되어 가능하면 종료 조건은 최대한으로 잡아줍니다. 1 또는 2가 아니라, 2 이하일 때 끝내도록 말이죠.

종료 조건을 만들 때 고려할 점은 대략 다음처럼 정리할 수 있습니다.

---

3 '아니 피보나치 수 전제 조건이 0 이상의 n에 대해서만 정의되는 개념인데 왜 음수가 들어가는가!'라고 생각할 수 있지만, 이건 설명을 위한 예시라는 걸 기억해주세요.

1. **재귀 함수의 흐름을 고려합니다.**

   재귀 함수는 자기 자신을 호출할 때마다 들어가는 인자가 변해야 합니다(같은 값을 계속해서 호출하면 상태가 영원히 유지되므로 제한 횟수를 넘겨 오류가 발생합니다). 어려울 것 같지만 변하는 방향과 그 크기는 일정하게 흘러가므로 결국 도달하는 위치를 생각하면 어디에 return 을 넣을지 정할 수 있습니다.

2. **최소 단위를 정합니다.**

   하지만 재귀를 구현하는 방식에 따라 그 위치가 달라진다는 점을 기억해야 합니다. 만약 팩토리얼을 재귀로 구현한다면 1부터 시작해서 n까지 가는 방식으로도 구현할 수 있고, 반대로 n부터 1까지 가는 방식으로 구현할 수도 있습니다. 어떤 방식을 선택하든 도달하는 위치는 정해져 있으므로 해당 위치를 기점으로 더 이상 나아가지 못하게 일종의 안전장치를 걸어두는 식으로 조건을 만들면 됩니다.

3. **추가로 현재 상황을 통제할 변수가 필요한지 고려합니다.**

   난이도가 높아지면 현재 상태를 기반으로 종료 조건을 만들어야 할 일이 생깁니다. 주로 BFS/DFS 문제들이 그저 주어진 대로 순회하기보다는 현재 상태를 확인하면서 재귀를 돕니다. 이런 식으로 최소 단위만이 아니라 현재 상황에서 더 이상 탐색이 불가능하다고 판단되면 재귀를 더 이상 돌 수 없게 막아야 할 필요도 있습니다. 이 경우 함수에서 인자를 하나 더 사용하거나 전역 변수를 사용하는 등의 방법으로 변수를 가져오도록 합니다. 보통 이런 조건들은 문제 설명에서 알려주기보단 문제를 풀면서 필요해서 사용하는 경우가 많으므로 주의합시다.

5.2.3 점화식 세우기

이제 수행할 작업의 시작과 끝이 어디인지 알았으니 마지막으로 점화식을 세워 모든 과정을 논리적으로 풀 수 있다는 것을 증명하면 됩니다.

상태 정의가 잘 이루어졌다면 곧바로 점화식을 만들 수 있습니다. 논리적으로 이미 모든 과정이 완성되었으니 흐름에 따라 코드를 짜기만 하면 완성할 수 있습니다. 피보나치 수의 점화식을 세우고 코드를 짜는 것으로 긴 글을 마무리하겠습니다.

먼저 피보나치 수의 상태 정의는 '현재 자신의 숫자를 구하는 방법은 전의 숫자와 전전 숫자를 더하는 것'이고, 처음 상태는 입력받은 숫자이고, 전의 숫자를 구하기 위해 현재 숫자에서 감소하는 형태이므로 끝에 도달할 상태는 1이 될 것입니다. 따라서 종료 조건은 현재 자신의 위치가 2 이하일 때입니다. 이 조건을 모두 모으면 다음과 같이 점화식을 작성할 수 있습니다.

▼ **그림 5-6** 주어진 문제를 바탕으로 점화식을 만드는 방법

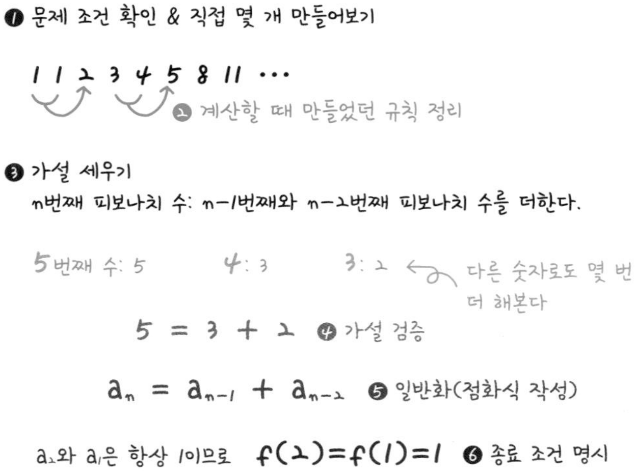

❶ 문제 조건 확인 & 직접 몇 개 만들어보기

1 1 2 3 4 5 8 11 ···

❷ 계산할 때 만들었던 규칙 정리

❸ 가설 세우기

n번째 피보나치 수: n-1번째와 n-2번째 피보나치 수를 더한다.

5번째 수: 5   4: 3   3: 2   ← 다른 숫자로도 몇 번 더 해본다

$5 = 3 + 2$ ❹ 가설 검증

$a_n = a_{n-1} + a_{n-2}$ ❺ 일반화(점화식 작성)

a_2와 a_1은 항상 1이므로 $f(2) = f(1) = 1$ ❻ 종료 조건 명시

잠깐만요

가설 검증은 실제로 수학적 귀납법을 사용해 증명하려면 내용이 매우 길어집니다. 코드를 짤 때는 수학적 증명을 하는 것보다 규칙을 찾아내고 이에 맞는 식을 빠르게 짤 수 있는지가 더 중요하므로 이런 증명이 필요할 경우 대입법으로 **문제가 요구하는 범위까지의 가설이 맞는지 확인**하는 방식으로 대체합니다. 참고로 증명할 수 없는 문제는 코딩 테스트에서 나오지 않으므로 이런 식으로 대응해도 문제가 없습니다.

이제 이대로 코드를 작성하면 됩니다. 이전에도 한 번 봤지만 다시 코드를 살펴보겠습니다.

```python
def fib_rec(n):
    if n < 3: return 1
    return fib_rec(n - 1) + fib_rec(n - 2)
```

분명 똑같은 코드지만, 이 코드를 만들기 위해 얼마나 많은 과정이 있었는지 알게 된 지금은 조금 다르게 보일 것입니다. 피보나치 수의 점화식은 너무 잘 알려져 있어서 '그런가 보다'하고 외우고 넘어갔다면 더욱 말이죠.

5.3 SECTION 다양한 문제 풀이

이제 재귀 개념을 어느 정도 인지했으므로 필요한 '경험'을 쌓기 위해 여러 가지 문제를 풀어보겠습니다. 재귀를 이용한 다양한 풀이 방법을 살펴볼 것이고, 재귀를 어떻게 만들고 돌아가는지 집중적으로 파고들겠습니다. Level 4 문제도 있으므로 충분히 도전해볼 만한 것입니다.

 문제 16 **콜라츠 추측 - Level 1**

URL https://school.programmers.co.kr/learn/courses/30/lessons/12943

1937년 Collatz란 사람에 의해 제기된 이 추측은, 주어진 수가 1이 될 때까지 다음 작업을 반복하면, 모든 수를 1로 만들 수 있다는 추측입니다. 작업은 다음과 같습니다.

1-1. 입력된 수가 짝수라면 2로 나눕니다.

1-2. 입력된 수가 홀수라면 3을 곱하고 1을 더합니다.

2. 결과로 나온 수에 같은 작업을 1이 될 때까지 반복합니다.

예를 들어 주어진 수가 6이라면 6 → 3 → 10 → 5 → 16 → 8 → 4 → 2 → 1이 되어 총 8번만에 1이 됩니다. 위 작업을 몇 번이나 반복해야 하는지 반환하는 함수, solution을 완성해주세요. 단, 주어진 수가 1인 경우에는 0을, 작업을 500번 반복할 때까지 1이 되지 않는다면 −1을 반환해주세요.

제한 사항

• 입력된 수, num은 1 이상 8,000,000 미만인 정수입니다.

입출력 예

n	result
6	8
16	4
626331	−1

입출력 예 설명

입출력 예 #1

문제의 설명과 같습니다.

16 → 8 → 4 → 2 → 1이 되어 총 4번 만에 1이 됩니다.

입출력 예 #3

626331은 500번을 시도해도 1이 되지 못하므로 -1을 리턴해야 합니다.

문제 풀이

문제에서 말한 대로 재귀 함수를 만들어서 실행하기만 하면 되는 간단한 문제입니다.

재귀의 가장 기본적인 개념은 함수 내부에서 함수, 그러니까 자기 자신을 호출하는 것입니다. 따라서 함수를 만들 때 입력받는 인자의 개수를 잘 설정해야 하며, 중간에 더 넣거나 덜 넣는 것은 불가능합니다. 이번 문제에서는 콜라츠 추측을 위한 현재 숫자와, 몇 번 반복했는지에 대한 정보가 필요하므로 함수에 들어갈 인자는 다음과 같이 총 2개입니다.

```
def collatz(num, answer):
```

문제의 설명을 따라가면서 재귀 코드를 구현해봅시다.

1-1. 입력된 수가 짝수라면 2로 나눕니다.

```
if num % 2 == 0:
    return collatz(num // 2, answer + 1)
```

1-2. 입력된 수가 홀수라면 3을 곱하고 1을 더합니다.

```
elif num % 2 == 1:
    return collatz(num * 3 + 1, answer + 1)
```

2. 결과로 나온 수에 같은 작업을 1이 될 때까지 반복합니다.

```
if num == 1: return answer
```

만약 다음 순서로 호출된 함수의 num 인자가 1이라면, 콜라츠 추측이 성립한 것이므로 몇 번 반복했는지에 대해 바로 반환하여 함수 호출을 종료합니다.

3. 작업을 500번 반복할 때까지 1이 되지 않는다면 -1을 반환합니다.

```
if answer == 500: return - 1
```

시작 숫자가 1일 경우 콜라츠 추측을 수행할 필요가 없으므로 0을 반환하도록 하고, 재귀 반복 횟수가 500번이 넘어가면 더 이상 진행하지 않고 −1을 반환하는 것으로 함수 호출을 종료합니다.

전체 코드   5장/콜라츠_추측.py

```python
def collatz(num, answer):
    if num == 1: return answer #시작 입력 숫자가 1일 때/결과가 1일 때 모두 확인
    if answer == 500: return - 1

    if num % 2 == 0:
        return collatz(num // 2, answer + 1)
    elif num % 2 == 1:
        return collatz(num * 3 + 1, answer + 1)
def solution(num):
    return collatz(num, 0)
```

재귀 함수를 만들 때 인자로 무엇이 들어가는지 신경 쓰기만 하면 그렇게 어려울 것 없는 문제였습니다.

> **잠깐만요**
>
> 그래도 재귀가 어렵다고 생각할 수 있습니다. 자기 자신을 호출하는 구조가 직관적으로 와닿지 않아서 그렇습니다. 다음 방법을 살펴보면 재귀가 좀 더 이해될 것입니다.
>
> 모든 재귀 함수는 반복문을 통한 작업으로 변경할 수 있고, 그 역도 성립합니다(처치-튜닝 논제[4]). 따라서 반복문으로 구현하여 작동 원리를 이해할 수 있다면, 똑같은 내용을 재귀로 구현했을 때 이해하기 편할 것입니다.
>
> ```python
> def collatz(num):
>     if num == 1: return 0
>     for i in range(500):
>         num = num / 2 if num % 2 == 0 else num * 3 + 1
>         if num == 1:
>             return i + 1
>     return -1
> ```

◐ 계속

---

4 자세한 내용은 https://en.wikipedia.org/wiki/Church–Turing_thesis를 참고하세요

```
def solution(num):
    return collatz(num)
```

위 코드는 콜라츠 추측을 반복문으로 만든 것입니다. 재귀랑 비교해보면 다음과 같은 차이가 있습니다.

1. 횟수 제한 500번이 명시적으로 range( )를 통해 선언되었습니다.

2. 짝수 / 홀수인 경우를 구별하여 함수를 호출하지 않고 if 문을 통해 한 번에 실행했습니다.

재귀에 비해 반복문은 직관적 성향이 강해 이해하기 매우 쉽습니다. 반복문 코드를 보고 어떻게 돌아가는지 이해했다면, 다시 재귀 함수 방법으로 문제를 풀어봅시다. 작동 원리가 똑같기 때문에 아까와 다르게 이해하기 쉬울 겁니다.

그렇다면 n개의 원판일 경우 n − 1개의 원판을 옮기는 방식으로 문제를 풀면 될 것입니다. 여기서 주의할 점은 n − 1개의 원판을 옮길 때 단순히 1번에서 3번으로 이동한다고 해서 바로 옮겨지는 것이 아니라 엄연히 작은 원판이 다른 탑으로 갔다가 돌아오는 과정이 필요하므로 경유지 또한 고려해야 한다는 점입니다(1번 과정부터 3번 과정을 다시 봅시다). 따라서 시작지와 목적지만 있는 것이 아니라 중간 경유지 또한 순서에 포함되어야 합니다.

1) 1번 탑에 있는 n − 1개의 원반을 3번 경유하여 2번 탑으로 이동

2) 1번 탑에 남아 있는 가장 큰 원반을 3번 탑으로 이동

3) 2번 탑에 있는 n − 1개 원반을 1번 탑을 경유하여 3번 탑으로 이동

괜찮아 보입니다. 이제 n의 값에 원판 3개를 직접 대입하는 방식으로 최종 확인해보겠습니다.

1) 1번 탑에 있는 1, 2번 원반을 3번을 경유하여 2번 탑으로 이동 (1~3번 과정)

2) 1번 탑에 남아 있는 가장 큰 원반을 3번 탑으로 이동 (4번 과정)

3) 2번 탑에 있는 1, 2번 원반을 1번 탑을 경유하여 3번 탑으로 이동 (5~7번 과정)

가설이 참이라는 것이 증명되었습니다. n의 크기를 늘리거나 줄여도 동일한 결과가 만들어지는 것을 확인했습니다. 이제 이 개념을 바탕으로 재귀 함수를 만들면 (옮겨야 할 원판의 크기, 시작지, 경유지, 목적지) 순으로 함수의 인자가 필요할 것이고, 따라서 첫 번째 입력은 (1, 3, 2)가 될 것입니다.

```
def hanoi(n, start, mid, to):
    hanoi(n - 1, start, mid, to)
    [start, to]    #함수를 호출하는 것이 아니라 과정이기 때문에 일단 이렇게 두겠습니다.
    hanoi(n - 1, mid, to, start)

hanoi(3, 1, 3, 2) #원판 3개 기준, 첫 시작은 1, 3, 2
```

2. 수행 과정을 어떻게 기록할 것인가?

논리가 모두 갖춰졌지만, 아직 본래 문제를 해결하진 못했습니다. 이번 문제는 하노이의 탑 이동 과정을 모두 알아야 하는데, 지금까지는 재귀 함수를 어떻게 호출하는지 알았을 뿐 결괏값을 어떻게 출력하는지에 대해서는 정한 바가 없습니다.

우선 가장 큰 원반을 옮기는 과정은 명백하므로 이 부분은 정답을 바로 기록하면 되는 간단한 문제입니다. 다음으로 남은 원판의 경우 옮기는 과정을 진행하다 보면 결국 n − 1개씩 옮길 원판이 줄어드니 결국은 원판 1개만 옮기는 과정으로 작아질 것입니다. 이때 정답을 기록하면 될 것 같네요. 따라서 종료 조건은 '옮길 원판이 1개일 때'가 됩니다.

이제 정답을 기록하기 위해 함수가 호출될 때마다 정답 배열이 같이 따라가야 한다는 점만 추가하면, 점화식이 완성되었으므로 온전하게 재귀 함수를 만들 수 있습니다.

```python
def hanoi(n, start, to, mid, answer):
    if n == 1:
        return answer.append([start, to])
    hanoi(n - 1, start, mid, to, answer)
    answer.append([start, to])
    hanoi(n - 1, mid, to, start, answer)
```

모든 코드를 구현했습니다. 이제 정답을 기록할 배열을 만들고, 시작하면 바로 정답을 찾을 수 있습니다.

전체 코드

5장/하노이의_탑.py

```python
def hanoi(n, start, to, mid, answer):
    if n == 1:
        return answer.append([start, to])
    hanoi(n - 1, start, mid, to, answer)
    answer.append([start, to])
    hanoi(n - 1, mid, to, start, answer)


def solution(n):
    answer = []
    hanoi(n, 1, 3, 2, answer)
    return answer
```

마지막으로 우리가 만든 하노이의 탑 재귀 함수가 어떻게 결과를 가져오는지 그림으로 살펴보겠습니다.

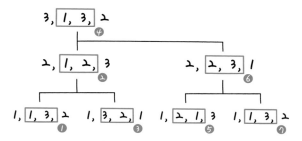

어떤가요? 구상하고 개념을 만드는 일이 정말 오래 걸렸는데, 막상 구현할 때 걸리는 시간은 매우 짧았습니다. 재귀를 만드는 가장 정석적인 방법으로 풀었는데, 조금 어려웠지만 동시에 재귀를 어떻게 이해하고 풀어야 하는지는 이해할 수 있습니다. '큰 문제를 작은 문제로 쪼개어 푸는 것'이 재귀를 구하기 위한 가장 첫걸음이라는 것을 기억합시다.

모음 사전 - Level 2

URL https://school.programmers.co.kr/learn/courses/30/lessons/84512

사전에 알파벳 모음 'A', 'E', 'I', 'O', 'U'만을 사용하여 만들 수 있는, 길이 5 이하의 모든 단어가 수록되어 있습니다. 사전에서 첫 번째 단어는 "A"이고, 그다음은 "AA"이며, 마지막 단어는 "UUUUU"입니다.

단어 하나 word가 매개변수로 주어질 때, 이 단어가 사전에서 몇 번째 단어인지 return하도록 solution 함수를 완성해주세요.

제한 사항

- word의 길이는 1 이상 5 이하입니다.
- word는 알파벳 대문자 'A', 'E', 'I', 'O', 'U'로만 이루어져 있습니다.

입출력 예

word	result
"AAAAE"	6
"AAAE"	10
"I"	1563
"EIO"	1189

입출력 예 설명

입출력 예 #1

사전에서 첫 번째 단어는 "A"이고, 그다음은 "AA", "AAA", "AAAA", "AAAAA", "AAAAE", …와 같습니다. "AAAAE"는 사전에서 6번째 단어입니다.

입출력 예 #2

"AAAE"는 "A", "AA", "AAA", "AAAA", "AAAAA", "AAAAE", "AAAAI", "AAAAO", "AAAAU"의 다음인 10번째 단어입니다.

입출력 예 #3

"I"는 1563번째 단어입니다.

입출력 예 #4

"EIO"는 1189번째 단어입니다.

> **잠깐만요**
>
> 사실 재귀의 개념 자체는 수학에서 사용하는 개념이기 때문에 점화식을 만들라고 하면 보통 수학 공식을 떠올릴 겁니다. 실제로 그렇게 사용되고 있기도 하고요. 하지만 이해되지 않는다고 너무 수학적인 영역으로 들어서면 알고리즘을 잘 짜는지 확인하는 것이 아니라 수학 이론을 증명하기 위해 코드는 그냥 덤으로 얹혀갈 수도 있습니다. 배열과 똑같이 모든 걸 이해하지 못했더라도 넘어가세요(다른 문제를 풀다 보면 자연스럽게 이해되는 내용도 있습니다).

이번 문제는 재귀의 탈을 쓴 완전 탐색 문제라고 볼 수 있습니다. 난이도 자체는 살짝 맛보기 수준입니다. 본격적인 완전 탐색에 대한 설명은 다음 장에 자세하게 할 것입니다. 우선 '재귀라는 개념이 이렇게 파생되는구나' 정도로 생각하면서 풀어봅시다.

이번 문제에 대한 점화식은 수학식이 아니라 특정 행동을 기준으로 만들어야 합니다. 앞서 점화식을 만들 때 똑같은 작업을 인자만 바꿔서 실행하는 것만으로 최소 단위의 작업을 여러 번 반복해 전체 일을 할 수 있다고 배웠고, 이를 몇 번이나 확인했습니다. 이번에는 더 나아가 작업의 단위를 숫자가 아니라 행동으로 확장하는 작업을 할 것입니다.

문제를 보면 'AAAAA'부터 'UUUUU'까지 모든 단어 중 특정 단어가 주어졌을 때 몇 번째인지 알아내야 하므로, 대략 두 가지 방법을 생각해볼 수 있습니다. 하나는 **재귀를 사용해서 하나씩 탐색하는 방법**과, 다른 하나는 **단어의 위치를 직접 계산하여 몇 번째인지 알아내는 방법**입니다. 두 가지 방법 모두 유효하지만, 전자의 경우 탐색 과정 자체를 잘 만들어놓으면 범위가 어떻게 되었든 잘 돌아갈 것이라고 예상할 수 있으나, 후자의 경우 직관적이지만 계산식이 들어가므로 틀리지 않도록 신경을 써야 합니다. 일장일단이 있으므로 나중에 비슷한 유형의 문제가 나온다면 자신의 스타일에 맞게 선택하면 됩니다.

재귀를 사용해서 하나씩 탐색하는 방법

먼저 재귀로 문제를 풀어보겠습니다. 문자열 검색을 재귀로 구현하려면 함수를 사용해 처음부터 끝까지 검색한다는 결과가 보장되어야 합니다. 중간에 누락되는 단어가 있거나 건너뛰면 틀린 답이 나옵니다. 막상 재귀로 구현하려고 하니 처음부터 '무엇을', '어떻게' 검색해야 하는지 막막하네요. 단어 개수가 고정되어 있다면 각 자리마다 순회를 거치든 뭐든 손써볼 텐데, 1글자부터 5글자까지 모든 경우를 확인해야 하니 생각해야 할 경우의 수가 너무 많습니다.

먼저 생각의 가짓수를 줄여나가는 일부터 시작합시다. 왜 단어를 검색할 때 문자열 하나하나를 순회한다고 생각했을까요? 그게 가장 먼저 떠오른 방법이니까? 충분히 그럴 수 있습니다. 하지만 재귀를 사용하기에는 어울리지 않는 방식입니다. 재귀와 가장 잘 어울리는 방식은 단계를 거쳐가면서 문제를 푸는 방법이 아니라 문제에서 요구하는 그대로 1글자부터 5글자까지 모두 한 번에 처리하도록 구상하는 것입니다. 따라서 모든 '과정'을 수행하는 점화식을 만든다고 하면 생각할 것들을 많이 줄일 수 있습니다.

이렇게 보면 고민할 사항은 크게 3가지로 줄게 됩니다.

1. 글자 개수를 늘려나가는 탐색은 어떻게 해야 하는가?

가장 먼저 상태 정의를 해야 합니다. 문제를 잘 읽어보면 처음부터 5글자까지 단계별로 문자열을 만들어야 하니 가장 처음에는 빈 문자열에서 시작하고, 이 문자열에 모음을 1글자씩 추가하면서 나아가게 될 것입니다. 따라서 '빈 문자열에서 모음을 하나씩 더해나가는 방식'으로 정의하겠습니다. ['A', 'E', 'I', 'O', 'U'] 순으로 문자열이 있다면, 순서대로 빈 문자열에 첫 번째 모음 'A'를 붙인 다음, 재귀를 호출하고 두 번째 모음 'E'를 붙인 다음, 재귀를 호출하고… 이런 방식으로 말이죠. 동시에 종료 조건은 문자열의 길이가 6이 될 때가 될 것입니다.

2. 순서가 보장되는가?

이런 식으로 단어 개수를 늘리는 것 자체는 어렵지 않습니다. 어떻게 보면 for 문으로 그냥 주어진 모음을 계속 붙이기만 하면 되는 일이니까요. 그러나 사전 순서를 지켜야 정답을 올바르게 가져올 수 있기 때문에 아무렇게 붙일 수는 없습니다. 이때부터 슬슬 머리가 아프기 시작한다면 어떻게 돌아가는지 머릿속으로 그려지지 않아 여기서 다시 가설을 세우고 검증하는 과정이 진행되고, 중간중간 계속 틀려왔던 경험을 반복했을 것입니다. 현재 가진 문자열에 모음 5개를 순서대로 붙여서 호출하면 'AA', 'AE', 'AI', 'AO', 'AU' 순서대로 호출되니까 사전 순서를 따르지 않을 것 같다는 판단이 들죠. 하지만 이때 재귀의 특징을 기억한다면 순서가 자동으로 보장된다는 것을 빠르게 알아낼 수 있습니다. 따라서 정렬을 고민할 필요가 전혀 없습니다. 직접 그림으로 살펴보겠습니다.

▼ **그림 5-10** 결국 먼저 호출될 거니까!

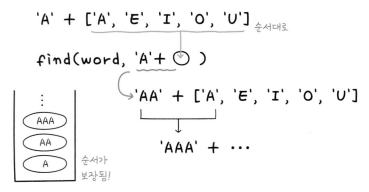

아직 재귀 함수를 완성하지 않았지만, 대충 형태를 만들어 원래 가지고 있는 문자열에 모음을 더한 뒤 함수를 호출하는 그림을 그려봅시다. 첫 단어에 'A'가 왔으면, 각 모음을 하나씩 추가해서 다음 함수를 호출하니 처음으로 들어가는 문자열은 'AA'가 됩니다. 이어서 'AA'는 다시 각 모음을 하나씩 추가해서 다음 함수를 호출하니 처음으로 들어가는 문자열은 'AAA'가 됩니다. 이런 식으로 모든 모음을 호출할 때 항상 순차적으로 추가되므로 스택에는 'A', 'AA', 'AAA', …처럼 사전 순서대로 들어간다는 것을 알 수 있습니다.

3. 최종적으로 단어가 몇 번째에 있는지 어떻게 알아내는가?

제일 어려웠던 고민이 해결되었으니, 원래 풀어야 할 문제로 돌아가봅시다. 문제에서는 주어진 단어가 사전에서 몇 번째에 해당하는지 알아내야 한다고 했습니다. 그렇다면 재귀 도중에 검색 과정을 거쳐야 할까요? 아니요, 그렇게 하지 않는 것이 좋습니다.

단순히 단어가 존재하는지 확인하는 것이라면 몰라도 재귀가 얼마나 호출되었는지 알려면 전역 변수를 사용해야 하는데, 전역 변수는 종종 코드를 지저분하게 만드는 원인이 됩니다. 또 종료 조건 이외의 전역 변수를 사용하는 등 다른 요소로 재귀를 강제 종료하려고 하면 사이드 이펙트, 즉 강제 종료로 인해 발생하는 모든 문제를 다시 고려해야 하는 결과가 됩니다. 만약 사전이 엄청나게 커서 전체 탐색으로는 시간이 오래 걸리니 속도와 맞바꾼다면 고려할 수 있지만, 이번 문제는 그런 상황이 아니므로 가독성을 희생하면서까지 해야 할 방법은 아닙니다.

따라서 사전을 미리 만들고, 만들어진 사전에서 인덱스를 직접 검색하는 방식으로 진행하는 것이 가장 무난합니다. 결국 만들어지는 재귀 함수의 형태는 사전을 생성할 변수, 현재 문자열, 문자열의 길이 정도가 될 것입니다. 점화식이 나왔네요! 여태까지 봐왔던 그 형태(수학식)가 아니라 의아할 수 있으나 반복할 수 있는 형태가 만들어지면 그것이 점화식입니다.

코드 작성

좋습니다. 이제 모든 논리가 갖춰졌으니 코드로 짜는 시간만 남았습니다. 나오는 코드가 정말 단순하지만 실제로는 이렇게 많은 생각이 뒷배경으로 자리한다는 사실을 잊지 마세요.

1. 재귀 함수를 정의합니다.

앞서 말했듯이 재귀 함수는 한 번에 작업을 수행해야 하므로 만들 때 구상이 잘 되지 않더라도 한 번에 함수 형태를 만들 수 있도록 계속해서 노력해야 합니다. 일단 생각나는 대로 만들고 막히면 나중에 고민해보자는 식으로 접근하면 십중팔구 스택 오버플로 에러를 만나게 됩니다.

```
def find(data, p, step):  #사전을 기록할 배열, 현재 문자열, 현재 문자열 숫자
    if step == 6: return  #종료 조건 명시: 최대 5글자까지만 가능하므로
    if p != '': data.append(p)          #사전 추가
    for c in ['A', 'E', 'I', 'O', 'U']: #문자열을 모음 순서대로 합쳐서 다음 재귀 호출
        find(data, ''.join([p, c]), step + 1)
```

2. 함수를 실행하여 사전을 만듭니다.

재귀 함수를 호출하여 사전 데이터를 생성합시다.

```
data = []
find(data, '', 0)
```

3. 만들어진 사전에서 주어진 단어가 어디에 있는지 전체 탐색으로 찾습니다.

전역 변수를 사용하여 인덱스를 기록해 사전을 dict 형태로 만들었다면 사전에서 해당 단어를 검색하는 것만으로도 한 번에 정답을 찾는 것이 가능합니다. 그러나 이렇게 탐색해도 만들어진 사전의 개수 자체가 크지 않으므로 크게 시간 차이가 나지 않습니다.

```
for i in range(len(data)):
    if data[i] == word:
        answer = i + 1
        break
```

전체 코드

```
def find(data, p, step):
    if step == 6: return
    if p != '': data.append(p)
    for c in ['A', 'E', 'I', 'O', 'U']:
        find(data, ''.join([p, c]), step + 1)

def solution(word):
    answer = 0
    data = []
    find(data, '', 0)
    for i in range(len(data)):
        if data[i] == word:
            answer = i + 1
            break

    return answer
```

직접 계산하여 몇 번째인지 알아내는 방법

재귀로 짜는 방법도 괜찮지만, 만들어지는 단어가 최대 5글자이므로 이 사이에 일정한 규칙이 있다는 사실을 발견했다면 이 점을 이용해 다른 방법으로 문제를 풀 수 있습니다. 규칙이 있다는 것은 계산할 수 있는 결과가 나온다는 의미이고, 다르게 말하자면 주어진 글자에서 만들어지는 개수를 계산할 수 있다면 사전을 만들지 않고도 정답을 얻어낼 수 있다는 거죠.

사전을 미리 만들고 검색하는 방법의 경우, 제한 시간 안에 끝나지 않을 정도로 매우 큰 사전을 만들어야 한다면 해당 방식으로는 문제를 풀 수 없습니다. 따라서 이런 식으로 직접 계산하여 문제를 풀어야 통과할 수 있는 방법도 알아두는 것이 좋습니다.

우선 재귀 문제에서 만든 사전을 출력했다고 가정하면 'A'는 당연히 첫 번째가 될 것이고, 'E'는 'A' 단어에서 나올 수 있는 모든 단어가 나온 다음에 등장할 수 있으니 782번째가 될 것입니다. 동일한 원리로 'I'는 1,563번째가 됩니다. 시작하는 첫 글자가 변경될 때 781개만큼의 단어 개수 차이가 발생하므로, 마지막 단어 'U'는 3,125번째가 됩니다. 'A'와 'E' 사이의 단어가 왜 정확히 781개인지 궁금할 여러분을 위해 직접 계산해보겠습니다.

▼ **그림 5-11** 자리별로 가능한 모든 조합의 수

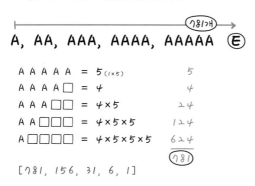

처음 'A' 단어에서 파생되는 단어가 624개, 'AA' 단어에서 파생되는 단어가 124개, 'AAA' 단어에서 파생되는 단어가 24개, 'AAAA' 단어에서 파생되는 단어가 4개, 마지막 'AAAAA' 단어는 순열이라 5개가 가능하므로 정확히 781개를 만들 수 있습니다. 인덱스로 따지면 781, 156, 31, 6, 1 순서이므로 그대로 조회하면 정확히 똑같은 결과를 볼 수 있습니다.

다르게 말하자면 각 자릿수별로 파생되는 단어의 개수를 모두 알아냈기 때문에 이제 이 정보를 기반으로 모음별 인덱스가 얼마인지 계산하면, 단어가 주어질 때마다 더하는 방식으로 사전을 직접 만들지 않고도 계산할 수 있다는 이야기입니다.

각 위치에서 각 단어에 해당하는 숫자가 나왔기 때문에 선택한 단어에 맞게 해당 숫자를 조합해주기만 해도 문제를 풀 수 있습니다. 여러 방법이 있지만 책에서는 단어별 위치를 미리 만들어놓은 데이터를 기준으로 덧셈을 수행하는 **누적 덧셈** 방식을 구현해보겠습니다.

먼저 해당 글자가 특정 위치에 들어가려면 넘겨야 할 개수 정보가 필요합니다. 각 단어는 [781, 156, 31, 6, 1] 개수만큼 파생될 수 있다는 점에 기반하여 해당 글자가 나오는 시점을 계산하면 됩니다. 각 위치에 'A'가 등장하는 경우는 가장 첫 번째인 경우이므로, 언제 등장하든 첫 번째가 되도록 합니다. 그다음 글자부터는 이전 글자가 모두 등장하고 난 다음의 시점을 잡아 <해당 위치에서 나올 수 있는 단어의 개수>의 배수 + 1을 취해주면 별다른 문제없이 만들 수 있습니다.

```
'A': [1, 1, 1, 1, 1],
'E': [782, 157, 32, 7, 2],
'I': [1563, 313, 63, 13, 3],
'O': [2344, 469, 94, 19, 4],
'U': [3125, 625, 125, 25, 5]
```

첫 번째 위치에 E가 나오려면 모든 A 관련 단어가 나온 뒤이므로 781개 + 1, I가 나오려면 781 × 2 + 1 순으로 진행하면 됩니다. 두 번째 위치 또한 156 × (n - 1) + 1 형태로 진행하면 쉽게 계산할 수 있습니다. 이렇게 사전이 만들어졌다면 나머지는 각 단어에 대해서 위치의 값을 모두 구해서 더하기만 하면 됩니다. 만약 'AEIOU' 단어를 찾는다고 가정한다면, 첫 'A' 단어는 1, 두 번째 'E'는 157, 세 번째 'I'는 63, 네 번째 'O'는 19, 다섯 번째 'U'는 5가 되고 모두를 더하면 245가 됩니다. 따라서 이 단어는 245번째 위치에 있음을 알 수 있습니다.

전체 코드   5장/모음_사전_테이블.py

```python
def solution(word):
    preset = {
        'A': [1, 1, 1, 1, 1],
        'E': [782, 157, 32, 7, 2],
        'I': [1563, 313, 63, 13, 3],
        'O': [2344, 469, 94, 19, 4],
        'U': [3125, 625, 125, 25, 5]
    }  #각 문자열의 위치별로 인덱스가 늘어남을 적용함

    answer = 0
    for idx, key in enumerate(word):
        answer += preset[key][idx]

    return answer
```

등비수열의 합으로 구하는 방법

이 문제는 등비수열의 합으로 구할 수 있습니다. 781, 156, 31, 6, 1 순서는 $1 + 5 + 5^2 + 5^3$과도 동일하므로 $4\sum_{k=0}^{3} 5^k$ 라는 공식으로 정리되며, 등비수열의 합을 통해 $\frac{5^{5-i} - 1}{4}$이라는 결론을 얻을 수 있습니다. 이렇게 정리하고 문자열이 몇 번째 위치하는지에 대한 i만 알면 미리 수치를 계산할 필요 없이 공식만으로도 계산이 가능해집니다. 코드는 다음처럼 구성됩니다.

```python
def solution(word):
    answer = 0
    for i, n in enumerate(word):
        answer += (5 ** (5 - i) - 1) / (5 - 1) * "AEIOU".index(n) + 1
    return answer
```

너무 간단해서 지금까지 해왔던 과정이 아무것도 아닌 것처럼 보일 수 있습니다. 그러나 이 문제를 처음 보고, '아 이 문제는 사전 문제구나. 그럼 개수가 일정하게 나올 테니까, 수열을 만들어서 등비수열의 합을 구하면 되겠다'라고 결론을 낸 사람은 많지 않을 겁니다. 하지만 이런 유형의 문제를 풀어봤다면 비슷한 문제가 나왔을 때 '등비수열로 풀 수 있지 않을까?'라고 고민해봤을 겁니다. 코딩 테스트도 결국은 경험이 중요합니다.

호텔 방 배정 - Level 4

URL https://school.programmers.co.kr/learn/courses/30/lessons/64063

[본 문제는 정확성과 효율성 테스트 각각 점수가 있는 문제입니다.]

'스노우타운'에서 호텔을 운영하고 있는 '스카피'는 호텔에 투숙하려는 고객들에게 방을 배정하려 합니다. 호텔에는 방이 총 k개 있으며, 각각의 방은 1번부터 k번까지 번호로 구분하고 있습니다. 처음에는 모든 방이 비어 있으며 '스카피'는 다음과 같은 규칙에 따라 고객에게 방을 배정하려고 합니다.

1. 한 번에 한 명씩 신청한 순서대로 방을 배정합니다.
2. 고객은 투숙하기 원하는 방 번호를 제출합니다.
3. 고객이 원하는 방이 비어 있다면 즉시 배정합니다.
4. 고객이 원하는 방이 이미 배정되어 있으면 원하는 방보다 번호가 크면서 비어 있는 방 중 가장 번호가 작은 방을 배정합니다.

예를 들어 방이 총 10개이고, 고객들이 원하는 방 번호가 순서대로 [1, 3, 4, 1, 3, 1]일 경우 다음과 같이 방을 배정받게 됩니다.

원하는 방 번호	배정된 방 번호
1	1
3	3
4	4
1	2
3	5
1	6

전체 방 개수 k와 고객들이 원하는 방 번호가 순서대로 들어있는 배열 room_number가 매개변수로 주어질 때, 각 고객에게 배정되는 방 번호를 순서대로 배열에 담아 return하도록 solution 함수를 완성해주세요.

제한 사항

- k는 1 이상 10¹² 이하인 자연수입니다.
- room_number 배열의 크기는 1 이상 200,000 이하입니다.
- room_number 배열 각 원소들의 값은 1 이상 k 이하인 자연수입니다.
- room_number 배열은 모든 고객이 방을 배정받을 수 있는 경우만 입력으로 주어집니다.
  - 예를 들어 k = 5, room_number = [5, 5]와 같은 경우는 방을 배정받지 못하는 고객이 발생하므로 이런 경우는 입력으로 주어지지 않습니다.

k	room_number	result
10	[1,3,4,1,3,1]	[1,3,4,2,5,6]

입출력 예에 대한 설명

입출력 예 #1

문제의 예시와 같습니다.

첫 번째~세 번째 고객까지는 원하는 방이 비어 있으므로 즉시 배정받을 수 있습니다. 네 번째 고객의 경우 1번 방을 배정받기를 원했는데, 1번 방은 빈방이 아니므로, 1번보다 번호가 크고 비어 있는 방 중에서 가장 번호가 작은 방을 배정해야 합니다. 1번보다 번호가 크면서 비어 있는 방은 [2번, 5번, 6번…] 방이며, 이 중 가장 번호가 작은 방은 2번 방입니다. 따라서 네 번째 고객은 2번 방을 배정받습니다. 마찬가지로 다섯, 여섯 번째 고객은 각각 5번, 6번 방을 배정받게 됩니다.

문제 풀이

마지막 문제는 Level 4 수준으로 매운맛이 한가득 담겼네요. 지금까지 쌓아온 지식을 총동원해 풀어보겠습니다.

어려운 문제를 풀 때는 먼저 문제 조건을 잘 보고, 핵심 사항들을 뽑아내는 걸 우선시해야 합니다. 먼저 방의 개수 k가 10^{12}(1조 개)이므로 배열을 사용하여 특정 인덱스가 있는지 확인하는 방법은 사용이 불가능하다고 결론 낼 수 있습니다. 배열의 인덱스가 1조 개만큼 있으면 평소 신경 쓰지도 않았던 공간 복잡도에서 문제가 발생할 정도의 규모입니다. 결국 이 문제는 주어진 입력값에 대해서만 정보를 가지고 있고 이 정보 내에서 문제를 해결해야 합니다. 이럴 땐 딕셔너리를 사용하는 것이 좋겠죠?

방의 정보를 저장할 변수를 만들었으니, 이제 방을 배정하는 재귀 함수를 작성해야 합니다. 문제 조건에서는 입력받은 숫자의 방이 있으면 즉시 할당하고, 그게 아니라면 원하는 위치에서부터 할당할 수 있는 가장 작은 번호의 방을 할당하면 됩니다. '즉시 할당'은 말 그대로 빈방인지 확인하고 바로 할당해주면 되는 간단한 사항이지만, 빈방이 아니라면 다른 방을 할당해야 하는데 여기서부터 고민이 깊어집니다.

단순히 그다음 방을 지정해주기만 하면 안 됩니다. 문제에서 괜히 '원하는 방보다 번호가 크면서 비어 있는 방 중 가장 번호가 작은 방을 배정합니다'라고 말한 게 아닙니다. 예를 들어 3번과 4번이 이미 할당되어 있는데 다시 3번 방을 원한다는 사람이 들어오면 4번이 아니라 5번을 지정해줘야 하기 때문입니다. 정말 다행인 건 원하는 방 번호 이하를 검색하지 않는다는 점이죠. 만약 말 그대로 최소 수치의 방을 알아내야 한다면 더 까다로운 문제가 되었을 것입니다.

그렇다면 입력받은 방 번호에서 현재 지정된 방 상황을 보고 문제 조건에 맞게 방을 할당하는 것이 함수가 해야 할 일인데, 현재 상황에서 유효한 방이 어디까지 있는지 알아내는 방법도 고민거리네요. 컴퓨터에 눈이 달린 것도 아닌데 '쓱' 보고 '여기가 비었네'하며 답을 낼 수는 없으니, 순차적으로 방을 탐색하면서 빈방이 있는지 검색하는 과정이 필요합니다.

하지만 먼저 방의 정보를 저장할 변수를 딕셔너리로 지정한다고 정했기 때문에, 빈방이 있는지 검색하는 과정을 매우 간단하게 해결할 수 있습니다. O(1)의 시간 복잡도로 수행하는 것이 가능하므로, 시간 복잡도 문제에서도 벗어날 수 있습니다. 이런 식으로 어려운 문제는 먼저 문제의 입력 수를 보고 어떤 변수를 사용할지 판단하면 나중에 따라오는 문제가 매우 쉽게 해결되곤 합니다. 문제 조건이 어려워 보인다고 무작정 해결하려 하지 말고, 입력 수를 보고 정보를 담을 변수를 어떻게 만들어야 할지 먼저 생각합시다.

이제 사전 조건을 해결했으니, 본격적으로 코드를 짜보겠습니다.

1. 재귀 함수를 만듭니다.

재귀를 만들려면 당연히 가장 먼저 상태 정의가 필요하겠죠? 앞서 설명했던 내용들을 모두 정리하면 '입력받은 숫자의 방이 할당된 기록이 없다면 해당 방 숫자를 바로 반환하고, 그렇지 않으면 다음 번호의 방을 인자로 하여 함수를 호출한다'가 됩니다. 종료 조건은 당연히 '할당할 방이 기록에 없었을 때'가 됩니다. 이때 함수를 진행하면서 방 상태를 알아야 하므로 변수에 확인할 방의 번호와, 현재 방 상태를 받아야 합니다. 따라서 점화식은 '방 번호와 현재 방 상태를 받아 현재 방을 확인했더니 정보가 없다면 새로 방 정보를 기록하면서 해당 방 번호를 반환하고, 불가능할 경우 다음 방 번호로 함수를 호출한다'가 될 것입니다.

```python
def find_emptyroom(chk, rooms):
    if chk not in rooms:                  #방이 있으면
        rooms[chk] = 1                    #방을 할당해주고
        return chk                        #곧바로 현재 위치를 반환
    return find_emptyroom(chk + 1, rooms) #없다면 다음 방을 찾아서 떠난다
```

```
테스트 5 > 실패 (시간 초과)
테스트 6 > 실패 (시간 초과)
```

실행해보니 정확성 테스트는 통과하지만 효율성 테스트는 실패하네요. 괜히 Level 4 문제가 아닌가 봅니다.

왜 그런지 잘 생각해보면, 방이 없을 경우 다음 방을 찾는 과정에서 문제가 발생했다는 것을 알 수 있습니다. '순차적으로 방을 탐색하면서 빈방이 있는지 검색해야 하는 과정'이 문제가 된 것이죠. 분명히 충분할 것 같은데 왜 이런 일이 벌어질까요? 이럴 때는 극단적인 경우의 수를 먼저 생각해봅시다. 효율성 테스트는 극단적인 경우만을 집어서 확인하므로 이를 따라 생각해보면 됩니다.

갑자기 특정 방이 너무 인기가 좋아서, 20만 명의 고객이 한 방에만 예약을 넣었다고 가정해봅시다. 이렇게 되면 처음 사람을 제외한 19만 9,999명은 다음 방을 탐색해야 하는 재귀 함수를 호출하게 되므로 상상을 초월하는 연산량이 발생합니다. 파이썬의 재귀는 1,000번이 한계일 텐데, 맨 마지막 사람은 20만 번 재귀 함수를 호출하게 됩니다. 시간 복잡도와 공간 복잡도 모두 난리군요.

굉장히 난처한 상황이 되었습니다. 논리를 조금 수정하는 정도로는 해결할 수 없습니다. 그렇다고 딕셔너리가 아닌 다른 자료형을 사용하거나, 빈방을 탐색하는 과정을 다르게 만들어도 문제의 입력 수 때문에 결국 돌고 돌아 다시 처음으로 돌아오게 됩니다.

이럴 때는 '어떻게 고쳐야 하지?'라고 생각하는 것보다 먼저 현재 상황을 확인하고 무엇을 해결해야 하는지 정확하게 정의해야 합니다. 순차적인 방 탐색 과정에 문제가 발생하고 있는 상황이고, 이를 고치려고 하면 더욱 많은 문제가 꼬리를 물고 늘어지는 상황이죠. 따라서 순차적으로 방을 탐색하는 과정 자체를 제거하고, 빈방을 찾는다는 행위 자체는 필요하므로 이를 대체할 논리가 필요합니다.

이 부분이 가장 어렵고, 괴로운 부분입니다. 모든 지식을 총동원하여 대체할 방법을 찾아내야만 문제를 풀 수 있기 때문이죠. 현재 어떤 부분이 문제가 되는지 알아냈더라도, 이를 해결할 방법을 모르면 손을 댈 수 없습니다.

2. 해결 방법: 딕셔너리의 용도를 변경합니다.

이번 문제의 해답은 **연관된 논리를 수정하는 것**입니다. 특정 부분의 논리가 삭제되면, 연관된 논리도 같이 변화해야 합니다. 재귀 함수를 만들 때 상태 정의로 '… 그렇지 않으면 다음 번호의 방으로 함수를 호출한다' 부분이 탐색 논리와 연결되어 있습니다. 따라서 아까 방이 존재하는지 확인하는 용도로만 사용했던 딕셔너리를 수정하여, 방이 존재하는지 확인하는 건 딕셔너리의 키로, 다음 할당할 방의 위치는 딕셔너리의 값으로 만든다면 방이 있는지 확인하는 논리는 그대로 들고 가지만 탐색을 하지 않더라도 다음 방이 어디에 있는지 확인할 수 있습니다.

또한 이런 식으로 다음 방을 찾으면 처음 빈방을 찾기 시작한 위치에서 새 방이라고 했던 현재 위치를 가리킬 필요가 없으므로, 할당받은 방의 위치와 처음 탐색한 방의 위치를 모두 새로 할당한 방의 다음(+1) 방으로 교체해주면 탐색 논리를 완전히 제거할 수 있습니다.

지금까지 이야기한 내용을 그림으로 살펴보겠습니다.

▼ **그림 5-12** 똑같은 상황이 주어졌을 때 벌어지는 일

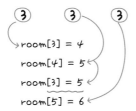

이제 앞에서 살펴본 20만 명이 동시에 3번 방을 지목했다는 상황을 재현해봅시다. 3번 방의 예약 요청이 계속 들어온다고 해도 다음 방이 자동으로 어디 있는지 데이터가 남게 되니, 다음 빈방을 찾을 필요 없이 곧바로 다음 방을 찾아가면서 O(1)의 시간으로 작업을 수행할 수 있게 됩니다.

결론적으로 상태 정의가 '입력받은 숫자의 방이 할당된 기록이 없다면 해당 방의 숫자를 바로 반환하고, 그렇지 않으면 ~~다음 번호의 방으로 함수를 호출한다~~ → 해당 방의 값이 가리키는 방으로 함수를 호출한다'로 변경되고, 점화식은 '방 번호와 현재 방 상태를 받아 현재 방을 확인했더니 정보가 없다면 해당 방과 다음 방의 정보를 기록하면서 해당 방 번호를 반환하고, 이미 할당된 방이었다면 해당 방의 값이 가리키는 방으로 함수를 호출한다'가 됩니다. 이 내용을 바탕으로 코드를 짜면 효율성 문제도 통과할 수 있을 것 같습니다.

```python
def find_emptyroom(chk, rooms):
    if chk not in rooms:        #할당되지 않은 방이었다면
        rooms[chk] = chk + 1 #방을 할당하면서 다음 방의 위치를 동시에 기록합니다.
        return chk
    empty = find_emptyroom(rooms[chk], rooms)
    rooms[chk] = empty + 1    #찾은 방 + 1을 처음 방의 위치에서
    return empty
```

3. 재귀 함수를 사용해서 정답을 반환합니다.

재귀 함수가 완성되었으니, 문제의 제출 조건에 맞게 할당된 방 정보를 얻어서 반환하면 됩니다.

```python
def solution(k, room_number):
    rooms = dict()
    for num in room_number:
        chk_in = find_emptyroom(num,rooms)
    return list(rooms)
```

이제 문제를 풀면서 문제가 되는 부분은 없지만, 아직 끝나지 않았습니다. 앞의 두 코드를 모두 합쳐서 정답을 제출하면 딱 하나가 효율성 테스트를 통과하지 못합니다.

테스트 4 > 실패 (런타임 에러)

앞서 파이썬의 재귀 함수 호출 제한이 1,000개였다는 사실을 기억하고 있다면, 무엇이 문제인지 금방 알아낼 수 있습니다. 재귀 함수의 최대 호출 횟수를 초과했기 때문이군요. 최대 호출 횟수를 2,000으로 수정합시다.

```python
import sys
sys.setrecursionlimit(2000)
```

여기까지 작성하면 모든 테스트 케이스를 통과할 수 있게 됩니다.

전체 코드는 다음과 같습니다. 겉보기에는 코드 몇 줄 바꾼 것 같지만 사실 논리상 많은 차이가 납니다.

전체 코드   5장/호텔_방_배정.py

```python
import sys
sys.setrecursionlimit(2000)          #재귀 최대치 상승 -> 2000

def solution(k, room_number):
    rooms = dict() #방 정보를 모두 담는 것이 아니라, 할당된 방 정보만 저장
    for num in room_number:                  #모든 고객이 요구하는 방을
        chk_in = find_emptyroom(num,rooms) #탐색하여 결괏값을 기록
    return list(rooms)                       #모든 결과를 반환

def find_emptyroom(chk, rooms):
```

```
    if chk not in rooms:      #해당 방 데이터가 없음, 새 방 할당이 가능함
        rooms[chk] = chk + 1 #다음 방이 비었다고 명시
        return chk
    empty = find_emptyroom(rooms[chk], rooms)
    rooms[chk] = empty + 1    #앞서 명시한 다음 방을 똑같이 따라감
    return empty
```

지금까지 재귀 함수에 대해 살펴봤습니다. 다음 장에서는 드디어 코딩 테스트의 밑바탕이라고 할 수 있는 완전 탐색에 대해 설명합니다. 완전 탐색을 기점으로 이제부터는 이전 장에서 다음을 위해서 넘겨왔던 모든 개념을 다시 짚어볼 것입니다. 아직은 어렵고 막막해도, 포기하지 않고 따라온다면 이 책을 덮을 때 어떻게든 해볼 수 있겠다는 자신감이 생길 것입니다. 고생하셨습니다! 그럼 다음 장에서 뵙겠습니다.

┤ 잠깐만요 ├

앞서 '모든 재귀는 반복문으로 치환이 가능하며, 역 또한 성립한다'라고 말했습니다. 그렇다면 이 문제 또한 반복문으로 바꿔서 성능적 이득을 볼 수 있을지 궁금할 수 있습니다. 아쉽게도 그리 의미 있는 시간 차이를 만들어내지는 않지만, 재귀를 이해하기에는 좋습니다.

```
def solution(k, room_number):
    room_dic = {}
    ret = []
    for i in room_number:
        n = i
        visit = [n]
        while n in room_dic:
            n = room_dic[n]
            visit.append(n)
        ret.append(n)
        for j in visit: room_dic[j] = n + 1
    return ret
```

앞에서 다음과 같은 설명이 있었습니다.

'… 이런 식으로 다음 방을 찾으면 처음 빈방을 찾기 시작한 위치에서 새 방이라고 했던 현재 위치를 가리킬 필요가 없으므로, 할당받은 방의 위치와 처음 탐색한 방의 위치를 모두 새로 할당한 방의 다음(+1) 방으로 교체해주면 탐색 논리를 완전히 제거할 수 있습니다.'

이 설명이 이해되지 않았다면 바로 앞의 코드에서 직관적으로 확인할 수 있습니다. 재귀에서 지나왔던 방을 새 방으로 할당할 때 방을 배열에 담아두고, 마지막에 배열의 모든 데이터에 새로 할당된 방 번호 n에 +1을 한 값으로 모두 할당하여 새 방 할당 논리를 만족하도록 만들었습니다. 재귀가 잘 이해되지 않는다면 반복문으로 먼저 코드를 짜면서 어떻게 돌아가는지 이해한 다음, 재귀에 도전해도 괜찮습니다.

알고리즘을 배워야 하는 이유

완전 탐색으로 넘어가기 전에 이야기하고 싶은 것이 한 가지 있습니다. 바로 알고리즘의 중요성에 대한 이야기입니다.

공부를 하다 보면 막혀서 잘 이해되지 않는 부분이 생기고, 똑같은 유형의 문제를 똑같은 원인으로 틀리고, 풀이법을 알았는데 기억이 안 나서 결국 못 만들고, 이런저런 일로 정말 자신에게 실망하는 일이 많습니다. 그러면 '이렇게 열심히 공부해서 알고리즘을 배우면 쓸 곳이 있을까?'라는 의문이 생깁니다. 어렸을 적 수학을 공부할 때 했던 똑같은 질문을 또다시 하는 셈입니다.

우선 이 질문에 대한 답은, "쓸모없는 배움은 없다", 그리고 "매우 많이 쓴다"라고 조심스럽게 말하고 싶습니다. 실제로 개발 직종에서 일하면 거의 모든 코드를 작성할 때 알고리즘을 사용합니다. 오히려 안 쓰는 경우를 찾는 게 더 힘듭니다. 꼭 지금 배우고 있는 내용만이 '알고리즘'에 해당하는 것이 아니라, 어떤 문제를 해결하기 위해 코드를 짜는 것이 전부 알고리즘에 해당합니다. 이 책에서 알려드리는 알고리즘은 '이러한 내용을 바탕으로 문제를 낸다면 어떻게 낼 수 있을까?'에 대한 질문으로부터 나온 대답이라고 볼 수 있습니다.

```
#남은 물품과 가격을 계산하는 알고리즘 중 일부(자바스크립트 코드를 예로 들었습니다)
const item = {amount: ##, option: ##}
const totalPrice = item.amount > 1 ? option.price * item.amount : option.price;
const totalWeight = item.amount > 1 ? matchItem.weight * item.amount : matchItem.weight;
const leftStock = option.stock - option.order;
const available = option.useYN && matchItem.useYN;
const stockAvailable = option.stock === -1 ? true : leftStock > 0;
```

개발할 때는 생각하는 능력이 굉장히 중요합니다. 주어진 문제를 정해진 시간 내에 구현하려면 최대한 빠르게 작전을 세우고, 논리를 생성하여 검증한 후 조건에 맞게 코드를 짜야 합니다. 단순히 돌아가게만 하는 것이 목적이라면 인터넷의 힘을 빌려서 만들면 되겠지만, '잘' 돌아가게 하는 것이 목적이라면 이야기가 달라집니다. 정말 여러 가지 상황에 대응할 수 있어야 하고, 한 줄 한 줄 짤 때마다 왜 이렇게 짰는지에 대한 논리적인 설명 또한 이루어져야 합니다.

◐ 계속

여러분이 지금까지 문제를 풀던 과정을 다시 살펴보면, 새로 배운 개념만 사용하여 문제를 푸는 것이 아니라, 어떤 개념이랑 엮고, 어떤 개념인지 알아내고, 어떤 개념으로 치환하는 등 여러 가지 논리적인 변화를 주면서 가능한 한 문제를 쉽게 풀려고 노력했습니다. 처음에는 왜 이렇게까지 말장난을 하면서 문제를 풀어야 하는지 의문이 들 수도 있으나, 난이도가 높아질수록 논리를 이해하고 상황에 맞게 구성하는 능력이 굉장히 중요하다는 사실을 알게 되었을 것입니다. 이런 식으로 실제 개발 과정을 거치면서 발생하는 여러 상황이나, 이론만으로는 모르는 사항들을 경험이라는 이름으로 하나씩 배워나가고, 활용하는 능력을 키우는 것이 알고리즘을 공부하는 이유가 됩니다.

이 경험은 문제를 보는 시야가 달라질 정도로 엄청난 영향을 미칩니다. 아직은 모를 수 있어도 시간이 지나면서 경험이 쌓이기 시작하면, 어느 순간부터 문제를 보고 '대충 이렇게 할 수 있지 않을까?'라는 가설을 세울 수 있게 됩니다. 가설이 틀릴 때도 있겠지만, 처음부터 아무것도 모르는 상태에서 시작하는 것과 몇 가지 예상되는 작전을 생각하고 시작하는 건 결코 같지 않습니다. 여기서 경험이 더 쌓이면서 어떤 문제가 어떤 유형인지 보이게 되면 남은 것은 말 그대로 알고리즘을 얼마나 더 많이 풀어봤는지, 얼마나 공부를 더 많이 했는가에 대한 싸움이 됩니다(물론 그렇다고 알고리즘만 완벽하게 숙련된다고 해서 모든 문제를 잘 풀 수 있다는 의미는 아닙니다).

코딩 테스트에서도, 개발자에게도, 알아둬야 할 여러 가지 소양 중 하나인 것만은 확실한 것 같습니다.

완전 탐색

완전 탐색은 '모든 걸 탐색하는 방법'입니다. 이번 장 역시 '왜 모든 것을 탐색해야 하는가?'라는 질문과 함께 이론적인 개념이 많이 등장할 예정입니다. 약간 지루할 수 있지만, 재귀와 완전 탐색은 떨어지려야 떨어질 수 없는 관계이므로 제대로 배우지 않으면 나중에 이해하기 어려우니 마침표를 찍는다는 생각으로 시작해봅시다.

6.1 / 완전 탐색이란?

완전 탐색에 대해 정말 간단하게 말하자면 '모든 경우의 수를 확인해서 최적의 답을 구하는 방법'입니다. 그리고 이런 설명을 들으면 왜 모든 경우의 수를 확인해야 하는지 궁금해집니다. 만일 여러분에게 네 자리 숫자를 입력해야 열리는 자물쇠를 주고 아무것도 알려주지 않은 채로 열라고 한다면, 0001부터 9999까지 직접 확인하는 것 외에는 특별한 방법이 없을 겁니다. 좀 더 빠른 방법이 있다면 좋겠지만, 특정 위치의 숫자를 살펴보지 않아도 된다는 규칙이나 조건은 주어지지 않았으므로 번호를 생략하는 건 불가능합니다.

네 자릿수 자물쇠 풀기도 이 정도인데, 조금 더 문제가 어려워지거나 복잡해지면 사람이 하기에는 상당히 난처한 작업이 됩니다. 하지만 컴퓨터에게 맡긴다면 이런 문제도 빠르게 풀어낼 수 있습니다. 이번 시간에는 이러한 내용을 살펴보면서 완전 탐색이 어떻게 사용되는지 알아보겠습니다.

6.1.1 문제를 이해하는 방법

완전 탐색의 유형을 알아보기 전에 탐색 과정이 어떻게 진행되는지 살펴볼 필요가 있습니다. 먼저 문제를 이해하는 방법부터 알아봅시다.

1. 문제에서 요구하는 완전 탐색이 무엇인지 파악합니다.

기본적으로 완전 탐색은 모든 경우의 수를 확인하는 것을 전제로 하지만, 난이도가 높아지면 항상 입력 개수의 크기가 문제입니다. 모든 경우를 탐색해야 하므로 적은 입력 개수라도 생각보다 많은 경우의 수를 고려해야 합니다. 따라서 필요한 것만 정확하게 가려내 진행하는 것이 중요합니다.

간단한 예를 들어 보겠습니다. 세 명이서 가위바위보를 하고 이긴 사람이 1부터 9까지의 카드가 들어 있는 주머니 안에서 카드를 뽑아 나온 숫자를 곱해 몇 번 안에 원하는 숫자를 만들어낼 수 있는지 물어보는 문제가 있다고 합시다. 이때 가위바위보에서 이기는 경우의 수를 계산하는 것이 아니라, 카드를 뽑는 가짓수에서 원하는 숫자를 만들 수 있는 경우가 어떤 것이 있는지를 계산해야 합니다. (지금은 예시라서 어색해 보이지만) 이런 식으로 문제가 주어지면 필요한 완전 탐색이 무엇인지를 정확하게 파악할 필요가 있습니다.

2. 가능한 모든 경우의 수를 만듭니다.

완전 탐색의 대상을 골랐다면, 이제 가능한 모든 경우의 수를 만듭니다. 경우의 수를 도출하는 방법은 여러 가지이므로 그중 문제 상황에 맞는 방식을 사용하면 됩니다. 대신 명백하게 생략할 수 있는 근거가 없다면 어떤 경우의 수라도 생략해선 안 됩니다.

3. 그중 최적인 해를 찾습니다.

이제 모든 경우의 수 중 문제 조건에 맞는 최적의 해를 찾기만 하면 됩니다. 문제마다 조금씩 다르지만 보통 '가장 빠른/가장 큰/가장 작은' 값을 구하는 형태로 출제되므로 min(), max() 함수를 사용하면 손쉽게 계산할 수 있습니다.

결국 완전 탐색은 모든 경우를 최소한의 비용으로 살펴보고 그중 최적인 해를 구하는 방식을 의미합니다. 이렇게 개념만 보면 굉장히 쉽고 간단하지만, '최소한의 비용'이라는 단어 자체가 주어진 조건에 따라서 얼마든지 달라질 수 있으므로 이 점을 어떻게 이용하는지에 따라 난이도는 천차만별입니다. 다 풀고 나서 확인해봤더니 '완전 탐색으로 푸는 거였네?'라는 경우도 많습니다. 완전 탐색인지 판단할 수 있는 모든 사항을 다 알려드릴 수는 없으나 기본적으로 체크할 사항은 짚고 넘어가겠습니다.

완전 탐색인지 판단할 때 체크할 기본 사항

1. 입력 크기가 매우 작은 편인가?

기본적으로 특정 알고리즘을 사용하도록 강제하는 문제가 아니라면, 입력 크기에 따라 사용할 수 있는 알고리즘이 나뉘고 그중 어떤 방식이 제일 좋을지 선택하게 됩니다. 하지만 입력 크기가 매우 작고 최적해를 구하라는 언급이 나온다면 먼저 완전 탐색인지 의심해볼 필요가 있습니다.

2. 문제가 전체 탐색을 요구하는가?

문제에서 제시하는 조건들을 읽고 정답 케이스를 확인했을 때 직관적으로 가짓수가 더 있는 것이 보이거나, 여러 개의 조합이 발생할 수밖에 없는 상황이 주어집니다. 유형의 특징상 추측 불가능한 영역을 다루는 문제는 나오지 않으므로 '정확히 몇 개 있는지 모르겠지만 여기 중에서 최적해가 나와야 한다'는 식으로 정리되면 완전 탐색일 확률이 높습니다.

3. 조건이나 답에서 역으로 실마리를 찾을 수 있는가?

가끔 문제 조건에서 경우의 수를 생각하기 어려운 경우가 있습니다. 복합 조건이 많아 정확히 짚기 힘들지만 분명히 조합할 수 있는 점이 보인다면, 문제의 조건 중 하나를 고정시키고 그 뒤로 파생되는 가짓수가 어떻게 생기는지 확인하거나, 정답을 하나 만들고 특정 규칙으로 동일하게 정답을 만들어낼 수 있는 규칙이 있음을 확인하면 됩니다. 완전 탐색은 같은 행동을 반복적으로 수행하여 모든 경우의 수를 탐색한다는 개념이므로 이런 방법을 통해 확인하는 것이 가능합니다.

앞으로 문제를 풀 때는 **문제를 읽고 → 완전 탐색 유형인지 판단한 후 → 탐색 조건을 만든다** 과정을 거칩니다. 재귀에서도 그랬지만, 설계가 중요하므로 문제만 읽고 성급하게 푸는 것보다 충분한 시간을 갖고 어떻게 짜야 할지 전략을 세우는 것이 우선입니다.

6.1.2 상태와 상태 전이 진행

아무리 그래도 모든 경우의 수를 찾는다니, 감이 오지 않습니다. 완전 탐색을 좀 더 직관적으로 생각해볼 순 없을까요? 그림으로 표현하면 현재 자신의 위치에서 다른 상태를 향해 점차 뻗어나가면서 모든 경우의 수를 찾는 형태가 될 것입니다.

▼ **그림 6-1** 완전 탐색을 생각하는 가장 기본적인 방법

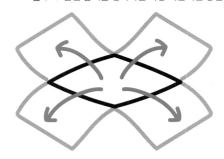

탐색 방법은 문제마다 다르기 때문에 구체적인 사항은 직접 구현하면서 만들어야 하지만, 매 순간마다 갈 수 있는 방향으로 뻗어나가면서 모든 가능성을 확인한다는 개념은 변하지 않습니다. 따라서 완전 탐색을 구현한다는 것은 **현재 자신의 위치(시작 위치)**와 **자신의 위치에서 새로운 위치를 찾아서 이동하는 방법**, 이 두 가지를 문제에 맞게 만드는 걸 의미합니다.

일단 두 가지가 잡히면 현재 경우가 최적의 경우인지 따지는 것은 매우 간단한 일입니다. 정말 그런지 예를 들어 확인해보겠습니다.

'가위바위보를 해서 이기면 계단 올라가기 놀이'를 알고 있나요? 가위로 이기면 두 계단, 보로 이기면 다섯 계단, 바위로 이기면 한 계단을 올라간다 등 여러 가지 설정이 있지만, 어쨌든 계단을 누가 먼저 올라가는지 경쟁하면서 즐기는 놀이입니다. 어느 날 친구랑 길을 가다가 48개짜리 계단을 보고 이 놀이를 하기로 했는데, 계단 제일 위까지 올라가야 이긴 것으로 약속했습니다. 가위로 이기면 두 계단, 보로 이기면 다섯 계단, 바위로 이기면 한 계단을 올라간다고 했을 때 가장 빠르게 올라가는 방법은 몇 가지가 있을까요?

당연히 9번을 보로 이겨 다섯 계단씩 올라간 다음 나머지 계단 3개를 가위(2) + 바위(1) 조합으로 완주하는 것이 가장 빠릅니다. 총 11번의 계단 오르기 방법 중 가위와 바위가 그 사이에 하나씩 있다고 생각한다면 $_{11}P_2$이므로 총 110가지가 나온다는 것을 알 수 있습니다.

그런데 너무 긴장해서 순열을 계산하는 방법을 잊었다고 합시다. 그렇다면 다른 방법으로 정답을 찾아야 하겠죠?

가장 먼저 생각나는 방법은 처음부터 끝까지 48개 계단을 오르는 모든 경우의 수를 확인하여 그중 가장 짧은 방법을 알아내는 것입니다. 현재 자신이 서 있는 위치에서 한 계단을 올라갈 것인지, 두 계단을 올라갈 것인지, 다섯 계단을 올라갈 것인지로 나누고, 당연히 이 모든 것을 확인해야 하므로 세 가지 새로운 다음 상태를 생성하게 되니 결국 세 번의 상태 전이가 일어납니다. 이런 탐색 방식은 분명히 비효율적이고 무식하기 그지없지만 이 중에 분명히 정답이 있다고 장담할 수 있습니다.

▼ **그림 6-2** 현재 상태와 다음 상태의 정의

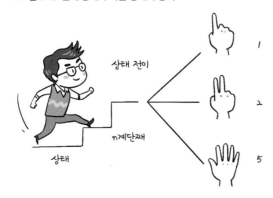

두 번째 방법으로는 이번 예시처럼 정해진 범위 안에서 경우의 수를 세는 것이 목적일 때는 수학 개념을 사용하여 빠르게 문제를 풀 수 있습니다. 순열을 계산하는 방법을 모를 뿐이지 분명히 11번의 계단 오르기 중 가위 한 번과 바위 한 번이 있으면 된다는 사실을 안다면 모든 경우를 확인하지 않아도 정답을 구할 수 있습니다. 둘 중 하나를 11가지에서 먼저 선택한 다음 나머지 10개 중 하나를 선택하면 나오는 모든 경우가 하나의 경우의 수가 되므로 역시 110가지라는 것을 알 수 있죠.

▼ **그림 6-3** 조건을 고정해서 경우의 수 구하기

개수를 계산하기 어렵다면
→ 경우의 수를 정의하기 어렵다면

조건 하나를 먼저 고정하고 나머지를 생각해보자

즉, 완전 탐색은 재귀 문제를 풀 때와 마찬가지로 현재 자신의 상태를 정의하고, 다음 상태로 넘어갈 수 있는 가능한 모든 경우를 정확하게 정의하는 것이 중요합니다.

매우 쉬운 예를 들었기에 어쩌면 두 방법 모두 쓸데없이 어렵게 문제를 푼다고 생각할 수도 있습니다. 실제 문제는 이보다 더 복잡하고, 어떤 공식으로도 정리가 되지 않는 사항들이 나오므로 비효율적이라고 생각되는 완전 탐색 방법으로 풀어야 하는 경우가 생깁니다. 컴퓨터는 여러분이 생각하는 것보다 훨씬 빠르게 동작하니 대부분은 초 단위로 실행된다는 점도 잊지 마세요.

6.1.3 완전 탐색의 종류와 사용되는 자료 구조

앞서 간략히 설명했듯이 완전 탐색은 모든 것을 조사하는 것이 기본 골자지만, 해당 개념은 정말 다양하게 파생되어 사용하기에 그 내용을 다루려면 단원을 하나 더 만들어야 할 정도로 방대합니다. 심지어 문제 난이도가 올라가면 여러 번 완전 탐색을 하는 경우도 있어 해보기 전까지는 모르는 경우도 존재합니다.

여기서 그 모든 것을 다룰 수는 없지만, 코딩 테스트에서 정말 많이 나오고 무조건 완전 탐색으로 풀어야 하는 유형을 몇 가지 짚어보겠습니다. 이후에도 종종 볼 수 있을 겁니다!

단순 완전 탐색(brute-force)

정말 처음부터 끝까지 모든 경우의 수를 확인하는 탐색 방식을 의미하며, 반복문과 조건문을 사용하여 아무런 조작 없이 순수하게 전부 확인하는 유형입니다. 쉬운 문제에서는 이 방식을 자주 볼 수 있지만, 현재 코딩 테스트에서 나오는 문제들은 완전 탐색 개념이 들어가면 조건을 복잡하게 만들거나 입력 개수를 살짝 높이는 등 단순 완전 탐색으로만 풀면 시간 초과가 발생하도록 난이도를 높이는 경향이 있어 이 유형은 상대적으로 적게 출제됩니다.

조합과 순열

완전 탐색에서 흔하게 출제되는 문제 중 하나로, 조합(C), 순열(P), 중복조합(H), 중복순열(Π)을 사용해야 한다면 이 유형입니다. '전체에서 몇 가지를 골라서 무엇을 하라' 형태의 문제가 나오면 이것을 조합으로 풀어야 하는지, 순열로 풀어야 하는지 판단하고 그에 맞춰서 경우의 수를 뽑아 풀면 됩니다.

순열의 핵심 논리는 여러 데이터(통상적으로 숫자가 주어집니다)에서 몇 가지를 뽑아 경우의 수를 만드는 것입니다. 이때 발생한 모든 경우의 수가 하나의 경우로 취급되죠. **선택되는 원소의 순서가 매우 중요하다면** 순열을 생각하면 됩니다. 반대로 조합은 순서가 달라도 데이터가 같다면 동일한 경우로 취급합니다. 따라서 **가능한 가짓수 자체를 뽑아내는 것이 목적**이면 조합을 생각하면 됩니다.

중복순열/중복조합은 기본적인 순열이나 조합과 동일하지만 같은 원소를 다시 택하는 것이 가능하므로 문제에서 이를 원할 때 어떤 것을 사용할지 판단하면 됩니다.

보통 이런 식으로 경우의 수를 찾는 문제가 나오면, 결국 모든 값을 살펴봐야 하므로 만들어진 경우의 수에 대한 순서를 따지는 것은 큰 의미가 없습니다. 하지만 특수하게 만들어질 때의 순서까지 알아야 한다면, 구현하는 방법을 알고 있어야 합니다.

```
#방법 1. 반복문(주어진 배열에서 가능한 순열을 만듦)
def permutations(arr):
    result = [arr[:]]       #처음 인덱스 생성(arr을 그대로 넣으면 얕은 복사가 발생함)
    c = [0] * len(arr)      #배열끼리 위치를 바꾸기 위한 인덱스 배열
    i = 0
    while i < len(arr):     #배열 조작을 위한 반복문
        if c[i] < i:
            if i % 2 == 0:                          #짝수 인덱스
                arr[0], arr[i] = arr[i], arr[0]     #데이터 교체
            else:                                   #홀수 인덱스
                arr[c[i]], arr[i] = arr[i], arr[c[i]] #데이터 교체
            result.append(arr[:])                   #새로운 초기 데이터 생성
```

```
            c[i] += 1              #다음 바꿀 인덱스 추가
            i = 0                  #초기화
        else:
            c[i] = 0
            i += 1
    return result

#방법 2. 재귀(전체에서 n개를 뽑아서 만드는 기능 지원)
def permutations(arr, n):
    result = []
    if n == 0: return [[]]

    #([0,1,2,3], 2) = ([0], ([1,2,3], 1)) + ([1], ([0, 2, 3], 1)) + ([2], ([0,1,3], 1))
+ ([3], ([0, 1, 2], 1))
    for (i, num) in enumerate(arr):
        for j in permutations(arr[:i] + arr[i + 1:], n - 1):
            result.append([num] + j)
    return result
```

다른 언어에서는 이 기능을 직접 만들어야 하지만, 파이썬에서는 기본으로 제공하는 itertools 라이브러리를 활용해 훨씬 쉽고 빠르게 순열을 만들 수 있습니다.

▼ **표 6-1** 지원하는 함수

구분	표기법
순열	permutations(<전체 배열>, 개수)
조합	combinations(<전체 배열>, 개수)
중복순열	permutations_with_replacement(<전체 배열>, 개수)
중복조합	combinations_with_replacement(<전체 배열>, 개수)

500개의 배열에서 2개 뽑아내는 순열, $_{500}P_2$를 수행할 때 걸리는 시간은 다음과 같습니다.

```
itertools의 permutation
0.012210369110107422
permutations 직접 구현
1.1231906414031982
```

라이브러리를 사용해서 만드는 것이 훨씬 빠르지만, 시간 초과가 발생할 정도의 입력 크기가 주어지는 경우는 드문 편이므로 원한다면 직접 구현해도 됩니다(대신 직접 구현한다면 매번 고민하지 않게 코드를 외우는 것을 추천합니다).

비트마스크

4장에서 문자열을 언급할 때, 우리가 사용하는 문자열과 컴퓨터가 받아들이는 문자열은 사뭇 다르다고 했습니다. 숫자 또한 예외가 아닙니다. 여러분이 자주 사용하는 숫자는 10진수를 기반으로 하지만 컴퓨터는 2진수에 기반하므로 10진수를 2진수로 바꿔서 데이터를 사용해야 합니다. 예를 들어 30이라는 숫자를 변수에 할당했다면 컴퓨터에서는 $11110_{(2)}$라는 숫자로 인식합니다.

그런데 컴퓨터가 2진수를 사용한다는 점이 완전 탐색과 어떤 관계가 있을까요? 사실 대부분의 문제에선 10진수를 사용해서 풀어도 전혀 상관없습니다. 하지만 배열이 너무 커서 원소가 존재하는지 확인하는 비용이 매우 부담되거나, 특정 규칙을 통해 원소를 확인하고 변경한다면 비트마스크를 사용해야 합니다. 비트마스크는 옛날부터 사용해오던 메모리 최적화 기법 중의 하나로 10진수로 계산하는 것이 아니라 컴퓨터가 사용하는 2진수를 그대로 활용하여 계산하기 때문에 탐색 및 조회에 걸리는 시간을 줄일 수 있습니다.

▼ **표 6-2** 비트 연산자의 종류

구분	설명
AND (A & B)	A와 B의 비트가 모두 1일 때만 1 반환
OR (A ¦ B)	A 또는 B의 비트가 1일 때 1 반환
NOT (~A)	현재 비트를 반전, 0일 때 1, 1일 때 0
XOR (A ^ B)	A 또는 B 둘 중 하나만 1일 때 1 반환
SHIFT (A ≪ B 또는 A ≫ B)	A 비트를 B만큼 자리 이동(이동하면서 빈 부분은 0으로 채움)

예를 들어 여러 사람이 설치한 프로그램을 배열 정보로 가지고 있는데, 여기서 특정 프로그램을 설치한 사람을 찾으라는 문제가 주어졌다고 합시다. 평소 하던 방식으로 접근하면 한 사람당 설치한 프로그램을 각각 확인해야 하므로 O(n)이라는 탐색 비용을 피할 수 없습니다. 그러나 비트마스크를 사용하면 단 한 번의 계산으로 해당 배열에 원소가 존재하는지 판별할 수 있어 O(1) 비용으로 탐색할 수 있습니다.

```
#Y사, N사, T사, M사, X사 순으로 설치했는지 여부
subs = [1, 1, 1, 1, 0]
#만약 이 사람이 N사, M사, X사 프로그램을 설치했는지 알고 싶다면
if subs[1] == 1 and subs[2] == 1 and subs[3] == 1: print('전부 사용 중')
else: print('설치 빠진 거 있음')

#대신 2진법으로 설치 여부를 기록하게 되면 직관성이 떨어지지만
subs_bin = 0b10110
#이런 식으로 한 번에 비교할 수 있어 비용을 줄일 수 있다
```

```
#16 8 4 2 1
if subs_bin & 0b01110 == 0b01110: print ('전부 사용 중')
else: print ('설치 빠진 거 있음')
```

비트마스크의 가장 큰 장점은 **메모리 절약**입니다. 보통 변수에 값을 할당할 때 변수 1개 = 값 1개 이므로 할당할 값이 더 필요하다면 배열을 만들거나 그만큼 변수를 더 만들어야 하지만, 이런 식으로 2진법을 사용하면 한 변수에 여러 정보를 넣을 수 있기 때문에 사용하는 변수 개수를 줄일 수 있고, 비교 시간도 아낄 수 있는 소소한 장점도 있습니다. 이 개념은 후에 배울 동적 프로그래밍(DP)을 구현할 때도 도움이 많이 되므로 외워두면 좋습니다.

재귀

재귀의 개념은 이전 장에서 다뤘죠. 엄밀히 말하면 재귀 함수로 일을 처리할 때 모든 경우의 수를 살펴봐야 하는 경우라면 완전 탐색을 사용하는 하나의 방법에 해당합니다. 코딩 테스트에서는 재귀와 완전 탐색은 서로 같이 다닌다고 해도 무리가 없을 정도로 정말 많이 나오고, 다양한 방법으로 출제됩니다. 순열을 구할 때도 재귀를 사용할 수 있듯이 반복문 대신 사용한다고 해도 가능할 정도로 사용처는 무궁무진하죠(참고: 처치-튜링 논제).

그렇다고 해도 재귀가 만능은 아닙니다. 상황에 따라서는 반복문으로 만드는 것이 더 나을 때도 있습니다. 그래도 완전 탐색을 할 때 재귀를 사용하는 가장 큰 이유는 **탐색의 방향을 직접 다룰 수 있기 때문입니다.** 탐색의 방향을 다루려면 직관적인 코드로 구현해야 하는데 재귀 함수를 사용하는 게 가장 간편하거든요.

▼ **그림 6-4** 탐색의 방향을 직접 다루기 위해 재귀를 사용한다

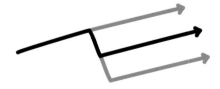

완전 탐색은 단순히 주어진 데이터에서 가능한 모든 경우의 수를 찾는 것이라고도 할 수 있습니다. 그러나 재귀는 가능한 모든 경우의 수를 자기가 원하는 방향으로 끌어가면서 찾아낼 수 있고, 방향이 있다는 것은 탐색의 순서를 정할 수 있다는 의미이기도 합니다. 점화식을 만들어 흐름을 수식화하는 것도 좋지만, 탐색의 흐름 자체를 재귀로 만들어 구현할 일이 더 많으므로 문제에 맞게 재귀가 해야 할 일을 정리하여 이 흐름이 맞는지 확인하는 식으로 코드를 짜면서 해당 유형 자체에 익숙해져야 합니다.

깊이 우선 탐색(DFS)/너비 우선 탐색(BFS)

코딩 테스트에서 깊이 우선 탐색(DFS, Depth First Search)이나 너비 우선 탐색(BFS, Breadth First Search) 문제가 한 번도 보이지 않으면 내가 문제를 제대로 못 풀었나 의심하게 될 정도로 자주 출제되는 유형입니다. 먼저 DFS/BFS의 동작 원리부터 살펴봅시다.

완전 탐색에서 탐색의 방향을 정할 수 있다는 것은 큰 장점이지만, 어떻게 보면 방향의 차이만 있을 뿐 전체를 조사한다는 것은 변함이 없습니다. 방향(순서)에 큰 의미가 없다면 다른 방식을 사용해도 됩니다. 그러나 반대로 방향이 중요하면 이 방식을 사용해야 합니다. 미로 찾기처럼 이전 선택지와 현재 위치, 그리고 다음 선택지가 중요한 의미가 있거나, 일정한 흐름 자체가 하나의 경우의 수가 된다면 DFS/BFS로 푸는 것이 가장 빠릅니다.

탐색 방향에 따라 크게 두 갈래로 나뉘는데, 하나의 탐색을 전부 온전히 수행할 때까지 진행하는 DFS와, 현재 위치에서 탐색 가능한 모든 길을 확인하고 진행하는 BFS가 있습니다. 두 흐름의 차이를 그림으로 나타내면 다음과 같습니다.

▼ **그림 6-5** DFS/BFS 차이

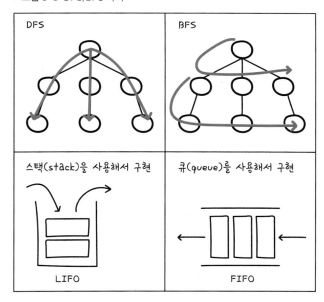

DFS를 구현할 때는 '먼저 들어간 데이터가 가장 나중에 호출되는 구조(LIFO)'를 가지는 **스택**을, **BFS**를 구현할 때는 '먼저 들어간 데이터가 먼저 호출되는 구조(FIFO)'를 가지는 **큐**를 사용합니다. 이러한 자료 구조의 특징 때문에 실제 코드를 짤 때는 개념의 흐름과 살짝 다른 부분이 있습니다.

이론대로라면 DFS는 탐색 도중 다른 방향이 있으면 무시하고 진행해야 하지만, 구현할 때는 이를 고려하지 않고 한 작업에 필요한 함수는 모두 호출하도록 만들어야 합니다. 이렇게 하더라도 함수 호출 순서 때문에 결과적으로 한쪽 방향으로만 진행하는 구조를 갖게 됩니다. 모음 사전 문제를 재귀로 푸는 방법을 되짚어보면, 새 단어를 만들 때 자기 자신을 호출하면서 스택을 쌓습니다. 그리고 먼저 호출된 함수 순으로 실행되므로 결과적으로는 정렬하지 않아도 알파벳 순서대로라는 사실에 근거하여 DFS 방법을 코드에 직접 구현하지 않아도 된다는 결론을 내릴 수 있습니다.

즉, 여러분이 구현해왔던 재귀 함수가 DFS를 기반으로 하는 탐색 방식이라는 이야기입니다. 재귀는 시스템의 스택을 사용해 구현하기 때문에 DFS 또한 재귀 함수로 만들면 동일하게 작동합니다. 만약 재귀 함수로 구현하는 것이 마음에 들지 않는다면 스택을 직접 변수로 만들어서 반복문으로 실행하는 방법도 가능합니다.

반대로 BFS는 재귀 함수가 아니라 while 문을 사용해 구현합니다. 함수를 호출할 때 스택을 쌓는 대신, 다음 탐색해야 할 위치를 큐에 저장해서 남은 큐가 전부 없을 때까지 탐색을 진행합니다. 입력되는 큐의 숫자는 다음으로 넘어갈 수 있는 가짓수와 똑같으므로, 뻗어나갈 길이 많을수록 큐가 더 많이 쌓입니다. 그리고 큐는 먼저 쌓인 데이터를 처리하므로 현재 위치에서 가능한 모든 경우를 짚어보면서 넘어가는 구조가 됩니다.

그렇다면 두 탐색 방향을 언제 어디에서 사용해야 할까요? 간단하게 '무엇을 목적으로 하는지'를 중점으로 상황에 맞게 선택하면 됩니다. 방향도 중요하지만 기본적으로 모든 경우의 수를 탐색해야 한다면 DFS를 사용하는 것이 좋습니다(기본적으로 재귀 방식이 DFS랑 돌아가는 시스템이 똑같고, 구현 자체가 편하므로 자주 사용하게 될 것입니다). 특히 문제에서 탐색 시 제약 조건을 붙이거나, 계속 진행하면서 결과가 누적되어야 하는 조건이 있다면 하나의 경우의 수를 고유하게 취급해주기 위해 사용합니다.

반대로 최단 거리, 최소 비용 등 가장 적은 횟수로 답을 찾아낼 수 있는지 물어본다면 BFS를 사용하는 것이 유리합니다. DFS 방식으로 똑같은 결과를 알아내려면 수많은 경우 중 하나가 이를 만족하는지 확인해야 하므로 효율이 떨어지지만, BFS는 경우가 얼마나 많던 단계별로 가능한 모든 경우를 살펴보기 때문에 가장 짧은 탐색이 곧 최적해가 되므로 빠르게 답을 찾을 수 있습니다.

12장에서 관련 문제를 풀면서 다시 짚어보는 시간을 가질 테니 지금 당장 이해되지 않더라도 개념 자체는 기억해주세요. BFS/DFS 개념은 그래프에도 종종 등장하는 유형 중 하나이고, 나중에 '구현(시뮬레이션)' 문제에서도 다룹니다.

6.1.4 방문 처리/백트래킹

완전 탐색을 어떻게 하는지 대략적으로 이해했으니, 이번에는 어떻게 하면 탐색의 횟수를 줄일 수 있을지 고민해보려고 합니다. 컴퓨터가 아무리 빠르다고 해도 입력 크기가 커지면 모든 경우를 살펴보기 부담스럽습니다. 더구나 완전 탐색의 흐름을 그려보면 자신이 갈 수 있는 방법들을 모두 탐색해본다는 특징 때문에 이미 확인한 길을 다시 확인할 수도 있고, 확인할 만한 가치가 없는 곳까지 모두 살펴볼 수도 있습니다.

탐색은 확인해보지 않은 것을 확인하는 것이 목적인데, 이미 확인한 것을 다시 확인하는 것만큼 비효율적인 일은 없을 겁니다. 다음 그림처럼 이미 살펴봤던 곳을 다시 살펴보고, 또 다음 탐색에서 이미 살펴봤던 곳을 또 다시 살펴보게 되면 탐색이 끝나지 않고 무한 루프를 돌게 됩니다. 이러면 시간 초과 또는 스택 오버플로 같은 메모리 초과 오류가 발생하겠죠.

▼ **그림 6-6** 다음 탐색으로 넘어왔는데 이전 위치를 참조하는 경우

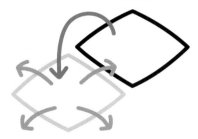

그렇다면 이미 갔던 길을 다시 가지 않도록 만들 수 있을까요?

먼저 탐색한 부분을 다시 탐색하지 않도록 방문 처리를 합니다. 예를 들어 길을 가는데 1번 길과 2번 길로 나뉘어 있습니다. 우선 1번 길을 끝까지 간 다음, 2번 길로 다시 가려고 한다면, 1번 길은 이미 걸었던 길이라고 표시하여 2번 길을 진행하던 도중 1번과 겹치는 길은 다시 가지 않도록 처리할 수 있습니다.

단, 길이 겹치더라도 반드시 해당 길을 통해 살펴봐야 하는 상황이거나 특수한 조건 등으로 인해 탐색마다 방문 기록을 초기화해야 하는 상황이 생길 수도 있습니다. 이럴 때는 잊지 말고 탐색이 한 번 끝날 때마다 방문 기록을 처음으로 돌려주면 되지만, 보통 이런 상황에서는 다른 방법을 적용하는 것이 유리합니다(보통 이런 경우에는 BFS를 사용하면 좋습니다).

그 다음으로 확인할 필요가 없는 부분은 아예 탐색하지 않는 방법도 있습니다. 만약 탐색 도중 그 뒤에 무엇이 나와도 정답이 될 수 없는 상황이라면 처음부터 탐색하지 않게 해서 비용을 절약하는 것이 가능합니다. 체스를 예로 들면 퀸이 공격받지 못하는 루트를 DFS로 찾아낸다고 했을 때 퀸

을 움직이고 다음 상황을 보니 어떻게 해도 공격받게 된다면 그 이후로 다른 방법을 찾아볼 가치가 없습니다. 이때는 그 부분의 탐색을 아예 하지 않도록 할 수 있습니다.

▼ **그림 6-7** 필요 없는 탐색은 하지 않도록 한다

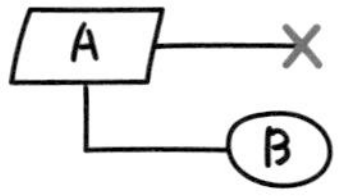

이 과정을 백트래킹(backtracking), 다른 말로 가지치기(pruning)라고 합니다. 단, 이런 식으로 명백하게 경우의 수를 제거할 수 있는 상황이 아니라면 가지치기는 하지 않는 것이 좋습니다. 탐색 수를 조금이라도 줄여보겠다고 함부로 조건을 수정하면 해당 예외 케이스를 위한 또 다른 코드를 생각해야 하는 상황이 발생하므로 매우 피곤해집니다.

'방문 처리/백트래킹' 개념이 일반적인 완전 탐색에서는 잘 사용되지 않고 DFS/BFS와 같이 일정한 흐름을 가지는 방문 탐색에서 자주 사용되지만, 원한다면 언제든지 사용할 수 있는 개념이기 때문에 특정 유형에서만 사용하는 것이라고 단정 짓지는 마세요.

이렇게 기본적인 완전 탐색 개념과 가짓수를 줄이는 방법을 모두 알아보았습니다. 이후 세부적인 내용은 문제를 직접 풀면서 하나씩 알려드릴 예정이고, 지금 당장 배웠던 유형이 문제에 나오지 않더라도 잊으면 안 됩니다. 여기서 배운 개념은 12장까지 계속 사용하므로 지금부터 여러 문제를 풀면서 기초적인 개념이 어떻게 발전되는지 직접 경험해봅시다.

6.2 다양한 문제 풀이

이제부터는 실전 시간입니다. 핵심은 '어떻게' 모든 경우의 수를 살펴볼 것인지 결정하는 것이니, 문제를 읽고 풀 때 항상 핵심을 상기하면서 진행합시다.

문제 20 모의고사 – Level 1

URL https://school.programmers.co.kr/learn/courses/30/lessons/42840

수포자는 수학을 포기한 사람의 준말입니다. 수포자 삼인방은 모의고사에 수학 문제를 전부 찍으려 합니다. 수포자는 1번 문제부터 마지막 문제까지 다음과 같이 찍습니다.

1번 수포자가 찍는 방식: 1, 2, 3, 4, 5, 1, 2, 3, 4, 5, …

2번 수포자가 찍는 방식: 2, 1, 2, 3, 2, 4, 2, 5, 2, 1, 2, 3, 2, 4, 2, 5, …

3번 수포자가 찍는 방식: 3, 3, 1, 1, 2, 2, 4, 4, 5, 5, 3, 3, 1, 1, 2, 2, 4, 4, 5, 5, …

1번 문제부터 마지막 문제까지의 정답이 순서대로 들은 배열 answers가 주어졌을 때, 가장 많은 문제를 맞힌 사람이 누구인지 배열에 담아 return하도록 solution 함수를 작성해주세요.

제한 조건

- 시험은 최대 10,000 문제로 구성되어 있습니다.
- 문제의 정답은 1, 2, 3, 4, 5중 하나입니다.
- 가장 높은 점수를 받은 사람이 여럿일 경우, return하는 값을 오름차순 정렬해주세요.

입출력 예

answers	return
[1, 2, 3, 4, 5]	[1]
[1, 3, 2, 4, 2]	[1, 2, 3]

입출력 예 설명

입출력 예 #1

- 수포자 1은 모든 문제를 맞혔습니다.
- 수포자 2는 모든 문제를 틀렸습니다.
- 수포자 3은 모든 문제를 틀렸습니다.

따라서 가장 문제를 많이 맞힌 사람은 수포자 1입니다.

입출력 예 #2

- 모든 사람이 2문제씩을 맞췄습니다.

조건을 보면 학생들이 찍는 답에는 규칙이 있지만, 정답에는 아무 규칙도 없습니다. 문제는 10,000개까지 나올 수 있고, 가장 높은 점수를 받은 학생을 찾아야 합니다. 미리 정답을 확인할 수 있는 방법이 없기 때문에 규칙에 맞춰 완전 탐색을 수행해야 합니다.

코드 작성

1. 학생들이 답을 찍는 규칙과, 득점한 점수를 저장하는 배열, 그리고 가장 높은 득점을 한 학생들을 저장할 배열을 생성합니다.

```
student1 = [1,2,3,4,5]
student2 = [2,1,2,3,2,4,2,5]
student3 = [3,3,1,1,2,2,4,4,5,5]
score = [0, 0, 0]
result = []
```

2. 주어진 문제를 전부 채점합니다.

규칙이 주어졌을 때 가장 먼저 나머지 연산을 떠올렸다면 사실상 문제를 다 푼 것이나 다름없습니다. 문제가 몇 문제가 나오든지 학생들은 똑같은 규칙으로만 답을 제출할 것이기 때문에 enumerate() 함수를 사용하여 문제의 번호와 정답을 한 번에 진행하면 됩니다.

```
for idx, answer in enumerate(answers):
    if answer == student1[idx % len(student1)]:
        score[0] += 1
    if answer == student2[idx % len(student2)]:
        score[1] += 1
    if answer == student3[idx % len(student3)]:
        score[2] += 1
```

3. 채점이 모두 끝났으면 가장 많은 점수를 득점한 학생을 뽑은 후 값을 반환합니다.

이때 항상 한 명이 아니라는 점을 기억해주세요. 배열로 받아야 합니다.

```
for idx, s in enumerate(score):
    if s == max(score):
        result.append(idx + 1)
return result
```

전체 코드

```
def solution(answers):
    student1 = [1,2,3,4,5]
    student2 = [2,1,2,3,2,4,2,5]
    student3 = [3,3,1,1,2,2,4,4,5,5]
    score = [0, 0, 0]
    result = []

    for idx, answer in enumerate(answers):
        if answer == student1[idx % len(student1)]:
            score[0] += 1
        if answer == student2[idx % len(student2)]:
            score[1] += 1
        if answer == student3[idx % len(student3)]:
            score[2] += 1

    for idx, s in enumerate(score):
        if s == max(score):
            result.append(idx + 1)

    return result
```

학생들이 고정된 규칙으로 답을 찍는다는 것을 이용한다면 쉽게 풀 수 있는 문제입니다. 만약 학생들도 랜덤으로 찍어서 제출했다는 조건이 주어지더라도 문제를 전부 채점해야 한다는 사실에는 변함이 없으므로 결국 어떻게 탐색을 진행할 것인지를 결정하는 게 문제 풀이의 핵심입니다.

카펫 – Level 2

URL https://school.programmers.co.kr/learn/courses/30/lessons/42842

Leo는 카펫을 사러 갔다가 아래 그림과 같이 중앙에는 노란색으로 칠해져 있고 테두리 1줄은 갈색으로 칠해져 있는 격자 모양 카펫을 봤습니다.[1]

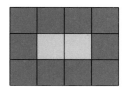

Leo는 집으로 돌아와서 아까 본 카펫의 노란색과 갈색으로 색칠된 격자의 개수는 기억했지만, 전체 카펫의 크기는 기억하지 못했습니다.

Leo가 본 카펫에서 갈색 격자의 수 brown, 노란색 격자의 수 yellow가 매개변수로 주어질 때 카펫의 가로, 세로 크기를 순서대로 배열에 담아 return하도록 solution 함수를 작성해주세요.

제한 사항

- 갈색 격자의 수 brown은 8 이상 5,000 이하인 자연수입니다.
- 노란색 격자의 수 yellow는 1 이상 2,000,000 이하인 자연수입니다.
- 카펫의 가로 길이는 세로 길이와 같거나, 세로 길이보다 깁니다.

입출력 예

brown	yellow	return
10	2	[4, 3]
8	1	[3, 3]
24	24	[8, 6]

문제 풀이

사실 문제 자체의 난이도는 높지 않습니다. 앞서 예시로 들었던 계단 올라가기 문제처럼 공식을 안다면 완전 탐색을 사용할 필요 없이 바로 답을 찾을 수 있지만, 방법을 모른다면 직접 경우의 수를 만드는 과정을 통해 답을 찾아야 합니다.

---

1 책에서는 표현의 한계상 노란색은 연한 주황색으로, 갈색은 진한 주황색으로 표현했습니다. 감안하여 봐주세요.

코드 작성

1. 전체 넓이를 구합니다.

모양 자체는 직사각형이고, 사각형의 크기는 변해도 가운데가 노란색이고 테두리가 갈색이어야 한다는 사실은 변하지 않으므로 칸 하나가 길이 1이라고 한다면 갈색과 노란색 칸을 전부 센 다음 가로와 세로의 곱셈, 즉 넓이가 똑같이 나온다면 길이가 몇인지 알 수 있을 것입니다 (타일의 크기가 일정하고 만들어진 모양이 직사각형이므로 가로와 세로는 정수 단위로 만들어집니다).

```
def solution(brown, yellow):
    grid = brown + yellow
```

2. 전체 넓이를 만들 수 있는 가로와 세로의 길이를 구합니다.

그런데 직사각형이라는 조건이 살짝 문제가 됩니다. 입출력 예시 3번처럼 만약 모든 칸이 48칸이라면 24 × 2도 가능하고, 12 × 4도 가능하고, 8 × 6도 가능하니 나올 수 있는 모든 경우를 찾아낸다고 한다면 입력 크기가 커질수록 경우의 수 역시 많아질 것이라는 건 금방 예측이 가능합니다.

이럴 때는 만들어야 하는 직사각형이 일정하다는 것을 기준으로 잡아 가로와 세로의 길이로 노란색 영역을 만들 수 있는지를 확인하면 됩니다.

▼ **그림 6-8** 가능한 최소 크기 카펫

전체 크기가 9, 가로와 세로가 3 × 3일 때, 노란색 영역은 1칸이므로 1 × 1이여야 합니다. 즉, 전체 넓이에서 구한 가로와 세로의 길이에서 −2씩 뺀 뒤 이 둘을 서로 곱해 나온 결과가 노란색 영역의 넓이와 일치해야 조건에 맞는 카펫이라고 볼 수 있습니다. 24 × 2의 경우 아예 세로 길이가 0이 되어 노란색 영역이 존재할 수 없으므로 조건에 맞지 않고, 12 × 4의 경우 10 × 2 = 20이지만 원래 노란색 영역은 24칸이라 조건에 맞지 않고, 8 × 6의 경우 6 × 4 = 24인데 노란색 영역 24와 일치하므로 우리가 찾는 카펫은 8 × 6이라는 결론을 낼 수 있습니다.

```
for n in range(3, int(grid ** 0.5) + 1): #최소 길이부터 정사각형까지
    if grid % n != 0: continue
    m = grid // n
    if (n - 2) * (m - 2) == yellow:
        return [m, n]
```

여기서 가로가 세로보다 길어야 한다는 점을 이용해 상대적으로 작은 숫자의 세로 길이를 먼저
구한다면 자동으로 가로 길이를 알 수 있으니 계산 횟수를 줄일 수 있습니다.

전체 코드

6장/카펫.py

```
def solution(brown, yellow):
    grid = brown + yellow
    for n in range(3, int(grid ** 0.5) + 1):
        if grid % n != 0: continue
        m = grid // n
        if (n - 2) * (m - 2) == yellow:
            return [m, n]
```

생각보다 훨씬 쉽게 끝났네요. 공식을 몰라도 적절하게 계산 방법만 잘 만들면 바로 정답을 찾을
수 있습니다.

또 다른 문제 풀이

이번에는 공식으로 풀면 얼마나 빨리 풀 수 있을지 확인해봅시다.

▼ **그림 6-9** 공식 도출

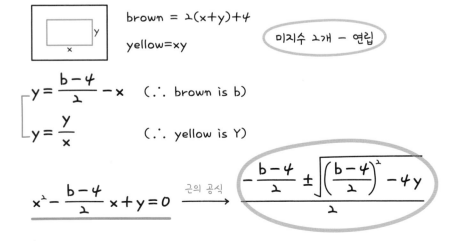

핵심은 변하지 않습니다. 전체 넓이에서 가로/세로를 계산하고, 그 가로와 세로로 노란색 영역이 차지하는 넓이를 구할 수 있는지 확인하면 됩니다. 이 과정을 식으로 도출하면 바로 문제를 풀 수 있습니다.

갈색과 노란색 식을 연립하여 나온 결괏값을 근의 공식에 대입하면 길이를 계산할 수 있으므로 완전 탐색을 수행하지 않아도 바로 정답을 찾을 수 있습니다.

전체 코드 6장/카펫_수식.py

```python
def solution(b, y):
    w = ((b + 4) / 2 + (((b + 4) / 2) ** 2 - 4 * (b + y)) ** 0.5) / 2
    h = ((b + 4) / 2 - (((b + 4) / 2) ** 2 - 4 * (b + y)) ** 0.5) / 2
    return [w, h]
```

갈색 격자와 노란색 격자의 수에 어떤 규칙이 있다는 점을 발견했다면, 이런 식으로 공식을 뽑아 내 문제를 풀 수 있습니다. 한 번 공식이 만들어지면 기존 방법처럼 만들어질 수 있는 다른 경우를 고려할 필요 없이 숫자를 넣는 것만으로도 정확한 정답을 찾을 수 있습니다. 그렇다고 해서 꼭 규칙을 찾는 것에 매달릴 필요는 없습니다. 어디까지나 시험의 목표는 문제를 푸는 것이기 때문에 일단 풀고 난 다음에 찾아봐도 늦지 않습니다.

문제 22 소수 찾기 – Level 2

URL https://school.programmers.co.kr/learn/courses/30/lessons/42839

한 자리 숫자가 적힌 종이 조각이 흩어져 있습니다. 흩어진 종이 조각을 붙여 소수를 몇 개 만들 수 있는지 알아내려 합니다.

각 종이 조각에 적힌 숫자가 적힌 문자열 numbers가 주어졌을 때, 종이 조각으로 만들 수 있는 소수가 몇 개인지 return하도록 solution 함수를 완성해주세요.

제한 사항

- numbers는 길이 1 이상 7 이하인 문자열입니다.
- numbers는 0~9까지 숫자만으로 이루어져 있습니다.
- "013"은 0, 1, 3 숫자가 적힌 종이 조각이 흩어져 있다는 의미입니다.

입출력 예

numbers	return
"17"	3
"011"	2

입출력 예 설명

예제 #1

[1, 7]로는 소수 [7, 17, 71]을 만들 수 있습니다.

예제 #2

[0, 1, 1]로는 소수 [11, 101]을 만들 수 있습니다.

- 11과 011은 같은 숫자로 취급합니다.

문제 풀이

문제를 보니 '소수를 판별하는 기능'과 '주어진 종이 조각으로 만들 수 있는 모든 숫자를 찾는 기능'이 구현되어야 문제를 정상적으로 풀 수 있음을 알 수 있습니다.

문제 풀이 흐름

1. 소수인지 판별하는 함수를 만듭니다.

2. 주어진 종이 조각으로부터 만들 수 있는 모든 숫자(=순열)를 찾습니다.

3. 1번과 2번을 사용하여 나온 소수 배열의 길이를 계산합니다.

만들어야 할 기능이 너무 복잡하거나 어렵지는 않습니다. 그러나 이런 식으로 자잘하게 여러 기능을 개발해서 하나로 합치는 문제는 필요한 기능을 다 만들기 전까지는 본래 풀어야 할 문제에 접근하기 어렵습니다. 이런 상황이 반복되면 쉬운 문제라고 해도 적잖은 시간이 소요됩니다. 이런 시간 소모가 부담스럽다면, 간단한 기능은 코드를 외워두는 것이 좋습니다.

코드 작성

1. 소수인지 판별하는 함수를 만듭니다.

주어진 숫자의 약수는 제곱근 이하에서 나눠지는 값이 있는지를 확인해 해당 숫자가 소수인지를 알 수 있습니다. 이 사실을 이용하여 처음 for 문으로 숫자가 나눠지는지를 검사하는 부분의 range를 n ** 0.5로 바꾸면 됩니다. 약간 불필요한 탐색이 들어가겠지만 $O(\sqrt{n})$ 안에 소수를 판별할 수 있습니다.

```
def checkPrime(n):
    if n < 2:
        return False

    for i in range(2, int(n ** 0.5) + 1):
        if n % i == 0:
            return False

    return True
```

> **잠깐만요**
>
> 소수 판별 문제는 10만 이하에서 여러 숫자를 비교해야 한다면 에라토스테네스의 체 방식을, 단순히 해당 숫자가 소수인지를 판별하거나 숫자가 제법 크다면 주어진 숫자의 제곱근까지 약수가 있는지만 확인하는 방식을 사용하여 거의 모든 문제를 통과할 수 있습니다.

2. 주어진 종이 조각으로 만들 수 있는 모든 숫자를 찾습니다.

이제 주어진 종이 조각으로 만들 수 있는 모든 숫자를 알아내야 합니다. 예제 1번을 잘 보면 문자열 17이 주어졌을 때 1, 7, 17, 71이 가능하고 여기서 소수는 7, 17, 71이라는 정보를 얻을 수 있습니다. 따라서 문자열은 배열로 생각하고 '1, 7 두 숫자에서 한 개만 뽑는 경우 + 두 개 뽑는 경우'를 모두 고려해야 하며, 이때 나열하는 순서가 각각 하나의 경우로 인정되므로 n개의 문자열이 주어지면 1개만 선택할 때부터 n개 모두 선택할 때까지 순열을 만들어야 한다는 결론이 나옵니다.

순열은 반복문 혹은 재귀 함수를 사용해 만드는 것이 가장 기본적이지만, 파이썬에서는 itertools 내장 라이브러리에서 permutations 함수를 지원하기 때문에 직접 구현하지 않아도 됩니다. 이번 문제에서는 라이브러리를 사용하겠습니다.

```python
from itertools import permutations

for i in range(1, len(numbers)+1):
    num.append(list(permutations(numbers, i)))   #참고: permutations는 tuple을 반환합니다.
num = [int(''.join(y)) for x in num for y in x] #2차원 배열 flatten
```

주어진 문자열이 n개일 때 $_nP_1$부터 $_nP_n$까지의 가능한 모든 경우를 뽑아냅니다. 이때 반환되는 값이 배열이므로 배열로 우선 받아두었다가 2차원 배열을 1차원으로 압축하는 과정을 거쳐서 전체 숫자를 만들 수 있습니다.

3. 1번과 2번을 사용하여 나온 소수 배열의 길이를 계산합니다.

2번 함수에서 나온 결괏값을 1번 함수에 넣어 소수를 알아낸 다음 해당 배열의 길이가 몇인지 반환하기만 하면 정답이 나옵니다.

```python
for i in num:
    if checkPrime(i):
        answer.append(i)

return len(set(answer))
```

```
from itertools import permutations

def checkPrime(n):
    if n < 2: return False
    for i in range(2, int(n ** 0.5) + 1):
        if n % i == 0: return False

    return True

def solution(numbers):
    answer = []
    numbers = list(numbers)
    #prime = primes(10 ** len(numbers) - 1)
    num = []

    for i in range(1, len(numbers)+1):
        num.append(list(permutations(numbers, i)))
    num = [int(''.join(y)) for x in num for y in x]

    for i in num:
        if checkPrime(i):
            answer.append(i)

    return len(set(answer))
```

난이도 자체는 Level 2이지만, 문제를 풀기 전에 전제 조건을 얼마나 빠르게 만들어낼 수 있는가에 따라 체감 난이도가 달라집니다. 만약 소수와 순열 만드는 방법을 이미 알고 있었다면 문제를 정확하게 읽고 구현하면 되므로 매우 쉽지만, 반대로 모르는 상황이라면 매우 어려울 것입니다.

불량 사용자 - Level 3

URL https://school.programmers.co.kr/learn/courses/30/lessons/64064

개발팀 내에서 이벤트 개발을 담당하고 있는 '무지'는 최근 진행된 카카오 이모티콘 이벤트에 비정상적인 방법으로 당첨을 시도한 응모자들을 발견하였습니다. 이런 응모자들을 따로 모아 불량 사용자라는 이름으로 목록을 만들어서 당첨 처리 시 제외하도록 이벤트 당첨자 담당자인 '프로도'에게 전달하려고 합니다. 이때 개인 정보 보호를 위해 사용자 아이디 중 일부 문자를 '*' 문자로 가려서 전달했습니다. 가리고자 하는 문자 하나에 '*' 문자 하나를 사용하였고 아이디당 최소 하나 이상의 '*' 문자를 사용하였습니다.

'무지'와 '프로도'는 불량 사용자 목록에 매핑된 응모자 아이디를 제재 아이디라고 부르기로 하였습니다.

예를 들어, 이벤트에 응모한 전체 사용자 아이디 목록이 다음과 같다면

응모자 아이디
frodo
fradi
crodo
abc123
frodoc

다음과 같이 불량 사용자 아이디 목록이 전달된 경우,

불량 사용자
fr*d*
abc1**

불량 사용자에 매핑되어 당첨에서 제외되어야 할 제재 아이디 목록은 다음과 같이 두 가지 경우가 있을 수 있습니다.

제재 아이디	제재 아이디
frodo	fradi
abc123	abc123

이벤트 응모자 아이디 목록이 담긴 배열 user_id와 불량 사용자 아이디 목록이 담긴 배열 banned_id가 매개변수로 주어질 때, 당첨에서 제외되어야 할 제재 아이디 목록은 몇 가지 경우의 수가 가능한지 return하도록 solution 함수를 완성해주세요.

제한 사항

- user_id 배열의 크기는 1 이상 8 이하입니다.
- user_id 배열 각 원소들의 값은 길이가 1 이상 8 이하인 문자열입니다.
    - 응모한 사용자 아이디들은 서로 중복되지 않습니다.
    - 응모한 사용자 아이디는 알파벳 소문자와 숫자만으로 구성되어 있습니다.
- banned_id 배열의 크기는 1 이상 user_id 배열의 크기 이하입니다.
- banned_id 배열 각 원소들의 값은 길이가 1 이상 8 이하인 문자열입니다.
    - 불량 사용자 아이디는 알파벳 소문자와 숫자, 가리기 위한 문자 '*'로만 이루어져 있습니다.
    - 불량 사용자 아이디는 '*' 문자를 하나 이상 포함하고 있습니다.
    - 불량 사용자 아이디 하나는 응모자 아이디 중 하나에 해당하고 같은 응모자 아이디가 중복해서 제재 아이디 목록에 들어가는 경우는 없습니다.
- 제재 아이디 목록들을 구했을 때 아이디들이 나열된 순서와 관계없이 아이디 목록의 내용이 동일하다면 같은 것으로 처리하여 하나로 세면 됩니다.

입출력 예

user_id	banned_id	result
["frodo", "fradi", "crodo", "abc123", "frodoc"]	["fr*d*", "abc1**"]	2
["frodo", "fradi", "crodo", "abc123", "frodoc"]	["*rodo", "*rodo", "******"]	2
["frodo", "fradi", "crodo", "abc123", "frodoc"]	["fr*d*", "*rodo", "******", "******"]	3

입출력 예에 대한 설명

입출력 예 #1

문제 설명과 같습니다.

입출력 예 #2

다음과 같이 두 가지 경우가 있습니다.

제재 아이디	제재 아이디
frodo	frodo
crodo	crodo
abc123	frodoc

입출력 예 #3

다음과 같이 세 가지 경우가 있습니다.

제재 아이디	제재 아이디	제재 아이디
frodo	fradi	fradi
crodo	crodo	frodo
abc123	abc123	abc123
frodoc	frodoc	frodoc

문제의 제한 조건부터 살펴봅시다. 입력 크기는 user_id와 banned_id 모두 최대 8글자이므로 완전 탐색 방식으로 풀어도 아무런 문제가 없다는 것을 알 수 있습니다.

전제 조건에 이상이 없으므로 이제 문제에서 해결해야 할 가장 큰 예외 처리인 중복 아이디 처리에 집중해봅시다. 입출력 2번을 보면 유저 아이디와 제재 아이디 규칙을 비교해봤을 때 똑같은 규칙이 두 개 이상 발생합니다.

```
user_id = ["frodo", "fradi", "crodo", "abc123", "frodoc"]
banned_id = ["*rodo", "*rodo", "******"]
>> ('frodo', 'crodo', 'abc123'), ('crodo', 'frodo', 'abc123')
```

'*rodo' 규칙에 대응되는 단어가 frodo, crodo가 있고, 심지어 단어가 6글자이기만 하면 되는 규칙까지 있어 이로 인해 발생하는 중복 문제를 해결해야 합니다. 하지만 유저 아이디가 모두 다르기 때문에 조합을 사용해서 경우의 수를 줄일 수는 없습니다. 전처리가 불가능하다면 진행하는 상황에서 직접 중복을 골라줘야 합니다. 따라서 이번에는 중복 데이터를 자동으로 배제하는 set 자료형을 사용하여 문제를 풀겠습니다(제재 아이디 목록들을 찾았을 때 같은 경우라면 하나로 처리합니다).

문제 풀이 흐름

이번 문제는 풀 수 있는 방법이 굉장히 많습니다. 알고 있는 다른 방식이 있다면 모두 시도해도 괜찮습니다.

- '`*`' 문자가 모든 글자하고 일치하는 단어이므로 '`.`' 문자로 치환하여 **정규표현식** 사용

- 한 글자씩 비교하면서 규칙이 일치하는지 확인하는 검사 함수 사용(DFS, 반복문 가능)

- 유저 아이디와 제재 아이디가 서로 일치하는지 확인하는 **DFS** 방식의 검사 함수 사용

- 주어진 유저 아이디와 제재 아이디의 모든 가능한 경우를 뽑아내는 순열 사용

- 불가능한 경우는 조사하지 않는 **백트래킹** 기법 사용

- 중복 경우를 $O(1)$ 시간에 확인하기 위한 **비트마스킹** 사용

이 중 하나만 사용해도 통과할 수 있으니, 문제의 핵심인 **아이디와 규칙이 만들어낼 수 있는 모든 조합**을 만들고, **규칙과 일치하는지 검사**하고 **중복 처리**를 어떻게 하는지에 대해서만 집중하면 됩니다.

책에서는 정규표현식, DFS(재귀), 백트래킹, 비트마스킹 기법을 사용하여 문제를 풀어보겠습니다. 따라서 전반적인 과정은 다음처럼 구상할 수 있습니다.

1. 제재 아이디 규칙을 정규표현식에 맞게 수정합니다.

2. DFS와 비트마스킹을 사용해 유저 아이디와 제재 아이디 규칙을 검사합니다.

3. 일치하는 모든 경우의 가짓수를 계산해 제출합니다.

코드 작성

1. 제재 아이디 규칙을 정규표현식에 맞게 수정합니다.

우선 정답을 기록할 answer 변수(set으로 정의), 제재 아이디 규칙을 리스트 컴프리헨션 방식으로 정규표현식에 적합하게 변환하고, 마지막으로 모든 경우의 수를 조사할 함수를 임의로 하나 만듭니다.[2]

```
def solution(userId, bannedId):
    answer = set()
    banPatterns = [x.replace('*', '.') for x in bannedId]
    search(0, 0, userId)  #적당하게 형태만 만들어놓기
```

4번째 줄 search 함수는 다음 과정에서 제대로 만들 것이므로 현재는 개략적으로 어떤 값이 들어가야 DFS 탐색이 가능한지에 대해서만 집중할 수 있게 형태를 만들겠습니다.

---

[2] solution 함수에 정의되어 있는 인자는 개수만 지킨다면 임의로 이름을 바꾸어도 괜찮습니다. 원래 명칭은 user_id, banned_id입니다.

2. DFS와 비트마스킹을 사용해 유저 아이디와 제재 아이디 규칙을 검사합니다.

이번 DFS는 재귀 함수를 사용해 개발할 것이므로 시작 조건과 종료 조건, 점화식이 필요합니다. 시작 조건은 1번 과정에서 주어진 아이디에서 가장 첫 아이디를 검사하는 것으로 결정했으니, 점화식은 다음 제재 아이디와 다음 방문 상태를 점검하여 규칙이 서로 일치하는지 확인하는 과정이고, 종료 조건은 마지막 제재 아이디에 도달했을 때를 기준으로 할 것입니다.

이 상태로 탐색을 수행하다 보면 '각 단어를 제한 규칙에 하나씩 비교하는' 모양이 나오게 됩니다. 이 상태 그대로도 괜찮지만, 여기서 비트마스킹을 사용해 추가적으로 최적화할 수 있습니다. 각 단어별로 2진수 고유 번호를 지정해준 다음 제재 아이디 규칙과 계산하여 체크한 부분을 1, 그렇지 않은 부분을 0으로 표현하면, 변수 하나로 현재 진행 상태를 갖도록 만들 수 있습니다.

▼ **그림 6-10** 전체적인 함수 흐름

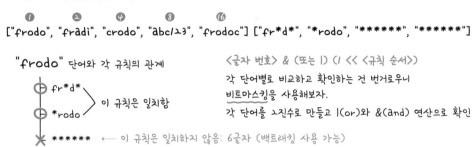

각 유저 아이디에 2진법 상태를 부여하고, 이 2진법에서 and와 or 연산을 해서 방문 기록과 다음 방문 위치를 한 변수로 관리할 수 있습니다.

▼ **표 6-3** 비트마스킹으로 위치 계산하는 방법

visit | (1 << i)	현재 단어 & 확인한 규칙과 다음에 검사할 단어를 or 연산하여 다음 위치 생성
visit & (1 << i)	현재 단어 & 확인한 규칙과 다음에 검사할 단어를 and 연산하여 방문 여부 검사

여러 변수의 상태를 관리할 때는 배열 말고 비트마스킹을 사용할 수 있는지 항상 생각해봅시다.

```python
#정답과 제재 아이디 배열을 들고 다니도록(전역(global) 변수 방지)
def search(idx, visit, userId, answer, banPatterns):
    if idx == len(banPatterns):
        answer.add(visit)
        return
```

```
for i in range(len(userId)):
    #이미 방문했다면 더 살펴보지 않도록 코드를 추가해야 합니다.
    search(idx + 1, visit | (1 << i), userId, answer, banPatterns)
```

추가로 백트래킹 기법을 도입하여, 다음으로 검색할 문자가 이미 확인했던 상태이거나 한 번이라도 규칙을 통과하지 못하면 해당 아이디는 조사할 필요가 없으므로 함수 호출을 막아 총 실행 횟수를 줄이도록 하겠습니다. 5번~6번째 줄 사이에 해당 내용을 추가합니다.

```
import re

for i in range(len(userId)):
    if (visit & (1 << i)) > 0 or not re.fullmatch(banPatterns[idx], userId[i]):
    continue
        search(idx + 1, visit | (1 << i), userId, answer, banPatterns)
```

> **잠깐만요**
>
> 파이썬에서 정규표현식을 사용해 문자열이 일치하는지 확인하려면 match() 말고 fullmatch() 함수를 사용해야 합니다.
>
> ▼ **표 6-4** 두 함수의 사용법
>
> | match(<정규표현식>, <검사 문자>) | 검사 문자가 정규표현식에 일치하는 모든 경우 검사 |
> | --- | --- |
> | fullmatch(<정규표현식>, <검사 문자>) | 검사 문자가 정규표현식과 100% 일치하는지 검사 |

3. 일치하는 모든 경우의 가짓수를 계산해 제출합니다.

다시 solution 함수로 돌아가, 개략적으로 형태만 만들어두었던 함수를 2번에서 작성한 함수와 형식을 맞추고, 함수를 실행하고 나온 answer 데이터의 개수를 계산해 return하면 정답이 나옵니다.

```
def solution(userId, bannedId):
    answer = set()
    banPatterns = [x.replace('*', '.') for x in bannedId]
    search(0, 0, userId, answer, banPatterns)

    return len(answer)
```

전체 코드

```
import re

def search(idx, visit, userId, answer, banPatterns):
    if idx == len(banPatterns):
        answer.add(visit)
        return

    for i in range(len(userId)):
        if (visit & (1 << i)) > 0 or not re.fullmatch(banPatterns[idx], userId[i]):
continue
            search(idx + 1, visit | (1 << i), userId, answer, banPatterns)

def solution(userId, bannedId):
    answer = set()
    banPatterns = [x.replace('*', '.') for x in bannedId]
    search(0, 0, userId, answer, banPatterns)

    return len(answer)
```

또 다른 문제 풀이

앞의 문제 풀이에서는 순열을 사용하지 않았습니다. 파이썬에는 itertools라는 훌륭한 라이브러리가 있지만, 다른 언어의 경우 이를 직접 구현해야 하기 때문에 현재 시점에서 DFS를 2개 만들어서 운영하는 것은 원래 난이도보다 더 어렵게 느껴질 겁니다.

그렇다면 원래 DFS 방식 + 비트마스킹 방식으로 풀던 걸 순열로 바꿔 풀기만 하면 되는 걸까요? 결론만 놓고 보면 그렇다고 할 수 있습니다.

```
#예시
n = len(banned_id)
perms = list(permutations(user_id, n))
for p in perms:
    ...
    for i in range(n):
        if not re.fullmatch(banned_id[i].replace('*', '.'), p[i]): break
            ...
```

재귀로 확인하든 반복문으로 확인하든 방법은 여러분의 자유입니다. 대신 순열을 사용하려면 기존처럼 하나의 단어로 제재 아이디 규칙을 모두 검사하기보다는, 주어진 원래 아이디에서 제재 아이디 개수만큼만 뽑는 순열을 만든 다음 이 순열이 제재 아이디 규칙과 일치하는지 확인하는 과정으로 바꾸면 됩니다. 원래 아이디가 4개이고 규칙이 2개라면 $_4P_2$ 방식으로 순열을 만든 다음 뽑은 2개가 규칙과 일치하는지 확인하면 됩니다. 기존 방식이 하나씩 모든 규칙을 확인하면서 맞는 규칙을 찾는 느낌이라면, 순열 방식은 일단 가능한 규칙을 만들어놓은 후 정답과 맞는지 하나씩 비교한다는 느낌에 가깝습니다.

이렇게 풀어도 정답이 나오는 건 맞습니다. 그러나 여기서 조금 더 나아가면 이런 생각도 가능합니다. '만들어진 순열을 하나씩 확인하는 과정을 거칠 거라면, 모두 합쳐서 하나로 만든 다음 **정규 표현식**으로 한 번에 확인해도 되지 않을까?'라고 말이죠. 정규표현식은 어떤 긴 문자열이라도 표현식만 잘 이끌어낸다면 아무런 추가 절차 없이 원하는 문자열만 얻을 수 있는 매우 강력한 기능입니다!

코드 작성

코드 작성을 위한 과정 자체는 DFS 탐색에서 순열 생성으로 바뀌는 것과, 그에 맞게 탐색 방식이 바뀌는 것 외에는 큰 차이가 없으므로 풀이 과정을 생략하고 바로 코드부터 작성해보겠습니다.

1. **제재 아이디 규칙을 정규표현식에 맞춰 수정합니다.**

```python
def solution(user_id, banned_id):
    answer = set()
    banned = ' '.join(banned_id).replace('*','.')
```

제재 아이디 규칙을 정규표현식 형식에 맞게 수정하고, 이 규칙을 모두 하나로 합칩니다. 이때 빈 문자열을 사용하여 규칙을 모두 하나로 합치면 테스트는 통과할 수 있으나 다음과 같이 의도치 않은 현상이 발생합니다.

▼ **그림 6-11** 정규표현식의 .을 조심해야 하는 이유

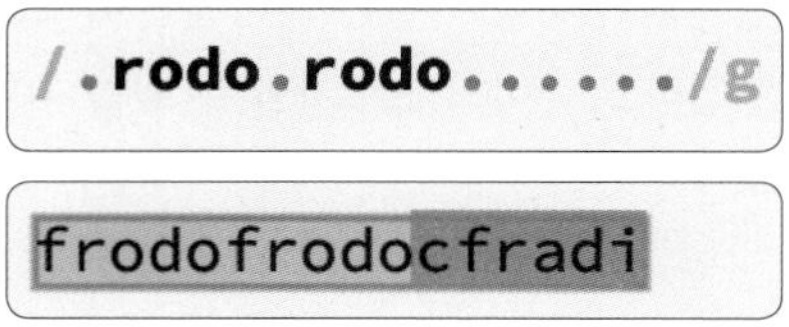

입출력 예의 2번 기준으로 원래 아이디 6개에 규칙 3개, $_6P_3$으로 만들어진 모든 순열에서 규칙을 검사하던 도중, 본래 문자열은 frodo, frodoc, fradi 순서지만 규칙이 모두 하나로 합쳐지면서 어떤 문자든 인식하는 . 기호가 이를 잘못 인식하여 .rodo .rodo 뒤에 아무거나 6글자가 들어와도 모두 맞다고 판단하는 문제가 발생합니다.

이런 일을 방지하기 위해 각 규칙마다 공백을 넣어줘서 아이디의 규칙에 맞게 인식할 수 있게 했습니다. ''.join() 함수를 사용할 때 ''(빈 문자열)이 아니라 ' '(공백)을 넣어줘야 합치는 단어마다 공백 문자를 넣어줄 수 있다는 점에 주의합니다.

2. 모든 순열과 규칙을 비교합니다.

같은 이유로 규칙을 하나로 합칠 때도 공백을 넣어줍니다. 이렇게 되면 규칙 길이만큼 만들어진 순열 하나, 비교할 규칙을 하나로 만든 표현식 하나, 이 둘을 비교하여 규칙이 일치하는지 확인하면 단어마다 모든 규칙을 확인할 필요 없이 한 번의 과정만으로 이 순열이 원하는 순열인지 검증할 수 있습니다.

```
for i in permutations(user_id, len(banned_id)):
    if re.fullmatch(banned, ' '.join(i)):
        answer.add(''.join(sorted(i)))
```

▼ 그림 6-12 변경된 정규표현식에 맞는지 확인

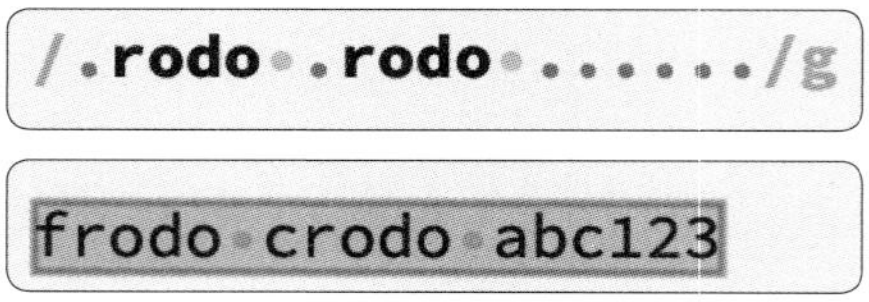

마지막으로 규칙이 일치하면 정답 변수에 데이터를 추가해야 하는데, 동일한 이름이 나올 때는 중복으로 취급하여 하나로 만든다는 문제 조건이 있었습니다. 순열의 특징상 뽑은 단어가 똑같아도 위치가 다르면 또 다른 하나의 경우로 취급하니 해당 순서 그대로 정답에 넣으면 중복을 검사하지 못할 것입니다. 이때 문자열을 공백 없이 하나로 합치고(이번에는 완전히 한 단어로 만들고) 정렬한 후, 나오는 단어가 동일할 때 순서에 상관없이 항상 똑같은 문자열이 나오도록 조치를 취한다면 중복에 대한 걱정 없이 정답 변수에 안심하고 데이터를 추가할 수 있습니다.

3. 일치하는 모든 경우의 가짓수를 계산해 제출합니다.

이제 반복문을 탈출하고, 몇 가지인지 계산해 제출하기만 하면 끝납니다.

```
return len(answer)
```

전체 코드

6장/불량_사용자_순열.py

```python
from itertools import permutations
import re

def solution(user_id, banned_id):
    banned = ' '.join(banned_id).replace('*','.')
    answer = set()

    for i in permutations(user_id, len(banned_id)):
        if re.fullmatch(banned, ' '.join(i)):
            answer.add(''.join(sorted(i)))

    return len(answer)
```

파이썬의 라이브러리를 사용하니 순열 생성 코드를 직접 만들지 않아도 되어 코드가 짧아졌고, 모든 순열 문자열을 하나로 합쳐 한 번에 정규표현식으로 확인하는 과정을 통해 코드가 더 짧아졌습니다.

이번 문제는 접근할 수 있는 방법이 다양했던 만큼, 코드 또한 수많은 방법으로 만들 수 있습니다. 지금까지 배웠던 완전 탐색 개념을 모두 활용하여 풀었다는 점도 뜻깊습니다. 책에 실린 해답 말고 또 다른 접근 방법을 연습하면서 이 유형에 익숙해지세요.

IT 벤처 회사를 운영하고 있는 '라이언'은 매년 사내 해커톤 대회를 개최하여 우승자에게 상금을 지급하고 있습니다.

이번 대회에서는 우승자에게 지급되는 상금을 이전 대회와는 다르게 다음과 같은 방식으로 결정하려고 합니다.

해커톤 대회에 참가하는 모든 참가자들에게는 숫자들과 3가지의 연산문자(+, -, *)만으로 이루어진 연산 수식이 전달되며, 참가자의 미션은 전달받은 수식에 포함된 연산자의 우선순위를 자유롭게 재정의하여 만들 수 있는 가장 큰 숫자를 제출하는 것입니다.

단, 연산자의 우선순위를 새로 정의할 때, 같은 순위의 연산자는 없어야 합니다.

즉, + > - > * 또는 - > * > + 등과 같이 연산자 우선순위를 정의할 수 있으나 +,* > - 또는 * > +,-처럼 2개 이상의 연산자가 동일한 순위를 가지도록 연산자 우선순위를 정의할 수는 없습니다. 수식에 포함된 연산자가 2개라면 정의할 수 있는 연산자 우선순위 조합은 2! = 2가지이며, 연산자가 3개라면 3! = 6가지 조합이 가능합니다.

만약 계산된 결과가 음수라면 해당 숫자의 절댓값으로 변환하여 제출하며 제출한 숫자가 가장 큰 참가자를 우승자로 선정하며, 우승자가 제출한 숫자를 우승 상금으로 지급하게 됩니다.

예를 들어, 참가자 중 네오가 아래와 같은 수식을 전달받았다고 가정합니다.

"100-200*300-500+20"

일반적으로 수학 및 전산학에서 약속된 연산자 우선순위에 따르면 더하기와 빼기는 서로 동등하며 곱하기는 더하기, 빼기에 비해 우선순위가 높아 * > +,-로 우선순위가 정의되어 있습니다.

대회 규칙에 따라 + > - > * 또는 - > * > + 등과 같이 연산자 우선순위를 정의할 수 있으나 +,* > - 또는 * > +,-처럼 2개 이상의 연산자가 동일한 순위를 가지도록 연산자 우선순위를 정의할 수는 없습니다.

수식에 연산자가 3개 주어졌으므로 가능한 연산자 우선순위 조합은 3! = 6가지이며, 그중 + > - > *로 연산자 우선순위를 정한다면 결괏값은 22,000원이 됩니다.

반면에 * > + > -로 연산자 우선순위를 정한다면 수식의 결괏값은 -60,420 이지만, 규칙에 따라 우승 시 상금은 절댓값인 60,420원이 됩니다.

참가자에게 주어진 연산 수식이 담긴 문자열 expression이 매개변수로 주어질 때, 우승 시 받을 수 있는 가장 큰 상금 금액을 return하도록 solution 함수를 완성해주세요.

제한 사항

- expression은 길이가 3 이상 100 이하인 문자열입니다.
- expression은 공백문자, 괄호문자 없이 오로지 숫자와 3가지의 연산자(+, -, *) 만으로 이루어진 올바른 중위표기법(연산의 두 대상 사이에 연산기호를 사용하는 방식)으로 표현된 연산식입니다. 잘못된 연산식은 입력으로 주어지지 않습니다.
  - 즉, "402+-561*"처럼 잘못된 수식은 올바른 중위표기법이 아니므로 주어지지 않습니다.
- expression의 피연산자(operand)는 0 이상 999 이하의 숫자입니다.
  - 즉, "100-2145*458+12"처럼 999를 초과하는 피연산자가 포함된 수식은 입력으로 주어지지 않습니다.
  - "-56+100"처럼 피연산자가 음수인 수식도 입력으로 주어지지 않습니다.
- expression은 적어도 1개 이상의 연산자를 포함하고 있습니다.
- 연산자 우선순위를 어떻게 적용하더라도, expression의 중간 계산값과 최종 결괏값은 절댓값이 $2^{63} - 1$ 이하가 되도록 입력이 주어집니다.
- 같은 연산자끼리는 앞에 있는 것의 우선순위가 더 높습니다.

입출력 예

expression	result
"100-200*300-500+20"	60420
"50*6-3*2"	300

입출력 예에 대한 설명

입출력 예 #1

* > + > -로 연산자 우선순위를 정했을 때, 가장 큰 절댓값을 얻을 수 있습니다.

연산 순서는 아래와 같습니다.

100-200*300-500+20

= 100-(200*300)-500+20

= 100-60000-(500+20)

= (100-60000)-520

= (-59900-520)

= -60420

따라서 우승 시 받을 수 있는 상금은 |-60420| = 60420입니다.

입출력 예 #2

- > *로 연산자 우선순위를 정했을 때, 가장 큰 절댓값을 얻을 수 있습니다.

연산 순서는 아래와 같습니다.

(expression에서 + 연산자는 나타나지 않았으므로, 고려할 필요가 없습니다.)

50*6-3*2

= 50*(6-3)*2

= (50*3)*2

= 150*2

= 300

따라서 우승 시 받을 수 있는 상금은 300입니다.

문제 풀이

Level 2의 탈을 쓴 Level 3 문제입니다. 세 가지 연산자에서 자기가 원하는 대로 연산자 우선순위를 재정의하고 모든 숫자를 연산해서 나온 값 중 가장 큰 숫자를 구하면 됩니다. 즉, 언어에서 정해진 연산자 우선순위를 무시하고 임의로 지정한 우선순위를 지키면서 연산할 수 있어야 합니다.

문제 풀이 흐름

다음과 같은 흐름으로 과정을 정리할 수 있습니다.

1. 숫자와 연산자를 모두 분리합니다.

2. 순열을 사용해 연산자 3개의 우선순위를 정합니다.

3. **해당 우선순위를 기반으로 숫자를 계산합니다.**

4. 나온 결과 중 가장 큰 숫자를 반환합니다.

여기서 3번 과정을 구현하는 것이 만만치 않습니다. 주어진 식에서 연산자를 총 몇 개 쓰겠다는 제한이 없으므로 우선 연산자와 숫자를 전부 분리해야 하는 과정이 필수로 들어가고, 여기서 임의로 지정한 연산자 우선순위에 따라 계산해야 하므로 이에 맞춰서 계산 순서까지 조정해줘야 합니다.

이럴 때는 과정을 세분화하여 접근할 필요가 있습니다. 코드를 작성하면서 문제점과 이에 대한 해결책을 하나씩 짚어볼 것이니, 천천히 과정을 밟아나가면서 어떤 생각을 가져야 하는지 정리해보겠습니다.

코드 작성

이번 코드는 만들어야 할 기능이 많기 때문에 가능하면 라이브러리로 대체하는 식으로 줄일 수 있는 코드는 전부 줄이며 작성하겠습니다.

1. 숫자와 연산자를 모두 분리합니다.

임의로 지정한 연산자 순서에 따라 계산 방법이 따라가야 하므로 먼저 연산을 위해 정보를 모두 얻어내야 합니다. 따라서 숫자와 연산자를 모두 분리하겠습니다.

```python
from itertools import permutations
import re

def solution(expression):
    tokens = re.split(r'([-+*/()])|\s+', expression)
    operators = ['+', '-', '*']
    answer = 0
```

문자열을 쪼개는 것은 string 자료형에서 지원하는 split() 함수를 사용해도 되지만, re.split() 함수를 사용해 정규표현식으로 단 한 번에 모든 숫자와 연산자를 분리하겠습니다.

▼ **표 6-5** re.split 함수 사용법

re.split(〈표현식〉, 〈전체 문자열〉)	표현식에 해당하는 문자열을 기준으로 분리

2. 순열을 사용해 연산자 3개의 우선순위를 정합니다.

세 연산자의 우선순위를 임의로 지정한다고 해도 가능한 경우는 총 6개입니다. 순서 또한 상관없으므로 6개의 경우를 직접 적어서 할당해도 괜찮습니다. 여기서는 라이브러리를 사용하겠습니다.

```python
for i in map(list, permutations(operators)):
    priority = {o:p for p, o in enumerate(list(i))}
    #임의로 지정한 연산자는 여기에서 사용
```

3. 해당 우선순위를 기반으로 숫자를 계산합니다.

숫자와 연산자를 모두 쪼개서 만든 배열 하나, 임의로 지정한 우선순위 배열 하나. 재료는 모두 준비되었으니, 이를 사용해서 어떻게 하면 문제 목적에 맞게 구현할 수 있을지 고민해봐야 합니다.

연산자에 번호를 준 다음, 주어진 우선순위대로 정렬하여 순서를 잡아주고, 그에 맞춰서 숫자를 계산하려면 생각할 게 너무 많습니다. 종이에 쓰는 방식대로 하면 계산식의 위치나 이런 점까지 신경 써야 하니 여러모로 곤란한 부분이 생깁니다.

이럴 때는 연산 방식을 우리가 자연스럽게 사용하던 중위 표기법에서 컴파일러가 사용하는 **후위 표기법**으로 변경하여 계산하는 것이 유리합니다. 이런 식으로 표기법을 변경하면 연산 방법을 변경하면서 연산자 우선순위를 임의로 지정해도 계산식이 만들어지는 데 아무런 문제가 없기 때문에 계산 순서가 꼬일 일도, 연산자 순서 지정에 머리를 싸맬 일도 없어집니다.

┤ 잠깐만요 ├

중위 표기법과 후위 표기법

- 중위 표기법은 우리가 평소 수학을 배우면서 사용하는 표기법입니다. 피연산자(숫자 등) 사이에 연산자가 위치합니다. 예) 1 + 2 × 3
- 후위 표기법은 컴퓨터가 수식을 이해하기 위해 사용하는 표기법으로, 연산자가 피연산자(숫자 등) 뒤에 위치합니다. 예) 123×+

3-1. 중위 표기법을 후위 표기법으로 교체합니다.

중위 표기법을 후위 표기법으로 교체하는 것은 10진법을 2진법으로 바꿔서 이해하는 것과 비슷한 맥락으로, 컴퓨터에게 유리한 방식으로 코드를 짜면 속도만 아니라 다양한 방면에서 이득을 볼 수 있습니다. 후위 표기법으로 바꿀 경우 연산자 우선순위에 따라 연산자 표기 순서가 바뀌는데 이걸 **임의로 지정할 수 있습니다.**

▼ 그림 6-13 후위 표기법 교체 방법

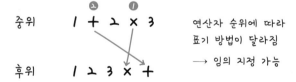

후위 표기법은 스택 방식으로 구현하므로 배열을 만들어서 대응하겠습니다. 설계 방법은 다음과 같습니다.

- 피연산자(숫자)는 추가 조치 없이 그대로 출력합니다. 배열로 받는다면 계속 밀어넣기(append)만 합니다.
- 연산자는 연산자 스택에 삽입(push)합니다.
  - 스택이 비어 있으면 무조건 삽입합니다.

- 스택이 비어 있지 않으면 가장 최근에 삽입한 연산자 스택의 우선순위와 비교하여 현재 연산자가 스택에 있는 연산자의 우선순위가 같거나 낮다면 그렇지 않을 때까지 연산자 스택을 비워나가고, 마지막에 현재 연산자를 추가합니다.

- 모든 식을 다 돌아봤다면, 남은 연산자를 모두 정답 변수에 추가합니다.

이 방식대로 하면 다음처럼 구현할 수 있습니다.

```python
def toPostFix(tokens, priority):
    stack = []               #연산자 스택
    postfix = []             #출력 배열(문자열)

    for token in tokens:                             #분리된 모든 식을 돌아보면서
        if token.isdigit(): postfix.append(token)    #숫자면 곧바로 추가
        else:
            if not stack: stack.append(token)        #스택이 비었으면 연산자 스택에 추가
            else:
                while stack:                         #안 비었다면
                    if priority[token] <= priority[stack[-1]]: #우선순위 서로 비교해서
                        postfix.append(stack.pop()) #낮으면 낮아지지 않을 때까지 기존 스택 비우기
                    else: break

                stack.append(token)  #마지막에는 자기 자신 추가

    while stack:                     #모든 식을 다 돌았는데 연산자가 남으면
        postfix.append(stack.pop())  #남는 연산자 털어 넣기

    return postfix
```

중위 표기법을 후위 표기법으로 바꿨으므로 우선순위까지 모두 자동 계산되어 식이 만들어집니다. 나머지는 후위 표기법에 맞춰 계산하면 원하는 결괏값을 얻을 수 있습니다.

3-2. 후위 표기법 방식대로 계산하여 결괏값을 얻습니다.

이제 후위 표기법으로 나온 식을, 계산법에 맞게 계산하는 과정을 거치면 됩니다. 입출력 예 2번을 예로 들면, 본래 식이 '50*6-3*2'이고 정규표현식에 의해 ['50', '*', '6', '-', '3', '*', '2']로 쪼개졌습니다. 이 배열을 isPostFix 함수에 인자로 넣어 작동하면 ['50', '6', '*', '3', '2', '*', '-'] 형태로 데이터가 만들어지는데, 적절한 계산법으로 계산하면 다음과 같은 결과를 얻을 수 있습니다.

▼ 그림 6-14 후위 표기법 계산법

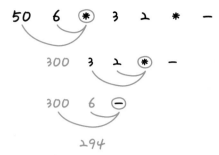

문제에서 괄호를 제시하지 않으므로 괄호는 생각하지 않습니다. 후위 표기법 계산법은 다음과 같습니다.

- 숫자를 받을 스택을 하나 생성합니다(숫자 스택).
- 받은 연산식을 순회하면서 숫자일 경우 숫자 스택에 추가합니다.
- 연산자를 만날 경우 숫자 스택을 두 번 뽑아내고(pop) 두 숫자와 연산자로 연산한 후 결괏값을 다시 스택에 넣습니다(push).
- 연산식을 모두 살펴보면 스택에는 결괏값 숫자 한 개만 들어 있습니다. 이 값을 반환하면 됩니다

이 과정대로 구현하면 다음과 같습니다.

```python
def calc(tokens):
    stack = []                    #숫자 스택

    for token in tokens:          #순회
        if token.isdigit():       #숫자라면
            stack.append(int(token)) #숫자 스택에 추가
            continue

        #연산자를 만날 경우 스택 두 번 pop
        num1 = stack.pop()
        num2 = stack.pop()
        #연산자에 따라 처리 후 다시 숫자 스택에 삽입
        if token == '*':
            stack.append(num2 * num1)
        elif token == '+':
            stack.append(num2 + num1)
```

```
        else:  #'-'
            stack.append(num2 - num1)

    return stack.pop()      #마지막 결과 반환
```

이제 모든 준비가 끝났습니다.

4. 나온 결과 중 가장 큰 숫자를 반환합니다.

지금까지 연산자 우선순위를 순열로 만들고, 이를 for 문으로 순회하는 코드까지 작성했습니다. 그리고 후위 표기법을 사용해 결괏값을 구했습니다. 이제 이 결괏값에서 최댓값을 구하면 바로 정답이 나옵니다!

```
for i in map(list, permutations(operators)):
    priority = {o:p for p, o in enumerate(list(i))}
    postfix = toPostFix(tokens, priority)
    answer = max(answer, abs(calc(postfix)))

return answer
```

전체 코드

6장/수식_최대화.py

```
from itertools import permutations
import re

def toPostFix(tokens, priority):
    stack = []
    postfix = []

    for token in tokens:
        if token.isdigit(): postfix.append(token)
        else:
            if not stack: stack.append(token)
            else:
                while stack:
                    if priority[token] <= priority[stack[-1]]:
                        postfix.append(stack.pop())
                    else: break

                stack.append(token)

    while stack:
```

```
            postfix.append(stack.pop())

    return postfix

def calc(tokens):
    stack = []

    for token in tokens:
        if token.isdigit():
            stack.append(int(token))
            continue

        num1 = stack.pop()
        num2 = stack.pop()
        if token == '*':
            stack.append(num2 * num1)
        elif token == '+':
            stack.append(num2 + num1)
        else:  #'-'
            stack.append(num2 - num1)

    return stack.pop()

def solution(expression):
    tokens = re.split(r'([-+*/()])|\s+', expression)
    operators = ['+', '-', '*']
    answer = 0

    for i in map(list, permutations(operators)):
        #precedence and operator
        priority = {o:p for p, o in enumerate(list(i))}
        postfix = toPostFix(tokens, priority)
        answer = max(answer, abs(calc(postfix)))

    return answer
```

단순히 잘 읽고 대응하는 문제가 아니라, 문제를 어떻게 다른 개념하고 엮어서 판단할 수 있는지에 대해 물어보는 문제입니다. 이런 유형은 **모르면 틀리는 문제**이며, 단서들을 엮어서 사용해야 하는 자료 구조나 알고리즘을 제대로 파악하지 못하거나 아예 해당 개념을 모른다면 다른 방법으로 풀기 매우 어렵습니다. 여기서 난이도가 더 올라가면 아예 다른 방법이 없는 경우까지 존재하므로, 필수 개념은 물론 자주 등장하는 유형에 익숙해져야 합니다.

다행스럽게도 이번 문제는 난이도가 낮은 편이라서 다른 방법으로 풀 수도 있습니다. 주어진 문자열의 길이가 매우 짧고 사용하는 표현식이 3개로 고정되어 있기 때문에 **문자열을 직접 조작하여 문제를 푼다고 생각하면** 쉽게 해결할 수 있습니다. 그러나 문자열을 직접 조작하는 것은 파이썬에서는 비용 문제와 직결되는 경우가 많고, 다른 언어를 사용하더라도 모든 문제가 이런 방식으로 풀리는 것이 아니니 항상 입력 크기를 확인해야 합니다.

코드 작성

기본적인 골자는 이전 풀이와 동일합니다. 연산자 우선순위를 순열로 만들어 6가지 경우의 수를 만들고, 그 우선순위에 따라 계산하면 됩니다. 이번에는 연산자 우선순위부터 지정하겠습니다.

1. 순열을 사용해 연산자 3개의 우선순위를 정합니다.

```python
from itertools import permutations
import re

def solution(expression):
    operators = ["*", "+", "-"]
    answer = []
    for operator in permutations(operators):
```

2. 숫자와 연산자를 분리합니다.

역시 동일하게 정규표현식을 사용하여 한 번에 모든 문자열을 분리했습니다.

```python
for operator in permutations(operators):
    temp = re.split(r'([-+*])', expression)
    #여기서부터 계산식 작성
```

3. 해당 우선순위를 기반으로 숫자를 계산합니다.

이번에는 문자열 중간에서 우선순위에 따라 직접 계산하여 나오는 결괏값을 즉시 반영할 것입니다. 단, 파이썬의 경우 문자열은 상수이기 때문에 문자열 변환 이후 새로 문자열을 할당하는 작업이 추가로 요구됩니다.

```
for operator in permutations(operators):
    temp = re.split(r'([-+*/()])', expression)
    for exp in operator:             #우선순위 연산자대로 계산 진행
        while exp in temp:           #연산자가 해당 텍스트 안에 있으면
            idx = temp.index(exp) #해당 위치를 찾고
            temp[idx-1] = str(calc(temp[idx-1:idx+2])) #숫자, 연산자, 숫자 순으로 계산하고
            temp[idx] = temp[idx + 1] = ''            #남은 빈 공간은 공백으로 교체
            temp = [i for i in temp if i]             #빈 공간 제거하기
    answer.append(abs(int(temp[0]))) #절댓값 씌워서 결과 배열에 추가(음수는 정답일 수 없음)
```

해당 연산자가 문자열에서 어디에 존재하는지 확인했다면, 자동으로 연산자 좌우 방향에는 숫자가 있는 것을 특징지을 수 있습니다. 따라서 슬라이싱으로 배열에서 숫자 2개랑 연산자 1개를 잘라내어 이 수식을 계산하고 나온 결과를 바로 반영해주면 굳이 표현식을 바꿀 필요 없이 순서를 지키면서 연산할 수 있습니다.

이제 분리한 수식을 계산하는 함수를 만들면 끝납니다. 분리된 수식은 문자 배열(string[ ]) 형식이므로, 전개하여 연산자 상황에 맞춰 계산하면 됩니다.

```
def calc(tokens):
    num1, exp, num2 = tokens
    if exp == '+': return int(num1) + int(num2)
    elif exp == '*': return int(num1) * int(num2)
    else: return int(num1) - int(num2)
```

4. 나온 결과 중 가장 큰 숫자를 반환합니다.

각 진행마다 나오는 결괏값을 배열로 받았으니, 이 숫자들 중 가장 큰 숫자가 무엇인지 가리기만 하면 됩니다.

```
return max(answer)
```

전체 코드   6장/수식_최대화_직접_계산.py

```
from itertools import permutations
import re

def calc(tokens):
```

7.1.1 정렬의 기준 잡기

정렬은 기본적으로 주어진 두 값을 서로 비교하여 어떤 값을 앞으로 옮길지, 뒤로 옮길지 결정하므로 문제에서 제시하는 조건에 따라 비교 기준이 달라져야 합니다. 그러나 지금까지 정렬해왔던 데이터를 살펴보면 한 가지 형식의 데이터, 그러니까 단순한 형태의 배열만 정렬했습니다. 이런 상태에서는 오름차순, 내림차순 이상으로 정렬할 일이 없으므로 '정렬이란 이런 것이구나'라고 넘어갔을 것입니다.

하지만 정렬은 이보다 더 많은 일을 할 수 있으며, 여러분이 어떻게 생각하는지에 따라 **똑같은 데이터를 다른 방향으로 해석**하도록 도와줍니다. 데이터를 보는 시각을 자유자재로 바꿀 수 있어 테스트에서는 이를 적절히 사용하지 않으면 아예 풀 수 없는 문제까지 출제하는 등 주어진 데이터를 얼마나 잘 이해하는지에 대한 평가를 많이 합니다.

말로만 하면 이해하기 어렵겠죠. 항상 그랬듯이 예를 살펴봅시다.

```python
sample = ['Lorem', 'ipsum', 'dolor', 'sit', 'amet', 'consectetur', 'adipiscing',
'elit', 'sed', 'do', 'eiusmod', 'tempor', 'incididunt', 'ut', 'labore', 'et',
'dolore', 'magna', 'aliqua', 'Ut', 'enim', 'ad', 'minim', 'veniam', 'quis', 'nostrud',
'exercitation', 'ullamco', 'laboris', 'nisi', 'ut', 'aliquip', 'ex', 'ea', 'commodo',
'consequat', 'Duis', 'aute', 'irure', 'dolor', 'in', 'reprehenderit', 'in',
'voluptate', 'velit', 'esse', 'cillum', 'dolore', 'eu', 'fugiat', 'nulla', 'pariatur',
'Excepteur', 'sint', 'occaecat', 'cupidatat', 'non', 'proident', 'sunt', 'in', 'culpa',
'qui', 'officia', 'deserunt', 'mollit', 'anim', 'id', 'est', 'laborum']

print(sorted(sample))
print(sorted(sample, key=len))
```

기본적으로 import 없이 바로 사용할 수 있는 sort(), sorted() 함수에 배열(정확히는 iterable 데이터)을 넣으면, 내부적으로 처리되어 결괏값이 나옵니다. 또한, 이 함수들에 다음 두 인자를 추가할 수도 있습니다.

▼ **표 7-1** 정렬 함수에 들어갈 수 있는 인자

key	정렬 기준을 정하는 함수를 기반으로 정렬
reverse	Bool 값을 받아 최종 결과에서 오름차순/내림차순의 여부를 결정

앞서 실행한 코드는 key 값이 주어지지 않으면 사전순으로 정렬합니다(대문자 우선). 따라서 다음과 같은 결과가 나옵니다.

```
['Duis', 'Excepteur', 'Lorem', 'Ut', 'ad', 'adipiscing', 'aliqua', 'aliquip',
 'amet', 'anim', 'aute', 'cillum', 'commodo', 'consectetur', 'consequat', 'culpa',
 'cupidatat', 'deserunt', 'do', 'dolor', 'dolor', 'dolore', 'dolore', 'ea', 'eiusmod',
 'elit', 'enim', 'esse', 'est', 'et', 'eu', 'ex', 'exercitation', 'fugiat', 'id',
 'in', 'in', 'in', 'incididunt', 'ipsum', 'irure', 'labore', 'laboris', 'laborum',
 'magna', 'minim', 'mollit', 'nisi', 'non', 'nostrud', 'nulla', 'occaecat', 'officia',
 'pariatur', 'proident', 'qui', 'quis', 'reprehenderit', 'sed', 'sint', 'sit', 'sunt',
 'tempor', 'ullamco', 'ut', 'ut', 'velit', 'veniam', 'voluptate']
```

이 코드의 key 값에 len 함수를 할당하면 문자열의 길이를 기반으로 정렬이 이루어지며, 다음과 같은 결과가 나옵니다.

```
['do', 'ut', 'et', 'Ut', 'ad', 'ut', 'ex', 'ea', 'in', 'in', 'eu', 'in', 'id', 'sit',
 'sed', 'non', 'qui', 'est', 'amet', 'elit', 'enim', 'quis', 'nisi', 'Duis', 'aute',
 'esse', 'sint', 'sunt', 'anim', 'Lorem', 'ipsum', 'dolor', 'magna', 'minim', 'irure',
 'dolor', 'velit', 'nulla', 'culpa', 'tempor', 'labore', 'dolore', 'aliqua', 'veniam',
 'cillum', 'dolore', 'fugiat', 'mollit', 'eiusmod', 'nostrud', 'ullamco', 'laboris',
 'aliquip', 'commodo', 'officia', 'laborum', 'pariatur', 'occaecat', 'proident',
 'deserunt', 'consequat', 'voluptate', 'Excepteur', 'cupidatat', 'adipiscing',
 'incididunt', 'consectetur', 'exercitation', 'reprehenderit']
```

어떤가요? 데이터가 완전히 다르게 보이나요? 이런 식으로 똑같은 데이터를 다르게 해석하는 것이 가능하다는 걸 직접 눈으로 확인했으니, 슬슬 정렬에 대한 중요성을 눈치챘을 것이라 생각됩니다.

요점은 **key 값에 어떤 함수를 할당하는가**입니다. 문제에서 주어진 조건에 따라, key 값에 적절한 함수를 만들어 할당하는 것이 가장 기본적인 풀이 방식이며, 동시에 가장 중요한 풀이 방식이 될 것입니다. 이 함수는 def()를 사용할 수도 있지만, 보통 람다(lambda) 표현식을 사용하여 만드는 편입니다.

람다 표현식은 4장에서 사용법만 간단히 알아봤는데, 조금 더 자세하게 살펴보겠습니다.

```
sample = [[0, 4], [0, 2], [1, 3], [2, 1]]

def second(x):
    return x[1]

print(sorted(sample, key=second))         #[[2, 1], [0, 2], [1, 3], [0, 4]]
print(sorted(sample, key=lambda x: x[1])) #[[2, 1], [0, 2], [1, 3], [0, 4]]
```

second() 함수와 lambda x: x[1]은 모두 동일하게 동작하는 함수로, 주어진 배열의 두 번째 항목을 기준으로 정렬합니다. 여기서 중요한 점은 인자로 받은 x를 어떻게 이해하는가에 대한 것입니다.

정렬하기 위해 사용하는 데이터는 배열처럼 반복되는 구조(iterable)를 가집니다. 여기서 데이터의 위치를 조작하려면 배열 안에 있는 데이터를 참조해야 하므로 자연스럽게 key에 할당해야 할 함수는 배열 안의 데이터를 어떻게 건드릴 것인지에 대한 내용을 담아야 합니다. 즉, key 값으로 만들 함수의 인자는 배열 안의 데이터 **한 개**가 기준이므로 배열 [a, b] 중 어떤 원소를 기준으로 잡을지 결정하는 것이 중요합니다.

만약 key 값에 아무것도 할당하지 않고 기본 규칙으로 정렬한다면 배열의 첫 번째 항목, 여기에서는 x[0]을 기준으로 오름차순 정렬됩니다. 만약 두 번째 항목을 기준으로 정렬하고 싶다면 x[1]을 반환하여 기준이 되는 값을 변경할 수 있습니다(내림차순으로 변경하고 싶다면 값에 −를 붙이면 됩니다).

이렇게 대부분은 주어진 값에서 어떤 데이터를 중심으로 정렬할 것인지에 대해 지정하기만 하면 해결할 수 있지만, 조건이 매우 복잡하거나 특정한 값으로 기준을 잡기 애매한 경우가 있을 수 있습니다. 이럴 때는 functools 라이브러리의 cmp_to_key() 함수를 사용하여 직접 정렬 기준을 만듭니다.

잠깐만요

파이썬2의 경우 정렬 기준을 만들 때 sort() 함수에 cmp라는 인자에 바로 넣을 수 있으나, 파이썬3부터는 해당 인자가 사라졌습니다.

In Py3.0, the cmp parameter was removed entirely (as part of a larger effort to simplify and unify the language, eliminating the conflict between rich comparisons and the __cmp__ methods).

특수한 경우가 아니라면 정렬의 기준을 잘 지정하는 것만으로 원하는 결과를 얻을 수 있으며, 정말 필요하다면 cmp_to_key() 함수를 사용할 수 있습니다. 하지만 **시간 복잡도가 더 증가**할 수도 있으니 이 점에 유의하세요.

새로운 예를 들어보겠습니다. 다음처럼 학생 3명의 데이터가 있습니다. 각 데이터는 이름, 최고 성적, 수강 학점을 가지고 있습니다.

```
students = [
    ('kim', 'B+', 18),
    ('lee', 'A+', 21),
    ('jeong', 'A', 18),
]
```

이 데이터에서 수강 학점의 숫자나 성적을 기준으로 정렬하는 것은 쉽습니다. 그런데 학점 기준으로 오름차순 정렬하고, 값이 같으면 성적순으로 오름차순 정렬하라는 문제가 주어진다면 단순히 어떤 값을 하나만 지정해서 정렬하기는 어렵습니다.

이런 상황에서는 비교 함수를 만들어서 두 값을 서로 비교한 다음, 결과에 따라 숫자를 반환하도록 하는 정렬 기준을 만들 수 있습니다. 반환해야 하는 숫자의 규칙은 다음과 같습니다.

▼ 표 7-2 정렬 함수 규칙

function(a, b) 실행 후 반환값(숫자)	의미
> 0	a 뒤에 b가 오도록 정렬
< 0	a 앞에 b가 오도록 정렬
== 0	a와 b의 위치를 바꾸지 않음

정렬 함수는 두 원소를 비교해서 나온 결과가 필요하므로 항상 두 개의 인자를 가집니다. 각 인자는 순서대로 현재와, 그다음 값을 의미합니다. 이 둘을 비교해서 어떻게 정렬할지 판단하여 정해주면 목표한 대로 작동합니다.

```python
from functools import cmp_to_key

def new_sort(n1, n2):
    if n1[2] > n2[2]: return 1
    elif n1[2] == n2[2]: return 0
    else: return -1

print(sorted(students, key=cmp_to_key(new_sort)))
#결괏값: [('kim', 'B+', 18), ('jeong', 'A', 18), ('lee', 'A+', 21)]
```

예상한 대로 잘 정렬되었습니다. 이렇게 복합적인 조건일 때도 원하는 요구에 맞춰 정렬할 수 있습니다. 참고로 cmp_to_key를 사용하지 않고 똑같은 결과를 내려면 다음과 같이 구현하면 됩니다.

```python
print(sorted(students, key=lambda x: x[1] + str(x[2]), reverse=True))
```

결국 정렬할 데이터에 무엇이 들어 있던 조건을 얼마나 잘 정하는지에 따라서 이해하는 방법도 달라지고 사용하는 용도도 달라집니다.

7.1.2 정렬의 종류

정렬을 사용하는 방법을 이해했으니, 이제부터는 정렬이 어떻게 돌아가는지 알아볼 차례입니다. 당연히 지금 쓰는 함수로도 훌륭하게 돌아가기에 신경 쓸 일은 없으나, 상황에 따라 더 최적화된 방식으로 문제에 접근해야 할 때가 있습니다. 이럴 때 다양한 정렬을 모른다면 낭패를 보겠죠. 코딩 테스트에서는 사용하지 않지만 알아둬야 할 개념도 간단히 살펴보겠습니다.

> **NOTE**
>
> 앞으로 설명할 정렬 알고리즘의 모든 예시는 오름차순이 기준입니다.

O(n^2) 효율 정렬 알고리즘

버블 정렬

버블 정렬(bubble sort)은 현재 자신과, 그 다음을 비교하여 다음 숫자가 더 작다면 서로의 위치를 바꾸는 작업을 정렬이 모두 끝날 때까지 반복하는 방법입니다.

▼ **그림 7-2** 버블 정렬 예

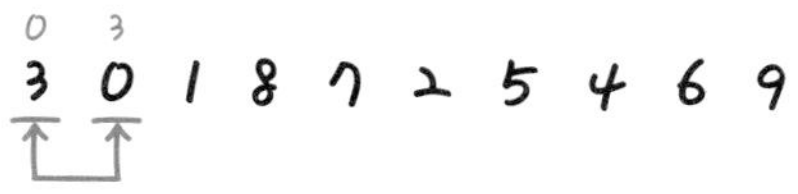

코드로는 다음처럼 구현할 수 있습니다.

```python
sample = [3, 0, 1, 8, 7, 2, 5, 4, 6, 9]

def bubbleSort(data):
    for i in range(len(data) - 1):
        for j in range(i):
            if data[j] > data[j + 1]:
                data[j], data[j + 1] = data[j + 1], data[j]

bubbleSort(sample)
print(sample) #[0, 1, 2, 3, 4, 5, 6, 7, 8, 9]
```

복잡하게 생각할 필요 없이 값을 비교하여 서로 위치를 바꿔주면 정렬되는 단순한 형태입니다(정렬되는 모습을 그림으로 그리면 마치 거품이 올라오는 것 같다고 하여 버블 정렬이라고 부릅니다). 그만큼 효율이 가장 나쁩니다. 평균 소요 시간이 $O(n^2)$이며 알고리즘 관점으로 봐도 썩 좋지 않은 방법이라 거의 사용하지 않습니다. 이를 개선하기 위해 홀수 번째는 앞으로, 짝수 번째는 뒤로 버블 정렬하여 효율을 높이는 셰이커 정렬(shaker sort)이나 버블 정렬의 대상의 간격을 임의로 조정하는 빗질 정렬(comb sort)이 있으나, 이 역시 자주 사용하지 않으므로 참고만 해주세요.

선택 정렬

단순히 자신의 앞에 있는 숫자와 비교하여 위치를 바꿔주는 방식이 버블 정렬이었다면, 선택 정렬(selection sort)은 가장 작아 보이는 숫자를 계속해서 앞으로 밀어주는 방식입니다.

▼ **그림 7-3** 선택 정렬 예

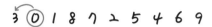

코드로는 다음처럼 구현할 수 있습니다.

```python
sample = [3, 0, 1, 8, 7, 2, 5, 4, 6, 9]

def selectionSort(data):
    for i in range(len(data)):
        idx = i
        for j in range(i + 1, len(data)):
            if data[idx] > data[j]: idx = j

        data[i], data[idx] = data[idx], data[i]

selectionSort(sample)
print(sample)
```

가장 작은 숫자를 찾으면 배열의 첫 번째 항목에 넣고(코드에서는 원래 있던 숫자와 위치를 바꿉니다. 새 배열을 생성하여 하나씩 추가해나가는 것도 가능합니다), 두 번째로 작은 숫자를 찾으면 배열의 두 번째 항목에 넣는 방식을 통해 단계별로 탐색할 배열의 크기를 줄이면서 정렬할 수 있습니다.

버블 정렬보다 2배가량 더 빠르고, 어떤 배열이 와도 항상 $\dfrac{n(n-1)}{2}$에 비례하는 시간을 보여주기 때문에 최악의 경우를 생각할 필요가 없습니다. 그래도 여전히 $O(n^2)$이므로 잘 사용하지 않습니다.

삽입 정렬

삽입 정렬(insertion sort)은 직관적인 정렬 중 하나로 여러분도 한번 봤을 법한 정렬 방식입니다. 현재 위치에서 가장 작은 숫자를 적절한 위치로 이동시키는 방식으로, 도서관의 책 정리와 같이 정렬하지 않은 곳을 하나씩 순차적으로 진행하며 이미 기준대로 정렬된 이전 위치에서 맞는 위치로 값을 이동시키면서 정렬합니다.

▼ **그림 7-4** 삽입 정렬 예

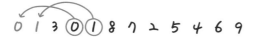

코드로 구현하면 다음과 같습니다.

```
sample = [3, 0, 1, 8, 7, 2, 5, 4, 6, 9]

def insertionSort(data):
    for end in range(1, len(data)):
        for i in range(end, 0, -1):
            if data[i - 1] > data[i]:
                data[i - 1], data[i] = data[i], data[i - 1]

insertionSort(sample)
print(sample)
```

삽입 정렬은 현재 값이 이미 정렬한 배열에서 적절한 위치에 놓이도록 이동시킵니다. 이동 방법은 크게 두 가지로, 적절한 위치에 다다를 때까지 계속해서 배열 위치를 바꾸거나, 아예 해당 위치에 값을 넣고 나머지를 미는 방식으로 진행됩니다. 책 하나를 빼서 순서에 맞게 꽂았더니 나머지가 옆으로 밀리는 것처럼 말이죠. 다만 배열을 미는 건 전체 배열이 커질수록 비용도 커지기 때문에 위치를 바꾸며 진행하는 것이 좋습니다.

다만 찾은 값을 '적절히' 배치하는 것은 살짝 다른 방식으로 구현해야 합니다. 사람이 할 때는 현재 책의 위치와 옮긴 책들이 어디에 있는지 기억하겠지만, 컴퓨터가 위치를 기억하게 만들려면 메모리 면에서도 손해를 보고, 위치를 기반으로 배열을 옮기기 위해 해당 위치 정보를 새로 맞게 만들어줘야 하므로 시간적인 면에서도 만만치 않은 비용이 발생합니다. 그렇다고 무작정 현재 위치에서 뒤로 가면서 서로의 위치를 계속 바꾸면 정렬된 배열을 다시 건드리는 것과 다름없으므로 비효율적인 연산이 됩니다.

이럴 때는 현재 위치부터 필요한 부분까지만 뒤로 가면서 위치를 바꾸도록 부분적으로 최적화할 수 있습니다.

```python
sample = [3, 0, 1, 8, 7, 2, 5, 4, 6, 9]

def insertionSort(data):
    for idx in range(1, len(data)):
        i = idx
        while i > 0 and data[i - 1] > data[i]:
            data[i - 1], data[i] = data[i], data[i - 1]
            i -= 1

insertionSort(sample)
print(sample)
```

이렇게 구현하면 필요한 부분만 배열의 순서를 바꾸기 때문에 앞의 코드보다 훨씬 빠른 속도의 결과를 낼 수 있고, 최선의 경우 $O(n)$까지 기대할 수 있습니다. $O(n^2)$이 최악인 경우라는 건 변하지 않지만, 통상적인 경우에서는 $O(n^2)$ 미만으로 실행되기 때문에 비교적 작은 크기의 배열이라면 충분히 사용할 만한 정렬 알고리즘입니다.

지금까지 $O(n^2)$을 대표하는 정렬 알고리즘을 살펴봤습니다. 정렬을 중심으로 하는 문제에서는 이런 시간 복잡도를 거의 사용하지 않지만, 정렬의 핵심 개념을 담고 있기 때문에 함께 설명했습니다.

O(nlogn) 효율 정렬 알고리즘

여러분이 지금까지 사용한 sort( ), sorted( ) 함수가 이 시간 복잡도에 해당하며, 이 함수 이외에도 직접 구현해서 동일한 효율의 정렬 알고리즘을 만들 수 있습니다. 지금부터 소개할 알고리즘은 각각 장단점이 존재하기 때문에 상황에 맞게 선택할 수 있어야 합니다.

퀵 정렬

퀵 정렬(quick sort)은 극단적인 경우를 제외하면 $O(nlogn)$ 정렬 알고리즘 중에서 가장 빠릅니다. '적절한' 원소 하나를 기준 삼아(이를 **피벗**(pivot)이라고 합니다) 기준보다 작으면 앞으로, 크면 뒤로 빼고, 더 이상 움직일 게 없다면 기준 위치에서 배열을 나눈 다음, 다시 나눠진 배열에서 기준을 잡아 정렬이 완료될 때까지 이를 반복합니다. 분할–정복을 기반으로 하며, 재귀로 구현할 수 있습니다.

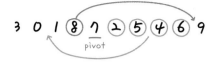

퀵 정렬은 기준을 잡는 것이 매우 중요한데 어떻게 잡는지에 따라 O(nlogn) 미만의 속도가 나올 수도 있고, 반대로 O(n²)의 속도가 나올 수도 있습니다. 배열의 첫 항목이나 마지막 항목, 또는 랜덤으로 아무거나 기준으로 잡을 수 있습니다. 제일 무난한 방법은 다음 코드처럼 배열의 중앙을 기준으로 삼는 것입니다.

```
sample = [3, 0, 1, 8, 7, 2, 5, 4, 6, 9]

def quickSort(data, low, high):
    p = data[(low + high) // 2]
    left, right = low, high
    while True:
        while data[left] < p: left += 1
        while data[right] > p: right -= 1
        if left >= right: break
        data[left], data[right] = data[right], data[left]

    if low < right: quickSort(data, low, right)
    if left < high: quickSort(data, right + 1, high)

quickSort(sample, 0, len(sample) - 1)
print(sample)
```

먼저 중앙을 기점으로 왼쪽과 오른쪽으로 나눕니다. 왼쪽에서 중앙보다 값이 크다면 오른쪽으로 넘기고, 반대로 오른쪽에서 값이 작다면 왼쪽으로 넘기면서 중앙값을 기준으로 왼쪽에는 무조건 작은 값이, 오른쪽에는 무조건 큰 값이 있도록 만듭니다. 이후 재귀 함수를 사용해 동일하게 계속 중앙을 기준으로 나눠가면서 모든 것이 정렬될 때까지 반복합니다. 만약 적절하게 배열이 쪼개졌다면 O(nlogn)보다 더 빠른 시간에 정렬을 마칠 수 있습니다.

물론 꼭 중앙값으로 기준을 정할 필요는 없습니다. 코드의 직관성을 높이고 싶다면 다음처럼 첫 번째 데이터를 기준으로 퀵 정렬을 수행하는 방법도 있습니다.

```
def quickSort(data):
    if len(data) <= 1: return data
    pivot, others = data[0], data[1:]

    left = [item for item in others if pivot > item]    #기준보다 작은 숫자만
    right = [item for item in others if pivot < item]    #기준보다 큰 숫자만

    return [*quickSort(left), pivot, *quickSort(right)] #결과 전부 합치기
```

기본 개념은 동일하지만, 리스트 컴프리헨션과 배열 결합 방법을 사용해 코드의 길이를 줄였습니다. 첫 번째 항목을 기준으로 삼는다고 해도 성능적인 면에서 아주 큰 문제가 발생하지는 않습니다. 애당초 주어진 배열이 특정 상황을 대상으로 나오는 경우가 아니라면 두 방법의 시간 차이를 따지는 것은 의미가 없습니다. 여러분이 편한 쪽으로 구현하면 됩니다.

병합 정렬

병합 정렬(merge sort)은 원소 개수가 0 또는 1이 될 때까지 절반으로 계속 쪼갠 뒤 모두 분해되면 하나씩 합쳐 가면서 정렬을 수행합니다. 시간 복잡도는 $O(n\log n)$이지만 퀵 정렬보다는 성능이 떨어집니다. 대신 안정 정렬(stable sort)이라는 특징이 있습니다. 역시 분할–정복이 가능하고 재귀로 구현할 수 있습니다.

▼ 그림 7-6 병합 정렬의 예

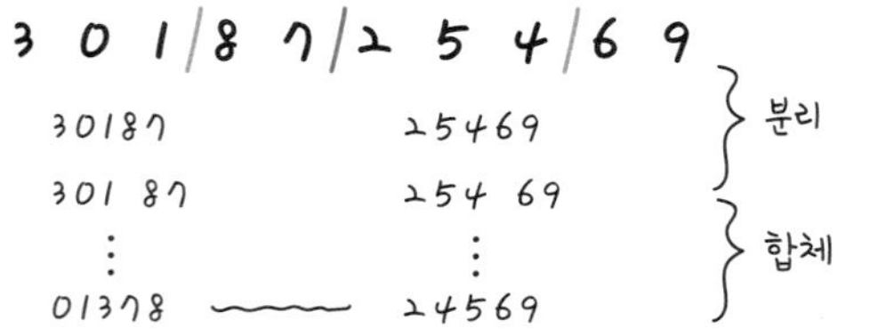

잠깐만요

안정 정렬이란

쉽게 말해 동일한 값이 있을 때 정렬한 이후 결괏값에서 중복된 값들의 순서가 변하느냐 그렇지 않느냐를 의미합니다. 순서가 변하면 불안정(unstable), 변하지 않으면 안정(stable) 정렬입니다(안정 정렬에는 삽입, 병합, 버블, 계수 정렬 등이 있으며, 불안정 정렬에는 선택, 힙, 셸, 퀵 정렬 등이 있습니다).

단순히 숫자를 정렬할 때는 아무런 상관이 없으나, 데이터 안(대표적으로 dict 배열, [{}, {}, {}] 같은 상황)에서 특정 요소를 기준으로 정렬을 수행할 때 안정 정렬을 사용하지 않으면 **동일한 값일 때 나오는 순서가 일정하다는 것을 보장할 수 없습니다.** 따라서 정렬될 원소들의 순서가 굉장히 중요하다면 안정 정렬로 구현해야 합니다.

배열을 반으로 쪼개는 건 매우 쉽습니다. 계속해서 '전체 길이 / 2'를 해서 반으로 쪼개나가면 결국 쪼갤 수 없는 형태가 나올 것입니다. 하지만 쪼갠 배열을 다시 합치려고 할 때 문제가 발생합니다. 두 배열을 합칠 때 오름차순으로 정렬이 이루어져야 후에 합칠 배열이 동일한 과정을 거치면서 모든 데이터가 오름차순을 가질 수 있으므로, 두 배열을 어떻게 건드릴 것인지에 대한 명확한 기준이 있어야 합니다.

▼ 그림 7-7 쪼개진 숫자를 합칠 때 오름차순으로 만드는 방법

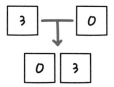

먼저 처음으로 합치는 순간을 생각해봅시다. 하나씩 쪼개진 배열 둘을 골라 누가 더 작은지 확인하여 합치는 순서를 결정하면 되므로 매우 간단한 일입니다. 여기서 한 발 더 나아가 합칠 배열의 항목이 배열별로 2개씩 있다면 어떻게 할까요? 의외로 간단한데, **이전 과정에서 합쳐져 올라온 배열은 이미 정렬되어 있기 때문에** 왼쪽/오른쪽 두 배열에서 순서대로 숫자를 참고한다면 무조건 오름차순으로 진행되므로 아무 걱정 없이 둘 중 더 작은 숫자를 찾으면 됩니다.

```python
sample = [3, 0, 1, 8, 7, 2, 5, 4, 6, 9]

def merge(left, right):
    result = []
    while len(left) > 0 and len(right) > 0:  #왼쪽 & 오른쪽 배열이 모두 존재한다면
        if left[0] <= right[0]:                #왼쪽이 더 작으면 왼쪽을 추가
            result.append(left[0])
            left = left[1:]
        else:                                  #아니라면 오른쪽 추가
            result.append(right[0])
            right = right[1:]

    #두 배열 중 하나는 먼저 끝나므로 남은 값은 뒤에 붙여 넣고 반환(없어도 상관없음)
    result.extend([*left, *right])
    return result

def mergeSort(data):
    if len(data) <= 1:
        return data
    mid = len(data) // 2
```

```
        left = mergeSort(data[:mid])
        right = mergeSort(data[mid:])
        return merge(left, right)

    print(mergeSort(sample))
```

병합 정렬은 생각보다 많은 방면에서 활용되므로 직접 구현하면서 과정을 이해하는 것도 나쁘지 않습니다. 더 많은 데이터를 넣어 직접 확인해보세요.

트리 정렬

트리 정렬(tree sort)은 이진 트리를 기반으로 하는 정렬 방법입니다. 트리를 생성할 때 자신보다 작은 숫자는 왼쪽, 큰 숫자는 오른쪽으로 가도록 규칙만 만들면 그 규칙에 따라 추가로 정렬 작업을 거치지 않아도 자동으로 모든 과정이 완료됩니다. 그 결과를 중위 순회를 통해 읽기만 하면 됩니다.

▼ **그림 7-8** 트리 정렬 예

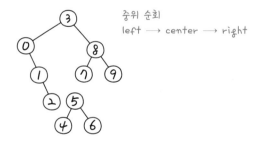

이진 트리를 만드는 가장 간단한 방법은 자기 자신의 값과, 왼쪽과 오른쪽에 어떤 값이 있는지에 대한 정보를 가진 객체를 생성하여 할당하는 것입니다. 다른 언어와는 다르게 파이썬에서는 주솟값을 계산할 필요가 없으므로 훨씬 구현하기 쉽습니다.

```python
class Node:
    def __init__(self, item = 0):
        self.key = item
        self.left, self.right = None, None

root = Node()

def insert(root, key):
    if (root == None):
        root = Node(key)
        return root

    if (key < root.key):
        root.left = insert(root.left, key)
    else:
        root.right = insert(root.right, key)

    return root

def treeinsert(data, root):
    for key in data:
        root = insert(root, key)

def inorderRec(root, answer):
    if (root != None):
        inorderRec(root.left, answer)
        answer.append(root.key)
        inorderRec(root.right, answer)

sample = [3, 0, 1, 8, 7, 2, 5, 4, 6, 9]
answer = []

treeinsert(sample, root)
inorderRec(root, answer)
print(answer[1:])  #탐색 시작 시점에서 들어간 루트 노드 제외
```

먼저 노드 클래스를 생성하고, 노드가 가지고 있을 값과 자식 노드의 정보를 받을 수 있는 왼쪽과 오른쪽 정보를 만들어 놓습니다. 이후 규칙에 따라 노드를 삽입해주는 함수를 만든 다음, 입력값에 맞춰 트리를 구성한 뒤 완성된 트리를 중위 순회로 읽으면 됩니다. 트리 삽입과 조회에는 재귀 함수를 사용하는데, 어떻게 작동하는지 모르겠다면 스택의 원리를 다시 떠올려보세요.

힙 정렬

힙 정렬(heap sort)은 완전 이진 트리를 기반으로 하는 정렬 방법입니다. 본래 힙(heap)은 여러 값 중 최댓값이나 최솟값을 빠르게 찾기 위해 사용하는 자료 구조인데, 이 성질을 이용하여 정렬합니다. 일반 트리와는 다르게 값을 넣을 때 자신보다 크거나 작을 때 위치를 정하는 것이 아니라, 일단 마지막 인덱스에 노드가 들어간 다음 해당 노드를 있어야 할 위치에 맞도록 조정해주는 후작업을 해서 항상 기준에 맞는 트리가 구성되도록 만듭니다. 반대로 값을 뺄 때는 마지막 항목이 맨 위로 올라간 다음 후작업을 실행하여 기준에 맞게 트리를 구성합니다.

▼ **그림 7-9** 힙 트리 예시

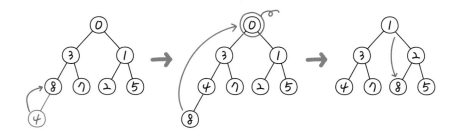

완전 이진 트리이기 때문에 노드를 만들어 접근하기보다는 배열에서 인덱스를 직접 계산하여 트리처럼 사용할 수 있습니다. 층이 내려갈수록 전체 자식의 개수가 2배씩 늘어난다는 성질을 사용하면 됩니다.

```
sample = [3, 0, 1, 8, 7, 2, 5, 4, 6, 9]

def heapify(data, n, i):
    largest = i
    left = 2 * i + 1
    right = 2 * i + 2

    if left < n and data[i] < data[left]:
```

```
            largest = left

        if right < n and data[largest] < data[right]:
            largest = right

        if largest != i:
            data[i],data[largest] = data[largest],data[i]
            heapify(data, n, largest)
def heapSort(data):
    n = len(data)
    for i in range(n, -1, -1):
        heapify(data, n, i)

    for i in range(n - 1, 0, -1):
        data[i], data[0] = data[0], data[i]
        heapify(data, i, 0)

heapSort(sample)
print(sample)
```

이진 트리도 이해하기 어려운데 힙까지 알아야 하다니, 너무 어려운가요? 다행스럽게도 파이썬에는 heapq라는 내부 라이브러리를 지원하는데, 배열을 선언한 후 라이브러리를 사용할 때 해당 배열을 인자로 넘겨주기만 해도 힙 구조를 직접 구현할 필요 없이 모든 작업을 동일하게 수행할 수 있습니다. 힙에 데이터를 넣는 함수는 heappush( )이고, 데이터를 빼는 함수는 heappop( )입니다.

```
from heapq import heappush, heappop

sample = [3, 0, 1, 8, 7, 2, 5, 4, 6, 9]

def heapSort(iterable):
    h = []
    for value in iterable: heappush(h, value)
    return [heappop(h) for i in range(len(h))]

print(heapSort(sample))
```

힙 자료 구조를 직접 구현할 필요 없이 그저 넣었다가 빼는 것만으로도 정렬이 완료됩니다. 이런 식으로 라이브러리를 사용하면 시간을 단축할 수 있으니 필요한 라이브러리는 외워두세요.

특수 알고리즘

지금까지 이야기한 정렬 알고리즘은 접근 방식이 어떠하든 두 값을 서로 비교하기 때문에 아무리 빨라도 O(nlogn)을 벗어나지 못합니다.[1] n개를 정렬한다고 하면 나열할 수 있는 모든 경우의 수는 n!인데, 이 중에서 정렬된 모양을 만들어내는 경우인 한 가지를 찾으려면 각 숫자별로 한 번씩 비교해야 합니다. 이 비교는 트리 형식으로 이루어지기에(결정 트리라고 부릅니다) 최대 탐색 횟수는 트리의 높이, 그러니까 log(n!)이므로 O(nlogn) 미만은 성립할 수 없다는 사실을 알 수 있습니다.

퀵 정렬과 같이 주어진 데이터와 잘 맞으면 O(n)에 근접하게 끝날 수도 있으나 최선의 경우를 따지는 것은 의미가 없습니다. 대신 데이터가 특정 조건을 따른다면 값을 서로 비교하지 않고 훨씬 더 빠른 시간 안에 정렬을 수행할 수 있는 방법이 존재합니다. 이런 특징을 이용하라는 문제도 나오는 경우가 있으므로 잘 기억해둡시다.

계수 정렬

계수 정렬(counting sort)은 데이터가 숫자만으로 이루어져 있고 그 숫자들이 크지 않다면 사용할 수 있는 정렬 방식입니다. 모든 숫자 정보를 기억해두었다가, 순서대로 for 문을 순회하면서 오름차순/내림차순에 맞춰 값을 증가시킵니다. 그러다가 현재 순회 중인 숫자가 기억한 숫자와 일치한다면 해당 숫자를 전부 출력하는 과정을 반복하면서 정렬을 수행합니다.

```python
sample = [170, 45, 75, 90, 802, 24, 2, 66]

def countingSort(data):
    count = {}
    result = []

    for num in data:
        count[num] = count.get(num, 0) + 1

    for num in range(min(data), max(data) + 1):
        while num in count and count[num] != 0:
            result.append(num)
            count[num] -= 1

    return result

print(countingSort(sample))
```

---

1 관련 내용은 https://tildesites.bowdoin.edu/~ltoma/teaching/cs231/fall04/Lectures/sortLB.pdf를 참고하세요.

보통 계수 정렬은 배열을 사용해서 만드는 것이 일반적이지만, 숫자 정보가 기록되어야 해서 주어진 숫자만큼 배열이 만들어져야 합니다. 따라서 사용하지 않는 부분까지 배열이 생성되어 메모리를 비효율적으로 사용하게 됩니다. 예를 들어 숫자가 [138572839, 4] 형태로 주어진다면 이 둘을 정렬하기 위해 138,572,839개만큼 원소를 가진 배열을 만들어야 합니다. 이럴 때 딕셔너리를 사용하면 메모리 문제를 해결할 수 있습니다.

그러나 for 문을 순회하면서 값이 있는지 여부를 확인하는 논리 자체는 유지되어야 하므로, 숫자 간격이 클수록 순회해야 할 크기 또한 늘어나기에 O(n)의 n 크기가 비정상적으로 커지는 결과를 낳게 됩니다. 따라서 계수 정렬은 비교적 작은 숫자에만 사용하는 것을 권장합니다.

기수 정렬

기수 정렬(radix sort)은 계수 정렬의 단점이었던 '비교적 작은 숫자'에서만 가능하다는 점을 개선하기 위해 자릿수별로 계수를 비교하여 정렬을 수행하는 방식입니다. 아무리 큰 숫자가 있더라도 자릿수별로 정렬을 수행하므로 더 빠르게 정렬할 수 있습니다.

단, 계수 정렬보다 조금 더 까다롭습니다. 숫자별로 각 자릿수를 확인해야 하기 때문에 음수가 있을 경우 양수와 음수를 분리하여 따로 기수 정렬을 해야 하고, 부동소수점이 있다면 역시 소수 부분을 따로 분리하여 정렬해야 합니다.

양수를 기준으로 정렬하는 코드를 구현하면 다음과 같습니다. 필요하다면 비트 계산을 활용할 수도 있습니다.

```python
sample = [170, 45, 75, 90, 802, 24, 2, 66]

def countingSort(data, digit):
    n = len(data)

    output = [0] * n
    count = [0] * 10

    for i in range(0, n):
        index = data[i] // digit
        count[index % 10] += 1

    for i in range(1,10):
        count[i] += count[i - 1]

    i = n - 1
    while i >= 0:
```

```
            index = data[i] // digit
            output[count[index % 10] - 1] = data[i]
            count[index % 10] -= 1
            i -= 1

    data[:] = output

def radixSort(data):
    digit = 1
    while max(data) // digit > 0:
        countingSort(data, digit)
        digit *= 10

radixSort(sample)
print(sample)
```

| 잠깐만요 |

함수에서 인자로 받은 배열을 수정하는 방법

함수를 실행할 때 배열을 인자로 넘겨주면, 함수 내부에서는 해당 인자를 주솟값을 공유하는 지역 변수로 취급합니다. 즉, 내부에서 배열의 값을 변경하면 함수가 끝나고 배열을 조회했을 때 변경한 값이 그대로 반영됩니다.

그러나 앞의 경우처럼 배열의 모든 원소를 바꿔야 하는 상황이 생길 수도 있습니다. 보통 for 문을 사용해 전체 할당하는 방법을 사용하지만, 슬라이싱을 활용하여 [:]를 붙여주면 for 문을 사용하지 않고 간단하게 한 줄로 모든 원소를 교체할 수 있습니다. 단, [:] 없이 그냥 = 식을 사용해 할당하면 인자의 주솟값이 변경되니 본래 변경되어야 할 변수의 주소를 잃어버려 **결과적으로 값이 바뀌지 않습니다.** 항상 주의합시다.

자릿수별로 계수 정렬을 수행하기 때문에 0부터 9까지의 범위 안에 있는 숫자를 정렬한다고 생각하면 편합니다. 첫째 자릿수에서 위치를 정렬하고, 둘째 자릿수에서 위치를 정렬하는 식으로 가장 큰 숫자의 자릿수를 모두 확인하면 계수 정렬의 원리에 의해 모든 숫자가 정렬됩니다.

지금까지 자주 사용하는 알고리즘과 구현을 간단하게 확인했습니다. 정렬 문제는 보통 기본적으로 제공하는 함수가 있을 경우 쉽게 해결되지만, 간혹 '특정 방법'으로 정렬하지 않으면 시간이 오래 걸리게 유도하는 문제가 나오곤 하는데, 이때는 지금까지 배운 정렬 알고리즘 중 하나를 잘 활용해야 합니다.

| 잠깐만요 |

이 외에도 여러 가지 정렬 방법이 존재합니다. 참고로 파이썬에서 제공하는 sort( ), sorted( ) 함수의 경우 팀 정렬 (tim sort) 기법을 사용합니다. 정렬 함수 자체를 최적화하는 방법도 많이 연구되지만, 이런 식으로 여러 정렬 함수를 합쳐서 최적화하는 방법도 존재하니 관심이 있다면 한 번씩 찾아보는 것도 좋습니다.

7.2 / 정렬하기

SECTION

정렬을 사용하는 문제들은 크게 두 가지 유형으로 나뉘는데, 기본 정렬을 사용하여 결괏값을 만들거나, 아니면 다른 정렬 함수를 사용하여 결괏값을 만드는 두 가지 방식이 있습니다. 지금부터 정렬 문제를 풀어봅시다.

7.2.1 기본 기준 사용하기

기본적으로 제공하는 sort( ), sorted( ) 함수를 사용하여 문제를 푸는 유형입니다. 함수를 사용하는 것 자체는 기준만 잘 정해주면 되지만, 정렬 이후에도 해야 할 일이 있으므로 언제 정렬을 수행하면 가장 좋을지에 대해 고민하면서 풀어봅시다.

문제 25   **두 개 뽑아서 더하기 - Level 1**

URL https://school.programmers.co.kr/learn/courses/30/lessons/68644

정수 배열 numbers가 주어집니다. numbers에서 서로 다른 인덱스에 있는 두 개의 수를 뽑아 더해서 만들 수 있는 모든 수를 배열에 오름차순으로 담아 return하도록 solution 함수를 완성해주세요.

제한 사항

* numbers의 길이는 2 이상 100 이하입니다.
  - numbers의 모든 수는 0 이상 100 이하입니다.

입출력 예

numbers	result
[2, 1, 3, 4, 1]	[2, 3, 4, 5, 6, 7]
[5, 0, 2, 7]	[2, 5, 7, 9, 12]

입출력 예 #1

- 2 = 1 + 1입니다. (1이 numbers에 두 개 있습니다.)
- 3 = 2 + 1입니다.
- 4 = 1 + 3입니다.
- 5 = 1 + 4 = 2 + 3입니다.
- 6 = 2 + 4입니다.
- 7 = 3 + 4입니다.
- 따라서 [2, 3, 4, 5, 6, 7]을 return해야 합니다.

입출력 예 #2

- 2 = 0 + 2입니다.
- 5 = 5 + 0입니다.
- 7 = 0 + 7 = 5 + 2입니다.
- 9 = 2 + 7입니다.
- 12 = 5 + 7입니다.
- 따라서 [2, 5, 7, 9, 12]를 return해야 합니다.

문제 풀이

이번 문제는 경우의 수를 찾고, 중복을 방지하는 과정 두 가지를 순서대로 수행해야 합니다. 문제 난이도 자체는 높지 않지만 둘 중 하나라도 방법을 모른다면 먼 길을 돌아가야 합니다.

코드 작성

1. **주어진 배열에서 숫자 두 개를 뽑아 서로 더합니다.**

   주어진 숫자에서 두 개를 뽑아 서로 더한다면 순열/조합이 가장 적절한 대응 방법입니다('6장 완전 탐색' 참조). 이번 문제에서는 더하는 값이 같다면 어떻게 더하든 아무 상관없으므로 조합을 사용합니다.

```
from itertools import combinations
def solution(numbers):
    selects = list(combinations(numbers, 2))
```

2. 선택한 두 숫자를 더하고, 중복 처리를 수행합니다.

이제 선택한 두 숫자를 더하고, 이 결괏값을 전부 모아야 합니다. 단, 결괏값이 중복될 수 있으므로 중복은 모두 제거해야 합니다. 중복을 제거하는 가장 쉬운 방법은 set 자료형을 사용하는 것, 아직 잊지 않았죠?

```python
answer = set()
for select in selects:
    (a, b) = select
    answer.add(a + b)
```

3. 결괏값을 오름차순으로 정렬합니다.

문제 조건에 맞게 오름차순으로 정렬하기만 하면 됩니다. 특별히 조치할 사항은 없습니다.

```python
return sorted(answer)
```

전체 코드
7장/두_개_뽑아서_더하기.py

```python
from itertools import combinations
def solution(numbers):
    answer = set()
    selects = list(combinations(numbers, 2))
    for select in selects:
        (a, b) = select
        answer.add(a + b)

    return sorted(answer)
```

이 정도로도 충분하지만, 한 단계 나아가 코드를 더 짧게 만들 수도 있습니다. 이걸 '한 줄 코딩'이라고 부르는데, 그동안 여러분이 많이 봐왔을, 한 줄에 모든 것을 구현하는 코드입니다. 예전에 잘 몰랐어도 지금이라면 어떤 의미인지 조금은 이해할 수 있을 것입니다.

```python
#한 줄 코딩
from itertools import combinations
def solution(numbers):
    return sorted(set(map(sum, combinations(numbers, 2))))
```

숫자 조합을 구한 다음, 각 숫자를 더한 뒤 해당 결과를 중복을 처리하는 set 자료형으로 넣고, 정렬해서 정답을 찾습니다. 비교적 가벼운 작업일 때는 for 문을 사용하지 않고 간결하게 map 함수만 사용해도 동일한 작업을 수행할 수 있습니다.

문제 26

H-index - Level 2

URL https://school.programmers.co.kr/learn/courses/30/lessons/42747

H-index는 과학자의 생산성과 영향력을 나타내는 지표입니다. 어느 과학자의 H-index를 나타내는 값인 h를 구하려고 합니다. 위키백과[2]에 따르면, H-index는 다음과 같이 구합니다.

어떤 과학자가 발표한 논문 n편 중, h번 이상 인용된 논문이 h편 이상이고 나머지 논문이 h번 이하 인용되었다면 h의 최댓값이 이 과학자의 H-index입니다.

어떤 과학자가 발표한 논문의 인용 횟수를 담은 배열 citations가 매개변수로 주어질 때, 이 과학자의 H-index를 return하도록 solution 함수를 작성해주세요.

제한 사항

* 과학자가 발표한 논문의 수는 1편 이상 1,000편 이하입니다.
* 논문별 인용 횟수는 0회 이상 10,000회 이하입니다.

입출력 예

citations	return
[3, 0, 6, 1, 5]	3

입출력 예 설명

이 과학자가 발표한 논문의 수는 5편이고, 그중 3편의 논문은 3회 이상 인용되었습니다. 그리고 나머지 2편의 논문은 3회 이하 인용되었기 때문에 이 과학자의 H-index는 3입니다.

문제 풀이

논문을 직접 제출해본 경험이 있거나, 평소 논문에 관심이 많아 이것저것 검색해보았다면 거저 주는 문제[3]지만, 모르는 사람이 보면 문제를 이해하는 것부터 고역입니다. 간단히 설명하면 다음과 같습니다.

---

2 https://en.wikipedia.org/wiki/H-index
3 한양대 사이트에서 친절하게 방법을 설명해주니, 문제가 이해되지 않는다면 해당 사이트를 참고해도 좋습니다. https://hanyang-kr.libguides.com/c.php?g=717952

1. 전체 논문의 개수를 n, 각 논문 당 인용된 횟수를 h라고 합니다.

2. 첫 논문부터 n개의 논문까지 하나씩 비교하면서 현재 논문의 인용된 횟수 h보다 큰 논문의 개수가 h개 이상, 나머지 논문이 h번 이하를 참조한 경우를 찾습니다.

3. 2번을 만족하는 h중 가장 큰 값을 찾습니다.

아직도 이해되지 않는다면 결과를 역으로 거슬러 올라가 입출력 예를 봅시다.

- 만약 정답이 1이었다면

  자기 자신의 인용 횟수보다 큰 논문이 1개 이상, 그 외의 나머지 논문이 1개 이하여야 하는데 1번 이상 인용된 논문은 4개, 1번 이하 인용된 논문은 2개이므로 조건을 만족합니다.

- 만약 정답이 2였다면

  동일한 방법으로 2번 이상 인용된 논문은 3개, 2번 이하 인용된 논문은 2개이므로 역시 조건을 만족합니다.

- 그럼 정답이 안 되는 상황이 있는가

  정답이 3이어도 역시 만족합니다. 하지만 정답이 4라면, 4번 이상 인용된 논문은 2개밖에 없으므로 조건을 만족하지 못하고, 결국 가능한 H-index 중 가장 큰 값은 3이라는 사실을 알 수 있습니다. 동시에 논문 인용 횟수와 H-index는 아무런 연관 관계가 없다는 것도 알 수 있습니다.

입출력 예에서 나온 입력은 숫자가 작아 우연히 정답 3과 배열 안에 있는 3이 같기에 문제 설명을 읽고 배열 내부에서 정답을 찾아내는 것이라고 판단할 수 있지만, 이렇게 되면 주어진 배열이 [50, 50, 50]일 경우 3이 정답이 되어야 하는데 4가 되어야 한다는 결론이 나옵니다. 틀린 추측이라는 의미입니다(보통은 이럴 일이 없도록 입출력 예를 많이 줍니다). 문제를 이해하는 것은 매우 중요한 일이므로 항상 예외 경우가 없는지 고민해야 합니다.

'h번 이상, h번 이하' 이 두 조건을 동시에 만족시키려면 어떤 방식이 가장 좋을까요? 입력 크기를 보니 10,000개 정도의 비교적 적은 수치입니다. 그러므로 for 문을 중첩시켜 배열에서 하나씩 개수를 세도 통과할 수 있다는 의미입니다. 하지만 이런 방식은 빈말로도 좋은 접근법이라고 할 수 없죠. 이렇게 여러 숫자에서 상한선/하한선을 알아야 한다면, **정렬**하는 것만으로 더 빠르고 효율적으로 대처할 수 있습니다.

코드 작성

이번 문제는 풀이법이 두 가지로 나뉩니다. 내림차순 정렬인지, 오름차순 정렬인지에 따라 접근 방법이 바뀌기 때문이죠. 두 과정 모두 확인해보면서 정렬이 어떤 일을 하는지 알아보겠습니다.

1. 오름차순 정렬 풀이

문제를 모두 이해했다면 푸는 것 자체는 어렵지 않습니다. 먼저 주어진 배열을 정렬하고, H-index를 구하기 위해 논문의 개수를 따라갈 수 있도록 enumerate를 사용합니다. 입출력 예제 1번을 기준으로 하면 (0, 0), (1, 1), (2, 3), … 순으로 나올 테니, 이 값을 for 문으로 순회하면서 조건에 맞는 값을 구하면 됩니다.

조금 자세히 설명해보죠. 오름차순으로 정렬하면 인용 숫자가 작은 순서부터 큰 순서대로 정렬됩니다. 이렇게 정렬되면 자신 다음에 오는 숫자는 무조건 자신과 같거나 크다는 사실이 보장되므로 논문이 h번 이상 인용되었는지 확인하려면 순회를 따라가기만 하면 됩니다. 또 H-index의 최대 크기는 배열의 최대 크기와 동일하기 때문에 배열을 진행하면서 어떤 항목이 h번 이상 인용되었다는 사실을 알았다면, 현재 위치에서 오른쪽은 더 큰 숫자, 왼쪽은 더 작은 숫자이므로 이를 기반하여 굳이 인용 개수를 세지 않더라도 판단하는 것이 가능합니다.

정리하자면 논문이 h번 이상 인용되었는지, 그리고 남은 논문의 개수가 h개 이상인지 한 번에 판단하기 위해서 정렬을 사용해야 하고, 오름차순을 선택했다는 것은 상한선을 기점으로 판단하겠다는 의미입니다. 인용 숫자가 '전체 논문 크기(n) − 현재 자신의 위치'만큼 크거나 같으면 조건을 만족한다는 의미이니, 나머지는 자연스럽게 결과를 도출할 수 있게 됩니다.

전체 코드

7장/Hindex_오름차순.py

```python
def solution(citations):
    citations.sort()
    for idx, citation in enumerate(citations):
        if citation >= len(citations) - idx :
            return len(citations) - idx
    return 0
```

설명은 굉장히 장황했지만 정작 코드 작성은 과정을 짚을 필요가 없을 정도로 매우 짧습니다. 문제를 보고 과정을 정리해서 구현하면 많은 부분을 짧은 코드로 해결할 수 있습니다.

2. 내림차순 정렬 풀이

그렇다면 반대로 내림차순으로 정렬한다면 어떨까요? 오름차순은 상한선을 기점으로 한다고 했으니, 내림차순은 하한선을 기점으로 판단하리라 예상할 수 있을 것입니다. 인덱스를 얻기 위해 enumerate를 사용하는 점은 동일하니, 무엇이 바뀌는지 살펴봅시다.

먼저 가장 큰 차이점은 전체 논문 크기에서 현재 자신의 위치를 뺄 필요가 없다는 점입니다. 오름차순으로 구현했을 때 이 숫자를 빼야 하는 이유는 순회 도중 조건에 맞는 숫자를 만났다면 전체에서 현재 위치를 뺀 나머지가 H-index가 된다는 의미이기 때문입니다. 그런데 내림차순으로 이를 구현하면 조건을 만족하지 않는 상태, 즉 현재 인덱스가 논문 인용 숫자보다 커지게 되는 시점 자체가 이미 가능한 H-index의 최대이므로 해당 인덱스를 그대로 반환하기만 하면 됩니다.

전체 코드
7장/Hindex_내림차순.py

```python
def solution(citations):
    citations.sort(reverse=True)
    for idx, citation in enumerate(citations):
        if idx >= citation:
            return idx

    return len(citations)
```

이렇게 동일한 데이터를 어떻게 보는가에 따라 코드의 흐름이 달라집니다. 이번 문제는 내림차순으로 바라보는 게 훨씬 풀기 쉽다는 결론을 낼 수 있었으니, 앞으로 다른 문제를 풀 때도 단순히 정렬만 하면 되는 것이 아니라 어떻게 정렬하는가 자체가 굉장히 중요한 과정이라는 사실을 알 수 있습니다.

7.2.2 직접 기준 정하기

그렇다면 이번에는 조금 더 나아가 문제가 제시하는 조건에 맞게 임의적으로 조건을 만들어서 정렬을 수행해보겠습니다. 정렬의 조건을 변경한다는 것은 핵심으로 보는 데이터가 무엇인지를 재정의한다는 사실을 기억합시다.

가장 큰 수 - Level 2

URL https://school.programmers.co.kr/learn/courses/30/lessons/42746

0 또는 양의 정수가 주어졌을 때, 정수를 이어 붙여 만들 수 있는 가장 큰 수를 알아내주세요.

예를 들어, 주어진 정수가 [6, 10, 2]라면 [6102, 6210, 1062, 1026, 2610, 2106]를 만들 수 있고, 이 중 가장 큰 수는 6210입니다.

0 또는 양의 정수가 담긴 배열 numbers가 매개변수로 주어질 때, 순서를 재배치하여 만들 수 있는 가장 큰 수를 문자열로 바꾸어 return하도록 solution 함수를 작성해주세요.

제한 사항

- numbers의 길이는 1 이상 100,000 이하입니다.
- numbers의 원소는 0 이상 1,000 이하입니다.
- 정답이 너무 클 수 있으니 문자열로 바꾸어 return합니다.

입출력 예

numbers	return
[6, 10, 2]	"6210"
[3, 30, 34, 5, 9]	"9534330"

문제 풀이

이번 문제는 정렬의 키를 센스 있게 만드는 방법을 연습할 수 있는 좋은 문제입니다. 대충 눈치챘겠지만 역시 Level 2의 탈을 쓴 Level 3 문제입니다.

주어진 정수에서 '적절히' 조합하여 가장 큰 수를 만들어야 합니다. 시작부터 '적절히'가 나왔죠. 명확한 기준을 만들어야 하는데 문제를 잘 읽어보니 숫자들을 이어 붙여서 나온 숫자 중 가장 큰 수여야 합니다. 사람에게 직접 이 문제를 풀라고 한다면 몰라도 컴퓨터에게 가장 큰 숫자가 되도록 잘 나열하라고 하는 것은 말이 안 되죠. 조금 더 명확한 단서가 필요합니다.

잘 생각해보니 이런 비슷한 문제를 푼 적이 있던 것 같습니다. 모든 조건에서 가장 큰 수를 따진다고 한다면 역시 경우의 수가 떠오르겠죠. '당연히 순열로 경우의 수를 만들어낸 다음 여기서 최대치를 구하면 되지 않을까'라고 시도해볼 수 있습니다. 대충 다음처럼 말이죠.

```
from itertools import permutations

def solution(numbers):
    return max(list(map(''.join, permutations([str(x) for x in numbers]))))
```

숫자끼리 더하면 정직하게 덧셈이 되어버리니 먼저 문자열로 바꾼 이후, 순열을 통해 모든 조합을 만들어낸 뒤 이를 합한 값 중 가장 큰 값을 구하면 기본적으로 제공하는 입출력 예의 테스트 케이스는 통과하게 됩니다. 바로 코드를 제출해서 정답이 맞는지 확인합시다.

```
테스트 1  〉 실패 (시간 초과)
테스트 2  〉 실패 (시간 초과)
테스트 3  〉 실패 (시간 초과)
테스트 4  〉 실패 (시간 초과)
테스트 5  〉 실패 (시간 초과)
```

시간 초과가 우릴 반겨주네요. 입력 크기를 보니 **10만 개**입니다. 순열 함수는 모든 경우의 수를 뽑아내야 하므로 O(n!)에 가까운 시간이 소요되는데, 라이브러리의 도움을 받더라도 10만 개에 해당하는 모든 경우의 수를 뽑는다면 100초가 지나도 불가능합니다. 어떤 꼼수를 사용해도 이런 방식으로는 문제를 풀 수 없습니다.

다시 한 번 문제를 읽고 잘 생각해봅시다. 주어진 조합에서 가장 큰 수를 만들어내려면 어떻게 해야 할까요? 문제를 약간 단순화해서 0부터 9까지의 숫자가 주어졌을 때 가장 큰 수를 만들어야 한다고 가정해봅시다. 이런 상황이라면 있는 숫자 중 가장 큰 숫자를 최대한 앞에 붙여 놓으면 그것이 가장 큰 숫자가 되리라고 예상할 수 있습니다. 네 자릿수에서 가장 큰 수는 9,999이고, 자릿수가 늘어날수록 9를 붙이기만 하면 그 자릿수에서는 가장 큰 값이니까요. 주어진 배열에서 가장 큰 숫자대로 나열하라고 하면 바로 정렬 이야기가 나와야 합니다. 즉, **내림차순 정렬**을 수행하면 깔끔하게 가장 큰 값을 만들 수 있습니다.

그런데 똑같은 논리를 다시 원래 문제로 돌아와 적용하려고 하니, 9보다 큰 숫자가 문제가 됩니다. 입출력 예제 1번의 [6, 10, 2]를 예로 보면, 가장 큰 숫자대로 나열한다고 했을 때 10, 6, 2 순서가 되는데 이는 1062로 오히려 더 낮은 숫자를 가지게 됩니다. 그렇다면 두 자리 숫자는 한 자리 숫자 뒤로 밀면 되는 걸까요? 입출력 예제 2번의 [3, 30, 34, 5, 9]를 예로 보면 9, 5, 3, 34, 30 순이 될 텐데, 9533430은 가장 큰 숫자가 아닙니다.

입출력 예제 2번에서 문제가 말하는 정답을 보면, 9534330, 9/5/34/3/30 순으로 크다고 판단했습니다. 9와 5는 예상한 결과이지만 34 → 3 → 30 순으로 크다고 판단하는 것은 잘 이해되지 않습니다.

정렬 기준이 이상하게 느껴진다면, 한 가지 기준에서 정렬하는 것에 생각을 고정하지 않고 복합 조건을 사용해야 하는지 생각해봅시다. 문자열에 특정 정보를 담도록 더하든가, 튜플로 정렬 우선 순위를 지정하는 식으로 말이죠. 아니면 정렬 함수를 직접 만들어(cmp_to_key 함수 사용) 대응하는 것도 가능합니다. 꼭 하나의 기준으로만 풀 필요는 없습니다.

데이터 한 개로 정렬의 기준을 맞추는 것이 어렵다면, 데이터 두 개로 비교하는 방식을 생각해보는 것도 하나의 방법입니다. 3과 30의 정렬 기준을 만드는 가장 무난한 방법은 이 둘을 더해서 어떤 순서로 더했을 때 가장 큰지 비교하는 것입니다. 330이 더 큰지, 303이 더 큰지 생각해보면, 3 다음에 30이 와야 한다고 결론을 내릴 수 있습니다.

정리하자면 주어진 숫자 배열을 문자열로 형 변환하고, 기준에 맞게 내림차순 정렬을 수행한 다음, 나온 결괏값을 합치면 정답을 만들 수 있습니다. 코드 작성으로 넘어가봅시다!

코드 작성

1. 주어진 숫자 배열을 문자열로 교체합니다.

처음 주어진 값은 숫자입니다. 숫자를 더하면 뒤에 자릿수 형태로 붙는 것이 아니라 그냥 진짜 더하기 연산을 하므로 먼저 문자열로 바꾸는 작업이 필요합니다. map( ) 함수를 사용해도 좋고, 리스트 컴프리헨션을 사용해도 좋습니다. 여러분이 편한 방법으로 하세요.

```
numbers = list(map(str,numbers))
```

2. 정렬 기준에 맞게 내림차순으로 정렬합니다.

숫자 두 개를 위치만 바꿔서 비교할 것이므로, cmp_to_key를 사용하겠습니다. 인자 두 개를 받아서 int(앞의 숫자 + 뒤의 숫자), int(뒤의 숫자 + 앞의 숫자)를 만든 다음 서로를 빼서 나온 결과를 반환하면 됩니다. 정렬 함수의 조건에 의해 0보다 작으면 위치를 바꾸고, 그렇지 않으면 위치를 바꾸지 않을 것입니다.

```
numbers.sort(key=cmp_to_key(lambda x, y: int(x + y) - int(y + x)), reverse=True)
```

마지막으로 내림차순 정렬로 만들어야 하니 reverse 플래그를 활성화시켜야 합니다. 여기까지 이해했으면 데이터가 어떻게 구성될 것인지에 대해서 감이 왔을 것입니다.

3. 나온 결괏값을 하나로 합칩니다.

정렬하고 나온 결괏값을 하나로 만들어줍니다.

```
''.join(numbers)
```

4. 예외 케이스를 제거하고, 정답을 반환합니다.

마지막으로 확인할 점이 있습니다. 각 숫자당 가능한 숫자는 0부터 1,000까지, 그러니까 만약 주어진 숫자가 모두 0이라면 문자열을 합쳤을 때 0000… 식으로 0이 계속해서 붙어 나오기 때문에 0이 몇 개이든 결국 0이므로 이에 대한 예외 처리를 해주어야 합니다. int로 형 변환하여 반복되는 0을 지운 후 다시 문자열로 바꾸면 금방 해결할 수 있습니다.

```
return str(int(''.join(numbers)))
```

각 과정에서 나온 코드를 한 번에 정리하면 다음과 같은 코드가 완성됩니다.

전체 코드   7장/가장_큰_수.py

```
from functools import cmp_to_key

def solution(numbers):
    numbers = list(map(str, numbers))
    numbers.sort(key=cmp_to_key(lambda x, y: int(x + y) - int(y + x)), reverse=True)
    return str(int(''.join(numbers)))
```

이 풀이 방법은 1.7초가 걸리네요.

```
테스트 1  >  통과 (1104.33ms, 20.9MB)
테스트 2  >  통과 (416.16ms, 15.9MB)
테스트 3  >  통과 (1754.50ms, 24.3MB)
```

좀 더 시간을 단축할 수 있는 다른 풀이 방법을 살펴봅시다.

앞에서 살펴본 풀이에서 1.7초의 소요 시간이 걸리는 원인은 두 가지입니다. 정렬 키로 `cmp_to_key`를 사용했다는 점과, 0이 반복되는 상황을 피하기 위해 정수로 형 변환한 뒤 다시 문자열로 형 변환하는 과정을 거쳤기 때문입니다. 정렬 키로 직접 만든 함수를 사용하면 본래 발생하는 시간 복잡도에 추가 비용이 들며, 특히 문자열 → 정수 → 문자열 형 변환은 치명적일 정도로 엄청나게 시간을 소모하는 과정입니다. 단순하게 문제를 맞히는 것이 목적이라면 상관없지만, 좀 더 빠른 방법을 찾는다면 해당 방식을 개선해야 합니다.

코드 작성

1. 주어진 숫자 배열을 문자열로 교체합니다.

앞에서는 map() 함수를 사용하여 만들었으니, 이번에는 리스트 컴프리헨션을 사용해보겠습니다.

```python
numbers = [str(x) for x in numbers]
```

2. 정렬 기준에 맞게 내림차순으로 정렬합니다.

먼저 key 값에 들어갈 함수를 다시 만들어봅시다. 문자열을 비교할 때는 자료형 자체를 암묵적 배열로 취급하기 때문에 첫 글자를 기준으로 (아스키코드 값 기반으로) 정렬을 수행합니다. 만약 첫 번째 글자가 같다면 두 번째 글자로 넘어가는 식으로 말이죠. 입출력 예제 2번에서 30과 3을 비교한다면 두 문자열 모두 첫 번째 글자 3이 같으므로 두 번째 문자를 비교하게 될 텐데, 이 점을 응용하여 똑같은 글자를 계속 반복하게 한다면 어떨까요?

가능한 원소의 범위가 0부터 1,000이기 때문에 아무리 길어도 3번 이상 비교하지 않으므로 (1,000은 동일한 네 자릿수 숫자가 없으므로 사실상 네 자릿수 숫자에서는 가장 작은 숫자) 문자열 자체를 미리 곱해서 기본 기준에 맞게 알아서 정렬할 수 있도록 처리해주면 됩니다. 따라서 30과 3을 3번씩 반복하면 303030, 333이 됩니다. 이 상태에서 정렬을 수행한다면 문자열 정렬의 기준에서 첫 번째 항목은 3과 3으로 서로 같고, 두 번째 항목인 0과 3에서 3이 더 크므로 303030은 333보다 크다는 결론이 나옵니다.

```python
numbers.sort(key=lambda x: x * 3, reverse=True)
```

나올 수 있는 숫자의 범위가 0~1,000이니, 문자열을 3번 곱하면 1,000을 넘기니 우연히 같은 숫자가 되는 것은 불가능합니다.

3. 나온 결괏값을 하나로 합칩니다.

```
result = ''.join(numbers)
```

4. 예외 케이스를 제거하고, 정답을 반환합니다.

두 번째로 예외 처리를 다시 만들어보겠습니다. 문제가 되는 상황은 문자열로 합치니 0이 계속 반복된다는 점이었습니다. 처리할 예외 케이스는 이 점이 유일하므로 아예 if 문을 따로두어 해결하는 것이 처리하기 수월합니다. 0이 가장 큰 숫자가 되려면 **0이 반복되어야** 하고, 이럴 경우 주어진 숫자는 모두 0이라는 결론이 나오기 때문에 '0' 문자열을 주어진 숫자의 개수만큼 반복한 값이 동일하게 나온다면 다음처럼 처리할 수 있습니다.

```
if '0' * len(numbers) == result: return '0'
return result
```

다시 한 번 과정을 정리하여 하나로 합치면 다음과 같이 구현됩니다.

전체 코드   7장/가장_큰_수_최적화.py

```
def solution(numbers):
    numbers = [str(x) for x in numbers]
    numbers.sort(key=lambda x: x * 3, reverse=True)
    result = ''.join(numbers)
    if '0' * len(numbers) == result: return '0'
    return result
```

실행하니 0.053초로 매우 빨라졌습니다.

```
테스트 1 > 통과 (41.02ms, 22.9MB)
테스트 2 > 통과 (21.97ms, 16.8MB)
테스트 3 > 통과 (53.62ms, 26.8MB)
```

두 가지를 개선한 것으로 1.7초에서 0.053초로 실행 시간이 줄었습니다. 정렬 함수를 사용해서 처리할 경우 함수 실행에 따른 비용까지 시간 복잡도에 포함되기 때문에 시간 비용을 어느 정도 희생하겠다는 마음이 필요합니다.

정렬 기준을 직접 정해주면 제일 빠르지만 조건이 복잡해질수록 다루기 어려워지는 단점이 있습니다. 반대로 정렬 함수를 만들어주면 어떤 정렬 기준이더라도 쉽게 만들 수 있지만 시간이 오래 걸린다는 단점이 있습니다. 상황에 맞게 전략을 선택하는 센스가 필요합니다.

추가적으로 특이 케이스를 처리하기 위해 if 문을 사용했습니다. 경우의 수가 적고 고정된 형태라면 이런 식으로 설정하여 일부 테스트 케이스의 속도를 높일 수 있습니다. 모든 테스트 케이스를 제시간에 통과해야 정답이 인정되므로 만능 해법은 아니지만, 도움이 되는 경우가 많으니 모든 상황을 포괄적으로 처리하는 것보다 우선 간단한 사항부터 처리하고 남은 경우를 해결할 방법을 생각하는 것이 좋습니다.

이렇게 해서 정렬에 대한 설명이 끝났습니다. 사실 정렬은 파고들면 더 알아야 할 것도 많고, 수학적으로 들어가면 왜 많은 사람이 수십, 수백 년 동안 머리를 쥐어짜고 있는지 알 수 있습니다. 그만큼 복잡한 학문이며, 동시에 가장 실용성 높은 과목이기도 합니다. 특히 정렬은 언어만이 아니라 데이터베이스 명령어에서도 사용되고, 데이터가 많다 싶으면 꼭 등장하는 개념이니 꼭 충분히 이해하고 다음 장으로 넘어갑시다.

다음 장에서는 정렬을 왜 하는지에 대한 근본적인 질문의 대답인 이진 탐색을 설명합니다. 컴퓨터에게 정렬은 어떤 의미와 목적을 갖는지 다시 생각해보는 시간이 될 것입니다.

이진 탐색

사람의 기준에서 정렬은 관심 있는 데이터를 특정 기준으로 나열하여 정보를 습득하고, 나아가 하나의 데이터를 다른 관점으로 보는 방법을 익히는 것에 의의가 있었습니다. 그렇다면 컴퓨터의 기준에서 정렬은 어떤 의미가 있을까요?

8.1 이진 탐색이란?
SECTION

만약 여러분에게 출력하는 것조차 곤란한 많은 양의 데이터가 주어졌다고 가정해봅시다. 가볍게 몇 억 개 정도 말이죠. 이런 상황에서 특정 데이터를 찾으려면 어떻게 탐색해야 할까요? 하나씩 데이터를 확인한다면 정말 오랜 시간이 걸릴 겁니다. 컴퓨터는 초당 몇 억 번의 연산을 수행할 수 있는데, 그럼에도 불구하고 몇 초 단위가 걸린다면 엄청나게 많은 연산을 수행하고 있다는 의미입니다. 하물며 사람에게 이런 식으로 탐색하라고 하면 퇴근할 때까지 그것만 붙들고 있을 겁니다. 어쩌면 퇴근조차 못할 수 있고요.

사람에게 있어 데이터 탐색은 수십 개, 수백 개 정도의 굉장히 적은 개수의 데이터 중에서 원하는 정보를 찾기 위한 목적이 강합니다. 그렇기 때문에 원하는 기준에 맞게 데이터를 재배치하는 **정렬** 작업이 꼭 필요합니다. 만약 출석부에서 선생님이 부른 이름을 찾으려면 아무 규칙 없이 마구잡이로 써 있는 책에서 찾는 것보다, 가나다순으로 나열된 책에서 찾는 것이 더 효율적입니다.

하지만 컴퓨터의 영역으로 넘어오면 이야기가 약간 달라집니다. 물론 컴퓨터가 한다고 해서 근본적인 탐색의 의미는 변하지 않지만, 여러분이 생각하는 것보다 그 개수의 단위가 많은 문제가 됩니다. 당장 코딩 테스트에서 푸는 문제만 봐도 다뤄야 하는 단위가 특수한 경우가 아니라면 적어도 만 개나 십만 개 단위이고, 백만 개 정도는 우습게 주어집니다. 나아가 실무에서는 개수에 제한이 없다고 가정하고 접근해야 합니다. 그만큼 많은 데이터를 다뤄야 하므로 더욱 **빠른** 방식이 필요한 건 당연한 이야기입니다.

이렇게 산처럼 쌓인 데이터 중에서 원하는 데이터를 마법처럼 찾는 방법은 존재하지 않습니다. 하지만 데이터가 정렬되었다면 이야기가 달라집니다. 이진 탐색(binary search)을 사용할 수 있기 때문이죠.

8.1.1 이진 탐색이 가지는 이점

이진 탐색은 전체를 절반으로 구분해 현재 자기 위치가 찾는 위치보다 값이 큰지 작은지에 따라 다음 탐색 방향을 결정합니다. 핵심은 **필요 없는 부분을 탐색하지 않는 것**입니다. 정렬된 데이터는 일정한 순서대로 나열되어 있기 때문에 찾는 위치가 지금 위치보다 뒤에 있다면 그보다 앞의 데이터는 찾아보지 않아도 상관없습니다(반대의 경우도 동일). 따라서 중앙에서부터 값을 비교하기 시작하면 매 탐색마다 탐색 범위가 $\frac{1}{2}$씩 줄어듭니다.

큰가 작은가에 대한 기준은 데이터마다 다르지만, 여기에서는 이해하기 쉽게 숫자를 예로 들어보겠습니다. 1부터 50까지의 숫자 중에서 33을 찾는다고 해봅시다.

▼ **그림 8-1** 이진 탐색의 기본적인 탐색 방법

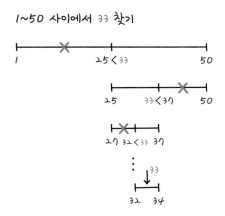

전체의 절반인 25보다 크기 때문에 1부터 25까지는 살펴볼 필요가 없으니 범위를 좁힙니다. 이후 25부터 50까지의 절반인 37보다는 작기 때문에 37부터 50까지는 살펴볼 필요가 없으니 범위를 한 번 더 좁힙니다. 이 과정을 계속 반복하다 보면 어느 순간 시작과 끝 값이 서로 동일한 시점이 오는데, 이 숫자가 찾는 숫자이면 값을 찾은 것이고, 아니면 찾지 못한 것입니다.

여기서 눈여겨볼 점은 33을 찾기 위해 탐색한 횟수는 단 6번으로, 만약 1부터 하나씩 세면서 확인하는 방식이었다면 33번 탐색을 수행해야 했습니다. 예를 들기 위해 작은 범위 내에서 진행했지만, 범위가 커질수록 그 차이는 명확하게 드러납니다.

이진 탐색의 가장 큰 장점은 주어진 데이터가 **정렬**되어 있다면 **O(logn)**이라는 말도 안 되는 시간으로 탐색할 수 있다는 점입니다. 지금까지 'n², nlogn, n'처럼 여러 시간 복잡도를 다뤘지만, logn은 거의 처음 보는 시간 복잡도입니다. 예를 들어 logn으로 약 **43억 개**의 데이터 중에서 원하

는 데이터를 찾는다면 최악의 경우라도 단 32번 안에 결과를 찾을 수 있을 만큼 강력합니다(2^{32}는 4,294,967,296이며, 이는 C 언어 int 자료형의 최대 표현 숫자와 동일합니다).

따라서 문제에서 주어지는 입력 크기가 과할 정도로 크다면 이진 탐색을 사용하세요. 거의 모든 문제를 해결할 수 있습니다. 이보다 더 빠른 탐색 방법은 사실상 해시 탐색밖에 없으며(O(1) 탐색 시간), 이 방법은 데이터가 어떻게 이루어져 있는지 모두 알아야 하고 추가로 공간 복잡도를 고려 해야 하기 때문에 일반적인 상황에서 조건만 맞는다면 이진 탐색 이상의 효율을 가진 탐색 알고리 즘은 찾기 어렵습니다.

단, **반드시 데이터가 정렬되어 있어야 한다는 전제** 조건이 필요합니다. 그렇지 않으면 필요 없는 부분 을 탐색하지 않아도 되는 근거가 사라지니까요. 필수 조건이기 때문에 탐색만 하는 용도라면 한 번 정렬하면 그만이겠지만 중간에 데이터를 추가/삭제하게 된다면 정렬을 유지하기 위한 비용이 더 발생한다는 점도 고려해야 합니다. 그럼에도 이진 탐색을 사용하는 이유는 현실적으로 데이터 를 추가/삭제하는 것보다 탐색이 훨씬 더 큰 비중을 차지하고, 가장 많이 수행하는 일이기 때문입 니다.

정리하자면 컴퓨터에게 있어 정렬은 기준을 정해 데이터를 나열하는 목적으로 사용하지만, 엄밀 히 말하면 더 빠른 탐색을 위해 사용해야 하는 필수적인 과정이라고 말할 수 있습니다. 데이터를 수정하면 정렬을 유지하기 위해 추가 비용이 발생하는 점을 감안하더라도 압도적으로 저렴한 탐 색 비용이 이진 탐색의 장점입니다.

8.1.2 구현 방법

문제로 이진 탐색 유형을 출제한다면 처음부터 데이터가 주어지고 여기서 이진 탐색만 사용하는 상황보다는, 탐색할 데이터를 직접 정의하고 그 기반 아래에서 정렬한 뒤 이진 탐색을 진행하도록 유도합니다. 탐색도 중요하지만 탐색 원리 자체를 사용해서 풀라는 문제가 많이 주어진다는 뜻이 죠. 따라서 그 원리를 자세하게 알아야 할 필요가 있으므로, 먼저 가장 기초적인 이진 탐색을 코드 로 구현하는 방법부터 알아보겠습니다.

```python
def bisect(a, x, lo=0, hi=None):
    if lo < 0:
        raise ValueError('lo must be non-negative')
    if hi is None:
        hi = len(a)
    while lo < hi:
        mid = (lo + hi) // 2
```

```
        if a[mid] < x:
            lo = mid + 1
        else:
            hi = mid
    return lo

mylist = [1, 2, 3, 7, 9, 11, 33]
print(bisect(mylist, 3))
```

보통 이진 탐색 자체를 구현할 때는 이런 식으로 코드를 작성합니다. 재귀 함수를 작성할 수도 있으나, 어떤 방식으로 구현해도 상관없습니다(대부분 while 문을 사용하는 편입니다). low와 high 변수를 사용해 원하는 값이 어디인지 파악하는 것이 핵심으로, 정렬된 데이터에서 현재 자신의 위치와 비교하여 계속해서 절반씩 줄여나가다가, 어느 순간 두 변수가 서로 일치하는 구간이 정답이 됩니다.

만약 이 위치에 있는 값과 찾는 값이 동일하다면 해당 위치가 곧 탐색한 위치이고, 반대로 동일하지 않다면 해당 위치가 새 값이 들어갈 위치라는 의미입니다. 이런 식으로 나름 간단하게 이진 탐색을 구현할 수 있습니다(일치하는 값이 없을 땐 −1을 반환하여 탐색이 실패했음을 확인하는 용도로 만들 수 있습니다).

다만 언제나 그렇듯이, 주어진 문제는 이진 탐색을 구현하기만 하면 되는 것이 아니라 이걸 응용해야 합니다. 구현 방법을 외우고 있어야 한다는 의미입니다. 특히 이번 장에서 다룰 문제들은 탐색 코드를 수정해서 풀어야 하는 형태로 나오기 때문에 더 정확하게 외워야 합니다. 그래도 코드가 짧은 편이라 몇 문제 풀다보면 자연스럽게 익숙해지니 너무 걱정하지 않아도 됩니다.

여기까지 왔다면 이제 코드로 설명할 부분은 더 없습니다. 앞으로 풀게 될 모든 문제가 이 코드를 기반으로 작동합니다. 다만 경우에 따라 이진 탐색이 문제 풀이의 주 핵심이 아니라 부가 작업 중 하나로 들어갈 수 있는데, 주어진 값에서 특정 위치를 찾으라는 식의 문제가 주어지면 매번 이진 탐색 코드를 짜는 것도 번거롭다고 느낄 수 있습니다. 그래서 파이썬에서는 이런 상황에서 도움이 될 수 있게 bisect 라이브러리를 기본으로 제공합니다.

```
from bisect import bisect
mylist = [1, 2, 3, 7, 9, 11, 33]
print(bisect(mylist, 3))
```

bisect 라이브러리의 bisect() 함수를 사용하면 됩니다. 사용법은 다음과 같습니다.

```
bisect(<사용할 배열>, <찾을 값>)
```

함수에 인자로 정렬된 배열과 찾는 값을 준다면 해당 값이 어디에 있는지 곧바로 알아낼 수 있습니다. 단순히 원소가 있는 위치를 알아내는 것이 목적이라면 라이브러리를 사용하여 코드를 줄일 수 있습니다.

여기서 한 가지 의문점이 생깁니다. '정렬된 데이터에 같은 값이 여러 개 있을 때 이진 탐색을 수행하면 어떻게 될까?'라고 말이죠. bisect() 함수는 오른쪽(끝) 방향을 우선으로 탐색하므로 중복된 값이 처음 등장하는 위치를 찾을 수 없습니다. 대신 이런 상황을 대비하여 라이브러리에서 왼쪽(처음) 방향으로 우선 탐색하는 bisect_left() 함수를 지원합니다.

```
from bisect import bisect_left, bisect_right
mylist = [1, 2, 3, 3, 3, 7, 9, 11, 33]
x = 3

print(f"bisect_left: {bisect_left(mylist, x)}")   #2
print(f"bisect_right: {bisect_right(mylist, x)}") #5
```

단순히 3이 어디에 있는지 아는 것이 목적이라면 bisect() 함수를 사용해도 무방하지만(bisect_right() 함수와 동일하게 동작합니다), 3이 어디에서 시작하는지, 또는 어디에서 끝나는지, 아니면 어디서부터 어디까지 3이 있는지 알아야 한다면 이런 식으로 시작 방향을 지정해줘야 합니다. 여유가 있다면 라이브러리 사용법도 함께 외워두는 걸 추천합니다.

여기까지가 이진 탐색을 구현하는 방법입니다. 기본 개념을 알았으니 이제부턴 개념을 어떻게 활용할 것인지, 결국 문제는 어떤 형식으로 출제될 것인지를 알아봅시다. 문제를 직접 풀면서 하나씩 설명하는 것도 좋지만, 이번 장의 문제들은 난이도가 상당히 높기 때문에 미리 유형을 정리해본 후 살펴보겠습니다.

8.2 / 탐색 효율 높이기

앞서 잠깐 설명했던 부분을 상기해봅시다. 문제에서 입력 크기가 비정상적이라고 생각될 정도로 크게 나온다면 우선 이진 탐색을 의심해야 한다고 했습니다. 사실 의심이 아니라 바로 떠올리기만 해도 정답으로 이어지는 경우가 대부분이지만, 여기서 한 가지 중요한 사항을 짚고 넘어가야 합니다. 이진 탐색을 위해 어떤 조건이 만족되어야 하는지를 명시적으로 정해야 하기 때문이죠.

지금까지 개념을 설명하기 위해 '이진 탐색이란 이런 것이다'라고 설명했지만, 출제 문제를 보면 '이게 이진 탐색이 맞기는 한 걸까?' 싶을 정도의 수준입니다. 왜냐하면 분명히 설명에서는 이진 탐색에는 정렬이 필수라고 했지만 **정렬하지 않고 문제를 풀게 되는 경우도 존재합니다!** 난이도가 더 높아지면 일부분만 정렬한 채로 탐색을 수행하도록 하여 시간 복잡도의 한계를 시험하는 듯한 문제까지 나옵니다.

특히 이 유형의 문제 풀이 코드를 보면 완전히 다른 문제임에도 불구하고 코드 형태가 매우 비슷한 경우가 많습니다. 개념을 응용한다고 해서 그 자체를 변형하지는 않고, 문제의 설명에 맞게 제약 사항과 범위를 직접 정의하여 탐색이 가능하도록 환경을 구성하는데, 이 부분이 문제 풀이의 핵심이 됩니다. 어느 정도는 라이브러리의 도움을 받는 것이 가능하나 근본적으로는 탐색의 목적을 잘 정의해야 합니다.

결국 이러나저러나 이진 탐색의 개념 자체를 잘 응용해서 문제를 풀어야 한다는 거죠. 다른 말로 하자면 **탐색의 범위와 탐색 기준을 직접 정하고, 이 기준으로 인해 나온 데이터가 정렬된 형태가 되도록 '적절히' 조율할 필요가 있다는 의미입니다.** 그리고 지금까지 봐왔겠지만 '적절히'라는 단어가 붙는 모든 문제는 하나같이 머리를 쥐어짜게 만듭니다.

이럴 때는 항상 처음으로 돌아가서 무엇이 필요한지, 그리고 어떻게 대처해야 하는지 하나씩 따져 보면서 문제를 푸는 것이 가장 빠른 방법입니다. 한 번 감이 잡히면 어려운 문제들도 빠른 시간에 풀 수 있으니, 빨리 푸는 방법을 익히는 것보다 먼저 어떻게 문제를 해석해야 하는지 알아봅시다.

8.2.1 정렬 기준 정하기

이진 탐색의 원리는 필요 없는 부분은 탐색하지 않는 것, 그러니까 탐색 횟수가 늘어날 때마다 필요 없는 부분을 계속 절반씩 줄여나가는 양상을 띱니다.

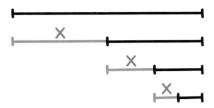

그림을 보면 처음에는 전체에서 횟수가 거듭될수록 절반씩 줄어드는 것을 볼 수 있습니다. 하지만 예시와 다르게 어디서 어떻게 절반을 자를지는 해보기 전까지 확신할 수 없습니다. 그저 주어진 숫자보다 클 때와 작을 때를 구분해서 진행할 뿐이죠. 아무리 문제 난이도가 높아지더라도 이 방식은 변하지 않습니다. 결국 어떤 기준에 따라 절반으로 나눌 것인지 정하는 것이 가장 중요합니다.

직접 코드를 보면서 어디 부분을 수정해야 할지 확인하는 것이 좋겠죠. 다음은 기본 이진 탐색 코드입니다.

```python
def binary_search(target, data):
    start = 0
    end = len(data) - 1

    while start <= end:
        mid = (start + end) // 2

        if data[mid] == target:
            return mid
        elif data[mid] < target:
            start = mid + 1
        else:
            end = mid - 1

    return None
```

탐색에 실패하면 아무것도 반환하지 않도록 만든 것 외에는 처음 소개한 코드와 큰 차이가 없습니다. 앞으로 풀 모든 문제는 이 코드를 조금씩 바꾸는 것으로 해결이 가능합니다. 이렇게 보면 정말 쉬워 보이지만 조금씩 바꾼다는 의미는, 곧 문제를 잘 읽고 '적절히' 바꿔야 한다는 것과 동일하다는 사실을 잊지 마세요.

그렇다면 이제 무엇을 적절히 바꿔야 하는지 알아봅시다. 첫 두 줄의 시작과 끝의 값은 특수한 상황이 아니라면 항상 전체 범위를 가리키도록 만듭니다. 본격적인 이야기는 반복문 내부에서 시작합니다. 먼저 처음 할당하는 중앙의 위치는 시작과 끝의 절반에 위치해야 한다는 사실은 변하지 않으므로, 이 부분은 고정입니다.

그다음 줄부터 굵게 표시한 여섯 번째 줄이 바로 문제에 따라 바뀔 부분입니다. 정확하게는 문제가 요구하는 사항에 따라 기준을 만들고, 그 기준대로 절반의 시점을 계속 변경해야 합니다. 앞서 1부터 50 중 32를 찾으라는 예시를 되짚어보면, 절반인 25를 기점으로 이 숫자보다 크면 다음 시작 위치가 '절반 + 1'이 되고, 작으면 다음 종료 위치가 '절반 − 1'이 됩니다.

이런 식으로 다음 시작과 종료 위치를 상황에 맞게 계속해서 줄여나가다가 어느 시점에서 시작과 종료 지점이 같아졌을 때 해당 위치의 값이(중앙값이) 찾고 있던 값과 일치하면 탐색을 종료합니다. 반대로 찾지 못했다면 해당 위치를 반환해서 데이터를 추가할 수 있게 만들거나, 값을 반환하지 않아 실패했다는 의미를 반환하는 등의 조치를 취하면 됩니다.

어느 상황에서 두 절반 중 어느 쪽을 선택할 것인지 기준을 정하는 것이 문제 풀이에서 가장 중요한 핵심입니다.

다만 이진 탐색은 항상 숫자로만 이루어지지 않습니다. 정확하게 말하자면 어디까지나 정렬된 데이터를 기반하므로 데이터의 형식과 관계없이 순서대로 나열되어 있다면 사용 가능합니다. 코딩 테스트에서는 숫자를 가장 많이 다루지만 반대로 숫자로 사용할 수 있는 요소는 대부분 응용되어 나옵니다. 단순히 어떤 숫자가 어디에 있는지 알아내고 끝이 아니라 그 숫자의 위치가 다시 조건에 영향을 주는 식으로 말이죠.

아주 간단한 예를 들어 보겠습니다. 학생들에게 점수에 따라 등급을 부여하는 성적 시스템이 있는데, 4점 간격으로 A부터 Y 등급까지 부여한다고 했을 때 어떻게 접근하는 것이 가장 효과적인지 알아보는 문제가 있다고 해봅시다. 가장 쉬운 방법은 if-else 문을 사용하는 건데, 한두 개도 아니고 25개를 if-elif-else 문으로 계속 검사하므로 점수가 낮을수록 확인해야 하는 횟수가 많아지니 자연스럽게 시간 복잡도가 커집니다.

이럴 때 이진 탐색을 사용하면 매번 비교할 필요 없이 한 번의 실행만으로 동일한 결과를 낼 수 있습니다. 0점부터 100점까지 4점 간격으로 오름차순 정렬된 배열을 하나 만든 다음, 주어진 성적을 해당 배열에서 이진 탐색하면(탐색 실패 시 가장 마지막 위치를 반환하도록 하여) 가장 가까운 숫자의 전 인덱스, 즉 새 값을 넣는다면 들어갈 자리의 인덱스 정보를 얻을 수 있을 것이고, 이 인덱스를 기반으로 알파벳의 인덱스를 반환하면 됩니다. 코드로 짜보니 다음과 같네요.

```python
from bisect import bisect_left

score = [i for i in range(0, 101, 4)]
grade = ''.join([chr(i) for i in range(65, 90)])
```

```
students = [84, 92, 56, 38, 61, 77]

for student in students:
    print(grade[25 - bisect_left(score, student)])
```

이번에는 라이브러리를 사용해 구현했습니다. 이처럼 원소의 위치를 알아내는 것이 목적이라면 이진 탐색 코드를 짤 필요 없이 라이브러리를 사용해 바로 찾을 수 있습니다. 직접 실행해보면 한 번의 계산만으로 위치를 정확하게 찾습니다. students 배열에 더 많은 숫자를 추가해도 올바른 답을 가지고 옵니다.

이렇게 이진 탐색을 수행할 전체 데이터를 만들고, 전체 데이터에서 탐색할 데이터의 기준을 선정하고, 탐색한 결과를 다시 사용하여 원하는 결괏값으로 만드는 과정을 빠르게 짚어보았습니다. 아직 설명할 부분이 많지만, 직접 문제를 풀어봐야 이해하기 쉬우므로 문제를 풀다가 중요한 내용은 중간중간 계속 언급하겠습니다.

8.2.2 파라메트릭 서치

이진 탐색에 필요한 데이터가 당연히 정렬되어야 한다는 사실은 계속 이야기했습니다. 하지만 기이하게도 정렬 없이 이진 탐색 개념만 사용해 문제를 푸는 것도 가능합니다.

문제를 정답으로 바로 이끌 수 있는 최적화된 풀이 방법으로 푸는 것이 아니라, 현재 상황에서 어떻게 나아갈 것인지를 판단하는 결정 문제로 변형하면 선택지를 부여할 수 있는데, 이때 선택지를 두 개로 만든다면 이진 탐색을 응용하여 풀 수 있습니다. 이를 파라메트릭 서치(parametric search), 또는 매개변수 탐색이라고 합니다.

▼ **그림 8-3** 쉽게 말하자면 흐름을 두 갈래로 쪼개는 것

파라메트릭 서치는 매개변수를 사용하여 예/아니요 방식처럼 두 갈래로 나눠 탐색하는 방법을 의미합니다. 경우의 수를 전부 고려하려면 한 변수에서 나올 수 있는 모든 가능성을 따지는 것처럼, 선택지가 결정되었을 때 실행할 기능을 함수로 만든 뒤, 선택지를 함수의 매개변수로 제공하여 그 값에 따라 탐색 방향을 결정하면 됩니다(기능을 꼭 함수로 만들 필요는 없습니다).

다음 탐색 방향을 둘 중 하나만 선택할 수 있게 변형하면 당연히 질문의 방법 또한 바뀝니다. 이해하기 쉽게 앞에서 본 성적 이야기를 조금 더 이어나가봅시다. 실제로 여러분이 볼 문제들은 '학생들의 점수 중에서 몇 등 이상 받은 학생만이 해당 수업을 통과할 수 있다고 했을 때 얼마나 성적을 올려야 합격할 수 있는가'처럼 조건과 제약사항이 주어질 것입니다(단, 점수가 동일하면 같은 등수에 여러 명이 있을 수 있고, 그 수만큼 통과하는 학생 수를 늘립니다).

그렇다면 자신의 점수가 현재 몇 점이고, 통과할 수 있는 등수는 몇 등이며, 이때의 등수는 몇 점인지 계산하여 몇 명이 내 앞에 있는지 알아내는 방식을 사용해야 하니, 전체 '등수'를 기준으로 문제를 풀게 됩니다. 문제에서 등수를 원했으니, 풀이 또한 등수 기준으로 진행하는 것이죠. 개념 자체는 자연스럽게 연결되지만 이런 식으로 문제를 풀면 동일 점수가 있을 때는 어떻게 확인할 것인지 추가적인 조치가 필요합니다.

이때 문제를 파라메트릭 서치로 변형하면 '이 학생의 성적은 합격할 수 있는 등수인가?'로 관점이 달라집니다. 이제 등수가 아니라 '점수'가 기준이 됩니다. 합격을 위한 최소 점수가 몇 점인지만 알

면 곧바로 몇 등인지 계산할 수 있고, 자신의 등수가 어딘지 알 수 있다면 두 위치를 빼는 것만으로 정답을 구할 수 있습니다.

조금 바꾼 것뿐인데 문제가 굉장히 쉽게 풀렸네요. 하지만 모든 문제를 이런 식으로 풀 수 있는 건 아닙니다. 다음 조건을 만족하지 못한다면 이 방식으로 접근하면 안 됩니다.

1. 주어진 기준에서 최댓값/최솟값을 구할 수 있어야 합니다.

2. 1번 조건을 만족한다면 그보다 작은 값 또한 1번 조건을 만족해야 하며, 큰 값 또한 마찬가지여야 합니다. 즉, **정렬 형태**로 구성되어야 합니다!

> ┤ 잠깐만요 ├
>
> 이진 탐색은 계속해서 현재의 절반으로 잘라나가기 때문에 정수 범위와 같이 한정적인 숫자 범위가 주어져야 올바르게 탐색을 종료시킬 수 있습니다. 말 그대로 절반씩 본다고 하면 0.5, 0.25, 0.125, … 식으로 무한히 절반으로 쪼개질 수 있습니다. 따라서 코딩 테스트에서 나오는 이진 탐색 문제들은 특별한 언급이 없으면 무조건 정수 범위에서 다룹니다.

까다로운 조건이지만, 일단 만족하기만 하면 곧바로 변형하여 풀 수 있습니다. 오히려 반대로 이렇게 푸는 방법을 모르면 정답을 도출해내는 것이 힘들 정도로 매우 어려우니 두 조건을 잘 기억해 둡시다.

이 정도면 전부는 아니더라도 문제를 풀 때 필요한 핵심 개념은 모두 알아봤습니다. 문장을 읽고 어떻게 이해할 것인지에 대한 안목은 결국 경험과 직결되므로 문제를 풀면서 하나씩 익혀봅시다.

8.3 _{SECTION} 다양한 문제 풀이

다른 장과 달리 높은 난이도로 시작합니다. 그렇다고 너무 겁먹을 필요는 없습니다. 탐색의 핵심은 기준을 잡는 것! 열심히 생각하고 정리해서 기준을 한 번 정확하게 잡는다면, 곧바로 정답과 직결되기 때문에 몇 시간이 걸리더라도 포기하지 않고 도전하는 걸 목표로 해보세요.

입국심사 - Level 3

URL https://school.programmers.co.kr/learn/courses/30/lessons/43238

n명이 입국심사를 위해 줄을 서서 기다리고 있습니다. 각 입국심사대에 있는 심사관마다 심사하는데 걸리는 시간은 다릅니다.

처음에 모든 심사대는 비어 있습니다. 한 심사대에서는 동시에 한 명만 심사를 할 수 있습니다. 가장 앞에 서 있는 사람은 비어 있는 심사대로 가서 심사를 받을 수 있습니다. 하지만 더 빨리 끝나는 심사대가 있으면 기다렸다가 그곳으로 가서 심사를 받을 수도 있습니다.

모든 사람이 심사를 받는데 걸리는 시간을 최소로 하고 싶습니다.

입국심사를 기다리는 사람 수 n, 각 심사관이 한 명을 심사하는 데 걸리는 시간이 담긴 배열 times가 매개변수로 주어질 때, 모든 사람이 심사를 받는데 걸리는 시간의 최솟값을 return하도록 solution 함수를 작성해주세요.

제한 사항

- 입국심사를 기다리는 사람은 1명 이상 1,000,000,000명 이하입니다.
- 각 심사관이 한 명을 심사하는데 걸리는 시간은 1분 이상 1,000,000,000분 이하입니다.
- 심사관은 1명 이상 100,000명 이하입니다.

입출력 예

n	times	return
6	[7, 10]	28

입출력 예 설명

가장 첫 두 사람은 바로 심사를 받으러 갑니다.

7분이 되었을 때, 첫 번째 심사대가 비고 3번째 사람이 심사를 받습니다.

10분이 되었을 때, 두 번째 심사대가 비고 4번째 사람이 심사를 받습니다.

14분이 되었을 때, 첫 번째 심사대가 비고 5번째 사람이 심사를 받습니다.

20분이 되었을 때, 두 번째 심사대가 비지만 6번째 사람이 그곳에서 심사를 받지 않고 1분을 더 기다린 후에 첫 번째 심사대에서 심사를 받으면 28분에 모든 사람의 심사가 끝납니다.

문제 풀이

문제 자체도 까다로운데, 입력 크기가 무려 10억입니다. 그동안 아무리 많아도 천만 이상을 넘지 않았던 것을 생각한다면 어떤 개념으로 풀어야 하는지 명백합니다. 만약 완전 탐색 같은 개념이 먼저 떠올랐다면 다시 처음으로 돌아가서 개념 설명을 잘 읽어보세요.

이진 탐색을 떠올렸다면, 가장 먼저 결정해야 할 것은 '무엇을' 탐색 기준으로 할 것인지입니다. 제출할 정답은 모든 사람을 심사하는 데 걸리는 최소 시간이지만, 무작정 시간을 기점으로 진행하면 더 고민해야 하는 일이 생길 수 있습니다. 미리 고려해야 하는 사항을 짚어 보겠습니다.

1. 비어 있는 심사대?

어느 정도 문제 풀이 경험이나 지식이 있다면 오히려 함정에 걸릴 수 있습니다. 비어 있는 심사대로 가서 심사를 받을 수 있는데, 더 빨리 끝나는 심사대가 있으면 **기다렸다가** 심사를 받을 수도 있다는 점에서 최소 작업 우선 스케줄링 알고리즘인 SJF(Shortest Job First) 개념을 떠올릴 수 있습니다(우선순위 큐로 풀 수 있긴 합니다).

그러나 입출력 예 1번을 보고 잘 생각해봅시다. 심사가 7분, 10분 걸리는데 7분이 가장 빠르다고 해서 모든 사람이 7분 심사를 보겠다고 대기하면, 한 사람이 7분 소모할 동안 다른 사람은 계속해서 그 7분을 기다려야 하므로 어떻게 봐도 최소 시간이 성립할 수 없습니다.

즉, 사람마다 가장 빠른 시간을 찾아주는 것이 아니라 전체적으로 가장 빨리 심사를 마칠 수 있는 시간을 찾는 것이 문제의 목표입니다. 가능한 모든 심사대를 돌아가게 하면서 최소 시간을 찾아야 합니다.

하지만 심사 시간이 극단적으로 치우친다면 어떨까요? 심사를 받아야 할 사람이 5명, 각 심사대는 [1, 1, 10]분씩 걸린다고 해봅시다. 이렇게 된다면 10분 걸리는 심사대는 가지 않고 1분 걸리는 심사대 둘을 3번 돌리는 것이 훨씬 빠르게 끝납니다. 무조건 모든 심사대를 돌린다고 해서 항상 빠른 건 아니라는 반례가 나왔습니다.

그렇다면 소요 시간을 계산하는 일 자체는 피할 수 없을 것 같습니다. 문제는 이렇게 되면 시간별로 현재 상황을 확인하면서 계속 최적의 선택을 하는 것이 아니라면 어느 시간이 가장 최소 시간이 될지는 확신할 수 없게 되는 것이죠. 이렇게 애매한 상황에서는 파라메트릭 서치를 적용하여 어떤 경우가 가장 최선인지 따지는 것이 아니라, **어떤 경우가 정답인지 아닌지에 대해서만 결정하도록 만들면 됩니다.** 즉, 주어진 임의의 시간 안에 몇 명을 처리할 수 있는지 세는 방식으로 접근하면 문제를 풀 수 있습니다.

방법은 의외로 쉽습니다. 임의로 주어진 시간만큼 몇 명을 심사할 수 있을지 계산합니다. 중간에 남는 시간 없이 가능한 모든 심사대를 사용했을 때 최대 몇 명을 심사할 수 있는지 확인하는 것입니다. 각 심사대별로 주어진 최대 시간과 심사대의 처리 시간을 나눈 몫을 취하는 것으로 쉽게 계산이 가능합니다.

그리고 결과를 모두 더하면 몇 명을 받을 수 있는지 알 수 있습니다. 이 숫자를 모두 검사해야 할 사람의 수와 비교하여 사람의 숫자가 원래 목표보다 많으면 주어진 시간을 줄이고, 반대로

적으면 시간을 늘리는 것으로 대응하면 시간별로 빈 심사대가 있는지, 그리고 어떻게 할당해 줄 것인지 생각할 필요 없이 단순하고 쉽게 문제를 풀 수 있게 됩니다. 처음 문제를 볼 때는 막 막하기만 했는데 어느 순간 굉장히 해볼 만한 난이도로 변했습니다.

2. 무조건 최소 시간이 정답인가?

여기까지 잘 생각했어도, 정말 이래도 되나 하면서 망설여지는 순간이 옵니다. 직접 해보기 전까지는 잘 모르는 것들이 하나둘 등장하면서 갑자기 제대로 풀고 있는 게 맞는지 의심되는 것이죠.

이진 탐색은 시작과 끝이 서로 만나기 전까지 계속 반복됩니다. 소요 시간의 기준을 현재 시간에서 처리할 수 있는 사람이 몇 명이나 되는지 확인하는 방식을 거치므로, 어느 정도 반복하면 정답과 가장 근접한 수치를 계속 오가게 됩니다.

```
30) 4 + 3 (7 / 6) <1 -> 30 <- 29>
15) 2 + 1 (3 / 6) <16 -> 15 <- 29>
22) 3 + 2 (5 / 6) <23 -> 22 <- 29>
26) 3 + 2 (5 / 6) <27 -> 26 <- 29>
28) 4 + 2 (6 / 6) <27 -> 28 <- 27>
```

계속 크기를 줄여나가면 어느 순간 '가능한 최대 인원과 모두 통과시켜야 하는 전체 인원'이 정확하게 일치하고, 이게 곧 정답이 됩니다. 꼭 끝까지 탐색하지 않아도 일치하는 순간이 올 수 있으나 좌우가 같은 위치가 아니기 때문에 결국은 최소 수치를 찾아내는 건 변함없습니다.

하지만 정확하게 일치하지 않는 경우가 발생할 수 있다는 가능성을 고려해야 합니다. 입출력 예에 없는 다른 예를 봅시다. 심사를 받아야 할 사람이 10명, 각 심사대는 [6, 8, 10]분이라면 주어진 시간으로 심사할 수 있는 최대 인원이 계속 변하게 될 것입니다.

```
(19 / 10)
(9 / 10)
(13 / 10)
(11 / 10)
(9 / 10)
(9 / 10)
(11 / 10)
```

좌우가 서로 만났고, 이진 탐색이 정답을 제시한 시간으로 직접 몇 명을 심사할 수 있을지에 대해 계산해보면, 심사를 받아야 할 사람보다 더 많이 심사를 할 수 있다는 결론이 나왔습니다. 분명히 '최소 시간'이어야 하는데 여유가 더 생겼습니다.

그렇다면 이 정답은 최소 시간이 아닐까요? 하지만 문제의 조건을 잘 생각해보면 시간이 남는다 하더라도 최소 시간이라고 말할 수 있습니다. 주어진 조건들이 모두 암묵적으로 정수이기 때문이 죠. 사람을 0.5명 심사할 수 없는 노릇이고, 주어진 시간도 정수이기 때문에 정확하게 심사해야 하는 사람의 숫자와 일치하지 않아도 괜찮습니다.

이 두 가지를 모두 고려했을 때, 더 이상 추가로 발생할 변수가 없는 것을 확인했습니다. 따라서 전체적인 과정은 다음과 같이 정리할 수 있습니다.

1. 0분부터 가장 오래 걸리는 소요 시간을 시작과 끝으로 지정합니다.

2. 시작과 끝의 중간 시간에서 최대 몇 명 심사할 수 있을지 계산합니다.

3. 심사해야 할 사람의 숫자보다 많으면 끝의 크기를 줄이고, 적으면 시작의 크기를 줄여 이진 탐 색을 수행합니다.

코드 작성

이진 탐색은 코드 자체를 거의 그대로 사용합니다. 기준만 정했다면 나머지는 매우 간단합니다.

1. 0분부터 가장 오래 걸리는 소요 시간을 시작과 끝으로 지정합니다.

```
def solution(n, times):
    answer = 0
    left, right = 1, max(times) * n
```

가장 오래 걸리는 소요 시간은, 가장 오래 걸리는 심사대에 일렬로 줄을 서는 경우가 될 것입니 다. 따라서 '전체 인원 수 × 가장 오래 걸리는 시간'으로 대응하겠습니다.

2. 시작과 끝의 중간 시간에서 최대 몇 명 심사할 수 있을지 계산합니다.

```
while left <= right:
    mid = (left + right) // 2
    people = 0
    test = []

    for time in times:
        people += mid // time
        if people >= n: break
```

이진 탐색을 하기 위해 현재 시간에서 심사 가능한 최대 인원 수를 구해야 합니다. 시간이 허락할 때까지 모든 심사대가 일을 했다면 이 둘을 서로 나눠 몫을 계산하는 것으로 몇 명까지 심사했는지 알 수 있습니다. 굵은 글씨의 코드는 최대 인원보다 심사 가능한 총 인원이 더 많은 것이 확정되면 더 이상 계산할 필요가 없으므로 부분 최적화를 했습니다.

3. 심사해야 할 사람의 숫자보다 많으면 끝의 크기를 줄이고, 적으면 시작의 크기를 줄여 이진 탐색을 수행합니다.

```
if people >= n:
    answer = mid
    right = mid - 1
elif people < n:
    left = mid + 1
```

이제 최대 인원 수에 따라 다음 탐색 범위를 결정하면 됩니다. 크면 끝 크기를 줄여 시간을 줄이고, 작으면 시작 크기를 줄여 시간을 늘리는 방식으로 말이죠. 대신 정답이 될 수 있는 후보는 여유가 남더라도 심사를 받아야 하는 사람보다는 많아야 하기 때문에 이 점에 유의하여 정답 변수를 할당합니다.

전체 코드

8장/입국심사.py

```
def solution(n, times):
    answer = 0
    left, right = 1, max(times) * n

    while left <= right:
        mid = (left + right) // 2
        print(mid, end=') ')
        people = 0
        for time in times:
            people += mid // time
            if people >= n: break

        if people >= n:
            answer = mid
            right = mid - 1

        elif people < n:
            left = mid + 1

    return answer
```

매우 큰 입력 크기, 생각하는 것만으로도 막막한 최적화 문제! 이진 탐색 유형 문제는 기본적으로 개념을 모른다면 문제 풀이에 접근하는 것부터 고역이라고 말할 정도로 굉장히 난해합니다. 이전까지는 직접적으로 푸는 방법을 모른다고 해도 이런저런 방법을 사용하여 문제를 풀 수 있었는데, 이번 경우는 개념을 대체하여 풀기 매우 어렵습니다. 멀리 갈 필요 없이 이진 탐색 대신 비교 탐색을 수행하는 순간 곧바로 시간 초과로 직결됩니다.

하지만 풀이 방법을 알고 접근하면 기준을 잘 잡아 주는 것만으로 비교적 간단하게 문제를 풀 수 있습니다. 아무리 말장난이라도, 관점의 변화는 매우 중요하므로 한 가지 생각에 계속 사로 잡히지 말고 다양하게 고민해보세요.

순위 검색 - Level 2

URL https://school.programmers.co.kr/learn/courses/30/lessons/72412

[본 문제는 정확성과 효율성 테스트 각각 점수가 있는 문제입니다.]

카카오는 하반기 경력 개발자 공개채용을 진행 중에 있으며 현재 지원서 접수와 코딩 테스트가 종료되었습니다. 이번 채용에서 지원자는 지원서 작성 시 아래와 같이 4가지 항목을 반드시 선택하도록 하였습니다.

- 코딩 테스트 참여 개발언어 항목에 cpp, java, python 중 하나를 선택해야 합니다.
- 지원 직군 항목에 backend와 frontend 중 하나를 선택해야 합니다.
- 지원 경력구분 항목에 junior와 senior 중 하나를 선택해야 합니다.
- 선호하는 소울푸드로 chicken과 pizza 중 하나를 선택해야 합니다.

인재영입팀에 근무하고 있는 '니니즈'는 코딩 테스트 결과를 분석하여 채용에 참여한 개발팀들에 제공하기 위해 지원자들의 지원 조건을 선택하면 해당 조건에 맞는 지원자가 몇 명인 지 쉽게 알 수 있는 도구를 만들고 있습니다. 예를 들어, 개발팀에서 궁금해하는 문의사항은 다음과 같은 형태가 될 수 있습니다.

- **코딩 테스트에 java로 참여했으며, backend 직군을 선택했고, junior 경력이면서, 소울푸드로 pizza를 선택한 사람 중 코딩 테스트 점수를 50점 이상 받은 지원자는 몇 명인가?**

물론 이 외에도 각 개발팀의 상황에 따라 아래와 같이 다양한 형태의 문의가 있을 수 있습니다.

- 코딩 테스트에 python으로 참여했으며, frontend 직군을 선택했고, senior 경력이면서, 소울푸드로 chicken을 선택한 사람 중 코딩 테스트 점수를 100점 이상 받은 사람은 모두 몇 명인가?
- 코딩 테스트에 cpp로 참여했으며, senior 경력이면서, 소울푸드로 pizza를 선택한 사람 중 코딩 테스트 점수를 100점 이상 받은 사람은 모두 몇 명인가?
- backend 직군을 선택했고, senior 경력이면서 코딩 테스트 점수를 200점 이상 받은 사람은 모두 몇 명인가?
- 소울푸드로 chicken을 선택한 사람 중 코딩 테스트 점수를 250점 이상 받은 사람은 모두 몇 명인가?
- 코딩 테스트 점수를 150점 이상 받은 사람은 모두 몇 명인가?

즉, 개발팀에서 궁금해하는 내용은 다음과 같은 형태를 갖습니다.

- **[조건]을 만족하는 사람 중 코딩 테스트 점수를 X점 이상 받은 사람은 모두 몇 명인가?**

문제

지원자가 지원서에 입력한 4가지의 정보와 획득한 코딩 테스트 점수를 하나의 문자열로 구성한 값의 배열 info, 개발팀이 궁금해하는 문의 조건이 문자열 형태로 담긴 배열 query가 매개변수로 주어질 때, 각 문의 조건에 해당하는 사람들의 숫자를 순서대로 배열에 담아 return하도록 solution 함수를 완성해주세요.

제한 사항

- info 배열의 크기는 1 이상 50,000 이하입니다.
- info 배열 각 원소의 값은 지원자가 지원서에 입력한 4가지 값과 코딩 테스트 점수를 합친 "개발언어 직군 경력 소울푸드 점수" 형식입니다.
  - 개발언어는 cpp, java, python 중 하나입니다.
  - 직군은 backend, frontend 중 하나입니다.
  - 경력은 junior, senior 중 하나입니다.
  - 소울푸드는 chicken, pizza 중 하나입니다.
  - 점수는 코딩 테스트 점수를 의미하며, 1 이상 100,000 이하인 자연수입니다.
  - 각 단어는 공백문자(스페이스 바) 하나로 구분되어 있습니다.
- query 배열의 크기는 1 이상 100,000 이하입니다.
- query의 각 문자열은 "[조건] X" 형식입니다.
  - [조건]은 "개발언어 and 직군 and 경력 and 소울푸드" 형식의 문자열입니다.
  - 언어는 cpp, java, python, - 중 하나입니다.
  - 직군은 backend, frontend, - 중 하나입니다.
  - 경력은 junior, senior, - 중 하나입니다.
  - 소울푸드는 chicken, pizza, - 중 하나입니다.
  - '-' 표시는 해당 조건을 고려하지 않겠다는 의미입니다.
  - X는 코딩 테스트 점수를 의미하며 조건을 만족하는 사람 중 X점 이상 받은 사람은 모두 몇 명인지를 의미합니다.
  - 각 단어는 공백문자(스페이스 바) 하나로 구분되어 있습니다.
  - 예를 들면, "cpp and - and senior and pizza 500"은 'cpp로 코딩 테스트를 봤으며, 경력은 senior 이면서 소울푸드로 pizza를 선택한 지원자 중 코딩 테스트 점수를 500점 이상 받은 사람은 모두 몇 명인 가?'를 의미합니다.

입출력 예

info	query	result
["java backend junior pizza 150","python frontend senior chicken 210","python frontend senior chicken 150","cpp backend senior pizza 260","java backend junior chicken 80","python backend senior chicken 50"]	["java and backend and junior and pizza 100","python and frontend and senior and chicken 200","cpp and - and senior and pizza 250","- and backend and senior and - 150","- and - and - and chicken 100","- and - and - and - 150"]	[1,1,1,1,2,4]

입출력 예에 대한 설명

지원자 정보를 표로 나타내면 다음과 같습니다.

언어	직군	경력	소울 푸드	점수
java	backend	junior	pizza	150
python	frontend	senior	chicken	210
python	frontend	senior	chicken	150
cpp	backend	senior	pizza	260
java	backend	junior	chicken	80
python	backend	senior	chicken	50

- "java and backend and junior and pizza 100" : java로 코딩 테스트를 봤으며, backend 직군을 선택했고 junior 경력이면서 소울푸드로 pizza를 선택한 지원자 중 코딩 테스트 점수를 100점 이상 받은 지원자는 1명입니다.

- "python and frontend and senior and chicken 200" : python으로 코딩 테스트를 봤으며, frontend 직군을 선택했고, senior 경력이면서 소울 푸드로 chicken을 선택한 지원자 중 코딩 테스트 점수를 200점 이상 받은 지원자는 1명입니다.

- "cpp and - and senior and pizza 250" : cpp로 코딩 테스트를 봤으며, senior 경력이면서 소울푸드로 pizza를 선택한 지원자 중 코딩 테스트 점수를 250점 이상 받은 지원자는 1명 입니다.

- "- and backend and senior and - 150" : backend 직군을 선택했고, senior 경력인 지원자 중 코딩 테스트 점수를 150점 이상 받은 지원자는 1명입니다.

- "- and - and - and chicken 100" : 소울푸드로 chicken을 선택한 지원자 중 코딩 테스트 점수를 100점 이상을 받은 지원자는 2명입니다.

- "- and - and - and - 150" : 코딩 테스트 점수를 150점 이상 받은 지원자는 4명입니다.

문제 풀이

카카오 문제답게 설명이 아주 길고 까다롭습니다. 하지만 설명이 길다는 것은 그만큼 얻어갈 정보가 많다는 의미이죠. 천천히 정리해보면서 정보를 파악하고, 어떤 작전을 세워야 하는지 확인해봅시다.

지원자는 주어진 4개의 선택지를 모두 골라야 하며, 성적과 함께 데이터가 저장됩니다. 나중에 개발팀에서 이 데이터를 읽고 원하는 조건에 맞춰 올바르게 추출하여 반환해야 합니다. 만약 찾는 조건 중에 '-'가 있으면 해당 문자가 있는 조건은 고려하지 않을 것입니다. 코드로 구현할 사항은 주어진 데이터와 조건을 기반으로 결과를 추출하여 반환하는 것입니다.

내용 자체는 크게 어렵지 않습니다. 입력 크기도 적당한 편이라 풀이의 문제가 되는 점은 없어 보입니다. 문제 풀이 과정을 먼저 정리해보겠습니다.

1. 지원자의 선택 사항과 점수가 담긴 문자열 배열, 데이터 조회 명령이 담긴 문자열 배열을 전처리합니다.

2. 문의별로 지원자의 데이터를 검사하여 조건에 맞는 정답을 찾습니다.

3. 기록된 정답을 반환합니다.

조회 문자열에 and, -가 있기 때문에 이를 처리해야 한다는 점을 감안해도 그렇게 어렵지 않은 문제로 보입니다. 바로 풀어봅시다.

코드 작성

1. 지원자의 선택 사항과 점수가 담긴 문자열 배열, 데이터 조회 명령이 담긴 문자열 배열을 전처리합니다.

가장 먼저 해야 할 일은 조건 탐색을 쉽게 할 수 있게 데이터를 미리 정리하는 것입니다. 띄어쓰기를 기준으로 분리하면 입출력 예로 주어진 표와 같이 데이터를 다룰 수 있게 됩니다. 2차원 배열을 만드는 것이죠.

```
def solution(info, query):
    data = [i.split() for i in info]
    queries = []
```

지원자의 정보는 띄어쓰기를 분리하는 것으로 충분하니, 리스트 컴프리헨션을 사용하여 분리된 데이터를 만듭니다. 다음으로 문의 조건을 분리해야 하는데, 분리 조건에 -는 탐색하지 않음을 의미하니 이 문자는 지우면 안 됩니다. 대신 and는 탐색 조건에 포함되지 않고 그저 추가 조건을 의미하기 때문에 지워도 무방합니다. 따라서 모든 and 문자는 지워주겠습니다.

```
for q in query:
    q = q.split()
    for _ in range(3): q.remove('and')
    queries.append(q)
```

2. 문의별로 지원자의 데이터를 검사하여 조건에 맞는 정답을 찾습니다.

이제 문의 조건을 읽고, 이 기준에 맞춰 해당하는 지원자를 세어 모든 지원자가 몇 번 호출되었는지에 대해 기록을 남기면 됩니다.

```
answer = [0] * len(query)

for i in range(len(queries)):
    q = queries[i]
    for info in data:
        for j in range(5):
            if q[j] == '-': continue
            elif j == 4 and int(info[j]) >= int(q[j]): answer[i] += 1
            elif info[j] != q[j]: break
```

모든 지원자만큼 정답 배열을 만들고, 쪼개진 문의 조건과 쪼개진 지원자의 데이터를 비교합니다. 점수는 볼 필요가 없으니, 지원자 정보 4개와 문의 조건 4개를 서로 비교하면서 일치하는지 확인하는 구도가 그려집니다. 마지막까지 조건이 모두 일치했다면 점수도 조건에 만족하는지 확인하고, 참이면 해당 지원자의 호출 횟수를 1 추가하고, 그렇지 않다면 다음 지원자로 탐색을 넘어갑니다.

3. 기록된 정답을 반환합니다.

마지막으로 모든 탐색이 기록된 결과 배열을 반환하면 됩니다.

```
return answer
```

전체 코드

8장/순위_검색.py

```
def solution(info, query):
    data = [i.split() for i in info]
    queries = []

    for q in query:
        q = q.split()
        for _ in range(3): q.remove('and')
        queries.append(q)

    answer = [0] * len(query)

    for i in range(len(queries)):
        q = queries[i]
        for info in data:
            for j in range(5):
                if q[j] == '-': continue
```

```
                    elif j == 4 and int(info[j]) >= int(q[j]): answer[i] += 1
                    elif info[j] != q[j]: break

        return answer
```

생각보다 매우 간단하네요. 문자열을 쪼개어 서로 비교한다는 생각을 할 수 있다면 나머지는 흐름에 맞게 구현하기만 하면 됩니다. 지금까지 문제를 풀어왔던 경험이라면 충분히 가능하리라 생각합니다.

그러나 해당 코드를 제출하면 예상했던 것과는 다른 결과가 나옵니다.

```
테스트 1  >  실패 (시간 초과)
테스트 2  >  실패 (시간 초과)
테스트 3  >  실패 (시간 초과)
테스트 4  >  실패 (시간 초과)
```

효율성 테스트가 실패한 이유

정확성 테스트는 예상했던 대로 모두 통과했지만, 효율성 테스트에서 가차 없이 모두 실패했습니다. 이유가 무엇일까요?

입력 크기를 다시 확인해봅시다. 지원자의 데이터는 최대 5만, 문의 조건은 최대 10만입니다. 이 논리라면 문의 조건별로 모든 지원자의 데이터를 조회하므로 5만 × 10만 = **50억**이라는 반복 횟수를 자랑하네요. 처음 주어진 입력 크기가 작다고 해서 넘어가는 바람에 $O(n^2)$ 시간 복잡도가 발생한지도 모르고 코드를 작성했습니다.

50억 정도면 대충 계산해도 50초 이상이 소모됩니다. 그렇다고 조건에 맞는 지원자를 확인하려면 비교하는 것 외에는 방법이 딱히 없으니 지금 논리 자체를 바꾸는 것은 어렵습니다. 비교할 때 드는 비용 자체가 문제라면 비트마스킹을 활용할 수 있겠지만 어쨌든 문의 조건마다 모든 지원자를 살펴본다는 논리 자체는 변하지 않으니 결국 다른 방식을 살펴봐야 합니다.

또 다른 문제 풀이

비교 탐색을 반드시 수행해야 하는데, 그 양이 너무 많다면 역시 이진 탐색을 활용하는 것이 맞습니다. 그렇다고 해서 무작정 바꿀 순 없으니, 무엇을 이진 탐색할 것인지에 대한 기준을 정해야 합니다.

문제를 다시 읽어봅시다. 이번에는 굵은 글씨로 중요하게 볼 점을 짚어보겠습니다. 이 부분을 중점으로 어떻게 하면 이진 탐색의 구도가 그려질 수 있을지 생각해봅시다.

지원자는 주어진 4개의 선택지를 모두 골라야 하며, 성적과 함께 데이터가 저장됩니다. 나중에 개발팀에서 이 데이터를 읽고 원하는 **조건에 맞춰 올바르게 추출**하여 반환해야 합니다. **만약 찾는 조건 중에 '-'가 있으면 해당 문자가 있는 조건은 고려하지 않을 것입니다.** 코드로 구현할 사항은 주어진 데이터와 조건을 기반으로 결과를 추출하여 반환하는 것입니다.

원래 생각하는 방식으로 접근했다가 막힌다면, 문제를 한 번 더 잘 읽고 어떤 방식으로 접근할 수 있는지 최대한 아이디어를 내는 것이 가장 첫 번째로 할 일입니다. 틀렸다고는 하지만 문제를 풀면서 몇 가지 특징을 알게 되었을 테니, 그 점까지 모두 동원해서 생각을 정리해봅시다.

1. **'-' 문자는 무엇을 의미하는가?**

   사실상 모든 고민의 근원이 여기에서 나온다고 봐도 무방합니다. 각 선택지마다 고를 수 있는 항목들이 다양하게 주어지니 문의 조건이 들어오면 지원자들의 선택 사항과 이 값을 비교하는 장치가 되기 마련인데, 심지어 문의 조건에서는 -를 사용할 수 있으니 해당 위치의 조건은 어떤 것이라도 상관없다는 기능까지 추가해야 합니다.

   처음 이 고민을 하게 되면 그저 막막할 뿐이지만, 두 번째 시도이므로 어느 정도 감이 올 것입니다. 코드의 흐름상 문의 조건에서 지원자 정보를 찾아보게 되니, 지원자 정보를 하나씩 비교하는 방식보다는 거꾸로 주어진 조건에서 가능한 모든 조합을 먼저 생각해봅시다. 어차피 점수는 모든 조건을 만족하는 상황에서 마지막으로 비교해야 하니 점수 부분을 떼어놓고 생각하면 비교해야 할 문자열은 4개가 될 것이고, -가 들어갈 수 있으니 그에 맞춰 모든 경우를 만들면 다음처럼 하나의 지원자 조건에 해당하는 문의 조건은 총 16가지가 나온다는 것을 확인할 수 있습니다.

   ▼ **표 8-1** java backend junior pizza를 만족시키는 모든 문의 조건

java	backend	junior	pizza
-	backend	junior	pizza
java	-	junior	pizza
java	backend	-	pizza
java	backend	junior	-
-	-	junior	pizza
-	backend	-	pizza
-	backend	junior	-

↻ 계속

java	-	-	pizza
java	-	junior	-
java	backend	-	-
java	-	-	-
-	backend	-	-
-	-	junior	-
-	-	-	pizza
-	-	-	-

이 점을 사용하여, 미리 선택 가능한 사항별로 경우의 수를 구하면 매번 모든 경우를 탐색할 필요 없이 단순 조회만으로 결과를 알아낼 수 있을 것입니다.

2. 모든 경우의 수를 구하는 방법은?

이 경우의 수를 딕셔너리(dict) 자료형으로 만들면, 앞으로 비슷한 상황의 지원자가 등장했을 때 O(1)의 시간만으로 동일한 경우인지 확인할 수 있을 것입니다. 즉, 지원자들의 조건으로 만들 수 있는 모든 조건을 키로, 이 조건에 해당하는 모든 지원자의 성적을 값으로 한다면 앞으로 나올 모든 문의 조건을 키에서 한 번에 찾아낼 수 있을 것이고, 그 이후에 나오는 성적을 한 배열로 모아 이진 탐색을 수행하면 매우 빠른 시간 안에 문제를 풀 수 있을 것입니다.

그렇다면 가능한 모든 경우를 어떻게 만들어야 하는지 정리해봅시다. 하나의 지원자들 조건에 16가지 경우의 수가 발생한다는 점은 확인했으니, 모든 선택지를 따지면서 딕셔너리를 제작하는 것보단 주어진 지원자의 데이터를 기반으로 생성하는 것이 훨씬 싸게 먹힐 것입니다. 한 사람당 가질 수 있는 데이터는 4개이니, 이런 형식으로 모든 경우의 수를 미리 만들어내는 방법도 생각해볼 수 있습니다.

```
def createData(user):
    (a, b, c, d) = user

    case = [
        [a, b, c, d],
        ["-", b, c, d],
        [a, "-", c, d],
        [a, b, "-", d],
        [a, b, c, "-"],
        ["-", "-", c, d],
        ["-", b, "-", d],
```

```
        ["-", b, c, "-"],
        [a, "-", "-", d],
        [a, "-", c, "-"],
        [a, b, "-", "-"],
        ["-", "-", "-", d],
        ["-", "-", c, "-"],
        ["-", b, "-", "-"],
        [a, "-", "-", "-"],
        ["-", "-", "-", "-"]
    ]
    return case
```

아니면 경우의 수를 떠올렸을 때 `itertools` 라이브러리를 사용하여 -가 들어가 있는 조합을 만들어내는 방법도 있습니다(-의 위치가 바뀐다 하더라도 만들어지는 경우는 차이가 없기 때문에 조합을 사용합니다).

```
from itertools import combinations
for j in range(4):
    candi = list(combinations(person, j))
```

이렇게 미리 경우의 수를 만들어두면 약간의 시간 비용을 소모하는 대신 조회 비용을 비약적으로 줄이는 것이 가능합니다. 입력 크기가 매우 크거나 연산해야 할 것이 많다면, 이들의 공통점을 찾아내 미리 데이터를 만들어 반복 작업을 크게 줄일 수 있습니다. 이를 잘 활용하면 $O(n^2)$, $O(n^3)$ 심지어 그 이상이 걸리는 알고리즘이라도 현실적인 시간 내에 끝마치도록 만들 수 있습니다.

3. 어떤 부분을 이진 탐색해야 하는가?

공통 데이터를 만들어냈다면, 이제 마지막으로 어떤 부분을 이진 탐색해야 하는지 결정해야 합니다. 사실 여기까지 오면 나올 수 있는 모든 경우를 짚었으니 성적만 탐색하면 되므로 고민할 사항도 없습니다. 아까 나올 수 있는 모든 조건을 키로, 그 조건에 해당하는 모든 성적을 값으로 지정한다고 했으니 이제 전체적인 흐름은 '미리 딕셔너리 데이터를 만든다 → 문의 조건에 해당하는 경우를 찾아낸다 → 여기서 몇 점 이상 받은 사람이 몇 명인지 확인한다' 식으로 이루어지게 된다는 건 알고 있을 겁니다.

n점 이상을 받은 사람이 몇 명인지 확인하려면, 배열에서 찾는 값이 가장 첫 번째로 등장하는 위치를 알아내면 됩니다. 이진 탐색에서는 동일한 탐색 결과가 나온다면 계속 왼쪽으로 이동하

라는 의미입니다. 찾으려는 값 이상의 숫자가 처음으로 나오는 위치, 하한선(lower bound)이라고 부르는 진행법은 앞으로도 자주 사용되니 개념만 가볍게 외워두도록 합시다(상한선은 하한선 과정을 반대로 진행한다고 생각하면 됩니다).

이진 탐색을 구현하는 방법은 앞서 사용했던 이진 탐색 코드를 그대로 가져와서 하한선 조건에 맞게 변형하는 것으로 원하는 결과를 얻을 수 있습니다.

```
while left < right:
    mid = (left + right) // 2
    if scores[mid] >= point: right = mid
    else: left = mid + 1
```

대략 이런 방식으로 찾는 값이 목표한 성적보다 작거나 같으면 값을 줄이고, 반대면 값을 키우면 됩니다. 이 방법 대신 bisect 라이브러리를 사용해 훨씬 간단하게 만들 수도 있습니다.

```
from bisect import bisect_left
…
len(people[key]) - bisect_left(people[key], score)
…
```

동일한 과정을 라이브러리로 처리하면 '전체 인원 − 하한선'으로 찾아낸 위치를 빼기 연산을 해서 몇 명이 해당하는지 계산할 수 있습니다. 라이브러리 활용법은 알아두면 계속 써먹을 수 있으니 여유가 된다면 외워두세요.

여기까지 왔다면 이제 구현하는 일만 남았습니다. 모든 논리가 갖춰졌으니, 한 번 더 과정으로 정리해봅시다.

1. 미리 딕셔너리 데이터를 만들어놓을 변수를 선언합니다.

2. 주어진 모든 지원자의 데이터를 for 문으로 순회하면서 가능한 경우의 수를 딕셔너리에 기록합니다.

3. 기록한 딕셔너리의 성적 데이터를 모두 정렬합니다.

4. 문의 조건에 따라 검색하고, 나온 결과의 성적 배열을 이진 탐색하여 몇 명인지를 확인합니다.

이처럼 생각하는 게 많이 복잡하고 어려울 수 있습니다. 기존 선형 탐색 방식으로 몇 점 이상 득점한 사람을 알아내려면 단순하게 하나씩 확인하면서 조건에 맞는 사람만 더하면 되는 간단한 이야기지만, 이진 탐색으로 동일한 작업을 하려면 아예 데이터를 분리해서 재구성하는 수준으로 조작해야 하니 제대로 하는 게 맞나 의심이 될 수 있습니다. 그러나 이런 데이터 재구성은 의외로 많이 하는 일 중 하나입니다.

여러분이 배운 개념을 잘 활용하려면, 먼저 주어진 데이터를 변환하는 작업 또한 중요하기 때문입니다. 난이도가 어렵다고 하는 문제들의 90%는 이런 식으로 특정 개념을 사용하기 위해 그에 맞는 형식을 만드는 방법을 알고 있는지 질문하는 것입니다. 경험이 많을수록 주어진 데이터를 보자마자 어떻게 해야 할지 감이 오니, 지금 당장 어렵고 복잡하더라도 천천히 과정을 짚어나가면서 익숙해지세요.

| 잠깐만요 |

혹시 이진 탐색으로도 풀 수 없는 문제가 나올 수 있나요?

코딩 테스트 경험이 적거나, 없는 분들이 가장 많이 하는 걱정입니다. 지금도 어려운데, 난이도가 더 높아지면 어떻게 출제될지 궁금하기 때문이죠.

코딩 테스트 문제에서는 크게 두 가지를 물어봅니다. '이 개념 알아?'와 '이 데이터를 이 개념으로 엮어서 풀 수 있어?' 형태입니다. 엄밀히 따지면 수학적 개념까지 사용해야 하거나 매우 복잡한 개념을 적용할 일은 사실상 없으므로 난이도 자체는 그렇게 높지 않습니다.

특히 이진 탐색을 사용해야 하는 문제는 탐색 기준을 '적절히' 잡는 것이 가장 중요하이기 때문에 출제자도 이를 의식하고 **비교적** 쉽게 문제를 출제하려고 합니다(그래도 Level 3, Level 4인 경우가 허다합니다!). 만약 작정하고 개념 응용 문제를 출제했다면 그 문제는 그냥 풀지 말라고 낸 문제로 봐도 됩니다.

그래서 만약 잘 풀리지 않는다면 데이터를 먼저 조작해야 하는데 하지 않았거나, 탐색의 기준을 잘못 잡았을 경우가 매우 높습니다. 중간 과정이 틀려서 나머지가 같이 안 맞는 것이죠. 항상 예외 케이스가 존재하지 않나 확인하고(이럴 때는 극단적인 경우를 짚어보는게 빠릅니다) 정말로 맞는 논리인지 검증해보세요. 충분하다고 생각했는데 아닌 경우가 많이 있습니다.

코드 작성

이번에는 라이브러리를 최대한 활용하여 코드를 작성해보겠습니다.

1. 미리 딕셔너리 데이터를 만들어놓을 변수를 선언합니다.

먼저 정답 배열과, 지원자들의 조건을 가지고 있을 딕셔너리 변수를 정의합니다.

```python
from collections import defaultdict
def solution(info, query):
    answer = []
    people = defaultdict(list)
```

단, 파이썬의 경우 딕셔너리에 없는 데이터를 조회하려면 오류가 발생하기 때문에 그냥 dict로 선언하면 나중에 계속해서 성적을 추가해야 하는 상황이 생겼을 때 문제가 됩니다. get() 함수를 사용하여 기본값을 안전하게 지정할 수도 있지만, 어차피 라이브러리를 사용하므로 collections 라이브러리에 있는 defaultdict를 사용해볼게요.

```
defaultdict(<새 키가 추가될 때 기본으로 할당할 기본값>)
```

이번 문제에서 가지고 있을 데이터는 조건에 해당하는 모든 사람의 성적이므로, 새 키가 생성되었을 때 성적 정보를 담을 수 있게 빈 배열도 가지고 있어야 합니다.

2. **주어진 모든 지원자의 데이터를 for 문으로 순회하면서 가능한 경우의 수를 딕셔너리에 기록합니다.**

앞서 풀었던 방식과 비슷하게 지원자가 선택한 4개 항목이랑 성적을 분리합니다. 그리고 이 4개 항목을 모두 합쳐 하나의 키로 만든 뒤 생성된 기본값 배열에 성적을 추가합니다.

```python
from itertools import combinations

for i in info:
    person = i.split()
    score = int(person.pop())
    people[''.join(person)].append(score)

    for j in range(4):
        case = list(combinations(person, j))
        for c in case:
            people[''.join(c)].append(score)
```

그다음 4개의 정보에 ―를 끼워서 만들 수 있는 모든 경우의 수를 만들고, 역시 딕셔너리에 해당 데이터를 추가합니다. 이런 식으로 입력받은 모든 지원자 정보에 대한 딕셔너리 데이터를 생성합니다.

3. **기록한 딕셔너리의 성적 데이터를 모두 정렬합니다.**

```python
for i in people: people[i].sort()
```

모든 추가가 완료되었다면, 이제 이진 탐색을 위해 만들어진 배열을 모두 오름차순 정렬합니다.

'나중에 필요할 때만 정렬해서 연산을 줄일 수 있지 않을까'라고 생각할 수 있는데, 반대로 주어진 배열이 오름차순이라는 것을 증명하기 위해 또 시간 비용이 발생하므로 결국 똑같은 상황이 됩니다(오히려 더 큰 비용이 발생할 수도 있습니다).

4. 문의 조건에 따라 검색하고, 나온 결과의 성적 배열을 이진 탐색하여 몇 명인지를 확인합니다.

이제 몇 점 이상인지를 알아내려면, 문의 조건의 키를 만들고 그 키로 확인한 배열에서 이진 탐색을 수행하면 됩니다.

```python
from bisect import bisect_left as left_bound

for i in query:
    key = i.split()
    score = int(key.pop())
    key = ''.join(key)
    key = key.replace('and', '').replace(' ', '').replace('-', '')
    answer.append(len(people[key]) - left_bound(people[key], score))

    return answer
```

먼저 문의 조건에서 성적 항목을 분리하고, and, -와 공백 문자를 전부 제거하여 키를 만든 뒤 아까 만들었던 딕셔너리 데이터를 검색해 들어 있는 성적 배열을 가지고 옵니다. 이 값에서 이진 탐색 혹은 bisect_left() 함수를 사용해 하한선을 구하면, 드디어 원하는 일정 점수 이상의 사람이 몇 명인지에 대한 정보를 알 수 있습니다.

```python
key.replace('and', '').replace(' ', '').replace('-', '')
```

위 코드는 사실 다음처럼 정규표현식으로도 대체가 가능합니다.

```python
from re import sub
...
key = sub('[ \-]|and', '', key)
...
```

그러나 이번 상황에서는 정규표현식을 사용하면 100ms 정도 실행 시간이 더 오래 걸립니다. 따라서 replace() 함수를 사용하는 것이 더 좋습니다.

먼 길을 돌아왔습니다. 이제 최종 코드를 봅시다!

8장/순위_검색_수정.py

전체 코드

```python
from itertools import combinations
from collections import defaultdict
from bisect import bisect_left as left_bound

def solution(info, query):
    answer = []
    people = defaultdict(list)

    for i in info:
        person = i.split()
        score = int(person.pop())
        people[''.join(person)].append(score)

        for j in range(4):
            candi = list(combinations(person, j))
            for c in candi:
                people[''.join(c)].append(score)

    for i in people: people[i].sort()

    for i in query:
        key = i.split()
        score = int(key.pop())
        key = ''.join(key)
        key = key.replace('and', '').replace(' ', '').replace('-', '')
        answer.append(len(people[key]) - left_bound(people[key], score))

    return answer
```

효율성 테스트
테스트 1 〉 통과 (493.46ms, 39.3MB)
테스트 2 〉 통과 (500.50ms, 39.5MB)
테스트 3 〉 통과 (476.90ms, 39MB)
테스트 4 〉 통과 (485.64ms, 39.4MB)

드디어 효율성 테스트까지 통과했습니다!

이쯤 되면 Level 2라는 것이 사기가 아닌가라는 생각이 들 겁니다. 이진 탐색 문제 중에선 그나마 쉽다고 하지만 절대 그렇게 보이지 않습니다. '적절히'라는 단어가 불지옥 난이도를 만드는 주범이 된다는 사실을 알게 되었을 테니 더더욱 난이도에 의구심이 들 수밖에 없죠. 또한, 문제를 풀어보니 단순히 입력 크기뿐만 아니라 다른 방향으로 고려할 사항이 있다는 점도 알게 되었을 것입니다.

징검다리 - Level 4

URL https://school.programmers.co.kr/learn/courses/30/lessons/43236

출발 지점부터 distance만큼 떨어진 곳에 도착 지점이 있습니다. 그리고 그 사이에는 바위들이 놓여 있습니다. 바위 중 몇 개를 제거하려고 합니다.

예를 들어, 도착 지점이 25만큼 떨어져 있고, 바위가 [2, 14, 11, 21, 17] 지점에 놓여 있을 때 바위 2개를 제거하면 출발 지점, 도착 지점, 바위 간의 거리가 아래와 같습니다.

제거한 바위의 위치	각 바위 사이의 거리	거리의 최솟값
[21, 17]	[2, 9, 3, 11]	2
[2, 21]	[11, 3, 3, 8]	3
[2, 11]	[14, 3, 4, 4]	3
[11, 21]	[2, 12, 3, 8]	2
[2, 14]	[11, 6, 4, 4]	4

위에서 구한 거리의 최솟값 중에 가장 큰 값은 4입니다.

출발 지점부터 도착 지점까지의 거리 distance, 바위들이 있는 위치를 담은 배열 rocks, 제거할 바위의 수 n이 매개변수로 주어질 때, 바위를 n개 제거한 뒤 각 지점 사이의 거리의 최솟값 중에 가장 큰 값을 return하도록 solution 함수를 작성해주세요.

제한 사항

- 도착 지점까지의 거리 distance는 1 이상 1,000,000,000 이하입니다.
- 바위는 1개 이상 50,000개 이하가 있습니다.
- n은 1 이상 바위의 개수 이하입니다.

입출력 예

distance	rocks	n	return
25	[2, 14, 11, 21, 17]	2	4

입출력 예 설명

문제에 나온 예와 같습니다.

Level 4라고 겁먹을 필요 없습니다. 이진 탐색의 핵심을 잘 기억하고, 어떤 점을 탐색해야 할지, 그리고 다음 탐색 범위를 어떻게 결정지어야 하는지 집중합시다.

우선 입력 크기가 10억입니다(이쯤 되면 말하지 않아도 뭘 사용해야 하는지는 알 겁니다). 다음으로 주어진 조건을 잘 보면, 출발지부터 목적지까지 놓여 있는 징검다리 중에 바위를 몇 개 제거한다고 합니다.

▼ **그림 8-4** 징검다리 중간의 바위 제거하기

단, 바위가 정확히 어디에 있는지는 주어지지 않고, 바위 사이의 거리만 주어지고 여기에서 n개만큼 임의로 바위를 제거해야 합니다. 제거하고 남은 바위들 사이에서 가장 짧은 거리를 측정한 후, 이 수치에서 가장 큰 값을 고르면 되는 문제입니다.

여기까지 읽으면 전체 징검다리 중 주어진 n개만큼 제거해야 하니, 모든 경우의 수를 뽑기 위해 조합을 사용하는 것을 고려해볼 수도 있습니다. 하지만 조합은 완전 탐색의 한 종류이기 때문에 극단적으로 총 50,000개의 바위 중에서 25,000개를 제거한다면 $_{50000}C_{25000}$을 수행해야 하므로 이 방식으로는 문제를 푸는 것이 불가능합니다.

그래서 이진 탐색을 쓰려고 하니 막상 그것도 고민됩니다. 주어진 바위들을 정렬한다고 하더라도 n개의 바위들을 제거하고 여기서 거리를 측정해야 하니 제거할 수 있는 모든 경우의 수를 어떻게 이진 탐색으로 녹여낼 것인가에 대한 문제가 생깁니다.

우선 완전 탐색이 먼저 생각난 이유를 정리해봅시다. 바위를 몇 개 제거해야 하는데, 그것이 정확히 어떤 위치인지는 모르기 때문에 제거할 수 있는 모든 경우를 따지지 않으면 남은 바위들 중에서 가장 짧은 거리를 얻어낼 방법이 없으니 그렇습니다. 적어도 지금까지 문제를 풀어온 경험에 의하면 말이죠.

그렇다면 입출력 예에서 나온 정답을 바탕으로 역으로 거슬러 올라가봅시다. 접근 방식은 잘 모르겠지만 무엇을 사용해야 할지 알고 있다면, '무슨 작업을 했더니 어떤 결과가 나왔다'라는 결론을 이용하여 가설을 세울 수 있습니다. 이번 문제의 경우 어떻게 접근했는지는 잘 모르겠지만 이진 탐색을 사용해야 한다는 것은 알고 있으니 가진 단서와 잘 엮어서 하나의 가설로 만들어주면 충분히 과정을 추측할 수 있습니다.

문제에서 주어진 예의 정답은 4입니다. 그러니까 (정렬된 징검다리는 [2, 11, 14, 17, 21]이므로) 여기서 바위를 2개 제거하고 남은 징검다리의 거리 중 가장 짧은 거리가 4라는 의미가 됩니다. 즉, 최소 거리들의 최댓값이 4라고 하는 것인데, 정해진 개수만큼 바위가 꼭 제거되어야 한다는 점을 생각해보면 의미심장한 부분입니다. 이 점을 활용해보겠습니다.

▼ **그림 8-5** 각 바위 사이의 거리

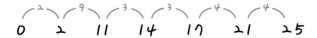

그림에는 정렬된 징검다리의 한 바위에서 다음 바위까지의 거리를 표시했습니다. 여기서 바위를 하나 제거한다면 사라진 바위가 있는 위치에서 이전 바위와의 거리와 이후 바위와의 거리가 합쳐집니다. 예를 들어 그림에서 11이라는 바위가 사라지면 2와 14 바위 사이의 거리는 9 + 3 = 12가 됩니다.

이런 식으로 바위가 하나 빠지면 그 옆에 있던 두 바위 사이의 거리는 늘어날 수밖에 없습니다. 이 상황에서 가장 짧은 거리를 만들려면 바위를 하나씩 제거해보고 그 사이의 모든 거리를 하나씩 살펴봐야 합니다. 하지만 이는 비효율적이므로 거꾸로 처음부터 가장 짧게 만들 바위 간 거리를 하나 정하고, 나머지 바위를 제거할 때 무조건 이 값보다 큰 값이 나오도록 하는 방법을 생각해볼 수 있습니다.

또한, 이 가설대로라면 완전 탐색 조건은 사라지고, 어떤 바위를 제거해야 정답과 일치하게 만들 수 있는지에 대해서만 정하면 됩니다. 앞에서 살펴봤던 입국 심사 문제처럼 기준을 완전히 바꿔서 거리를 기준으로 하지 않고, 목표치를 달성하기 위해 몇 개의 바위를 제거했는지를 기준으로 잡는 것이죠.

정답이 4이므로 가장 짧은 거리가 4가 되도록 바위를 제거해 다른 거리가 4를 넘도록 만들어줍시다. 그림을 보니 2와 14 바위를 제거해야 나머지 거리가 11, 6이 되니 이 두 바위를 제거하면 원하는 결과를 만들어낼 수 있습니다. 정답과 정확히 일치합니다.

다른 상황을 더 살펴볼까요? 만약 문제에서 가장 짧은 거리를 6이라고 했다면 그림에서는 2, 14, 21번 바위를 제거해야 하고(총 3개), 가장 짧은 거리가 2라고 했다면 아무것도 제거하지 않아도 됩니다.

여기서 하나의 흐름을 찾을 수 있습니다. 거리가 늘어날수록 제거해야 할 바위 개수가 늘어나고, 거리가 짧을수록 제거해야 할 바위 개수가 줄어듭니다. **제거해야 할 바위가 목표한 것보다 많다면 거리를 줄이고, 목표한 것보다 적다면 거리를 늘리는 방식으로 이진 탐색을 한다면** 문제를 풀 수 있다는 결론을 낼 수 있습니다.

이 과정을 모두 정리해서 다음과 같은 하나의 가설을 만들 수 있습니다.

1. 강의 시작 지점 0과 끝 지점으로 전체 범위를 결정하고 바위 위치를 정렬합니다.

2. 범위의 절반이 가장 짧은 거리라고 가정하고, 이 거리를 만들기 위해 바위를 몇 개 제거해야 하는지 셉니다.

3. 목표하는 바위보다 더 많이 제거했으면 거리를 줄이고, 더 적게 제거했으면 거리를 늘립니다.

가설이 제법 훌륭하게 만들어진 것 같네요. 하지만 아직 방심해서는 안 됩니다. 어디까지나 가설이기 때문에 입출력 예는 모두 맞힐 수 있어도 실제 제출하면 아닌 경우가 생길 수 있습니다. 우선 이대로 코드를 작성해봅시다.

코드 작성

1. 강의 시작 지점 0과 끝 지점으로 전체 범위를 결정하고 바위 위치를 정렬합니다.

```python
def solution(distance, rocks, n):
    answer = 0
    start, end = 0, distance

rocks.sort()
```

이진 탐색을 위한 준비 단계입니다. 시작과 끝 범위를 결정하고, 탐색을 할 배열을 미리 오름차순으로 정렬합니다.

2. 범위의 절반이 가장 짧은 거리라고 가정하고, 이 거리를 만들기 위해 바위를 몇 개 제거해야 하는지 셉니다.

```
while start <= end:
    mid = (start + end) // 2
    removed = 0
    temp = 0

    for rock in rocks:
        if rock - temp < mid: removed += 1
        else: temp = rock

        if removed > n: break
```

이제 주어진 크기를 달성하기 위해 바위를 몇 개 제거해야 하는지 판단해야 합니다. 현재 위치에서 다음 바위를 제거하느냐 혹은 이전 바위를 제거하느냐 두 가지 방법이 있겠지만, for 문을 좀 더 편하게 사용하고자 이전 바위를 제거하는 방식으로 접근해보겠습니다.

먼저 시작 위치와 끝 위치의 절반을 취해 크기를 설정합니다. 이 기준을 기반으로 정렬된 모든 바위를 for 문으로 순회하면서 기준보다 작은 바위는 모두 제거합니다. 첫 바위가 사라지면 다음 바위는 0부터 거리를 계산하니 아무런 문제가 없지만, 두 번째 바위부터는 전 위치가 계산되어야 합니다. 따라서 이전 위치를 잡고 있을 temp 변수가 필요합니다. 변수를 하나 더 사용하는 대신 연속적으로 바위가 사라지는 경우는 이전 위치가 있다면 총 크기를 계산할 수 있으니 고민할 필요가 없어집니다.

3. 목표하는 바위보다 더 많이 제거했으면 거리를 줄이고, 더 적게 제거했으면 거리를 늘립니다.

```
if del_stones > n:
    end = mid - 1
else:
    answer = mid
    start = mid + 1
```

그대로 만들면 됩니다. 모두 제거해야 하는 바위가 목표로 하는 바위보다 많으면 범위가 크다는 의미이므로 범위를 줄이고, 반대라면 범위를 늘립니다. 이런 식으로 맞춰나가다 보면 어느 순간 목표치와 동일해지는 순간이 올 텐데, 그 시점을 정답으로 만들면 됩니다.

(while 반복문이 끝나면 당연히 정답 변수를 반환하는 정도는 잊지 맙시다!)

```python
def solution(distance, rocks, n):
    answer = 0
    start, end = 0, distance

    rocks.sort()

    while start <= end:
        mid = (start + end) // 2
        del_stones = 0
        pre_stone = 0

        for rock in rocks:
            if rock - pre_stone < mid: del_stones += 1
            else: pre_stone = rock

            if del_stones > n: break

        if del_stones > n:
            end = mid - 1
        else:
            answer = mid
            start = mid + 1

    return answer
```

채점 결과
정확성: 100.0
합계: 100.0 / 100.0

실패할 줄 알았던 가설이 예상외로 한 번에 성공했습니다. 우연히 얻어걸린 건지, 아니면 제대로 접근했는지 확인해봅시다. 이번에는 입출력 예를 그대로 따라가면서 어떤 흐름으로 탐색을 수행하는지 알아봅시다.

left	mid	right	제거한 바위수 (n=2)
0	12	25	3
0	5	11	3
0	2	4	0
3	3	4	1
4	4	4	2

예상한 대로 제거한 바위의 개수를 기반으로 이진 탐색을 잘 수행하는 모습입니다. 꽤 괜찮은 시도였다는 증거입니다. 이런 식으로 원래 풀던 방식이 잘 되지 않고 다른 방식을 요구하는 상황이 온다면, 문제에 거꾸로 접근해 정답을 만들어내는 과정을 하나의 가설로 만들어서 이 방식이 통하는지 확인해볼 수 있습니다.

대신 실제로 한 번에 성공하는 일은 드물고, 단서를 찾는 데 꽤 많은 시행착오를 거쳐야 합니다. 무조건 거꾸로 접근한다고 해서 해결되지도 않고, 그 외에도 엮어야 할 개념들이 많으니 사람에 따라서는 처음부터 잘 설계하는 것이 더 쉽게 느껴질 수 있습니다. 다만 이진 탐색 문제는 동일한 과정을 반복해 크기를 줄여나가면서 풀어내는 분할과 정복 구성을 갖추고 있어 역으로 파고들어도 큰 무리가 없습니다.

문제 풀이의 핵심은 문제를 보는 관점을 바꾸는 것이 핵심입니다. 하지만 결코 쉬운 과정은 아니기 때문에 조금이라도 더 이해하려면 이렇게 억지로라도 파보는 것이 좋습니다. 어쩌면 꼼수이고 나쁜 접근 방법일 수도 있지만, 결국 코딩 테스트는 시험이므로 한 문제라도 더 맞히는 것이 제일 중요하고, 가장 우선할 목표입니다. 말장난이더라도 자신이 알고 있는 지식과 엮어 풀이법을 이끌어낸다면 그것도 하나의 유효한 방법이 될 수 있습니다.

징검다리 건너기 - Level 3

URL https://school.programmers.co.kr/learn/courses/30/lessons/64062

[본 문제는 정확성과 효율성 테스트 각각 점수가 있는 문제입니다.]

카카오 초등학교의 '니니즈 친구들'이 '라이언' 선생님과 함께 가을 소풍을 가는 중에 징검다리가 있는 개울을 만나서 건너편으로 건너려고 합니다. '라이언' 선생님은 '니니즈 친구들'이 무사히 징검다리를 건널 수 있도록 다음과 같이 규칙을 만들었습니다.

- 징검다리는 일렬로 놓여 있고 각 징검다리의 디딤돌에는 모두 숫자가 적혀 있으며 디딤돌의 숫자는 한 번 밟을 때마다 1씩 줄어듭니다.
- 디딤돌의 숫자가 0이 되면 더 이상 밟을 수 없으며 이때는 그다음 디딤돌로 한 번에 여러 칸을 건너뛸 수 있습니다.
- 단, 다음으로 밟을 수 있는 디딤돌이 여러 개인 경우 무조건 가장 가까운 디딤돌로만 건너뛸 수 있습니다.

'니니즈 친구들'은 개울의 왼쪽에 있으며, 개울의 오른쪽 건너편에 도착해야 징검다리를 건넌 것으로 인정합니다.

'니니즈 친구들'은 한 번에 한 명씩 징검다리를 건너야 하며, 한 친구가 징검다리를 모두 건넌 후에 그다음 친구가 건너기 시작합니다.

디딤돌에 적힌 숫자가 순서대로 담긴 배열 stones와 한 번에 건너뛸 수 있는 디딤돌의 최대 칸 수 k가 매개변수로 주어질 때, 최대 몇 명까지 징검다리를 건널 수 있는지 return하도록 solution 함수를 완성해주세요.

제한 사항

- 징검다리를 건너야 하는 '니니즈 친구들'의 수는 무제한이라고 간주합니다.
- stones 배열의 크기는 1 이상 200,000 이하입니다.
- stones 배열 각 원소들의 값은 1 이상 200,000,000 이하인 자연수입니다.
- k는 1 이상 stones의 길이 이하인 자연수입니다.

입출력 예

stones	k	result
[2, 4, 5, 3, 2, 1, 4, 2, 5, 1]	3	3

입출력 예에 대한 설명

입출력 예 #1

첫 번째 친구는 다음과 같이 징검다리를 건널 수 있습니다.

첫 번째 친구가 징검다리를 건넌 후 디딤돌에 적힌 숫자는 아래 그림과 같습니다.
두 번째 친구도 아래 그림과 같이 징검다리를 건널 수 있습니다.

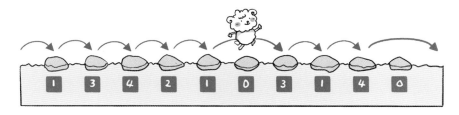

두 번째 친구가 징검다리를 건넌 후 디딤돌에 적힌 숫자는 아래 그림과 같습니다.
세 번째 친구도 아래 그림과 같이 징검다리를 건널 수 있습니다.

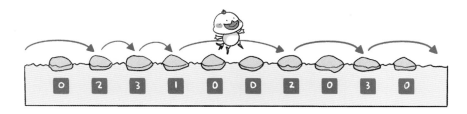

세 번째 친구가 징검다리를 건넌 후 디딤돌에 적힌 숫자는 아래 그림과 같습니다.
네 번째 친구가 징검다리를 건너려면, 세 번째 디딤돌에서 일곱 번째 디딤돌로 네 칸을 건너뛰어야 합니다. 하지만 k = 3이므로 건너뛸 수 없습니다.

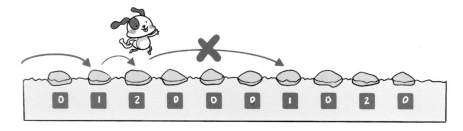

따라서 최대 3명이 디딤돌을 모두 건널 수 있습니다.

또 징검다리 문제인데, 이번에는 카카오 맛을 곁들였습니다. 심지어 효율성까지 평가하는 문제입니다. 만만치 않은 머리 싸움이 되겠네요.

징검다리의 디딤돌에는 사용 가능한 횟수가 존재합니다. 한 번씩 밟을 때마다 횟수가 1씩 줄어들고, 0이 되면 해당 디딤돌은 더 이상 밟을 수 없습니다. 아예 건너뛰어야 하죠. 여기서 건너뛸 수 있는 최대치 k가 주어진다면, 몇 명까지 다리를 건널 수 있을지에 대한 질문입니다.

주어진 디딤돌 개수 자체는 최대 20만 개 정도의 비교적 적은 수치를 가지고 있지만, 디딤돌을 밟을 수 있는 최대 횟수가 2억 번까지 존재할 수 있는 것을 보니 심상치 않습니다. 극단적으로 1번 밟을 수 있는 디딤돌과 2억 번 밟을 수 있는 디딤돌이 주어진다면 어떻게 될지, 그리고 어떻게 해야 할지에 대한 고민이 필요합니다.

당장 생각나는 방법이라면 한 사람이 다리를 건널 때마다 배열에서 밟은 디딤돌의 횟수를 줄이고 만약 다음에 밟을 디딤돌이 0이라면 0이 k만큼 반복되는지 확인하는 과정을 거치는 겁니다. 다음처럼 말이죠.

```python
def solution(stones, k):
    people = 0
    while True:
        cnt = 0

        for i in range(len(stones)):
            current = stones[i]
            if current > 0:
                cnt = 0
                stones[i] -= 1
            elif current == 0: cnt += 1
            if cnt >= k: return people

        people += 1
```

돌을 밟을 때마다 현재 밟은 돌의 숫자를 줄이고, 밟은 돌이 0이면 숫자를 늘려나가면서 어느 순간 0을 밟은 횟수가 k번 이상이면 지금까지 모두 건넌 사람을 출력하는 방식입니다.

효율성 테스트
테스트 1 > 실패 (시간 초과)
테스트 2 > 실패 (시간 초과)

테스트 3 > 실패 (시간 초과)
테스트 4 > 실패 (시간 초과)
테스트 5 > 실패 (시간 초과)
테스트 6 > 실패 (시간 초과)

실행해보니 효율성 테스트에서 모두 실패합니다. 단순하게 생각해봐도 20만 개의 디딤돌을 거의 2억 번에 근접하게 밟을 수 있다면 반복문이 $4e + 13$번 돌아가게 되니 이쯤 되면 뭘 어떻게 건드려도 시간 초과가 발생할 것입니다. 이런 방식으로는 문제를 풀 수 없다는 이야기입니다.

최악의 경우에는 모든 디딤돌이 2억 번일 테니 2억 명이 다리를 건널 수도 있습니다. 2억 명 중에 정답인 경우를 순차적으로 찾는 것은 말도 안 되는 얘기죠. 따라서 이진 탐색을 사용해서 해결해야 한다고 결론을 낼 수 있습니다.

건널 수 있는 사람의 수를 이진 탐색으로 찾으려면 무엇으로 범위를 줄일지에 대한 기준이 필요합니다. 전체적인 구상은 현재 건널 수 있는 사람이 밟는 횟수보다 디딤돌의 남은 횟수가 더 크다면 사람의 숫자를 늘리고, 반대라면 줄이는 방식으로 만들어질 것이므로 '건널 수 있는지 없는지에 대해 판단하는 방법'을 정해야 합니다.

최대로 건널 수 있는 사람의 숫자는 곧 최대로 밟을 수 있는 디딤돌의 숫자와 직결됩니다. 그렇다고 바로 최소 수치를 알아내는 것은 의미가 없습니다. k번 이내로는 밟을 수 없는 디딤돌을 뛰어넘어갈 수 있기 때문이죠. 정렬을 하면 위치 자체가 바뀌게 되므로 정렬을 시도하면 안 됩니다. 자신의 원래 위치와 값을 따로 데이터로 만들어서 정렬을 수행하는 형태로 시도해볼 순 있지만, 결국 연속적으로 건너뛰어야 하는 디딤돌이 몇 개인지에 대해 알아내야 하므로 이진 탐색과는 엮을 수 없습니다.

결국 디딤돌을 처음부터 끝까지 확인해보지 않는 이상 건널 수 있는지 없는지에 대한 판단이 불가능하므로, 이 부분은 대체할 방법이 없습니다. 대신 확인하는 과정을 바꾸는 것은 가능합니다. 처음부터 끝까지 하나씩 전부 밟아본다고 해서 굳이 한 명씩 돌을 밟으면서 간다는 내용을 충실하게 구현하지 않아도 됩니다.

▼ **그림 8-6** 3명이 강을 건널 때로 생각을 바꾸자

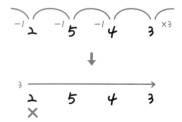

우리가 찾는 것은 최대 몇 명이 강을 건널 수 있는가에 대한 질문이기 때문에 한 명당 1번, n명이 건널 수 있다면 n번 미만 횟수를 가진 디딤돌은 건널 수 없다는 의미가 됩니다. 따라서 모든 돌을 순회하면서 n번 미만인 돌이 몇 번 연속적으로 반복되는지를 확인하면 판단할 수 있습니다.

문제 풀이를 위한 필요한 요소가 모두 모였습니다. 이 내용을 정리해서 과정으로 나타내면 다음과 같습니다.

1. 처음은 0, 끝은 디딤돌 중 가장 큰 숫자를 지정합니다.

2. 현재 주어진 인원 수만큼 다리를 건널 수 있는지를 판단하는 함수를 만듭니다.

3. 함수의 결괏값에 따라 이진 탐색을 수행합니다.

코드 작성

1. 처음은 0, 끝은 디딤돌 중 가장 큰 숫자를 지정합니다.

```python
def solution(stones, k):
    start, end = 0, max(stones)
    answer = 0
```

이진 탐색을 위한 사전 준비 작업을 해야 합니다. 얻어야 하는 결과는 최대 몇 명 건널 수 있는 지에 대한 정보이니, 시작은 0명으로 아무도 건널 수 없는 경우를 지정하고, 끝은 모든 디딤돌 중 가장 큰 숫자를 지정하여 모든 디딤돌이 똑같은 숫자인 극단적인 케이스를 대비합니다.

2. 현재 주어진 인원 수만큼 다리를 건널 수 있는지를 판단하는 함수를 만듭니다.

다음은 이진 탐색을 수행해야 하는데, 그전에 먼저 다리를 건널 수 있는지 판단하는 함수를 만들어야 합니다. 현재 주어진 명수만큼 다리를 건널 수 있는지 확인해야 그다음 탐색 범위를 지정할 수 있기 때문입니다. 일단 어떤 방법을 사용하더라도 전체 디딤돌에서 몇 명이 건널 수 있는지 빠르게 판단하는 방법은 없으니, for 문으로 주어진 디딤돌을 전체 순회하면서 n명, 즉 모든 디딤돌이 n번 이상 지속되는지에 대해 점검합니다.

```python
def available(n, stones, k):
    skip = 0
    for stone in stones:
        if stone < n:
            skip += 1
            if skip >= k: return False
```

```
        else: skip = 0
    return True
```

핵심은 건널 수 없는 디딤돌이 연속적으로 몇 번 반복되는가를 확인하는 것입니다. 이러기 위해선 따로 몇 번 반복되었는지 기록하는 변수를 만들고, for 문을 순회하면서 기준에 만족하지 않는 조건을 만났을 때 숫자를 늘려나가고, 이 숫자가 k번 이상 지속되면 이 다리를 더 이상 건널 수 없으므로 False를 반환합니다. 만약 유효하지 않은 디딤돌 다음에 유효한 디딤돌이 있다면 카운트를 초기화하는 방식으로 대응합니다. 모든 검사를 통과했다면 True로 건너는 것에 성공했다는 기록을 반환합니다.

3. 함수의 결괏값에 따라 이진 탐색을 수행합니다.

```
while start <= end:
    mid = (start + end) // 2
    if available(mid, stones, k):
        start = mid + 1
        answer = max(answer, mid)
    else: end = mid - 1

return answer
```

이제 마지막으로 2번의 결과에 따라 이진 탐색을 수행하면 원하는 결과를 얻을 수 있습니다. 아까 만들었던 available() 함수를 사용하여 그 결괏값에 따라 다음 탐색 범위를 결정하면, 시작과 끝이 서로 만날 때까지 이 과정을 반복하게 될 것입니다. 모든 사람이 징검다리를 건널 수 있을 때 정답 변수를 갱신하다 보면 어느새 반복문을 탈출하게 될 것이고, answer 변수가 정답을 가지고 있을 것이니 이를 반환하기만 하면 코드는 끝납니다.

전체 코드

8장/징검다리_건너기.py

```
def available(n, stones, k):
    skip = 0
    for stone in stones:
        if stone < n:
            skip += 1
            if skip >= k: return False
        else: skip = 0
    return True
```

```
def solution(stones, k):
    start, end = 0, max(stones)
    answer = 0
    while start <= end:
        mid = (start + end) // 2
        if available(mid, stones, k):
            start = mid + 1
            answer = max(answer, mid)
        else: end = mid - 1

    return answer
```

실행해보면 드디어 효율성 테스트까지 모두 통과합니다. 전체 시간 복잡도를 구하면 이진 탐색의 O(logn), 모든 디딤돌을 짚어나가는 O(n)이 서로 합쳐져 O(nlogn)이 됩니다. 처음 시도했던 코드는 O(n²)에 가까웠던 점과 비교하면 속도가 비약적으로 개선되었네요. 억 단위를 단순 순차 탐색으로 다루는 건 부담스럽지만, 이진 탐색을 사용하면 그런 단위가 무색하게 매우 빠른 시간 안에 실행됩니다.

이렇게 해서 이진 탐색도 모두 끝났습니다. 생각 자체는 매우 긴 과정을 거쳤는데, 막상 결과물을 보면 원래 사용하던 이진 탐색 코드의 형태를 벗어나지 않습니다. 결국 무엇을 탐색할 것인지, 그리고 무엇을 기준으로 크기를 줄여나갈 것인지만 정하면 입력 크기에 구애받지 않고 매우 빠른 시간 안에 탐색을 수행할 수 있습니다.

그러나 반대로 말하자면 이 두 가지를 찾는 과정이 가장 힘듭니다. 문제를 풀고 나서 보면 정말 별것 아니지만, 막상 풀 때는 온갖 방법을 동원해서 단서를 얻어야 하고, 심지어 그것조차 쉽지 않은 경우가 많죠. 문제가 까다로운 것도 있지만 입력 크기와 연산 횟수가 억 단위라서 다른 방법을 찾기 쉽지 않고, 강요하는 것에 비해 딱히 큰 단서는 제공하지 않으니 직접 정해야 하는 게 많기 때문입니다.

다음 장에서는 이진 탐색보다 더 빠른 탐색 방법인 해시(hash)를 알아보겠습니다. 이진 탐색은 탐색할 데이터가 정렬되어야 한다는(또는 그에 준하는 개념이 필요하다는) 전제 조건이 있기 때문에 일반적인 상황에서는 사용하기 어렵지만, 해시는 이러한 제약 없이 아무리 많은 데이터라도 O(1) 시간에 탐색을 할 수 있는 막강한 속도를 자랑합니다. 탐색 알고리즘계의 끝판 왕인 해시, 궁금하지 않나요?

배열은 기본적으로 동일한 타입의 데이터를 연속적으로 가질 수 있는 구조를 갖고 있습니다. 변수 하나에 데이터 하나라는 규칙에서 벗어나 더 많은 데이터를 담을 수 있는 가장 기본적이고 강력한 자료 구조입니다. 이런 특징 덕분에 알고리즘 문제가 아니더라도 여러 방면에서 사용됩니다. 따라서 배열을 잘 알고 있으면 어디서든 많은 도움이 됩니다.

▼ 그림 9-1 배열에서 값을 찾으려면

하지만 배열만으로는 모든 문제를 해결할 수 없습니다. 데이터에 더 많은 의미를 부여해야 하거나, 특정 위치에 존재하는 데이터를 빠르게 가져와야 하는 상황이 주어진다면 더 효율적인 방식으로 대응해야 합니다. 이럴 때는 어떤 방식으로 문제를 푸는 것이 좋을까요? 여러 가지 방법이 있지만 이번 장에서는 '해시 테이블'을 배워보겠습니다.

9.1 해시란

먼저 해시에 대한 정의부터 알아봅시다. 해시는 **임의의 데이터(값)를 변환 함수를 사용해 고정된 크기의 데이터로 변환한 값**을 의미합니다. 즉, 특정 값을 입력받으면 길이에 상관없이 항상 일정한 결과를 만들어냅니다. 이는 곧 **어떤 결과를 알고 싶다면 값만 알고 있으면 된다는 의미**도 됩니다.

위 그림과 같이 '특정 단어나 데이터를 해시 함수를 사용해 변환하는 작업'인 **해싱**(hashing)을 하면 고정된 길이의 새로운 값이 만들어집니다. 컴퓨터에서 직접 실행해보면(그림의 예시와는 다른 결과지만) 어떤 값을 집어넣든지 항상 고정된 길이의 해시값이 나오는 것을 확인할 수 있습니다(보안 기능 때문에 매번 실행할 때마다 결괏값이 달라집니다).

이런 해시의 작동 원리를 사용하여 만든 자료형이 바로 해시 테이블이며, 파이썬에서는 딕셔너리 (dict; 연관 배열)가 이에 해당합니다. 기본 표기 방법은 중괄호를 감싼 모양 {}이며, 중괄호 안에 데이터를 추가하고 수정합니다.

> **잠깐만요**
>
> 혹시 해시 테이블을 사용하려면 미리 구현해둬야 하는 부분이 있거나, 해시 함수의 원리를 이해해야 하는지 궁금할 수도 있습니다. 하지만 알고리즘 대회에 출전할 게 아니라면 해시 함수를 구현할 일도 없고, 바로 사용할 수 있는 딕셔너리 자료형을 제공하기 때문에 우리는 이걸 어떻게 사용할 것인지만 알면 됩니다.

지금부터 딕셔너리의 원리에 대해 하나씩 살펴보겠습니다.

9.1.1 해시 테이블이란

해싱을 사용하여 데이터를 테이블 형태로 저장하는 구조를 해시 테이블(hash table)이라고 합니다. 조금 더 자세하게 말하면, 여러분이 선언한 키(key)는 해시 함수를 통해 특정 값으로 변환되어 내부적으로 관리되고, 그에 대응하는 데이터(value)가 연결되는 자료 구조를 의미합니다.

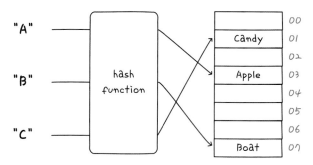

딕셔너리는 key와 value 두 개의 인자를 갖고 있으며, 선언할 때는 {key: value}로 하고 호출할 때는 배열처럼 대괄호를 사용하되 찾는 키를 직접 넣으면 됩니다. 짧은 예를 들면 profile = {"name": "hong", "age": 23}처럼 선언하고, 이 값을 호출할 때는 profile['name'] 형태로 배열처럼 키를 호출한다고 생각하면 됩니다.

단, 선언할 때 약간의 제약이 있는데, 키는 문자열, **숫자**와 참/거짓(Boolean) 형식만 사용 가능합니다. 대신 값의 자료형은 형식에 구애받지 않으며, {'plus': lambda x: x + 1, 'min': lambda x: min(x)} 같은 함수도 값으로 지정할 수 있습니다. 코딩 테스트에서는 문자열과 숫자만 사용해도 풀이에 아무런 지장이 없지만, 원한다면 얼마든지 사용할 수 있으니 이 제한은 잘 기억해둡시다.

연습 삼아 예시 코드를 작성해보겠습니다. 사과 4개, 바나나 11개, 체리 7개가 있다는 것을 어떻게 데이터로 만들 수 있을까요? 배열로 구현한다면 각 과일의 개수를 배열로 만든 다음, 순서대로 사과, 바나나, 체리라고 약속하거나, 배열을 2개 만들어서 과일 이름과 개수를 따로 저장해야 합니다. 어떻게 해도 귀찮아지는 건 피할 수 없습니다. 하지만 이를 딕셔너리로 구현한다면 어떨까요? 다음처럼 작성할 수 있습니다.

```
>>> book = {'Apple': 4, 'Banana': 11, 'Cherry': 7}
>>> book['Apple']
4
```

몇 번째 요소에 원소가 있을지 계산하지 않고, 키를 지정해주는 것만으로도 원하는 결과를 얻을 수 있습니다. 만약 전체 조회 작업이 필요하다고 해도 괜찮습니다. 해시 테이블 역시 for 문을 사용할 수 있는데, 특이하게 for in 문을 사용해서 나오는 값은 key 값이며 이를 이용해 조회할 수 있습니다.

```
>>> for fruit in book:
...
    print(book[fruit])
...
4
11
7
```

만약 자신이 가진 모든 과일의 개수를 알고 싶다면 for in 문과 book 변수를 사용하면 됩니다. 그러면 할당(unpack)되는 fruit 변수에는 book 변수에 들어 있던 키값 [사과, 바나나, 체리]가 할당되고, 이를 통해 book 변수에 접근하면 곧바로 과일별 개수를 알 수 있습니다.

그렇다면 배열과 비교해서 어떤 장점이 있을까요? 이미 설명한 부분에서 어느 정도 짐작이 가능하겠지만, 내용을 정리하면 다음과 같습니다.

▼ 그림 9-4 배열에서 딕셔너리로 개념 전환

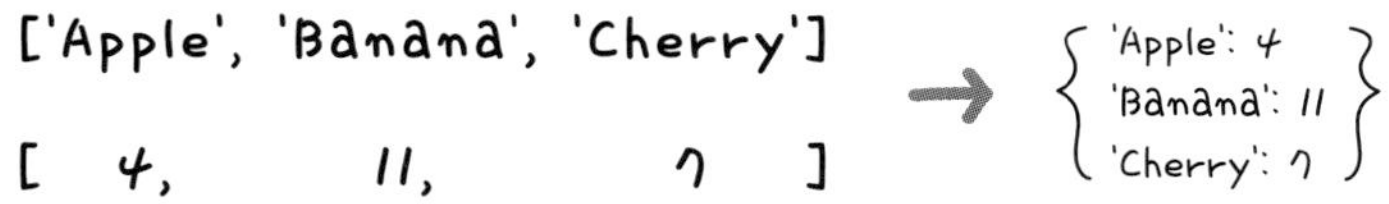

['Apple', 'Banana', 'Cherry']

[4, 11, 7]

→

{ 'Apple': 4
'Banana': 11
'Cherry': 7 }

과일 문제를 배열로 해결하려면 배열을 2개 사용하거나, 아니면 배열 1개를 사용하되 원소 순서를 지켜야 하는 등의 불편한 점이 있었습니다. 이때 해시 테이블을 사용하면 많은 부분을 개선할 수 있습니다. 배열 나름대로 장점이 있지만, 이 변화는 매우 큽니다.

먼저 탐색에 걸리는 시간 비용이 크게 줄어듭니다. 만일 주어진 데이터에서 특정 요소를 찾으라는 문제가 나왔을 때, 배열로 풀 경우 for 문으로 순차 탐색을 시도해야 하고, 이는 O(n)의 실행 시간이 걸립니다. 하지만 해시 테이블로 풀 경우 요소를 키값으로 접근하면 별다른 조치 없이 **O(1)**이라는 아주 빠른 시간에 원하는 요소를 찾을 수 있게 됩니다.

또한, 특수한 상황이 아니라면 각 요소가 어떻게 나열되어 있는지에 대해 정할 필요가 없습니다. 배열에서는 원소별 위치가 굉장히 중요하기 때문에 정렬하거나 배열을 적절히 분리해서 계산하는 등의 사전 작업이 필요한 경우가 많지만, 해시 테이블을 사용하면 이런 작업을 하지 않아도 됩니다. 이 두 가지만으로도 배열과 확연하게 차이가 납니다.

그렇다면 해시 테이블을 잘 사용하면 배열은 쓸 필요가 없을까요? 아닙니다. 해시 테이블의 가장 큰 장점은 많은 데이터 중에서 특정 데이터의 위치를 탐색할 필요가 없다는 것인데, 정렬이 잦거나, 전체 탐색이 필요한 상황이거나, '최솟값/최댓값 찾기'처럼 자료 구조를 많이 조작하는 연산이 많을수록 효율이 크게 떨어집니다. 오히려 이런 경우에는 배열을 사용해서 문제를 푸는 것이 훨씬 유리합니다.

9.1.2 해시의 시간 복잡도

해시가 필요한 순간에 딕셔너리만 잘 활용해주면 이걸로 인해 문제가 발생할 일은 없습니다. 오히려 너무 당연해서 뭔가 잘못되고 있는 게 아닐까 싶을 정도로 잘 풀립니다. 특히 탐색 시간이 O(1)이라는 대체 불가능한 강점 덕분에 시간 초과로 풀기 어려운 코드도 통과하는 마법을 보여줄 정도입니다. **하지만 여러분이 알고 있는 것과 다르게 딕셔너리의 탐색 시간은 항상 O(1)을 보장하지 않습니다.**

딕셔너리에서 사용되는 키는 해시를 기반으로 하는데, 이 해시는 해시 함수(예: MD5, SHA)를 사용해 연산되어 나온 값을 의미합니다. 어떤 입력이 들어가면 내부적으로 함수를 실행한 다음, 나온 결괏값을 여러분이 지정한 데이터와 연결하는 것입니다. 하지만 함수가 수학적 공식에 의해 돌아가다 보니 **낮은 확률로 동일한 값이 나올 수 있습니다.** 이를 **충돌**(collision)이라고 하며, 이 충돌을 해결하는 방법은 크게 개별 연결(separate chaining)과 공개 주소(open addressing)로 나뉩니다.

- 개별 연결 방식은 동일한 해시가 생성됐을 경우 연결 리스트(=배열)를 만들고 데이터를 집어넣어 한 해시에 연속적으로 연결된 형태를 취하는 방식입니다. 만들기 쉽고 직관적이라는 장점이 있으나 연결이 많아지면 해당 데이터를 찾기 위해 순차적으로 탐색해야 하니 사실상 2차원 배열이 되는 단점이 있습니다.

  이를 극복하기 위해 연결 리스트가 아니라 트리로 만들어 탐색 속도를 더 끌어올릴 수 있지만, 결국 탐색을 위한 추가 비용이 발생하는 것은 변하지 않습니다. C++, 자바에서 사용하는 해시 테이블은 이 방식을 사용합니다(자바의 경우 8개까지는 연결 리스트를 유지하지만 그 이상이 되면 트리 형태로 구성합니다).

▼ **그림 9-5** 개별 연결 방식

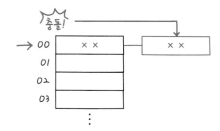

- 공개 주소 방식은 인근의 빈 공간을 검색(probing)하여 값을 넣는 방식으로, 충돌 시 주어진 계산식에 따라 위치를 다시 계산하여 배정합니다. 단순하게 바로 다음 빈 공간으로 넣어주는 방식부터 또 다른 재배치 함수를 사용하여 새로 들어갈 자리를 마련해주는 방법까지 있습니다. 이미 생성된 리스트 내에서 해결하므로 추가적인 메모리를 차지하지 않고, 의외로 성능이 괜찮습니다.

하지만 원래 있어야 할 공간에 들어가는 게 아니므로 다른 값과 다시 충돌하는 '재충돌 현상'이 발생하기 쉬운 단점이 있습니다. 파이썬과 루비가 이 방법을 사용합니다.

▼ **그림 9-6** 공개 주소 방식

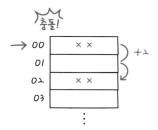

> **NOTE**
>
> 파이썬의 경우 연결 리스트를 새로 생성하면서 메모리를 생성하는 비용이 생각보다 크기 때문에 공개 주소 방식을 사용합니다. 주로 인터프리터 언어들이 이 방식에 해당됩니다.

그러나 두 방식 모두 일정 비율(대략 70%)을 넘어서면 충돌 비율이 높아지고 결국 성능이 저하되기 때문에 메모리를 늘리거나 해시 함수를 다시 만드는 등의 조치를 취해야 합니다. 물론 이 정도까지 언급할 정도가 되려면 어마어마한 데이터를 저장해야 하므로 여러분이 다루는 범위 내에서는 전혀 신경 쓰지 않아도 됩니다.

결국 자세하게 따지고 들어가보면 가장 빠르다는 해시도 모든 상황에서 O(1) 시간이 보장되지는 않습니다. 하지만 일반적으로 사용하는 범위라면 충돌이 발생할 일이 거의 없으므로 사실상 O(1)로 봐도 무방합니다. 코딩 테스트에서도 몇 십만 개의 데이터를 모두 저장하는 것이 아니라면 아무런 문제가 없습니다. 오히려 압도적인 탐색 능력을 어떻게 써야 할지 고민하는 것이 더 좋겠죠. 이 부분은 직접 문제를 풀면서 확인해봅시다.

9.2 _{SECTION} 다양한 문제 풀이

이번 문제 풀이에서는 지금까지 배웠던 내용과 코드에 대해 자세히 설명하겠습니다. 여러분의 지식과 맞는지 알아본다는 느낌으로 읽어보세요.

 문제 ③③ 완주하지 못한 선수 - Level 1

URL https://programmers.co.kr/learn/courses/30/lessons/42576

수많은 마라톤 선수들이 마라톤에 참여하였습니다. 단 한 명의 선수를 제외하고는 모든 선수가 마라톤을 완주하였습니다.

마라톤에 참여한 선수들의 이름이 담긴 배열 participant와 완주한 선수들의 이름이 담긴 배열 completion이 주어질 때, 완주하지 못한 선수의 이름을 return하도록 solution 함수를 작성해주세요.

제한 사항

- 마라톤 경기에 참여한 선수의 수는 1명 이상 100,000명 이하입니다.
- completion의 길이는 participant의 길이보다 1 작습니다.
- 참가자의 이름은 1개 이상 20개 이하의 알파벳 소문자로 이루어져 있습니다.
- 참가자 중에는 동명이인이 있을 수 있습니다.

입출력 예

participant	completion	return
["leo", "kiki", "eden"]	["eden", "kiki"]	"leo"
["marina", "josipa", "nikola", "vinko", "filipa"]	["josipa", "filipa", "marina", "nikola"]	"vinko"
["mislav", "stanko", "mislav", "ana"]	["stanko", "ana", "mislav"]	"mislav"

입출력 예 설명

예제 1

"leo"는 참여자 명단에는 있지만, 완주자 명단에는 없기 때문에 완주하지 못했습니다.

예제 #2

"vinko"는 참여자 명단에는 있지만, 완주자 명단에는 없기 때문에 완주하지 못했습니다.

예제 #3

"mislav"는 참여자 명단에는 두 명이 있지만, 완주자 명단에는 한 명밖에 없기 때문에 한 명은 완주하지 못했습니다.

문제 풀이

| 잠깐만요 |

이번 문제는 난이도가 낮기 때문에 설명이 필요 없을 정도로 코드가 매우 짧습니다. 따라서 어디에서 해시 테이블을 사용할 수 있을지에 대한 관점으로 설명하겠습니다. 전반적인 문제 풀이 과정을 통해 어떤 부분에서 시간 복잡도를 단축할 수 있는지 직접 확인해봅시다.

이 문제의 핵심은 **동명이인이 있다는** 것과, **완주하지 못한 사람은 단 한 명만 존재한다는** 것입니다. 바로 떠오르는 방법이 있나요? 동명이인을 구별해야 하니 배열에서 겹치는 요소를 제거하는 방식이 생각났을 겁니다. 그리고 처음에는 어떻게 풀지 감이 잘 오지 않으니 일단 구현해보고, 나중에 코드를 고쳐보겠다는 생각으로 다음처럼 문제를 풀겠습니다.

▼ **그림 9-7** 직관적으로 떠오르는 두 가지 풀이법

먼저 배열 그대로 문제를 풀어봅시다. 완주한 사람의 리스트를 for 문으로 돌리면서 참가자의 명단을 지우는 소거법을 사용해보겠습니다. 가장 직관적인 접근 방법이죠. 아니면 참가자를 모두 센 다음 완주자만큼 빼서 남는 사람이 누구인지 확인하는 방법도 있지만, 원본 배열을 가지고 있어야 할 필요가 없으니 배열을 직접 수정하는 방향으로 구현하겠습니다.

```python
def solution(participant, completion):
    for item in completion:
        participant.remove(item)
    return participant[0]
```

하지만 이렇게 할 경우 **참여자와 완주자의 데이터를 하나씩 확인해보는 검증 과정을 꼭 거치게 되므로 for 문이 두 번 사용됩니다.** 즉, $O(n^2)$입니다. 최대 10만 명을 10만 번 확인하니 100억 번 정도 연산하므로 정확성 테스트는 통과할 수 있어도 효율성 테스트에선 시간 초과가 발생합니다.

일단 이 방식으로는 문제를 풀 수 없으니, 구현한 코드를 보면서 고민할 시간입니다. 왜 검증하는 과정이 필요했을까요? 들어오는 값을 잘 살펴보니 어떤 규칙으로 이루어진 조합이 아니라는 사실을 알 수 있습니다. 이렇게 무작위로 데이터가 들어오면 그 유효성을 검증하기 위해 하나씩 비교해야 하고, 이로 인해 시간 복잡도가 증가합니다.

그렇다면 이러한 과정을 줄이기 위해 기본적으로 제공하는 정렬을 사용한다면 어떨까요? 하나씩 검증할 필요 없이 순회하는 것만으로도 조건을 만족하도록 말이죠.

```python
def solution(participant, completion):
    participant.sort()
    completion.sort()
    for i in range(len(completion)):
        if(participant[i] != completion[i]):
            return participant[i]
    return participant[-1]
```

이렇게 미리 정렬 과정을 거치면 알파벳순으로 정렬될 것이니, 만약 참가자와 완주자가 같은 배열이라면 순서까지 일치할 것이므로, 역으로 일치하지 않는 경우만 찾으면 됩니다. 자연스럽게 동명이인 문제도 해결되죠. 이 문제의 핵심은 **완주하지 못한 사람이 딱 1명이라는 점**을 적극 이용하는 것입니다. 만일 끝까지 데이터가 일치했다면 마지막 사람이 완주하지 못한 것입니다. 이번 비교는 한 번의 for 문만으로 끝마칠 수 있기 때문에 정렬의 최대 시간 복잡도인 $O(nlogn)$이 소요될 것입니다.

다시 코드를 실행하면 이번에는 테스트에 통과합니다.

만약 해시를 잘 모르거나, 어떻게 쓰는지 모르겠다면 이런 방식도 하나의 풀이법이 될 수 있습니다. 입력 크기가 크지 않다면 가능한 전략입니다.

하지만 해시 테이블을 사용하지 않았죠. 이번 문제는 난이도가 낮아 이런 식으로 풀어도 통과할 수 있지만 난이도가 높아지면 정렬하는 것도 부담스럽고, 특정 순서를 지켜야 한다는 추가 조건이 주어지는 경우가 많아 분명 비슷한 유형인데 풀 수 없는 상황을 만납니다.

이제 문제가 요구하는 방식대로 해시 테이블을 사용해서 풀어보겠습니다.

1. 동명이인일 경우를 대비하여 딕셔너리에서 해당 값을 불러온 뒤 거기에 1을 더하는 방식을 취합니다. 그 후 완주자 리스트에서 동일한 방법으로 1을 뺍니다.

2. 1번 과정을 거치고 나면 0이 아닌 값은 완주하지 못한 사람을 의미합니다.

전체 코드

9장/완주하지_못한_선수_해시.py

```python
def solution(participant, completion):
    answer = {}
    for i in participant:
        answer[i] = answer.get(i, 0) + 1
    for j in completion:
        answer[j] -= 1
    for k in answer:
        if answer[k]:
            return k
```

answer 변수를 딕셔너리로 선언합니다. 그 후 for 문으로 순회하면서, 참가자의 이름을 answer 테이블에 등록합니다(중복 인원을 체크해야 하므로 숫자를 더하는 식으로 진행합니다). 이후 완주자도 for 문으로 순회하면서 이전과 반대로 등록된 사람을 찾고 숫자를 빼는 과정을 거칩니다. 이 모든 연산이 끝나고 숫자가 0이 아닌 사람이 바로 완주하지 못한 사람이라는 의미입니다.

또한, 이 과정을 거치면 참가자와 완주자를 일일이 검증할 필요가 없고, 순서 또한 생각할 필요가 없으므로 for 문을 중복해서 사용하지 않아도 됩니다. 따라서 시간 복잡도는 O(n)으로 매우 감소합니다. 직접 제출한 후 시간을 확인해보면 엄청난 차이는 아니지만 확연히 줄어든 것을 볼 수 있습니다.

```
효율성 테스트
    테스트 1 〉 통과 (20.76ms, 21.8MB)
    테스트 2 〉 통과 (37.36ms, 25.2MB)
    테스트 3 〉 통과 (40.04ms, 27.4MB)
    테스트 4 〉 통과 (53.09ms, 33.8MB)
    테스트 5 〉 통과 (43.75ms, 33.7MB)
```

정렬을 사용한 방법에 비해 약 $\frac{1}{2}$의 시간이 단축되었습니다. 대신 메모리 사용량이 약 25% 늘어났네요. 통상적으로 코딩 테스트에서는 시간 복잡도를 줄이는 것이 공간 복잡도를 줄이는 것보다 우선시되기에 이 정도의 메모리 사용량 증가는 큰 문제가 없지만, **추가적으로 메모리 공간을 차지한다는 사실 자체는 반드시 기억해주세요.** 편하다고 마구잡이로 데이터를 추가하다 보면 금방 메모리를 많이 사용하게 됩니다.

또 다른 문제 풀이

지금까지 살펴본 내용만으로도 해시 문제를 푸는 데 어려움이 없지만, 해시 응용 문제는 단순히 자료 구조를 사용하는 것만으로 끝나지 않습니다. 이번에는 해시와 해시 테이블에 대한 개념을 조금 더 자세하게 살펴보겠습니다.

파이썬에서는 기본적으로 hash() 함수를 제공하는데, 딕셔너리는 사용자가 임의로 키를 생성해 해당 키를 내부적으로 해시값으로 만들고 관리하는 것이라면, hash() 함수는 파이썬 자체에서 제공하는 해시 함수를 사용해 값을 만들어내는 방식입니다(이때 반환되는 값은 숫자 형식입니다).

그렇다면 이 함수를 어떻게 활용해야 할까요? 생각을 바꿔서 '완주하지 못한 사람은 1명이다'라는 조건에 집중하여, 특정 데이터가 해시 함수를 거쳐서 나오는 값이 항상 같다면 **그 값을 모두 더하고 뺐을 때 마지막에 남은 숫자가 완주하지 못한 사람의 해시값이 될 것**입니다.

▼ 그림 9-8 해시 함수로 문제를 푸는 방법

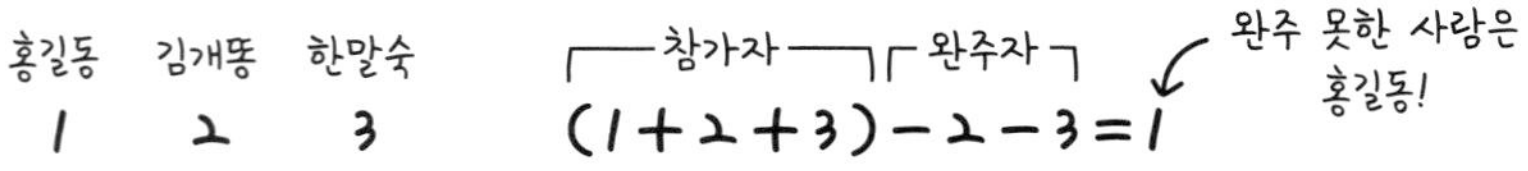

이 내용을 바탕으로 구현 방법을 정리하면 다음과 같습니다.

1. hash() 함수를 사용해 참여자의 이름을 모두 해시화하고, 이 결괏값을 딕셔너리에 등록합니다. 이렇게 나온 해시값을 int형으로 변환한 후 값을 모두 더합니다. 그리고 참여자 명단에서 동일한 과정으로 값을 뺍니다.

2. 이렇게 되면 특정 숫자가 남게 되고, **이 숫자는 해시화하여 나온 값 중 하나가 됩니다.** dict에 등록되어 있으니 참조하면 곧바로 정답을 알아낼 수 있습니다.

```python
def solution(participant, completion):
    value = 0
    answer = {}
    for part in participant:
        answer[hash(part)] = part
        value += int(hash(part))
    for comp in completion:
        value -= hash(comp)
    return answer[value]
```

앞서 해시 테이블로 문제를 푸는 방식은 참가자를 키값으로 받아 카운팅하면서 누가 완주하지 못했는지 찾아내는 방식으로 진행하지만, 해시 함수를 사용하면 **참가자의 키값을 아예 숫자로 바꿔 더하고 빼면서 완주하지 못한 참가자를 찾아내는 방식**입니다. 해시 함수로 나온 값은 입력값이 똑같다면 나오는 값이 무조건 똑같다는 원리를 사용한 것입니다.

물론 시간 복잡도 자체는 $O(n)$이고 실제 제출한 결과를 보더라도 두 결과 모두 오차 범위 내로 실행됩니다. 접근 방식을 바꾼다고 해서 시간이 많이 단축되는 것은 아니지만, 이런 식의 접근은 문제를 상당히 풀기 편하게 만들어줍니다.

이렇게 한 문제를 '배열: $O(n^2)$ → 배열+정렬: $O(n\log n)$ → dict 또는 hash: $O(n)$'으로 시간 복잡도를 줄여가며 풀어봤습니다. 문제를 풀 때는 **사람에게 효율적인 해결책과 컴퓨터에게 효율적인 해결책이 다르다는 것을 항상 기억하세요.**

문제 **34**

전화번호 목록 - Level 2

URL https://programmers.co.kr/learn/courses/30/lessons/42577

전화번호부에 적힌 전화번호 중, 한 번호가 다른 번호의 접두어인 경우가 있는지 확인하려 합니다. 전화번호가 다음과 같을 경우, 구조대 전화번호는 영석이의 전화번호의 접두사입니다.

- 구조대 : 119
- 박준영 : 97 674 223
- 지영석 : 11 9552 4421

전화번호부에 적힌 전화번호를 담은 배열 phone_book이 solution 함수의 매개변수로 주어질 때, 어떤 번호가 다른 번호의 접두어인 경우가 있으면 False를 그렇지 않으면 True를 return하도록 solution 함수를 작성해 주세요.

제한 사항

- phone_book의 길이는 1 이상 1,000,000 이하입니다.
  - 각 전화번호의 길이는 1 이상 20 이하입니다.
  - 같은 전화번호가 중복해서 들어 있지 않습니다.

입출력 예제

phone_book	return
["119", "97674223", "1195524421"]	False
["123", "456", "789"]	True
["12", "123", "1235", "567", "88"]	False

입출력 예 설명

입출력 예 #1

앞에서 설명한 예와 같습니다.

입출력 예 #2

한 번호가 다른 번호의 접두사인 경우가 없으므로, 답은 true입니다.

입출력 예 #3

첫 번째 전화번호, "12"가 두 번째 전화번호 "123"의 접두사입니다. 따라서 답은 false입니다.

설명을 제대로 이해하지 못하면 매우 어려운 문제입니다. 먼저 접두사에 대해 정확하게 알아봅시다. 사전적 정의로는 **낱말의 앞에 붙어 의미를 첨가하여 다른 낱말을 이루는 말**을 의미합니다. 이 정의를 문제에 적용해보면, "119"를 접두사 + 다른 낱말 구조로 만들어낸다고 했을 때 "1" + "19" 또는 "11" + "9" 같은 방법이 있을 것입니다(추가로 "119" + " "도 가능하니 자기 자신도 접두사라고 볼 수 있습니다).

이 사실을 토대로 정리하면 글자 수와 상관없이 일치하는 일부 숫자가 왼쪽 끝부터 연속적으로 등장할 경우 접두사로 취급할 수 있습니다. 그렇다면 숫자별로 접두사 여부를 확인하도록 만든다면 바로 문제를 해결할 수 있지 않을까요? 간략하게 과정을 나타내보면 다음과 같을 것입니다.

1. 각 숫자에서 가능한 접두사 조합을 만듭니다.

2. 숫자를 하나씩 살펴보면서 접두사인지 판단합니다.

하지만 주어진 문자열은 숫자만 가능하다는 제약 조건 외에는 추가적인 제약이 없어 접두사를 확인하려면 문자열 하나에서 만들어낼 수 있는 모든 접두사 조합을 뽑아낸 다음, 하나씩 비교하는 방법 말고는 뾰족한 수가 없습니다.

▼ **그림 9-9** 접두사, 어디에도 있고 어디에도 없고

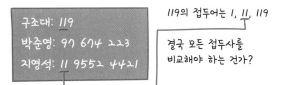

설상가상으로 문제에서 주어진 입력 크기가 **백만 개**이기 때문에 만들어진 접두사 조합을 배열에 넣고 숫자를 하나씩 비교하면 **각 숫자를 접두사로 만드는 비용 × 숫자 백만 개 × 만들어진 접두사를 모든 숫자와 비교하는 비용**이 합쳐져 $O(n^3)$의 알고리즘이 나오게 됩니다. 단순 계산만으로도 20 × 백만 × 백만 번의 연산이 발생하니, 아무리 낙관적으로 봐도 시간 초과가 발생할 것이라는 걸 알 수 있습니다.

그래도 접두사를 비교하는 논리 자체를 버릴 순 없습니다. 접두사를 숫자별로 하나씩 비교해야 정상적으로 일치 여부를 판단할 수 있는데, 시간이 오래 걸린다는 이유만으로 포기하는 건 말이 되지 않네요.

원래대로라면 다른 방식을 고민해보는 것이 맞지만, 이번에는 딕셔너리를 사용해보겠습니다. 만들어진 접두사를 모든 숫자와 비교하는 비용을 기존 배열의 비교 방식인 O(n)에서 O(1)로 줄일 수 있으므로, 연산 횟수가 **각 숫자를 접두사로 만드는 비용 * 숫자 백만 개**로 바뀝니다(20 × 백만 정도로 감소합니다). 이 정도면 조금 오래 걸리더라도 충분히 허용 가능한 시간대에 들어옵니다. 이대로 한 번 코드를 작성해보겠습니다.

코드 작성

1. 각 숫자에서 가능한 접두사 조합을 만듭니다.

먼저 접두사 조합을 만들겠습니다. "119"라는 문자열이 있다면 "1", "11", 119"가 전부 가능한 조합이 됩니다. 이 단어를 배열이 아니라 딕셔너리에 추가하겠습니다.

1-1. 자기 자신을 딕셔너리에 등록합니다.

'자기 자신 + 빈 문자열' 또한 가능한 접두사의 하나이므로 이를 추가해줘야 합니다. 여러 가지 방법이 있지만 편하게 각 전화번호가 들어 있는 변수를 for 문으로 순회하여 하나씩 추가해주겠습니다.

```python
def solution(phone_book):
    headers = dict()

    for phone_number in phone_book:
        headers[phone_number] = 1
```

값에 들어갈 내용은 딕셔너리에 이 데이터가 존재한다는 것만 표시하면 되므로 적당히 1을 할당합니다.

1-2. 문자열을 모두 쪼개 한 글자씩 합쳐나가면서 나오는 결과를 딕셔너리에 등록합니다.

```python
for phone_number in phone_book:
    header = ''
    for number in phone_number:
        header += number
        〈이후에 구현해야 할 코드의 위치〉
```

만들어질 접두사를 변수로 받아서 하나씩 딕셔너리에 등록합시다. 빈 문자열을 선언하고, 각 단어를 합쳐나가면서 나오는 결과물들을 하나씩 딕셔너리에 등록합니다.

2. 문자열을 하나씩 살펴보면서 접두사인지 판단합니다.

문자열을 모두 쪼개고 이 정보를 해시 테이블에 저장하는 과정을 반복하면서 이미 있는 값을 찾았다면 접두사라고 판단합니다.

```
…
if header in hash and header != phone_number:
    return False
…
return True
```

---

1) 단어를 분해한 후 다시 전부 합쳤을 때 이것이 원래 단어라면 그것은 접두사가 아니라 그냥 자기 자신이기 때문에 넘어가도록 만들어야 합니다.

2) 같은 해시값을 검색했거나, 합친 단어 전체가 자기 자신이 아닐 때만 False를 반환하도록 합니다. 나머지는 True입니다.

이 두 가지를 만족시킬 수 있다면, 정답을 모두 맞힐 수 있습니다.

전체 코드   9장/전화번호_목록.py

```python
def solution(phone_book):
    headers = {}

    for phone_number in phone_book:
        headers[phone_number] = 1

    for phone_number in phone_book:
```

```
        header = ''
        for number in phone_number:
            header += number
            if header in headers and header != phone_number:
                return False
    return True
```

배열은 여러모로 편리하고 강력한 기능을 지원하지만, 많은 데이터 중에서 존재하는 것을 찾을 때는 O(n)이라는 비용이 발생하므로 이런 식으로 많은 데이터가 있을 때는 사용하기 어렵습니다. 대신 딕셔너리로 이를 대체하면, O(1)이라는 비용으로 비교 논리를 빠르게 수행할 수 있습니다. 이 방법으로는 불가능하다고 생각되는 순간이 온다면, 다른 방법을 고려하기 전에 자료 구조를 교체할 수 있을지 한 번만 더 생각해봅시다.

또 다른 문제 풀이

딕셔너리를 사용하는 이유에 대해 다시 생각해봅시다. 발생할 수 있는 접두사의 중복을 방지하고, O(1) 시간으로 접두사의 여부를 확인하기 위해 사용했습니다. 그런데 나오는 결과물들을 잘 살펴보니 약간 특이한 점이 있습니다. 중복이 발생하는 경우가 있네요. 중복이 발생하려면 비슷한 접두사가 있어야 하며, 서로 비슷하다는 것은 앞의 숫자에 같은 숫자가 존재한다는 겁니다.

같은 숫자가 있다고 생각된다면, 정렬을 해서 이를 명시적으로 확인할 수 있습니다. 문자열 배열을 정렬하면 첫 글자의 아스키 코드를 기준으로 잡는데, 정렬된 숫자 문자열을 하나씩 순회한다고 하면 완전히 다른 숫자가 등장하지 않는 이상 매우 높은 확률로 앞의 문자열이 뒤의 문자열을 접두사로 가지고 있을 것입니다.

정렬 → 문자열 비교 과정을 수행하면 됩니다. 내장 함수를 사용하여 문제를 풀어보겠습니다.

1. sort( ) 함수로 문자열을 정렬합니다.

2. 정렬된 phoneBook을 zip으로 한 묶음으로 만듭니다(전체 리스트, 첫 단어를 제외한 전체 리스트).

3. startswith( ) 함수를 사용하여 뒤(p2)의 단어가 앞(p1) 단어의 접두사인지 확인합니다.

코드가 짧은 관계로 과정별 설명 없이 바로 전체 코드를 보겠습니다.

```python
def solution(phoneBook):
    phoneBook.sort()

    for p1, p2 in zip(phoneBook, phoneBook[1:]):
        if p2.startswith(p1): return False
    return True
```

정렬하면 앞단어와 뒷단어의 관계가 더욱 명확해집니다. 첫 글자를 기준으로 오름차순 정렬을 했으므로 같은 단어를 사용했다면 위치가 서로 가까워집니다. 그래서 아예 startswith() 함수를 사용해 접두사 여부를 바로 판단할 수 있습니다. 최악의 경우 **정렬 비용 + 모든 단어가 전부 다름**이라는 경우가 걸려도 O(nlogn) + O(n) 시간에 모든 작업을 완료할 수 있습니다.

앞의 방법과 비교하면서 시간 차이가 얼마나 나는지 직접 확인해보겠습니다.

▼ **표 9-1** 두 방식의 시간 차이

딕셔너리 사용(효율성 테스트)	문자열 정렬 사용(효율성 테스트)
테스트 1 〉 통과 (1.19ms, 11.4MB)	테스트 1 〉 통과 (2.93ms, 10.9MB)
테스트 2 〉 통과 (1.19ms, 11.3MB)	테스트 2 〉 통과 (2.69ms, 10.8MB)
테스트 3 〉 통과 (468.81ms, 46.7MB)	테스트 3 〉 통과 (106.00ms, 30.6MB)
테스트 4 〉 통과 (220.57ms, 34.6MB)	테스트 4 〉 통과 (92.49ms, 28.1MB)

두 방식의 실행 시간을 비교하니, 크기가 작은 경우에는 딕셔너리가 더 빠르지만, 크기가 커질수록 정렬 방식이 더 효율적입니다. 그래도 두 방법 모두 충분히 현실성 있는 정답입니다. 실전에서는 자료 구조를 바꾸는 것이 훨씬 편하고 빠르게 풀 수 있는 방법이 되겠지만, 그렇지 않다면 해시 문제가 나와도 해시로만 풀려고 하지 말고, 정렬이나 zip 같은 방법으로 시간 복잡도를 줄일 수 있는지 생각해봅시다.

잠깐만요

startswith() 함수보다 더 빠르게 동작하기를 원한다면, 해당 함수를 다음 코드로 교체하면 됩니다.

```python
if p2[:len(p1)] == p1:
```

```
테스트 3 〉 통과 (99.31ms, 30.7MB)
테스트 4 〉 통과 (87.51ms, 28.1MB)
```

긴 단어의 경우 startswith() 함수가 더 빠르지만, 이번 문제에서 문자열의 최대 길이는 20자이므로 직접 슬라이싱을 해서 비교하는 것이 조금 더 빠릅니다. 약 5~6% 정도의 성능 개선을 볼 수 있습니다.

위장 - Level 2

URL https://school.programmers.co.kr/learn/courses/30/lessons/42578

스파이들은 매일 다른 옷을 조합하여 입어 자신을 위장합니다. 예를 들어 스파이가 가진 옷이 아래와 같고 오늘 스파이가 동그란 안경, 긴 코트, 파란색 티셔츠를 입었다면 다음 날은 청바지를 추가로 입거나 동그란 안경 대신 검정 선글라스를 착용하거나 해야 합니다.

종류	이름
얼굴	동그란 안경, 검정 선글라스
상의	파란색 티셔츠
하의	청바지
겉옷	긴 코트

스파이가 가진 의상들이 담긴 2차원 배열 clothes가 주어질 때 서로 다른 옷의 조합의 수를 return하도록 solution 함수를 작성해주세요.

제한 사항

- clothes의 각 행은 [의상의 이름, 의상의 종류]로 이루어져 있습니다.
- 스파이가 가진 의상의 수는 1개 이상 30개 이하입니다.
- 같은 이름을 가진 의상은 존재하지 않습니다.
- clothes의 모든 원소는 문자열로 이루어져 있습니다.
- 모든 문자열의 길이는 1 이상 20 이하인 자연수이고 알파벳 소문자 또는 '_' 로만 이루어져 있습니다.
- 스파이는 하루에 최소 한 개의 의상은 입습니다.

입출력 예

clothes	return
[["yellowhat", "headgear"], ["bluesunglasses", "eyewear"], ["green_turban", "headgear"]]	5
[["crowmask", "face"], ["bluesunglasses", "face"], ["smoky_makeup", "face"]]	3

입출력 예 설명

예제 #1

headgear에 해당하는 의상이 yellow_hat, green_turban이고 eyewear에 해당하는 의상이 blue_sunglasses이므로 아래와 같이 5개의 조합이 가능합니다.

1. yellow_hat
2. blue_sunglasses

3. green_turban
4. yellow_hat + blue_sunglasses
5. green_turban + blue_sunglasses

예제 #2

face에 해당하는 의상이 crow_mask, blue_sunglasses, smoky_makeup이므로 아래와 같이 3개의 조합이 가능합니다.

1. crow_mask
2. blue_sunglasses
3. smoky_makeup

문제 풀이

경우의 수 문제입니다. 문제가 요구하는 조건은 굉장히 쉽습니다. 모자 2개, 옷 1개라면 각각 하나씩(3) + 모자랑 옷 조합(2) = 5가지가 됩니다. **하지만 이것을 구현하라고 한다면 좀 복잡해집니다.**

우리가 생각하기에는 이 이상 간단한 방법이 없을 정도로 '직관적'이지만, 컴퓨터는 종류를 어떻게 구분할 것이고, 어떻게 경우의 수를 뽑아낼 것인지 아무것도 모르는 상황에서 기준을 제시하고 올바른 계산식을 알려줘야 합니다. '모자 2개에 옷 1개니까 각 옷마다 1번씩 입는다고 가정하면 3개고, 둘 다 조합하면 1개씩 2번이니까 5번…'과 같은 과정을 코드로 짜야 하는 것이죠.

▼ **그림 9-10** 너무 어렵게 생각하지 말자

― 잠깐만요 ―

이러한 유형의 문제에 익숙하고 바로 계산식을 만들 수 있다면 '고작 이런 문제인데 이렇게 어렵게 설명할 필요가 있을까?'라고 생각할 수 있습니다. **하지만 딱 한 번 그 결과를 도출하기 전까지는 절대로 이 문제를 쉽게 풀 수 없습니다.** 수학 공식처럼 증명하는 데는 엄청난 노력이 필요하지만 결론은 매우 간단하고 명확한 것처럼 말이죠. 그래서 이번에는 조금 멀리 돌아가더라도 결과를 도출하는 과정을 경험할 수 있도록 문제를 풀어보겠습니다.

그렇다면 우리의 생각을 어떻게 코드로 구현할 수 있는지 생각해봅시다. 잘 모를 때는 역시 그림이 최고입니다. 종이와 연필을 드는 것을 망설이지 마세요.

▼ **그림 9-11** 작은 경우부터 하나씩 따져보자

주어진 예제와 정답을 똑같이 만든다고 생각하면 그냥 직관적으로 여러 조합을 만들어 답을 도출하는 것은 간단합니다. 모자 2개에 안경이 하나 있다면 경우의 수는 각각 하나씩 입는 경우 3가지 + 모자랑 안경을 같이 쓰는 2가지 = 총 5가지가 나옵니다. 만약 옷만 3벌 있다면 하나씩 입는다고 했을 때 총 3가지 경우의 수가 나옵니다.

문제는 이걸 코드로 짤 때 **이러한 조합 과정을 전부 구현해야 하는가?**라는 점이죠. 조합에 대한 원리를 아무것도 모르는 컴퓨터에게 그대로 가르쳐야만 하는데, 이것이 **직관의 함정입니다.** 사람이 이해하는 것과 컴퓨터가 이해하는 것은 다르다는 것을 꼭 기억해주세요. 이해하기 쉽게 그림을 그리면서 하나씩 살펴봅시다.

'주어진 데이터에서 **옷의 종류와는 관계없이 하나씩 선택하는 경우의 수**, 다시 **옷의 종류를 생각하면서 하나씩 선택하는 경우의 수**를 더해서 총 5가지'가 나왔습니다. 이쯤 되면 이제 무언가 이상하다는 생각이 들 겁니다. 컴퓨터가 옷의 종류에 의미를 두고, 또는 두지 않고 계산할 수 있나요?

이 부분이 바로 사람과 컴퓨터의 결정적인 차이입니다. 사람은 문제를 해결하기 위해 주어진 조건을 변형하여, 즉 '논리를 재구축'하면서 조건을 맞추지만, 컴퓨터는 주어진 논리 안에서만 동작하면서 조건을 맞춥니다. **조합 문제는 주어진 조건과 논리를 바꾸면서 정답을 맞히려 하지 말고, 있는 조건에서 생각을 확장해 정답을 맞히겠다는 자세로 임해야 합니다.**

이제 생각을 바꿔 문제를 풀어봅시다. 그림 9-11에서는 '각각 하나씩' 계산하는 방법으로 옷의 종류를 생각하지 않고 개수를 셈했습니다. 옷의 종류를 생각해서 하나씩 선택한다면(무조건 옷 종류별로 하나씩 선택한다고 하면) 어떤 접근법이 제일 자연스러울까요? **'선택하지 않는다'라는 선택지를 추가하면 됩니다.**

▼ **그림 9-12** 생각 바꾸기!

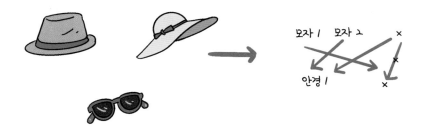

그렇다면 자연스럽게 (모자1, 안경1), (모자2, 안경1), (모자1, X), (모자2, X), (X, 안경1), (X, X)라는 경우의 수가 생깁니다. 이전과는 다르게 '무조건 선택한다'라는 걸 전제로 만든 경우의 수이기 때문에 계산식을 만들 수 있습니다. 즉, 계산식은 3 × 2 = 6입니다. 물론 모두 선택하지 않는다는 경우의 수는 문제 조건에서 어긋나기 때문에 1을 빼야 하고, 6 − 1 = 5가지가 되므로 정답과 일치하네요. 이제 이 식을 코드로 구현하는 일만 남았습니다.

코드 작성

1. **경우의 수를 곱하기 위해 변수 초기화를 진행합니다.**

   처음은 역시 변수 초기화입니다. 정답이 될 변수를 선언하고, 동시에 경우의 수를 가지고 있을 딕셔너리 변수도 생성합니다.

```
def solution(clothes):
    answer = 1
    cloth_type = {}
```

   단, 정답 변수를 선언할 때 0으로 선언하면 안 됩니다. 0은 어떤 수를 곱해도 0이 되니까요. 그리고 이 1은 나중에 빼야 합니다!

2. 받은 옷을 종류별로 구분하여 해시 테이블을 작성합니다.

```python
for cloth, type in clothes:
    cloth_type[type] = cloth_type.get(type, 0) + 1
```

clothes 변수에는 각각 옷의 이름과 옷의 종류에 대한 정보가 있습니다. 이 둘을 분해하여 딕셔너리에 옷의 종류를 키로 잡고 카운트를 더합니다. 경우의 수를 계산하는 데 옷의 이름은 의미가 없으므로 사용하지 않습니다.

3. 해시 테이블에 존재하는 옷의 종류 * (가짓수 + 1)로 곱셈을 진행합니다. 이 값에 -1 하여 출력하면 됩니다.

```python
for type in cloth_type:
    answer *= (cloth_type[type] + 1)

return answer - 1
```

이제 앞서 만들었던 경우의 수 공식대로, 딕셔너리에 존재하는 옷의 종류별 개수를 정답 변수에 곱하여 결괏값을 만들어냅니다.

전체 코드   9장/위장.py

```python
def solution(clothes):
    answer = 1
    cloth_type = {}
    for cloth, type in clothes:
        cloth_type[type] = cloth_type.get(type, 0) + 1

    for type in cloth_type:
        answer *= (cloth_type[type] + 1)

    return answer - 1
```

계산하는 방법을 알고 나니까 너무 쉬워 허무하네요. 이러한 유형의 문제를 많이 풀었다면 곧바로 답을 찾을 수 있을 정도로 쉽지만, '입지 않는다'는 선택지를 생각하지 못하면 문제를 풀 수 없죠. 주어진 조건을 재해석하는 것보다는, 그대로 사용하되 활용할 수 있는 방법을 고려하여 문제를 풀어보세요.

오픈 채팅방 - Level 2

URL https://school.programmers.co.kr/learn/courses/30/lessons/42888

카카오톡 오픈 채팅방에서는 친구가 아닌 사람들과 대화를 할 수 있는데, 본래 닉네임이 아닌 가상의 닉네임을 사용하여 채팅방에 들어갈 수 있다.

신입 사원인 김크루는 카카오톡 오픈 채팅방을 개설한 사람을 위해, 다양한 사람들이 들어오고, 나가는 것을 지켜볼 수 있는 관리자창을 만들기로 했다. 채팅방에 누군가 들어오면 다음 메시지가 출력된다.

"[닉네임]님이 들어왔습니다."

채팅방에서 누군가 나가면 다음 메시지가 출력된다.

"[닉네임]님이 나갔습니다."

채팅방에서 닉네임을 변경하는 방법은 다음과 같이 두 가지이다.

- 채팅방을 나간 후, 새로운 닉네임으로 다시 들어간다.
- 채팅방에서 닉네임을 변경한다.

닉네임을 변경할 때는 기존에 채팅방에 출력되어 있던 메시지의 닉네임도 전부 변경된다.

예를 들어, 채팅방에 'Muzi'와 'Prodo'라는 닉네임을 사용하는 사람이 순서대로 들어오면 채팅방에는 다음과 같이 메시지가 출력된다.

"Muzi님이 들어왔습니다."

"Prodo님이 들어왔습니다."

채팅방에 있던 사람이 나가면 채팅방에는 다음과 같이 메시지가 남는다.

"Muzi님이 들어왔습니다."

"Prodo님이 들어왔습니다."

"Muzi님이 나갔습니다."

Muzi가 나간후 다시 들어올 때, Prodo 라는 닉네임으로 들어올 경우 기존에 채팅방에 남아 있던 Muzi도 Prodo로 다음과 같이 변경된다.

"Prodo님이 들어왔습니다."

"Prodo님이 들어왔습니다."

"Prodo님이 나갔습니다."

"Prodo님이 들어왔습니다."

채팅방은 중복 닉네임을 허용하기 때문에, 현재 채팅방에는 Prodo라는 닉네임을 사용하는 사람이 두 명이 있다. 이제, 채팅방에 두 번째로 들어왔던 Prodo가 Ryan으로 닉네임을 변경하면 채팅방 메시지는 다음과 같이 변경된다.

"Prodo님이 들어왔습니다."

"Ryan님이 들어왔습니다."

"Prodo님이 나갔습니다."

"Prodo님이 들어왔습니다."

채팅방에 들어오고 나가거나, 닉네임을 변경한 기록이 담긴 문자열 배열 record가 매개변수로 주어질 때, 모든 기록이 처리된 후, 최종적으로 방을 개설한 사람이 보게 되는 메시지를 문자열 배열 형태로 return하도록 solution 함수를 완성하라.

제한 사항

- record는 다음과 같은 문자열이 담긴 배열이며, 길이는 1 이상 100,000 이하이다.
- 다음은 record에 담긴 문자열에 대한 설명이다.
  - 모든 유저는 [유저 아이디]로 구분한다.
  - [유저 아이디] 사용자가 [닉네임]으로 채팅방에 입장 - "Enter [유저 아이디] [닉네임]" (ex. "Enter uid1234 Muzi")
  - [유저 아이디] 사용자가 채팅방에서 퇴장 - "Leave [유저 아이디]" (ex. "Leave uid1234")
  - [유저 아이디] 사용자가 닉네임을 [닉네임]으로 변경 - "Change [유저 아이디] [닉네임]" (ex. "Change uid1234 Muzi")
  - 첫 단어는 Enter, Leave, Change 중 하나이다.
  - 각 단어는 공백으로 구분되어 있으며, 알파벳 대문자, 소문자, 숫자로만 이루어져 있다.
  - 유저 아이디와 닉네임은 알파벳 대문자, 소문자를 구별한다.
  - 유저 아이디와 닉네임의 길이는 1 이상 10 이하이다.
  - 채팅방에서 나간 유저가 닉네임을 변경하는 등 잘못된 입력은 주어지지 않는다.

입출력 예

record	result
["Enter uid1234 Muzi", "Enter uid4567 Prodo", "Leave uid1234","Enter uid1234 Prodo","Change uid4567 Ryan"]	["Prodo님이 들어왔습니다.", "Ryan님이 들어왔습니다.", "Prodo님이 나갔습니다.", "Prodo님이 들어왔습니다."]

입출력 예 설명

입출력 예 #1

문제의 설명과 같다.

옛날에 텍스트로만 채팅하던 시절이 생각나는 문제입니다. 제한 사항만 잘 지켜 구현하면 쉽게 풀수 있으니 제한 사항을 잘 정리해봅시다.

각 유저는 고유한 유저 아이디(id)와 중복 가능한 유저 닉네임을 가질 수 있습니다. 유저는 방을 들어가거나 나갈 수 있고, 또는 중간에 닉네임을 바꿀 수 있습니다. 닉네임을 바꾸는 방법은 Change 명령어를 사용하거나 Enter 명령어로 방에 들어갈 때 초기 닉네임을 설정해주는 방법, 총 2개입니다. 이 조건하에 여러 명령어가 주어졌을 때 출력값이 무엇인지 표기해야 합니다.

▼ 그림 9-13 중복 닉네임

역시 가장 큰 문제는 중복 닉네임이 가능하다는 점이겠죠. 유저 아이디는 고유하므로 시스템적으로는 중복 닉네임이 몇 개나 등장해도 아무런 지장이 없지만, 채팅하는 입장에서는 당황스럽습니다.

보통 익명 채팅 시스템에서는 중복된 닉네임이 사용될 수 있다는 점을 고려해 닉네임이 같다면 뒤에 숫자나 기호 등을 추가로 넣어 서로를 구분할 수 있도록 하지만, 이번 신입 개발자는 그런 처리는 안 하기로 했는지 전혀 신경 쓰지 않네요. 아쉽게도 갑자기 마음이 바뀌어서 중복 닉네임 처리를 해주겠다는 말은 하지 않았으니, 결국 유저 아이디를 직접 따라갈 수밖에 없습니다.

어떤 유저가 어떤 닉네임을 가지고 있을지에 대한 정보를 가장 자연스럽게 가져갈 수 있는 방법은 딕셔너리로 이를 표기하는 것입니다. 배열로 푼다면 명령어가 늘어나면서 어떤 유저가 어떤 행동을 했는지 검색하기 위해 배열을 탐색해야 하니 최악의 경우에는 O(n) 시간이 매 탐색마다 소요되므로 (입력 크기가 10만이니) 무조건 시간 초과가 생깁니다.

Enter나 Change 명령어에 맞추어 닉네임을 바꿔야 하는데 유저 아이디로 딕셔너리에 존재하는지 확인하는 과정이 필요할 것이니, 구조는 당연히 {<유저 아이디>:<유저 닉네임>} 형태로 만드는 것이 좋습니다.

모두 생각한 듯하지만 아직 마지막 조건을 해결하지 않았네요. 채팅창에 적은 명령어에 따라 바로바로 출력 텍스트를 만들어주면 되는 것이 아니라, **모든 변경 사항을 다 반영하고 최종적인 결과만 출력해야 합니다.** 이렇게 되면 우선 모든 명령어를 수행하면서 유저의 닉네임 변경 사항을 처리한 뒤, 다시 한번 명령어를 짚어나가면서 결과를 반영해야 합니다.

마지막 사항까지 고려하여 전체적인 과정을 정리하자면 다음과 같습니다.

1. 정답 배열, 과정 배열, 유저 데이터를 저장할 딕셔너리를 정의합니다.

2. 명령줄을 하나씩 따라가면서 유저의 닉네임 정보를 계속 변경합니다.

3. 한 번 더 명령줄을 따라가면서 출입 기록을 저장합니다.

코드 작성

1. **정답 배열, 과정 배열, 유저 데이터를 저장할 딕셔너리를 정의합니다.**

```
def solution(record):
    answer = []
    actions = []
    user = {}
```

얼핏 보면 굉장히 단순한 과정처럼 보이지만, 어떤 변수를 사용할지 결정하는 것이 가장 첫 번째로 해야 할 일입니다.

유저 닉네임 정보는 반복해서 탐색과 수정이 이루어져야 하므로 딕셔너리를 사용하지만, 정답과 과정을 기록할 중간 진행 변수는 순차적으로 짚기만 하면 되므로 배열로 지정합니다. 항상 딕셔너리로 만들 필요는 없습니다. 적절한 상황에 적절한 자료 구조를 사용하면 됩니다.

2. **명령줄을 하나씩 따라가면서 유저의 닉네임 정보를 계속 변경합니다.**

```
for event in record:
    info = event.split()
    cmd, uid = info[0], info[1]
    if cmd in ("Enter", "Change"):
        nick = info[2]
```

```
            user[uid] = nick

    actions.append((cmd, uid))
```

이제 주어진 record 배열을 for 문으로 순회하면서, Enter 또는 Change 명령어를 읽어 유저 아이디에 물린 유저 닉네임을 계속해서 수정합니다. 그리고 이 과정을 한 번 더 사용해야 하므로 명령어와 유저 아이디 정보를 담아 중간 진행(actions) 배열에 추가합니다.

주의할 점은 띄어쓰기를 기준으로 명령어, 유저 아이디, 유저 닉네임 순서로 존재하는 명령줄을 split() 함수로 분해하게 될 텐데, Enter나 Change 명령어는 유저 닉네임까지 포함되어 3개가 나오지만 Leave 명령어는 2개입니다. 하나의 배열을 여러 개의 변수로 분해(unpacking, 언패킹)해서 문제를 풀려고 하면 개수 차이 때문에 오류가 발생합니다. 이럴 때는 직접 수동으로 인덱스를 지정해주면서 데이터를 표시해야 합니다.

> **잠깐만요**
>
> 그래도 정말 사용하고 싶다면, 다음처럼 대처할 수 있습니다.
>
> ```
> for event in record:
>     data = event.split()
>     if len(data) == 3:
>         (cmd, uid, nick) = data
>         user[uid] = nick
>
>     actions.append(tuple(data[:2]))
> ```
>
> 띄어쓰기를 기준으로 명령줄을 분리한 다음, 만들어진 개수가 3개라면 Enter, Change 명령어밖에 없으므로 유저 닉네임을 변경하는 작업을 거치고, 마지막에는 슬라이싱을 사용해 3개면 마지막 1개를 잘라내는 방법으로 대처하면 됩니다.

3. 한 번 더 명령줄을 따라가면서 출입 기록을 저장합니다.

이제 다시 명령줄을 순회하면서 이번에는 Enter와 Leave 명령어를 확인하고 그에 맞는 텍스트를 정답 배열에 추가하면 됩니다.

```
for action in actions:
    cmd, uid = action
    if cmd == 'Enter':
        answer.append(f'{user[uid]}님이 들어왔습니다.')
```

```
        elif cmd == 'Leave':
            answer.append(f'{user[uid]}님이 나갔습니다.')
```

record 변수를 다시 for 문으로 순회해도 상관없지만, 미리 데이터를 정리하면 이번에는 언패킹을 사용할 수 있습니다. 2번 과정에서 중간 진행 배열을 추가한 이유가 이 때문입니다.

전체 코드

9장/오픈채팅방.py

```python
def solution(record):
    answer = []
    actions = []
    user = {}

    for event in record:
        info = event.split()
        cmd, uid = info[0], info[1]
        if cmd in ("Enter", "Change"):
            nick = info[2]
            user[uid] = nick

        actions.append((cmd, uid))

    for action in actions:
        cmd, uid = action
        if cmd == 'Enter':
            answer.append(f'{user[uid]}님이 들어왔습니다.')
        elif cmd == 'Leave':
            answer.append(f'{user[uid]}님이 나갔습니다.')

    return answer
```

이제 기본적인 사용법과 원리를 터득했으니, 난이도를 더 올려봅시다. 딕셔너리 하나만 본다면 어렵지 않지만, 여기에 다른 개념이 추가되면 이야기가 달라집니다.

베스트 앨범 - Level 3

URL https://school.programmers.co.kr/learn/courses/30/lessons/42579

스트리밍 사이트에서 장르별로 가장 많이 재생된 노래를 두 개씩 모아 베스트 앨범을 출시하려 합니다. 노래는 고유 번호로 구분하며, 노래를 수록하는 기준은 다음과 같습니다.

1. 속한 노래가 많이 재생된 장르를 먼저 수록합니다.
2. 장르 내에서 많이 재생된 노래를 먼저 수록합니다.
3. 장르 내에서 재생 횟수가 같은 노래 중에서는 고유 번호가 낮은 노래를 먼저 수록합니다.

노래의 장르를 나타내는 문자열 배열 genres와 노래별 재생 횟수를 나타내는 정수 배열 plays가 주어질 때, 베스트 앨범에 들어갈 노래의 고유 번호를 순서대로 return하도록 solution 함수를 완성하세요.

제한 사항

- genres[i]는 고유 번호가 i인 노래의 장르입니다.
- plays[i]는 고유 번호가 i인 노래가 재생된 횟수입니다.
- genres와 plays의 길이는 같으며, 이는 1 이상 10,000 이하입니다.
- 장르 종류는 100개 미만입니다.
- 장르에 속한 곡이 하나라면, 하나의 곡만 선택합니다.
- 모든 장르는 재생된 횟수가 다릅니다.

입출력 예

genres	plays	return
["classic", "pop", "classic", "classic", "pop"]	[500, 600, 150, 800, 2500]	[4, 1, 3, 0]

입출력 예 설명

classic 장르는 1,450회 재생되었으며, classic 노래는 다음과 같습니다.

- 고유 번호 3: 800회 재생
- 고유 번호 0: 500회 재생
- 고유 번호 2: 150회 재생

pop 장르는 3,100회 재생되었으며, pop 노래는 다음과 같습니다.

- 고유 번호 4: 2,500회 재생
- 고유 번호 1: 600회 재생

따라서 pop 장르의 [4, 1]번 노래를 먼저, classic 장르의 [3, 0]번 노래를 그다음에 수록합니다.

- 장르별로 가장 많이 재생된 노래를 최대 두 개까지 모아 베스트 앨범을 출시하므로 2번 노래는 수록되지 않습니다.

문제 풀이

조건이 약간 까다로운 문제입니다. 본격적인 문제 풀이에 들어가기에 앞서, 몇 가지 사항에 대해 정리해봅시다. 음악의 장르와 재생 횟수가 주어졌을 때, 속한 노래가 '가장 많이 재생된 장르 → 장르 내에서 가장 많이 재생된 노래 → 고유 번호가 낮은 노래' 순으로 정렬하고 그에 따른 순서를 구해야 합니다.

▼ **그림 9-14** 문제를 한 번에 정리하자

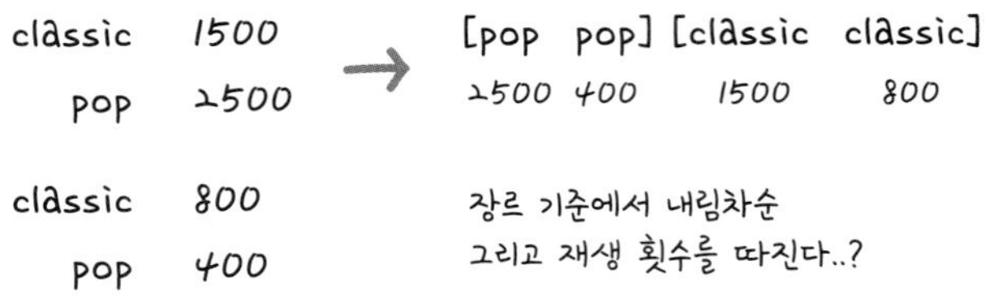
classic 1500
pop 2500
classic 800
pop 400
[pop pop] [classic classic]
2500 400 1500 800
장르 기준에서 내림차순
그리고 재생 횟수를 따진다..?

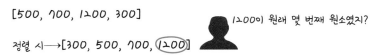

주어진 조건을 다음 문장처럼 정리할 수 있습니다.

> "**가장 많이 재생된 장르**에서, **가장 많이 재생된 노래 2곡**을 먼저 수록합니다. 만일 장르 내에서 재생 횟수가 같다면 **고유 번호가 낮은 노래**를 먼저 수록합니다."

가장 많이 재생된 장르가 어떤 것인지 알려면 재생 횟수가 일정한 흐름을 가지도록 정렬해야 합니다. sorted() 함수를 사용해보겠습니다. O(nlogn) 이상의 시간 복잡도가 발생하겠지만, 이번 문제의 최대 입력 개수는 10,000개 정도로 아주 적은 숫자만 들어오기 때문에 여유롭습니다.

▼ **그림 9-15** 정렬하니 순서가 사라진다

[500, 700, 1200, 300]
정렬 시→[300, 500, 700, 1200]
1200이 원래 몇 번째 원소였지?

하지만 정렬을 하고 보니 장르 내에서 재생 횟수가 같은 경우 고유 번호가 낮은 노래를 먼저 수록해야 하는데, 원래 그 노래가 몇 번째였는지에 대한 정보가 사라집니다. 데이터를 배열 자체에서 바로 정렬하는 건 어렵겠군요.

그렇다고 미리 딕셔너리를 만들어 그 안에 위치 정보까지 넣어 데이터를 정렬한다고 해도 장르별로 가장 많이 재생된 횟수 또한 따져야 하는데, 전체 재생 수는 직접 다 더해봐야 알기 때문에 하나의 딕셔너리로 이 모든 정보를 관리하기는 너무 번거롭습니다. 이럴 때는 **그냥 하나 더 만들면 됩니다.** 각 장르별 총 재생 횟수를 가지는 dict 하나와 장르별로 순서와 재생 수를 가지는 dict 하나를 만들면 이 고민을 해결할 수 있습니다.

▼ 그림 9-16 변수 분리하기

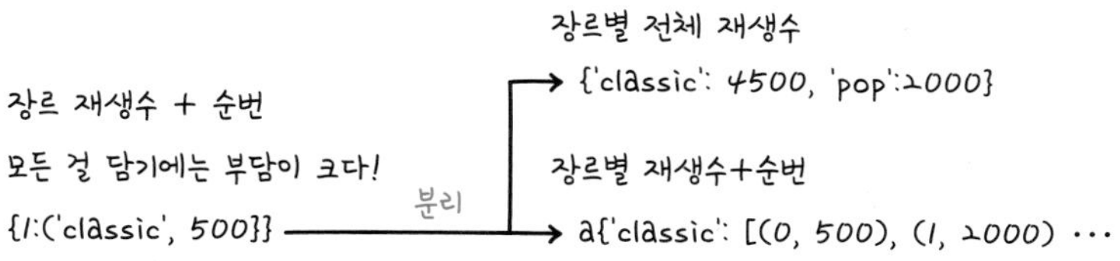

장르별 전체 재생수

→ {'classic': 4500, 'pop': 2000}

장르 재생수 + 순번

모든 걸 담기에는 부담이 크다!

{1:('classic', 500)} ──── 분리 ────→

장르별 재생수+순번

a{'classic': [(0, 500), (1, 2000) ...

| 잠깐만요 |

생각할 사항을 줄이기 위해 변수 개수를 관리하는 것도 중요하지만, 필요하다면 분리하고, 합치는 등 데이터를 능숙하게 조작할 수 있어야 앞으로 나올 난이도 높은 문제들을 풀 수 있습니다. 문제를 해석할 때 한 번에 모든 것을 해결하기보다는 가장 우선시해야 할 조건을 생각하고 그 조건을 만족시키는 방법을 순차적으로 나열해 보는 것이 좋습니다. 이때 가장 필요한 것이 무엇인지를 생각해보는 과정을 거치는 것도 중요합니다.

문제에서 속한 노래가 많이 재생된 장르를 1순위로 두었기 때문에 가장 먼저 이를 구별할 수 있는 자료가 필요하고, 다음으로 장르 내에서 많이 재생된 노래, 고유 번호를 찾으므로 이 둘의 자료도 필요합니다. 필요한 것이 2개이니 2개로 만들어서 진행하면 됩니다(만약 여러분이 판단하기에 더 분리해야 할 것 같다면 그래도 됩니다).

이제 기준이 정해졌으니 이제 본격적으로 데이터를 넣어봅시다.

코드 작성

1. 데이터를 분할하여 조건에 맞게 정리합니다.

```python
def solution(genres, plays):
    answer = []
    info = {}
    gens = {}

    for idx, (gen, play) in enumerate(zip(genres, plays)):
        if gen not in info:
            info[gen] = [(idx, play)]
        else:
            info[gen].append((idx, play))

        gens[gen] = gens.get(gen, 0) + play
```

enumerate( ) 함수는 기본적으로 인덱스와 원소로 이루어진 튜플(tuple)을 만들어주는데, 동시에 zip( ) 함수로 감쌌기 때문에 (0, ('classic', 500)) 형태로 데이터가 만들어집니다. 이 데이터를 분할(언패킹)해서 변수 두 개에 할당할 것입니다.

이제 이 데이터를 zip( ) 함수로 묶고 for 문을 순회하면서 info(순번과 노래당 재생 수)와 gens(장르별 총 재생 수)에 값을 할당하는 과정을 동시에 거칩니다.

이런 식으로 데이터 분리가 완료되면, 이제 이 데이터를 기반으로 문제의 조건에 맞춰 진행하면 됩니다.

2. 데이터를 정렬하여 문제의 조건에 맞게 탐색합니다.

사용할 데이터는 모두 준비되었으니, 이제 for 문을 순회하면서 가장 많이 들은 노래의 장르를 알아야 합니다. 먼저 gens를 내림차순 정렬한 뒤, 장르별로 가장 많이 재생된 횟수를 기준으로 다시 한번 더 내림차순 정렬합니다. 이때 정렬한 데이터에서 모든 곡을 가져오는 것이 아니라 문제의 조건에 맞게 최대 2곡만 가져오도록 해야 합니다.

```python
answer = []
for (gen, _) in sorted(gens.items(), key=lambda x:x[1], reverse=True):
    for (idx, _) in sorted(info[gen], key=lambda x:x[1], reverse=True)[:2]:
        answer.append(idx)
```

먼저 sorted 정렬을 진행한 뒤 언패킹해서 장르를 가지고 옵니다. .items( ) 함수를 사용하면 [('classic', 1450), ('pop', 3100)] 형태로 데이터 형식이 만들어집니다. 정렬 기준은 선택한 항목의 두 번째 인덱스인 재생 수를 기준으로 정렬하고, 가장 큰 값이 와야 하니 reverse 정렬을 해줍니다.

다음으로는 똑같은 논리로 장르별 재생 수가 가장 많은 노래를 가지고 옵니다. 하지만 **한 번에 가져오는 데이터의 최대 개수가 2개**이므로 [:2]를 통해 2개만 가지고 오도록 슬라이싱[1] 과정을 진행합니다. 이 결괏값을 순차적으로 answer 배열에 넣어주기만 하면 끝입니다.

---

1 파이썬의 슬라이싱은 for 문에도 적용할 수 있다는 사실을 기억하나요? 이런 식으로 구현하면 데이터를 분리할 필요 없이 원하는 반복 요소만 골라서 사용할 수 있습니다.

아무리 컴퓨터가 사람보다 계산하는 속도가 빨라도, 이런 식으로 아무 기약 없이 하나하나 다 따지는 방식은 매우 비효율적입니다. 특히 조건이 까다로워질수록 확인해야 하는 것이 많아지니 탐색 크기를 조금만 늘려도 사용하기 힘들 정도의 엄청난 시간을 소모하게 됩니다.

출제자도 이런 사실을 알고 있으므로 완전 탐색 유형을 잘 알고 있는지 평가할 때는 입력 크기를 매우 적게 설정해 출제합니다. 따라서 해당 유형에 맞는 방법이라면 어떤 것을 사용해도 제한 시간 안에 문제를 풀 수 있습니다. 그러나 어떤 이유로든지 작정하고 입력 크기를 크게 준다면 그때부턴 어려운 고민이 시작됩니다.

동적 프로그래밍에 대해 본격적으로 알아보기 전에 간단히 '피보나치 수' 문제 풀이를 먼저 해보겠습니다.

피보나치 수 - Level 2

URL https://school.programmers.co.kr/learn/courses/30/lessons/12945

피보나치 수는 F(0) = 0, F(1) = 1일 때, 1 이상의 n에 대하여 F(n) = F(n - 1) + F(n - 2) 가 적용되는 수입니다. 예를 들어

- F(2) = F(0) + F(1) = 0 + 1 = 1
- F(3) = F(1) + F(2) = 1 + 1 = 2
- F(4) = F(2) + F(3) = 1 + 2 = 3
- F(5) = F(3) + F(4) = 2 + 3 = 5

와 같이 이어집니다.

2 이상의 n이 입력되었을 때, n번째 피보나치 수를 1234567으로 나눈 나머지를 리턴하는 함수, solution을 완성해주세요.

제한 사항

- n은 2 이상 100,000 이하인 자연수입니다.

입출력 예

n	return
3	2
5	5

입출력 예 설명

피보나치 수는 0번째부터 0, 1, 1, 2, 3, 5, … 와 같이 이어집니다.

문제 풀이

완전 탐색 문제라고 하면 가장 많이 언급되는 피보나치 수 문제입니다. 5장에서는 재귀의 개념을 이해하기 위해 '재귀는 같은 작업을 반복하는 것'이라는 관점에서 설명했으나, 이번에는 '같은 작업이 얼마나 반복되는가'라는 관점으로 살펴보겠습니다.

먼저 구현은 재귀 단원에서 설명했던 코드를 그대로 가져와서 실행해봅시다. 정답 조건에만 맞춰서 결과를 1234567로 나눈 나머지를 취하도록 만들어주면 되므로 어렵지 않을 겁니다.

```
def fibo(n):
    if n < 3: return 1
    return fibo(n - 1) + fibo(n - 2)

def solution(n):
    return fibo(n) % 1234567
```

이 코드를 제출하면, 두 가지 에러를 보게 됩니다.

```
테스트 7  > 실패 (런타임 에러)
테스트 8  > 실패 (시간 초과)
테스트 9  > 실패 (시간 초과)
테스트 10 > 실패 (런타임 에러)
테스트 11 > 실패 (시간 초과)
테스트 12 > 실패 (시간 초과)
테스트 13 > 실패 (런타임 에러)
테스트 14 > 실패 (런타임 에러)
```

런타임 에러는 RecursionError로, 재귀 스택이 1,000개 이상 쌓여 발생하는 오류입니다. 이 부분은 최대 재귀 스택 개수를 늘리는 것으로 해결할 수 있을 것 같은데, **시간 초과**는 다릅니다. 계산 시간이 10초 이상 지속되었다는 것은 스택 초과의 문제가 아니라 연산 과정 자체가 너무 오래 걸려서 중간에 끊어진 경우를 의미합니다.

실패의 원인은 역시 입력 크기입니다. 재귀 방식의 코드로 피보나치 수를 구하면 38번째부터 10초 이상이 소요되므로 최대치가 10만까지라는 걸 감안한다면 최대치에 조금도 근접하지 못했음을 알 수 있습니다. 도대체 어떤 일이 일어나고 있는 걸까요?

▼ **그림 10-1** 재귀 방식으로 7번째 피보나치 수를 구하는 과정

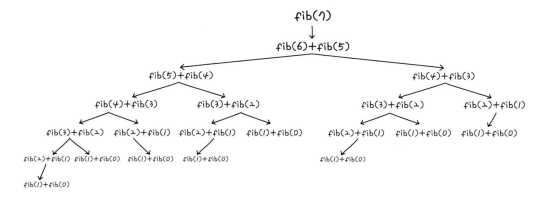

7번째 숫자를 구하는 방식을 도식화해보니, 과정이 이상하게 이루어지고 있음을 볼 수 있습니다. 7번째 숫자를 구하려면 6, 5번째 숫자를 구해야 하는데, 6, 5번째 숫자 또한 모르기 때문에 6번째 숫자를 구하기 위해 다시 5, 4번째 숫자를 구해야 합니다. 5번째 숫자도 모르므로 4, 3번째 숫자를 또 구해야 합니다. 이런 과정을 계속 반복하다 보면 1번째와 2번째 숫자까지 내려오게 되는 과정이 반복적으로 발생한다는 것을 알 수 있습니다.

더 심각한 건 따로 있습니다. 구조를 잘 보면, 단순히 몇 번째 숫자를 알아내기 위해 계속해서 이전 번째의 숫자를 알아내는 형태가 다른 부분에서도 발생하고 있습니다. 한 번 알아낸 f(2)를 두 번 다시 알아낼 필요가 없을 것 같지만, 만든 함수에선 개별적으로 이런 중복을 처리하지 않으므로 계속해서 f(2)를 요구하는 함수가 작동합니다. 만약 7번째 피보나치 수가 아니라 30번째 피보나치 숫자를 구해야 한다면 f(2)가 반복적으로 많이 호출될 것입니다.

이렇게 똑같은 함수를 계속해서 호출한다면, 해당 함수의 결과를 미리 기억해두었다가 정답을 바로 반환할 수는 없을까요? 또는 한 번 한 계산은 두 번 다시 하지 않도록 만들기 위한 방법은 없을까요? 그 해결법 중 하나인 메모이제이션을 사용해보겠습니다.

10.1.2 동적 프로그래밍의 핵심, 메모이제이션

앞서 특정 부분이 겹치거나 반복되는 구조 조건을 가지고 있다면 동적 프로그래밍을 사용할 수 있다고 했습니다. 이 조건을 조금 더 세부적으로 정의하면, 문제를 풀 때 작은 문제의 정답에서 구할 수 있는 '최적 부분 구조'와, 하나의 작은 문제가 다른 작은 문제와 일부 또는 전부를 가지는 '중복되는 부분 문제' 형태를 이루고 있어야 합니다.

1. 최적 부분 구조(optimal substructure)

   작은 문제에서 최선의 선택을 했을 때 최종 결과 역시 최선의 선택이 되어야 하는 구조입니다. 이때 하나의 작은 문제에서 최선인 선택이 다른 문제에서 최선인 선택에 영향을 주면 안 되기 때문에 모든 작은 문제는 독립성을 지녀야 조건을 만족합니다.

2. 중복되는 부분 문제(overlapping sub-problems)

   하나의 큰 문제를 여러 개의 작은 문제로 쪼갤 때, 하나의 작은 문제가 반복적으로 등장하는 구조, 즉 작은 문제가 계속해서 사용되는 구조입니다. 모든 문제가 하나의 문제에 중복적인 구조를 가질 필요는 없지만, 조금이라도 중복되는 부분이 있어야 조건을 만족합니다.

1번과 2번을 간단하게 정리해보면 **전체 문제의 답을 부분 문제로 쪼개서 풀 수 있어야 하고, 동시에 이 문제들 중에서 중복되는 부분이 있다면** 동적 프로그래밍을 사용할 수 있습니다.

다시 문제로 돌아갑시다. 피보나치 수의 문제는 n번째 숫자를 구하려면 n − 1, n − 2번째 숫자의 합이 필요하므로 전체 문제에서 계속 작은 단위로 쪼개지는 구성입니다. 따라서 최적 부분 구조를 만족하고 동시에 n − 1, n − 2가 겹치는 부분이 생기므로 중복되는 부분 문제 조건을 만족합니다. 그러므로 이 문제는 동적 프로그래밍 기법을 사용하여 풀 수 있습니다.

코드 작성

핵심 논리는 변하지 않습니다. 재귀 방식을 사용하는 것까지 모두 동일합니다. 중복적으로 발생하는 호출을 기록하여 두 번 이상 연산하지 않도록 조치한다는 점만 바뀝니다.

1. **크기가 n인 배열을 생성합니다(기본값은 모두 0).**

```python
def solution(n):
    answer = [0] * (n)
    answer[0] = answer[1] = 1
```

1번째, 2번째 항만 1이 되도록 지정합니다.

2. **피보나치 수를 동적 프로그래밍 방식으로 구현합니다.**

```python
def fibo(n, answer):
    if n < 2: return 1
    if answer[n] == 0:
        answer[n] = fibo(n - 1, answer) + fibo(n - 2, answer)

...
fibo(n - 1, answer)
```

피보나치 숫자를 얻는 방법은 그대로 유지합니다. 단, 무작정 이전 위치를 찾는 것과 다르게 주어진 위치의 피보나치 수가 0이거나 계산되지 않았을 때만 새로 재귀 함수를 호출합니다.

남은 건 이제 피보나치 수를 완료하고 n번째 숫자를 반환하는 것이므로, 전체 코드로 보겠습니다.

전체 코드
10장/피보나치수.py

```python
import sys
sys.setrecursionlimit(200000)

def fibo(n, answer):
    if n < 2: return 1
    if answer[n] == 0:
        answer[n] = fibo(n - 1, answer) + fibo(n - 2, answer)

    return answer[n]

def solution(n):
    answer = [0] * (n)
    answer[0] = answer[1] = 1
    fibo(n - 1, answer)

    return answer[-1] % 1234567
```

동작 원리는 동일한데, 이번에는 입력 크기가 10만일 경우에도 대응할 수 있는 코드가 완성되었습니다. 중복 사항만을 제거했을 뿐인데 제한 시간 안에 실행할 정도로 효율을 올릴 수 있습니다. 메모리를 약간 더 사용하는 대신 성능이 압도적으로 개선된다면 충분히 사용해볼 만합니다.

```
테스트 13 〉통과 (540.54ms, 491MB)
테스트 14 〉통과 (533.04ms, 473MB)
```

또 다른 문제 풀이

앞의 실행 결과를 보면 잘 실행되지만, 메모리가 400MB 후반대로 생각보다 많이 사용됩니다. 그리고 시간도 꽤 오래 걸립니다. 동적 프로그래밍을 적용하면서 불필요한 연산은 모두 제거했지만, 연산 횟수 자체는 줄일 수 없으니 이런 일이 벌어지는 것입니다.

이 상황에서는 문제가 원하는 결괏값을 생각하면 n번째의 피보나치 수만 알면 되므로, 그 전의 피보나치 수를 계속해서 가지고 있을 필요가 없습니다. 따라서 변수 두 개로 계속해서 피보나치 수를 계산해 나가면 배열을 사용하지 않고도 쉽게 풀 수 있습니다.

```
def solution(n):
    a,b = 0, 1
    for i in range(n):
        a,b = b, a + b
    return a % 1234567
```

코드를 실행하면 다음처럼 나옵니다. 만족스럽네요!

```
테스트 13  > 통과 (83.95ms, 10.1MB)
테스트 14  > 통과 (80.81ms, 10.2MB)
```

여기까지가 동적 프로그래밍의 가장 기본이라고 할 수 있습니다. 중복된 부분을 파악하고, 반복된 계산을 줄이고 속도를 개선하는 것이 핵심인 만큼 반복되는 구조를 정확하게 파악하고 해당 구조에 대한 정답을 기억하도록 만들어야 합니다. 보통 배열을 사용해서 작은 문제의 결과를 하나씩 저장해나가는 방식을 사용하지만, 상황에 따라 저장하는 방법 또한 달라지므로 문제 유형에 적응할 필요가 있습니다.

10.1.3 구현 방법

피보나치 수에 대해 좀 더 이야기해봅시다. 앞에서 구현한 코드를 보면, 피보나치 수를 구하는 재귀 함수에 동적 프로그래밍 기법을 추가한 것이었죠(변수 두 개로 풀어내는 방법은 해당 문제를 푸는 데 특화된 방법이므로 여기에서는 가장 흔하게 나오는 형태를 기준으로 살펴보겠습니다). 이전 코드를 다시 살펴봅시다.

```
def fibo(n, answer):
    if n < 2: return 1
    if answer[n] == 0:
        answer[n] = fibo(n - 1, answer) + fibo(n - 2, answer)

    return answer[n]
```

이렇게 코드를 짜면 'n번째 피보나치 수를 구하기 위해 n − 1번째와 n − 2번째 수를 더하는 것이니, 반대로 n − 1번째와 n − 2번째를 더해서 n번째 피보나치 수를 구할 수 있지 않을까'라는 의문이 듭니다.

먼저 이 질문에 대한 답은 충분히 가능한 방법이며, 다음처럼 구현할 수 있습니다.

```python
def solution(n):
    answer = [0] * (n)
    answer[0] = answer[1] = 1

    for i in range(2, n):
        answer[i] = answer[i - 1] + answer[i - 2]

    return answer[-1] % 1234567
```

실행 시간과 결과를 보면, 그렇게 큰 차이는 없습니다. 구현 방식이 달라질 뿐이지 전체적인 시간 복잡도는 변하지 않으니까요.

하지만 구현 방식이 달라진다는 것은 문제를 접근하는 방식이 바뀐다는 의미이기도 합니다. 지금까지 문제를 풀면서 관점이 달라진다는 것이 얼마나 중요한지를 체감했을 것입니다. 그러다 보니 어떤 방법이 있고 그 방법이 무슨 상황에서 유리할지에 대해 논하자면 좀 복잡하지만, 단순히 구현한다는 개념에서 바라보자면 크게 두 가지 방법이 있습니다. 그중 상황에 맞게 어떤 방식이 가장 효율적인지 결정하면 됩니다.

탑-다운(하향식) 방식: 메모이제이션(memoization)

주어진 문제를 작은 단위의 문제로 계속해서 쪼개나간 뒤, 이 작은 문제를 바탕으로 다시 하나의 문제를 푸는 방식을 의미합니다. 어떤 결과를 만들기 위해 그보다 더 작은 결과에서 필요한 값들을 하나씩 만들어 가는 형식을 보여주며, 통상 재귀 형태로 구현합니다.

▼ 그림 10-2 탑-다운 방식

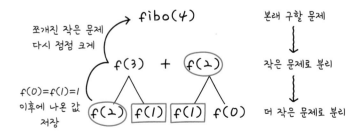

이 방법은 재귀를 기반하므로, 코드 자체는 이미 이전 값들이 모두 계산되어 있다는 전제 조건하에 계산하는 구성입니다. 하지만 처음 실행할 때는 자신보다 작은 값에 대한 정답을 모르니, 아는 값이 나올 때까지 점점 더 작은 단위로 실행합니다. 이 과정을 계속 반복하다보면 어느 순간 작은 문제가 최선의 답을 낼 것이고, 나머지 파생된 작은 문제들 역시 최선의 답을 낸다면 다시 위로 올라가면서 결국은 최선의 답이 나올 것이라고 **가정**하고 문제를 푸는 방식입니다.

이때 중복된 작은 문제가 존재한다면 이 문제의 결과를 기록하여 문제를 다시 푸는 일을 막는 방식으로 비용을 절약합니다. 결과적으로는 문제 풀이 방식이 최선의 접근 방법은 아닐지라도, 논리에 허점만 없다면 실패하지 않는 방법입니다. 가장 큰 장점은 완전 탐색 풀이와 동일한 구성을 갖추고 있기 때문에 '완전 탐색 + 중복 제거' 기능을 추가한다는 느낌으로 동적 프로그래밍을 구현할 수 있다는 점입니다.

바텀-업(상향식) 방식: 테뷸레이션(tabulation)

반대로 주어진 문제를 작은 문제부터 풀고, 이 과정을 반복해서 알고 있는 정답을 늘려나가면서 최종적으로는 원래 문제를 푸는 방식을 의미합니다. 처음부터 알고 있는 값에서 시작하므로 다음 계산을 위해 중간 결괏값을 저장해 사용하며, 보통 반복문 형태로 구현됩니다.

▼ **그림 10-3** 바텀-업 방식

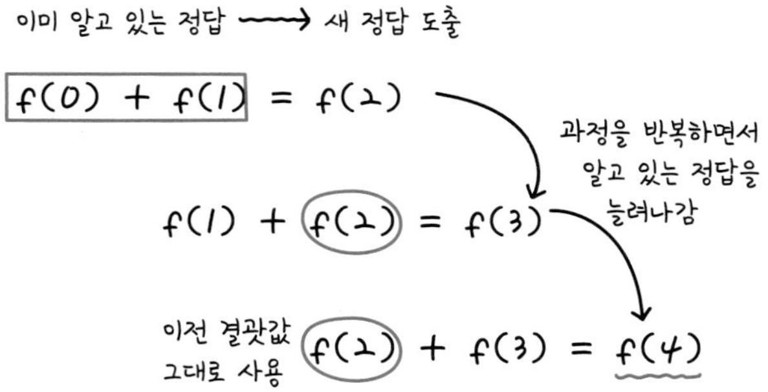

이 방법은 반복문을 기반하므로, 정확히 몇 번 반복할 것인지에 대한 지표가 주어져야 하며, 그 사이에 어떤 계산을 해야 하는지 명확한 기준이 필요합니다. 따라서 문제를 풀려면 조금 더 까다롭게 접근해야 합니다. 즉, 전체 문제가 어떻게 쪼개질지에 대한 정보가 미리 준비되어야 합니다. 설계가 미리 이루어지고, 그것에 맞춰 진행하는 방식입니다.

이때 문제를 풀면서 이전 결과를 참조해야 한다면, 이 결과를 기록하여 문제를 다시 풀지 않도록 하여 비용을 절약합니다. 결과적으로 설계가 잘 이루어진다는 전제 조건하에 구현 방식이 비교적 자유로우며, 직관적으로 문제를 구성할 수 있는 경우가 많아 탑-다운 방식으로 구현한 코드와 비교했을 때 똑같은 시간 복잡도를 가지더라도 편하게 만들 수 있다는 점이 장점입니다(그리고 조금 더 빠릅니다).

두 방법 모두 장단점이 존재하기 때문에 어떤 방식이 좋고 나쁨을 말할 수 없습니다. '중복되는 부분 문제'를 어떻게 풀어나갈 것인지에 대한 관점의 차이일 뿐이니까요. 어떤 방식이 더 맞는지는 여러분이 결정할 사항입니다. 어떻게 접근하는가에 따라 더 쉽게, 혹은 더 어렵게 풀 수도 있습니다.

그렇다고 문제를 보고 하나씩 구분한다는 생각으로 두 가지 방법을 외울 필요는 없습니다. 설명을 위해 구분하기 쉽게 만든 것이지, 실제로 동적 프로그래밍을 구현할 때 '이 문제는 재귀로 풀어야 한다, 반복문으로 풀어야 한다'처럼 정해진 답이 있는 것은 아닙니다. 단지 이런 흐름이 있다는 정도로만 이해하면 충분합니다. 문제를 풀다보면 자연스럽게 어떤 방식이 더 어울리는지 고를 수 있을 겁니다.

10.2 다양한 문제 풀이

이번 유형 역시 이진 탐색과 동일하게 기준을 잘 잡는 것이 문제 풀이의 핵심이기 때문에 점화식을 만드는 데 집중할 것이며, 어렵게 느껴질 수도 있습니다. 개념 자체는 완전 탐색에 중복 방지 기능을 추가한 것처럼 보이지만, 응용하기 시작하면 상상을 뛰어넘는 문제들이 많습니다. 다 풀고 나서 동적 프로그래밍 문제였는지 의문이 들기도 하고요.

N으로 표현 - Level 3

URL https://school.programmers.co.kr/learn/courses/30/lessons/42895

아래와 같이 5와 사칙연산만으로 12를 표현할 수 있습니다.

12 = 5 + 5 + (5 / 5) + (5 / 5)

12 = 55 / 5 + 5 / 5

12 = (55 + 5) / 5

5를 사용한 횟수는 각각 6, 5, 4입니다. 그리고 이 중 가장 작은 경우는 4입니다.

이처럼 숫자 N과 number가 주어질 때, N과 사칙연산만 사용해서 표현할 수 있는 방법 중 N 사용 횟수의 최솟값을 return하도록 solution 함수를 작성하세요.

제한 사항

- N은 1 이상 9 이하입니다.
- number는 1 이상 32,000 이하입니다.
- 수식에는 괄호와 사칙연산만 가능하며 나누기 연산에서 나머지는 무시합니다.
- 최솟값이 8보다 크면 -1을 return합니다.

입출력 예

N	number	return
5	12	4
2	11	3

입출력 예 설명

예제 #1

문제에 나온 예와 같습니다.

예제 #2

11 = 22 / 2와 같이 2를 3번만 사용하여 표현할 수 있습니다.

문제 풀이

사칙 연산과 연산자 우선순위를 보니 어디선가 풀어봤던 문제의 냄새가 솔솔 납니다. 비슷한 문제를 풀어봤다면 훨씬 빠르게 해결할 수 있는 문제입니다.

먼저 숫자 N과 적절한 사칙연산을 사용하여 제시한 number와 동일한 숫자를 만들어야 합니다. N은 자릿수를 만드는 것도 포함해 최대 8번까지만 사용할 수 있으며, 그 이상 사용하면 강제로 −1을 반환하도록 만들어야 합니다. 이러면 while 문으로 8번이 넘을 때까지 계속 시험하는 것이 아니라, 8번까지만 사용해보고 그 안에 답이 없다면 −1을 반환하도록 만들 수 있습니다.

추가로 만들 수 있는 숫자와는 별개로 사칙연산하는 부분의 계산 횟수를 줄일 수 있는 방법은 없으니 결국 완전 탐색의 모양이 되리라 예상할 수 있습니다.

가능한 횟수만큼 숫자를 사용했더라도 연산 자체는 7번 안에 끝납니다. 최대 4^7번만큼 연산식이 나온다고 생각하면 횟수 자체로 시간 초과가 발생할 일은 없으므로 남은 건 어떻게 완전 탐색을 수행할 것인지에 대한 것뿐입니다. 먼저 방해가 되는 요소부터 파악해봅시다.

괄호의 존재감

연산기호가 바뀌기만 한다면 아무런 문제가 없지만, 괄호가 사용될 수 있다는 사실 하나만으로도 지금까지 계획했던 작전을 사용할 수 없습니다. 괄호는 문제의 난이도를 올리는 주범이라는 의미입니다. 기존 사칙연산의 우선순위를 무시하고 먼저 수행된다는 점이 굉장히 부담스럽게 느껴진다면 먼저 해당 부분을 중심으로 대응하고 그 후에 생기는 부가 문제를 해결하는 것이 좋습니다.

먼저 규칙을 찾기 위해 처음부터 코드를 구현하려 하지 말고 손으로 직접 계산해서 입출력 예를 풀어봅시다. 입출력 예의 1번을 보면, 5를 사용하여 12를 만들어야 합니다.

▼ **그림 10-4** 가능한 경우의 수를 직접 만들어보자

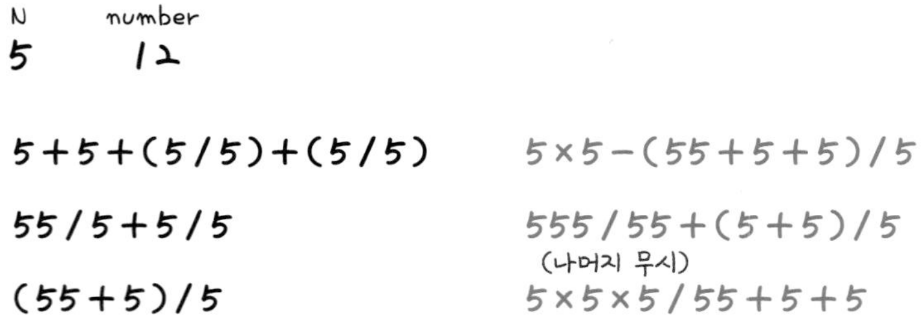

```
N       number
5       12


5+5+(5/5)+(5/5)          5×5−(55+5+5)/5

55/5+5/5                 555/55+(5+5)/5
                              (나머지 무시)
(55+5)/5                 5×5×5/55+5+5
```

나머지에서 소수점이 나올 때 이를 무시한다는 추가 조건까지 고려한다면, 5를 8번 이하로 사용하는 조건만 지키면 이런 식으로 정답을 이끌어낼 수 있습니다. 하지만 이렇게 계산하다보면, 연산만 복잡해질 뿐, 결국 특정 숫자를 만들기 위한 것임을 알 수 있습니다. 그림 10-4에서 계산되는 결과를 나열하면 다음과 같습니다.

```
(5 + 5) + (1) + (1) = 10 + 2
25 - (65 / 5) = 25 - 13
10 + (10 / 5) = 10 + 2
125 / 55 + 10 = 2 + 10
```

숫자 5를 어떤 방식으로 조합하더라도 10과 2를 더하는 모양이거나, 25에서 13을 빼는 것 외에는 다른 모양이 잘 보이지 않습니다.

이런 식으로 계산할 숫자와 계산식이 고정되어 있다면 숫자가 몇 번 나오든, 어떻게 사칙연산을 수행하든 일정한 모양을 가지게 됩니다. 그리고 이런 식의 동일한 모양이 만들어진다면 만들 수 있는 모양 중 가장 숫자를 적게 사용한 방식이 곧 정답이 되므로, 숫자를 정해진 횟수만큼 사용하여 만들 수 있는 모든 결과에서 원하는 값이 들어 있는지 확인하면 문제를 풀 수 있습니다.

어떻게 모양을 만들어낼 것인가

괄호 문제를 피하기 위해 '주어진 숫자를 만들 수 있는 모든 연산식을 알아내는 방식'에서 '주어진 숫자를 조합하여 새로운 숫자를 만들어낼 수 있는지'에 대한 질문으로 바꿨으니, 이 질문에 대한 답을 찾을 수 있는지 검증해야 합니다.

지금까지 알아낸 정보는 하나의 숫자만을 사용해서 특정 숫자를 만들다 보니 정해진 몇 가지 형식 안에서 계산이 이루어진다는 사실만 알고 있습니다. 여기에 추가로 이용할 수 있는 정보라고 하면 '하나의 숫자를 여러 번 사용할 수 있다'는 조건밖에 없는 상황입니다. 조금 더 고민해볼 필요가 있습니다.

다시 예제 입출력 예 1번으로 돌아가서, 5를 사용하여 숫자 12를 만들어야 하니, 사용할 수 있는 숫자를 하나씩 늘려가면서 확인해보겠습니다. 먼저 5를 한 번만 사용한다고 생각해봅시다. 5 하나로는 원하는 숫자를 만들 수 없습니다. 그럼 두 번 사용한다면 어떨까요? 자릿수를 만들 때 사용하는 숫자도 사용 횟수에 포함하니 55, 5 + 5, 5 - 5, 5 × 5, 5 / 5 이렇게 총 5가지가 가능합니다. 그래도 12는 나오지 않습니다.

5를 하나 더 사용해서 세 번 사용한다고 합시다. 555 하나, 5 + 5 + 5, 5 - 5 × 5, 5 / 5 + 5, … 식으로 잔뜩 나오겠죠. 직접 해보면 알겠지만 이래도 12는 나오지 않습니다. 0, 2, 4, 5, 6, 11, 15, 20, 30, 50, 60, 125, 275, 555만 만들 수 있습니다.

5를 네 번 사용하면 비로소 12를 얻을 수 있습니다. 식은 당연히 (55 + 5) / 5입니다. 이제 원래 목적으로 돌아가서 해당 식이 어떻게 만들어졌는지 생각해봅시다. 가장 단순하게 생각한다면 (55 + 5)와 / 5를 분리할 수 있을 것이고, 하나 더 이전으로 돌아간다면 55와 + 5를 분리할 수 있을 겁니다. 이렇게 숫자를 분리하고 보니, 이전 형식에서 보이던 숫자임을 알 수 있습니다.

분명 2번째에서 55, 5 + 5, 5 − 5, 5 × 5, 5 / 5 다섯 가지를 만들었고, 한 번 분해한 식이 (55 + 5) 라면, 2번째 형식 중 하나인 55에서 + 5가 추가로 붙었다고 볼 수 있습니다. 그러니까 이전 결과에서 다시 사칙연산만큼의 새로운 경우를 추가해서 만든다면 5 × 4가지의 새로운 결과가 나올 것이고, 중간에 결과가 똑같아서 가짓수가 줄어들었다고 생각한다면 충분히 가능한 방법입니다.

방해가 되는 두 가지 모두 해결책을 찾았으니, 이제 문제를 풀 수 있을 것 같네요. 전체적인 흐름은 다음과 같이 구상될 것이고, 이 순서대로 따라 구현하기만 하면 됩니다.

1. 연산 결과를 기록할 배열을 만듭니다.

2. 이전 횟수의 결과에서 사칙연산을 한 번 더 수행하여 새로운 결과를 만들어냅니다.

3. 계산이 한 번 끝날 때마다 원하는 숫자가 있는지 확인합니다.

코드 작성

1. 연산 결과를 기록할 배열을 만듭니다.

이번 문제의 핵심은 **모든 계산 결과를 기록하는 것**입니다. 따라서 점화식은 이전 결과에서 사칙연산을 수행하여 새로운 결과를 만들어내는 모양이 될 것이고, 간단하게 식으로 표현하면 dp[i] = dp[j] + c 형태가 될 것입니다.

```
dp = [set() for i in range(9)]
```

배열에 들어갈 자료형 set은 중복 데이터를 자동으로 제외하여 추가하기 때문에 계속해서 고유 원소만 존재하는 것을 보장해줍니다. 여러 사칙연산으로 나올 값들 중에 중복된 값이 있다면 자연스럽게 중복을 제거할 수 있으니 사용하기 적합합니다.

2. 이전 횟수의 결과에서 사칙연산을 한 번 더 수행하여 새로운 결과를 만들어냅니다.

본격적으로 새로운 결과를 만들어내는 작업을 할 것입니다. 생각보다 간단한데, 처음에는 사용할 수 있는 숫자의 횟수만큼 이어 붙인 (5를 3번 쓸 수 있으면 555) 숫자를 만든 다음, 이전에 만들어진 결과들을 전부 순회하면서 사칙연산을 한 번씩 수행하면 됩니다.

```
for i in range(1, 9):
    case = dp[i]
    case.add(int(str(N) * i))
    for j in range(1, i):
        for k in dp[j]:
```

```
    for l in dp[i - j]:
        case.add(k + l)
        case.add(k - l)
        case.add(k * l)
        if l != 0 and k != 0: case.add(k // l)
```

숫자는 최소 한 번 이상 사용해야 하므로 '배열로 이를 조회할 때 헷갈리지 않도록 조치해야 하는 것'과, '나머지는 0으로 나누는 것과 나뉘는 것' 두 가지만 주의하면 됩니다. 두 가지 모두 불가능한 연산이기 때문에 아예 계산하지 못하게 미리 필터링해야 합니다. 또한, 나머지로 인해 발생한 소수는 무시해야 합니다.

추가적으로 최적화를 하고 싶다면 빼기 연산을 할 때 결과가 음수라면 결과에 추가하지 않도록 할 수 있습니다. 만들어야 할 숫자는 항상 양수이고 음수가 나와도 필요한 경우에 다시 빼기 연산을 하면(−(−5)) 양수가 되기 때문에 음수 결과를 가지고 있을 이유가 없습니다.

잠깐만요

숫자 N을 연속적으로 사용해서 이어 붙인 숫자를 만들 때는 먼저 N을 문자열로 바꾼 후 곱하기 연산을 하면 빠르게 원하는 숫자를 만들어낼 수 있습니다. 숫자를 문자열로 만들고 다시 숫자로 만드는 작업을 포함하기 때문에 자릿수를 기억하는 변수를 하나 만들고 × 10 + N처럼 계산식의 형태로 접근하는 것이 더 빠르지 않을까라고 생각할 수 있습니다.

결론부터 말하자면, 변수를 변경해서 곱셈식을 만드는 속도보다 원래 숫자를 문자열로 바꿔서 곱셈을 수행하는 것이 더 빠르게 작동합니다. 주어진 데이터를 문자열로 바꾸는 함수 str( )이 고비용이라고 하지만, 이번 문제에서 다룰 숫자는 최대 8자리이기 때문에 괜찮습니다.

---

3. 계산이 한 번 끝날 때마다 원하는 숫자가 있는지 확인합니다.

```
for i in range(1, 9):
    〈2번에서 구현한 코드〉
    if number in case: return i
```

모든 작업이 끝나고 순회하는 것도 가능하지만, 8번 안에 원하는 숫자가 있는 것이 확실하다면 결과가 만들어질 때마다 숫자가 있는지 확인하고, 목표하는 숫자가 존재할 때 해당 값을 반환하면서 바로 프로그램을 종료시키면 전체를 탐색하지 않아도 되므로 시간을 조금 절약할 수 있습니다. 당연히 마지막 연산이 실패하면 −1을 반환하도록 신경 쓰는 것도 잊지마세요.

전체 코드는 다음과 같습니다. 과정에서 빠진 코드가 있으니 끝까지 확인해주세요.

10장/N으로_표현.py

전체 코드

```python
def solution(N, number):
    dp = [set() for i in range(9)]
    for i in range(1, 9):
        case = dp[i]
        case.add(int(str(N) * i))
        for j in range(1, i):
            for k in dp[j]:
                for l in dp[i - j]:
                    case.add(k + l)
                    case.add(k - l)
                    case.add(k * l)
                    if l != 0 and k != 0: case.add(k // l)

        if number in case: return i

    return -1
```

문제의 접근 방식이 바뀌었으니 당연히 시간 복잡도를 따져봐야 하는 게 맞지만 이번 문제는 그럴 필요가 없습니다. for 문만 따진다면 $O(n^3)$ 이상이지만, 실제 연산 횟수를 계산해본다면 사용할 수 있는 숫자가 한 개씩 늘어날 때마다 (4 + 1) × 4번씩 연산 횟수가 늘어나는데, 8번까지면 이론적으로 최악의 경우라도 87,416번 정도 연산하기 때문에 다 합쳐도 10만 번 정도밖에 되지 않습니다.

연산 횟수도 그렇지만 괄호 처리가 생각보다 매우 까다로울 줄 알았는데, 규칙을 한 번 찾고 나니 문제가 굉장히 쉽게 풀렸습니다. 이런 식으로 점화식을 빠르게 구상해서 점화식대로 코드를 구현하기만 하면 되므로 문제가 훨씬 더 쉽게 느껴집니다. 특히 이번에는 비슷한 문제를 풀어본 경험이 있어서 이해하기 쉬웠다는 것도 한몫했을 겁니다.

정수 삼각형 - Level 3

URL https://school.programmers.co.kr/learn/courses/30/lessons/43105

위와 같은 삼각형의 꼭대기에서 바닥까지 이어지는 경로 중, 거쳐간 숫자의 합이 가장 큰 경우를 찾아보려고 합니다. 아래 칸으로 이동할 때는 대각선 방향으로 한 칸 오른쪽 또는 왼쪽으로만 이동 가능합니다. 예를 들어 3에서는 그 아래칸의 8 또는 1로만 이동이 가능합니다.

삼각형의 정보가 담긴 배열 triangle이 매개변수로 주어질 때, 거쳐간 숫자의 최댓값을 return하도록 solution 함수를 완성하세요.

제한 사항

- 삼각형의 높이는 1 이상 500 이하입니다.
- 삼각형을 이루고 있는 숫자는 0 이상 9,999 이하의 정수입니다.

입출력 예

triangle	result
[[7], [3, 8], [8, 1, 0], [2, 7, 4, 4], [4, 5, 2, 6, 5]]	30

문제 풀이

문제 난이도 때문에 겁먹을 필요 없습니다. 구현할 때는 처음부터 모든 과정을 커버할 수 있도록 만드는 것이 아니라, 결과를 보고 어떤 과정이 필요했는지를 파악하고 하나씩 추가해 나가는 식으로 접근하는 것이 유리합니다.

삼각형의 꼭대기에서 바닥까지 한 층씩 내려가면서 지나간 모든 숫자의 합이 가장 클 때를 알아내는 문제입니다. 설명 자체는 어렵지 않지만, 구조적 특징상 아래로 내려갈수록 선택할 수 있는 숫자가 하나씩 많아진다는 점이 가장 어렵게 느껴집니다.

이럴 때는 아무 생각도 하지 말고 문제가 요구하는 대로 따라가 봅시다. 오른쪽이나 왼쪽을 선택한다고 해서 '그러면 내가 반대 쪽을 선택했다면?'처럼 고민하는 게 아니라, 뒷생각은 하지 말고 둘 중 하나를 아무거나 선택하는 겁니다. 여기서 만들어진 결과는 가능한 모든 경우 중 하나일 테니, 여기서 하나씩 조건을 조합해서 원래 모습을 유추하면 됩니다.

입출력 예를 볼게요. 그리고 7-3-1-4-2 순으로 골랐다고 가정합시다. 이 선택을 하면서 고민했던 사항은 내가 오른쪽으로 갈지, 왼쪽으로 갈지에 대한 망설임 단 하나입니다. 조금 더 생각해보자면 가장 크게 만들 수 있는 숫자를 만들어야 한다고 했으니 다음 선택지 중에서 가장 큰 숫자를 고를 수도 있겠지만 숫자가 그렇게 편의적으로 배치되어 있지는 않습니다. 결국 모든 가능성을 살펴보지 않으면 최댓값이라는 것을 증명할 수 없으므로 이 문제도 완전 탐색의 흐름이 될 것이라 예상할 수 있습니다.

완전 탐색을 위한 점화식 작성부터 시작합시다. 시작점은 맨 위이므로 항상 똑같은 위치에서 시작할 것이니, 현재 위치에서 왼쪽으로 갈 것인지, 오른쪽으로 갈 것인지만 선택하면 됩니다.

▼ **그림 10-5** 생각을 단순하게. 현재 위치에서 다음으로 넘어갈 때만 따지자

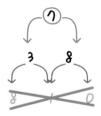

다음 과정으로 넘어갈 때 방향을 고려하는 건 아무런 의미가 없지만, 만들어야 할 정답은 이 방향을 어떻게 선택하는가에 따라 달라집니다. 우리는 이 정답 중에서 가장 큰 값을 구해야 하기 때문에 진행할 방향을 선택하는 것까지는 아무런 조건을 두지 않되, 나오는 결과는 누가 더 큰지 따져야 합니다.

이럴 때 가장 좋은 방법은 연산을 계속 누적시키면서 기록하는 겁니다. 지금까지 선택한 숫자들의 합이 하나씩 더해지면서 마지막 바닥까지 오면 결과가 나올 테니, 이 결과 배열에 간단하게 max( ) 함수를 사용하여 최댓값을 구하는 방법으로 말이죠.

마지막으로 정리하면, 진행 방향은 현재 위치에서 왼쪽/오른쪽 선택, 상태는 누적 방식으로 저장, 결과는 진행 상태에서 나온 값 중 가장 큰 값입니다. 문서를 풀 단서가 모두 모인 것 같습니다. 전체 과정은 다음과 같습니다.

1. 계산 결과를 계속 쌓을 배열을 생성합니다.

2. 맨 꼭대기부터 시작해, 하나씩 내려가면서 계산합니다.

3. 결과 중 가장 큰 값을 반환합니다.

이것 외에도 추가로 고려해야 할 점이 있지만, 이번에는 코드를 작성하면서 같이 설명하겠습니다.

코드 작성

1. 계산 결과를 계속 쌓을 배열을 생성합니다.

가장 먼저 계산 결과를 계속해서 쌓아나갈 배열을 만들어야 합니다. 이 배열의 크기는 입력 크기와 동일하게 구성될 것이고, 최종적으로 바닥까지 다 고른 후 마지막 바닥에서 가장 큰 수를 찾기만 하면 됩니다.

하지만 2번 과정을 진행하기 전에 한 가지 중요한 사실을 기억해야 하는데, 문제에서 주어진 모양은 삼각형이지만 실제로 다루게 될 배열은 삼각형 형태가 아닙니다. 임의로 삼각형을 만들어 줄 뿐이죠. 이 상태에서 왼쪽/오른쪽을 선택하면 현재 인덱스에서 −1 또는 +1 연산을 통해 접근해야 합니다. 하지만 배열은 현재 가지고 있는 데이터의 범위를 초과하는 인덱스를 사용하면 앞으로 실행될 논리와 관계없이 즉시 오류가 생기면서 강제로 종료되므로 이 점에 주의합니다.

그렇다면 다음에 접근할 원소가 존재하는지에 대한 검사가 필요한데, if 문을 사용하여 검사할 수도 있지만 여기서는 조금 더 재치 있는 방법으로 접근해보겠습니다. 양쪽에 0을 추가해 봅시다.

▼ 그림 10-6 예외 처리

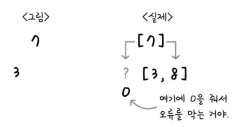

입력 배열을 그대로 가져가는 것은 동일하지만, 양 옆에 0을 붙인다면 계산에 영향을 미치지 않으면서 매번 현재 위치를 따질 필요가 없으니 훨씬 간단하게 코드를 짤 수 있습니다. 물론 당연히 이에 따라 2번 과정을 조금 변경해야 하지만, 이건 잠시 뒤에 봅시다.

```
def solution(triangle):
    dp = [[0, *t, 0] for t in triangle]
```

2. 맨 꼭대기부터 시작해 하나씩 내려가면서 계산합니다.

처음 계획했던 대로 꼭대기에서 방향을 선택하여 진행하도록 만들기만 하면 나머지는 알아서 해줄 것이니, 손쉽게 점화식을 만들 수 있습니다. 현재 삼각형의 층을 i, 층에서 선택 가능한 위치를 j라고 한다면, dp[i][j] += max(dp[i - 1][j - 1], dp[i - 1][j]) 식으로 만들어질 것입니다. 수학적이기보다는 배열을 조작하는 것에 가까워서 이해하는 데 어렵지 않을 겁니다.

```
for i in range(1, len(triangle)):
    for j in range(1, i + 2):
        dp[i][j] += max(dp[i - 1][j - 1], dp[i - 1][j])
```

한 층씩 내려갈 때마다 선택할 수 있는 전체 숫자가 1개씩 늘어난다는 사실을 for 문에 반영하여 i의 변화에 따라 j의 최대치가 1씩 늘어나도록 만들어야 합니다. 여기서 추가로 1번 과정에서 값을 저장할 배열을 수정했기 때문에 원래 위치로 돌아가려면 전체 범위를 오른쪽으로 1씩 밀어서 시작은 1, 끝은 i + 2가 되도록 변경합니다.

3. 결과 중 가장 큰 값을 반환합니다.

각 위치마다 선택한 결과가 누적되어서 마지막 층에 있을 테니, 이 값에서 최댓값을 얻어내는 max() 함수를 사용하면 원하는 답을 얻을 수 있습니다.

```
return max(dp[-1])
```

문제에서 제시하는 삼각형과 실제로 다루게 될 배열의 차이점을 충분히 고려할 수 있다면 어렵지 않은 문제입니다. 전체 코드를 보겠습니다.

전체 코드
10장/정수_삼각형.py

```
def solution(triangle):
    dp = [[0, *t, 0] for t in triangle]
    for i in range(1, len(triangle)):
        for j in range(1, i + 2):
            dp[i][j] += max(dp[i - 1][j - 1], dp[i - 1][j])

    return max(dp[-1])
```

Level 3라는 난이도와는 다르게 굉장히 쉽게 풀었습니다. 체감상 Level 2 정도 같습니다. 결국 기본적인 흐름은 완전 탐색을 벗어나지 않으니 '무엇을 저장할 것인가'에 대한 기준을 명확히 하고 그에 맞는 풀이법이 제시된다면 남은 건 주어진 논리를 구현하는 것밖에 없습니다.

또 다른 문제 풀이

이렇게 끝내기는 아쉬우니, 한 가지 아이디어를 더해 조금 더 살펴봅시다. 문제를 풀다 보면 '왜 꼭대기부터 시작해야 하나요?' 또는 '누적으로 쌓아간다면 왜 굳이 이전 기록을 남겨야 하나요?' 등 여러 가지 궁금증이 생길 수 있습니다.

일단 그에 대한 답을 하자면 컴퓨터의 시점에서 생각하는 것이 중요하지만, 결국 문제를 읽고 푸는 건 사람이기 때문입니다. 사람에게 가장 익숙한 방법으로 접근하는 게 가장 직관적인 풀이법이 됩니다.

그렇다면 이번에는 반대로 풀어봅시다. 어차피 왼쪽/오른쪽을 고민해야 하고 결국 가장 낮은 단계에서 최댓값을 구해야 한다면, 거꾸로 바닥부터 시작해 계속해서 최댓값만을 구하는 것과 같습니다. 그러면 꼭대기에 도착했을 때는 이미 최댓값만 남아 있을 테니 계산이 모두 끝나고 배열의 가장 첫 번째 원소만 가져오면 문제를 풀 수 있습니다. 또 이전 결과'만' 가지고 있으면 되니 주어진 triangle 변수 자체를 직접 수정한다면 공간 사용률도 절약할 수 있을 겁니다.

변경되는 부분에 맞춰 새로 고려해야 하는 점이 생기는 것 외에는 전체적인 흐름은 동일하기 때문에 과정을 다시 정의하지 않고 풀어보겠습니다.

코드 작성

1. 높이를 지정합니다.

새로운 값을 계산하기 위해선 바로 직전의 결과만 알고 있으면 되므로, 변수를 하나 더 만들지 않고 주어진 triangle 변수 자체를 조작하여 문제를 해결할 수 있습니다. 이번에는 반대로 진행할 것이므로, 전체 높이에서 한 단계씩 줄여가면서 진행해야 하기에 먼저 전체 높이를 알고 있어야 합니다.

```
def solution(triangle):
    height = len(triangle) - 1
```

단, 배열의 최대 숫자는 항상 '선언한 최대 크기 − 1'이라는 점을 항상 기억해야 합니다. 의외로 이런 부분에서 실수를 많이 하곤 합니다.

2. 맨 아래부터 시작해 하나씩 올라가면서 계산합니다.

계산식 자체는 동일하지만, 위에서 아래로 내려갔을 때는 새로 생겨나는 원소 때문에 양옆에 0을 집어넣어 배열의 위치를 보정할 필요가 있었으나 아래에서 위로 갈 때는 원소가 줄어들기 때문에 보정할 필요가 없습니다.

```python
while height > 0:
    for i in range(height):
        triangle[height-1][i] += max([triangle[height][i], triangle[height][i+1]])
    height -= 1
```

마지막에 높이를 낮춰서 위층으로 넘어가야 하니 높이 변수를 1 줄이면 됩니다.

3. 결과 배열의 가장 첫 번째 원소를 반환합니다.

한 층씩 쌓아 올라가면 결국 남는 원소는 하나이기 때문에 배열의 가장 첫 번째 원소를 가지고 오는 것만으로도 문제를 풀 수 있습니다.

```python
return triangle[0][0]
```

전체 코드   10장/정수_삼각형_역방향.py

```python
def solution(triangle):
    height = len(triangle) - 1

    while height > 0:
        for i in range(height):
            triangle[height-1][i] += max([triangle[height][i], triangle[height][i+1]])
        height -= 1

    return triangle[0][0]
```

이런 식으로 코드의 진행 방식을 역방향으로 바꾸면 전처리할 부담이 사라지므로 시간 복잡도와 공간 복잡도 모두 절약할 수 있습니다. 실행 시간 자체는 크게 차이 나지 않지만, 배열이 자연적으로 줄어든다는 특징을 잘 사용하여 고민거리를 많이 줄였다는 것에 의의가 있습니다.

등굣길 - Level 3

URL https://school.programmers.co.kr/learn/courses/30/lessons/42898

계속되는 폭우로 일부 지역이 물에 잠겼습니다. 물에 잠기지 않은 지역을 통해 학교를 가려고 합니다. 집에서 학교까지 가는 길은 m x n 크기의 격자 모양으로 나타낼 수 있습니다.

아래 그림은 m = 4, n = 3인 경우입니다.

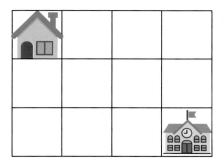

가장 왼쪽 위, 즉 집이 있는 곳의 좌표는 (1, 1)로 나타내고 가장 오른쪽 아래, 즉 학교가 있는 곳의 좌표는 (m, n)으로 나타냅니다.

격자의 크기 m, n과 물이 잠긴 지역의 좌표를 담은 2차원 배열 puddles이 매개변수로 주어집니다. **오른쪽과 아래쪽으로만 움직여** 집에서 학교까지 갈 수 있는 최단 경로의 개수를 1,000,000,007로 나눈 나머지를 return 하도록 solution 함수를 작성해주세요.

제한 사항

- 격자의 크기 m, n은 1 이상 100 이하인 자연수입니다.
    - m과 n이 모두 1인 경우는 입력으로 주어지지 않습니다.
- 물에 잠긴 지역은 0개 이상 10개 이하입니다.
- 집과 학교가 물에 잠긴 경우는 입력으로 주어지지 않습니다.

입출력 예

m	n	puddles	return
4	3	[[2, 2]]	4

입출력 예 설명

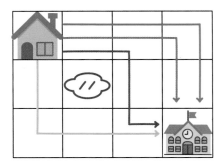

문제 풀이

┌ 잠깐만요 ┤

물이 잠긴 지역의 좌표를 담은 2차원 배열 puddles의 좌표는 **(y, x) 표기법을 따릅니다.** 2차원 배열을 사용하려면 y → x 순으로 for 문을 사용해야 하므로 미리 웅덩이를 표기하라는 의미에서 만들어졌습니다. 만약 상황에 따라 원래 좌표 표기법으로 변경해야 한다면 이 부분을 먼저 바꿔야 합니다.

확률과 통계 최단 경로의 수 유형입니다. 다르게 말하자면 수학을 잘 알면 문제를 굉장히 쉽게 풀수 있고, 그렇지 않으면 하나부터 열까지 예외 처리를 해야 하니 매우 어려워지는 유형입니다. 모르면 손도 못 대거나 푸는 것 자체가 매우 어려워지므로 수학에 자신이 없다면 관련 문제를 계속 풀어서 유형 자체에 적응해야 합니다.

문제에서 요구하는 사항을 잘 읽어보면, 최단 경로가 몇 개인지 알아내야 하므로 모두 알아보기 전까지는 모르겠죠. 완전 탐색을 사용해야 합니다. 그렇다면 집은 항상 왼쪽 위에 있고 학교는 오른쪽 아래에 있으니 길을 찾는다고 생각하고 DFS/BFS를 사용하면 통과할 수 있지 않을까 생각할 수 있습니다. 하지만 최단 경로가 어떤 경우에 생기는지 알아보는 것이 아니라 **최단 경로가 몇 개**인지를 따지는 문제이기 때문에 전체 격자 크기가 100 × 100임을 감안했을 때 비효율적인 접근이라는 것을 알 수 있습니다.

문제의 의도대로라면 수학 문제 풀이처럼 푸는 것이 맞지만, 관련 개념을 전혀 모르거나 대책이 서지 않는다면 다시 처음으로 돌아가 규칙을 찾는 것부터 해야 합니다. 그러나 시간이 정해진 실제 시험에서는 매우 부담스러운 상황입니다.

따라서 이번 문제는 수학 공식을 모른다고 가정하고, 기존 방식에 동적 프로그래밍을 적용하는 방법으로 풀어보겠습니다. 동적 프로그래밍은 문제에서 '최적 구조 문제'와 '중복되는 부분 문제' 두 가지 조건을 만족하기만 한다면 사용할 수 있습니다.

코드 작성

설명을 위해 완전 탐색으로만 풀면 실패한다고 말했지만, 왜 실패하는지에 대해서만 이야기했지 어떻게 실패하는지에 대해선 하나도 말하지 않았습니다. 무엇을 간과했기에 시간 초과가 발생하는지 직접 경험해야 나중에 문제를 풀 때 똑같은 실수를 줄일 수 있으니, 먼저 DFS로만 문제를 풀어보겠습니다. 구현 방식은 간단하기 때문에 순서와 함께 바로 코드를 작성할게요.

1. DFS 탐색을 수행합니다(함수를 만듭니다).

가장 기본적인 준비부터 시작합시다. 배열 인덱스 초과를 방지하기 위해 전체 크기를 알고 있어야 하는데, 이건 그냥 초기 입력값을 사용하겠습니다. 함수에 들어가는 인자가 좀 늘어난다고 해서 시간 복잡도가 증가하진 않습니다.

```
def dfs(y, x, row, col, puddles):
    path = [[1, 0], [0, 1]]
    answer = 0
```

추가로 문제에서 미리 걸어둔 제약 조건을 배열로 만들어놓습니다. 한 번 이동할 때 반드시 오른쪽 또는 아래쪽으로만 향할 수 있으니, 배열로 치자면 x + 1 또는 y + 1 하나만 선택할 수 있는 셈입니다. 이 이동을 하나의 고정된 형식으로 만들어두면 훨씬 쉽게 접근할 수 있습니다.

1-1. 끝에 도달했을 때 1을 반환합니다.

어떻게 보면 당연한 이야기지만, 종료 조건을 명시하는 건 매우 중요한 일입니다. 재귀 함수 구조를 만들려면 종료가 반드시 이루어지는 구성이 되어야 하며, 그렇지 않으면 재귀 함수 오류가 생깁니다.

```
if [y, x] == [row - 1, col - 1]: return 1
```

1-2. 오른쪽/아래 방향으로 진행합니다.

이제 진행 방향에 맞게 새로운 dfs( ) 함수를 호출하면, 재귀 함수 구조가 완성되면서 목적지에 다다를 때까지 계속해서 함수를 호출합니다. 여기서 중요한 것은 최단 경로가 무엇인지 알아내는 게 아니라, 최단 경로에 몇 번 다다랐는지를 계속 세고 있어야 한다는 점입니다.

```
for i in range(2):
    ny = y + path[i][0]
    nx = x + path[i][1]

    if 0 <= ny < row and 0 <= nx < col:
        if [nx + 1, ny + 1] in puddles: continue
        answer += dfs(ny, nx, row, col, puddles)
```

다음 탐색을 진행하려면 진행 방향 형식에 맞춰 새로운 함수를 호출하면 됩니다. 단, 진행 방향에 웅덩이가 있거나, 진행할 수 없는 방향이라면 더 이상 함수를 호출하지 않도록 막아야 합니다.

1-3. 정답을 1,000,000,007로 나눕니다.

```
return answer % 1000000007
```

이제 나온 최단 경로의 개수를 1,000,000,007로 나누면 됩니다. 파이썬의 숫자 자료형은 추가로 보정을 하지 않아도 억 단위를 처리할 수 있어 마지막 결과만 나눠도 가능하지만, 다른 언어에서는 자료형을 변경해야 할 수도 있습니다. 가급적이면 모든 언어에서 사용할 수 있게 논리를 통일합시다.

2. 첫 dfs( ) 함수를 호출하고 결과를 반환합니다.

```
def solution(m, n, puddles):
    return dfs(0, 0, n, m, puddles)
```

DFS 작업이 모두 끝났으니, 이제 실행만 하면 됩니다. y, x 형태로 만들었으니 함수를 실행할 때 바꿔서 넣는 것도 잊지 마세요!

```python
def dfs(y, x, row, col, puddles):
    path = [[1, 0], [0, 1]]
    answer = 0

    if [y, x] == [row - 1, col - 1]: return 1

    for i in range(2):
        ny = y + path[i][0]
        nx = x + path[i][1]

        if 0 <= ny < row and 0 <= nx < col:
            if [nx + 1, ny + 1] in puddles: continue
            answer += dfs(ny, nx, row, col, puddles)

    return answer % 1000000007

def solution(m, n, puddles):
    return dfs(0, 0, n, m, puddles)
```

실행하면 다음 결과가 나옵니다.

```
테스트 5  > 통과 (2966.97ms, 10.3MB)
테스트 6  > 통과 (168.22ms, 10MB)
테스트 7  > 통과 (295.30ms, 10.3MB)
테스트 8  > 실패 (시간 초과)
테스트 9  > 통과 (277.01ms, 10.1MB)
테스트 10 > 통과 (0.02ms, 10.2MB)
```

이미 처음부터 언급했듯이 이 방법으로는 통과할 수 없습니다. 대신 어떻게 실패했는지 분석해봅시다. 함수가 처음 실행되면 아래 또는 오른쪽 둘 중 하나를 선택할 수 있고, 완전 탐색이므로 두 가지를 모두 하나의 스택에 담게 될 것입니다. 그런데 잘 생각해보면, (0, 0) 위치에서 (1, 1) 위치로 간다고 할 때 오른쪽으로 간 다음 아래로 가는 것과 아래로 간 다음 오른쪽으로 가는 경우 두 가지가 있지만 지금 만든 dfs( ) 함수는 이를 고려하지 않고 어떤 방향으로 왔던 현재 위치에서 두 가지 방향을 새로 스택에 넣고 호출하고 있습니다.

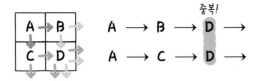

방향 자체를 따지고 보면 오른쪽 → 아래 / 아래 → 오른쪽은 서로 다른 경우이므로 이 둘을 구분해야 하지만, 도달하는 위치 자체는 동일하기 때문에 두 방향에서 왔다고 하더라도 여기까지 오는 방법이 두 가지인 것이지, 두 번씩 다시 탐색을 수행할 이유는 되지 않습니다. 이 부분을 막지 않기 때문에 타일이 커질수록 이런 현상이 더 자주 벌어질 것이고, 최대 크기 100 × 100에서는 상상하기 어려울 정도로 함수를 많이 호출하고 있을 테니 시간 초과가 발생하는 건 당연한 일입니다.

그렇다면 반대로 이 경우를 **중복 처리**하여 한 번 방문한 길은 다시 계산하지 않도록 만들어준다면, 정말로 한 번도 가지 않은 길에 대해서만 작업을 처리하게 될 것이므로 똑같은 DFS를 수행하더라도 실행 시간이 비약적으로 개선될 것입니다. 똑같이 코드를 작성하면서, 수정해야 할 부분만 살펴보겠습니다.

1. **m과 n의 크기만큼 새 배열을 만듭니다.**

   중복 처리를 위해 새 배열을 만듭시다. '한 칸'을 배열의 원소 한 칸이라고 생각하면, 4 × 3 크기의 격자가 주어지면 4 × 3 크기의 배열을 만들면 됩니다. 이 부분이 문제 풀이의 핵심이 될 것입니다.

```python
def solution(m, n, puddles):
    dp = [[0] * m for _ in range(n)]
```

2. **DFS 탐색을 수행합니다(함수를 만듭니다).**

   기존 함수에서 몇 가지만 수정하면 되니, 이번에는 변경되는 사항만 굵게 표시하여 해당 부분만 중점적으로 짚어보겠습니다.

```python
def dfs(y, x, dp, puddles):
    row, col = len(dp), len(dp[0])
    path = [[1, 0], [0, 1]]

    if [y, x] == [row - 1, col - 1]: return 1
```

```
        if dp[y][x] != 0: return dp[y][x]

    for i in range(2):
        ny = y + path[i][0]
        nx = x + path[i][1]

        if 0 <= ny < row and 0 <= nx < col:
            if [nx + 1, ny + 1] in puddles: continue
            dp[y][x] += dfs(ny, nx, dp, puddles)
            # answer += dfs(ny, nx, dp, puddles)

    return dp[y][x] % 1000000007
    # return answer % 1000000007
```

전체 배열의 크기 대신, 전체 크기만큼 만든 배열이 그 자리를 대체합니다. 물론 가로와 세로 길이는 해당 배열에서 가지고 올 수 있으니 기존 방식에서 사용할 전체 크기 변수는 배열 길이를 가져오면 똑같이 사용할 수 있습니다.

이제 중복을 방지하기 위해 종료 조건을 하나 더 추가합니다. 현재 탐색하려는 위치의 값이 0이 아닐 경우, 이 타일은 이미 방문했으므로 해당 위치의 배열값을 그대로 반환합니다. 따라서 한 번 왔던 길이라면 함수를 계속해서 호출하지 않고도 바로 결괏값이 나오게 되므로 해당 위치를 몇 번 방문했는지에 대한 정보를 꾸준히 더해나가면 결국 마지막에는 처음 위치(집)를 조회하는 것만으로도 몇 번 완주에 성공했는지를 알 수 있게 됩니다.

3. 첫 dfs( ) 함수를 호출하고 결과를 반환합니다.

```
def solution(m, n, puddles):
    dp = [[0] * m for _ in range(n)]
    return dfs(0, 0, dp, puddles)
```

마무리도 똑같이, 바뀐 함수에 맞춰 인자를 변경한 뒤 그대로 호출하기만 하면 됩니다.

전체 코드

10장/등굣길_수정.py

```
def dfs(y, x, dp, puddles):
    row, col = len(dp), len(dp[0])
    path = [[1, 0], [0, 1]]

    if [y, x] == [row - 1, col - 1]: return 1
    if dp[y][x] != 0: return dp[y][x]
```

```
    for i in range(2):
        ny = y + path[i][0]
        nx = x + path[i][1]

        if 0 <= ny < row and 0 <= nx < col:
            if [nx + 1, ny + 1] in puddles: continue
            dp[y][x] += dfs(ny, nx, dp, puddles)

    return dp[y][x] % 1000000007

def solution(m, n, puddles):
    dp = [[0] * m for _ in range(n)]
    return dfs(0, 0, dp, puddles)
```

놀랍게도 효율성 테스트까지 매우 빠른 시간에 통과할 수 있습니다. 단지 중복 호출을 막았을 뿐인데 **비효율적인 접근법이라고 생각했던 문제**를 매우 빠르게 풀었습니다.

```
테스트 5  〉 통과 (0.35ms, 10.3MB)
테스트 6  〉 통과 (0.41ms, 10.2MB)
테스트 7  〉 통과 (0.21ms, 10.3MB)
테스트 8  〉 통과 (0.71ms, 10.3MB)
테스트 9  〉 통과 (0.38ms, 10.2MB)
테스트 10 〉 통과 (0.03ms, 10.2MB)
```

'DFS에 중복 방지는 기본 아닌가?'라고 생각할 수 있지만, 완전 탐색에서 중복 방지는 말 그대로 해당 위치를 다시 탐색하지 않게 하는 용도로만 사용됩니다. 중복 방지를 하면서 기존에 가지고 있던 값을 활용하는 건 동적 프로그래밍의 영역입니다. 수학 문제는 이렇게 못 풀지만, 컴퓨터는 이렇게 단순 무식한 방법도 무기로 삼아 풀 수 있습니다.

▼ **그림 10-8** 중복 제거 효과

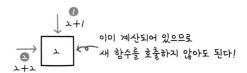

그래도 수학 문제는 수학적으로 푸는 것이 가장 효율적입니다. 점화식을 만들기 위해 계속 여러 가지 개념을 가져오거나 문제를 작게 쪼개는 이유 자체가 수학적 사고를 위한 목적이 큽니다. 이 유형은 풀이 방법만 알아두면 자신 있게 풀 수 있는 문제가 될 것입니다.

수학적으로 푸는 방법은 '중복 가능한 수열로 계산하는 방법'과 '합의 법칙을 사용해 계산하는 방법'으로 나뉩니다. 두 가지 모두 유효하지만, 이번에는 합의 법칙을 사용해 '직접 경우의 수를 세서 모두 더하는 방법'을 사용해보겠습니다.

> **잠깐만요**
>
> 중복순열로 풀려면 가로 길이 m, 세로 길이 n만큼의 전체 케이스에서 웅덩이가 있는 좌표 (y, x)를 거쳐 목적지에 도달하는 사건을 빼야 합니다. 한 개 정도라면 방금 말한 방법처럼 여사건을 취하면 해결되지만, 문제에서는 최대 10개까지 웅덩이가 등장할 수 있기에 웅덩이별로 케이스를 구분하여 가짓수를 구한 뒤 모두 더해서 빼는 과정을 거쳐야 하는데, 이를 코드로 구현하기 어렵습니다.

직접 경우의 수를 세는 건 매우 간단합니다. 시작 지점부터 다음 지점까지 1로 표시한 다음, 다음 칸으로 넘어가면서 위와 왼쪽 숫자를 모두 더해나가면 됩니다. 웅덩이가 있을 때를 무조건 0으로 만들어주면, 웅덩이를 밟고 올 수 없다는 의미가 됩니다. 전체 과정을 그림으로 나타내면 다음과 같습니다.

▼ **그림 10-9** 직접 구하기

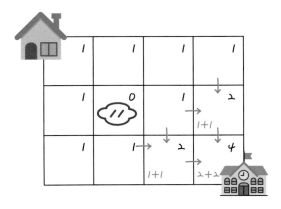

학교 다닐 때 어디선가 많이 본 문제네요. 바로 코드 작성부터 시작하겠습니다.

코드 작성

1. 주어진 크기만큼의 배열을 생성합니다.

문제 풀이법 자체가 동적 프로그래밍을 기반으로 합니다. 따라서 우선 DFS 풀이와 동일하게 주어진 가로와 세로 크기만큼의 배열을 생성합니다.

```python
def solution(m, n, puddles):
    dp = [[0] * m for _ in range(n)]
    dp[0][0] = 1
```

참고로 가장 처음에는 1로 시작해야 덧셈이 올바르게 이루어질 수 있습니다. 0은 무엇이랑 더해도 0입니다.

2. 오른쪽 하단으로 진행하면서 지나간 길의 숫자를 모두 더합니다.

이제 for 문으로 배열을 하나씩 순회하면서 왼쪽과 위쪽의 결괏값을 합치기만 하면 됩니다.

```python
for y in range(n):
    for x in range(m):
        if ([x + 1, y + 1] in puddles) or ((y, x) == (0, 0)): continue
        dp[y][x] = (dp[y - 1][x] + dp[y][x - 1]) % 1000000007
```

수학 문제를 풀 때는 점으로 대응했지만, 여기서는 그 점이 배열이라고 생각하면 됩니다. 표에서 계산한다고 배열을 표처럼 생각하고 대응하면 틀립니다. 배열 인덱스는 주어진 숫자보다 1 작아야 한다는 점도 잊지 맙시다.

3. 가장 마지막 원소를 반환합니다.

모든 계산이 끝나면 학교 좌표를 나타내는 배열의 맨 마지막 위치에 들어 있는 값을 반환하면 됩니다.

```python
return dp[-1][-1]
```

과정 자체가 매우 짧고, 간결합니다. 하라는 대로만 하면 문제가 풀리는 수준입니다.

전체 코드

```python
def solution(m, n, puddles):
    dp = [[0] * m for _ in range(n)]
    dp[0][0] = 1

    for y in range(n):
        for x in range(m):
            if ([x + 1, y + 1] in puddles) or ((y, x) == (0, 0)): continue
            dp[y][x] = (dp[y - 1][x] + dp[y][x - 1]) % 1000000007

    return dp[-1][-1]
```

유형을 정확하게 파악하고 수학적으로 풀 수 있다면, 코드에서 설명할 것이 거의 없을 정도로 간단합니다. 만약 수학을 모른다고 해도 앞에서 살펴본 것처럼 동적 프로그래밍을 사용할 수 있다면 (잘못된 방향으로 접근한 게 아닌 한) 충분히 정답까지 끌고 갈 수 있습니다.

도둑질 - Level 4

URL https://school.programmers.co.kr/learn/courses/30/lessons/42897

도둑이 어느 마을을 털 계획을 하고 있습니다. 이 마을의 모든 집들은 아래 그림과 같이 동그랗게 배치되어 있습니다.

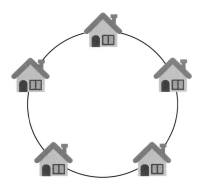

각 집들은 서로 인접한 집들과 방범 장치가 연결되어 있기 때문에 인접한 두 집을 털면 경보가 울립니다.

각 집에 있는 돈이 담긴 배열 money가 주어질 때, 도둑이 훔칠 수 있는 돈의 최댓값을 return하도록 solution 함수를 작성하세요.

제한 사항

- 이 마을에 있는 집은 3개 이상 1,000,000개 이하입니다.
- money 배열의 각 원소는 0 이상 1,000 이하인 정수입니다.

입출력 예

money	return
[1, 2, 3, 1]	4

문제 풀이

집 하나를 어떻게 털지 고민하는 것도 큰 문제일 텐데, 마을 하나의 단위라니 스케일이 남다르네요…

집집마다 돈이 얼마나 있는지 주어지면, 도둑은 **연속적으로 집을 털지만 않으면 된다는** 조건하에 가장 많이 털 수 있는 금액이 얼마인지를 구해야 합니다. 일단 인접한 집이 아니라면 가장 비싼 집을 많이 터는 것이 이득이기 때문에 정렬한 다음, 인접한 집은 털면 안 된다는 조건만 지켜서 모든 금액을 더한다면 충분히 가능할 것으로 보입니다.

```python
def solution(money):
    total = 0
    house = [(x[1], x[0]) for x in enumerate(money)]
    visit = dict()
    size = len(money)
    house.sort(reverse=True)

    for info in house:
        cash, no = info
        prv = size - 1 if no - 1 < 0 else no - 1
        nxt = 0 if no + 1 >= size else no + 1
        if visit.get(nxt, 0) != 0 or visit.get(prv, 0) != 0: continue
        total += cash
        visit[no] = 1

    return total
```

이 코드는 본격적인 문제 풀이 전 개념 확인용으로 사용하는 단순한 코드입니다. 금액을 원래 위치와 함께 내림차순으로 정렬한 다음, 집들이 원형으로 배치되어 있다는 점을 감안하여 양옆의 인덱스만 보정해준다면 이제부터 도둑은 비싼 집부터 털고 나오게 될 것입니다. 이 논리대로라면 정답을 모두 맞힐 순 없더라도 적어도 테스트 케이스 몇 개 정도는 통과할 수 있을 것 같아 보입니다.

```
테스트 1  〉 실패 (1419.91ms, 165MB)
테스트 2  〉 실패 (1362.18ms, 158MB)
테스트 3  〉 실패 (1283.00ms, 163MB)
테스트 4  〉 실패 (1329.26ms, 164MB)
테스트 5  〉 실패 (1817.63ms, 128MB)
테스트 6  〉 실패 (1279.86ms, 159MB)
```

그런데 예상과는 다르게 그 어떤 테스트도 통과하지 못합니다. 정말 난감하네요. 입출력 예에서 나온 정답과 비교해보면 전부 일치하지만 실제 제출할 때는 아무것도 성공하지 못한다면, 무엇이 잘못되었는지 감을 잡기가 어렵습니다. 조금만 고치면 될지, 아니면 전부 뒤집어엎고 처음부터 다시 만들어야 하는지에 대한 지표가 아무것도 없기 때문입니다.

우선 다시 처음부터 접근해봅시다. 도둑은 인접한 집을 털 수 없다는 제약 조건에 걸리지만 않는다면, 얼마든지 집을 털 수 있습니다. 꼭 한 집씩 건너뛰면서 집을 털지 않아도 가장 가치 있는 집만 털 수 있다면 정답이 될 수 있다는 의미입니다.

설명을 위해 문제에서 제공하는 입출력 예제 말고 다른 예시를 사용해보겠습니다. [1, 10, 20, 4, 40]으로 이루어진 집이 있을 때 가장 많이 털려면 20과 40을 선택하기만 하면 되는 간단한 예시지만, 이걸 코드로 짜야 하니 관련된 규칙을 찾아야 합니다. 첫 번째 집부터 선택한다고 하면 40을 선택하지 못하니 틀린 방법이고, 그렇다고 큰 숫자부터 고른다면 정렬을 해야 하는데 정렬로는 문제가 풀리지 않는 것을 이미 확인했습니다.

그럼 결국 하나씩 다 선택해보는 것 외에는 방법이 없습니다. 완전 탐색을 벗어날 수 없네요. 대신 동적 프로그래밍 기법을 사용한다면, 시간을 상당히 단축시킬 수 있을 겁니다. 그렇다면 남은 고민거리는 어디에서 겹치는 문제가 발생하는지 알아내는 것뿐입니다.

아무 생각도 하지 말고 1을 골라봅시다. 그러면 그다음 숫자인 10은 선택할 수 없습니다. 하지만 그 다다음 숫자인 20은 고를 수 있습니다. 반대로 1을 고르지 않고 10을 골랐다면 20은 선택할 수 없지만 4는 고를 수 있습니다. 이때 선택한 숫자들을 계속 더해간다면 '현재 숫자에서 다다음 숫자를 더하는 것이 더 클 것인가, 아니면 현재 숫자를 고르지 않고 다음 숫자를 고르는 것이 더 클 것인가'라는 질문을 만들 수 있습니다.

이제 질문을 점화식으로 바꾸기만 하면 됩니다. 찾아야 할 값은 가장 많이 털 수 있는 금액이 얼마인지에 대한 것이므로 각 위치에서 시작했을 때 얻을 수 있는 금액을 배열로 두고 질문에 맞게 지금 이 집을 턴다고 한다면 두 집 전의 집을 턴 금액 + 지금 털 집의 금액 vs 한 집 전 집을 턴 금액을 비교해서 더 큰 쪽을 선택하도록 만들면 됩니다. 점화식으로 나타내면 dp[i] = max(dp[i - 1], c[i] + dp[i - 2])가 됩니다.

점화식이 나왔으니 이제 구현할 수 있습니다. 그런데 한 가지 더 짚고 넘어가야 할 사항이 있네요! 문제에서 제공하는 배열은 집집마다 가지고 있는 금액이고, 이 집들은 원으로 구성되어 있다는 사실을 기억해야 합니다. 첫 번째 집부터 털면 짝수 번째의 집은 상관없으나 전체 집의 숫자가 홀수라면 **마지막 집을 무조건 털 수 없게 됩니다.**

▼ 그림 10-10 배열로만 생각하지 말고, 원으로 이루어졌다는 걸 기억하자

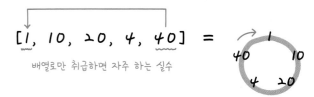

[1, 10, 20, 4, 40]의 경우 마지막 집이 가장 큰 가치가 있는데, 첫 번째 집부터 털면 마지막 집을 털지 못해 모든 과정을 수행하고도 최댓값을 가지고 올 수 없습니다.

대처할 수 있는 가장 쉬운 방법은 **두 번째 집부터 털기 시작하는 경우를 하나 더 만드는 겁니다.** 따라서 첫 번째 집부터 턴 금액의 최대치와 두 번째 집부터 턴 금액의 최대치를 비교해야 할 것이고, 코드 상으로는 탐색을 두 번 하는 모양이 만들어집니다. 그래도 for 문을 중첩한다거나 새로운 논리가 등장하는 식으로 복잡해지는 부분은 없으므로 두 번 반복해도 시간 복잡도는 O(n)에 머무릅니다. 앞의 내용을 기반으로 바로 코드를 작성해보겠습니다.

코드 작성

1. 첫 번째 집부터 텁니다.

```
dp1 = [0] * len(money)
dp1[0] = dp1[1] = money[0]

for i in range(2, len(money) - 1):
    dp1[i] = max(dp1[i - 1], money[i] + dp1[i - 2])
```

각 위치별로 가장 많이 가질 수 있는 금액을 기록할 배열을 생성하고, 점화식과 동일하게 구현합니다. 대신 첫 번째 집부터 털면 두 번째 집은 반드시 털 수 없으므로 해당 과정을 한 번 더 반복해야 합니다.

2. 1번 과정을 한 번 더 반복합니다. 이번에는 두 번째 집부터 텁니다.

```
dp2 = [0] * len(money)
dp2[0] = 0
dp2[1] = money[1]

for i in range(2, len(money)):
    dp2[i] = max(dp2[i - 1], money[i] + dp2[i - 2])
```

1번과 동일한 과정을 진행하되, 두 번째 집부터 털어야 하므로 첫 번째 집은 안 털었으니 0원으로 기록하고, 두 번째 집부터 해당 집의 금액을 기록합니다.

3. 두 결과 중 가장 많이 턴 집의 금액을 반환합니다.

이제 두 방식을 비교하여 더 많이 턴 경우를 고르기만 하면 됩니다.

```
return max(max(dp1), max(dp2))
```

10장/도둑질.py

전체 코드

```python
def solution(money):
    dp1 = [0] * len(money)
    dp1[0] = dp1[1] = money[0]

    for i in range(2, len(money) - 1):
        dp1[i] = max(dp1[i - 1], money[i] + dp1[i - 2])

    dp2 = [0] * len(money)
    dp2[0] = 0
    dp2[1] = money[1]

    for i in range(2, len(money)):
        dp2[i] = max(dp2[i - 1], money[i] + dp2[i - 2])

    return max(max(dp1), max(dp2))
```

문제의 조건을 잘 이해하는 것이 가장 중요하지만, 계산할 수 있는 부분은 미리 계산하거나, 불가능한 방법을 미리 제거한다는 생각을 하지 않고, 아무것도 모르는 것처럼 무작정 시도하는 것도 필요합니다. 아직 제대로 논리가 나오지 않은 상황에서 선입견을 가지면 정답을 올바르게 도출하지 못할 가능성이 커지고, 결국 점화식을 만들지 못하고 문제를 포기하게 됩니다.

동적 프로그래밍은 개념 자체는 쉽지만 응용은 매우 어려운 편에 속합니다. 이번 문제처럼 조건을 읽은 뒤 대충 어떤 모양이 나오겠다 예상하고 들어가면 쓴맛을 보기 쉽습니다. '이 방법으로는 못 풀겠구나'처럼 아예 시간 초과가 발생하면 그나마 다행이지만, 테스트 케이스는 모두 맞는데 실제 제출 결과는 정답이 한 개도 없는, '맞는데 왜 틀리지?' 현상이 벌어지면 이미 작성한 코드를 포기해야 할지, 아니면 약간 수정하면 고칠 수 있을지에 대해 고민해야 합니다.

물론 신중하게 문제에 접근한다고 해서 이 상황을 방지할 수 있는 것은 아닙니다. 선입견으로 인해 눈이 가려지는 건 막을 수 있겠지만, 없던 통찰이 생기는 건 아니니까요. 결국 경험이 해결책입니다.

사실 이 정도만 해도 기본적인 알고리즘 개념은 모두 살펴본 것입니다. 나머지는 시간과의 싸움입니다. 본격적인 코딩 테스트 문제 풀이에 들어가기에 앞서 자주 사용하는 자료 구조를 살펴보면서 어디에서, 어떤 경우에 이런 자료 구조로 대응하는 것이 좋은지에 대해 알아보겠습니다.

집니다. 무엇을 담아두고 어떻게 활용할 것인지에 대한 고민이 필요하기 때문이죠. 이는 곧 **스택을 사용하면 어떤 이점이 있는지에 대한 고민**이기도 합니다.

차이점을 체감하기 위해 먼저 스택을 사용하지 않고 구현해보겠습니다. 현재 시점의 주식 가격이 앞으로 n초까지 몇 번 올랐는지(>=, 안 내려갔는지) 확인하려면 당연히 전부 비교하는 것 외에는 방법이 없습니다. 대신 현재보다 이전의 시간을 비교할 필요는 없으니, 앞으로 나아갈 때마다 탐색해야 할 개수가 줄어드는 구성이 될 것입니다.

전체 코드   11장/주식가격.py

```python
def solution(prices):
    size = len(prices)
    answer = [0] * size
    for i in range(size):
        for j in range(i + 1, size):
            if prices[i] <= prices[j]: answer[i] += 1
            else:
                answer[i] += 1
                break
    return answer
```

코드 자체는 크게 설명할 것이 없는 평범한 2중 for 문 코드입니다. 횟수를 세기 위해 배열의 전체 크기만큼 숫자 0을 가진 배열을 만들고, 이 배열을 for 문으로 순회하면서 다음 주식 가격과 비교해 더 크다면 해당 위치의 횟수를 올리는 과정을 계속해서 반복합니다. 모든 for 문을 순회하면 위치별로 몇 초 동안 가격이 상승 추세를 이어갔는지에 대해 정보가 남게 되니, 이를 반환하면 정답을 얻을 수 있습니다.

전체 시간 복잡도는 $O(n^2)$이라고는 하지만, 계속 진행할수록 for 문의 크기가 줄어들고 금액이 한 번이라도 줄어든다면 곧바로 반복문을 종료하니 실질적으로 연산하는 횟수 자체는 많이 상쇄되어 제법 현실적인 시간 내로 끝납니다.

효율성 테스트
테스트 1 > 통과 (157.02ms, 18.9MB)
테스트 2 > 통과 (111.00ms, 17.4MB)
테스트 3 > 통과 (196.39ms, 19.4MB)
테스트 4 > 통과 (127.88ms, 18.1MB)
테스트 5 > 통과 (84.98ms, 16.8MB)

단, 배열을 하나 더 만드는 것이 아니라 기존 배열에 pop()을 적용한다면 첫 번째 항목이 사라지면서 남은 값이 하나씩 옮겨가는 작업이 포함되어 배열의 최대 크기가 10만 개라는 것을 감안해볼 때 매번 10만 번씩 항목을 옮기므로 시간 초과가 발생할 것입니다. 그래서 일정 크기 이상으로 배열이 커지면 배열 자체를 수정하는 것보다는 배열을 하나 더 만들어서 대응하는 것이 좋습니다. 정말 심각할 정도로 입력 크기가 큰 것이 아니라면 공간 복잡도를 약간 희생하는 쪽이 효율적입니다.

이제 똑같은 문제를 스택을 사용해서 풀어봅시다. 가장 먼저 생각나는 점은 무엇을 스택으로 만들어서 문제를 풀 것인가에 대한 내용입니다. 현재 가지고 있는 주식 가격이 다음 가격보다 큰지 작은지를 확인하려면 두 숫자를 비교하는 것 외에는 방법이 없는데, 스택을 사용한다고 해서 해당 부분을 변경할 수 있는 것은 아니므로 얼핏 보면 똑같은 코드를 다른 방법으로 만드는 점 외에는 별것 없어 보입니다.

역시 이럴 때는 관점의 전환이 필요합니다. 문제를 다시 되짚어보면서 단서를 찾아봅시다.

▼ **그림 11-3** 문제를 다시 되짚어보기

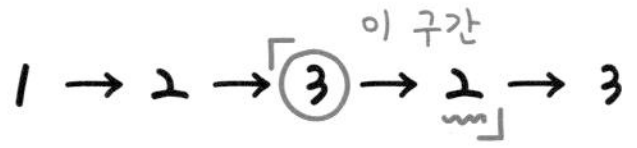

그림 11-3과 같이 계속 앞으로 진행하면서 처음 숫자와 비교해야만 가격이 올랐는지/떨어졌는지 여부를 판단할 수 있으므로 전체 비교는 절대 빠질 수 없는 과정이라는 걸 알 수 있습니다. 이건 계속해서 말했던 사실이죠. 하지만 몇 초까지 상승세를 이어갔는지 물어본다는 것은 다른 말로 **언제 떨어지는지**를 물어보는 것이므로, 이 시점을 알 수만 있다면 그 직전 시간까지 오른 것이라고 할 수 있습니다. 따라서 떨어지는 순간만 확인할 수 있다면 전체 비교를 하지 않아도 충분히 정답을 찾을 수 있을 겁니다.

연속적으로 벌어지는 일에서 특정 시점을 끄집어내고 싶다면 스택을 활용하면 됩니다. 현재 시점의 금액을 하나씩 스택에 쌓아가다가, 어느 순간 스택에 들어간 금액이 현재 금액보다 적다면 하락세가 시작된다는 의미이므로, 스택에서 금액을 하나 빼면 원하는 시점을 알 수 있습니다. 스택에서 데이터가 나온다는 것은 상승세가 끝났다는 의미이니, 금액 데이터가 스택에 얼마나 오래 들어 있었는지가 곧 상승세를 얼마나 유지했는지에 대한 지표가 되는 것이죠.

상승세가 중단된 시점만 알아내고 싶다면 단순히 '나온 금액 중 최대 수치를 변수로 할당한 다음, 값을 비교'하게 만들어도 되지만, 연속적으로 하향세가 나오거나 상향 – 하향 모양을 계속해서 반복한다면 스택을 사용하는 것으로 간단하게 대처할 수 있습니다.

그렇다면 스택으로 구현하는 게 얼마나 편리한지 앞의 정보를 사용해 직접 구현해보겠습니다.

코드 작성

1. 주식 가격을 쌓아둘 스택과 상승세가 얼마나 오래 지속되었는지에 대해 기록을 남길 배열을 생성합니다.

```python
def solution(prices):
    stack = []
    answer = [0] * len(prices)
```

> **NOTE**
>
> 스택을 복잡한 형태로 자주 사용한다면 덱 자료 구조를 사용하는 것이 가독성도 좋고 조작하기도 편합니다. 하지만 단순히 넣었다가 빼는 목적이라면 배열을 생성하고 append( ), pop( ) 함수만 사용해도 스택처럼 쓸 수 있으므로 목적에 맞는 자료 구조를 사용하세요.

2. 각 금액의 정보를 for 문으로 순회하면서 상승세 여부를 확인합니다.

앞서 설명한 대로 스택을 사용해서 문제를 풀어봅시다. for 문을 순회하면서, 스택에 현재 위치를 하나씩 담도록 만듭니다. 만약 스택에 제일 마지막으로 들어간 값이 현재 금액보다 작다면 해당 값을 제거하고, 현재 위치에서 스택에 담긴 값을 빼 최종적으로 몇 번 증가했는지에 대한 값을 기록합니다.

```python
for i in range(len(prices)):
    while stack and prices[stack[-1]] > prices[i]:
        past = stack.pop()
        answer[past] = i - past
    stack.append(i)
```

설명할 때는 값을 넣고 비교한다고 말했지만, 코드를 짜는 시점으로 보면 '먼저 스택의 값을 비교하고 → 마지막에 새 값을 추가'하는 방식이 좀 더 진행하기 편합니다(물론 설명대로 먼저 스택에 값을 넣고 진행해도 상관없습니다. for 문 초기 순회 숫자를 1로만 맞춰주세요).

3. 남은 스택을 전부 비우고, 정답을 반환합니다.

다만, 계속해서 상승세만 지속되었거나 스택이 비워질 정도로 가격이 떨어지지 않았다면 가격을 한 번씩 다 확인했음에도 스택에 데이터가 남아 있을 수 있습니다. 따라서 순회를 다 끝내면 남은 스택을 깨끗하게 비워야 합니다.

```
for i in stack:
    answer[i] = len(prices) - 1 - i

return answer
```

이제 전체 코드를 봅시다. 쉬운 코드라 금방 이해할 수 있을 겁니다.

11장/주식가격_스택.py

전체 코드

```
def solution(prices):
    stack = []
    answer = [0] * len(prices)
    for i in range(len(prices)):
        while stack and prices[stack[-1]] > prices[i]:
            past = stack.pop()
            answer[past] = i - past
        stack.append(i)

    for i in stack:
        answer[i] = len(prices) - 1 - i

    return answer
```

결국 어떤 자료 구조이든 무슨 목적으로 어떻게 활용할지에 따라 사용 방법이 달라집니다. 스택을 배울 때는 처음 위치로 돌아가기 위한 용도로 만든 자료 구조라고 했지만, 문제를 풀어보니 배웠던 건 하나도 사용하지 못하고 연속된 상태를 가지고 있는 용도로만 활용했습니다.

앞으로 스택을 사용하는 문제는 이런 식으로 '쌓고 비운다'라는 좀 더 근본적인 논리를 기반으로 풀어나가게 됩니다. DFS도 따지고 보면 쌓고 비우면서 일정 순서를 만들어나가는 것이니, **어떤 데이터를 넣을 것인지, 들어간 데이터는 어떤 의미인지, 데이터가 나올 때 어떤 상황인지** 이 세 가지를 상황에 맞게 정의하는 것이 스택의 사용 방법이라고 할 수 있습니다.

가장 많이 등장하는 유형으로는 괄호 문제(주어진 괄호가 모두 열리고 닫혔는지), 수식 전환(전위, 중위, 후위 연산법)이 있으며, 이번 문제처럼 특정 흐름이 끊어지는 시점을 알아내라고 한다면 스택으로 문제를 해결할 수 있습니다.

기능 개발 - Level 2

URL https://school.programmers.co.kr/learn/courses/30/lessons/42586

프로그래머스 팀에서는 기능 개선 작업을 수행 중입니다. 각 기능은 진도가 100%일 때 서비스에 반영할 수 있습니다.

또, 각 기능의 개발 속도는 모두 다르기 때문에 뒤에 있는 기능이 앞에 있는 기능보다 먼저 개발될 수 있고, 이때 뒤에 있는 기능은 앞에 있는 기능이 배포될 때 함께 배포됩니다.

먼저 배포되어야 하는 순서대로 작업의 진도가 적힌 정수 배열 progresses와 각 작업의 개발 속도가 적힌 정수 배열 speeds가 주어질 때 각 배포마다 몇 개의 기능이 배포되는지를 return하도록 solution 함수를 완성하세요.

제한 사항

- 작업의 개수(progresses, speeds배열의 길이)는 100개 이하입니다.
- 작업 진도는 100 미만의 자연수입니다.
- 작업 속도는 100 이하의 자연수입니다.
- 배포는 하루에 한 번만 할 수 있으며, 하루의 끝에 이루어진다고 가정합니다. 예를 들어 진도율이 95%인 작업의 개발 속도가 하루에 4%라면 배포는 2일 뒤에 이루어집니다.

입출력 예

progresses	speeds	return
[93, 30, 55]	[1, 30, 5]	[2, 1]
[95, 90, 99, 99, 80, 99]	[1, 1, 1, 1, 1, 1]	[1, 3, 2]

입출력 예 설명

입출력 예 #1

첫 번째 기능은 93% 완료되어 있고 하루에 1%씩 작업이 가능하므로 7일간 작업 후 배포가 가능합니다.

두 번째 기능은 30%가 완료되어 있고 하루에 30%씩 작업이 가능하므로 3일간 작업 후 배포가 가능합니다. 하지만 이전 첫 번째 기능이 아직 완성된 상태가 아니기 때문에 첫 번째 기능이 배포되는 7일째 배포됩니다.

세 번째 기능은 55%가 완료되어 있고 하루에 5%씩 작업이 가능하므로 9일간 작업 후 배포가 가능합니다.

따라서 7일째에 2개의 기능이, 9일째에 1개의 기능이 배포됩니다.

입출력 예 #2

모든 기능이 하루에 1%씩 작업이 가능하므로, 작업이 끝나기까지 남은 일수는 각각 5일, 10일, 1일, 1일, 20일, 1일입니다. 어떤 기능이 먼저 완성되었더라도 앞에 있는 모든 기능이 완성되지 않으면 배포가 불가능합니다.

따라서 5일째에 1개의 기능, 10일째에 3개의 기능, 20일째에 2개의 기능이 배포됩니다.

100% 개발이라니, 그런 건 없습니다. 버그는 언제 어디서나 터지는 법이죠…

이번에는 큐를 사용해야 하는 문제입니다. 큐는 스택과 다르게 기본 개념과 실제 사용하는 방법이 많이 일치하므로 몇 문제만 풀어도 바로 적응할 수 있습니다.

개발할 기능이 현재 몇 %까지 완성되었는지에 대한 정보와, 각 작업별로 하루에 몇 %씩 개발할 수 있는지에 대한 정보가 주어졌을 때, 한 번 배포할 때 몇 개씩 기능을 배포할 수 있는지 물어보는 문제입니다. 시작 상황이 다르더라도 한 번 100%가 만들어졌을 때 다른 기능도 100%라면 동시에 배포가 가능하고, **뒤의 작업이 먼저 완성되어도 앞의 작업이 완성되지 않으면 배포할 수 없다**는 사실을 잘 기억해둡시다.

개발 상황과 하루 개발 속도는 모두 동일한 크기로 주어지며, 1:1 대응 관계를 가집니다. 순서까지 고정되어 있으니 정말 필요한 게 아니라면 이 배열을 건드릴 필요가 없다는 의미입니다. 굳이 따지면 두 데이터를 동시에 다루기 편하게 딕셔너리로 바꿀 수 있지만, 파이썬의 경우 zip()이라는 훌륭한 묶음 함수를 제공하기 때문에 이를 적극적으로 활용하겠습니다.

가장 먼저 생각나는 방법은 매일 퇴근 시간(하루의 끝이라고 했으니)에 배포를 했을 때 몇 개가 완료되었는지 확인하고 그 개수를 기록하여 정답을 만드는 것 입니다. 진행된 작업은 아무것도 없고 (0%), 하루에 진척도가 1%인 최악의 상황이더라도 100일 이내에는 끝나니, 반복문이 100번 이내로는 끝날 것입니다.

아니면 작업 진도와 작업 속도가 이미 주어져 있으니, 배포까지 남은 시간을 계산하여 완성까지 며칠 남았는지 미리 알아낸 다음, 배포까지 며칠이 걸리는지 계산할 수도 있습니다. 두 방법 모두 가능하니 하나씩 풀어볼게요.

코드 작성

우선 하루 단위로 진행하면서 풀어보겠습니다. 문제가 원하는 방식대로 구현하면 되므로 그렇게 큰 어려움은 없습니다. 주어진 개발 상황 자체를 작업 큐라고 생각하고 작업이 끝날 때마다 제거하는 방식으로 다루면 됩니다.

1. 작업 큐가 남았을 때 하루 동안 진행하면서 작업 진척도를 높입니다.

```
def solution(progresses, speeds):
    answer = []
```

```
    while progresses:
        for i in range(len(progresses)):
            progresses[i] += speeds[i]
```

문제에서 말하는 대로 작업 큐가 남아 있을 때 각 작업에 작업 속도를 더하는 과정을 거칩니다. 하루마다 작업을 진행한다는 생각으로 하면 됩니다.

2. 완료된 작업을 확인합니다.

```
cnt = 0
while progresses and progresses[0] >= 100:
    progresses.pop(0)
    speeds.pop(0)
    cnt += 1

if cnt > 0: answer.append(cnt)
```

이제 퇴근 시간에 배포한다는 생각으로, 작업이 끝난 항목이 있는지 첫 번째 항목부터 점검합니다. 무조건 완료했다고 바로 배포할 수 있는 것이 아니라는 점만 주의하세요. 순서대로 큐에서 남은 작업을 제거하며 카운트를 세고, 해당 반복문을 탈출하면 정답 변수에 카운트를 기록합니다. 이 숫자가 하루에 배포한 작업 개수입니다.

일반 배열에 pop(0)을 사용했지만, 이번 문제의 경우 배열의 최대 크기가 100개이므로 시간 복잡도에 거의 영향을 미치지 않습니다. 이 부분이 신경 쓰인다면 deque 라이브러리를 사용하여 구현할 수도 있습니다.

마지막으로 정답 배열을 반환해주면 끝나는 간단한 문제입니다. 정답을 보겠습니다.

전체 코드   11장/기능개발.py

```
def solution(progresses, speeds):
    answer = []

    while progresses:
        for i in range(len(progresses)):
            progresses[i] += speeds[i]

        cnt = 0
        while progresses and progresses[0] >= 100:
            progresses.pop(0)
            speeds.pop(0)
```

```
        cnt += 1

    if cnt > 0: answer.append(cnt)

return answer
```

굉장히 직관적인 풀이법이죠? 처리는 똑같이 하는데, 할 일을 먼저 쌓아두고 처리한다고 생각하면 됩니다. 반복적인 작업을 할 수 있도록 만든 다음, 처리할 데이터만 원하는 순서대로 쌓아놓으면 나머지는 알아서 작동합니다.

또 다른 문제 풀이

입력 크기가 작은 편이었기 때문에 문제에서 말하는 대로 구현해도 큰 문제가 없었습니다. 하지만 조금 더 머리를 써서 수학적으로 접근한다면 어떨까요? 이미 현재까지 완료한 %와 하루마다 작업할 수 있는 %가 주어져 있으니, 완성까지 총 며칠 걸리는지 계산하는 건 일도 아닙니다. 이런 식으로 구현하면 입력 크기가 더 커지더라도 훨씬 안정적인 $O(n)$ 시간 안에 일을 끝낼 수 있습니다.

코드 작성

하루에 한 번씩 일을 마무리할 때쯤 배포가 가능한지 확인하는 논리를 기반으로, 각각의 일이 며칠 걸리는지 계산한 다음 연속적으로 모두 일을 마쳤는지 점검하면 됩니다.

1. **작업 진도와 작업 속도를 zip() 함수로 묶어 하나의 연속적인 데이터로 만듭니다.**

```
def solution(progresses, speeds):
    answer = []

    for progress, speed in zip(progresses, speeds):
```

보통 두 자료 구조를 동시에 탐색하려면 미리 자료 구조를 합치거나 for 문을 2번 사용해야 하지만, 파이썬에서는 zip() 함수를 쓰면 됩니다. for 문을 사용할 때 for x in a: 형태로 짜면 배열 a에 있는 원소가 하나씩 x로 나오는데, zip() 함수는 이 개념을 확장하여 a, b 배열의 원소를 x, y에 하나씩 출력하도록 만들 수 있습니다.

2. 남은 일수를 계산하고, 정답 배열에 추가합니다.

100%에서 현재 작업 진도를 뺀 다음, 작업 속도로 나누면 완료까지 남은 일수를 계산할 수 있습니다. 식으로 표기하면 (100 - progress) / speed입니다. 하지만 나누기의 특징상 나머지가 나올 수 있으므로 무조건 100%가 아니면 완성이라고 볼 수 없는 문제의 조건 때문에 나머지를 올림 처리해야 합니다. 올림 처리는 math 라이브러리에서 제공하는 ceil() 함수를 사용하면 됩니다.

하지만 책에서는 내림 처리한 음수에 다시 음숫값을 적용하는 방법으로 풀어보겠습니다. 100%에서 진도를 빼는 것이 아니라 거꾸로 진도에서 100%를 빼고, 그 결과를 작업 속도로 나눈 다음 이 값에 -를 붙여 양수로 만듭니다. 현재 진도에서 100%를 뺐으니 당연히 음수가 만들어지고, 이 음수를 나누고 몫을 취하면 내림 처리된 음수가 나오는데, 이 값을 음수로 감싸주면 논리가 모두 반전되어 올림 처리된 양수가 만들어집니다.

```
for progress, speed in zip(progresses, speeds):
    left = -((progress - 100) // speed)
    if not answer or answer[-1][0] < left:
        answer.append([left, 1])
    else: answer[-1][1] += 1
```

이렇게 완성까지 며칠이 필요한지에 대한 정보가 모두 준비되었습니다. 남은 작업은 순서대로 확인했을 때 한 번에 몇 개까지 배포가 가능한지에 대한 질문인데, 이미 완성까지 남은 일수를 가지고 있으니 첫 번째 작업이 7일이 걸렸다면 7일 미만(올림 처리했으므로)으로 끝난 작업들은 모두 완성된 것이라고 간주하여 이런 작업이 몇 개 있는지 확인하면 됩니다.

3. 결과를 반환합니다.

앞서 구현의 편의를 위해 정답 배열을 2차원 배열로 만들었습니다. [〈남은 일수〉, 〈배포 가능한 개수〉] 형식을 취하며, 이전 정답의 남은 일수보다 더 클 때(더 오래 걸렸을 때) 정답 배열에 값을 새로 등록하면서 하나씩 추가해 나갑니다.

```
return [a[1] for a in answer]
```

모든 순회가 끝나면 정답 배열에는 걸린 일 수만큼 몇 번 배포 가능했는지에 대한 정보가 있으므로 배포 가능한 개수만 세서 제출하면 완성입니다.

```python
def solution(progresses, speeds):
    answer = []

    for progress, speed in zip(progresses, speeds):
        left = -((progress - 100) // speed)
        if not answer or answer[-1][0] < left:
            answer.append([left, 1])
        else: answer[-1][1] += 1

    return [a[1] for a in answer]
```

수학식을 사용했더니 큐를 사용할 때보다 코드가 많이 간결해졌습니다.

큐를 사용하는 문제는 상대적으로 쉬운 편에 속합니다. 문제를 풀다가 어느 시점에서 풀어야 하는 항목을 모두 모아서 처리해야 한다면 큐를 사용하면 됩니다. 보통 문제 풀이의 한 과정으로 자연스럽게 사용되는 편입니다. 문제에서 처리해야 할 데이터가 한 번에 여러 개가 생기거나, 반복적으로 특정 작업을 수행해야 하는 구조이면 됩니다. BFS 또한 이런 경우에 해당하므로 큐를 사용해서 문제를 풉니다.

11.2 / 그래프와 트리

SECTION

그래프와 트리 역시 이전 장에서 몇 번씩 등장했던 자료 구조 중 하나입니다. 이 자료 구조는 코딩 테스트뿐만 아니라 실무에서도 정말 다양한 방법으로 사용되기 때문에 꼭 알아둬야 합니다. 단순히 데이터를 만들고 관계를 엮어주면 완성되는 형태가 아니라, 그 안에서 할 수 있는 다양한 특징을 적재적소에 활용하는 게 중요합니다.

> NOTE
>
> 두 자료 구조 모두 데이터를 가지고 있는 정점(Node, 이하 **노드**)과 그 노드들을 잇는 **간선**(Edge)이 있고, 이 두 개가 어떻게 연결되었는지에 따라 취급하는 자료 구조가 달라집니다. 이해하기 어렵다면 노드는 원 안에 숫자가 들어 있는 모양이고, 간선은 노드들을 잇는 직선 정도로 생각해도 괜찮습니다.

11.2.1 그래프란

그래프는 '노드와 각 노드를 연결하는 간선으로 구성된 자료 구조'로, 노드가 여러 개 있고 각 노드가 간선으로 서로 연결되어 있다면 이를 그래프라고 정의할 수 있습니다. 각 노드를 잇는 간선은 방향이 없는 단순 직선이나, 방향이 있는 화살표 직선으로 표시할 수 있습니다.

그래프와 트리를 구분 짓는 가장 큰 차이는, 구성하는 데 조건을 따지는지 여부입니다. 쉽게 말해 그래프는 다른 노드와 연결되지 않은 노드가 없다면 어떻게 연결해도 성립하지만, 트리는 조금 더 까다로운 조건을 만족해야 합니다.

▼ **그림 11-4** 다른 노드와 연결만 되어 있으면 그래프이다

하지만 제약 조건이 없다는 건 반대로 말해서 생각지도 못한 방법으로 문제가 출제될 수 있다는 걸 의미하기도 합니다. 만약 문제에서 **'그래프'를 사용해야 한다는 조건만** 있다면 어떻게 사용해야 문제를 풀 수 있을지 쉽게 감이 오지 않을 것입니다. 시작점도 정해지지 않았고, 어디서 끝내야 할지도 모르고, 원을 이루는 구조라면 도착 지점이 없을 것이고, 그래서 결국은 '이걸 가지고 어떻게 해야 하는가'라는 고민이 생깁니다.

그에 대한 답을 찾기 전에, 먼저 그래프의 특징에 대해 확인해봅시다.

▼ **표 11-2** 그래프의 특징

항목	설명
연결 방법	양방향, 단방향, 무방향 어떤 방향이든 가능합니다.
구성	어떻게 연결되어도 상관없습니다. 아예 순환 구조를 이뤄도 됩니다.
시작 노드의 기준	어느 쪽에서 시작해도 무방합니다(구현할 때는 데이터의 첫 위치부터).
다른 노드와의 관계	동등한 관계입니다.
순회 방법	DFS, BFS를 사용합니다.
추가 규칙	없음
사용 예시	네트워크 망(네트워크 비용 문제 등으로 자주 등장)

기본적으로 그래프는 연결 조건에 아무런 제약이 없기 때문에 단순히 데이터를 주고 그래프를 만들라는 문제는 나오지 않습니다. 대신 간선의 방향을 단방형으로 고정시키거나, 노드와 노드를 이

동하는 데 비용을 부여해서 (가중치) **그래프 형태에 제약 조건을 걸어 고정**시키고 이 상황에서 최선의 방법을 사용하라는 문제가 출제됩니다. 그래프 유형을 잠시 살펴보겠습니다.

노드의 방향 여부

그래프 자체는 양방향, 단방향, 무방향의 형태가 있지만, 이는 간선의 화살표 여부로 결정되기 때문에 크게 두 가지 형태로 나뉩니다.

▼ **그림 11-5** 방향 그래프와 무방향 그래프

각 노드끼리 이동하는 데 아무런 비용이 주어지지 않는다면 모든 간선은 동일하며 방향의 여부에 따라 진행하므로, 양방향이 무방향처럼 취급되니 방향 그래프와 무방향 그래프 두 가지만 생각하면 됩니다.

하지만 이동할 때 비용이 들기 시작한다면 본격적으로 비용 문제에 직면하게 됩니다. 비용이 발생한다는 것은 곧 최소 비용이 존재한다는 의미이고, 이를 알아내기 위해 정말 머리 아픈 고민을 해야 합니다. 예를 들어 도로마다 특정 시간이 걸리는 데 가장 빨리 갈 수 있는 방법을 찾으라는 길 찾기 문제, 여행을 가면서 가장 싸고 빠르게 갈 수 있는 최소 비용 탐색 문제 등이 등장합니다.

구현 방법

그래프를 구현할 때는 인접 행렬 또는 인접 리스트 두 가지를 사용하는데, 코딩 테스트의 특징상 제공되는 데이터 형식이 다를 수 있으므로 무조건 이 형식에 맞춰 적용하지 말고 들어가는 데이터 형식을 바꿀 수 있는 센스가 있어야 합니다.

인접 행렬

한 노드가 다른 노드와 어떤 관계를 맺는지에 대해 2차원 배열로 나타내는 방식을 의미합니다. 노드 개수만큼의 2차원 배열을 만들고, 1번 노드와 2번 노드가 연결되어 있다면 [1][2] 항목을 연결되었다고 표시해 둡니다. 그러면 나중에 그래프를 조사할 때 두 노드가 연결되어 있다는 사실을 O(1) 시간에 확인할 수 있으며 구현도 매우 쉽습니다.

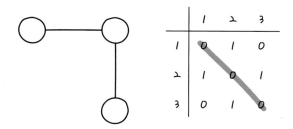

대신 노드 형태에 따라 표기 방법이 약간 달라지는데, 그래프에 방향이 있을 경우 1 → 2일 때 [1][2]를 1로 변경하고, 방향이 없을 경우 대칭 쪽인 [2][1]도 1로 변경하면 됩니다.

조회 시간은 압도적으로 빠르지만, 노드 3개에 대한 정보를 만드는 데 3 × 3 배열을 생성했습니다. 만약 노드가 n개 있다면 n × n 배열이 만들어질 것입니다. 이런 방식은 크기가 커질수록 배열을 다루는 것만으로도 매우 부담스럽습니다. 입력 크기가 10만 정도로 주어진다면 보기도 힘든 메모리 초과 오류가 발생합니다.

인접 리스트

한 노드에서 넘어갈 수 있는 다른 노드 정보를 배열로 만들어 나타내는 방식을 의미합니다. 1번 노드에서 갈 수 있는 노드가 2번, 3번 노드라면 {1: [2, 3]} 형태로 표현합니다(하나의 노드에 넘어갈 수 있는 다른 노드 데이터를 넣을 수 있다면 다른 형식으로 만들어도 상관없습니다). 이후 그래프를 탐색할 때 두 노드가 연결되어 있음을 확인하려면 1번 노드에서 넘어갈 수 있는 노드들을 확인하는 과정이 필요하기 때문에 O(n) 시간이 걸립니다.

▼ 그림 11-7 인접 리스트

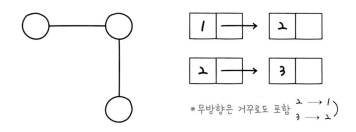

이를 코드로 나타내면 다음과 같습니다.

```
<그래프의 개수가 n만큼 주어진다면>
graph = [[] for i in range(n + 1)]
<연결된 간선 노드를 기반으로 노드 번호를 리스트에 추가>
graph[e[0]].append(e[1])
```

이런 식으로 리스트에 하나씩 담고, 검사할 때는 각 노드별로 어떤 노드와 연결되어 있는지를 확인하면서 진행하는 구성입니다. 약간 복잡한 구조이고 탐색 시간이 오래 걸린다는 단점이 있지만, 노드 개수만큼만 데이터가 생성되므로 메모리 걱정이 없다는 장점이 있습니다.

입력 크기가 커질수록 행렬로 그래프 관계를 표현하면 메모리에 부담되므로 보통 인접 리스트를 사용해 구현하지만, 상황에 따라 정말 작은 단위로 그래프를 여러 번 다룬다면 행렬을 사용하기도 합니다. 문자열을 + 연산하는 것처럼 크기가 조금만 커져도 비효율적이지만, 아주 작은 크기로 연산하는 경우에는 오히려 속도가 더 빠릅니다.

탐색 방법

이제 그래프를 만들었다면, 이 자료 구조를 사용해 문제를 풀어야 하는 건 뻔한 사실입니다. 문제 목적에 맞게 그래프를 탐색하는 방법이 달라질 테니, 이를 정리하면 다음과 같습니다.

BFS

최소 거리 문제(최단 경로)가 나온다면 이 경우입니다. 시작 지점에서부터 종료 지점까지 가장 빨리 갈 수 있는 방법을 구하는 것으로, 도달할 수 있는 길이 하나 이상 있다면 그중 최선의 경우를 찾아내는 방법입니다. 바닥까지의 깊이가 얕고 한 노드가 여러 노드와 아주 많이 연결되어 있는 구조일 때 BFS의 사용을 고려해볼 수 있습니다.

DFS

정답이 몇 가지인지 물어보는 형태로, 정답 자체를 얼마나 만들어낼 수 있는가에 대해 질문한다면 이 경우입니다. 시작 지점으로부터 종료 지점까지 다다를 수 있는지 확인하는 것으로, 깊이가 깊고 복잡할수록 DFS를 사용하면 효과가 더 좋습니다.

다익스트라(dijkstra)

동적 프로그래밍 전략을 사용한 최단 경로 탐색 알고리즘으로, 간단하지만 파격적인 성능을 자랑하기 때문에 길 찾기 문제가 주어진다면 거의 대부분 이 알고리즘을 사용해서 풀 수 있습니다. 단, 간선에 가중치가 존재한다면 이 숫자들이 모두 양수라는 전제 조건하에 사용할 수 있습니다.

> 잠깐만요

다익스트라 알고리즘은 탐욕 선택(greedy)을 기반으로 합니다. 탐욕 선택은 현재 가능한 선택지 중 가장 좋은 것을 고르는 방법으로, 전체적인 상황을 전혀 생각하지 않고 오로지 현재 선택지에서 최선만 선택하면 됩니다(더 자세한 내용은 12장에서 설명합니다).

주어진 그래프에서 최소 비용을 갖는 경로를 찾으려면 통상적으로 가장 적게 노드를 방문하는 것이 유리합니다. 따라서 최소 거리 탐색에 적합한 BFS를 사용해 구현하는데, 간혹 극단적으로 가중치가 주어진다면 노드를 가장 적게 방문하고도 최소 비용이 아닌 경우가 발생할 수 있습니다.

▼ 그림 11-8 돌아가는 게 더 빠를 때도 있다

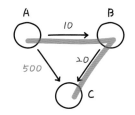

그림을 보면 A에서 출발하여 C까지 도달한다고 했을 때, 바로 C로 가는 비용보다 B를 거쳐 C로 가는 비용이 더 적습니다. 이해하기 쉽게 비유하자면 휴가철에 고속도로가 막힐 때 우회 도로로 빠지는 게 거리는 더 길어질 수 있지만 시간은 더 적게 걸리는 경우라고 할 수 있습니다.

상황이 약간 까다롭지만, 다행히도 새로운 방법을 찾을 필요는 없습니다. BFS는 그대로 유지하되 동적 프로그래밍 기법을 사용해 현재 방문한 비용을 계속해서 저장하고 탐색할 때마다 '현재 탐색 비용 vs 이전 탐색 비용' 구도를 만들어 더 적은 쪽을 선택해서 최종적으로 가장 적은 비용이 무엇인지 알 수 있게 만들면 됩니다(다익스트라 구현은 문제를 풀어보면서 더 상세하게 설명하겠습니다).

플로이드-워셜(floyd-washall)

다익스트라는 모든 가중치가 양수라는 전제 조건하에 최단 거리를 찾아낼 수 있는 알고리즘입니다. 현실적으로 음수 가중치가 발생하는 것은 비용과는 거리가 멀기 때문에 실생활에서는 보기 어렵지만, 이론적으로는 얼마든지 존재할 수 있으므로 이런 상황을 다익스트라로 대처하면 결과가 음수와 더해져서 올바르게 동작하지 않습니다.

물론 방문한 노드를 다시 방문할 수 있도록 만들면 어느 정도 해결할 수 있지만, 여기서는 음수 가중치도 계산할 수 있는 플로이드-워셜 기법을 소개하고자 합니다.

이 기법은 기존의 다익스트라와 다르게 접근 방식을 변형해 시작부터 끝까지 갈 수 있는 최단 거리를 찾는 것이 아니라 **존재하는 모든 노드에서 다른 노드로 도달하는 데 걸리는 비용을 하나씩 계산**하여 갱신해주는 방법을 사용합니다. 이를 코드로 나타내면 다음과 같습니다.

```
〈그래프의 정보를 가지고 있는 배열을 d로 선언했다면〉
for k in range(number):        #k는 탐색하는 모든 노드
    for i in range(number):    #i는 출발 노드
        for j in range(number): #j는 도착 노드
            d[i][j] = max(d[i][k] + d[k][j], d[i][j]) #[i][j] 비용 vs [i][k] + [k][j]
최소가 되는 비용 k
```

다익스트라와 플로이드-워셜의 차이점을 그림으로 나타내면 다음과 같습니다.

▼ **그림 11-9** 다익스트라와 플로이드-워셜의 차이점

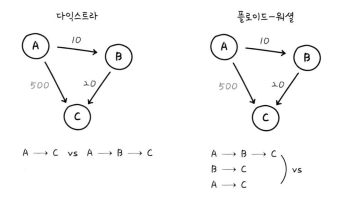

단, 다익스트라는 아무리 최악의 경우가 되더라도 한 번 방문한 노드는 다시 방문하지 않으니 $O(n^2)$이지만, 플로이드-워셜은 이미 방문한 노드도 다시 점검해야 하는 구조라 for 문을 3번 중첩하므로 무조건 $O(n^3)$ 이상의 시간이 소모됩니다(이 사항을 어느 정도 감안해서 입력 크기가 조정됩니다).

문제 유형

그래프를 사용하는 문제는 크게 미로 탐색과 노드 탐색, 두 가지 유형으로 나뉩니다. 각 유형에서 주어지는 데이터는 추가적으로 어떤 제약 조건을 걸어주는지에 대한 정보가 들어 있습니다. 유형 자체는 문제에서 자세하게 설명해주고, 아예 그림까지 보여주므로 미로 탐색인지, 노드 탐색인지 파악하는 건 어렵지 않을 것입니다.

미로 탐색

2차원 배열 모양에서 시작 지점과 끝 지점이 주어졌을 때, 시작 지점에서 끝 지점까지 갈 수 있는 모든 길을 찾으라는 문제가 주어진다면 미로 탐색이라 생각하고 풀면 됩니다. 얼핏 보면 어디서 그래프를 사용해야 할지 감이 오지 않겠지만, 특정 방향으로만 이동할 수 있다는 추가 제약 조건 (상하좌우 방향으로만 이동할 수 있으니)이 붙기 때문에, 이를 그래프적인 시각으로 보면 각 노드 별로 이동 가능한 노드가 결정된다고 봐도 됩니다.

정답을 알아내는 것이 목적이라면 DFS나 BFS를 사용하세요. 만약 비용이 들어가고 최단 거리를 알아내라는 문제가 주어진다면 다익스트라 알고리즘을 사용해서 문제를 풀면 됩니다. 그래프 또한 완전 탐색을 수행해야 정답을 알아낼 수 있는 자료 구조입니다.

노드 탐색

지금까지 설명했던 노드와 간선을 가지는 구조로, 노드의 위치와 값 그리고 다른 노드와의 연결 관계가 주어진다면 이 데이터를 기반으로 그래프를 만들어서 노드 탐색으로 문제를 풀면 됩니다. 노드 위치는 구현의 편의를 위해 배열 순서대로 제시하는 경우가 많습니다(필요한 경우 위치 정보도 따로 제공됩니다).

그래프를 만들 수만 있다면 그 후에는 미로 탐색과 동일하게 BFS, DFS를 사용할 수 있고, 비용까지 존재한다면 다익스트라 또는 플로이드-워셜을 사용해 계산하면 됩니다. 인접 행렬 또는 인접 리스트 둘 다 만드는 방법을 연습하는 걸 추천합니다(인접 리스트는 문제를 풀면서 연습해볼 것입니다).

그래프는 이외에도 정말 다양한 방법으로 문제화되어 출제됩니다. 미로 탐색, 노드 탐색도 자주 나오는 유형이지만, 좌표 평면을 기반으로 만들어진 그래프에서 도형 찾기, 가장 적은 횟수로 완주하기 등 수학과 같이 합쳐진 문제도 자주 출제됩니다.

11.2.2 트리란

앞서 언급했듯이 그래프는 제약 조건이 거의 없지만, 트리는 상당히 까다로운 편입니다. 대신 그만큼 유형이 고정되어 있고, 문제에서도 사용해야 하는 규칙을 한 번에 이해할 수 있을 만큼 제법 직관적으로 등장합니다. 이번에도 특징을 표로 정리해보겠습니다.

항목	설명
연결 방법	단방향만 가능합니다. 한 번 연결된 노드는 다시 연결할 수 없습니다.
구성	비순환 구조만 가능합니다.
시작 노드의 기준	특수한 조건이 없다면 첫 번째 원소가 루트 노드가 됩니다.
다른 노드와의 관계	먼저 생성된 노드가 부모, 후에 생성된 노드가 자식인 노드 관계를 가집니다.
순회 방법	전위, 중위, 후위 탐색을 사용합니다(DFS, BFS 기법으로).
추가 규칙	형태에 따라 추가 규칙이 더 생깁니다.
사용 예시	계층 구조, **이진 트리**

구성은 그래프와 똑같이 노드와 간선으로 이루어져 있지만, 단방향 (표기는 직선으로) 간선만 가질 수 있고, 절대 순환 구조가 아니어야 하는 등 특수한 조건도 만족시켜야 합니다. 간단하게 말해 '그래프 + 특수 조건 = 트리'입니다.

단방향으로 연결되었기 때문에 각 노드들은 일정한 흐름을 가지며, 각 흐름마다 노드들이 위치해 있는 계층적인 구조입니다. 따라서 그래프와 다르게 첫 번째 원소가 고정된 시작점이 되고, 이를 루트(root, 뿌리) 노드라고 부릅니다. 반대로 마지막에 위치한 노드들은 리프(leaf, 잎) 노드라고 부르는데, 조금 더 쉽게 부모-자식 노드라고도 합니다.

▼ **그림 11-10** 트리 구조의 세부 설명과 명칭

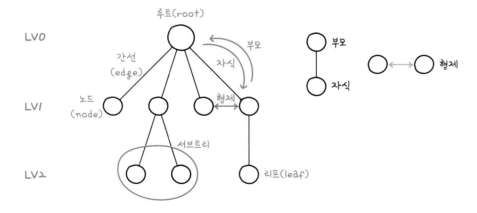

상하 관계를 부모-자식 관계, 좌우 관계를 형제 관계로 정의하며, 루트 노드로부터 현재 노드까지 몇 계층을 거쳐왔는지에 대한 지표는 깊이(depth)로, 현재 노드로부터 리프 노드까지 몇 계층을 거쳐야 하는지에 대한 지표는 높이(height)로 명시합니다. 또한, 각 계층은 레벨이라는 단위를

가지고 있으며 루트 노드를 0으로 시작하여(1로 시작하는 경우도 있지만 대부분 0부터 시작합니다) 한 단계씩 내려갈수록 1씩 늘어납니다.

구조적 특징에서 나올 수 있는 단어와 구성을 제외하면 여기까지는 '특수한 모양의 그래프' 정도라서, 구현 방법도 그래프를 구현하는 것과 크게 다르지 않습니다. 노드에 대한 정보와 다음 노드가 어디에 있는지 명시하는 건 변하지 않기 때문입니다.

대신 여기에 '트리에서 한 노드는 최대 두 개의 자식 노드만 가질 수 있다'는 제약 조건이 추가되면 **이진 트리**를 구성할 수 있습니다. 이 구조는 앞으로도 정말 많이 사용하는 유형 중 하나이자, 최적화가 언급되면 꼭 나오는 만능 도구 같은 존재이므로 반드시 알아두어야 합니다.

이진 트리

트리에 제약 조건을 추가하는 건 그럴 수 있다고 해도, 굳이 2개라는 적은 개수의 제한을 거는 걸까요? 한 노드 밑에 여러 개의 노드를 넣어야 하는 상황이 있을 때 무조건 밑에 새 계층을 만들고 노드를 넣어야 하는 불편함이 발생하기 때문입니다. 이런 문제점을 해소하려면 노드의 데이터를 다시 세부적으로 분리하거나 상황에 맞게 적당한 위치에 넣어야 하므로 본래 트리로 만든 데이터를 이진 트리로 재구성하는 목적으로는 적절하지 않습니다.

하지만 개수가 제한되면 해당 자료 구조를 구현해야 하는 관점에서는 엄청난 이득입니다. 한 노드는 무조건 두 개 이하의 노드만 자식으로 가질 수 있으므로 아래 계층으로 내려가면서 트리가 아무리 커지더라도 해당 형태가 계속 반복된다는 것을 보장할 수 있기 때문에 작은 트리의 반복으로 치환하여 구현할 수 있습니다. 즉, 구현이 매우 간단해진다는 의미입니다. 또 최대 개수를 2^n(전체 깊이 n)개만큼 사용할 수 있으므로 메모리 사용량도 구체적인 수치로 계산할 수 있습니다.

이진 트리의 종류로는 가장 기본 형태인 정 이진 트리(full binary tree), 오른쪽에 자식 노드가 있으면 왼쪽에도 자식 노드가 반드시 존재하는 완전 이진 트리(complete binary tree), 모든 부모 노드는 반드시 자식 노드 두 개를 가지고 있는 포화 이진 트리(perfect binary tree), 균형 이진 트리(balanced binary tree) 등이 있습니다. 포화 이진 트리는 모든 이진 트리가 전부 채워져 있어야 하는 제약 조건 때문에 보기 힘들지만, 정 이진 트리와 완전 이진 트리는 이진 탐색 트리와 힙(heap) 트리라는 구조로 자주 사용합니다.

이진 탐색 트리

이진 탐색 트리(BST, Binary Search Tree)는 정 이진 트리의 탐색 버전으로, 이진 트리를 삽입할 때 자신보다 작은 값은 왼쪽에, 자기보다 큰 값은 오른쪽에 삽입합니다.

▼ **그림 11-11** 이진 탐색 트리

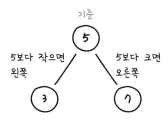

기준

5보다 작으면 왼쪽

5보다 크면 오른쪽

이런 식으로 구성된 이진 트리는 탐색할 때 찾는 값보다 작으면 왼쪽으로, 크면 오른쪽으로 향하므로 자연스럽게 반대쪽을 탐색하지 않아도 됩니다. 따라서 탐색할 때마다 $\frac{1}{2}$씩 탐색 범위가 줄고, 시간 복잡도가 $O(\log n)$으로 엄청나게 줄어듭니다. '필요 없는 부분은 탐색하지 않는다'는 논리 덕분에 억 단위의 입력 데이터가 있더라도 이진 탐색 트리로 대응하면 2^n크기만큼 n번 탐색의 결과를 얻을 수 있습니다.

힙 트리

힙(heap) 트리는 항상 완전 이진 트리 형태여야 하며, 한 노드가 오른쪽 자식 노드를 가지고 있다면 반드시 왼쪽 자식 노드도 가지고 있어야 합니다. 부모 노드는 항상 자식 노드보다 크거나 작아야 하며, 새 노드를 추가할 때는 마지막 계층의 가장 왼쪽 위치에만 추가할 수 있고, 삭제할 때는 가장 첫 번째 노드만 제거할 수 있습니다.

주어진 데이터를 정렬하지 않고 몇 가지 규칙을 통해 $O(1)$ 시간에 최솟값 또는 최댓값을 찾아내기 위해 만들어진 트리 구조로, 노드를 추가하고 제거할 때마다 적절한 방법으로 트리를 재구성하여 규칙을 계속 유지합니다. 주어진 데이터가 고정되어 있지 않고 새로운 데이터가 추가되거나 삭제되는 형태일 때 가장 빠르게 변경 사항을 피드백할 수 있는 데이터 형식이 완전 이진 트리이므로(모든 과정이 $O(\log n)$ 이내로 끝납니다) 이 형태를 취합니다.

힙 트리를 구성하려면 먼저 노드를 추가하는 방법과 삭제하는 방법을 알아야 합니다. 노드는 항상 가장 왼쪽 원소에 추가하며, 원소가 들어갔을 때 트리의 규칙과 일치하지 않을 경우 다음과 같은 과정을 통해 노드의 위치가 바뀝니다.

순위 - Level 3

URL https://school.programmers.co.kr/learn/courses/30/lessons/49191

n명의 권투 선수가 권투 대회에 참여했고 각각 1번부터 n번까지 번호를 받았습니다. 권투 경기는 1:1 방식으로 진행되고, 만약 A 선수가 B 선수보다 실력이 좋다면 A 선수는 B 선수를 항상 이깁니다. 심판은 주어진 경기 결과를 가지고 선수들의 순위를 매기려 합니다. 하지만 몇몇 경기 결과를 분실하여 정확하게 순위를 매길 수 없습니다.

선수의 수 n, 경기 결과를 담은 2차원 배열 results가 매개변수로 주어질 때 정확하게 순위를 매길 수 있는 선수의 수를 return하도록 solution 함수를 작성해주세요.

제한 사항

- 선수의 수는 1명 이상 100명 이하입니다.
- 경기 결과는 1개 이상 4,500개 이하입니다.
- results 배열 각 행 [A, B]는 A 선수가 B 선수를 이겼다는 의미입니다.
- 모든 경기 결과에는 모순이 없습니다.

입출력 예

n	results	return
5	[[4, 3], [4, 2], [3, 2], [1, 2], [2, 5]]	2

입출력 예 설명

2번 선수는 [1, 3, 4] 선수에게 패배했고 5번 선수에게 승리했기 때문에 4위입니다.

5번 선수는 4위인 2번 선수에게 패배했기 때문에 5위입니다.

문제 풀이

그래프로 풀어야 한다고 생각하기 어려운 문제 중 하나입니다. n명끼리 서로 1:1 대결을 했는데, **모든 사람과 한 번씩 1:1 경기를 마치고** 나서 결과를 합산하고 순위를 매기려고 하는데, 결과를 일부 분실해서 정확하게 순위를 매길 수 없는 상황임을 먼저 정확하게 이해해야 합니다.

100명의 선수가 자기 자신을 제외한 99명의 다른 사람과 한 번씩 1:1 경기를 했다면 $_{100}C_{99}$(1번 선수와 2번 선수가 한 번 경기를 하고 나면 2번 선수와 1번 선수로 경기를 진행할 수 없으므로), 즉 최대 4,950번 경기가 가능하다는 결과가 나와야 합니다. 하지만 경기 결과는 최대 4,500개입니다. 손실된 경기가 450개나 되네요. 결국 순위를 매길 수 없는 사람이 반드시 나올 수밖에 없습니다.

모든 사람과 경기를 한 번씩 했다는 것이 사실이라면, 자기 자신을 제외한 나머지만큼 경기 수가 확보되어야 할 것이고, 이를 확인하기 위해 승/패 데이터에서 자기 자신이 몇 번 나왔는지를 체크하면 됩니다. 대회에 참여한 선수가 총 100명이었다면, 내가 경기에 등장한 횟수가 99번이 되어야 누락 없이 모든 경기를 수행했다는 증거로 볼 수 있습니다.

따라서 다음 과정으로 정리할 수 있습니다.

1. 승/패 정보를 담을 딕셔너리를 정의합니다.

2. 주어진 결과에서 승/패 정보를 모두 기록합니다.

3. 특수 조건을 반영합니다.

4. 각 선수가 승/패 경기를 합친 결과가 총 n − 1개인지 확인합니다.

코드 작성

1. 승/패 정보를 담을 딕셔너리를 정의합니다.

각 선수마다 승/패 기록을 담을 자료 구조를 준비해야 합니다. 선수는 1번부터 n번까지 고유한 이름을 가지고 있으니 딕셔너리를 사용해 기록하면 한 번의 조회만으로도 해당 선수가 누구와 대결해서 이겼고 졌는지 확인할 수 있습니다.

```
from collections import defaultdict

def solution(n, results):
    answer = 0
    win, lose = defaultdict(set), defaultdict(set)
```

대신 1번 선수가 2번 선수와 대결한 것과, 다시 2번 선수가 1번 선수와 대결하는 건 같은 경우이기 때문에 이를 하나로 취급해야 합니다. 데이터에 이미 들어 있는지 확인하는 것도 좋지만 set 자료형을 사용하면 중복 데이터가 더 이상 추가되지 않으므로 set을 사용하겠습니다.

2. 주어진 결과에서 승/패 정보를 모두 기록합니다.

이 부분이 가장 중요합니다. 지금부터 주어진 모든 경기 결과를 승/패 데이터로 구분 지어 입력해야 하는데, A가 B를 이겼다는 식의 데이터만 주어집니다. 만약 1번 선수가 2번 선수를 이겼다면 승리 데이터에 1번 선수를 키값으로 만들고, 그 안에 2번 선수의 데이터를 추가하면 됩니다.

```
for winner, loser in results:
    win[loser].add(winner)
    lose[winner].add(loser)
```

따라서 승리 배열에는 승리한 사람의 번호를 키로, 패배한 사람의 번호를 값으로 넣겠습니다. 반대로 패배 배열에도 똑같은 원리로 값이 추가되어야 합니다. 결국 승리 배열에는 몇 번 선수가 누구를 이겼는지에 대한 정보가, 패배 배열에는 몇 번 선수가 누구에게 졌는지에 대한 정보가 들어갑니다. 인접 리스트 형태로 그래프가 만들어진 셈입니다.

3. 특수 조건을 반영합니다.

여기까지 기록한 데이터는 단순히 대결의 결과입니다. 누가 누구와 대결해서 이겼는지/졌는지에 대한 정보뿐이라, 결과적으로 어떤 선수가 경기를 마쳤는지 모릅니다. 하지만 문제의 특수 조건 중 하나인 'A 선수가 B 선수보다 실력이 좋다면 A 선수는 B 선수를 **항상** 이깁니다'라는 내용 때문에 추가 조건 없이 누가 이기고 졌는지에 대해 알 수 있습니다.

입출력 예제 1번을 봅시다. 2번 선수는 [1, 3, 4] 선수에게 패배했고 5번 선수에게 승리했습니다. 따라서 2번 선수는 항상 1, 3, 4번 선수보다는 약하고, 5번 선수보다는 강합니다. 그렇다면 5번 선수는 1, 3, 4번보다 약한 2번 선수에게도 졌기 때문에 5번 선수는 자연스럽게 그 어떤 선수와 경기를 해도 이길 수 없게 됩니다. 이 사항을 반영하면 됩니다.

```
for i in range(1, n + 1):
    for winner in win[i]:
        lose[winner].update(lose[i])
    for loser in lose[i]:
        win[loser].update(win[i])
```

기록된 승/패 결과를 순회하면서 1번 선수가 2번, 3번 선수를 이겼다면 2번, 3번 선수는 1번을 이길 수 없다는 뜻이 되므로 데이터를 업데이트해줍니다. 이런 식으로 모든 선수를 기록하게 되면 결국 누가 이기고 졌는지 모든 사항이 기록됩니다.

4. 각 선수의 승/패 경기를 합친 결과가 총 n - 1개인지 확인합니다.

이제 마지막으로 자신이 몇 번 이겼는지/졌는지에 대한 합을 구하고, 이 합이 '전체 선수 수 − 1'이면 누락된 결과가 없다는 의미이므로 정답 변수에 1을 더합니다.

```
    for i in range(1, n + 1):
        if len(win[i]) + len(lose[i]) == n - 1:
            answer += 1
```

모든 순회가 끝나면, answer 변수를 반환하면 됩니다.

전체 코드

11장/순위.py

```python
from collections import defaultdict

def solution(n, results):
    answer = 0
    win, lose = defaultdict(set), defaultdict(set)

    for winner, loser in results:
        win[loser].add(winner)
        lose[winner].add(loser)

    for i in range(1, n + 1):
        for winner in win[i]:
            lose[winner].update(lose[i])
        for loser in lose[i]:
            win[loser].update(win[i])

    for i in range(1, n + 1):
        if len(win[i]) + len(lose[i]) == n - 1:
            answer += 1

    return answer
```

자칫하면 함정에 빠지기 쉬운 문제입니다. 순위를 매긴다는 뜻은 모든 경기가 끝난 이후에 할 수 있다는 사실을 기억합시다. 실시간 순위라고 생각할 수도 있지만, 한 번 승패가 결정되면 나머지 선수의 승패도 확정이라는 특수한 조건 때문에 항상 고정된 결과가 나옵니다. 우리가 할 일은 그냥 그 순서를 찾아내는 것뿐입니다.

또 다른 문제 풀이

당연히 문제를 이런 식으로 이해하고 푸는 건 어느 정도의 경험이 있어야 가능한 이야기입니다. 선수 데이터를 조회하기 위해 데이터를 딕셔너리로 선언하고, 각 선수별로 누가 이기고 졌는지에 대한 정보를 기록할 자료 구조의 선언과, 문제의 특수 조건을 고려하여 순회 방법을 정하는 건 절대 한 번에 생각해낼 수 없습니다. 비슷한 문제를 아주 많이 풀어서 유형 자체에 적응한 것이 아니라면 애당초 순위를 매긴다는 의미를 제대로 파악하기도 어렵습니다.

대신 그래프의 형태가 나온다는 것까지는 쉽게 알아낼 수 있으니, 아예 완전 탐색을 하겠다는 생각으로 접근한다면 플로이드-워셜 기법을 사용해 문제를 풀 수 있습니다. 각 노드에서 이긴 경우와 패배한 경우를 모두 계산하여 결과를 만들어내면 시간은 조금 오래 걸리더라도 확실하게 정답을 찾을 수 있습니다.

코드 작성

1. 승/패 정보를 담을 그래프를 생성합니다.

이번에는 인접 행렬 형태로 그래프를 만들어보겠습니다.[1] 최대 선수가 100명이므로 100 × 100 배열은 충분히 감당할 수 있는 크기입니다. 리스트가 메모리 효율은 좋지만, 행렬이 구현하기 더 간단하고 다루기 쉽습니다.

```python
def solution(n, results):
    total = [[0 for i in range(n)] for j in range(n)]

    for i in range(n):
        total[i][i] = 'SELF'
```

n × n 크기의 2차원 배열을 생성한 다음, 대각선 자리는 자기 자신이므로 접근할 필요가 없다는 것을 표기하기 위해 'SELF'로 데이터를 치환합니다. 어차피 데이터 자체로 연산을 하지 않고 이겼는지 여부만 구분할 것이므로, 이해하기 편하게 탐색할 필요가 없다는 의미로 'skip'이나 해당 위치에 접근할 수 없다는 의미로 '-1'을 사용해도 괜찮습니다.

2. 주어진 결과에서 승/패 정보를 기록합니다.

이 과정은 동일하게 진행합니다. 양방향에서 승/패 결과를 기록합니다.

```python
for result in results:
    total[result[0] - 1][result[1] - 1] = 'WINS'
    total[result[1] - 1][result[0] - 1] = 'LOSE'
```

---

[1] 인접 리스트 형태로 구현할 수도 있지만, 플로이드-워셜을 처음 사용해 좀 더 간단한 형태로 진행하겠습니다.

선수의 번호는 1번부터 시작하는데, 배열은 0번부터 시작하니 이 차이를 보정해야 합니다. 선수의 수가 아무리 많아도 100명이므로 101 × 101 크기로 만들어도 무방하지만, 이후에 만들어진 결과를 가지고 누구의 경기 기록이 누락되었는지 확인해야 하므로 (한 번 기록되면 번호 순으로 선수의 데이터가 기록되므로 for 문에서 계산할 때 정확하게 n번 선수를 짚을 필요가 없음), 이후의 관리를 위해 일부러 지금 크기에 맞게 보정해주는 작업을 하겠습니다.

승/패를 구분 짓기 위해 이겼을 경우 'WINS', 졌을 경우 'LOSE'를 할당해주겠습니다. 이 역시 'win', 'lose'처럼 소문자로 바꿔도 됩니다.

3. 플로이드-워셜 알고리즘을 사용합니다.

마지막으로 플로이드-워셜 알고리즘을 사용해 가능한 빈 공간을 모두 채워 넣으면 됩니다. 이번에는 2차원 배열로 이루어져 있기 때문에, 누구를 이기면 나머지는 자동으로 이기게 된다는 생각을 할 필요가 없습니다. 선수 순서대로 세로/가로 위치에 이미 승패 데이터가 존재한다면 해당 데이터를 그대로 따라가면 됩니다.

```python
for k in range(n):
    for i in range(n):
        for j in range(n):
            if total[i][k] == 'WINS' and total[k][j] == 'WINS': total[i][j] = 'WINS'
            elif total[i][k] == 'LOSE' and total[k][j] == 'LOSE': total[i][j] = 'LOSE'
```

i번 선수와 j번 선수가 경기를 진행한다고 했을 때, i번 선수가 k번 선수와 경기한 이력과 j번 선수가 k번 선수와 경기한 이력을 확인합니다. 만약 i번 선수가 k번 선수를 이겼고, k번 선수가 j번 선수를 이겼다면 i번 선수는 반드시 j번 선수를 이긴다고 확신할 수 있습니다. 반대로, i번 선수가 k번 선수에게 졌고, k번 선수가 j번 선수에게 졌다면 i번 선수는 반드시 j번 선수에게 진다고 확신할 수 있습니다.

이 과정을 그림으로 나타내면 다음과 같습니다.

▼ **그림 11-20** 입출력 예 초기 데이터

```
['SELF', 'WINS', '????', '????', '????']
['LOSE', 'SELF', 'LOSE', 'LOSE', 'WINS']
['????', 'WINS', 'SELF', 'LOSE', '????']
['????', 'WINS', 'WINS', 'SELF', '????']
['????', 'LOSE', '????', '????', 'SELF']
```

▼ 그림 11-21 입출력 예 위치 탐색 작업 수행

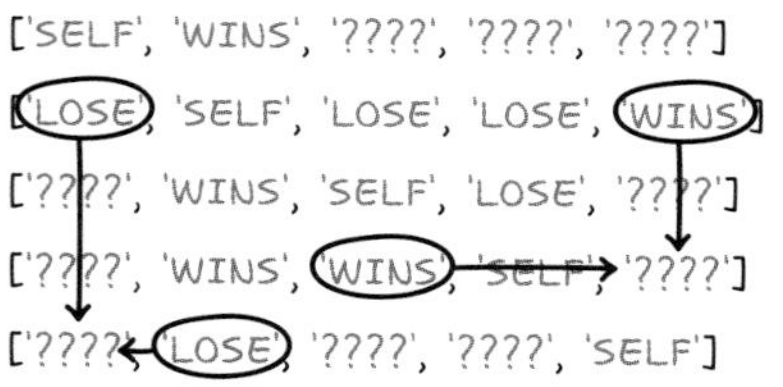

```
['SELF', 'WINS', '????', '????', '????']
(LOSE), 'SELF', 'LOSE', 'LOSE', (WINS)
['????', 'WINS', 'SELF', 'LOSE', '????']
['????', 'WINS', (WINS), 'SELF', '????']
['????', (LOSE), '????', '????', 'SELF']
```

▼ 그림 11-22 입출력 예 작업 이후

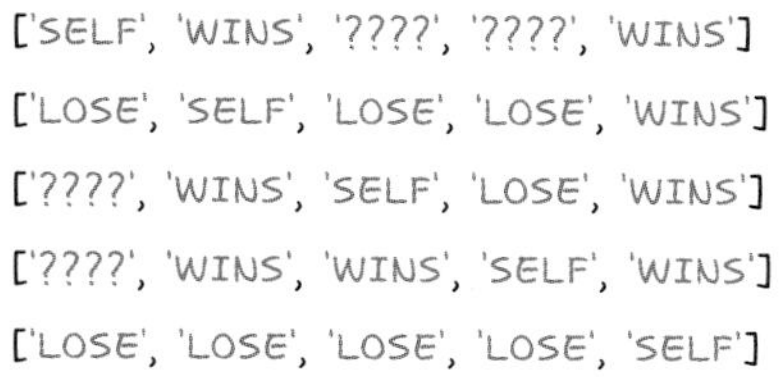

```
['SELF', 'WINS', '????', '????', 'WINS']
['LOSE', 'SELF', 'LOSE', 'LOSE', 'WINS']
['????', 'WINS', 'SELF', 'LOSE', 'WINS']
['????', 'WINS', 'WINS', 'SELF', 'WINS']
['LOSE', 'LOSE', 'LOSE', 'LOSE', 'SELF']
```

4. 정해지지 않은 값이 있는지 확인합니다.

각 선수가 누락된 정보 없이 승패를 모두 채웠다면, 모든 요소를 가득 채웠을 것입니다. 하지만 구멍이 뚫려 있다는 것은 그만큼의 데이터가 없다는 뜻입니다. 이 점을 피해서 몇 명을 채웠는지 센다면 정답이 나옵니다.

```
answer = 0

for i in total:
    if 0 not in i: answer += 1
```

이제 answer 변수를 반환하기만 하면 됩니다.

전체 코드   11장/순위_플로이드_워셜.py

```
def solution(n, results):
    total = [['????' for i in range(n)] for j in range(n)]

    for i in range(n):
        total[i][i] = 'SELF'

    for result in results:
        total[result[0] - 1][result[1] - 1] = 'WINS'
        total[result[1] - 1][result[0] - 1] = 'LOSE'
```

```
    for k in range(n):
        for i in range(n):
            for j in range(n):
                if total[i][k] == 'WINS' and total[k][j] == 'WINS':
                    total[i][j] = 'WINS'
                elif total[i][k] == 'LOSE' and total[k][j] == 'LOSE':
                    total[i][j] = 'LOSE'

    answer = 0

    for i in total:
        if '????' not in i:
            answer += 1

    return answer
```

사실상 완전 탐색이기 때문에 훨씬 시간이 오래 걸린다는 단점이 있지만, 순위를 고려하면서 작업할 필요가 없으므로 훨씬 간단하게 코드를 짤 수 있습니다. 문제를 이해하기 어렵고 도저히 방법을 이끌어낼 수 없다면 이런 식으로도 풀 수 있습니다.

문제 47

길 찾기 게임 - Level 3

URL https://school.programmers.co.kr/learn/courses/30/lessons/42892

전무로 승진한 라이언은 기분이 너무 좋아 프렌즈를 이끌고 특별 휴가를 가기로 했다.

내친김에 여행 계획까지 구상하던 라이언은 재미있는 게임을 생각해냈고 역시 전무로 승진할 만한 인재라고 스스로에게 감탄했다.

라이언이 구상한(그리고 아마도 라이언만 즐거울 만한) 게임은, 카카오 프렌즈를 두 팀으로 나누고, 각 팀이 같은 곳을 다른 순서로 방문하도록 해서 먼저 순회를 마친 팀이 승리하는 것이다.

그냥 지도를 주고 게임을 시작하면 재미가 덜해지므로, 라이언은 방문할 곳의 2차원 좌푯값을 구하고 각 장소를 이진 트리의 노드가 되도록 구성한 후, 순회 방법을 힌트로 주어 각 팀이 스스로 경로를 찾도록 할 계획이다.

라이언은 아래와 같은 특별한 규칙으로 트리 노드들을 구성한다.

- 트리를 구성하는 모든 노드의 x, y 좌푯값은 정수이다.
- 모든 노드는 서로 다른 x 값을 가진다.
- 같은 레벨(level)에 있는 노드는 같은 y 좌표를 가진다.
- 자식 노드의 y 값은 항상 부모 노드보다 작다.
- 임의의 노드 V의 왼쪽 서브 트리(left subtree)에 있는 모든 노드의 x 값은 V의 x 값보다 작다.
- 임의의 노드 V의 오른쪽 서브 트리(right subtree)에 있는 모든 노드의 x 값은 V의 x 값보다 크다.

아래 예시를 확인해보자.

라이언의 규칙에 맞게 이진 트리의 노드만 좌표 평면에 그리면 다음과 같다(이진 트리의 각 노드에는 1부터 N까지 순서대로 번호가 붙어 있다).

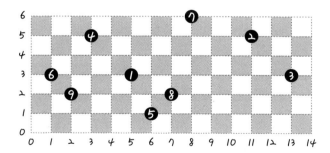

이제 노드를 잇는 간선(edge)을 모두 그리면 아래와 같은 모양이 된다.

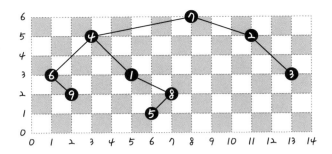

위 이진 트리에서 전위 순회(preorder), 후위 순회(postorder)를 한 결과는 다음과 같고, 이것은 각 팀이 방문해야 할 순서를 의미한다.

- 전위 순회 : 7, 4, 6, 9, 1, 8, 5, 2, 3
- 후위 순회 : 9, 6, 5, 8, 1, 4, 3, 2, 7

다행히 두 팀 모두 머리를 모아 분석한 끝에 라이언의 의도를 간신히 알아차렸다.

그러나 여전히 문제는 남아 있다. 노드의 수가 예시처럼 적다면 쉽게 해결할 수 있겠지만, 예상대로 라이언은 그렇게 할 생각이 전혀 없었다.

이제 당신이 나설 때가 되었다.

곤경에 빠진 카카오 프렌즈를 위해 이진 트리를 구성하는 노드들의 좌표가 담긴 배열 nodeinfo가 매개변수로 주어질 때, 노드들로 구성된 이진 트리를 전위 순회, 후위 순회한 결과를 2차원 배열에 순서대로 담아 return하도록 solution 함수를 완성하자.

제한 사항

- nodeinfo는 이진 트리를 구성하는 각 노드의 좌표가 1번 노드부터 순서대로 들어 있는 2차원 배열이다.
  - nodeinfo의 길이는 1 이상 10,000 이하이다.
  - nodeinfo[i] 는 i + 1번 노드의 좌표이며, [x축 좌표, y축 좌표] 순으로 들어 있다.
  - 모든 노드의 좌푯값은 0 이상 100,000 이하인 정수이다.
  - 트리의 깊이가 1,000 이하인 경우만 입력으로 주어진다.
  - 모든 노드의 좌표는 문제에 주어진 규칙을 따르며, 잘못된 노드 위치가 주어지는 경우는 없다.

입출력 예

nodeinfo	result
[[5, 3],[11, 5],[13, 3],[3, 5],[6, 1],[1, 3],[8, 6],[7, 2],[2, 2]]	[[7, 4, 6, 9, 1, 8, 5, 2, 3],[9, 6, 5, 8, 1, 4, 3, 2, 7]]

입출력 예 설명

입출력 예 #1

문제에 주어진 예시와 같다.

이진 트리의 순회 방법에 대해 물어보는 문제입니다. 주어진 데이터를 이진 트리로 만든 다음 전위 순회와 후위 순회 두 가지를 구현해 순회한 결과를 반환하면 됩니다. 전위 순회와 후위 순회는 앞에서 다뤘으므로 직접 구현하면서 설명하는 정도로도 충분히 이해할 수 있을 겁니다.

이런저런 특별한 규칙이 많지만, 문제를 잘 읽고 정리하면 그렇게 복잡한 내용은 아닙니다. 먼저 x 좌표의 값은 고유하고, y는 같은 계층에서는 동일한 값을 가지고 있으며 계층 아래로 내려갈수록 조금씩 작아집니다. 그리고 임의의 노드 V의 x 값은 왼쪽보다는 크고, 오른쪽보다는 작아야 합니다. 이진 탐색 트리의 구성입니다. 따라서 이진 트리를 만들고 데이터를 집어넣으면 조건에 맞는 형태가 만들어집니다.

대신 주어진 데이터를 트리에 넣을 때 부모 노드의 x 값보다 작으면 왼쪽, 크면 오른쪽으로 배치될 뿐, 크고 작음을 검사하지는 않기 때문에 순서대로 데이터를 넣어야 원하는 모양을 만들 수 있습니다. 따라서 y 좌표를 기점으로 정렬을 수행하는 전처리 과정이 필요합니다. 이 점만 주의한다면 이진 트리를 만들 수 있는 재료는 모두 준비한 것입니다.

그렇다면 이진 트리를 직접 만들어야 하는데, 선택지가 두 개 주어집니다. 트리 구조를 직접 만들 것인지, 아니면 배열을 트리 취급하여 다룰 것인지를 결정해야 합니다.

여러 가지 선택지가 있지만 우선 트리를 직접 만드는 방식으로 풀어보겠습니다. 과정은 다음과 같습니다.

1. 트리를 담을 구조를 만듭니다.

2. 전위 순회/후위 순회 함수를 만듭니다.

3. 노드를 기준에 맞게 정렬하고 트리를 생성합니다.

4. 각 순회의 결과를 합치고 결과를 반환합니다.

코드 작성

1. 트리를 담을 구조를 만듭니다.

트리 구조를 만드는 가장 직관적인 방법은 노드에서 바로 다음 노드가 무엇인지를 지정하는 겁니다. 일단 루트 노드를 만들고 자식 노드의 정보를 넣어준다면, 모든 노드가 연결되었다는 것을 증명할 수 있으므로 군이 모든 노드 정보를 기록한 변수를 만들 필요 없이 트리를 만들 수 있습니다.

1-1. 노드 클래스를 생성합니다.

트리의 각 노드는 현재 자신의 값, 그리고 왼쪽과 오른쪽에 어떤 자식 노드를 가지고 있는지에 대한 정보를 가지고 있을 변수가 2개 필요합니다. 이번 문제에서는 x 값 이외에도 처음 제공되는 데이터 순서까지 가지고 있어야 하기 때문에 변수가 2개 더 필요하니 총 4개가 있어야 합니다.

```
class node:
    def __init__(self, info):
        self.number = info[2]
        self.data = info[:2]
        self.right = None
        self.left = None
```

노드를 새로 정의할 때 info 변수로 좌표와 순서를 할당하는데, **좌표와 순서를 [좌표(x, y), 순서] 형태로 나열해서 배열을 만들었다고 가정하고 진행하겠습니다.** 필요하다면 방법을 바꿔도 됩니다. 이런 식으로 클래스를 정의하면 나중에 node()를 선언하는 것으로 새로운 노드를 생성할 수 있게 됩니다.

1-2. 트리에 노드를 추가하는 함수를 만듭니다.

노드 클래스를 선언했다면 이 노드에 데이터를 추가할 수 있는 함수를 정의합니다. 의외로 간단한데, 추가할 노드의 x 값이 부모 노드의 x 값보다 작다면 왼쪽, 크다면 오른쪽에 새로운 노드 클래스를 생성하여 할당하면 됩니다. 만약 할당할 위치에 이미 노드가 존재한다면, 해당 방향의 노드 좌표를 가지고 함수를 한 번 더 실행하면 됩니다.

```
def addnode(root, info):
    if info[0] > root.data[0]:
        if not root.right: root.right = node(info)
        else: addnode(root.right, info)
    elif info[0] < root.data[0]:
        if not root.left: root.left = node(info)
        else: addnode(root.left, info)
```

2. 전위 순회/후위 순회 함수를 만듭니다.

이렇게 트리 구조를 직접 생성하면, 순회 알고리즘을 만들기가 굉장히 간편해집니다. **앞에서 언급한 예시 코드를 그대로 사용하면 함수가 바로 완성**되는 수준입니다. 방문한 노드인지만 확인해주면 됩니다.

```
def preorder(root, order):
    if root != None:
        order.append(root.number)
        preorder(root.left, order)
        preorder(root.right, order)

def postorder(root, order):
    if root != None:
        postorder(root.left, order)
        postorder(root.right, order)
        order.append(root.number)
```

3. 노드를 기준에 맞게 정렬하고 트리를 생성합니다.

> **잠깐만요**
>
> 좌표는 배열 구조이고, 순서는 숫자 형식입니다. 데이터를 사용하는 입장에서는 아무런 문제가 없지만, 정렬을 수행할 때는 배열이 있으면 원하는 대로 작동하지 않습니다. 따라서 배열을 깨고 순서대로 나열하도록 만드는 것이 좋습니다.

```
def solution(nodeinfo):
    nodeinfo = [[*info, idx + 1] for idx, info in enumerate(nodeinfo)]
    nodeinfo = sorted(nodeinfo, key=lambda x: x[1], reverse=True)

    root = node(nodeinfo[0])
    for info in nodeinfo[1:]:
        addnode(root, info)
```

1번 과정에서 말했듯이 [<좌푯값>, 순서]로 만들고 삽입 데이터를 정렬합니다. y 좌표 기준으로 정렬해야 순서가 틀리지 않고 올바르게 정렬할 수 있습니다. 그 후 순서대로 트리에 노드를 하나씩 넣으면 이진 트리가 구현되면서 모든 준비는 끝납니다.

4. 각 순회의 결과를 합치고 결과를 반환합니다.

이제 전위 순회, 후위 순회순으로 이진 탐색 순회를 수행한 다음, 두 결과를 하나로 합쳐서 반환하면 됩니다.

```
preorderList = []
preorder(root, preorderList)

postorderList = []
```

```
        postorder(root, postorderList)

    return [preorderList, postorderList]
```

```python
import sys
sys.setrecursionlimit(10**6)

class node:
    def __init__(self, info):
        self.number = info[2]
        self.data = info[:2]
        self.right = None
        self.left = None

def addnode(root, info):
    if info[0] > root.data[0]:
        if not root.right: root.right = node(info)
        else: addnode(root.right, info)
    elif info[0] < root.data[0]:
        if not root.left: root.left = node(info)
        else: addnode(root.left, info)

def preorder(root, order):
    if root != None:
        order.append(root.number)
        preorder(root.left, order)
        preorder(root.right, order)

def postorder(root, order):
    if root != None:
        postorder(root.left, order)
        postorder(root.right, order)
        order.append(root.number)

def solution(nodeinfo):
    nodeinfo = [[*info, idx + 1] for idx, info in enumerate(nodeinfo)]
    nodeinfo = sorted(nodeinfo, key=lambda x: x[1], reverse=True)

    root = node(nodeinfo[0])

    for info in nodeinfo[1:]:
        addnode(root, info)
```

11.3.1 우선순위 큐

큐는 들어가는 순서대로 나옵니다(FIFO). 반면 우선순위 큐(priority queue)는 들어간 데이터에 우선순위를 부여하여 우선순위가 높은 순서대로 나오는 구조입니다. 따라서 이 규칙을 지키려면 데이터가 우선순위에 기반하여 정렬된 상태여야 합니다.

▼ **그림 11-23** 우선순위 큐 구성

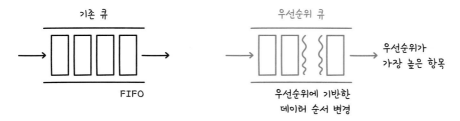

하지만 데이터가 추가될 때마다 계속해서 정렬된 모양을 유지해야 한다는 조건을 잘못 다루면 엄청난 시간 소모로 이어집니다. 배열로 우선순위 큐를 만든다고 가정하면 새로운 요소를 추가/삭제할 때마다 기준에 맞게 정렬을 수행하거나, 우선순위를 적절하게 탐색하여 중간에 새 요소를 추가해야 하는데, 아무리 최적화를 해도 O(n) 시간에서 벗어날 수 없습니다. 데이터를 한 개 추가하는 데 O(n)이라는 비용이 발생한다면 입력 크기의 단위가 십만 정도만 되어도 바로 시간 초과가 발생합니다.

트리를 만드는 것처럼 연결 리스트로도 시도해볼 수 있지만, 데이터 삭제에 O(1) 시간이 걸리는 장점을 제외하면 배열이나 연결 리스트 모두 우선순위별로 정렬하기 위해 주어진 원소가 들어갈 가장 적절한 장소를 탐색하는 과정이 O(n)씩 소모되는 근본적인 문제점을 극복할 순 없습니다.

이런 상황에서 꺼낼 수 있는 필살기가 하나 있습니다. 탐색 시간이 문제라면 이 시간을 O(logn)으로 줄일 수 있는 방법인 **이진 트리**를 사용하면 됩니다.

물론 무조건 이진 트리만으로 해결되지 않는 문제가 아직 남아 있습니다. 이진 트리의 특징상 원소를 집어넣는 순서도 중요하기 때문에 우선순위대로 정렬된 데이터가 필요합니다. 하지만 우선순위가 가장 높은 노드가 어디 있는지 모르므로 이 위치를 탐색하기 위한 탐색 비용이 추가됩니다. 또 데이터를 삭제한다면 중간에 뚫리는 부분을 채워 넣을 방법도 만들어야 하네요.

이때 힙 트리를 사용하면 앞의 문제를 모두 한 번에 해결할 수 있습니다. 노드를 추가하거나 삭제할 때마다 기준에 맞춰 위치를 바꾸는 작업이 포함되니 우선순위가 가장 높은 노드가 무엇인지 한 번에 알 수 있고, 조회할 때도 이진 트리 구조라 $O(\log n)$ 시간으로 탐색할 수 있습니다. 즉, 힙 트리는 우선순위 큐를 구성하는 핵심 시스템이라고 볼 수 있습니다.

파이썬에서는 우선순위 큐를 heapq 라이브러리를 사용해 만들 수 있으니, 결국 여러분이 우선순위 큐를 사용해야 한다면, **힙 트리를 사용하되 무엇을 우선순위로 잡을 것인지에 대해서 결정**하는 것이 가장 중요합니다.

디스크 컨트롤러 - Level 3

URL https://school.programmers.co.kr/learn/courses/30/lessons/42627

하드 디스크는 한 번에 하나의 작업만 수행할 수 있습니다. 디스크 컨트롤러를 구현하는 방법은 여러 가지가 있습니다. 가장 일반적인 방법은 요청이 들어온 순서대로 처리하는 것입니다.

예를 들어

- 0ms 시점에 3ms가 소요되는 A 작업 요청
- 1ms 시점에 9ms가 소요되는 B 작업 요청
- 2ms 시점에 6ms가 소요되는 C 작업 요청

와 같은 요청이 들어왔습니다. 이를 그림으로 표현하면 아래와 같습니다.

한 번에 하나의 요청만을 수행할 수 있기 때문에 각각의 작업을 요청받은 순서대로 처리하면 다음과 같이 처리됩니다.

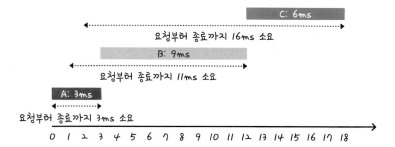

- A: 3ms 시점에 작업 완료(요청에서 종료까지: 3ms)
- B: 1ms부터 대기하다가, 3ms 시점에 작업을 시작해서 12ms 시점에 작업 완료(요청에서 종료까지: 11ms)
- C: 2ms부터 대기하다가, 12ms 시점에 작업을 시작해서 18ms 시점에 작업 완료(요청에서 종료까지: 16ms)

이때 각 작업의 요청부터 종료까지 걸린 시간의 평균은 10ms(= (3 + 11 + 16) / 3)이 됩니다.

하지만 A → C → B 순서대로 처리하면

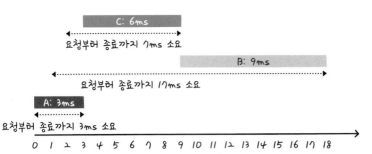

- A: 3ms 시점에 작업 완료(요청에서 종료까지: 3ms)
- C: 2ms부터 대기하다가, 3ms 시점에 작업을 시작해서 9ms 시점에 작업 완료(요청에서 종료까지: 7ms)
- B: 1ms부터 대기하다가, 9ms 시점에 작업을 시작해서 18ms 시점에 작업 완료(요청에서 종료까지: 17ms)

이렇게 A → C → B의 순서로 처리하면 각 작업의 요청부터 종료까지 걸린 시간의 평균은 9ms(= (3 + 7 + 17) / 3)이 됩니다.

각 작업에 대해 [작업이 요청되는 시점, 작업의 소요 시간]을 담은 2차원 배열 jobs가 매개변수로 주어질 때, 작업의 요청부터 종료까지 걸린 시간의 평균을 가장 줄이는 방법으로 처리하면 평균이 얼마가 되는지 return하도록 solution 함수를 작성해주세요. (단, 소수점 이하의 수는 버립니다)

제한 사항

- jobs의 길이는 1 이상 500 이하입니다.
- jobs의 각 행은 하나의 작업에 대한 [작업이 요청되는 시점, 작업의 소요 시간] 입니다.
- 각 작업에 대해 작업이 요청되는 시간은 0 이상 1,000 이하입니다.
- 각 작업에 대해 작업의 소요 시간은 1 이상 1,000 이하입니다.
- 하드 디스크가 작업을 수행하고 있지 않을 때에는 먼저 요청이 들어온 작업부터 처리합니다.

입출력 예

jobs	return
[[0, 3], [1, 9], [2, 6]]	9

입출력 예 설명

문제에 주어진 예와 같습니다.

- 0ms 시점에 3ms 걸리는 작업 요청이 들어옵니다.
- 1ms 시점에 9ms 걸리는 작업 요청이 들어옵니다.
- 2ms 시점에 6ms 걸리는 작업 요청이 들어옵니다.

하드 디스크에 요청이 여러 개 들어왔을 때, 각 요청이 종료까지 걸리는 시간의 평균을 최소로 만들 수 있는 방법을 물어보는 문제입니다. 어떤 조건을 고려하지 않고 만든다면 들어오는 대로 처리하는 방법을 가장 먼저 떠올릴 수 있습니다.

하지만 문제에서 제공하는 데이터는 작업이 요청되는 시점과 작업의 소요 시간 두 개인데, 작업이 요청되는 시점이 변수가 됩니다. 극단적으로 현재 시점에서 더 이상 할 일이 없거나, 매우 짧은 작업과 매우 긴 작업이 동시에 들어오거나, 시작하자마자 작업이 한 번에 여러 개 들어올 수도 있습니다. 그렇다면 이 모든 변수를 잡아줄 수 있는 자료 구조를 만들어야 하는데, 입출력 예 1번을 보면 단순히 순서대로 처리하는 것이 아니라 작업을 짧은 순서대로 수행해주면 가장 짧게 나온다고 명시되어 있습니다. 이를 보니 우선순위 큐를 만들어서 작업이 빨리 끝나는 순으로 기준을 잡아준다면 계속해서 작업이 들어오더라도 기준에 맞춰서 최단 시간으로 정렬될 것입니다.

따라서 다음과 같은 과정을 거칠 것입니다.

1. 우선순위 큐를 준비합니다.

2. 현재 시점에서 처리할 수 있는 모든 작업을 가장 짧은 순서대로 큐에 넣습니다.

3. 작업을 처리하면서 시간을 계속 흘러가게 합니다.

4. 전체 소요 시간에서 총 작업 개수를 나누어 평균을 구합니다.

코드 작성

1. 우선순위 큐를 준비합니다.

heapq 라이브러리를 사용해서 구현하겠습니다. 우선순위 큐를 담당할 배열과, 현재 시점, 그리고 시작 위치와 처리한 작업의 개수를 기록할 변수를 선언합니다.

```python
from heapq import heappush as push, heappop as pop

def solution(jobs):
    answer, now, i = 0, 0, 0
    start = -1
    heap = []
```

2. 현재 시점에서 처리할 수 있는 모든 작업을 가장 짧은 순서대로 큐에 넣습니다.

우선순위 큐에 무작정 데이터를 넣는 것이 아니라, **현재 시점에서 넣을 수 있는 작업만** 큐에 넣고 최소 시간 형태를 유지하도록 만들어야 합니다.

```
while i < len(jobs):
    for job in jobs:
        if start < job[0] <= now:
            push(heap, job[::-1])
```

요청이 들어온 시간보다 현재 시간이 뒤의 시점이라면(이미 요청이 와서 대기하고 있다면) 가장 짧게 걸리는 작업순으로 배치하기 위해 배열을 역순으로 만들어 우선순위 큐에 데이터를 삽입합니다. 정렬할 데이터가 배열로 왔다면 배열의 첫 번째 요소를 기준으로 삼는다는 점을 기억한다면 여기까지는 충분히 이해할 수 있습니다.

3. 작업을 처리하면서 시간을 계속 흘러가게 합니다.

이제 우선순위 큐를 하나씩 비워나가면서 작업을 처리합니다. 각 작업을 처리할 때마다 시점을 소요 시간만큼 계속해서 옮기는 작업이 필요합니다. 이 과정에서 소요 시간을 정확하게 계산해야 다음 시점에서 작업할 내용을 올바르게 가지고 올 수 있습니다.

```
while i < len(jobs):
    <우선순위 큐에 현재 가능한 작업을 담고(2번 과정)>
    if len(heap) > 0:
        cur = pop(heap)
        start = now
        now += cur[0]
        answer += now - cur[1]
        i += 1
    else:
        now += 1
```

4. 전체 소요 시간에서 총 작업 개수를 나누어 평균을 구합니다.

while 문을 벗어나면 모든 작업을 처리했다는 의미로 전체 소요 시간이 answer 변수에 들어 있습니다. 이제 이 시간을 총 작업 개수로 나누어 평균을 구하면 정답이 나옵니다.

```
return answer // len(jobs)
```

```python
from heapq import heappush as push, heappop as pop

def solution(jobs):
    answer, now, i = 0, 0, 0
    start = -1
    heap = []

    while i < len(jobs):
        for job in jobs:
            if start < job[0] <= now:
                push(heap, job[::-1])

        if len(heap) > 0:
            cur = pop(heap)
            start = now
            now += cur[0]
            answer += now - cur[1]
            i += 1
        else:
            now += 1

    return answer // len(jobs)
```

우선순위 큐라고 해서 또 새로운 자료 구조를 배워야 하는지를 걱정했지만, 힙 트리를 사용해 단순히 '힙 트리를 다르게 부르는 정도'로 치환해서 풀 수 있습니다. 정렬을 해야 하는데, 추가되는 데이터에 따라 계속해서 정렬 상태를 유지하는 문제가 주어진다면 우선순위 큐를 사용한다고 생각하면 됩니다.

결국 어떤 기준으로 데이터 순서를 결정할지, 그리고 어떤 순간에 데이터를 넣을지에 대해 정확히 지정할 수 있다면 어렵지 않게 풀 수 있습니다.

11.3.2 투 포인터

투 포인터(two pointer)는 배열이 하나 주어졌을 때 이 배열을 건드리지 않고 시작과 끝 포인터를 조정해 원하는 값의 위치를 찾는 알고리즘입니다. 배열에서 값을 찾는 것이 목적이라면 for 문 순회로 확인하면 충분할 것 같은데, 왜 포인터를 사용하면서까지 탐색해야 할까요?

단순히 값을 찾는 것이 목적이라면 포인터가 필요 없지만, 만약 특정 구간에서의 최댓값이나 중복된 숫자가 몇 개 있는지 구하라는 문제가 주어진다면 이야기가 달라집니다. 만약 배열 순회 방법으로 접근한다면 현재 값과 나머지 값들을 하나씩 비교해야 하므로 $O(n^2)$ 시간이 소모되는데, 이때 입력 크기가 십만, 백만 단위가 되면 시간 초과가 발생합니다.

이런 방법 대신 시작과 끝 포인터를 주고, 문제의 조건에 맞춰 포인터의 위치를 조금씩 변경해서 비교하는 방식을 사용하면 $O(n)$ 시간 복잡도로 문제를 풀 수 있습니다. 이때 과거의 위치가 앞으로의 위치 결정에 영향을 주는 구조이기 때문에 크게 두 가지 유형으로 나뉩니다.

▼ **그림 11-24** 포인터의 두 가지 활용 방법

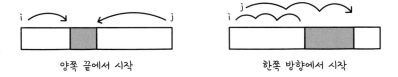

양쪽 끝에서 시작

이진 탐색의 원리와 비슷합니다. 현재 위치에서 정답과 일치하는지 확인한 다음(또는 가장 크고 작은 값을 비교한 다음) 포인터를 옮기면서 탐색 범위를 줄여나가는 방식입니다.

예를 들어봅시다. 만약 정렬된 숫자 배열에서 두 숫자만 더해서 원하는 숫자를 만들어내야 한다는 문제가 있다면, 가장 쉬운 방법은 숫자 하나를 잡고 나머지를 for 문으로 순회하면서 원하는 결과를 찾는 것입니다. $O(n^2)$ 시간이 소모되는 방식이죠.

▼ **그림 11-25** 양쪽 끝에서 서서히 줄어드는 방식

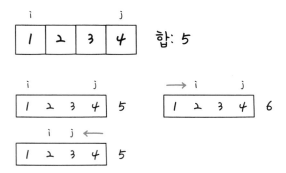

하지만 포인터로 접근할 경우 양쪽 끝에서 시작해 두 포인터가 가리키는 값의 합이 목표보다 작으면 시작 포인터를 한 칸 오른쪽으로 옮기고, 크다면 끝 포인터를 한 칸 왼쪽으로 옮기는 과정을 반복합니다. 어느 순간 조건을 만족하면 정답이 있는 위치를 알 수 있고, 똑같은 작업을 O(n) 시간만에 수행할 수 있습니다.

한쪽 방향에서 시작

두 포인터가 0에서 시작하지만 두 포인터의 진행 속도를 다르게 만들어 일정 구간을 만들고, 그 구간 내에 원하는 값이 있는지 확인하는 방식입니다. 또는 진행 속도 자체에 집중하여 어느 시점에서 느리게 이동하는 포인터를 따라잡는지 확인하는 방식도 있습니다.

특정 구간 만들기

숫자가 들어 있는 배열에서 숫자를 연속적으로 여러 개 더했을 때 특정 값을 만들어내는 경우가 몇 가지 있는지 물어보는 문제가 주어진다면 가능한 모든 경우를 찾아보는 것보다는, 포인터로 구간을 만들어 푸는 것이 더 효율적입니다.

두 포인터 모두 처음 위치에서 시작합니다. 그리고 나서 시작 포인터 위치부터 끝 포인터 위치까지의 합이 목표치보다 작다면 끝 포인터를 한 칸 왼쪽으로, 크다면 시작 포인터를 한 칸 왼쪽으로 움직여서, 순열을 만들 필요 없이 한 번의 순회만으로도 정답을 찾을 수 있습니다.

▼ **그림 11-26** 특정 구간 만들기

합: 5

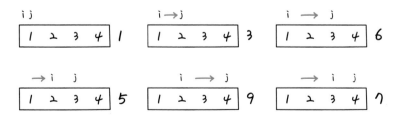

여기서도 구간이 즉시 가변적으로 변하는지, 아니면 순회가 끝나기 전까지는 구간이 고정되어 있는지에 따라 처리 방법이 달라집니다. 구간이 변하지 않는 대표적인 기법은 '슬라이딩 윈도우(sliding window)'입니다.

토끼와 거북이

배열에서 중복되는 값이 있을 때 이 중복 값이 무엇인지 확인하라는 문제가 주어진다면 정렬이나 딕셔너리를 사용하는 대신 투 포인터를 사용할 수 있습니다. 이는 한 포인터가 하나씩 증가한다면 다른 한 포인터는 두 배 빠르게 이동하게 만들어서 둘이 만나는 시점을 확인하는데, 이를 토끼와 거북이(tortoise and hare) 방식이라고 합니다.

▼ **그림 11-27** 토끼와 거북이 원리

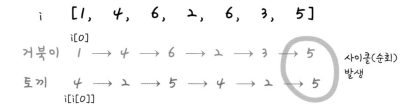

거북이 포인터는 배열을 한 개씩 순차적으로 탐색하지만, 토끼 포인터는 두 개씩 순차적으로 탐색합니다. 만약 이 배열에 중복된 값이나 순환 구조가 없다면 토끼와 거북이는 영원히 만날 수 없지만, 그렇지 않다면 어느 시점에서 둘이 서로 만나게 됩니다. 둘이 만나면 토끼 포인터를 첫 위치로 돌려보낸 다음, 두 포인터를 하나씩 진행시키면서 어디에서 순환이 발생했는지 알 수 있습니다. 코드로 구현하면 다음과 같습니다.

```python
def findDuplicate(nums):
    hare = tortoise = nums[0]

    while True:
        tortoise = nums[tortoise]
        hare = nums[nums[hare]]
        if tortoise == hare: break

    hare = nums[0]
    while hare != tortoise:
        hare = nums[hare]
        tortoise = nums[tortoise]

    return hare
```

해당 방식을 사용하면 순환 구조 탐색을 O(n) 시간에 끝낼 수 있습니다. 사용하는 변수도 두 개뿐이라 공간 복잡도 또한 O(1)로 상수 수치만큼만 사용합니다. 이후에 풀어볼 문제에서는 이 개념을 사용하지 않지만, 포인터를 이런 식으로도 활용할 수 있다는 것은 기억해두세요. 배열을 직접 건드리지 않고 포인터를 정말 다양한 방법으로 조작해 시간 복잡도를 개선하곤 합니다.

정리하면 문제에서 제법 크기가 큰 배열이 입력으로 주어지고 정답을 얻어내기 위해 특정 숫자나 구간을 찾으라고 출제된다면 투 포인터 사용을 고려해봐야 합니다. 대신 문제에서 원하는 사항이 무엇인가에 따라 시작 방법이 달라집니다(탐색 전에 정렬된 배열을 만들어야 할 때도 있습니다). 특이하게 순환 구조를 확인하라는 응용 문제가 주어질 때도 있으니, 어떤 값을 기억하고 있으면 좋을지(탐색할 때 고정할 대상이 무엇인지) 정확하게 정의하는 것이 중요합니다.

보석 쇼핑 - Level 3

URL https://school.programmers.co.kr/learn/courses/30/lessons/67258

[본 문제는 정확성과 효율성 테스트 각각 점수가 있는 문제입니다.]

개발자 출신으로 세계 최고의 갑부가 된 어피치는 스트레스를 받을 때면 이를 풀기 위해 오프라인 매장에 쇼핑을 하러 가곤 합니다.

어피치는 쇼핑을 할 때면 매장 진열대의 특정 범위의 물건들을 모두 싹쓸이 구매하는 습관이 있습니다.

어느 날 스트레스를 풀기 위해 보석 매장에 쇼핑을 하러 간 어피치는 이전처럼 진열대의 특정 범위의 보석을 모두 구매하되 특별히 아래 목적을 달성하고 싶었습니다.

'진열된 모든 종류의 보석을 적어도 1개 이상 포함하는 가장 짧은 구간을 찾아서 구매'

예를 들어 아래 진열대는 4종류의 보석(RUBY, DIA, EMERALD, SAPPHIRE) 8개가 진열된 예시입니다.

진열대 번호	1	2	3	4	5	6	7	8
보석 이름	DIA	RUBY	RUBY	DIA	DIA	EMERALD	SAPPHIRE	DIA

진열대의 3번부터 7번까지 5개의 보석을 구매하면 모든 종류의 보석을 적어도 하나 이상씩 포함하게 됩니다.

진열대의 3, 4, 6, 7번의 보석만 구매하는 것은 중간에 특정 구간(5번)이 빠지게 되므로 어피치의 쇼핑 습관에 맞지 않습니다.

진열대 번호 순서대로 보석들의 이름이 저장된 배열 gems가 매개변수로 주어집니다. 이때 모든 보석을 하나 이상 포함하는 가장 짧은 구간을 찾아서 return하도록 solution 함수를 완성해주세요.

가장 짧은 구간의 시작 진열대 번호와 끝 진열대 번호를 차례대로 배열에 담아서 return하도록 하며, 만약 가장 짧은 구간이 여러 개라면 시작 진열대 번호가 가장 작은 구간을 return합니다.

제한 사항

- gems 배열의 크기는 1 이상 100,000 이하입니다.
  - gems 배열의 각 원소는 진열대에 나열된 보석을 나타냅니다.
  - gems 배열에는 1번 진열대부터 진열대 번호 순서대로 보석 이름이 차례대로 저장되어 있습니다.
  - gems 배열의 각 원소는 길이가 1 이상 10 이하인 알파벳 대문자로만 구성된 문자열입니다.

입출력 예

gems	result
["DIA", "RUBY", "RUBY", "DIA", "DIA", "EMERALD", "SAPPHIRE", "DIA"]	[3, 7]
["AA", "AB", "AC", "AA", "AC"]	[1, 3]
["XYZ", "XYZ", "XYZ"]	[1, 1]
["ZZZ", "YYY", "NNNN", "YYY", "BBB"]	[1, 5]

입출력 예 #1

문제 예시와 같습니다.

입출력 예 #2

3종류의 보석(AA, AB, AC)을 모두 포함하는 가장 짧은 구간은 [1, 3], [2, 4]가 있습니다.

시작 진열대 번호가 더 작은 [1, 3]을 return해주어야 합니다.

입출력 예 #3

1종류의 보석(XYZ)을 포함하는 가장 짧은 구간은 [1, 1], [2, 2], [3, 3]이 있습니다.

시작 진열대 번호가 가장 작은 [1, 1]을 return해주어야 합니다.

입출력 예 #4

4종류의 보석(ZZZ, YYY, NNNN, BBB)을 모두 포함하는 구간은 [1, 5]가 유일합니다.

그러므로 [1, 5]를 return해주어야 합니다.

문제 풀이

가변 구간에서 보석을 가장 많이 가져갈 수 있는 방법을 찾는 문제입니다. 입력 크기를 고려했을 때, 보석을 선택할 수 있는 모든 경우의 수를 따지는 것이 아니라 투 포인터를 사용해야 합니다.

먼저 보석의 종류와 개수에 대해 정확하게 짚어야 합니다. 주어진 모든 종류의 보석을 사야 하는 건 맞는데, 연속적으로 구입해야 하고, 중복되어도 상관없습니다. 단, 끝에서부터 시작해서 시작 부분으로 돌아가 연속적으로 구매하는 일은 벌어지지 않습니다.

따라서 전체 개수에서 하나씩 줄여나가는 형태가 되면 모든 종류를 하나씩 가지는 것과 동일하므로 작은 단위부터 하나씩 증가시켜야 합니다. 두 포인터 모두 처음 위치에서 시작하고 조건에 따라 포인터의 위치를 조금씩 변경해나가는 방식으로 접근해야 합니다.

그렇다면 전체적인 과정은 다음과 같이 이루어질 것입니다.

1. 보석의 종류와 현재 가지고 있는 보석을 정의합니다.

2. 시작 포인터부터 끝 포인터까지 전부 구매한다고 했을 때 모든 종류의 보석을 살 수 있는지 확인합니다.

3. 구간을 보정하고 정답을 반환합니다.

코드 작성

1. **보석의 종류와 현재 가지고 있는 보석을 정의합니다.**

   전체 배열에서 모든 보석의 종류를 알아낼 수 있는 가장 쉬운 방법은 set 자료형을 사용하는 것입니다. 중복을 제외하고 고유 원소만 가지는 특성 덕분에 손쉽게 보석의 종류를 가려낼 수 있습니다.

```
def solution(gems):
    kind = len(set(gems))
    size = len(gems)
    answer = [0, size - 1]

    dic = {gems[0]:1}
    start = end = 0
```

   처음 탐색을 수행할 때는 두 포인터 모두 0부터 시작하지만, 정답 배열은 전체 구매를 기준으로 맞춰놓습니다. 일종의 최댓값 설정으로, 이 기준보다 더 작게 정답을 만들어낼 수 있으면 계속 갱신해나갑니다. 또한 현재 구매한 보석 리스트에서 처음 원소를 미리 추가해놓으면 '물건 추가 → 현재 상황 확인 및 최댓값 비교 → 포인터 이동 → 물건 추가'로 순서를 바꿀 수 있습니다.

   물건을 추가했을 때의 상황은 나올 수 있는 경우가 많아 이를 판단하는 논리를 만드는 것은 복잡하지만, 원하는 종류를 모두 채웠는지에 대한 조건을 검사하는 건 채웠다/채우지 못했다 두 개의 상태만 가지고 있을 수 있으므로 구현하기에 훨씬 유리합니다.

2. **시작 포인터부터 끝 포인터까지 전부 구매한다고 했을 때 모든 종류의 보석을 살 수 있는지 확인합니다.**

   1번 과정에서 구매 순서가 '비교 → 포인터 이동 → 물건 추가'로 변경되었으니, 2번 과정도 맞춰서 변경됩니다. 현재 가지고 있는 보석의 종류가 전체 보석의 종류를 채우지 못했다면, 끝 포인터를 한 칸 오른쪽으로 옮기고 보석을 새로 추가합니다.

   만약 모든 종류의 보석을 구매했다면 '정답에 기록된 구간 vs 현재까지의 포인터 위치'를 비교하여 더 작다면 위치를 갱신하고, 그 후에 다른 정답을 탐색하기 위해 시작 포인터를 한 칸 오른쪽으로 옮기고 보석을 제거합니다(팔았다고 가정).

```
while end < size:
    if len(dic) < kind:
        end += 1
        if end == size: break
```

```
            dic[gems[end]] = dic.get(gems[end], 0) + 1
    else:
        if (end - start + 1) < (answer[1] - answer[0] + 1): answer = [start, end]
        if dic[gems[start]] == 1: del dic[gems[start]]
        else: dic[gems[start]] -= 1
        start += 1
```

구간을 비교하려면 '끝 포인터 위치 − 시작 포인터 위치 + 1'을 해주고, 구간의 크기와 현재 위치를 동시에 반영해 계산할 수 있습니다. 같은 위치에서 시작했다면 끝 포인터의 위치에 따라 결정될 것이고, 구간이 다르다면 위칫값 자체가 크기 때문에 더 작은 쪽을 선택할 것입니다.

대신 구간을 비교하는 것과 포인터를 조정하는 것은 서로 별개의 과정이므로 일찍 정답이 나왔다고 해서 바로 정답이라고 생각하고 반환하지 않도록 합니다. 반드시 정답이라고 확신할 수 없다면 본래 과정을 그대로 따라가도록 만들어야 합니다.

3. 구간을 보정하고 정답을 반환합니다.

이제 반복문을 나오면 가장 최소 구간이 나오는데, 이 최소 구간은 배열의 연산 결과라 1번부터 시작하기 때문에 문제에서 언급한 진열대 번호와는 일치하지 않습니다. 따라서 구간에 +1을 한 결과를 제출해야 비로소 정답이라고 말할 수 있습니다.

```
answer[0] += 1
answer[1] += 1

return answer
```

배열은 0부터 시작하고, 번호는 1부터 시작한다는 차이를 잘 생각하고 접근해야 실수하지 않습니다. 특히 위치에 민감한 문제의 경우 어설프게 보정하면 정답이 아예 나오지 않을 수 있습니다.

11장/보석_쇼핑.py

전체 코드

```
def solution(gems):
    kind = len(set(gems))
    size = len(gems)
    answer = [0, size - 1]

    dic = {gems[0]:1}
    start = end = 0
```

```
    while end < size:
        if len(dic) < kind:
            end += 1
            if end == size: break
            dic[gems[end]] = dic.get(gems[end], 0) + 1
        else:
            if (end - start + 1) < (answer[1] - answer[0] + 1): answer = [start, end]
            if dic[gems[start]] == 1: del dic[gems[start]]
            else: dic[gems[start]] -= 1
            start += 1

    answer[0] += 1
    answer[1] += 1

    return answer
```

투 포인터 유형 문제는 무엇을 포인터로 지정할지, 어떤 기준에 따라 이동시킬 것인지를 결정하는 것이 가장 중요합니다. 일단 한 번 잡고 나면 나머지는 상황에 맞춰 끼워 넣어도 돌아가기 때문에 아무런 문제가 없지만, 위치 기준을 잘못 잡거나 진행 방향을 잘못 잡으면 탐색 과정 전체가 꼬입니다. 따라서 처음 생각할 때 시간이 오래 걸리더라도, 이 부분을 명확하게 짚고 넘어가야 합니다.

11.3.3 유니온 파인드

유니온 파인드(union find)는 합집합 찾기 또는 서로소 집합(disjoint-set)이라고 불립니다. 선택된 노드가 하나의 집합에 포함되어 있는지 확인하고, 그렇지 않다면 노드를 연결해나갑니다. 조금 더 간단하게 말하면 해당 원소가 그래프에 연결되어 있는지를 확인하는 용도의 자료 구조입니다(**구현은 트리로 합니다**).

이미 만들어진 A와 B라는 그래프가 두 개 있고, 여기에 노드를 하나 추가하고 싶다고 합시다. 그래프의 구성은 모르지만, A 그래프에 노드를 추가하고 싶습니다. 만약 노드를 그냥 추가하면 노드가 A 그래프에 들어갔는지 B 그래프에 들어갔는지 판별하기 어렵습니다. 하지만 그래프의 부모 노드를 알 수 있다면, A 그래프의 부모 노드인지 확인하여 노드를 추가할 수 있을 겁니다.

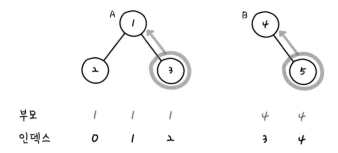

▼ **그림 11-28** 유니온 파인드의 원리

이런 식으로 한 노드가 그래프(집합)에 연결되어 있는지 확인하는 과정인 탐색(find), 노드를 그래프에 새로 추가하는 과정인 합집합(union)을 거치며, 코드를 짤 때도 분리해서 구현합니다. 노드를 만들 때 부모 노드의 위치를 추가해두면 다음 두 가지로 유니온 파인드를 구현할 수 있습니다.

탐색

먼저 주어진 노드가 하나의 그래프(집합) 안에 포함되어 있는지 확인해야 하니, 자신의 부모를 계속 거슬러 올라가면서 탐색하는 기능이 필요합니다. A라는 그래프의 부모가 1번 노드라고 했을 때, 아무 노드나 골라서 부모 노드를 확인했는데 1번 노드라면 이 노드는 A 그래프에 포함된 노드라고 말할 수 있습니다.

```python
def find(parent, x):
    if parent[x] == x: return x
    parent[x] = find(parent, parent[x])
    return parent[x]
```

집합 추가

노드를 확인했다면, 이제 새 노드를 원래 있던 집합과 연결해줘야 합니다. 단순하게 이미 연결된 노드의 부모 노드를 덮어쓰기만 해도 충분합니다. 단, 연결할 노드가 이미 부모 노드에 연결되어 있다면, 추가되지 않도록 하여 순환 구조를 막습니다.

```
def union(parent, x, y):
    x = find(parent, x)
    y = find(parent, y)
    if x == y: return
    parent[x] = y
```

따라서 노드가 연결되어 있는지 확인할 때 걸리는 비용은 O(logn)~O(n)이고, 노드를 새로 추가하는 데 걸리는 비용은 O(1)이 됩니다. 원리와 기능도 단순하지만, 같은 집합임을 판별하는 특징은 정말 다양한 방면으로 응용될 수 있으니 꼭 기억해두세요.

섬 연결하기 - Level 3

URL https://school.programmers.co.kr/learn/courses/30/lessons/42861

n개의 섬 사이에 다리를 건설하는 비용(costs)이 주어질 때, 최소의 비용으로 모든 섬이 서로 통행 가능하도록 만들 때 필요한 최소 비용을 return하도록 solution을 완성하세요.

다리를 여러 번 건너더라도, 도달할 수만 있으면 통행 가능하다고 봅니다. 예를 들어 A 섬과 B 섬 사이에 다리가 있고, B 섬과 C 섬 사이에 다리가 있으면 A 섬과 C 섬은 서로 통행 가능합니다.

제한 사항

- 섬의 개수 n은 1 이상 100 이하입니다.
- costs의 길이는 ((n - 1) * n) / 2이하입니다.
- 임의의 i에 대해, costs[i][0] 와 costs[i][1]에는 다리가 연결되는 두 섬의 번호가 들어 있고, costs[i][2]에는 이 두 섬을 연결하는 다리를 건설할 때 드는 비용입니다.
- 같은 연결은 두 번 주어지지 않습니다. 또한 순서가 바뀌더라도 같은 연결로 봅니다. 즉 0과 1 사이를 연결하는 비용이 주어졌을 때, 1과 0의 비용이 주어지지 않습니다.
- 모든 섬 사이의 다리 건설 비용이 주어지지 않습니다. 이 경우, 두 섬 사이의 건설이 불가능한 것으로 봅니다.
- 연결할 수 없는 섬은 주어지지 않습니다.

입출력 예

n	costs	return
4	[[0, 1, 1],[0, 2, 2],[1, 2, 5],[1, 3, 1],[2, 3, 8]]	4

입출력 예 설명

costs를 그림으로 표현하면 다음과 같으며, 이때 주황색 경로로 연결하는 것이 가장 적은 비용으로 모두를 통행할 수 있도록 만드는 방법입니다.

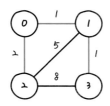

간선에 비용이 있고, 최단 비용을 물어본다면 다익스트라 기법을 사용할 수도 있지만, 이번에는 유니온 파인드를 사용해서 문제를 풀어보겠습니다(사실 유니온 파인드에 조건이 더 붙으면 다익스트라가 됩니다).

다리를 건설하는 비용이 주어졌을 때 최소 비용으로 섬을 통행하게 만들어야 하는 문제입니다. 각 섬마다 드는 비용을 계산해서 비교할 수도 있겠지만(플로이드-워셜), 가장 쉬운 방법은 최소 비용의 간선들만 모아서 섬을 잇는 겁니다. 섬의 개수가 100개 이하의 작은 수치이기 때문에 정렬도 크게 부담되지 않고, 유니온 파인드의 성질을 이용해 이미 이어진 섬만 중복으로 잇지 못하게 만들면 최단 거리가 빠른 속도로 만들어질 것이라고 판단할 수 있습니다.

따라서 전체적인 과정은 다음과 같습니다.

1. 유니온 파인드를 구현합니다.

2. 간선 비용을 적은 순서대로 정렬합니다.

3. 유니온 파인드의 성질을 이용하여 섬을 연결합니다.

코드 작성

1. 유니온 파인드를 구현합니다.

```python
def union(parent, x, y):
    x = find(parent, x)
    y = find(parent, y)
    if x == y: return
    parent[x] = y

def find(parent, x):
    if parent[x] == x: return x
    parent[x] = find(parent, parent[x])
    return parent[x]
```

앞서 설명한 코드를 그대로 사용합니다. 전위/중위/후위 연산처럼 개념 구현을 위한 코드는 동일하기 때문에, 외워두면 코드 작성이 한결 편해집니다.

2. 간선 비용이 적은 순서대로 정렬합니다.

```python
def solution(n, costs):
    answer = cnt = 0
    parent = [i for i in range(n)]
    costs = sorted(costs, key=lambda x:x[2])
```

모든 섬을 통행할 때 드는 비용을 담을 answer 변수, 이은 섬의 개수를 담을 cnt 변수를 선언합니다. 그리고 각 노드별로 부모 노드가 무엇인지 기록할 변수 하나와 (처음에는 자기 자신을 가리키도록 설정합니다), 간선별 비용이 있는 배열을 비용이 적은 순서대로 정렬해 두면 준비가 끝납니다.

3. 유니온 파인드의 성질을 이용하여 섬을 연결합니다.

```python
for i in range(len(costs)):
    if find(parent, costs[i][0]) != find(parent, costs[i][1]):
        union(parent, costs[i][0], costs[i][1])
        answer += costs[i][2]
        cnt += 1
    if cnt == n: break
```

나머지는 유니온 파인드를 사용하면 끝입니다. 다리가 연결되는 두 섬, 노드들이 한 노드를 가리키는지 확인하고, 그렇지 않다면 가장 적은 간선 비용을 기반으로 두 섬을 서로 이어줍니다. 그리고 해당 비용만큼 정답에 추가하면 마지막에 모든 섬이 연결되었을 때의 최소 비용이 기록될 것입니다.

전체 코드

11장/섬_연결하기.py

```python
def union(parent, x, y):
    x = find(parent, x)
    y = find(parent, y)
    if x == y: return
    parent[x] = y


def find(parent, x):
    if parent[x] == x: return x
    parent[x] = find(parent, parent[x])
    return parent[x]
```

```
def solution(n, costs):
    answer = cnt = 0
    parent = [i for i in range(n)]
    costs = sorted(costs, key=lambda x:x[2])

    for i in range(len(costs)):
        if find(parent, costs[i][0]) != find(parent, costs[i][1]):
            union(parent, costs[i][0], costs[i][1])
            answer += costs[i][2]
            cnt += 1
        if cnt == n: break

    return answer
```

어떻게 보면 탐욕 알고리즘에 해당하는 방식입니다. 다익스트라는 'BFS + 동적 프로그래밍'에 최단 거리만을 골라나간다고 한다면, 유니온 파인드는 '동적 프로그래밍 + 최단 거리'만을 골라서 진행하기 때문에 근본적으로 접근 방향이 동일하다는 걸 알 수 있습니다. 동작 방식이 약간 다르지만 결국 최단 거리를 어떻게 찾을 것인가에 대한 대답입니다(탐욕 알고리즘은 12장에서 조금 더 상세하게 설명하겠습니다).

11.3.4 트라이

이번에는 숫자 말고 문자열에 대해 이야기해보겠습니다. 문자열을 비교하는 문제가 주어졌다고 생각해봅시다. 비교 대상이 문자열의 접두사나 접미사라면 그리 어렵지 않지만, 문자열이 작은 문자열을 담고 있는 구조를 찾으라고 한다면 어떻게 대처해야 할까요? 즉, 문자열 내에서 일부 문자열을 검색하라는 것이 주목적이라면 어떤 방식으로 대응하는 것이 가장 빠른 방법이 될 수 있을까요?

가장 먼저 단순 비교가 떠오르네요. 각 글자별로 비교해야 하는 논리에서 벗어날 수 없기 때문에 $O(n^2)$ 시간이 걸리고, 지금까지 풀어본 문제에선 이런 식의 탐색은 예외 없이 모두 시간 초과 오류가 발생했습니다. 그렇다면 대체안으로 정렬을 하고 이진 탐색을 사용한다면 $O(n \log n)$ 시간 정도로 속도를 개선할 수 있을 것 같지만, 정렬 자체에서 걸리는 비용도 만만치 않기 때문에 코딩 테스트에선 부담 없이 사용하기는 어렵습니다.

이럴 때는 트라이(trie) 자료 구조를 사용해 $O(n)$ 시간 만에 문자열을 탐색할 수 있습니다. 어떤 원리로 가능한지 하나씩 살펴보겠습니다.

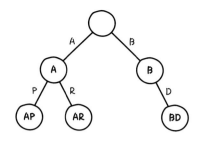

트라이는 가능한 모든 단어의 숫자만큼 트리를 생성한 다음, 들어오는 단어들을 사전별로 쌓아간 다는 느낌으로 한 글자씩 쪼개 트리로 구성합니다. 그림 11-29에서는 이진 트리의 모양이지만, 실제로는 알파벳이라면 부모 노드에서 26개의 자식 노드가 있어야 합니다. 즉, 표현 가능한 모든 가짓수만큼의 n진 트리를 만들어야 합니다.

그림 11-29처럼 ['AP', 'AR', 'BD']라는 단어가 들어오면, 리프 노드로부터 A와 B 자식 노드를 생성하고, 한 층 더 내려가서 두 번째 글자인 P와 R, D를 추가합니다. 이후 이 트리에서 'AR'이라는 단어를 찾고 싶다면 맨 위에서 A를 찾고 그다음으로 R이 존재하는지 확인하면 됩니다.

트라이로 구성하면 **꼭 매칭되는 단어가 아니라 일부 단어를 생략한 채로 검색을 시도해도 결과를 가지고 올 수 있다**는 장점이 있습니다. 예를 들어 A로 시작하는 단어를 찾는 경우 단어를 배열 상태 그대로 두었다면 단어마다 A를 접두사로 가지고 있는지 확인하는 과정을 거쳐야 하지만, 트라이로 구성 하면 트리에서 A와 연결된 다음 트리 밑에 존재하는 모든 요소를 가지고 오기만 하면 똑같은 작업 을 훨씬 빠르게 수행할 수 있습니다.

또한, 문자별로 트리가 쪼개져서 내려가기 때문에 단어가 여러 개라면 자동으로 정렬되는 효과가 있으므로 '사전형 정렬 + 단어 검색'이 필요할 경우 트라이로 구성하면 두 가지 문제를 한 번에 해 결할 수 있습니다.

대신 **표현해야 할 문자가 늘어날수록 메모리를 기하급수적으로 사용**하는 단점이 있습니다. 알파벳 소문 자는 26개라 괜찮지만, 한글의 경우 자음 19개, 모음 21개에 이어 이를 조합해서 나오는 모든 경 우의 수가 가질 수 있는 자식의 개수만큼 자식 노드를 만들기 때문에 상상을 초월할 정도로 많은 메모리를 사용합니다. 유니코드가 등장한다면 다른 기법도 같이 섞지 않으면 아예 사용이 불가능 하니, 성능에 비해 그 한계가 명확한 편입니다. 하지만 코딩 테스트에서는 영어 문자 이외의 범위 를 제공하지는 않으니 크게 신경 쓸 필요가 없습니다.[2]

---

2 혹시라도 정말 많은 경우의 수가 주어진다면 트라이만으로는 절대로 풀 수 없고, 다른 기법을 같이 사용하거나 새로운 방법을 찾아야 합니다. 물론 이 정도라면 최고 난이도 레벨이겠죠.

가사 검색 - Level 4

URL https://school.programmers.co.kr/learn/courses/30/lessons/60060

[본 문제는 정확성과 효율성 테스트 각각 점수가 있는 문제입니다.]

친구들로부터 천재 프로그래머로 불리는 '**프로도**'는 음악을 하는 친구로부터 자신이 좋아하는 노래 가사에 사용된 단어들 중에 특정 키워드가 몇 개 포함되어 있는지 궁금하니 프로그램으로 개발해달라는 제안을 받았습니다.

그 제안 사항 중, 키워드는 와일드카드 문자 중 하나인 '?'가 포함한 패턴 형태의 문자열을 뜻합니다. 와일드카드 문자인 '?'는 글자 하나를 의미하며, 어떤 문자에도 매치된다고 가정합니다. 예를 들어 "fro??"는 "frodo", "front", "frost" 등에 매치되지만 "frame", "frozen"에는 매치되지 않습니다.

가사에 사용된 모든 단어들이 담긴 배열 words와 찾고자 하는 키워드가 담긴 배열 queries가 주어질 때 키워드별로 매치된 단어가 몇 개인지 **순서대로** 배열에 담아 반환하도록 solution 함수를 완성해주세요.

가사 단어 제한 사항

- words의 길이(가사 단어의 개수)는 2 이상 100,000 이하입니다.
- 각 가사 단어의 길이는 1 이상 10,000 이하로 빈 문자열인 경우는 없습니다.
- 전체 가사 단어 길이의 합은 2 이상 1,000,000 이하입니다.
- 가사에 동일 단어가 여러 번 나올 경우 중복을 제거하고 words에는 하나로만 제공됩니다.
- 각 가사 단어는 오직 알파벳 소문자로만 구성되어 있으며, 특수 문자나 숫자는 포함하지 않는 것으로 가정합니다.

검색 키워드 제한 사항

- queries의 길이(검색 키워드 개수)는 2 이상 100,000 이하입니다.
- 각 검색 키워드의 길이는 1 이상 10,000 이하로 빈 문자열인 경우는 없습니다.
- 전체 검색 키워드 길이의 합은 2 이상 1,000,000 이하입니다.
- 검색 키워드는 중복될 수도 있습니다.
- 각 검색 키워드는 오직 알파벳 소문자와 와일드카드 문자인 '?' 로만 구성되어 있으며, 특수 문자나 숫자는 포함하지 않는 것으로 가정합니다.
- 검색 키워드는 와일드카드 문자인 '?'가 하나 이상 포함돼 있으며, '?'는 각 검색 키워드의 접두사 아니면 접미사 중 하나로만 주어집니다.
  - 예를 들어 "??odo", "fro??", "?????"는 가능한 키워드입니다.
  - 반면에 "frodo"('?'가 없음), "fr?do"('?'가 중간에 있음), "?ro??"('?'가 양쪽에 있음)는 불가능한 키워드입니다.

words	queries	result
["frodo", "front", "frost", "frozen", "frame", "kakao"]	["fro??", "????o", "fr???", "fro???", "pro?"]	[3, 2, 4, 1, 0]

입출력 예에 대한 설명

- "fro??"는 "frodo", "front", "frost"에 매치되므로 3입니다.
- "????o"는 "frodo", "kakao"에 매치되므로 2입니다.
- "fr???"는 "frodo", "front", "frost", "frame"에 매치되므로 4입니다.
- "fro???"는 "frozen"에 매치되므로 1입니다.
- "pro?"는 매치되는 가사 단어가 없으므로 0입니다.

문제 풀이

정말 조건이 많은 문제이군요. 문자열 검색을 수행해야 하는데 빈 글자는 금지, 오직 알파벳 소문자만 가능, 최대 글자 길이 제한이 있습니다. 조건을 보니 트라이 자료 구조를 사용하라는 의미네요.

대신 와일드카드라는 변수가 주어지는데, ?가 붙으면 어떤 글자가 주어지든지 전부 일치한다는 판정을 내려야 합니다. 트라이로 이를 구현하려면 트리 중간에 가능한 단어를 전부 끌어와야 하므로 상당히 난감하지만, 다행스럽게도 **한쪽 방향으로만 와일드카드를 사용할 수 있다는 제약**이 있기 때문에 정방향 한 번, 역방향 한 번으로 탐색을 수행하면 단어를 찾을 수 있습니다.

> **잠깐만요**
>
> 혹시 와일드카드가 등장해서 정규표현식으로 문제를 풀려고 했다면 하지 않는 것이 좋습니다. 정규표현식도 어떤 글자나 허용하는 . 문자는 상당히 부담스러운 탐색이며, 사용할 때 $O(n^2)$에 준하는 시간 복잡도가 발생합니다. 정확도 테스트는 통과할 수 있어도 효율성 테스트는 모두 통과하지 못합니다.

다만 주어진 단어의 길이 자체는 최대치가 아니라면 어떤 길이든 등장할 수 있기 때문에, 만들어진 트리는 6글자를 포함하는데 5글자를 탐색하려면 중간에 멈춰야 하는 모양이 되므로 처리하는데 문제가 발생할 수 있습니다. 여러 가지 해결책이 있지만 간단하게 공간 복잡도를 조금 더 희생해서 각 단어 개수마다 트라이를 만들어놓으면 단어의 개수별로 탐색할 수 있습니다. 그렇게 되면 항상 고정된 길이에서 끝나기 때문에 해당 위치의 단어가 가질 수 있는 자식의 개수를 명시할 수 있어 후에 해당하는 개수를 계산할 때 편리합니다.

이제 모든 정보를 모아 과정을 정리하면 다음과 같습니다.

1. 트라이 자료 구조를 생성합니다.

2. 단어를 받아 트라이에 데이터를 채웁니다.

3. 쿼리에 맞춰 탐색을 진행합니다.

난이도가 제법 높은 문제이지만, 너무 완벽하려고 시도하지 않는다면 의외로 쉽게 풀 수 있는 방법이 있기 마련입니다. 프로그래머스 채점 시스템의 경우 시간도 제법 많이 주고(10초), 메모리 제한도 굉장히 넉넉하게 주기 때문에(1GB를 넘어도 시간 제한에만 들어가면 가능합니다) 메모리 공간을 크게 신경 쓰지 않고 접근한다면 복잡한 문제도 단순하게 풀 수 있습니다. 단, 이 문제는 명시적으로 시간 제한과 메모리 제한이 들어 있다는 걸 잊지 마세요.

코드 작성

1. 트라이 자료 구조를 생성합니다.

트라이 자료 구조를 만들려면, 트리 구조가 만들어져야 합니다. 하지만 이진 트리가 아니라 26진 트리(영어 소문자 개수)를 만들어야 하므로 클래스를 사용해서 직접 만들겠습니다.

1-1. 노드를 정의합니다.

```
class Node(object):
    def __init__(self, key):
        self.key = key
        self.count = 0
        self.children = {}
```

트리를 구성할 노드는 앞으로의 진행에서 매우 중요한 요소입니다. 노드를 잇는 것으로 트리가 구성되니까요.

현재 위치에서 가지고 있을 단어와, 다음 자식 노드를 정의하고, count 변수를 추가합니다. 이 변수는 해당 문자를 거쳐간 단어가 총 몇 개 있는지 세는 용도로, 단순히 'len(children)을 쓰면 되지 않을까?'라고 생각할 수 있습니다. 하지만 자식 노드의 개수가 정해지지 않아 거슬러 올라가기 매우 어려운 구조이기 때문에 이런 식으로 미리 변수를 만들지 않으면 나중에 탐색을 수행할 때 총 몇 개가 있는지 알아내기 어려워집니다.

1-2. 트라이 자료 구조를 정의합니다.

이제 노드가 만들어졌다면 노드 정보를 담을 트라이 자료 구조를 정의합니다. 필요한 함수는 총 2개로, 트라이에 노드를 삽입하는 함수와 트라이를 탐색할 함수 하나가 필요합니다.

1) 선언 후 초기화

역시 클래스로 구현하겠습니다. 선언할 때의 초기화 데이터로는 부모 노드 정보를 넣어주면 기본적인 준비가 끝납니다.

```python
class Trie(object):
    def __init__(self):
        self.head = Node(self)
```

2) 삽입

데이터를 삽입하려면 부모 노드에서 주어진 문자열을 글자순으로 한 단계씩 내려가면서 새로운 노드를 생성하고, 이렇게 데이터를 추가하는 과정을 계속 거치면 됩니다. 각 단계별로 내려갈 때마다 count 변수를 1씩 증가시켜야 한다는 사실도 잊지 맙시다.

```python
def insert(self, string):
    current = self.head

    for char in string:
        current.count += 1
        if char not in current.children:
        current.children[char] = Node(char)
        current = current.children[char]
```

3) 탐색

주어진 쿼리문에 맞춰 탐색하기 위해 삽입과 동일하게 글자로 쪼개어 한 단계씩 내려가는 과정을 거쳐야 합니다. 단, 와일드카드 ?가 확인된다면 해당 위치에서 몇 단어가 파생되었는지를 물어보는 것이므로 반복문을 멈추고 즉시 해당 위치에서 count를 반환하면 됩니다. 정상적으로 끝에 도달해도 동일하게 반환해주면 됩니다.

```python
def starts_with(self, prefix):
    current = self.head
    result = 0
```

```
    for char in prefix:
        if char == '?': break
        if char in current.children: current = current.children[char]
        else: return 0

    return current.count
```

26진 트리이기 때문에 자식 노드를 딕셔너리로 선언했습니다. 따라서 자식 노드가 존재하는지 $O(1)$의 시간으로 확인할 수 있습니다. 만약 배열로 만들었다면 $O(n)$ 시간이 걸리기 때문에 시간 초과가 발생합니다. 이런 사소한 부분까지 하나하나 체크하는 것이 굉장히 중요합니다.

2. 단어를 받아 트라이에 데이터를 채웁니다.

트라이 자료 구조를 만들었으므로 본래 목적으로 돌아가서 문제를 풀어봅시다.

2-1. 초기 설정을 합니다.

```
def solution(words, queries):
    answer = []
    tries = {}
    reverse_tries = {}
```

정답 배열과 각 길이별로 단어 정보를 담아둘 트라이 자료 구조를 정방향/역방향으로 2개 생성합니다. 와일드카드가 왼쪽에서 등장하면 처음부터 모든 단어에 접근이 가능해진다는 의미이므로 현재 구현한 시스템으로는 이를 올바르게 처리할 수 없습니다. 대신 역순으로 데이터를 만들어놓으면 뒤에서 단어를 센다는 느낌으로 탐색할 수 있습니다.

2-2. 데이터를 채웁니다.

```
for word in words:
    size = len(word)
    if size not in tries:
        tries[size] = Trie()
        reverse_tries[size] = Trie()

    tries[size].insert(word)
    reverse_tries[size].insert(word[::-1])
```

이제 주어진 단어들을 하나씩 트라이에 집어넣으면 됩니다. 정방향/역방향을 동시에 추가하는 과정만 잘 구현한다면, 이제 탐색할 준비를 모두 마친 겁니다.

3. 쿼리에 맞춰 탐색을 진행합니다.

규칙은 간단합니다. 쿼리를 하나씩 순회하면서 '해당 단어의 길이가 미리 학습한 단어에 포함되어 있는지 확인(단어의 길이와 쿼리의 길이는 동일하다는 조건이 없습니다) → 와일드카드가 처음부터 등장하는지 확인 → 상황에 맞춰서 탐색 수행 → 결과 제출' 순으로 진행하면 됩니다.

```python
for query in queries:
    if len(query) in tries:
        if query[0] != '?':
            trie = tries[len(query)]
            answer.append(trie.starts_with(query))
        else:
            trie = reverse_tries[len(query)]
            answer.append(trie.starts_with(query[::-1]))
    else: answer.append(0)
```

이제 정답을 반환하기만 하면 모든 과정이 끝납니다.

전체 코드   11장/가사_검색.py

```python
class Node(object):
    def __init__(self, key):
        self.key = key
        self.count = 0
        self.children = {}


class Trie(object):
    def __init__(self):
        self.head = Node(self)

    def insert(self, string):
        current = self.head

        for char in string:
            current.count += 1
            if char not in current.children:
                current.children[char] = Node(char)
            current = current.children[char]

    def starts_with(self, prefix):
```

```
            current = self.head
            result = 0

            for char in prefix:
                if char == '?': break
                if char in current.children: current = current.children[char]
                else: return 0

            return current.count

def solution(words, queries):
    answer = []
    tries = {}
    reverse_tries = {}

    for word in words:
        size = len(word)
        if size not in tries:
            tries[size] = Trie()
            reverse_tries[size] = Trie()

        tries[size].insert(word)
        reverse_tries[size].insert(word[::-1])

    for query in queries:
        if len(query) in tries:
            if query[0] != '?':
                trie = tries[len(query)]
                answer.append(trie.starts_with(query))
            else:
                trie = reverse_tries[len(query)]
                answer.append(trie.starts_with(query[::-1]))
        else: answer.append(0)

    return answer
```

효율성 테스트
테스트 1 〉 통과 (1273.40ms, 190MB)
테스트 2 〉 통과 (2660.09ms, 360MB)
테스트 3 〉 통과 (2467.41ms, 334MB)
테스트 4 〉 통과 (2404.67ms, 417MB)
테스트 5 〉 통과 (4909.83ms, 786MB)

들어 중학교 수준의 수학까지만 알고 있는데 갑자기 선형대수학 문제를 풀라고 하는 상황인 거죠. 이럴 때는 가장 기본적인 개념부터 다시 공부해야 합니다. 기본적인 내용은 책에서 설명했지만, 전혀 모르는 내용을 만났다면 문제 풀이를 멈추고 해당 개념을 충분히 살펴봅시다. 만약 처음 보는 유형의 문제를 만났다면 정답을 하나씩 분석해보는 것도 좋습니다.

2. 문제는 이해했는데, 어떻게 풀어야 할지 모르겠어요!

문제는 이해했지만, 풀이를 위한 자료 구조나 알고리즘을 선택하지 못하는 상황입니다. 이럴 땐 문제 풀이보다 개념이 어떻게 코드로 연결되는지에 대해 연습할 필요가 있습니다. 종이와 연필을 들고, 모른다고 생각하는 문제 하나를 골라서 해부하듯이 파고드세요. 예를 들어 모르는 문제가 스택과 관련되었다면 스택에 들어가고 나오는 과정을 모두 그려도 좋으니 동작 원리를 하나씩 짚어보면서 어떤 느낌인지 파악해봅니다(오래 걸리더라도 과정의 일부를 생략하지 마세요).

이 과정을 여러 번 거치면 비슷한 유형의 문제를 만났을 때 조금씩 그 형태가 보이기 시작합니다. 문제를 읽고 어떤 개념을 활용해야 할지 알게 된다면 비로소 문제 풀이의 첫걸음을 내딛을 수 있습니다.

3. 문제도 이해했고, 어떤 개념을 써야 하는지도 알겠는데, 제대로 구현하고 있는지 혼란스러워요!

아마도 현 시점에서 가장 많이 처한 상황일 겁니다. 문제에서 무엇을 원하는지 정확하게 알았고, 어떤 식으로 접근해야 할지도 알았습니다. 하지만 막상 코드를 짜려고 하니 원래 사용하던 모습이 아니거나 초기화, 진행 방법 등을 어떻게 변형하면 좋을지 계속 고민하게 됩니다. 그리고 계속 코드를 짜면서도 '이게 맞나?'라는 생각이 머릿속에서 떠나지 않습니다.

코드에 대한 확신이 없고 변형이 어렵게 느껴지는 것은 당연한 이야기입니다. 경험이 충분하지 않기 때문이죠. 가장 좋은 방법은 유형 자체에 충분히 적응할 때까지 문제를 계속 풀어보는 것이지만, 무작정 풀기만 한다고 경험이 쌓이진 않습니다. 어쩌면 모르는 문제만 늘어나는 악순환이 될 수도 있고요.

가장 중요한 건 먼저 자신이 **어느 부분에서 막히는지를 정확하게 파악**하고, 문제에서 막히는 부분을 알고 있는 지식을 총동원해 정답과 비슷하게 만들어보거나, 아예 정답을 보고 해부하는 식으로 해결책을 찾아가는 과정이 필요합니다. '원래 이렇게 배웠는데 이 문제는 이 내용을 이렇게 바꿨구나'라는 관점으로, 무엇을 응용했는지 찾아내고 이해할 수 있으면 풀 수 있는 문제가 조금씩 늘어나기 시작할 것입니다.

문제 풀이가 어려운 경우

4. 분명 맞는 것 같은데 왜 틀리죠?

어느 정도 문제 풀이에 적응하고 나면 흔히 겪는 상황 중에 하나입니다. 테스트 케이스는 모두 정답인데 제출하면 전부 틀리거나, 예상과는 다르게 이상한 오류가 나면서 실패하는 등 맞다고 생각한 코드가 하나도 맞지 않는 일이 벌어질 때가 있습니다. 반복문의 변수 할당 실수 등 사소한 것이라면 금방 해결할 수 있지만, 눈에 보이는 실수가 없는데도 실패할 경우가 있습니다.

먼저 자신이 짠 코드가 무조건 정답이라는 생각은 버리세요. 미처 생각하지 못한 부분이 얼마든지 있을 수 있고, 테스트 케이스의 예시들은 문제의 이해를 돕기 위해 비교적 쉽게 주어지는 경우가 많아, 예외 케이스를 충분히 생각하지 않으면 언제든지 틀릴 수 있습니다.

그리고 실수한 부분이 없는지 한 줄씩 짚어봅니다. 예를 들어 연산자 우선순위를 지키지 않았거나 값을 비교하는데 ==가 아니라 =를 사용하는 등 전혀 생각지도 못한 곳에서 실수할 수도 있습니다.

마지막으로 항상 극단적인 예시를 생각하고 접근합니다. 예를 들어 입력 크기가 10만이라면, 테스트 항목에는 무조건 10만 입력 크기를 테스트하는 경우가 존재한다고 생각하면서 문제를 풉니다. 뭐든 좋습니다. 가능한 범위 안에서 극단적인 경우를 모두 꼽아보거나, 직접 계산할 수 있는 사항들을 만들어 테스트해보는 식으로 점검합니다. 분명 예상하지 못한 경우가 나올 겁니다.

5. 조금만 수정하면 될 것 같은데, 어떻게 수정해야 할지 모르겠어요!

실수도 하지 않고 설계도 제대로 했다면 예상한 결과가 나와야 합니다. 그런데 테스트 케이스 몇 개만 통과하지 못하는 상황이 생기곤 합니다. 그 원인이 무엇인지 정확하게 찾지 못한다면 정말 난감합니다. 무언가 분명히 놓쳤는데, 그걸 모르는 상황입니다.

어느 정도 기초도 알고 코드로 짤 수 있지만 경험이 부족해서 예외 케이스를 생각해내지 못하는 경우로, '문제는 이해했는데, 어떻게 풀어야 할지 모르겠어요!'를 넘고 나서 만나게 되는 고비입니다. 어느 정도 코드를 짤 순 있으나 항상 뭔가 하나둘씩 빠져 있어 정답을 맞힐 수 없는 상황이 계속되어 일종의 희망 고문을 당하는 거죠.

이럴 때는 문제를 처음 푼다는 마음으로 계속해서 생각을 정리하는 것이 중요합니다. 극단적인 경우를 계속해서 생각해보고, 놓친 부분을 잡아내려는 연습을 반복해야 합니다. 다양한 유형의 문제가 있지만, 자주 출제되는 유형은 어느 정도 고정되어 있기 때문에 반드시 반복된 형태가 등장하기 마련이고, 계속 정리를 반복하다보면 유형의 핵심을 알게 됩니다. 어디에서 동일한 실수를 반복하는지, 무엇을 생각하지 못했는지 찾아내야 합니다. 넘어서기 힘들지만, 일단 한 번 넘어서면 문제 풀이를 위한 전체 그림이 보이기 시작합니다.

12.1.2 문제 나눠서 생각하기: 모듈화

요구 사항이 많거나 복잡한 개념을 사용하는 문제의 경우 코드가 길어집니다. 물론 파이썬만의 특징을 사용해 코드를 줄일 수 있지만(리스트 컴프리헨션 등) 한계가 있습니다. 코드가 짧을수록 실수를 덜할 거라 생각하지만, **모든 걸 한 줄로 처리하는 코드는 더 최악의 결과를 가져오기 쉽습니다.**

이런 상황에선 함수 하나에서 모든 것을 처리하기보다는 기능별로 묶어 함수를 만들어 책임 대상을 명확히 해야 합니다. 그러면 구현 부담이 줄고 오류가 발생했을 때 어디에서 문제가 발생했는지 쉽게 찾을 수 있습니다. 이렇게 기능별로 나누는 걸 **모듈화**라고 합니다. 굉장히 단순하지만 실무에서도 사용하는 아주 중요한 구현 개념 중 하나입니다.

▼ **그림 12-1** 모듈화의 대략적인 형태

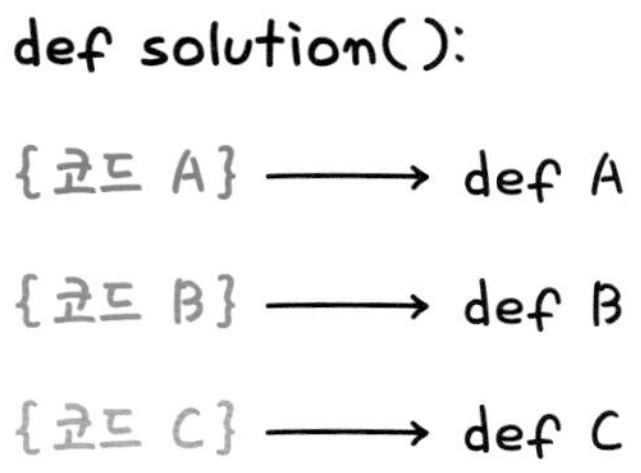

```
def solution():

{코드 A} ⟶ def A

{코드 B} ⟶ def B

{코드 C} ⟶ def C
```

문제 풀이를 위해 코드를 작성했다고 가정해봅시다. 아무리 짧은 코드라도 한 번에 실행부터 끝까지 이루어지는 것이 아니라, '변수 할당 → 초기화 진행 → 문제 풀이 진행 → 결과 반환' 흐름으로 진행됩니다. 이때 여러 기능을 사용한다면 그림 12-1처럼 코드 A, 코드 B, 코드 C로 각각의 기능을 하나로 묶어 함수로 분리합니다. 그리고 만든 함수를 실행하는 형태로 구현하면 됩니다.

단순히 분리했을 뿐이지만, 이 함수를 **반복적으로 사용할 때** 본격적으로 모듈화의 장점이 드러나기 시작합니다. 같은 기능을 여러 번 실행할 경우 함수 하나로 대처하면 코드가 정말 짧아집니다. 특히 라이브러리를 많이 사용할수록 이런 장점을 느낄 수 있습니다. 라이브러리도 엄연히 모듈화의 일종이기 때문이죠. 이 외에도 재귀 함수, 계산 함수 등 겹치는 여러 기능을 함수로 만들면 정말 많은 부분을 간단하게 해결할 수 있습니다.

책에서도 지금까지 기능이 조금이 복잡하다고 생각되면 함수 단위로 분리해서 구현해왔습니다. 예를 들어 두 숫자를 더하는 기능을 구현한다고 합시다. 변수 a, b 두 개를 바로 더할 수도 있지만 다음처럼 덧셈 함수를 만들어서 두 숫자를 더한 결과를 얻도록 변경할 수도 있습니다.

```
def add(a, b):
    return a + b

def solution(a, b):
    return add(a, b)
```

이렇게 기능별로 함수를 분리하면 잘못된 부분을 빠르게 찾을 수 있습니다. 예를 들어 앞의 코드에서 덧셈이 올바르게 나오지 않으면 두 숫자가 잘못된 것이 아니라면 함수에서 문제가 발생했다고 쉽게 결론을 내릴 수 있습니다.

잠깐만요

무작정 함수를 분리한다고 좋은 건 아닙니다. 모든 기능을 함수로 분리하려면 필요한 변수를 전부 함수로 만들어야 하므로 경우에 따라 단점이 될 수 있습니다. 특히 동적 프로그래밍의 경우 탐색 논리를 함수로 분리하면 방문 여부와 다음 작업 상황까지 모두 인자로 가지고 있어야 해서 깔끔하게 보이지 않을 수 있습니다.

이럴 때는 함수 내부에서 함수를 정의하는 중첩 함수를 만들어 들어갈 인자를 최소한으로 줄일 수 있습니다. 간단한 예시로 1부터 9까지의 숫자가 몇 번 나왔는지 기억하는 함수를 만들어봅시다.

```
#기존 방식의 함수 정의법
def add(total, a):
    total[a] += 1

def solution(numbers):
    total = [0 for _ in range(9)]
    def add(a):
        total[a] += 1
    for number in numbers: add(number)
    #for number in numbers: add(total, number)

    return total
```

이런 식으로 기능은 똑같이 수행하되, 불필요한 인자를 넘기지 않도록 만들어 함수 내부에서는 원하는 기능만 처리하고 나머지는 외부 변수로 결과를 넘기도록 할 수 있습니다.

참고로 중첩 함수는 함수 내부에서 외부 영역에 존재하는 변수를 직접 할당해선 안 됩니다. 만약 변수가 배열이고, 이 배열에 데이터를 추가하는 방식으로 원래 자료형을 건드리지 않는다면 괜찮지만, 직접 할당이 이루어지면 UnboundLocalError가 발생합니다. 정말 필요하다면 nonlocal 선언을 해서 억지로 사용할 수는 있지만 권장하지는 않습니다.

이렇게 흐름을 쪼개 함수로 만들려면 전반적으로 코드가 어떻게 흘러가는지 이해하고 있어야 하며, 개념을 제대로 이해하지 못한 상태에서 무작정 함수를 쪼개면 오히려 더 안 좋은 결과가 나올 수 있습니다. 또한, 적절한 크기로 분리해야 하는데, 이 크기는 문제의 조건이나 상황마다 달라집니다.

12.1.3 오류에 빠르게 대처하기

한 번에 정답을 구현할 수 있으면 좋겠지만, 이런 경우는 드뭅니다. 오답과 오류를 계속 피드백하면서 정답과 가까워지는 과정을 거칩니다. 이때 시행착오를 최대한 적고 빠르게 끝낼 수 있다면 좋겠죠. 자주 등장하는 오류 유형을 알아두면 어디가 잘못되었는지 비교적 쉽게 찾을 수 있습니다. 대표적인 오류 유형 몇 가지를 살펴보겠습니다.

1. SyntaxError: invalid syntax / SyntaxError: unexpected EOF while parsing

   다음 코드처럼 괄호를 닫지 않거나, if 문이나 함수를 생성할 때 :를 사용하지 않거나, 문자열을 제대로 닫지 않는 등 코드가 어설프게 마무리되면 발생하는 오류입니다.

   ```
   list(map(lambda x: x + 1, list(range(n)))
   ```

   자동 완성을 지원하는 환경에서도 간혹 나오는 오류입니다. **코드가 무조건 짧을수록 좋은 게 아니라는 결정적인 이유이기도 합니다.**

   구문 에러가 발생한 위치 다음의 코드를 오류 코드로 보여주기 때문에, 그 윗줄로 올라가서 조치를 취하면 됩니다. 대부분 구문 에러를 유발하는 원인을 제거하면 해결되지만, 간혹 구조가 꼬여서 하나를 수정했는데 다른 부분에서 또 다시 오류가 나는 경우도 있습니다.

2. ModuleNotFoundError: No module named <라이브러리> / ImportError: cannot import name <함수> from <라이브러리> (unknown location)

   라이브러리를 가져오는 코드에 오타가 있으면 발생하는 오류입니다.

   ```
   from itertool import permutations
   from itertools import permutation
   ```

   만약 잘못된 라이브러리를 불러오면 필요한 함수를 찾으며 ImportError가 발생하기도 합니다. 라이브러리를 쓸 때는 항상 사용하는 함수가 어디에서 왔는지 기억해야 합니다. 만약의 사태를 대비해 직접 구현할 수 있는 코드까지 알고 있다면 좋습니다.

3. IndexError: list index out of range

   배열을 조회할 때 정해진 크기의 위치를 벗어나서 사용하면 발생하는 오류입니다.

```
numbers = [1, 2, 3, 4, 5]
if numbers[5] == 5:
```

배열의 인덱스는 0부터 시작하기 때문에 첫 번째 요소는 0을 사용해야 한다는 걸 잊지 말아야 합니다. 그러나 생각 외로 이를 잊거나 혼동하는 경우가 많기 때문에 항상 해당 위치가 맞는지 한 번 더 생각해보고 코드를 짜세요.

단순히 숫자를 사용해서 조회하는 거라면 모를까, 위치를 계산해야 하는 경우에는 조심해야 합니다. 특히 파이썬의 경우 음수를 사용할 수 있기 때문에 실수로 뺄셈을 잘못해서 음수가 나오면 더 예측하기 어려운 상황이 되고, 이걸 잡기 위해 계산식 자체를 검증해야 하기 때문에 많은 시간이 소요됩니다.

4. ValueError: 〈찾는 항목〉 is not in list / KeyError: 〈키〉

배열에 없는 데이터의 위치를 검색하거나, 딕셔너리에서 없는 데이터를 조회하면 발생하는 오류입니다.

```
numbers = [1, 2, 3, 4, 5]
idx = numbers.index(6)
data = {'a': 0, 'b': 0, 'c': 0}
found = data['d']
```

두 오류는 서로 다르지만, 기본적으로 **없는 데이터를 찾으려고 시도하는 건 동일**하기 때문에 하나의 문제로 인식해야 합니다.

오류만 해결하는 것이 목적이라면 없는 데이터를 추가하면 될 것 같지만, 대부분 설계가 잘못되었다는 반증이기 때문에 데이터를 조작하는 논리를 한 번 더 점검해보세요. 데이터가 들어가지 않거나 삭제되는 등 필요한 순간에 데이터가 없는 것이므로 어디서 수정해야 할지 잘 생각해보면 의외로 쉽게 답을 찾을 수 있습니다.

5. TypeError: 〈함수〉 takes exactly 〈필요한 인자 개수〉 argument (〈들어간 인자 개수〉 given)

주어진 함수에 필요한 인자보다 더 많은 인자를 적었거나, 덜 적었을 때 발생하는 오류입니다.

```
x = ''.join('0', text[2:])
numbers = [1, 2, 3, 4, 5]
numbers.append(5, 2)
```

오류의 내용이 명확하기 때문에 수정하기 쉬우며, 의외로 자주 하는 실수 중 하나입니다. sum( ) 함수처럼 인자 개수에 제한이 없는 함수를 사용하다보면 착각해서 실수하기도 합니다. 또는 다른 언어에 있는 기능을 파이썬에서 사용하려고 할 때 차이점을 제대로 확인하지 않고 그대로 사용하다가 발생하기도 합니다.

6. TypeError: unsupported operand type(s) for +: 〈자료형 1〉 and 〈자료형 2〉 / TypeError: can only concatenate 〈자료형 1〉 (not 〈자료형 2〉) to 〈자료형 1〉

주어진 자료형에서 불가능한 연산을 했을 때 발생하는 오류입니다.

```
data = ['1', '2', '3'] + '4'
return 115 / 2 + 'A'
```

가장 많이 하는 실수로는 숫자와 문자열을 합칠 때 잘못된 형식을 사용하는 케이스입니다. 다른 언어에서 + 연산을 해봤던 경험이 있다면 꼭 한 번쯤 겪는 오류이기도 합니다. 아니면 잘못된 데이터를 사용해서 연산하려고 할 때도 발생하는데, 이런 경우에는 무엇이 잘못되었는지 판단하기 쉬운 편입니다.

자료형 연산을 할 때는 각 자료형에 맞는 올바른 방법으로 수행해야 하며, + 연산은 숫자끼리 더하는 것을 제외하면 자주 사용하지 않는 것이 좋습니다. 이 외에도 문자열을 + 연산하면 소요 시간이 급격히 증가하기도 합니다.

7. TypeError: argument of type 〈자료형〉 is not iterable

in 문구를 사용할 때 비교 대상자가 반복 가능한 객체(배열, 문자열 등)가 아니라면 발생하는 오류입니다.

```
def check(number, numbers)
    return number in numbers

winning_numbers = [1, 2, 3, 4, 5, 6, 7]
check(numbers, winning_numbers[:6] == 6)
```

앞의 코드처럼 괄호를 잘못 닫아서 발생하는 경우도 있지만, 보통 문자열을 숫자로 바꿨는데 이를 잊고 바로 문자열끼리 비교하는 등 자료형을 올바르게 맞추지 않은 상태에서 비교할 때 많이 발생합니다. 따라서 자료형을 올바르게 사용했는지 점검하고, 괄호도 제대로 닫았는지 확인해야 합니다. 만약 Syntax(구문) 에러를 해결했는데, Type 에러가 나왔다면 Syntax 에러를 다시 확인해봐야 합니다.

이 외에도 많은 오류가 있지만 대부분은 쉽게 유추할 수 있게 직관적으로 주어지는 편입니다.

12.2 문제에서 이야기하는 대로 만들기

이제 본격적으로 코딩 테스트에서 가장 많이 나오는 '구현' 평가 유형 문제를 풀어보겠습니다. 구현은 크게 문제가 말하는 대로 만드는 것과, 말하는 것을 해석해서 본래 의미를 찾아내야 하는 유형, 두 개로 나뉩니다. 전자가 쉽고 후자가 어려울 것 같지만, 전자의 경우 말하는 대로 만들기는 하지만 따져야 할 조건과 구현해야 할 부분이 상당히 많아 난이도가 낮은 문제라도 어렵게 느껴질 수 있습니다.

이런 문제들의 특징은 문제 내용 그대로만 만들면 해결되기 때문에 실수하지 않는 것이 가장 중요합니다. 문제를 정확하게 파악하고, 요구 사항대로 만들면 빠른 시간 안에 끝낼 수 있으나, 하나둘씩 실수가 생기고 몇 가지 예외 처리를 하지 못하기 시작하면 시간을 잡아먹는 문제가 되기도 합니다. 따라서 난이도가 낮더라도 방심하면 안 됩니다.

12.2.1 규칙 찾아보기

모든 문제가 그렇듯이 문제 풀이에서 규칙을 찾아내는 것은 매우 중요합니다. 문제 설명에서 어느 정도 반복되는 규칙이 있음을 암시하지만, 규칙이 정확히 무엇이고 어떤 형태인지는 직접 알아내야 합니다. 따라서 문제를 읽은 다음, 각 함수가 어떤 역할을 수행하는지에 대한 정보를 기반으로 서로 연결해나가면서 규칙을 찾는 것이 가장 좋습니다.

가장 무식하면서 확실하게 규칙을 찾는 방법은 직접 모든 과정을 하나씩 재현해보는 것입니다. 점화식을 찾아야 한다면 작은 단위의 함수를 손으로 직접 써 내려가면서 흐름을 찾고, 최소 비용 이야기가 나오면 한 번씩 직접 비용을 계산해보면서 어떤 식으로 이루어지는지 손수 확인해보는 게 좋습니다. 굉장히 비효율적이고 시간 낭비처럼 보이지만, 꼭 한 번은 거쳐야 문제의 형태가 비로소 보일 정도로 중요한 요소입니다.

직접 손으로 적다 보면 규칙들이 눈에 보이기 시작합니다. 이 규칙들을 코드로 구현하면 되는데, 생각보다 어렵지 않습니다. 당연히 생각하지 못한 요소들이 등장해서 머리를 아프게 하겠지만, 아무것도 없이 가설부터 세우고 접근하는 것보다는 훨씬 시행착오가 줄어듭니다. 다만 입출력 예가 비교적 쉽게 나오는 편이라 극단적인 예시를 하나 만들어서 한 번 더 검증하는 게 좋습니다.

많은 문제를 풀어서 규칙을 찾아내는 데 걸리는 시간을 최대한 짧게 만드는 것이 코딩 테스트에서 가장 첫 번째로 준비해야 할 부분입니다. 그러니 모르겠다 싶으면 종이와 펜을 듭시다. 아무리 실력이 좋아도, 아무리 많은 경험을 쌓아도, 내용 정리는 중요하고 절대 빠질 수 없는 과정 중 하나입니다.

12.2.2 다양한 문제 풀이

 키패드 누르기 - Level 1

URL https://school.programmers.co.kr/learn/courses/30/lessons/67256

스마트폰 전화 키패드의 각 칸에 다음과 같이 숫자들이 적혀 있습니다.

이 전화 키패드에서 왼손과 오른손의 엄지손가락만을 이용해서 숫자만을 입력하려고 합니다.

맨 처음 왼손 엄지손가락은 * 키패드에 오른손 엄지손가락은 # 키패드 위치에서 시작하며, 엄지손가락을 사용하는 규칙은 다음과 같습니다.

1. 엄지손가락은 상하좌우 4가지 방향으로만 이동할 수 있으며 키패드 이동 한 칸은 거리로 1에 해당합니다.
2. 왼쪽 열의 3개의 숫자 1, 4, 7을 입력할 때는 왼손 엄지손가락을 사용합니다.
3. 오른쪽 열의 3개의 숫자 3, 6, 9를 입력할 때는 오른손 엄지손가락을 사용합니다.
4. 가운데 열의 4개의 숫자 2, 5, 8, 0을 입력할 때는 두 엄지손가락의 현재 키패드의 위치에서 더 가까운 엄지손가락을 사용합니다.

     4-1. 만약 두 엄지손가락의 거리가 같다면, 오른손잡이는 오른손 엄지손가락, 왼손잡이는 왼손 엄지손가락을 사용합니다.

     순서대로 누를 번호가 담긴 배열 numbers, 왼손잡이인지 오른손잡이인지를 나타내는 문자열 hand가 매개변수로 주어질 때, 각 번호를 누른 엄지손가락이 왼손인지 오른손인지를 나타내는 연속된 문자열 형태로 return하도록 solution 함수를 완성해주세요.

제한 사항

- numbers 배열의 크기는 1 이상 1,000 이하입니다.
- numbers 배열 원소의 값은 0 이상 9 이하인 정수입니다.
- hand는 "left" 또는 "right"입니다.
   - "left"는 왼손잡이, "right"는 오른손잡이를 의미합니다.
- 왼손 엄지손가락을 사용한 경우는 L, 오른손 엄지손가락을 사용한 경우는 R을 순서대로 이어 붙여 문자열 형태로 return해주세요.

입출력 예

numbers	hand	result
[1, 3, 4, 5, 8, 2, 1, 4, 5, 9, 5]	"right"	"LRLLLRLLRRL"
[7, 0, 8, 2, 8, 3, 1, 5, 7, 6, 2]	"left"	"LRLLRRLLLRR"
[1, 2, 3, 4, 5, 6, 7, 8, 9, 0]	"right"	"LLRLLRLLRL"

입출력 예에 대한 설명

입출력 예 #1

순서대로 눌러야 할 번호가 [1, 3, 4, 5, 8, 2, 1, 4, 5, 9, 5]이고, 오른손잡이입니다.

왼손 위치	오른손 위치	눌러야 할 숫자	사용한 손	설명
*	#	1	L	1은 왼손으로 누릅니다.
1	#	3	R	3은 오른손으로 누릅니다.
1	3	4	L	4는 왼손으로 누릅니다.
4	3	5	L	왼손 거리는 1, 오른손 거리는 2이므로 왼손으로 5를 누릅니다.

○ 계속

왼손 위치	오른손 위치	눌러야 할 숫자	사용한 손	설명
5	3	8	L	왼손 거리는 1, 오른손 거리는 3이므로 왼손으로 8을 누릅니다.
8	3	2	R	왼손 거리는 2, 오른손 거리는 1이므로 오른손으로 2를 누릅니다.
8	2	1	L	1은 왼손으로 누릅니다.
1	2	4	L	4는 왼손으로 누릅니다.
4	2	5	R	왼손 거리와 오른손 거리가 1로 같으므로, 오른손으로 5를 누릅니다.
4	5	9	R	9는 오른손으로 누릅니다.
4	9	5	L	왼손 거리는 1, 오른손 거리는 2이므로 왼손으로 5를 누릅니다.
5	9	-	-	

따라서 "LRLLLRLLRRL"을 return합니다.

입출력 예 #2

왼손잡이가 [7, 0, 8, 2, 8, 3, 1, 5, 7, 6, 2]를 순서대로 누르면 사용한 손은 "LRLLRRLLLRR"이 됩니다.

입출력 예 #3

오른손잡이가 [1, 2, 3, 4, 5, 6, 7, 8, 9, 0]을 순서대로 누르면 사용한 손은 "LLRLLRLLRL"이 됩니다.

문제 풀이

의외로 논리가 복잡한 문제입니다. Level 1이지만, 논리 처리가 길게 늘어지기 때문에 Level 2 정도로 느껴질 겁니다.

문제가 제시하는 그대로 구현하면 굉장히 난잡하고 이해하기 어려운 코드가 만들어지며, 여기서 한 번 실수하게 되면 그 부분이 어디이고, 어떻게 잘못되었는지 고민하기 쉽습니다. 먼저 내용을 정리해봅시다.

스마트폰 전화 키패드에 양손의 엄지 손가락을 올려두고, 눌러야 하는 숫자가 주어질 때마다 두 손 중 누를 버튼과 가장 가까운 위치에 있는 손을 선택하여 누르면 됩니다. 단, 한 번 이동한 손가락은 원 위치로 돌아가지 않고 그 자리에 계속 있으며, 두 손이 동일한 위치에 있을 경우 자신이 오른손잡이라면 오른손, 왼손잡이라면 왼손을 사용해야 합니다.

여기까지만 보면 왼손과 오른손의 위치를 기록하고, 각 번호를 직접 누른다는 생각으로 계속 위치를 바꿔주면서 진행하면 될 것 같습니다. 하지만 오른쪽과 왼쪽을 선택하는 논리를 정리해보면 **그렇지 않습니다.**

1. 1, 4, 7번은 왼쪽

2. 3, 6, 9번은 오른쪽

3. 2, 5, 8, 0번은 양 손가락과 버튼의 거리를 비교해서

    a. 왼쪽이 더 짧으면 왼쪽

    b. 오른쪽이 더 짧으면 오른쪽

    c. 둘 다 같은 거리라면

        i. 왼손잡이라면 왼쪽

        ii. 오른손잡이라면 오른쪽

이 과정을 전부 구현해야 합니다. '과정대로 구현하면 되는데 왜 문제가 되지?'라고 생각할 수 있지만, 어떤 손가락으로 버튼을 누를지 결정했다면 누른 손의 기록을 추가하고 누른 손가락의 위치를 옮겨주는 과정이 필요한데, 각 조건마다 왼쪽/오른쪽이 계속해서 달라지는 부분을 하나씩 구현하면 가독성이 굉장히 떨어지고, 가독성이 떨어지는 것은 곧 디버깅이 어려워진다는 의미입니다. 코드를 실행했더니 왼쪽으로 눌러야 하는 상황에서 오른쪽으로 눌렀다고 판단한다면 위의 모든 과정에서 오른쪽으로 판단할 수 있는 모든 조건을 짚어봐야 합니다. 굉장히 험난한 과정이 되겠죠.

물론 각 버튼으로 이동하기 위한 거리를 모두 데이터화해 서로 비교하도록 할 수도 있지만, 실행 시간을 통과하더라도 직접 수동으로 거리를 계산해야 하므로 그렇게 좋은 풀이법은 아닙니다.

이렇게 생각해야 할 요소가 많을 땐, **먼저 한 쪽을 선택하여 조건을 고정하면 후속 조건에 대한 대응이 쉬워집니다.** 오른쪽/왼쪽을 선택하는 것이 아니라, 왼쪽을 먼저 선택했다고 하고 나중에 오른쪽을 선택하는 조건만 나열하면 왼쪽 조건을 명시하지 않아도 똑같은 내용을 구현할 수 있습니다. 지워지는 과정을 직접적으로 나타내면 다음과 같습니다.

1. ~~1, 4, 7번은 왼쪽~~

2. 3, 6, 9번은 오른쪽

3. 2, 5, 8, 0번은 양 손가락과 버튼의 거리를 비교해서

a. 왼쪽이 더 짧으면 왼쪽

b. 오른쪽이 더 짧으면 오른쪽

c. 둘 다 같은 거리라면

~~i. 왼손잡이라면 왼쪽~~

ii. 오른손잡이라면 오른쪽

그렇다면 오류가 발생했을 때, 이제 '왜 오른쪽으로 선택하지 않았는가?'만 확인하면 되므로 디버깅 과정이 훨씬 간단해집니다. 나머지는 과정 그대로 구현하기만 하면 됩니다.

코드 작성

1. 첫 손가락의 위치를 지정합니다.

먼저 초기 설정부터 시작해봅시다. 처음에는 왼손이 *, 오른손이 #에 위치하고, 버튼을 한 번 누르고 나면 다시 처음으로 돌아가는 것이 아니라 그 위치를 계속해서 유지해야 합니다. 따라서 각 손가락이 위치해야 할 좌표를 가지고 있어야 합니다.

```
def solution(numbers, hand):
    pattern = {'L': (1, 4, 7), 'R': (3, 6, 9)}
    pos = {'L': [0, 3], 'R': [2, 3]}
    result = []
```

전화 키패드를 2차원 배열로 생각하고, x와 y 좌표를 부여합니다. 숫자 1의 위치를 (0, 0)이라고 한다면 *과 #은 각각 (0, 3), (2, 3)에 위치하니, 해당 위치를 초기 지점으로 지정하면 됩니다.

추가적으로 정답을 가지고 있을 배열과, 반드시 왼쪽/오른쪽으로 눌러야 할 번호들을 미리 규칙화해 두었으므로 코드를 줄일 수 있습니다.

2. 반복되는 규칙을 함수로 분리합니다.

번호를 누르는 기능을 구현하기에 앞서, 모든 과정에서 결국 '번호를 누른다'가 실행되므로 반복되는 구성이 생깁니다. 이 부분을 함수로 분리하겠습니다.

```
<solution 함수 내부>
pos = {'L': [0, 3], 'R': [2, 3]}
result = []
```

```
def press(which, coord):
    result.append(which)
    pos[which] = coord
```

어떤 손으로 눌렀는지, 어느 위치의 번호를 눌렀는지를 넘겨받아 위치를 갱신하고 정답을 추가하도록 함수를 만듭니다. 앞서 선언한 손가락의 위치와 결과 함수를 사용하기 때문에 중첩 함수로 구현하면 두 변수를 함수 인자로 받지 않고 사용할 수 있습니다.

3. 각 번호를 누르는 과정을 구현합니다.

이제 원래 목적이었던 번호를 직접 누르는 과정을 구현하면 됩니다.

```
for number in numbers:
    choose = 'L'
    target = [0, (number - 1) // 3]

    if number in pattern['L']: pass
    elif number in pattern['R']: choose = 'R'
    else:
        target = [1, 3 if number == 0 else (number - 1) // 3]
        left, right = dist(target, pos['L']), dist(target, pos[ 'R' ])

        if right < left: choose = 'R'
        elif right == left and hand == 'right': choose = 'R'

    press(choose, target)
```

처음부터 왼쪽을 골랐고, 오른쪽으로 선택해야만 하는 상황을 순차적으로 만들어줍니다. 단, 설명과는 다르게 처음 if 문이 시작될 때 왼쪽으로 눌러야 되는지 확인하는데, 이 상황을 반드시 먼저 확인해야 나중에 오른쪽을 선택할 때 영향을 주지 않기 때문입니다. 설명 그대로 구현하고 싶다면, 해당 조건문 자체를 분리해서 처음부터 왼쪽이라는 것이 밝혀지면 정답을 추가하도록 만들 수도 있습니다.

3-1. 거리를 계산하는 함수를 만듭니다.

반드시 왼쪽/오른쪽으로 눌러야 하는 경우를 제외하면, 누를 버튼과 손가락의 거리를 계산해서 더 짧은 쪽을 선택해야 합니다. 좌표 거리를 계산할 때는 x 좌표끼리 빼고, y 좌표끼리 뺀 값의 절댓값을 취해주면 되는 간단한 이야기지만, 이 역시 중복 규칙이므로 함수로 만드는 것이 좋습니다. 이번에는 외부 함수로 만들어보겠습니다.

```
def dist(target, pos):
    return abs(target[0] - pos[0]) + abs(target[1] - pos[1])
```

누를 번호의 좌표 변수와 현재 위치 정보가 필요하기 때문에 함수 인자에 그대로 넣어줍니다. 이런 모습이 마음에 들지 않는다면 중첩 함수 또는 lambda() 함수를 사용해서 구현할 수도 있습니다.

나머지는 그동안 쌓아온 결과 배열을 하나의 문자열로 만들어서 반환하기만 하면 됩니다.

전체 코드   12장/키패드_누르기.py

```
def dist(target, pos):
    return abs(target[0] - pos[0]) + abs(target[1] - pos[1])

def solution(numbers, hand):
    pattern = {'L': (1, 4, 7), 'R': (3, 6, 9)}
    pos = {'L': [0, 3], 'R': [2, 3]}
    result = []

    def press(which, coord):
        result.append(which)
        pos[which] = coord

    for number in numbers:
        choose = 'L'
        target = [0, (number - 1) // 3]

        if number in pattern['L']: pass
        elif number in pattern['R']: choose = 'R'
        else:
            target = [1, 3 if number == 0 else (number - 1) // 3]
            left = dist(target, pos['L'])
            right = dist(target, pos['R'])

            if right < left: choose = 'R'
            elif right == left and hand == 'right': choose = 'R'

        press(choose, target)

    return ''.join(result)
```

쉬운 난이도 치고는 제법 신경 쓸 부분이 많은 문제입니다. 어떤 알고리즘도 사용하지 않았지만, 코드의 가독성을 유지하는 것 또한 시간 복잡도를 관리하는 것 못지않게 중요하다는 사실을 알려주는 문제였습니다. 만만하게 봤다가 디버깅으로 1시간, 2시간을 보내는 일이 벌어질 수 있습니다.

2개 이하로 다른 비트 - Level 2

URL https://school.programmers.co.kr/learn/courses/30/lessons/77885

양의 정수 x에 대한 함수 f(x)를 다음과 같이 정의합니다.

* x보다 크고 x와 비트가 1~2개 다른 수들 중에서 제일 작은 수

예를 들어,

* f(2) = 3 입니다. 다음 표와 같이 2보다 큰 수들 중에서 비트가 다른 지점이 2개 이하이면서 제일 작은 수가 3이기 때문입니다.

수	비트	다른 비트의 개수
2	000⋯0010	
3	000⋯0011	1

* f(7) = 11 입니다. 다음 표와 같이 7보다 큰 수들 중에서 비트가 다른 지점이 2개 이하이면서 제일 작은 수가 11이기 때문입니다.

수	비트	다른 비트의 개수
7	000⋯0111	
8	000⋯1000	4
9	000⋯1001	3
10	000⋯1010	3
11	000⋯1011	2

정수들이 담긴 배열 numbers가 매개변수로 주어집니다. numbers의 모든 수들에 대하여 각 수의 f 값을 배열에 차례대로 담아 return하도록 solution 함수를 완성해주세요.

제한 사항

* 1 ≤ numbers의 길이 ≤ 100,000
* 0 ≤ numbers의 모든 수 ≤ 10¹⁵

입출력 예

numbers	result
[2, 7]	[3, 11]

입출력 예 설명

입출력 예 #1

* 문제 예시와 같습니다.

2진법이 보이는데, 비트 연산이 있습니다. 비트마스크(bitmask) 문제입니다. 꼭 비트마스크를 생각하지 않아도 문제의 설명을 잘 읽어보면 비트 조작을 해야 하므로, 쉽게 접근하려면 2진법으로 전환을 해야 하니, 자연스럽게 진법 전환을 해야 한다는 것을 알 수 있습니다.

다만 문제 자체가 잘 이해되지 않을 수도 있습니다. $f(x)$를 만들기 위해 조건을 확인하면 x보다 크고, x와 비트가 1~2개 다른 수들 중에서 가장 작은 숫자를 만들어야 합니다. 하지만 x와 비트가 1~2개 달라야 한다는 조건을 어떻게 구현해야 할까요? 숫자 2를 2진법으로 표현하면 $10_{(2)}$인데, 어떤 비트를 바꿔야 하는지에 대한 제약이 없으므로 단순히 바꿀 수 있는 모든 비트를 따지면 $11_{(2)}$, $110_{(2)}$, $111_{(2)}$ 정도를 생각해볼 수 있습니다.

이 중에 정답은 원래 숫자와 비교해봤을 때 변경된 비트가 1개인 $11_{(2)}$, 3입니다. 그렇다면 오른쪽부터 시작해서 가장 먼저 등장하는 비트 0을 바꾸면 되는 걸까요? 그런데 같은 방법으로 $111_{(2)}$, 7을 계산하면 $1011_{(2)}$, 11이 정답이 됩니다. 이번에는 비트를 두 개 수정했네요. 비트 개수에 대한 규칙은 따로 만들 수 없을 것 같습니다. 다른 숫자를 몇 개 더 살펴볼게요. 4부터 시작해서 7까지 하나씩 계산해보면 다음과 같은 결과가 나옵니다.

▼ 그림 12-2 짝수/홀수별 규칙

비트가 바뀐 부분을 주황색 밑줄로 표시했더니, 어느 정도 규칙이 있는 것 같습니다. 짝수의 경우 맨 끝 비트를 0에서 1로 바꿔주고, 홀수의 경우 처음으로 0이 나온 비트와 바로 왼쪽의 비트를 10으로 바꿔주면 되네요(이해되지 않는다면 더 많은 숫자로 직접 확인해봅시다).

이 결과를 정리해보면 짝수의 경우 맨 오른쪽 끝의 비트를 0에서 1로 바꾸면 되니 원래 숫자에서 1을 더하기만 해도 결과를 얻을 수 있을 것이고, 홀수의 경우 비트 0이 처음으로 나오는 시점에서 바로 왼쪽 비트와 함께 10으로 바꿔주면 됩니다. 따라서 함수 $f(x)$를 정의할 때 짝수는 단순히 +1을 한 결과를 반환하고, 홀수는 2진법 변환으로 나온 비트에서 0이 처음 나오는 위치를 찾은 다음, 숫자를 두 부분으로 쪼개 〈0이 나오기 전 비트들〉 + 10 + 〈나머지 비트들〉 형태로 구성하면 정답을 구할 수 있습니다.

이 사실을 기반으로 바로 코드를 작성해봅시다.

코드 작성

1. f(x) 함수를 만듭니다.

```
def f(x):
    if x % 2 == 0: return x + 1

    x = f'0{bin(x)[2:]}'
    x = f"{x[:x.rindex('0')]}10{x[x.rindex('0') + 2:]}"
    return int(x, 2)
```

짝수는 오른쪽 끝 비트만 1로 바꿔주면 x보다 크면서 비트를 2개 이하로 변경한 예시가 됩니다. 어떤 계산도 하지 않고 단순히 +1을 한 결과를 반환합니다.

홀수는 먼저 숫자를 2진법으로 바꾼 다음, 왼쪽에서 시작해서 오른쪽으로 탐색하면서 0이 처음으로 나온 위치를 확인합니다. 이 위치를 기반으로 두 부분으로 나누어서 〈0이 나오기 이전의 비트들〉과 〈0이 나온 위치에서 2개 이후의 나머지 비트들〉로 구분 짓고 그 사이에 10 비트를 집어넣으면 조건을 만족하는 숫자를 찾을 수 있고, 이 숫자를 10진수로 변환하기만 하면 됩니다.

2. 만든 함수를 사용해서 결과를 반환합니다.

```
def solution(numbers):
    return [f(number) for number in numbers]
```

나머지는 f(x)를 실행하도록 리스트 컴프리헨션 형태로 만들어서 결과를 반환해주면 됩니다.

전체 코드   12장/2개_이하로_다른_비트.py

```
def f(x):
    if x % 2 == 0: return x + 1

    x = f'0{bin(x)[2:]}'
    x = f"{x[:x.rindex('0')]}10{x[x.rindex('0') + 2:]}"
    return int(x, 2)

def solution(numbers):
    return [f(number) for number in numbers]
```

규칙을 찾아내니 생각보다 빠르게 풀 수 있는 문제였습니다. 결국 짝수는 비트를 1개만 수정하고 홀수는 비트를 2개 수정해야 하니 '1~2개만 수정해서'라는 말장난을 한 문제였네요.

이 내용을 정리해서 비트 연산으로 줄이면 (i^(i + 1))>>2) + (i + 1)이 됩니다. XOR 연산으로 0의 위치를 알아낸 다음, 비트 시프트로 빈 공간을 만들고 주어진 숫자 + 1을 하면 10 비트를 붙이는 것과 동일한 작업을 할 수 있습니다.

스킬 트리 - Level 2

URL https://school.programmers.co.kr/learn/courses/30/lessons/49993

선행 스킬이란 어떤 스킬을 배우기 전에 먼저 배워야 하는 스킬을 뜻합니다.

예를 들어 선행 스킬 순서가 스파크 → 라이트닝 볼트 → 썬더일 때 썬더를 배우려면 먼저 라이트닝 볼트를 배워야 하고, 라이트닝 볼트를 배우려면 먼저 스파크를 배워야 합니다.

위 순서에 없는 다른 스킬(힐링 등)은 순서에 상관없이 배울 수 있습니다. 따라서 스파크 → 힐링 → 라이트닝 볼트 → 썬더와 같은 스킬 트리는 가능하지만, 썬더 → 스파크나 라이트닝 볼트 → 스파크 → 힐링 → 썬더와 같은 스킬 트리는 불가능합니다.

선행 스킬 순서 skill과 유저들이 만든 스킬 트리(유저가 스킬을 배울 순서)를 담은 배열 skill_trees가 매개변수로 주어질 때, 가능한 스킬 트리 개수를 return하는 solution 함수를 작성해주세요.

제한 조건

- 스킬은 알파벳 대문자로 표기하며, 모든 문자열은 알파벳 대문자로만 이루어져 있습니다.
- 스킬 순서와 스킬 트리는 문자열로 표기합니다.
  - 예를 들어, C → B → D라면 "CBD"로 표기합니다.
- 선행 스킬 순서 skill의 길이는 1 이상 26 이하이며, 스킬은 중복해 주어지지 않습니다.
- skill_trees는 길이 1 이상 20 이하인 배열입니다.
- skill_trees의 원소는 스킬을 나타내는 문자열입니다.
  - skill_trees의 원소는 길이가 2 이상 26 이하인 문자열이며, 스킬이 중복해 주어지지 않습니다.

입출력 예

skill	skill_trees	return
"CBD"	["BACDE", "CBADF", "AECB", "BDA"]	2

입출력 예 설명

- "BACDE": B 스킬을 배우기 전에 C 스킬을 먼저 배워야 합니다. 불가능한 스킬 트립니다.
- "CBADF": 가능한 스킬 트리입니다.
- "AECB": 가능한 스킬 트리입니다.
- "BDA": B 스킬을 배우기 전에 C 스킬을 먼저 배워야 합니다. 불가능한 스킬 트리입니다.

하나의 스킬 트리가 주어졌을 때 유저가 배운 스킬을 확인하여 해당 스킬 트리가 유효한지에 대해 검사하는 문제입니다. 단순 비교라면 문제가 없지만, 스킬 트리는 스킬을 찍는 순서를 반드시 지켜야 합니다. 무작정 스킬을 전부 배웠다고 해서 사용할 수 있는 게 아니라, 그 순서를 지켜야만 올바른 접근법입니다.

그렇다면 **스택 또는 큐**를 활용해볼 수 있습니다. 순서가 중요하다고 했으니 데이터를 쌓고 하나씩 빼다 보면 순서를 만들어낼 수 있을 것입니다. 또한 데이터에는 해당 스킬이 존재하는데 해당 데이터의 순서가 현재 확인하고 있는 순서와 맞지 않으면, 잘못 찍은 것이라고 판단할 수 있습니다. 따라서 유저들의 스킬 트리를 하나씩 읽으면서 올바른 스킬 순서를 찍었는지 확인하도록 구현한다면, 문제를 바로 풀 수 있을 것 같네요.

코드 작성

1. **초기 설정을 진행합니다.**

   스택 또는 큐를 구현할 때는 배열이나 덱(deque)을 사용하는데, 우리는 덱을 사용할 것입니다.[1]

   ```python
   from collections import deque

   def solution(skill, skill_trees):
       answer = 0
   ```

   이제 정답을 가지고 있을 변수만 하나 선언하면 준비가 끝납니다.

2. **스킬 트리를 검사합니다.**

   올바른 스킬 순서를 담고, 일치하는 스킬이 나올 때마다 자료 구조에서 제거해주면 됩니다.

   ```python
   for skills in skill_trees:
       skill_list = deque(skill[:])

       for s in skills:
           if s in skill and s != skill_list.popleft(): break
       else: answer += 1
   ```

---

[1] 배열을 사용하면 pop 또는 append 작업이 O(n) 시간 걸린다는 단점이 있지만, 배열의 최대 크기가 26개로 매우 작아 충분히 활용할 수 있습니다.

각 스킬을 확인하고 올바르게 수행했는지 확인하면 됩니다. 유저가 찍은 스킬을 하나씩 살펴본 다음, 올바른 순서라고 확인되면 카운트를 올려줘야 합니다. 조건문도 가능하지만 이번에는 for-else 문을 사용하겠습니다.[2]

```
for <조건>:
    if <반복문을 탈출할 조건>: break
    <반복문에서 작업할 내용>
else:
    <반복문이 끝까지 실행되었을 때 수행할 내용>
```

나머지는 몇 명이 올바른 스킬 트리를 가지고 있는지를 담고 있는 answer 변수를 반환하면 됩니다.

전체 코드　　　　　　　　　　　　　　　　　　　　　　　　　　　12장/스킬트리.py

```python
from collections import deque

def solution(skill, skill_trees):
    answer = 0

    for skills in skill_trees:
        skill_list = deque(skill[:])

        for s in skills:
            if s in skill and s != skill_list.popleft(): break
        else: answer += 1

    return answer
```

스킬의 순서를 올바르게 검증할 수 있고, 스킬 트리에 존재하는 모든 스킬을 찍지 않더라도 순서만 맞으면 유효하다는 점을 찾아서 쉽게 풀 수 있습니다. 특정 순서를 지켜야 하는 조건이 있다면 스택이나 큐를 사용하면 됩니다.

2 　for-else 문은 for 문이 break를 만나 강제로 멈추지 않고 정상적으로 종료되었을 때 else 문을 실행하는 문법입니다. 이번에 확인할 내용은 스킬 트리를 올바른 순서대로 찍었는지에 대한 검사이므로 스킬 순서를 지키지 않았을 때 else 문이 실행되지 않도록 break 구문을 사용하면 됩니다.

줄 서는 방법 - Level 2

URL https://school.programmers.co.kr/learn/courses/30/lessons/12936

n명의 사람이 일렬로 줄을 서고 있습니다. n명의 사람들에게는 각각 1번부터 n번까지 번호가 매겨져 있습니다. n명이 사람을 줄을 서는 방법은 여러가지 방법이 있습니다. 예를 들어서 3명의 사람이 있다면 다음과 같이 6개의 방법이 있습니다.

- [1, 2, 3]
- [1, 3, 2]
- [2, 1, 3]
- [2, 3, 1]
- [3, 1, 2]
- [3, 2, 1]

사람의 수 n과, 자연수 k가 주어질 때, 사람을 나열하는 방법을 사전 순으로 나열했을 때 k번째 방법을 return하는 solution 함수를 완성해주세요.

제한 사항

- n은 20 이하의 자연수입니다.
- k는 n! 이하의 자연수입니다.

입출력 예

n	k	result
3	5	[3, 1, 2]

입출력 예 설명

입출력 예 #1

문제의 예시와 같습니다.

문제 풀이

n명의 사람이 줄 서는 방법을 사전순으로 나열했을 때 k번째 방법을 구하는 문제입니다. 줄 서는 방법이라면 순열이 먼저 떠오를 것이고, 처음에는 순열로 구현을 시도할 것입니다.

```
from itertools import permutations

def solution(n, k):
    return list(permutations([i + 1 for i in range(n)]))[k - 1]
```

```
테스트 10  〉통과 (2996.97ms, 546MB)
테스트 11  〉통과 (2919.45ms, 546MB)
테스트 12  〉실패 (시간 초과)
테스트 13  〉실패 (시간 초과)
```

n의 크기가 20으로 굉장히 작은 숫자이니 별다른 문제가 생기지 않을 거라고 판단했지만, 순열을 만들어내는 함수는 O(n!) 시간을 소모하기 때문에 n이 10만 넘어도 10초를 훌쩍 넘습니다. 정말 작은 크기임에도 시간 초과가 발생하므로 순열을 만드는 방법으로는 문제를 풀 수 없습니다.

하지만 문제를 풀기 위해선 순열이 필요합니다. 그렇다고 다른 특별한 방법으로 순열을 만들어내는 건 불가능하니 결국 n번째에 위치한 순열을 직접 알아내야 합니다. 그것도 범위를 작게 분할해서 순열을 생성하는 것도 아니고 정확히 n번째 순열만 필요한 것이니, 순열이 어떻게 만들어지는지에 대한 공식이 필요합니다. 확률과 통계 문제에 익숙하다면 이 부분을 읽고 어느 정도는 감이 오겠지만, 대부분 처음 규칙을 찾아내는 것부터 막힐 것입니다.

순열을 몇 번 만들어보면 의외로 어떻게 해야 하는지 쉽게 알아낼 수 있습니다. 직접 종이와 펜을 들고 다음처럼 적어보세요.

▼ **그림 12-3** 순열 만들기

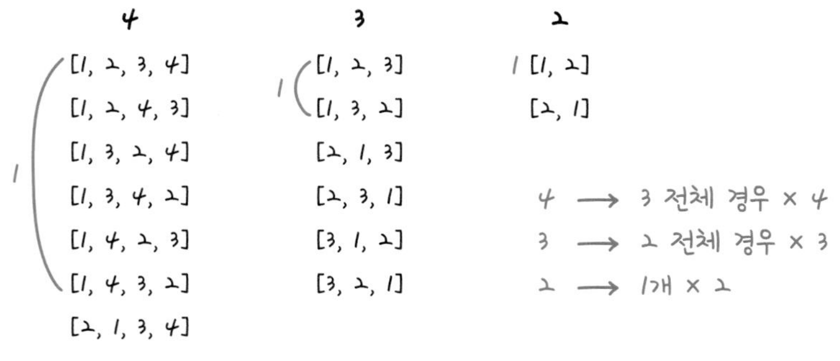

2개, 3개, 4개 순으로 모든 경우를 나열하다 보면, 한 가지 규칙이 있음을 발견할 수 있습니다. 다음 크기의 순열을 만들 때 맨 앞의 숫자 하나를 기준으로 삼고 나머지 숫자들로 순열을 만드네요. 식으로 표현해보면 $a_n = a_n - 1 \times n$ 정도가 됩니다. 그렇다면 5개를 순열로 만들면 24 × 5 =

120개가 만들어질 것이고, 6개를 순열로 만들면 120 × 6 = 720개가 만들어질 것입니다. 실제로 계산해보면 동일한 결과가 나옵니다.

지금까지 얻은 정보를 정리해봅시다. 주어진 숫자에서 n번째 순열이 무엇인지 알아내려면, 전체 개수에서 n − 1 순열의 총 개수를 나눠 몫과 나머지를 구하면 됩니다. 4개로 만든 순열에서 7번째 순열이 무엇인지 알고 싶다면 먼저 7에서 6(=24 / 4)을 나눠 몫(1)과 나머지(1)를 얻어 내면 됩니다. 첫 시작은 1이고, 앞 숫자 하나당 뒤의 순열이 6개씩 존재하므로 6 × 1 + 1을 계산할 것이고, 이 번호는 곧 2로 시작하는 첫 번째 순열이라는 의미입니다.

이렇게 시작 숫자가 무엇인지는 알았지만, 문제에서 원하는 건 순열이므로 나머지 숫자도 마저 계산해야 합니다. 이전에 했던 것과 동일하게 앞의 숫자를 하나 고정하고 나머지가 몇 개 나오는지 계산하면 숫자를 찾아낼 수 있으니, 그렇게 복잡하진 않겠네요.

코드 작성

1. 초기 설정을 진행합니다.

순열은 주어진 숫자를 겹치지 않고 나열하는 방법을 의미합니다. 따라서 1번부터 n번까지 번호가 나열되어 있을 때, 한 번 선택한 숫자는 다시 선택할 수 없습니다. 코드에서는 선택할 수 있는 숫자를 하나의 배열로 만들어주면 모든 준비는 끝납니다.

```
def solution(n, k):
    numbers = list(range(1, n + 1))
    answer = []
    k -= 1
```

참고로 k번째 행렬은 배열로 참조할 때 −1을 해야 올바르게 접근할 수 있습니다. 항상 배열을 다룰 때는 1부터 시작하는지, 0부터 시작하는지 확인하세요.

2. 공식으로 계산하며 숫자를 찾습니다.

앞서 정리했던 내용을 기반으로 숫자를 찾는 공식을 만들고 반복해서 계산하면 됩니다. 다만 개념과 다르게 실제 코드를 구현할 때는 방법이 살짝 달라지는데, 공식을 통해 위치를 계산해 숫자를 얻는 것이 아니라 몇 번째 항목의 숫자 중 특정 위치를 선택해 하나씩 만들어내는 느낌으로 접근해야 합니다.

따라서 앞서 만들었던 공식 'k번째 순열 / (선택할 수 있는 모든 숫자의 개수 − 1)!'을 그대로 사용하지만(순열로 만들어지는 항목의 개수는 팩토리얼입니다), 여기서 구한 '몫'은 이번에 선택할 숫자의 위치가 되고, '**나머지**'는 숫자를 선택하고 난 다음 번호의 **k번째 순열을 찾아내라는 의미의 값이 됩니다.**

```python
from math import factorial
while numbers:
    idx, k = divmod(k, factorial(len(numbers) - 1))
    answer.append(numbers.pop(idx))
```

이미 선택한 숫자는 pop( ) 함수를 사용해 다시 선택하지 못하도록 막는 것도 중요한 과정입니다. 배열의 개수가 10개이기 때문에 그대로 사용해도 시간 복잡도에 어떤 영향도 주지 않습니다.

이제 선택한 숫자를 반환해주기만 하면 됩니다. 바로 전체 코드로 넘어가봅시다.

전체 코드   12장/줄_서는_방법.py

```python
from math import factorial

def solution(n, k):
    numbers = list(range(1, n + 1))
    answer = []
    k -= 1

    while numbers:
        idx, k = divmod(k, factorial(len(numbers) - 1))
        answer.append(numbers.pop(idx))

    return answer
```

순열을 직접 만들면 $O(n!)$이라는 시간이 소모되지만, 순서를 계산해서 접근하면 시간 복잡도는 $O(1)$에 근접한 수준으로 줄어듭니다.

이번 문제처럼 특정 순열의 값을 알아내라고 하면서 **순서**를 물어본다면 만들어지는 순열의 개수가 많을 경우, 직접 만들지 않고 위치를 계산하는 방식으로 문제를 풀어야 제 시간에 끝낼 수 있습니다. 순열 자체는 많이 나오지 않지만 순열 개념을 응용한 문제는 자주 나오므로 꼭 기억해두세요. 모든 것을 맡기는 라이브러리 방식에 비하면 고려할 것도 많지만, 기억하고 있으면 결정적인 순간에 많은 도움이 될 것입니다.

12.3 완전 탐색 기반으로 풀기

완전 탐색 단원에서 못다한 이야기를 마무리할 시간입니다. 구현 이야기를 하다가 갑자기 뜬금없이 이미 봤던 완전 탐색이 왜 등장하는지 궁금할 겁니다. 완전 탐색 중 하나였던 DFS/BFS 문제가 가지각색의 방법으로 응용되어서 등장하기 때문입니다.

사실상 구현 단원을 대표하는 문제 유형입니다. DFS/BFS 문제는 출제되지 않는 게 이상할 정도로 정말 자주 등장하는데, 난이도가 조금 더 높은 문제에서는 구현까지 추가로 요구합니다. 단순히 탐색을 잘 하면 되는 문제에서 탐색 + α로 탐색 도중에 추가 작업을 하도록 변경되는 것은 물론, 다음 탐색으로 넘어가기 위한 조건을 매우 길고 복잡하게 제시해 실수를 유도하거나, 잡다한 기능까지 모두 구현하게 만들어 시간을 많이 소모하게 됩니다.

따라서 문제를 풀려면 먼저 DFS/BFS 탐색 방식에 많이 익숙해져야 하고, 또 함께 사용할 수 있는 동적 프로그래밍 기법까지 충분히 숙련되어야 합니다. 이번 유형은 탐색 방향을 정하는 게 어렵거나 진행 방향에 확신이 들지 않는 상황을 유도하곤 합니다. 여기서는 각각의 탐색 방법으로 문제를 풀어보면서 어떤 내용을 생각해야 하고, 어떤 방법으로 접근할지 정리하는 시간을 가져보겠습니다.

잠깐만요

앞으로 나올 문제들은 설명의 통일성을 위해 DFS/BFS 둘 중 하나의 방식으로만 풀어보겠습니다. 하지만 '반드시 이 문제는 DFS 방법만 쓰세요!'라고 언급하는 경우가 아니면 DFS나 BFS 중 어떤 걸 사용해도 상관없습니다.

12.3.1 깊이 우선 탐색(DFS)

깊이 우선 탐색(DFS, Depth First Search)은 출발지에서 목적지까지 도달할 수 있는지를 중점으로 탐색하는 완전 탐색 기법입니다. 일단 한 번 시작하면 다른 위치를 전혀 고려하지 않고 목적지에 닿을 때까지 한 방향만 선택합니다. 이러한 특성을 잘 활용하면 길 찾기 문제 등에서 필요한 핵심 논리로 사용할 수 있습니다.

DFS는 스택을 사용해서 구현하며, 다음과 같은 과정으로 동작합니다.

1. 시작 부분을 스택에 삽입하고 함수를 호출합니다(첫 함수 호출 시 시작 위치를 넣고 호출).

2. 해당 위치를 방문했다고 표시한 다음, 작업을 처리합니다.

3. 다음 방문 위치가 유효할 때 새로 함수를 호출해 2번 과정으로 돌아가고, 유효하지 않으면 처리를 종료하고 스택에서 나옵니다.

▼ **그림 12-4** DFS의 작동 방식

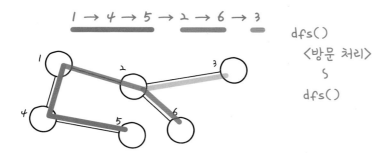

지금까지 하나씩 설명했던 사항들을 모두 정리하면, 1) 핵심 구성 요소인 스택이 필요하지만 시스템 스택을 사용하도록 만들 수 있어 직접 구현할 필요가 없고(5장 참조), 2) 한 탐색이 끝나고 다음 탐색 위치로 넘어갈 때 이미 탐색했던 곳을 막기 위해 방문 처리가 필요하며(6장 참조), 3) 똑같은 탐색을 계속 반복한다면 동적 프로그래밍 최적화로 연산을 개선할 수 있습니다(10장 참조). 생각보다 굉장히 많은 배경 지식이 필요하네요.

스택의 기본 작동 원리를 알고 있다면(11장 참조), DFS가 목표를 달성할 때까지 왜 한 방향으로만 흘러가는지 이해할 수 있을 겁니다. 다음 방문 위치가 유효한지에 대한 검사가 약간 복잡한 것을 제외하면 어떤 문제라도 탐색 방식이 동일하게 이루어져야 하므로 코드 형태가 매우 비슷하며 다음과 같이 구현할 수 있습니다.

```
def dfs(<현재 위치>, <방문 배열>):
    if <마지막에 도달하거나, 더 이상 진행할 수 없을 때>: return
    <방문 배열에 현재 위치 방문 처리>
    <이번 방문에서 처리할 사항들>
    dfs(<다음 위치>, <방문 배열>)
```

탐색을 해야 하는 대상이 그래프 형태일 수도 있고, 2차원 배열로 이루어진 지도 형태일 수도 있습니다. 주로 이 두 가지 형태로 문제가 출제되며, 각 형태에 따라 그래프는 다음 노드를 찾아 나서는 방식으로, 배열은 다음 배열 위치를 계산하는 방식으로 접근 방법이 조금씩 달라지지만, 탐색을 수행하는 방법은 전혀 달라지지 않습니다.

따라서 구현할 때 여러분이 집중해야 하는 사항은 각 탐색마다 무엇을 할 것인지, 그리고 어떤 경우에 다음 방문이 유효한지 검사하는 것입니다. 여기에 여러 가지 응용이 섞이기 시작하면서 난이도가 올라가지만, 당황하지 않고 구현해야 할 사항들을 잘 정리하면 충분히 정답을 이끌어낼 수 있습니다.

타깃 넘버 - Level 2

URL https://school.programmers.co.kr/learn/courses/30/lessons/43165

n개의 음이 아닌 정수들이 있습니다. 이 정수들을 순서를 바꾸지 않고 적절히 더하거나 빼서 타깃 넘버를 만들려고 합니다. 예를 들어 [1, 1, 1, 1, 1]로 숫자 3을 만들려면 다음 다섯 방법을 쓸 수 있습니다.

-1+1+1+1+1 = 3

+1-1+1+1+1 = 3

+1+1-1+1+1 = 3

+1+1+1-1+1 = 3

+1+1+1+1-1 = 3

사용할 수 있는 숫자가 담긴 배열 numbers, 타깃 넘버 target이 매개변수로 주어질 때 숫자를 적절히 더하고 빼서 타깃 넘버를 만드는 방법의 수를 return하도록 solution 함수를 작성해주세요.

제한 사항

- 주어지는 숫자의 개수는 2개 이상 20개 이하입니다.
- 각 숫자는 1 이상 50 이하인 자연수입니다.
- 타깃 넘버는 1 이상 1000 이하인 자연수입니다.

입출력 예

numbers	target	return
[1, 1, 1, 1, 1]	3	5
[4, 1, 2, 1]	4	2

입출력 예 설명

입출력 예 #1

문제 예시와 같습니다.

입출력 예 #2

+4+1-2+1 = 4

+4-1+2-1 = 4

- 총 2가지 방법이 있으므로, 2를 return합니다.

방법 자체는 굉장히 간단합니다. 주어진 숫자들을 더하거나 빼기만 해서 원하는 숫자를 만들어내는 경우가 몇 가지 있는지 물어보는 문제인데, 당연히 모든 경우를 짚어보기 전까지는 모르므로 완전 탐색을 기반으로 하는 탐색 방법이 필요합니다. 각 숫자마다 +, − 기호를 하나씩 정해서 확인하는 것보단 DFS로 풀면 더 직관적으로 문제를 해결할 수 있습니다.

재귀 함수로 문제를 풀 때는 처음부터 어떻게 문제를 쪼개서 들어갈지 고민하는 것이 아니라, 어떤 결과를 반환할 것인지부터 결정해야 합니다. 문제에서 요구하는 사항은 숫자를 더하고 빼서 원하는 숫자를 만들어내는 경우가 총 몇 가지인지에 대해 물어보기 때문에, 함수를 실행하고 나와야 하는 값은 모든 숫자를 다 계산했을 때 원하는 숫자가 나왔는가, 그렇지 않은가에 대한 정보여야 합니다. 따라서 숫자를 만들었다면 1을, 만들지 못했으면 0을 반환하도록 만들 것입니다.

이제 진행 방향을 결정해야 하는데, 이건 문제에서 나온 대로 첫 숫자부터 하나씩 더할 것인지, 뺄 것인지 결정하기만 하면 되니 이 두 가지를 모두 진행하면 됩니다. 따라서 함수의 형태는 dfs(〈다음 숫자를 더함〉) + dfs(〈다음 숫자를 뺌〉)이 됩니다. 실제로 함수를 실행할 때는 스택의 성질 때문에 모든 숫자를 더하는 것부터 시작해서 하나씩 빼는 것으로 진행될 것입니다.

잠깐만요

처음 DFS 유형 문제를 설명했던 것에 비해 내용이 굉장히 줄어들었습니다. 스택의 개념을 정확하게 이해했다면 이제 이 정도만 봐도 충분히 돌아갈 것이라고 판단할 수 있지만, 정답을 볼 때는 이해되더라도 막상 코드를 짜려면 판단이 서지 않을 수 있습니다. 그런 경우를 대비해서 부가 설명을 좀 더 하겠습니다.

가장 작은 단위에서 함수를 실행한다고 생각해봅시다. [1, 1] 두 숫자에서 2를 만들어야 한다면, 1 + 1 또는 1 - 1 두 가지의 경우를 만들 수 있습니다. 문제에서 요구하는 사항은 각 숫자를 더하고 뺐을 때 만들어야 하는 숫자가 몇 가지가 나오는지에 대해 물어보기 때문에 각 함수는 1 또는 0을 반환해야 합니다.

재귀 함수의 시점으로 보면 첫 번째 1이 주어졌을 때 다음 숫자를 +1을 할지 −1을 할지 선택할 수 있으므로 1 + 1을 하는 경우와 1 - 1을 하는 두 가지 경우를 모두 확인해봐야 하고, 여기서 2가 만들어지는 결과는 1, 그렇지 않으면 0을 반환하도록 만들어야 합니다. 그리고 이렇게 나온 결과는 전부 합쳐서 몇 가지가 가능한지 세어야 하므로, 결론적으로 두 함수가 + 연산으로 묶이게 됩니다.

이제 동일한 과정을 사용할 수 있는 숫자를 한 개씩 늘려가면서 확인해보면, 숫자 두 개를 더하고 뺄 때와 똑같이 두 함수를 실행한 뒤 결과를 합쳐야 한다는 결론을 낼 수 있습니다.

마지막으로 함수를 실행하기 위해 필요한 인자가 무엇인지 확인면 됩니다. 주어진 숫자와, 현재 위치, 현재까지 더해진 결괏값, 그리고 마지막으로 목표 숫자, 이렇게 네 개만 있으면 탐색에 필요한 조건은 모두 만족합니다. 이제 이 내용을 기반으로 구현하기만 하면 문제를 풀 수 있습니다.

코드 작성

1. DFS 함수를 생성합니다.

함수를 구성할 준비는 모두 끝났습니다. 반환 조건과 값, 다음 탐색 시점을 알고, 종료 조건까지 모두 알고 있기 때문에 DFS 구현 방식 그대로 코드를 짜면 바로 dfs() 함수가 완성됩니다.

```python
def dfs(numbers, step, total, target):
    if step == len(numbers):
        if total == target: return 1
        else: return 0

    ret = 0
    ret += dfs(numbers, step + 1, total + numbers[step], target)
    ret += dfs(numbers, step + 1, total - numbers[step], target)

    return ret
```

숫자를 하나씩 더해가면서 다음 위치를 잡고 새 함수를 호출합니다. 마지막 숫자를 더하고 나면, 원하는 숫자를 만들었는지 확인하고 1 또는 0을 반환하도록 만듭니다. 모든 함수가 실행되면 +로 시작했던 함수와 −로 시작했던 함수 두 개가 가능한 가짓수에 대한 정보를 가지고 올 것이고, 이 결과들을 더해서 반환하면 됩니다. 전체 코드에서는 이 코드를 조금 더 다듬은 형태로 넣었습니다.

2. 첫 실행 조건을 넣고 실행합니다.

```python
def solution(numbers, target):
    return dfs(numbers, 0, 0, target)
```

나머지는 처음 위치를 잡아 함수를 실행하고 이 결괏값을 반환하기만 하면 됩니다. 단, 접근하는 자료 구조가 배열이기 때문에 배열 범위를 넘어서는 부분을 조회하지 않도록 마지막으로 한번 더 점검하세요. 의식적으로 계속 확인해줘야 실수를 방지할 수 있습니다.

전체 코드

```
def dfs(numbers, step, total, target):
    if step == len(numbers): return 1 if total == target else 0
    return dfs(numbers, step + 1, total + numbers[step], target) + dfs(numbers, step +
1, total - numbers[step], target)

def solution(numbers, target):
    return dfs(numbers, 0, 0, target)
```

한 번 구현에 익숙해지면 자연스럽게 형태를 잡을 수 있습니다. 물론 이외에도 고민해야 할 변수
들이 많고 예외 처리도 소홀히 할 수 없지만, 매번 어떤 형태를 만들어야 할지 고민하는 스트레스
는 줄어들 것입니다.

문제 ⑤⑦ 여행 경로 - Level 3

URL https://school.programmers.co.kr/learn/courses/30/lessons/43164

주어진 항공권을 모두 이용하여 여행 경로를 짜려고 합니다. 항상 "ICN" 공항에서 출발합니다.

항공권 정보가 담긴 2차원 배열 tickets가 매개변수로 주어질 때, 방문하는 공항 경로를 배열에 담아 return하도록 solution 함수를 작성해주세요.

제한 사항

- 모든 공항은 알파벳 대문자 3글자로 이루어집니다.
- 주어진 공항 수는 3개 이상 10,000개 이하입니다.
- tickets의 각 행 [a, b]는 a 공항에서 b 공항으로 가는 항공권이 있다는 의미입니다.
- 주어진 항공권은 모두 사용해야 합니다.
- 만일 가능한 경로가 2개 이상일 경우 알파벳 순서가 앞서는 경로를 return합니다.
- 모든 도시를 방문할 수 없는 경우는 주어지지 않습니다.

입출력 예

tickets	return
[["ICN", "JFK"], ["HND", "IAD"], ["JFK", "HND"]]	["ICN", "JFK", "HND", "IAD"]
[["ICN", "SFO"], ["ICN", "ATL"], ["SFO", "ATL"], ["ATL", "ICN"], ["ATL","SFO"]]	["ICN", "ATL", "ICN", "SFO", "ATL", "SFO"]

입출력 예 설명

예제 #1

["ICN", "JFK", "HND", "IAD"] 순으로 방문할 수 있습니다.

예제 #2

["ICN", "SFO", "ATL", "ICN", "ATL", "SFO"] 순으로 방문할 수도 있지만 ["ICN", "ATL", "ICN", "SFO", "ATL", "SFO"] 가 알파벳 순으로 앞섭니다.

문제 풀이

주어진 항공권을 모두 사용해 방문할 수 있는 나라를 순서대로 나열하는 문제입니다. 출발 지역과 도달 가능한 지역이 동시에 주어지면 그래프를 구성할 수 있고, 그래프에 방문 처리를 하면 문제를 풀 수 있습니다.

먼저 그래프를 구성해야 하는데, 최대 공항 수가 만 개까지 가능하므로 인접 행렬로는 어렵고, 인접 리스트를 사용하는 것이 좋습니다. 이제 각 티켓을 살펴보면서 출국 → 입국한 나라 데이터로 만든 그래프에서 DFS 탐색을 수행하면 됩니다(방문하는 공항 경로 자체를 요구하기 때문에 DFS가 조금 더 직관적인 접근 방법입니다).

단, 전제 조건으로 가능한 경로가 2가지 이상일 경우 알파벳 순서가 앞서는 경로를 반환하도록 해야 합니다. 따라서 무작정 그래프를 추가하는 것이 아니라, 데이터를 한 번 정렬하고 추가하는 것이 좋습니다. 탐색이 끝난 이후 정렬하면 순서를 잃어버리므로 그래프 데이터를 정렬한 다음, 탐색을 해야 알파벳 순서를 유지하면서 탐색 순서까지 유지할 수 있습니다.

이 정도만 신경 쓴다면, 구현하는 데 큰 문제는 없습니다.

코드 작성

1. **그래프를 정의하고 데이터를 넣습니다.**

   탐색을 수행하기 위한 데이터가 필요합니다. 먼저 그래프를 만들겠습니다. 각 공항은 알파벳 3글자로 이루어져 있지만 그 글자에는 고정된 형식이 없기 때문에 딕셔너리로 받아줘야 합니다. 대신 값을 배열로 만들어 인접 리스트 형태로 구현하겠습니다. 배열 안에는 해당 공항에서 갈 수 있는 모든 공항 정보를 기록합니다.

   ```python
   from collections import defaultdict

   def solution(tickets):
       graph = defaultdict(list)

       for a, b in tickets: graph[a].append(b)
       for key in graph.keys(): graph[key].sort()
   ```

   경로가 여러 개인 경우를 대비하여 그래프를 만든 다음, 정렬을 수행하는 것도 잊지 맙시다. 몇 줄이지만 이 과정을 잊으면 모든 걸 완벽하게 구현해도 정답을 맞힐 수 없습니다.

2. **탐색 함수를 만듭니다.**

   주어진 항공권을 전부 소모하면서 방문한 공항을 순서대로 가지고 있어야 합니다. 즉, 더 이상 갈 수 없는 상황에 도달하더라도 항공권이 남아 있으면 올바른 여행 경로가 아닌 것입니다. 그러나 모든 도시를 방문할 수 없는 경우는 주어지지 않는다는 조건 때문에, 탐색할 때마다 이동한 공항 횟수와 총 항공권 개수를 비교하지 않아도 문제가 생기지 않습니다.

```
def dfs(graph, path, visit):
    if path:
        to = path[-1]
        if graph[to]: path.append(graph[to].pop(0))
        else: visit.append(path.pop())
        dfs(graph, path, visit)

    return visit[::-1]
```

이 말은 곧 항공권을 소진한다는 개념으로 접근해도 아무런 문제가 없다는 의미가 되어 간단한 코드로 탐색 기능을 구현할 수 있게 됩니다. 한 번 방문한 공항은 아예 그래프에서 제거하는 형태로 방문 처리를 하고, 그동안 방문한 모든 경로를 하나씩 쌓아가도록 하겠습니다.

처음 시작 공항은 무조건 ICN이므로, 초기 방문 가능한 공항을 ICN으로 잡아두고 DFS 탐색을 수행하면 됩니다. 어떻게 보면 시작 방향이 고정된 단방향 그래프를 DFS 탐색하라고 하는 문제라고 할 수 있습니다.

전체 코드 12장/여행경로.py

```
from collections import defaultdict

def dfs(graph, path, visit):
    if path:
        to = path[-1]
        if graph[to]: path.append(graph[to].pop(0))
        else: visit.append(path.pop())
        dfs(graph, path, visit)

    return visit[::-1]

def solution(tickets):
    graph = defaultdict(list)

    for a, b in tickets: graph[a].append(b)
    for key in graph.keys(): graph[key].sort()

    return dfs(graph, ["ICN"], [])
```

그래프를 만들 수만 있다면 간단하게 풀 수 있는 문제였습니다. 다만 문제 조건에 맞춰 어느 정도 변형한 점이 있다 보니 DFS의 형태가 잘 보이지 않을 수도 있습니다. 평소 보던 모습대로 코드를 살짝 바꾸면 대략 다음과 같은 코드가 나옵니다.

```
def dfs(graph, size, key, path):
    if len(path) == size + 1: return path

    for idx, country in enumerate(graph[key]):
        graph[key].pop(idx)
        ret = dfs(graph, size, country, [*path, country])
        graph[key].insert(idx, country)

        if ret: return ret
```

이렇게 dfs() 함수를 만들었더니 방문 처리를 위해 그래프에서 데이터를 뺐다가 다시 추가하는 조금 특이한 상황이 생겼네요. 이미 방문한 공항이므로 제거만 하면 될 것 같은데, 왜 다시 추가하는 걸까요? 해당 함수가 다시 실행되는 시점에선 이전의 탐색이 끝나고 새로운 탐색이 시작되는 것이므로 이전 결과가 새로운 탐색에 영향을 주면 안 되기 때문입니다(이해되지 않는다면 작은 단위로 직접 해보세요).

네트워크 - Level 3

URL https://school.programmers.co.kr/learn/courses/30/lessons/43162

네트워크란 컴퓨터 상호 간에 정보를 교환할 수 있도록 연결된 형태를 의미합니다. 예를 들어 컴퓨터 A와 컴퓨터 B가 직접적으로 연결되어 있고, 컴퓨터 B와 컴퓨터 C가 직접적으로 연결되어 있을 때 컴퓨터 A와 컴퓨터 C도 간접적으로 연결되어 정보를 교환할 수 있습니다. 따라서 컴퓨터 A, B, C는 모두 같은 네트워크상에 있다고 할 수 있습니다.

컴퓨터의 개수 n, 연결에 대한 정보가 담긴 2차원 배열 computers가 매개변수로 주어질 때, 네트워크의 개수를 return하도록 solution 함수를 작성하세요.

제한 사항

- 컴퓨터의 개수 n은 1 이상 200 이하인 자연수입니다.
- 각 컴퓨터는 0부터 n - 1인 정수로 표현합니다.
- i번 컴퓨터와 j번 컴퓨터가 연결되어 있으면 computers[i][j]를 1로 표현합니다.
- computer[i][i]는 항상 1입니다.

입출력 예

n	computers	return
3	[[1, 1, 0], [1, 1, 0], [0, 0, 1]]	2
3	[[1, 1, 0], [1, 1, 1], [0, 1, 1]]	1

입출력 예 설명

예제 #1

아래와 같이 2개의 네트워크가 있습니다.

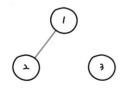

예제 #2

아래와 같이 1개의 네트워크가 있습니다.

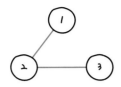

문제 풀이

그래프에서 항상 단골로 등장하는 '네트워크' 문제입니다. 네트워크의 구성 자체가 이미 그래프이기 때문에 이 자료 구조를 이해하기 어렵다면 네트워크 망을 그려보면서 연습하는 것이 좋습니다.

컴퓨터의 개수와 각 컴퓨터가 어떤 컴퓨터와 연결되어 있는지에 대한 데이터가 주어지면, 이 정보를 기반으로 만들어지는 네트워크의 개수가 총 몇 개인지 찾는 문제입니다. 컴퓨터를 하나의 노드라고 생각하고 네트워크를 집합이라고 생각한다면 하나의 집합에 포함되어 있는지 판단할 수 있는 유니온-파인드 기법을 사용할 수 있지만, 문제에서 이미 어떤 노드끼리 연결되었는지 친절하게 알려줬기 때문에 DFS를 사용해 약식으로 풀 수 있습니다.

단순히 끝까지 탐색하는 방법으로 서로 연결되지 않았는지를 어떻게 판단할까 의문이 들 수 있는데, 해결책은 의외로 간단합니다. 방문 처리를 여러 번 하면 됩니다. DFS를 수행할 때 방문 처리를 하는 이유는 이미 방문한 노드를 두 번 다시 방문하지 않게 하기 위함이지만, 재귀 함수에서만 사용하게 되니 아무래도 함수 내부에서 다음 탐색을 막는 목적으로만 사용하는 것으로 생각하기 쉽습니다.

하지만 이번 문제처럼 함수가 한 번 실행되고 끝나는 형태가 아니라면 방문 처리가 되지 않은 노드를 다시 DFS 탐색하는 것으로 노드 탐색 횟수를 구할 수 있습니다. 함수를 실행하고도 모든 노드가 방문 처리되어 있지 않으면, 그 노드는 하나의 네트워크로 구성된 컴퓨터가 아니라는 뜻입니다. 즉, 탐색을 여러 번 수행시켜 직접 집합의 포함 여부를 확인하지 않고도 쉽게 정답을 낼 수 있습니다.

코드 작성

1. 탐색을 수행할 준비를 합니다.

반복적으로 탐색을 수행하려면 먼저 준비가 필요합니다. 방문 처리를 기록할 변수와 몇 개의 네트워크가 구성되었는지 기록할 변수를 선언하고, 방문 처리가 되지 않은 노드부터 탐색을 시작하면 됩니다. 그래프 구성을 가지고 있지만 그래프를 만들지 않고 탐색을 수행할 것이므로 따로 더 준비할 사항은 없습니다.

```python
def solution(n, computers):
    visited = [0] * n
    answer = 0

    for i in range(n):
        if visited[i] == 0:
            <DFS 함수가 들어갈 위치>
            answer += 1

    return answer
```

2. DFS 함수를 구현합니다.

이제 간단한 탐색 함수를 구현하면 됩니다. 해당 노드를 방문 처리한 다음, 해당 노드에서 갈 수 있는 노드에 새 함수를 호출하기만 하면 필요한 모든 조건을 만족합니다. 다음 방문 조건은 방문 처리가 되어 있지 않고, 진행 방향에 연결되어 있어야 한다는 조건을 명시하면 됩니다.

```python
def dfs(k, graph, visited):
    visited[k] = 1
    for i in range(len(graph[k])):
        if visited[i] == 0 and graph[k][i] == 1:
            dfs(i, graph, visited)
```

코드가 많이 간결하네요. 이번에는 특정 개념을 구현하는 것보다 그래프를 직접 구성하지 않고도 연결 관계를 파악할 수 있는 방법을 알아간다는 생각으로 코드를 이해하면 좋을 것 같습니다.

전체 코드

```
def dfs(k, graph, visited):
    visited[k] = 1
    for i in range(len(graph[k])):
        if visited[i] == 0 and graph[k][i] == 1:
            dfs(i, graph, visited)

def solution(n, computers):
    visited = [0] * n
    answer = 0

    for i in range(n):
        if visited[i] == 0:
            dfs(i, computers, visited)
            answer += 1

    return answer
```

그래프 문제가 나왔다고 해서 꼭 그래프를 구성할 필요는 없습니다. 그래프를 구성하는 가장 큰 이유는 각 노드별로 관계를 명시적으로 표현하고 탐색 방향을 정하는 데 도움을 받기 위해서인데, 이미 탐색 방향과 연결 관계가 주어졌다면 굳이 그래프로 만들 필요 없이 해당 데이터만 사용해서 문제를 풀 수 있습니다.

괄호 변환 - Level 2

URL https://school.programmers.co.kr/learn/courses/30/lessons/60058

카카오에 신입 개발자로 입사한 '콘'은 선배 개발자로부터 개발 역량 강화를 위해 다른 개발자가 작성한 소스 코드를 분석하여 문제점을 발견하고 수정하라는 업무 과제를 받았습니다. 소스를 컴파일하여 로그를 보니 대부분 소스 코드 내 작성된 괄호가 개수는 맞지만 짝이 맞지 않은 형태로 작성되어 오류가 나는 것을 알게 되었습니다. 수정해야 할 소스 파일이 너무 많아서 고민하던 '콘'은 소스 코드에 작성된 모든 괄호를 뽑아서 올바른 순서대로 배치된 괄호 문자열을 알려주는 프로그램을 다음과 같이 개발하려고 합니다.

용어의 정의

'(' 와 ')' 로만 이루어진 문자열이 있을 경우, '('의 개수와 ')'의 개수가 같다면 이를 균형 잡힌 괄호 문자열이라고 부릅니다.

그리고 여기에 '('와 ')'의 괄호의 짝도 모두 맞을 경우에는 이를 **올바른 괄호 문자열**이라고 부릅니다.

예를 들어 "(())()("와 같은 문자열은 "균형 잡힌 괄호 문자열" 이지만 "올바른 괄호 문자열"은 아닙니다.

반면에 "(())()"와 같은 문자열은 "균형 잡힌 괄호 문자열" 이면서 동시에 "올바른 괄호 문자열"입니다.

'(' 와 ')' 로만 이루어진 문자열 w가 "균형 잡힌 괄호 문자열" 이라면 다음과 같은 과정을 통해 "올바른 괄호 문자열"로 변환할 수 있습니다.

1. 입력이 빈 문자열인 경우, 빈 문자열을 반환합니다.
2. 문자열 w를 두 "균형 잡힌 괄호 문자열" u, v로 분리합니다. 단, u는 "균형 잡힌 괄호 문자열"로 더 이상 분리할 수 없어야 하며, v는 빈 문자열이 될 수 있습니다.
3. 문자열 u가 "올바른 괄호 문자열" 이라면 문자열 v에 대해 1단계부터 다시 수행합니다.

   3-1. 수행한 결과 문자열을 u에 이어 붙인 후 반환합니다.
4. 문자열 u가 "올바른 괄호 문자열"이 아니라면 아래 과정을 수행합니다.

   4-1. 빈 문자열에 첫 번째 문자로 '('를 붙입니다.

   4-2. 문자열 v에 대해 1단계부터 재귀적으로 수행한 결과 문자열을 이어 붙입니다.

   4-3. ')'를 다시 붙입니다.

   4-4. u의 첫 번째와 마지막 문자를 제거하고, 나머지 문자열의 괄호 방향을 뒤집어서 뒤에 붙입니다.

   4-5. 생성된 문자열을 반환합니다.

"균형 잡힌 괄호 문자열" p가 매개변수로 주어질 때, 주어진 알고리즘을 수행해 "올바른 괄호 문자열"로 변환한 결과를 return하도록 solution 함수를 완성해 주세요.

매개변수 설명

- p는 '(' 와 ')'로만 이루어진 문자열이며 길이는 2 이상 1,000 이하인 짝수입니다.
- 문자열 p를 이루는 '(' 와 ')'의 개수는 항상 같습니다.
- 만약 p가 이미 "올바른 괄호 문자열"이라면 그대로 return하면 됩니다.

입출력 예

p	result
"(()())()"	"(()())()"
")("	"()"
"())))((()"	"()(())()"

입출력 예에 대한 설명

입출력 예 #1

이미 "올바른 괄호 문자열"입니다.

입출력 예 #2

- 두 문자열 u, v로 분리합니다.
    - u = ")("
    - v = ""
- u가 "올바른 괄호 문자열"이 아니므로 다음과 같이 새로운 문자열을 만듭니다.
    - v에 대해 1단계부터 재귀적으로 수행하면 빈 문자열이 반환됩니다.
    - u의 앞뒤 문자를 제거하고, 나머지 문자의 괄호 방향을 뒤집으면 ""이 됩니다.
    - 따라서 생성되는 문자열은 "(" + "" + ")" + ""이며, 최종적으로 "()"로 변환됩니다.

입출력 예 #3

- 두 문자열 u, v로 분리합니다.
    - u = "()"
    - v = "))((()"
- 문자열 u가 "올바른 괄호 문자열"이므로 그대로 두고, v에 대해 재귀적으로 수행합니다.
- 다시 두 문자열 u, v로 분리합니다.
    - u = "))(("
    - v = "()"
- u가 "올바른 괄호 문자열"이 아니므로 다음과 같이 새로운 문자열을 만듭니다.
    - v에 대해 1단계부터 재귀적으로 수행하면 "()"이 반환됩니다.
    - u의 앞뒤 문자를 제거하고, 나머지 문자의 괄호 방향을 뒤집으면 "()"이 됩니다.
    - 따라서 생성되는 문자열은 "(" + "()" + ")" + "()"이며, 최종적으로 "(())()"를 반환합니다.
- 처음에 그대로 둔 문자열에 반환된 문자열을 이어 붙이면 "()" + "(())()" = "()(())()"가 됩니다.

누군지는 모르겠지만 제발 IDE를 사용해달라고 말해주기를…

카카오 문제답게 문제 설명이 매우 길지만 하나씩 짚어 보면 어떻게 풀어야 할지 다 알려줍니다. 하나씩 살펴봅시다.

여는 괄호 ' ('와 닫는 괄호 ') '의 개수가 같다면 '균형 잡힌 괄호 문자열'이라고 부르고, 모든 괄호가 열리고 닫혔을 때 '올바른 괄호 문자열'이라고 부릅니다. 이제 여기서 '균형 잡힌 괄호 문자열'이 주어졌을 때 '올바른 괄호 문자열'로 변환한 결과를 반환해야 합니다. 단순히 '올바른'지에 대해서만 판단한다면 스택을 사용해서 빠르게 해결할 수 있지만, 올바르게 바꿔야 하기 때문에 추가 작업이 필요합니다.

다행히 문제에서 괄호로 변환하는 과정을 전부 알려주네요. 하나의 균형 잡힌 괄호 문자열을 두 개로 분리한 뒤, 각 문자열을 분석해서 부족한 괄호 또는 잘못된 위치를 고쳐주면 올바른 괄호 문자열로 바꿀 수 있습니다. 세부 과정은 문제 내부에서 설명하는 대로 따라가면 되기 때문에 바로 코드 작성으로 넘어가보겠습니다.

코드 작성

하나씩 과정을 짚어가면서 구현해보겠습니다. 우선 시작은 함수를 선언해주는 것입니다.

```python
def dfs(string):
```

해당 함수가 완성되면 solution 함수에서 실행하기만 해도 정답을 구할 수 있습니다.

1. **입력이 빈 문자열일 경우, 빈 문자열을 반환합니다.**

   입력 문자열에 어떤 괄호도 존재하지 않는다면, 아무 계산도 하지 않고 해당 문자열 그대로 반환합니다.

   ```python
   if not string: return string #1
   ```

2. **문자열 w를 두 '균형 잡힌 괄호 문자열' u, v로 분리합니다. 단, u는 '균형 잡힌 괄호 문자열'로 더 이상 분리할 수 없어야 하며, v는 빈 문자열이 될 수 있습니다.**

만약 괄호를 가지고 있다면, 해당 괄호 문자열을 균형 잡힌 괄호 문자열로 분리해야 합니다. 단, 더 이상 분리할 수 없는 균형 잡힌 괄호 문자열이어야 하며, 두 문자열로 분리했을 때 하나는 빈 문자열이 될 수 있습니다.

```
close = 0

for i in range(len(string)):
    if string[i] == '(': close += 1
    else: close -= 1

    if close == 0:  #2
        <3번 조건이 들어갈 자리>
```

최소 크기의 균형 잡힌 괄호 문자열을 얻어내는 가장 쉬운 방법은, 괄호가 열리고 닫혔는지 하나씩 계산해서 처음으로 온전히 닫힌 시점을 찾아내면 됩니다. 그다음 해당 시점에서 남은 문자열의 길이를 가지고 연산을 수행하면 오류 없이 문자열을 처리할 수 있습니다.

3. **문자열 u가 '올바른 괄호 문자열'이라면 문자열 v에 대해 1단계부터 다시 수행합니다.**

올바른 괄호 문자열인지 판단하려면 스택을 사용하면 됩니다. 괄호가 열릴 때 스택에 '('를 넣고, 괄호가 닫힐 때 마지막으로 담긴 열린 괄호 문자열을 제거하면 됩니다. 괄호가 올바르게 구성되어 열리고 닫히는 순서와 개수가 맞는다면 마지막에는 스택이 비어 있을 테니 올바른 괄호 문자열임을 확신할 수 있고, 반대로 스택이 비었는데 한 번 더 비워야 한다면 올바른 괄호 문자열이 아님을 확신할 수 있습니다.

대신 확인해야 할 문자열 u가 계속해서 바뀌므로, 괄호 확인 논리가 반복되겠네요. 이 부분을 함수로 분리하겠습니다. 결론적으로 u를 괄호 검증 함수에 넣고 실행한 결과를 확인했을 때, 만약 정말로 올바른 괄호 구성을 가지고 있었다면 문자열을 이어 붙이고 1단계부터 다시 실행합니다(함수를 새로 호출합니다).

```
def check(string):
    stack = []

    for bracket in string:
        if bracket == '(': stack.append('(')
        elif stack: stack.pop()
        else: return False
```

```
        return True
```

<2번 조건의 코드>
```
if check(string[:i + 1]): #3
    return ''.join([string[:i + 1], *dfs(string[i + 1:])]) #3-1
```

처음부터 i까지는 그대로, i부터 끝은 새로운 함수를 호출하는 구성으로 구현합니다. 이해가 잘 되지 않는다면 문자열 u, v를 잘 따라가고 있는지 확인해보세요. 필요하다면 코드 구성을 살짝 바꿔서 아예 변수를 u, v로 만들어도 괜찮습니다.

4. 문자열 u가 '올바른 괄호 문자열'이 아니라면 다음 과정을 수행합니다.

- 빈 문자열에 첫 번째 문자로 '('를 붙입니다.
- 문자열 v에 대해 1단계부터 재귀적으로 수행한 결과 문자열을 이어 붙입니다.
- ')'를 다시 붙입니다

괄호가 열리고 닫힌 개수가 동일하고, 그 순서까지 정확해야 '올바른 괄호 문자열'입니다. 만약 괄호의 여닫음 개수만 동일하고 순서가 올바르지 않다면, 올바르게 만들어줘야 합니다. i 시점부터 마지막 단어까지를 범위로 함수를 한 번 더 호출한 다음, 그 결과를 새 괄호를 씌워주세요.

```
else: #4
    v = ['(', *dfs(string[i + 1:]), ')'] #4-1, 4-2, 4-3
```

5. u의 첫 번째와 마지막 문자를 제거하고, 나머지 문자열의 괄호 방향을 뒤집어서 뒤에 붙입니다.

이제 마지막 단계입니다. u 문자열의 첫 번째와 마지막 문자를 제거하고, 괄호 방향을 뒤집어서 결과에 붙여줍니다(나머지의 의미는 처음과 끝을 제외한 '나머지'입니다).

```
for a in range(1, i): #4-4
    if string[a] == '(': v.append(')')
    else: v.append('(')
```

물론 직접 제거하는 것도 좋지만, 재치 있게 for 문으로 범위를 미리 지정해주면 문자열을 조작할 필요 없이 원하는 결과를 얻을 수 있습니다.

6. 생성된 문자열을 반환합니다.

모든 작업이 끝났습니다. 이제 결과를 하나의 문자열로 만들어서 반환해주면 됩니다.

```
return ''.join(v) #4-5
```

전체 코드

12장/괄호_변환.py

```python
def check(string):
    stack = []

    for bracket in string:
        if bracket == '(': stack.append('(')
        elif stack: stack.pop()
        else: return False

    return True

def dfs(string):
    if not string: return string        #1
    close = 0

    for i in range(len(string)):
        if string[i] == '(': close += 1
        else: close -= 1

        if close == 0:                   #2
            if check(string[:i + 1]): #3
                return ''.join([string[:i + 1], *dfs(string[i + 1:])]) #3-1
            else:                        #4
                v = ['(', *dfs(string[i + 1:]), ')'] #4-1, 4-2, 4-3
                for a in range(1, i):              #4-4
                    if string[a] == '(': v.append(')')
                    else: v.append('(')

                return ''.join(v)                 #4-5

def solution(p):
    return dfs(p)
```

이렇게 구현하면 함수가 어떻게 돌아가는지 정확하게 이해를 못해도 정상적으로 동작하는 것은
확인할 수 있습니다. 카카오 코딩 테스트의 1~2번 문제는 이런 식으로 명세 사항을 그대로 구현

할 수 있는지에 대해 평가하는 경우가 많아, 지금까지 배워왔던 알고리즘의 개념보단 지시 사항을 막힘없이 정확하게 구현할 수 있어야 합니다.

대신 대부분 함정이 있는데, 겉보기에는 '하라는 대로 해라' 형태의 문제처럼 보이지만, 풀이를 되짚어보면 괄호가 '올바른'지에 대해 평가하는 함수를 따로 구현해야 했습니다. 이처럼 문제 풀이에 필요한 배경 지식도 물어보기 때문에 사소한 것이라도 구현법을 최대한 기억하고 있어야 합니다.

잠깐만요

이번 문제는 그동안 풀어왔던 DFS 문제와는 느낌이 사뭇 다릅니다. 방문 처리도 없고, 처음부터 끝까지 탐색한다는 개념보다 단순히 재귀 함수를 활용한 문제 풀이에 가깝기 때문입니다. 하지만 코드를 잘 살펴보면, 종료 조건이 존재하고, 모든 탐색마다 탐색의 범위가 조금씩 줄어드는 구성입니다. 결국 재귀 함수를 사용해서 추가 작업을 하는 것이니, 형태가 좀 많이 다를 뿐 DFS 풀이법입니다.

12.3.2 너비 우선 탐색(BFS)

너비 우선 탐색(BFS, Breadth First Search)은 시작점에서 뻗을 수 있는 모든 길을 중점으로 탐색하는 완전 탐색 기법입니다. 탐색할 때마다 진행할 수 있는 길을 하나씩 살펴보기 때문에 이러한 성질을 잘 활용하면 가장 짧은 길 찾기 문제와 같이 최단 비용 또는 거리를 찾을 때 핵심 논리로 사용할 수 있습니다.

BFS는 큐를 사용해서 구현하며, 다음과 같은 과정으로 동작합니다.

1. 시작 부분을 큐에 삽입하고 함수를 호출합니다(첫 함수 호출 시 시작 위치를 넣고 호출).

2. 큐에서 데이터를 뺀 다음, 해당 위치를 방문했다고 표시하고 작업을 처리합니다.

3. 다음 방문 위치가 유효할 때 큐에 다음 위치를 넣은 후 2번 과정으로 돌아가고, 유효하지 않으면 처리를 종료합니다

▼ 그림 12-5 BFS의 작동 방식

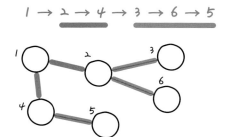

```
queue=[ ]
while queue:
  <데이터> = queue.pop( )
  <방문 처리>
  queue.append( )
```

지금까지 설명한 사항을 모두 정리하면, 한 탐색이 끝나고 다음 탐색 위치로 넘어갈 때 이미 탐색했던 곳을 막기 위해 방문 처리가 필요하며(6장 참조), 똑같은 탐색을 계속 반복한다면 동적 프로그래밍 최적화로 연산을 개선할 수 있습니다(10장 참조). BFS 또한 개념을 온전히 습득하려면 굉장히 많은 배경 지식이 필요하지만, 코드 자체는 너무 복잡하지 않으므로 이해할 만합니다.

재귀 함수를 사용하지 않기 때문에 따로 함수를 분리하지 않고 메인 함수에 그대로 구현하는 경우가 많습니다. 스택의 원리를 고려하면서 직접 작업할 필요가 없어 선언도 간단하고 구성도 단순한 편이라 코드가 길어도 바로 알아차릴 수 있기 때문에 가독성에 영향을 주지 않습니다. 아예 작업 큐가 비기 전까지는 계속해서 동작하는 하나의 반복문 코드로 봐도 무방합니다.

BFS 역시 DFS처럼 비슷한 형태를 가지는데, 코드 블록 형태로 나타내면 다음과 같습니다.

```
queue = []
queue.append(<시작 위치>)

while queue:
    <현재 값> = queue.pop()
    <방문 배열에 현재 위치 방문 처리>
    <이번 방문에서 처리할 사항들>
    if <다음 위치를 방문할 수 있을 때>: queue.push(<다음 값>)
```

대신 큐는 한쪽 방향으로만 데이터가 흘러가기 때문에 단순 배열보다는 deque 라이브러리를 사용해서 큐를 만듭니다. pop(), appendleft() 또는 append(), popleft() 형태로 방향을 통일해야 한다는 점만 주의하면 됩니다(코드 블록에서 표현한 pop(), append()는 예시로, 실제로는 둘 중 하나의 방법으로 구현해야 합니다).

이 외의 특징은 DFS와 동일하므로 **결국 각 탐색마다 무엇을 할 것인지, 그리고 어떤 경우에 다음 방문이 유효한지 판단**하는 것이 가장 중요합니다.

단어 변환 - Level 3

URL https://school.programmers.co.kr/learn/courses/30/lessons/43163

두 개의 단어 begin, target과 단어의 집합 words가 있습니다. 아래와 같은 규칙을 이용하여 begin에서 target으로 변환하는 가장 짧은 변환 과정을 찾으려고 합니다.

1. 한 번에 한 개의 알파벳만 바꿀 수 있습니다.
2. words에 있는 단어로만 변환할 수 있습니다.

예를 들어 begin이 "hit", target이 "cog", words가 ["hot", "dot", "dog", "lot", "log", "cog"]라면 "hit" → "hot" → "dot" → "dog" → "cog"와 같이 4단계를 거쳐 변환할 수 있습니다.

두 개의 단어 begin, target과 단어의 집합 words가 매개변수로 주어질 때, 최소 몇 단계의 과정을 거쳐 begin을 target으로 변환할 수 있는지 return하도록 solution 함수를 작성해주세요.

제한 사항

- 각 단어는 알파벳 소문자로만 이루어져 있습니다.
- 각 단어의 길이는 3 이상 10 이하이며 모든 단어의 길이는 같습니다.
- words에는 3개 이상 50개 이하의 단어가 있으며 중복되는 단어는 없습니다.
- begin과 target은 같지 않습니다.
- 변환할 수 없는 경우에는 0을 return합니다.

입출력 예

begin	target	words	return
"hit"	"cog"	["hot", "dot", "dog", "lot", "log", "cog"]	4
"hit"	"cog"	["hot", "dot", "dog", "lot", "log"]	0

입출력 예 설명

예제 #1

문제에 나온 예와 같습니다.

예제 #2

target인 "cog"는 words 안에 없기 때문에 변환할 수 없습니다.

시작 단어, 목표 단어 두 개와 중간 과정 단어들이 주어졌을 때, 한 글자씩만 바꿀 수 있다면 총 몇 번 만에 목표 단어를 만들 수 있는지에 대해 물어보는 문제입니다. 단순히 시작 단어를 목표 단어로 한 글자씩 바꾸는 것이 목적이라면 단어의 길이가 곧 정답이 되겠지만, 반드시 중간 과정 단어 중 하나로만 변경할 수 있습니다. 즉, 글자를 바꿨는데 그 단어가 중간 단어 배열에 존재하지 않는 다면, 어떻게 하더라도 원하는 단어를 만들 수 없다는 의미입니다.

그렇다면 중간 과정 단어를 각각 하나의 노드로 삼아서, 가장 짧은 과정으로 목적지에 도달할 수 있는 경우를 탐색한다고 생각하면 문제를 해결할 수 있습니다. 또 다음 단어로 진행할 때 몇 글자가 차이 나는지 확인하면 되므로 추가적으로 기준을 명시할 필요 없이 이를 관계로 삼아 그래프를 직접 만들지 않고도 구현할 수 있습니다. 따라서 단어 하나를 노드로 취급하고 넘어가는 기준을 '한 글자 차이'로 잡아 두면 BFS 탐색에 필요한 요소는 모두 마련됩니다.

설명대로라면 현재 단어에서 한 글자만 수정할 수 있는 모든 경우를 큐에 넣고 탐색을 돌리는데, 당연히 원래 글자로 돌아가지 못하게 하기 위한 방문 처리가 필요하다고 판단할 수 있습니다. 그런데 이런 식으로 무작정 방문 처리를 하면 다음 단어가 방문 처리되어서 더 이상 진행할 수 없는 상태가 되니 탐색이 중단되지 않을까 의심되지만, 그렇진 않습니다. 입출력 예의 1번 단어로 직접 그래프와의 관계를 그려보면 다음과 같은 구성이 만들어집니다.

▼ **그림 12-6** 그래프 구조

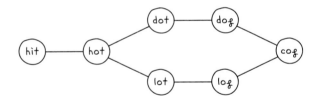

이 그래프에서 'hit' 단어를 시작으로 BFS 탐색을 수행하면, 어떤 방향을 선택하더라도 가장 빠른 방법은 4단계라는 것을 알 수 있습니다. 즉, 시작 단어에서부터 몇 개만큼 글자가 차이 나는지를 기준으로 암묵적인 계층이 생성되니 이전 과정을 다시 보지 않더라도 올바른 형태의 그래프를 만들 수 있게 됩니다.

이제 이 정보를 기준으로 만들면 원하는 결과를 얻어낼 수 있습니다. 바로 구현해봅시다!

코드 작성

1. **BFS 탐색에 필요한 준비를 합니다.**

   첫 시작 위치는 처음 단어로 하고, 현재 단어가 몇 번 바뀌었는지에 대한 정보를 가지도록 구성합니다.

   ```python
   def solution(begin, target, words):
       q = deque()
       q.append([begin, 0])
       visited = [0] * len(words)
   ```

   또, 한 번 거쳐간 단어는 다시 거쳐가지 않도록 방문 처리를 할 수 있게 중간 과정 단어의 크기만큼 배열을 만듭니다.

2. **탐색을 수행합니다.**

   가장 먼저 큐에서 데이터를 꺼낸 다음, 각 단어와 비교해서 몇 글자가 차이 나는지 비교합니다. 현재 글자에서 다음 글자로 넘어갈 때는 정확히 한 글자만 바꿀 수 있지만, 그래프 형태를 직접 구성하지 않았기 때문에 모든 단어를 하나씩 비교해야 합니다(대신 단어의 개수가 50개 이하라서 부담 없이 비교할 수 있습니다).

   ```python
   while q:
       word, cnt = q.popleft()
       if word == target: return cnt

       for i in range(len(words)):
           if not visited[i]:
               if sum(x != y for x, y in zip(word, words[i])) == 1:
                   q.append([words[i], cnt + 1])
                   visited[i] = 1
   ```

   현재 단어와 전체 단어를 비교하면 몇 글자가 차이 나는지에 대한 정보가 생기는데, 딱 한 글자만 차이가 있을 때 큐에 해당 단어를 집어넣고 다음 작업을 넘겨줍니다. 그리고 해당 글자를 방문 처리하면, 큐가 전부 비워질 때까지 탐색이 이루어질 것입니다.

```
from collections import deque

def solution(begin, target, words):
    q = deque()
    q.append([begin, 0])
    visited = [0] * len(words)

    while q:
        word, cnt = q.popleft()
        if word == target: return cnt

        for i in range(len(words)):
            if not visited[i]:
                if sum(x != y for x, y in zip(word, words[i])) == 1:
                    q.append([words[i], cnt + 1])
                    visited[i] = 1

    return 0
```

이 정도로도 충분하지만, 이 코드는 한 가지 변형할 수도 있습니다. 중간 단어에 결과 단어가 없을 경우 어떻게 해도 도달할 수 없기 때문에, 처음부터 목표 단어(target)가 중간 단어 리스트(words)에 없다면 곧바로 0을 반환하게 해도 무방합니다.

```
def solution(begin, target, words):
    if target not in words: return 0
    〈BFS 코드〉
```

이렇게 미리 불가능한 사례를 제거하고 탐색을 시작하면 특정 테스트 케이스를 탐색하지 않고도 통과할 수 있습니다. 때로는 문제 자체에서 미리 필터링하지 않으면 오답이 나오기도 하니, 필요하다면 미리 제외하는 것도 나쁘지 않은 접근 방법입니다.

단어의 차이를 어떻게 받아들일 것인지에 대해 잘 결정한다면 그렇게 어렵지 않은 문제였습니다. 꼭 그래프 형태로 다음 진행 노드의 정보를 가지고 있어야 하거나, 배열 형태로 만들어져야만 BFS 탐색을 수행할 수 있는 것은 아닙니다. 단어의 글자 차이를 계층으로 생각하고 그래프 모양으로 엮을 수 있다면 충분히 사용할 수 있습니다. 이번 문제도 그래프를 직접 구성하지 않고 문제를 어떻게 풀 수 있었는지에 대한 관점으로 생각해보세요.

게임 맵 최단거리 - Level 3

URL https://school.programmers.co.kr/learn/courses/30/lessons/1844

ROR 게임은 두 팀으로 나누어서 진행하며, 상대 팀 진영을 먼저 파괴하면 이기는 게임입니다. 따라서, 각 팀은 상대 팀 진영에 최대한 빨리 도착하는 것이 유리합니다.

지금부터 당신은 한 팀의 팀원이 되어 게임을 진행하려고 합니다. 다음은 5 × 5 크기의 맵에, 당신의 캐릭터가 (행: 1, 열: 1) 위치에 있고, 상대 팀 진영은 (행: 5, 열: 5) 위치에 있는 경우의 예시입니다.

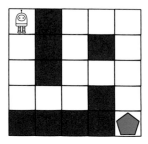

위 그림에서 검은색 부분은 벽으로 막혀 있어 갈 수 없는 길이며, 흰색 부분은 갈 수 있는 길입니다. 캐릭터가 움직일 때는 동, 서, 남, 북 방향으로 한 칸씩 이동하며, 게임 맵을 벗어난 길은 갈 수 없습니다.

아래 예시는 캐릭터가 상대 팀 진영으로 가는 두 가지 방법을 나타내고 있습니다.

• 첫 번째 방법은 11개의 칸을 지나서 상대 팀 진영에 도착했습니다.

• 두 번째 방법은 15개의 칸을 지나서 상대팀 진영에 도착했습니다.

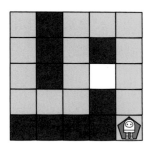

위 예시에서는 첫 번째 방법보다 더 빠르게 상대팀 진영에 도착하는 방법은 없으므로, 이 방법이 상대 팀 진영으로 가는 가장 빠른 방법입니다.

만약, 상대 팀이 자신의 팀 진영 주위에 벽을 세워 두었다면 상대 팀 진영에 도착하지 못할 수도 있습니다. 예를 들어, 다음과 같은 경우에 당신의 캐릭터는 상대 팀 진영에 도착할 수 없습니다.

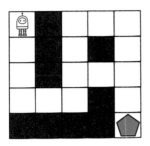

게임 맵의 상태 maps가 매개변수로 주어질 때, 캐릭터가 상대 팀 진영에 도착하기 위해서 지나가야 하는 칸의 개수의 **최솟값**을 return하도록 solution 함수를 완성해주세요. 단, 상대 팀 진영에 도착할 수 없을 때는 -1을 return해주세요.

제한 사항

- maps는 n x m 크기의 게임 맵의 상태가 들어 있는 2차원 배열로, n과 m은 각각 1 이상 100 이하의 자연수 입니다.
  - n과 m은 서로 같을 수도, 다를 수도 있지만, n과 m이 모두 1인 경우는 입력으로 주어지지 않습니다.
- maps는 0과 1로만 이루어져 있으며, 0은 벽이 있는 자리, 1은 벽이 없는 자리를 나타냅니다.
- 처음에 캐릭터는 게임 맵의 좌측 상단인 (1, 1) 위치에 있으며, 상대방 진영은 게임 맵의 우측 하단인 (n, m) 위치에 있습니다.

입출력 예

maps	answer
[[1,0,1,1,1],[1,0,1,0,1],[1,0,1,1,1],[1,1,1,0,1],[0,0,0,0,1]]	11
[[1,0,1,1,1],[1,0,1,0,1],[1,0,1,1,1],[1,1,1,0,0],[0,0,0,0,1]]	−1

입출력 예 설명

입출력 예 #1

주어진 데이터는 다음과 같습니다.

경주로 건설 - Level 3

URL https://school.programmers.co.kr/learn/courses/30/lessons/67259

건설회사의 설계사인 죠르디는 고객사로부터 자동차 경주로 건설에 필요한 견적을 의뢰받았습니다.

제공된 경주로 설계 도면에 따르면 경주로 부지는 N x N 크기의 정사각형 격자 형태이며 각 격자는 1 × 1 크기입니다.

설계 도면에는 각 격자의 칸은 0 또는 1 로 채워져 있으며, 0은 칸이 비어 있음을 1은 해당 칸이 벽으로 채워져 있음을 나타냅니다.

경주로의 출발점은 (0, 0) 칸(좌측 상단)이며, 도착점은 (N - 1, N - 1) 칸(우측 하단)입니다. 죠르디는 출발점인 (0, 0) 칸에서 출발한 자동차가 도착점인 (N - 1, N - 1) 칸까지 무사히 도달할 수 있게 중간에 끊기지 않도록 경주로를 건설해야 합니다.

경주로는 상, 하, 좌, 우로 인접한 두 빈 칸을 연결하여 건설할 수 있으며, 벽이 있는 칸에는 경주로를 건설할 수 없습니다.

이때, 인접한 두 빈 칸을 상하 또는 좌우로 연결한 경주로를 **직선 도로** 라고 합니다.

또한 두 직선 도로가 서로 직각으로 만나는 지점을 **코너** 라고 부릅니다.

건설 비용을 계산해 보니 직선 도로 하나를 만들 때는 100원이 소요되며, 코너를 하나 만들 때는 500원이 추가로 듭니다.

죠르디는 견적서 작성을 위해 경주로를 건설하는 데 필요한 최소 비용을 계산해야 합니다.

예를 들어, 아래 그림은 직선 도로 6개와 코너 4개로 구성된 임의의 경주로 예시이며, 건설 비용은 6 × 100 + 4 x 500 = 2600원입니다.

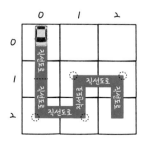

또 다른 예로, 아래 그림은 직선 도로 4개와 코너 1개로 구성된 경주로이며, 건설 비용은 4 × 100 + 1 × 500 = 900원입니다.

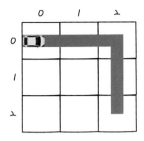

도면의 상태(0은 비어 있음, 1은 벽)을 나타내는 2차원 배열 board가 매개변수로 주어질 때, 경주로를 건설하는데 필요한 최소 비용을 return하도록 solution 함수를 완성해주세요.

제한 사항

- board는 2차원 정사각 배열로 배열의 크기는 3 이상 25 이하입니다.
- board 배열의 각 원소의 값은 0 또는 1입니다.
  - 도면의 가장 왼쪽 상단 좌표는 (0, 0)이며, 가장 우측 하단 좌표는 (N - 1, N - 1)입니다.
  - 원소의 값 0은 칸이 비어 있어 도로 연결이 가능함을 1은 칸이 벽으로 채워져 있어 도로 연결이 불가능함을 나타냅니다.
- board는 항상 출발점에서 도착점까지 경주로를 건설할 수 있는 형태로 주어집니다.
- 출발점과 도착점 칸의 원소의 값은 항상 0으로 주어집니다.

입출력 예

board	result
[[0,0,0],[0,0,0],[0,0,0]]	900
[[0,0,0,0,0,0,0,1],[0,0,0,0,0,0,0,0],[0,0,0,0,0,1,0,0],[0,0,0,0,1,0,0,0],[0,0,0,1,0,0,0,1],[0,0,1,0,0,0,1,0],[0,1,0,0,0,1,0,0],[1,0,0,0,0,0,0,0]]	3800
[[0,0,1,0],[0,0,0,0],[0,1,0,1],[1,0,0,0]]	2100
[[0,0,0,0,0,0],[0,1,1,1,1,0],[0,0,1,0,0,0],[1,0,0,1,0,1],[0,1,0,0,0,1],[0,0,0,0,0,0]]	3200

입출력 예에 대한 설명

입출력 예 #1

본문의 예시와 같습니다.

입출력 예 #2

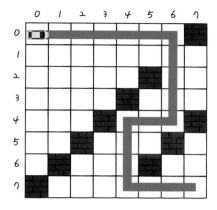

위와 같이 경주로를 건설하면 직선 도로 18개, 코너 4개로 총 3800원이 듭니다.

입출력 예 #3

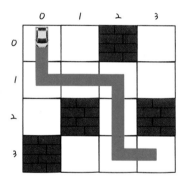

위와 같이 경주로를 건설하면 직선 도로 6개, 코너 3개로 총 2100원이 듭니다.

입출력 예 #4

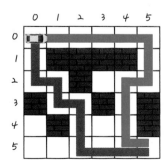

주황색 경로와 같이 경주로를 건설하면 직선 도로 12개, 코너 4개로 총 3200원이 듭니다.

만약, 회색 경로와 같이 경주로를 건설한다면 직선 도로 10개, 코너 5개로 총 3500원이 들며, 더 많은 비용이 듭니다.

문제 풀이

이번에도 2차원 배열 미로 찾기 문제지만, 설명이 길고 복잡합니다. 그래도 문제 조건에서 많은 것을 설명해주기 때문에 구현 자체의 난이도는 낮은 편입니다.

자동차 경주로 건설에 필요한 견적을 의뢰받았는데, 직선 도로는 100원, 코너는 600원(기본 직선 도로 비용 100원 + **추가로 500원**)이 든다고 합니다. 출발지부터 목적지까지 경주로를 만들 때 최소 비용을 얼마로 만들 수 있는지에 대해 물어보는 문제입니다. 즉, BFS는 BFS대로 수행하고, 그 과정에서 발생하는 비용을 계산하여 최소 비용을 알아내야 합니다.

이러면 한 가지 고민이 생기는데, **최소 거리**와 **최소 비용**이 상충하는 경우가 발생하는지 여부입니다. BFS 탐색으로 얻은 최소 거리가 최소 비용을 만족하지 못하거나, 계산 결과 최소 비용임이 밝혀졌는데 최소 거리가 아닌 경우 등 두 가지를 동시에 만족시키지 못한다면 정답이 나오지 않으니 반드시 해결해야 합니다.

▼ **그림 12-7** 가능한 시작 방향

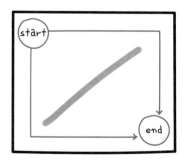

그렇다면 시작 지점에서 파생 가능한 모든 경우를 짚어야 합니다. 첫 위치에서 나아갈 수 있는 모든 방향에 BFS 탐색을 수행한 뒤, 어떤 결과가 가장 최소 비용을 가지고 있는지 판단하면 최소 거리에 대한 최소 비용을 알아낼 수 있습니다. 경로 자체는 BFS로 탐색하기 때문에 최소 거리는 보장되므로, BFS를 여러 번 실행시켜 최소 비용을 알아내는 셈입니다.

코드 작성

1. 탐색을 위한 준비를 합니다.

문제에서 제시한 조건이 없다면 2차원 배열은 상/하/좌/우 방향으로 흘러갈 수 있으므로, 방향 데이터를 선언해준 다음, 방문 처리를 할 배열을 생성해야 합니다.

```python
from collections import deque

def solution(board):
    size = len(board)
    paths = [(-1, 0), (0, -1), (1, 0), (0, 1)]
```

방향 자체는 어떻게 해도 상관없지만, 개발 편의를 위해 상/좌/하/우 순서를 사용하겠습니다. 여러분 마음대로 순서를 바꿔도 됩니다.

2. BFS 함수를 구현합니다.

이번에는 BFS 함수가 여러 번 실행되어야 하므로 따로 함수를 분리하여 만들겠습니다. 실행해야 하는 기능을 그대로 함수로 빼내서 만든다고 생각하면 크게 어렵지는 않습니다. 중첩 함수로 만들어도 되고, 아예 따로 함수를 만들어도 됩니다. 여러분 스타일에 맞는 방식을 선택해주세요(책에서는 중첩 함수로 구현하겠습니다).

이제 탐색을 수행하면서 도로에 대한 비용을 계산해야 하는데, 만약 처음부터 BFS를 여러 번 사용할 생각을 하지 않았다면 여기서 문제가 생깁니다. 방향이 바뀌면 코너가 만들어진다는 뜻인데, 이전 방향이 무엇인지 알아야 꺾였다는 사실을 판단할 수 있기 때문에 방향 정보를 가지고 있어야 합니다. 그런데 방향 정보를 가지면 시작 방향이 한 방향으로 고정되기 때문에 최소 거리/최소 비용 문제가 발생하면서 올바른 탐색을 수행할 수 없습니다.

하지만 미리 BFS를 여러 번 사용하겠다고 판단했기 때문에 이전 진행 방향을 추가해주는 것만으로 간단하게 문제를 해결할 수 있습니다.

```
〈1번 코드, size와 paths 변수를 그대로 사용〉
    def bfs(x, y, cost, path):
        graph = [[0] * size for _ in range(size)]
        for a in range(size):
            for b in range(size):
                if board[a][b] == 1: graph[a][b] = -1

        q = deque()
```

```
            q.append((x, y, cost, path))

        while q:
            x, y, cost, path = q.popleft()

            for i in range(len(paths)):
                nx = x + paths[i][0]
                ny = y + paths[i][1]

                if nx < 0 or nx >= size or ny < 0 or ny >= size or graph[nx][ny] ==
-1: continue

                if path == i: newcost = cost + 100
                else: newcost = cost + 600

                if graph[nx][ny] == 0 or (graph[nx][ny] != 0 and graph[nx][ny] >
newcost):
                    q.append((nx, ny, newcost, i))
                    graph[nx][ny] = newcost

        return graph[size - 1][size - 1]
```

이번에도 역시 어떤 탐색으로 어떻게 진행할지를 결정하는 것이 중요합니다. 다음 방향이 배열 범위를 벗어나서 방문할 수 없거나 계산한 비용이 이전보다 더 비싸다면 큐에 데이터를 추가하지 않고, 방문하지 않았거나 계산한 비용이 이전보다 더 싸다면 큐에 데이터를 추가합니다. 탐색 방향을 결정하는 조건을 잘못 구현하면 문제 풀이 자체가 틀어지므로 충분히 고민하고 구현해야 합니다.

마지막으로 다음 방향을 진행할 때 현재와 같은 방향이라면 직선 도로를 깔아야 하므로 100원, 다른 방향이라면 코너를 깔아야 하므로 600원을 추가해서 비용을 계산한 뒤, 이 값을 방문 배열에 넣으면 됩니다. 이러면 끝으로 갈수록 누적 비용이 만들어지며, 최종적으로는 맨 끝의 위치를 조회하면 결과 비용을 알아낼 수 있습니다.

3. 최소 비용을 판단합니다.

앞에서 나아갈 길이 코너인지, 직선인지 판단하기 위해선 이전 방향을 알아야 한다고 했습니다. 그러면 시작 방향이 고정되는 문제가 생기고 이를 해결하기 위해 첫 위치에서 나아갈 수 있는 모든 방향에서 BFS 탐색을 수행해야 한다고 했지요.

첫 위치는 배열의 좌측 상단이고, 여기서 갈 수 있는 방향은 아래 또는 오른쪽밖에 없습니다. 따라서 두 방향으로 BFS 탐색을 수행하고, 나온 결과에서 가장 최솟값을 선택해주면 문제를 해결할 수 있습니다.

```
def solution(board):
    <1번 코드, 탐색 준비>
    <2번 코드, BFS>
    return min(bfs(0, 0, 0, 2), bfs(0, 0, 0, 3))
```

처음 선언한 방향은 paths = [(-1, 0), (0, -1), (1, 0), (0, 1)]이므로 아래/오른쪽에 대응하는 위치를 잡아주면 됩니다.

전체 코드   12장/경주로_건설.py

```
from collections import deque

def solution(board):
    size = len(board)
    paths = [(-1, 0), (0, -1), (1, 0), (0, 1)]

    def bfs(x, y, cost, path):
        graph = [[0] * size for _ in range(size)]
        for a in range(size):
            for b in range(size):
                if board[a][b] == 1: graph[a][b] = -1

        q = deque()
        q.append((x, y, cost, path))

        while q:
            x, y, cost, path = q.popleft()

            for i in range(len(paths)):
                nx = x + paths[i][0]
                ny = y + paths[i][1]

                if nx < 0 or nx >= size or ny < 0 or ny >= size or graph[nx][ny] == -1:
continue

                if path == i: newcost = cost + 100
                else: newcost = cost + 600

                if graph[nx][ny] == 0 or (graph[nx][ny] != 0 and graph[nx][ny] >
newcost):
```

```
                    q.append((nx, ny, newcost, i))
                    graph[nx][ny] = newcost

        return graph[size - 1][size - 1]

    return min(bfs(0, 0, 0, 2), bfs(0, 0, 0, 3))
```

BFS의 코드 자체는 변한 것이 없지만, 이렇게 BFS를 여러 번 사용하도록 하는 변형 문제가 등장할 수 있습니다. 탐색 도중 처리할 사항에 맞춰서 변형이 이루어지므로, 무작정 구현하기보다 먼저 문제가 요구하는 사항을 잘 확인한 다음, 만족시킬 방법을 찾아야 합니다.

지금까지 BFS/DFS 문제 유형을 살펴봤습니다. 코드에 어느 정도 규칙이 존재하기 때문에 정형화된 코드 블록이 있으며, 아무리 어려운 문제라도 이 틀을 벗어나지 않습니다.[3]

핵심은 어떤 탐색으로 어떻게 진행할지를 결정하는 것입니다. 이 점을 잊지 마세요.

12.4 / 탐욕 알고리즘
SECTION

지금까지의 경험을 되짚어보면 최솟값/최댓값을 구하려면 항상 '전체 구성'을 바라봐야 했습니다. 다음 선택지에 제일 좋은 경우가 있더라도, 결과적으로 최선의 선택지가 아니라면 선택하지 않았습니다. 즉, 최선의 선택지라고 해서 골랐는데 그다음이 바로 최악의 선택지라면 종합적으로 최선의 경우를 선택했다고 할 수 없습니다. 따라서 전체 결과를 따져야만 하고, 전체 결과를 따지려면 완전 탐색이 필수적으로 요구되기 때문에 결국 모든 것을 확인하기 전까지는 최선의 선택지인지 판단하는 게 불가능했습니다.

물론 지금까지는 완전 탐색이 가능한 규모의 입력이 주어졌기 때문에 아무런 문제없이 코드를 작성했지만, 만약 입력 크기가 너무 커서 완전 탐색이 불가능하거나, 현실적으로 모든 경우의 수를 짚는 것이 어렵다면 주어진 선택지에서 가장 좋은 선택지를 계속 고르는 것이 차선책이 될 수 있습니다. 이 방법을 탐욕 알고리즘(greedy algorithm)이라고 합니다.

---

3 아직도 어떻게 동작하는지 잘 모르겠다면 11장에서 탐색을 구성하는 자료 구조를 한 번 더 확인해보세요.

12.4.1 현재 상황에서의 최선

탐욕 알고리즘(greedy algorithm, 그리디 알고리즘)은 '각 단계에서 미래를 생각하지 않고 현재 선택할 수 있는 것들 중에서 가장 최선의 선택만을 반복하는 알고리즘'입니다.

대신 '최선의 선택'에 대해서는 몇 가지 근거가 뒷받침되어야 합니다. 나름의 이유가 있다면 이 선택지가 전체적인 상황에서 최선이 아닐지라도 충분히 차선책으로 받아들일 수 있지만, 아무런 근거도 없이 그저 자신만의 기준으로 최선의 선택을 하게 되면 단순히 실행 속도만 빠른 알고리즘이 됩니다.

▼ **그림 12-8** 하지만 빨랐죠

코딩 테스트에서는 정확한 정답이 있어야 평가를 할 수 있기 때문에, 근사치를 구하고 얼마나 효율적인지 계산하는 문제는 등장하지 않습니다. 대신 정답이 반드시 나오는 주제를 중심으로 살짝 단순한 개념으로 변형되어 출제되며, 이 문제들은 두 가지 특징을 만족한다는 공통점이 있습니다.

1. 탐욕적 선택 속성(greedy choice property)

한 번 선택한 결과는 다음 선택에 어떠한 영향도 미치지 않아야 합니다. 각 단계마다 최선의 선택이 이루어지면 그걸로 끝이므로 이전 결과를 들여다볼 필요가 없으며, 이런 방식으로 최적의 해결책을 찾을 수 있다면 탐욕 알고리즘을 사용해서 문제를 해결할 수 있습니다.

2. 최적 부분 구조(optimal substructure)

작은 단위로 쪼개서 만든 문제에서 최적해가 나왔을 때, 큰 문제로 올라가더라도 똑같이 최적해를 만들어 낼 수 있어야 합니다. 기본적으로 작은 문제의 해답을 이용하여 큰 문제의 정답을 구하는 구조라면 이를 만족합니다.

똑같이 최적 부분 구조 조건을 요구하는 동적 프로그래밍과 비교하자면, 동적 프로그래밍은 작은 문제가 주어졌을 때 특정 계산법을 사용해서 최적의 정답을 이끌어내는 원리를 큰 문제에서도 활용하는 것이고, 탐욕 알고리즘은 작은 문제든 큰 문제든 항상 일관적으로 '최선의 경우'만을 선택해서 최적의 정답을 이끌어낸다고 이해하면 됩니다.

하지만 문제를 직접 푸는 입장에선 내용을 읽고 탐욕적 선택 속성인지, 최적 부분 구조인지 직접 판단해야 하므로 조금 부담스럽습니다. 탐욕 알고리즘으로 푸는 문제인 것처럼 보이지만, 사실은 동적 프로그래밍으로 풀어야 하는 경우도 있습니다. 또는 탐욕 알고리즘으로 푸는 게 맞는데, 접근법이 매우 어려워 한참을 고민할 수도 있고요. 풀이법 자체는 간단하지만, 주어진 문제에서 탐욕 알고리즘이 필요한지, 그중 어떤 방식을 사용해야 하는지 판단하는 건 쉽지 않습니다. 이를 증명하려면 수학적으로 접근해야 하는데, 이 자체가 어려우므로 약간의 꼼수로 증명할 수 있습니다.

한 가지 예를 들어봅시다. 손님에게 거스름돈을 줘야 하는데, 지금 500원, 100원, 50원, 10원짜리 동전만 있습니다. 1200원을 거슬러줘야 한다면 동전을 가장 적게 사용하는 방법은 무엇일까요? 만약 완전 탐색 방식을 적용한다면 동전 조합을 모두 알아보는 셈이 되니 엄청난 시간이 소요되지만, 큰 금액부터 처리한다면 500원 2개, 100원 2개를 선택하면 되므로 가장 적은 동전을 사용합니다.

만약 500원, 400원, 100원, 50원짜리 동전이 있다면(실제 400원짜리 동전은 없지만 예시로), 똑같이 큰 금액부터 처리한다고 했을 때 아까는 500원 2개에 100원 2개였지만, 지금은 400원 3개가 동전을 더 적게 사용합니다. 특정 기준으로 처리하는 방법 이외에 새로운 정답이 존재한다면, 최선의 선택을 했다고 해도 실제로는 최선의 선택이 아닐 수도 있기 때문에 탐욕 알고리즘을 사용해서 풀 수 없습니다.

똑같은 거스름돈 문제인데 어떤 경우에는 탐욕 알고리즘으로 풀리고, 어떤 경우에는 풀리지 않습니다. 유일한 차이는 주어진 동전일 뿐이지만, 이 차이가 탐욕 알고리즘의 사용 여부를 가릅니다. 직접적인 이유는 각 동전이 배수 관계(큰 금액의 약수)를 이루지 않아 최적 부분 구조가 성립하지 않아서 그렇습니다. 500원을 더 이상 사용할 수 없다면 500원보다 작은 금액으로 넘어가야 하는데, 각 금액이 배수 관계를 갖지 않으면 남은 금액을 채워나간다는 개념보다는 새로운 방법을 사용해서 문제를 푸는 것과 다름없어 최선의 경우를 선택해도 그 선택이 최선의 경우라고 보장할 수 없게 됩니다.

이처럼 문제가 탐욕 알고리즘을 사용할 수 있는지 수학적으로 판단하기 어렵다면 탐욕 알고리즘을 적용할 수 없는 경우를 하나 골라서 이 경우에 해당하는 방법으로 증명할 수 있습니다. 실제로는 다양한 변수가 있기 때문에 반드시 탐욕 알고리즘을 사용해야 하는지 확신하기는 어려워도, 적어도 확실하게 아닌 경우는 구분할 수 있습니다.

12.4.2 탐욕 알고리즘을 사용할 수 있는 경우와 사용할 수 없는 경우

그래도 문제가 출제되는 범위가 고정되어 있기 때문에 자주 등장하는 유형이 있기 마련이고, 이러한 유형을 기억하고 있으면 문제 풀이에 도움이 됩니다.[4] 단, 앞서 설명했듯이 똑같은 유형이라도 교묘하게 조건을 바꿔서 탐욕 알고리즘을 사용할 수 없게 만드는 경우가 있으니 반례 사항을 하나 만들어서 확인해볼 필요가 있습니다. 동적 프로그래밍의 특징이 드러난다면 꼭 한 번 더 확인합시다!

탐욕 알고리즘을 사용할 수 있는 경우

분할 가능한 배낭 문제

배낭에 물건을 넣을 때 가장 가치 있게 넣는 방법을 물어본다면 이 경우입니다. 예를 들어 배낭에는 15kg만큼 물건을 넣을 수 있는데, 각 물건의 무게와 가치가 주어지고 가장 고비용으로 담는 방법을 물어봅니다. 가치와 무게를 이용해서 가장 가성비가 좋은 물건을 담는 것으로 문제를 해결할 수 있습니다.

---

4 좀 더 자세한 내용은 https://www.geeksforgeeks.org/greedy-algorithms/를 참고하세요.

프림/크루스칼/다익스트라 알고리즘

일부 알고리즘은 구성 자체가 탐욕 방식을 기반으로 합니다. 다익스트라의 경우 11장에서 언급했듯이 탐욕적 선택을 해서 최선의 결과를 얻을 수 있습니다. 이와 같은 원리를 가지는 알고리즘이 몇 개 더 있습니다.

프림 알고리즘은 가중치가 있는 무방향 그래프에서 각 노드에서 뻗어나갈 수 있는 모든 간선의 비용을 비교해 가장 최소 비용이 되는 그래프를 만드는 알고리즘입니다. 간선을 설정할 때 '최소' 비용만을 살펴보면서 결정하므로 결론적으로 최소 신장 트리(MST, Minimum Spanning Tree) 구조를 만들 수 있습니다.

크루스칼 알고리즘은 프림 알고리즘과 기본적인 골자는 똑같지만 모든 간선을 가중치 기준으로 오름차순 정렬한 다음, 간선 순서대로 노드를 연결하는 알고리즘입니다.

다익스트라 알고리즘은 간선의 비용이 양수일 때 한 노드에서 다른 노드까지 가는 최단 거리를 찾아내는 알고리즘으로, 한 노드에 도달할 때마다 다음 노드까지의 거리를 갱신해가면서 최소 비용을 구하는 특징이 있습니다.

세 그래프 알고리즘 모두 '최소 비용'으로 간선을 잇는 방법을 제시하며, 주어진 상황에서 계속 최솟값을 선택하는 것만으로도 최적의 해를 구할 수 있습니다. 이런 알고리즘은 다른 문제에서도 종종 등장하므로 핵심 단어는 기억해두세요.

회의실 배정(작업 배정) 문제

각 회의의 시작 시간과 끝 시간이 정해져 있을 때 어떻게 회의 시간을 배정해야 가장 많이 회의를 진행할 수 있는지 물어보는 경우입니다(또는 명칭만 살짝 바꿔서 작업이라고 나와도 동일합니다). 가장 빨리 끝나는 회의를 기준으로 배정하면 최적의 해를 구할 수 있으며, 이를 위해 우선순위 큐를 사용하거나 정렬을 활용하는 등 여러 가지 개념을 함께 응용합니다.

허프만 코드

주어진 문자열을 압축할 때, 가장 빈도수가 많은 글자를 중심으로 문자열을 줄여나가는 알고리즘입니다. 단독으로는 잘 사용하지 않지만, 압축 기법에 탐욕 알고리즘을 적용한 방법은 허프만이 사실상 유일하기 때문에 간혹 어려운 문제에서 문자열을 다루는 용도로 등장하기도 합니다.

탐욕 알고리즘을 사용할 수 없는 경우

이진 트리의 최적 합 경로 문제

가장 쉬운 예로, 두 갈래 길이 있는데, 첫 번째 길은 처음에는 비용이 매우 싸지만 그 다음부터는 매우 비싼 비용을 가지고, 두 번째 길은 처음에만 비용이 비싸고 나머지는 매우 싼 비용을 가지고 있다고 합시다. 탐욕 알고리즘을 사용하면 무조건 비용이 싼 쪽을 선택하기 때문에 정답을 맞힐 수 없습니다(만약 비용이 음수라면 다익스트라 알고리즘까지 사용할 수 없습니다).

0-1 배낭 문제

기본적인 구조는 '분할 가능한 배낭 문제'와 동일하지만, 물건을 분할할 수 없다는 조건이 추가되어 넣느냐 혹은 넣지 못하느냐의 선택만 가능하다면 이 경우입니다. 단순히 가성비를 따지는 것이 아니라 이 물건을 넣었을 때의 이득 또는 넣지 않았을 때의 이득을 모두 비교해봐야 하기 때문에 탐욕 알고리즘으로는 문제를 풀 수 없습니다.

외판원 문제

n개의 도시를 최소 비용으로 방문하려고 하는데, 어떻게 돌아야 하는지를 물어본다면 이 경우입니다. 얼핏 보면 가장 싼 도시를 잘 고르면 될 것 같지만, 실제로는 모든 경우를 다 따져야 하기 때문에 다항 시간에는 절대로 풀 수 없는 NP-난해(NP-hard)[5] 문제입니다. 최적의 해는 동적 프로그래밍으로 구할 수 있지만, 탐욕 알고리즘은 사용할 수 없습니다. 모든 탐욕 알고리즘 문제는 동적 프로그래밍으로 교체해서 풀 수 있지만 그 반대는 성립하지 않습니다.

실제로는 이런 경우 말고도 탐욕 알고리즘을 사용할 수 있는 문제가 더 있으며, 계속해서 변형 문제가 출제되는 상황이라 탐욕 알고리즘을 적용하는 문제인지 모르는 경우도 많습니다. 하지만 유형의 특징상 문제를 출제하려면 최댓값/최솟값 같은 '최적의 해'를 구해야 하는데, 완전 탐색만으로는 접근하기 어려운 상황을 만들어야 하니 여러 제약 조건을 붙이는 등 탐욕 알고리즘으로 접근하라는 힌트가 자연스럽게 드러나므로 생각보다 쉽게 판단할 수 있을 것입니다.

---

5 NP에 속하는 모든 판정 문제를 다항 시간에 다대일로 환산할 수 있는 문제들의 집합을 말하며, https://ko.wikipedia.org/wiki/NP-난해를 참고하세요.

12.4.3 다양한 문제 풀이

언제나 그렇지는 않지만, 한 번 통과하면 마법처럼 풀리는 문제들입니다. 어떤 고민도 하지 않고 현재 선택지에서 최선의 선택을 고르는 것만으로도 정답이 나오는 상황을 직접 확인해보면서, 최선의 선택이 어떤 것인지에 대해 정확하게 정의하는 연습을 합시다.

문제 **63** ── **조이스틱 - Level 2**

URL https://school.programmers.co.kr/learn/courses/30/lessons/42860

조이스틱으로 알파벳 이름을 완성하세요. 맨 처음엔 A로만 이루어져 있습니다.

ex) 완성해야 하는 이름이 세 글자면 AAA, 네 글자면 AAAA

조이스틱을 각 방향으로 움직이면 아래와 같습니다.

▲ - 다음 알파벳
▼ - 이전 알파벳 (A에서 아래쪽으로 이동하면 Z로)
◀ - 커서를 왼쪽으로 이동 (첫 번째 위치에서 왼쪽으로 이동하면 마지막 문자에 커서)
▶ - 커서를 오른쪽으로 이동 (마지막 위치에서 오른쪽으로 이동하면 첫 번째 문자에 커서)

예를 들어 아래의 방법으로 "JAZ"를 만들 수 있습니다.

- 첫 번째 위치에서 조이스틱을 위로 9번 조작하여 J를 완성합니다.
- 조이스틱을 왼쪽으로 1번 조작하여 커서를 마지막 문자 위치로 이동시킵니다.
- 마지막 위치에서 조이스틱을 아래로 1번 조작하여 Z를 완성합니다.

따라서 11번 이동시켜 "JAZ"를 만들 수 있고, 이때가 최소 이동입니다.

만들고자 하는 이름 name이 매개변수로 주어질 때, 이름에 대해 조이스틱 조작 횟수의 최솟값을 return하도록 solution 함수를 만드세요.

제한 사항

- name은 알파벳 대문자로만 이루어져 있습니다.
- name의 길이는 1 이상 20 이하입니다.

입출력 예

name	return
"JEROEN"	56
"JAN"	23

어릴 적 문방구 오락기를 본 적이 있다면 익숙할 것입니다. 게임을 다 깼을 때, 최고 점수와 이름을 지정하라는 화면이 뜨면 조이스틱으로 직접 조작해서 이름을 만들어줘야 했습니다.

문제를 하나씩 정리해보면, 처음 글자는 AAA처럼 항상 A로 고정되어 있습니다. 이때 조이스틱을 조작해서 글자를 변경하는데, 좌/우는 바꿀 글자의 위치를 변경하고, 상/하는 글자를 바꾸는 역할을 합니다. 이런 조작 체계에서 특정 닉네임을 만들고 싶을 때 조이스틱을 가장 적게 조작해서 결과를 얻는 방법을 알아내야 합니다.

간단합니다. 만들 알파벳이 A에서 가까운지 아니면 Z에서 가까운지를 판단해서 더 가까운 쪽으로 조이스틱을 움직이면 됩니다. 이때 그 숫자를 어떻게 계산할지 고민하는 것이 문제를 풀기 위한 조건이 될 것이고, 조건을 만족시키는 공식을 도출해야 문제를 풀 수 있습니다.

먼저 조이스틱을 움직이는 조건을 이해하기 쉽게 과정으로 정리해봅시다.

1. 조이스틱을 상/하로 움직입니다.

이름을 바꾸려면 조이스틱을 상/하로 움직여야 하는데, 알파벳이 어디에 위치하는지에 따라 방향이 달라집니다. 알파벳은 모두 26개이기 때문에 A에서 시작하면 M까지가 가장 적게 움직일 수 있는 분기점이고, Z에서 시작하면 N까지가 가장 적게 움직일 수 있는 분기점입니다.

1-1. A에서 시작했을 때

움직인 횟수를 계산하려면 역시 문자를 숫자로 바꾸는 것이 가장 좋습니다. ord() 함수를 사용합니다. 그러면 A에서 시작했을 때 조이스틱을 위로만 움직여서 도달한다는 의미이므로 'ord(〈도달할 글자〉) - ord('A')'가 됩니다.

1-2. Z에서 시작했을 때

Z에서 시작한다면, 아스키코드의 특성상 Z가 가장 크기 때문에 거꾸로 Z의 숫자에서 도달할 글자의 숫자를 빼줘야 합니다. 'ord('Z') - ord(〈도달할 글자〉)'입니다. 단, Z에서 시작한다는 의미는 처음 A에서 조이스틱을 한 번 아래로 움직였기 때문에 + 1이 포함되어야 합니다. 따라서 전체 공식은 'ord('Z') - ord(〈도달할 글자〉) + 1'이 됩니다.

2. 조이스틱을 좌/우로 움직입니다.

글자를 바꾸기 위해 이동하려면 조이스틱을 좌/우로 움직여야 하는데, 사실 상/하로 움직일 때와 똑같이 어떻게 움직이는 것이 가장 좋은지 고민할 필요가 있습니다. 만약 만들어야 하는 단어가 JAF라면 시작 단어가 AAA이기 때문에 먼저 첫 글자를 J로 바꾼 뒤 다음 글자로 건너가야 하는데 오른쪽의 글자는 A이므로 더 이상 바꿀 필요가 없습니다.

대신 왼쪽으로 조이스틱을 조작해 마지막 글자로 넘어가면 바꿔야 할 글자가 있는 위치로 한 번만에 이동할 수 있습니다. 이렇게 오른쪽으로 이동하지 않고 왼쪽으로 이동했을 때 더 빨리 넘어갈 수 있는지도 계산해야 합니다.

2-1. 다음 글자를 바꿀 필요가 없을 때

다음 글자를 바꿀 필요가 없는 상황은 크게 두 가지일 겁니다. 말 그대로 다음 글자가 A라서 바꿀 필요가 없거나, 더 이상 바꿀 글자가 없는거죠. 이 두 가지의 차이를 정확하게 이해해야 문제를 풀 수 있습니다.

먼저 더 이상 바꿀 글자가 없는 경우부터 확인해봅시다. 기본적으로 오른쪽 표기법을 사용하니 오른쪽으로 커서를 옮긴다고 생각해봅시다. 바꿔야 할 단어가 JAAAAA라고 했을 때, 첫 글자만 바꾸면 다음 글자를 바꿀 필요가 없으니 더 이상 조이스틱을 움직이지 않아도 되지만 프로그램의 논리로는 정말 바꿀 글자가 없는지 확인해야 하므로 다음 단어가 계속 A인지에 대해서 확인하는 과정이 필요합니다.

2-2. 다음 글자를 바꿀 필요가 있을 때

만약 바꿀 글자가 있다면 이에 대해 계산해야 합니다. 만들 단어가 JAAADA라면 A가 3번 연속으로 등장하지만 결국 D로 바꿔야 할 위치에 도착해야 수정이 가능하므로 이 위치를 계산할 공식이 만들어져야 합니다. 즉, 현재 위치에서 왼쪽으로 이동해서 끝에서부터 커서를 움직이는 게 더 빠른지, 아니면 오른쪽으로 커서를 움직이는 게 더 빠른지를 계산해야 합니다.

그러나 A가 등장하는 조건에 별다른 제약이 없으므로 언제든지 A가 등장할 수 있습니다. 따라서 무작정 커서를 기준으로 위치를 계산하면 매 순간마다 왼쪽으로 갈지 오른쪽으로 갈지 고민해야 합니다. 이것도 하나의 방법이 될 수 있지만, 현재 위치에서 다시 반대편으로 가는 한이 있더라도 한 방향으로만 나아가 최대한 긴 A를 피하면서 글자를 수정하는 것이 제일 효율적입니다.

즉, 처음부터 모두 하나씩 수정해야 해서 일직선으로 가는 경우 vs 오른쪽으로 나아가다가 첫 A가 나오는 곳에서 반대 방향으로 가는 경우 vs 왼쪽으로 나아가다가 첫 A가 나오는 곳에서 반대 방향으로 가는 경우, 세 가지를 비교해서 가장 적게 움직일 수 있는 경우를 찾으면 됩니다.

이제 이 과정을 토대로 코드를 작성하겠습니다. 공식을 바로 이해하기 어렵다면 풀이 과정을 보면서 천천히 분석해보세요.

코드 작성

1. 초기 할당을 진행합니다.

어떤 문제든 초기 변수를 할당해야 합니다. 다만 그전까지는 초기 할당에서 필요한 작업이 포함되었기 때문에 과정이 길었던 것이고, 구현 단원에서는 초기 설정 과정을 제외한다면 거의 대부분 이 수순을 밟습니다.

```python
def solution(name):
    answer = 0
    size = len(name)
    min_move = size - 1
```

모든 글자를 하나씩 수정했을 때를 가정해 최소 움직임을 '배열의 전체 크기 − 1'로 설정합니다.

2. 조이스틱을 조작해 글자를 입력합니다.

조이스틱을 직접 조작해서 움직인 횟수를 알아내야 합니다. 상/하는 알파벳 위치에 근거하여 계산하고, 좌/우는 현재 위치에서 가장 큰 A를 피하는 설계로 접근하면 됩니다.

```python
for idx, char in enumerate(name):
    answer += min(ord(char) - ord('A'), ord('Z') - ord(char) + 1)

    next_idx = idx + 1
    while next_idx < size and name[next_idx] == 'A': next_idx += 1

    min_move = min([min_move, 2 * idx + size - next_idx, idx + 2 * (size - next_idx)])
```

당연하지만 다음 글자의 위치 자체는 A가 아닌 첫 번째 글자의 위치로 두어야 합니다. 무조건 A만 넘긴다고 생각하면서 진행하면 모든 글자를 넘겨 버릴수도 있습니다.

3. 좌/우로 움직인 횟수와 상/하로 움직인 횟수를 합쳐서 반환합니다.

상/하로 움직인 횟수는 매 순간마다 계속 더해지지만, 좌/우로 움직인 횟수는 최소 수치가 나올 때까지 계속해서 값을 갱신하는 구조입니다. 따라서 두 숫자를 마지막에 따로 더해야 올바른 결과가 나옵니다.

```
        answer += min_move
    return answer
```

12장/조이스틱.py

전체 코드

```
def solution(name):
    answer = 0
    size = len(name)
    min_move = size - 1

    for idx, char in enumerate(name):
        answer += min(ord(char) - ord('A'), ord('Z') - ord(char) + 1)

        next_idx = idx + 1
        while next_idx < size and name[next_idx] == 'A': next_idx += 1

        min_move = min([min_move, 2 * idx + size - next_idx, idx + 2 * (size - next_idx)])

        answer += min_move
    return answer
```

이 문제는 '탐욕의 기준'을 어떻게 이해하고 구현하는지에 따라 정답 여부가 결정됩니다. 만약 좌/우 선택 기준이 '현재 위치에서 왼쪽/오른쪽으로 향했을 때 가장 짧은 거리'라고 한다면, 다음과 같은 형식으로 코드를 짤 수 있을 겁니다.

```
pos = [min(ord(i) - ord('A'), ord('Z') - ord(i) + 1) for i in name]

answer += pos[idx]
pos[idx] = 0
left, right = 1, 1
while pos[idx - left] == 0: left += 1
while pos[idx + right] == 0: right += 1

answer += left if left < right else right
idx += -left if left < right else right
```

현재 위치에서 가장 빠르게 갈 수 있는 경우를 비교하는 거라면 제법 합리적이고, 탐욕적인 접근처럼 보입니다. 하지만 이 코드는 다음과 같은 경우에 실패합니다.

테스트 3
입력값 〉 "BBABAAAB"
기댓값 〉 9
실행 결과 〉 실행한 결괏값 11이 기댓값 9와 다릅니다.

무엇이 문제였을까요? 바로 앞의 코드에서 했던 방법을 주황색으로, 실제 최선의 경우를 회색으로 나열해보면 다음과 같은 일이 일어났다는 사실을 알 수 있습니다.

▼ **그림 12-9** 그 선택이 정말 '최선의 선택' 맞아?

분명히 제일 적게 움직인다고 생각했는데, 실제로는 그렇지 않았습니다. 이처럼 **탐욕의 기준은 주관적인 견해에서 나오는 경우가 많아** 반례를 만나기 전까지는 정말로 최선의 선택인지를 판단하기 어렵습니다. 사람의 기준에서 보면 커서를 뒤로 옮기면서 알파벳을 바꾸는 게 더 비효율적이라고 생각하기 때문에 이렇게 푸는 게 무심코 당연하다고 생각합니다.

그래서 탐욕 알고리즘을 사용하는 문제가 보기와 달리 살벌한 난이도를 갖고 있는 것이죠. 이 선택이 최선의 선택이라는 것을 증명해야 하기 때문에, 어설프게 접근하면 정답을 구할 수 없습니다. 정말 많은 반례를 생각해보고 확인해야 문제가 풀리는 경우가 많습니다.

큰 수 만들기 - Level 2

URL https://school.programmers.co.kr/learn/courses/30/lessons/42883

어떤 숫자에서 k개의 수를 제거했을 때 얻을 수 있는 가장 큰 숫자를 구하려 합니다.

예를 들어, 숫자 1924에서 수 두 개를 제거하면 [19, 12, 14, 92, 94, 24]를 만들 수 있습니다. 이 중 가장 큰 숫자는 94입니다.

문자열 형식으로 숫자 number와 제거할 수의 개수 k가 solution 함수의 매개변수로 주어집니다. number에서 k개의 수를 제거했을 때 만들 수 있는 수 중 가장 큰 숫자를 문자열 형태로 return하도록 solution 함수를 완성하세요.

제한 조건

- number는 2자리 이상, 1,000,000자리 이하인 숫자입니다.
- k는 1 이상 number의 자릿수 미만인 자연수입니다.

입출력 예

number	k	return
"1924"	2	"94"
"1231234"	3	"3234"
"4177252841"	4	"775841"

문제 풀이

가장 먼저 완전 탐색이 떠올랐다면 일단 멈춰야 합니다. 자릿수가 100만인데, 제거할 수 있는 k개의 숫자가 100만 미만입니다. 조합을 사용하면 구현할 수 있겠지만 정말 대충 계산해도 최악의 경우로 100만 자리 중에 50만을 제거하라고 한다면 $_{1000000}C_{500000}$이 나오게 되므로($O(2^n)$) 10초는커녕 10분이 지나도 정답이 나올 수 있을지 모릅니다.

이렇게 완전 탐색으로는 풀 수 없지만, 주어진 선택지에서 최선의 선택을 해야 한다는 사실은 변하지 않으므로 탐욕 알고리즘을 사용해서 문제를 풀어보겠습니다. 그렇다면 '어떤 선택이 최선의 선택'인지에 대한 기준이 필요하니, 문제를 잘 읽어보고 원하는 결과를 어떻게 얻어낼 수 있을지를 생각해봅시다.

요구하는 정답은 k개의 수를 제거했을 때 가장 큰 숫자인데, 숫자를 제거할 때 각 숫자의 위치가 뒤바뀌지는 않습니다. 그리고 다른 조건에서도 위치를 바꾸라는 지시는 없습니다. 그렇다면 제거하라는 숫자 중에서 적절히 작은 숫자만 제거해서 큰 숫자를 만들면 충분히 가능할 것으로 보입니다.

하지만 '적절히' 작은 숫자를 제거하는 것은 또 다른 문제입니다. 일단 큰 숫자라고 했으니 최대한 큰 숫자가 앞 자릿수에 위치하면 될 것 같지만 다음 숫자가 더 큰지 작은지 판단해야 하는 상황에서 무작정 큰 숫자를 변수로 가지고 있는 건 어렵습니다.

그래도 여러분은 이미 비슷한 문제를 풀어본 경험이 있습니다. 11장의 '주식 가격' 문제가 이런 상황이었습니다. 가격이 떨어지는 순간을 확인하려면 스택을 사용해서 가장 마지막으로 담긴 데이터가 현재 숫자보다 작은지 검사해야 했습니다. 이번 문제도 똑같이 적용하면 숫자가 커지는 순간, 즉 지금 선택한 숫자보다 더 큰 숫자가 존재하면 해당 숫자로 교체해 고점의 흐름을 유지할 수 있습니다.

코드 작성

1. 정답을 받을 변수를 생성합니다.

여기까지는 기본으로 제공하는 코드입니다. 앞으로 이 변수를 조작하면서 데이터를 관리할 것입니다.

```python
def solution(number, k):
    answer = []
```

2. 스택 기법을 사용해 고점을 유지합니다.

주식 가격과 동일하게 계속 고점을 유지하도록 만들어주면 됩니다. 단, 이번에는 접근법이 약간 다릅니다. 주식 가격은 상한이 얼마나 지속되는지를 알기 위해 마지막 시점을 담아 둘 목적으로 스택을 사용했지만 이번 경우에는 현재 숫자보다 더 큰 숫자가 있다면 이전 숫자를 모두 버려야 할 필요가 있어 데이터의 흐름을 한 방향으로 만들어주는 큐를 사용해야 합니다.

```python
for num in number:
    while k > 0 and answer and answer[-1] < num:
        answer.pop()
        k -= 1
    answer.append(num)
```

1231234를 기준으로 직접 해봅시다. 처음에 값으로 1이 들어갔는데, 다음 숫자를 보니 더 큰 숫자를 가지고 있었기 때문에 큐를 전부 비우고 새로 2를 넣습니다. 다음 숫자도 동일하게 더 큰 숫자가 있었으니 비우고 3을 넣습니다. 다음 숫자는 현재 가지고 있는 가장 최근 숫자보다 작기 때문에 큐에 데이터를 넣습니다. 이 과정을 계속 반복하다 보면 자연스럽게 정답 배열에는 3, 2, 3, 4 가 들어가 있습니다.

참고로 k개를 선택해야 하므로 k개 조건을 맞추기 위해 숫자를 하나 선택할 때마다 개수를 깎아줘야 합니다. 또한, 큐 조건을 고려하기 이전에 최대 삭제 조건이 먼저 지켜져야 합니다.

3. 글자를 전부 합쳐서 반환합니다.

나온 결과는 분리되어 있는 문자입니다. 이 문자 배열을 합쳐서 하나의 문자열로 만들어야 하는데, 한 가지 처리할 예외 사항이 있습니다. 만약 나온 숫자가 모두 자신보다 작은 숫자라 계속해서 큐에 들어가게 되어 숫자를 k개만큼 제거하지 못하고 반복문에서 벗어났다면 가장 마지막 숫자를 지워서 제일 큰 숫자를 만들어줘야 합니다.

```python
return ''.join(answer[:len(answer) - k])
```

이 예외 처리를 하지 않고 제출하면 12번 테스트 케이스가 틀립니다.

전체 코드   12장/큰_수_만들기.py

```python
def solution(number, k):
    answer = []

    for num in number:
        while k > 0 and answer and answer[-1] < num:
            answer.pop()
            k -= 1
        answer.append(num)
        print(answer)

    return ''.join(answer[:len(answer) - k])
```

이번 문제의 탐욕은 '작은 숫자를 제거해서 큰 수를 만드는 것'이었습니다. 사람이 직접 문제를 푼다면 첫 자릿수의 숫자를 가장 크게 하기 위해 작은 숫자를 하나씩 지워나갈 테니, 방식을 비교하면 큰 차이가 없습니다. 이렇게 풀리는 문제는 곧장 풀릴 정도로 굉장히 편한 문제입니다.

또 비슷한 문제 풀이 경험이 있다 보니 코드의 형태를 어떻게 만들어야 할지 감이 오는 것도 체감 난이도를 떨어뜨리는 원인이 되었습니다. 만약 이런 경험이 없었다면, '프로그램적으로 어떻게 마지막 숫자보다 큰 숫자를 유지해야 할지'부터 큰 고민거리가 되었을 것입니다.

구명보트 - Level 2

URL https://school.programmers.co.kr/learn/courses/30/lessons/42885

무인도에 갇힌 사람들을 구명보트를 이용하여 구출하려고 합니다. 구명보트는 작아서 한 번에 최대 **2명**씩밖에 탈 수 없고, 무게 제한도 있습니다.

예를 들어, 사람들의 몸무게가 [70kg, 50kg, 80kg, 50kg]이고 구명보트의 무게 제한이 100kg이라면 2번째 사람과 4번째 사람은 같이 탈 수 있지만 1번째 사람과 3번째 사람의 무게의 합은 150kg이므로 구명보트의 무게 제한을 초과하여 같이 탈 수 없습니다.

구명보트를 최대한 적게 사용하여 모든 사람을 구출하려고 합니다.

사람들의 몸무게를 담은 배열 people과 구명보트의 무게 제한 limit가 매개변수로 주어질 때, 모든 사람을 구출하기 위해 필요한 구명보트 개수의 최솟값을 return하도록 solution 함수를 작성해주세요.

제한 사항

- 무인도에 갇힌 사람은 1명 이상 50,000명 이하입니다.
- 각 사람의 몸무게는 40kg 이상 240kg 이하입니다.
- 구명보트의 무게 제한은 40kg 이상 240kg 이하입니다.
- 구명보트의 무게 제한은 항상 사람들의 몸무게 중 최댓값보다 크게 주어지므로 사람들을 구출할 수 없는 경우는 없습니다.

입출력 예

people	limit	return
[70, 50, 80, 50]	100	3
[70, 80, 50]	100	3

문제 풀이

무인도에 갇힌 사람을 구명보트로 구조하는 문제입니다. 하지만 무게 제한과 인원 제한이 있어 한 번에 모든 사람을 구출하기는 어려운 실정이라, 여러 개의 구명보트를 사용하기로 결정했습니다. 대신 구명보트를 가장 적게 사용해서 구조하려고 한다면 몇 개의 구명보트가 필요한지 계산해야 합니다.

보통 이런 문제가 주어지면 탐욕 방식을 적용한다고 했을 때 가장 가벼운 사람 순서대로 구명보트에 태우는 방법을 생각하게 됩니다. 가벼운 사람끼리 짝지어야 구명보트에 여러 명이 탈 수 있는 확률이 높아지므로 어떻게 보면 당연한 접근 방법입니다. 하지만 많이 탈 수 있는 확률과 최선의 경우는 바로 직결되지 않습니다. 극단적인 경우를 한 번 고려해봅시다.

만약 구명보트의 무게 제한이 100kg인데, 사람들의 몸무게가 [40, 40, 60, 60]이라면 가벼운 사람끼리 묶어서 보트를 타면 [40, 40] 1개, [60] 1개, [60] 1개로 총 3개가 필요하지만, 실제로는 [40, 60]으로 묶어 총 2개의 구명보트만 사용해도 모든 사람을 구출할 수 있습니다. 즉, 문제에서 말하는 최선의 선택은 **구명보트가 견딜 수 있는 최대 무게에 최대한 가깝게 사람을 태우는 것**이라고 해석할 수 있습니다.

그렇다면 일단 정렬을 하되, 가장 가벼운 사람과 가장 무거운 사람을 동시에 태워 평균적인 무게를 맞춰준다면 어떨까요? 이번에도 극단적인 경우를 생각해봅시다. 사람들의 몸무게는 이전과 똑같이 [40, 40, 60, 60]이지만, 구명보트의 무게 제한이 10kg 줄어 90kg라고 한다면 이전과 같은 풀이처럼 [40, 60]으로 묶을 경우 무게 초과가 되어 정답이 나오지 않습니다. 따라서 [40, 40], [60], [60]이 유일한 해결책이며, 이번에는 총 3개의 구명보트가 필요합니다.

어떤 경우는 가벼운 사람끼리 보내는 것이 맞고, 어떤 경우는 평균을 맞춰줘야 합니다. 상황마다 기준이 달라지는군요. 이러면 공통점을 찾기 어렵습니다. 탐욕 알고리즘을 이용한 문제는 이렇게 상황마다 다른 경우를 어떻게 포괄적으로 해결할 수 있는지 물어보는 경우가 많습니다. **그리고 보통 이를 해결할 때는 특별한 개념을 사용하는 것이 아니라 기존의 개념을 응용합니다.**

다시 한번 문제를 잘 읽어봅시다. 구명보트에는 최대 2명의 인원이 탑승할 수 있고, 최대 무게 제한이 있다고 했습니다. 사람들은 다양한 몸무게를 가지고 있지만, 항상 가장 가벼운 사람의 몸무게보다는 큰 제한을 가지도록 설계되어 있습니다. 따라서 최악의 경우로 모든 사람의 몸무게가 40kg, 구명보트도 40kg 무게 제한을 가지고 있는 상황이라고 해도 보트 하나당 한 명씩 타면 되므로 어떤 경우라도 남은 인원이 줄어들게 됩니다. 여기서 보트를 줄인다고 한다면 최대한 많은 사람을 두 명씩 짝지어서 보트에 태우는 것이라고 할 수 있습니다.

결국 가장 가벼운 사람끼리 태워도 하나의 방법이 되고, 가벼운 사람과 무거운 사람을 같이 태워도 하나의 방법이 됩니다. 모두 나름의 근거가 있고 실제로 그렇게 해야 정답이 나오므로, 두 접근법을 모두 만족시킬 수 있는 하나의 방법으로 구현하는 것이 가장 좋습니다.

두 방법의 공통점은 데이터를 정렬하는 것이네요. 데이터를 정렬하고 그중 두 개를 선택하는 것이라면 **투 포인터를 사용할 수 있습니다.** 이번에는 범위가 아니라 포인터가 가리키는 데이터 두 개를 활용할 것이지만, 기본적인 논리는 동일합니다. 두 데이터를 합쳤을 때 보트의 최대 한계보다 크다면, 큰 쪽의 포인터를 앞으로 당기고, 작다면 작은 쪽의 포인터를 뒤로 밉니다. 이 둘이 이동하다가 어느 시점에서 서로를 넘어서게 되면, 탐색을 종료합니다.

코드 작성

1. 데이터를 정렬합니다.

먼저 데이터를 정렬해서 가장 가벼운 사람이 앞으로 오도록 만듭니다. 데이터를 정렬하는 이유는 아무 사람이나 두 명 선택해서 보트에 태울 수 있을지 기대하는 것보다, 작은 사람부터 두 명 선택해서 보트에 태울 수 있는지 기대하는 것이 더 최선이기 때문입니다. 마찬가지로 작은 사람 + 큰 사람의 조합으로 평균을 낸다고 하더라도 아무 사람이나 선택하는 것보다는 좋은 선택이 될 확률이 높습니다.

```python
def solution(people, limit):
    answer = 0
    people.sort()
```

2. 투 포인터를 사용해 짝지을 수 있는 사람의 수를 확인합니다.

투 포인터를 사용해 두 명씩 태울 수 있는 경우가 몇 가지인지 확인합니다. 모든 사람을 바로 다 태우는 것이 아니라, 두 명끼리 조합할 수 있는 경우를 찾는 것임을 기억합시다.

```python
a = 0
b = len(people) - 1
while a < b :
    if people[b] + people[a] <= limit :
        a += 1
        answer += 1
    b -= 1
```

기본적으로 투 포인터는 두 사람을 선택한다는 전제 조건 때문에, 한 사람만 탈 수 있는 조건을 생각하지 않습니다. 사용에 유의해주세요.

3. 전체 인원에서 두 사람씩 탈 수 있는 경우를 뺀 결과를 반환합니다.

얻은 결과는 몇 명이 짝지을 수 있는지에 대한 것이니, 나머지는 한 사람씩 탔다고 가정하고 전체 인원에서 짝지어진 보트 개수를 빼주면 됩니다.

```python
return len(people) - answer
```

전체 코드

```python
def solution(people, limit):
    answer = 0
    people.sort()

    a = 0
    b = len(people) - 1
    while a < b :
        if people[b] + people[a] <= limit :
            a += 1
            answer += 1
        b -= 1

    return len(people) - answer
```

이처럼 탐욕 알고리즘의 조건을 만족하지 않는다고 해서 무조건 다른 방법을 찾지 않아도 됩니다. 몇 가지 가설 중에서 일부 결과가 만족하는 상황이 나온다면, 어떤 공통점이 있는지 살펴보고 이 공통점들을 구현해줄 수 있는 자료 구조나 구현 방법을 떠올리고 그에 맞춰주면 풀 수 있습니다. 따라서 탐욕 알고리즘으로 문제를 풀 때는 어떻게 최선의 선택을 할 것인지 정하고, 그 최선의 선택을 구현할 수 있는 방법을 올바르게 떠올리는 것이 가장 중요합니다.

단속 카메라 - Level 3

URL https://school.programmers.co.kr/learn/courses/30/lessons/42884

고속도로를 이동하는 모든 차량이 고속도로를 이용하면서 단속용 카메라를 한 번은 만나도록 카메라를 설치하려고 합니다.

고속도로를 이동하는 차량의 경로 routes가 매개변수로 주어질 때, 모든 차량이 한 번은 단속용 카메라를 만나도록 하려면 최소 몇 대의 카메라를 설치해야 하는지를 return하도록 solution 함수를 완성하세요.

제한 사항

- 차량의 대수는 1대 이상 10,000대 이하입니다.
- routes에는 차량의 이동 경로가 포함되어 있으며 routes[i][0]에는 i번째 차량이 고속도로에 진입한 지점, routes[i][1]에는 i번째 차량이 고속도로에서 나간 지점이 적혀 있습니다.
- 차량의 진입/진출 지점에 카메라가 설치되어 있어도 카메라를 만난 것으로 간주합니다.
- 차량의 진입 지점, 진출 지점은 -30,000 이상 30,000 이하입니다.

입출력 예

routes	return
[[-20, -15], [-14, -5], [-18, -13], [-5, -3]]	2

입출력 예 설명

-5 지점에 카메라를 설치하면 두 번째, 네 번째 차량이 카메라를 만납니다.

-15 지점에 카메라를 설치하면 첫 번째, 세 번째 차량이 카메라를 만납니다.

문제 풀이

> **잠깐만요**
>
> 들어가는 지점(진입점)은 나가는 지점(진출점)보다 항상 크다는 숨겨진 조건이 있습니다.

각 차량의 이동 경로를 파악해서 가장 적은 수의 감시 카메라로 모든 차량을 확인할 수 있는 방법을 물어보는 문제입니다. 각 차량은 들어가는 지점과 나가는 지점이 존재하므로 최소한으로 감시 카메라를 설치하고 싶다면 두 지점에 상관없이 가장 많이 통과하는 지점을 기준으로 삼으면 됩니다.

아무래도 지점이 여러 개이고 겹치는 부분이 있다 보니 딕셔너리를 사용해 가장 많이 겹친 지점을 찾으면 문제를 풀 수 있을 것 같지만 아쉽게도 그렇게 간단하게 풀리지는 않습니다. 딕셔너리를 사용하는 이유 중 하나는 데이터를 관리하기 위함(추가/삭제 및 탐색)인데, 각 데이터들을 하나의 자료형으로 묶어서 얻을 수 있는 이득이 없습니다. 오히려 고민할 것만 늘어나는 결과로 돌아옵니다.

문제 접근이 어렵고 떠오르는 방식이 잘 맞지 않아서 감이 오지 않는다면, 문제를 작게 쪼개봅시다. 큰 그림에서 흐름이 보이지 않으니, 작게 쪼개 최적의 해를 구해보는 겁니다. 여기서 어떤 방식으로 최적의 해를 구할 수 있는지에 따라 동적 프로그래밍 또는 탐욕 알고리즘으로 나뉩니다.

먼저 문제의 전제 조건부터 확인해봅시다. 분명히 '모든 차량이 단속용 카메라를 한 번은 만나도록' 카메라를 배치해야 한다고 했습니다. 최대한 많은 차량이 아니라 모든 차량이 대상이므로 첫 카메라의 위치가 굉장히 중요하다는 사실을 알 수 있습니다. 따라서 처음 고속도로에 들어오는 차가 기준이 될 것이니, 가장 먼저 나가는 차량을 기준으로 삼아야 한다는 결론을 내릴 수 있게 됩니다(진입 시점도 생각해볼 수 있으나 극단적으로 한 대의 차만 들어오는 시간이 $-30,000$이라고 하면 다른 차량과 엮일 확률이 매우 낮아집니다).

다음으로 입출력 예를 보면, -5 지점에 카메라를 설치하면 두 번째 차량의 진출 시점과 네 번째 차량의 진입 시점에 두었기 때문에 한 개의 카메라에 두 대의 차량을 기록할 수 있습니다. 동일하게 -15 지점에 카메라를 설치하면 첫 번째 차량의 진출 지점과 세 번째 차량이 지나는 시점에 두었기 때문에 역시 한 카메라에 두 대의 차량을 기록할 수 있습니다.

요약하면 첫 번째 카메라는 처음으로 나가는 차량의 진출 지점에다 달고, 두 번째 이후의 카메라는 첫 번째 카메라에 해당하지 않는 차량들의 진출 지점 중 마지막으로 위치한 카메라의 지점과 가장 가까운 지점에 달면 된다는 의미입니다. 이 조건을 만족할 수 있는 가장 쉬운 방법은 진출 지점을 기준으로 데이터를 정렬하는 것입니다.

결국 진출 지점을 기준으로 정렬된 데이터에서 첫 번째 카메라 위치가 선정되면, 그다음부터는 첫 번째 카메라에 해당하지 않는 차량들만 계속해서 확인하면 모든 차량을 확인할 수 있는 카메라의 개수를 구할 수 있습니다.

코드 작성

1. 주어진 데이터를 진출 시점으로 정렬합니다.

첫 번째로 들어오는 차량부터 카메라에 찍히지 않으면 모든 차량을 본다는 조건에 맞지 않으므로, 반드시 먼저 처리해야 합니다. 대신 들어오는 시점에 카메라를 두는 것보다 나가는 시점에 카메라를 두는 것이 다른 차량하고 엮일 수 있는 확률이 더 높으므로 나가는 시점으로 기준으로 정렬을 합니다.

```python
def solution(routes):
    routes = sorted(routes, key=lambda x: x[1])
    last_camera = -30001
    answer = 0
```

또 마지막으로 설치한 카메라의 지점을 갱신할 수 있도록 최솟값을 부여합니다. 문제의 최대 크기에 맞게 −30,001로 주었습니다. 더 작은 값을 사용해도 무방합니다.

2. 새 차량이 진입하는 지점에서 카메라가 존재하는지 판단합니다.

첫 카메라는 진출 시점에서 잡는다고 했지만, 카메라가 이미 존재하는지를 판단할 때는 단순히 첫 진입 지점에서 확인해도 됩니다. 카메라가 있는 지점을 잠깐이라도 지나가기만 한다면 찍힌 것으로 판단할 수 있으므로, 가장 먼저 만나는 순간인 진입 시점에서 검사하고 그렇지 않으면 해당 차량의 지점 이탈 순간을 기준으로 새 카메라를 배치하면 됩니다.

```python
for route in routes:
    if last_camera < route[0]:
        answer += 1
        last_camera = route[1]
```

요점은 구간 안에 카메라가 존재하기만 하면 된다는 겁니다. 만약 구간 안에 카메라가 존재하지 않는다면, 가장 최종 지점에 카메라를 둬서 다른 차량하고 엮일 수 있는 확률을 높여주는 탐욕 방식을 적용합니다. 여러 가지 경우가 모두 가능하다면 그중 가장 최선의 수를 선택하면 됩니다.

최종적으로 정답 변수를 반환해주면 됩니다. 전체 코드를 보겠습니다.

전체 코드   12장/단속카메라.py

```python
def solution(routes):
    routes = sorted(routes, key=lambda x: x[1])
    last_camera = -30001
    answer = 0

    for route in routes:
        if last_camera < route[0]:
            answer += 1
            last_camera = route[1]

    return answer
```

여러 문제를 풀어 보면서 탐욕 알고리즘 방식 자체가 정해진 형식과 규칙에서 제일 좋은 결과만 선택하는 게 아니라, 말 그대로 현재 상황에서 최선의 수를 고르는 것임을 이해했을 겁니다. 문제마다 주어진 상황도 다르고, 최선의 경우 또한 다르므로 어떤 경우가 최선인지에 대해서는 많이 고민해야 합니다. 수학적으로 따지기 어려우니, 최대한 논리적으로 생각해서 근거를 확보하고, 예외 케이스에 대해 고민해야 합니다. 여러 단점이 있지만, 그럼에도 탐욕 알고리즘을 사용하면 시간 복잡도가 많이 줄어든다는 건 틀림없습니다. 핵심은 어떤 탐욕적 선택을 할 것인지에 대해 빠르게 알아내 .는 것입니다.

이렇게 12장 구현까지 모두 끝났습니다. 개념 설명부터 문제 풀이까지 최대한 수학적 개념을 배제하고 많은 내용을 담고자 했으나 아직 부족한 부분이 있을 거라 생각됩니다. 이 책을 학습한 후에도 프로그래머스 사이트에서 계속 문제가 업데이트되고 있으니 직접 유형별, 주제별로 골라 문제를 계속 풀어보세요. Level 2~3단계는 제법 많은 고민이 필요한 문제입니다. 문제를 풀지 못했다고 실망하지 말고, 꾸준히 노력하다 보면 언젠가 벽을 넘을 수 있습니다.

코딩 테스트를 합격하는 날까지 끊임없이 도전하고 있을 여러분을 응원합니다.

마지막으로 13장에서는 카카오 2022 블라인드 테스트 문제를 풀어보고, 14장에서는 프로그래머스에서 개발한 코딩전문역량인증시험(PCCP)인 모의고사 2회분을 풀어보며 실력을 다지는 시간을 갖겠습니다.

도전: 카카오
2022 블라인드 테스트

문제를 풀어보며 가장 최근 시험의 트렌드를 파악하고 자주 활용되는 개념과 추가로 공부해야 할 개념을 정리해보겠습니다. 책에서 나왔던 개념을 충분히 활용한다면 대부분 무리 없이 풀 수 있을 겁니다.

카카오 코딩 테스트의 특징은 크게 두 가지로 나뉩니다. **문제가 말하는 것을 그대로 잘 구현할 수 있는가**, 그리고 **알고 있는 지식을 응용해서 문제를 풀 수 있는가**입니다. 전체적인 난이도는 프로그래머스 기준으로 Level 2~Level 3 정도이며, 간혹 어려운 문제로 Level 4가 등장하지만 난이도에 비해 손도 못 댈 정도의 수준은 아닙니다. 요약하자면 '문제에서 원하는 바를 정확하게 이해하고, 코드로 만들 수 있는가'를 평가합니다.

아주 어려운 응용이나 복잡한 수학 공식 등을 요구하지는 않지만, 구현해야 할 사항들이 세부적이고 다양한 편이라 어떤 개념을 적용할지 잘 찾았더라도 코드 작성 단계에서 막히는 경우가 많습니다. 특히 디버깅 실력이 부족하다면, 문제점만 계속 짚다가 시간을 전부 소요하기도 합니다. 따라서 자료 구조를 올바르게 이해하고, 각종 알고리즘을 어떻게 구현하는지 정확히 알고 있어야 합니다.

시험 시간은 넉넉하게 주어지는 것 같지만(2022 1차는 5시간이었습니다), 문제 개수에 비하면(총 7문제) 사실 여유 있는 편이 아닙니다. 어려운 문제 1~2개를 제외한다면, 한 문제에 적어도 한 시간 이내로 풀어야 합니다. 완전히 모르는 지문을 읽고, 원하는 바를 정확하게 해석하고, 올바른 자료 구조 및 알고리즘으로 문제를 풀어야 한다는 건 생각보다 쉽지 않습니다.

이번 시험의 경우 카카오에서 공식 해설을 올려놨으니 한 번 가볍게 읽고 와도 좋습니다.[1]

---

1 https://tech.kakao.com/2022/01/14/2022-kakao-recruitment-round-1

문제 67 신고 결과 받기 - Level 1

URL https://school.programmers.co.kr/learn/courses/30/lessons/92334

신입 사원 '무지'는 게시판 불량 이용자를 신고하고 처리 결과를 메일로 발송하는 시스템을 개발하려 합니다. '무지'가 개발하려는 시스템은 다음과 같습니다.

- 각 유저는 한 번에 한 명의 유저를 신고할 수 있습니다.
  - 신고 횟수에 제한은 없습니다. 서로 다른 유저를 계속해서 신고할 수 있습니다.
  - 한 유저를 여러 번 신고할 수도 있지만, 동일한 유저에 대한 신고 횟수는 1회로 처리됩니다.
- k번 이상 신고된 유저는 게시판 이용이 정지되며, 해당 유저를 신고한 모든 유저에게 정지 사실을 메일로 발송합니다.
  - 유저가 신고한 모든 내용을 취합하여 마지막에 한꺼번에 게시판 이용 정지를 시키면서 정지 메일을 발송합니다.

다음은 전체 유저 목록이 ["muzi", "frodo", "apeach", "neo"]이고, k = 2(즉, 2번 이상 신고당하면 이용 정지)인 경우의 예시입니다.

유저 ID	유저가 신고한 ID	설명
"muzi"	"frodo"	"muzi"가 "frodo"를 신고했습니다.
"apeach"	"frodo"	"apeach"가 "frodo"를 신고했습니다.
"frodo"	"neo"	"frodo"가 "neo"를 신고했습니다.
"muzi"	"neo"	"muzi"가 "neo"를 신고했습니다.
"apeach"	"muzi"	"apeach"가 "muzi"를 신고했습니다.

각 유저별로 신고당한 횟수는 다음과 같습니다.

유저 ID	신고당한 횟수
"muzi"	1
"frodo"	2
"apeach"	0
"neo"	2

위 예시에서는 2번 이상 신고당한 "frodo"와 "neo"의 게시판 이용이 정지됩니다. 이때 각 유저별로 신고한 아이디와 정지된 아이디를 정리하면 다음과 같습니다.

유저 ID	유저가 신고한 ID	정지된 ID
"muzi"	["frodo", "neo"]	["frodo", "neo"]
"frodo"	["neo"]	["neo"]
"apeach"	["muzi", "frodo"]	["frodo"]
"neo"	없음	없음

따라서 "muzi"는 처리 결과 메일을 2회, "frodo"와 "apeach"는 각각 처리 결과 메일을 1회 받게 됩니다.

이용자의 ID가 담긴 문자열 배열 id_list, 각 이용자가 신고한 이용자의 ID 정보가 담긴 문자열 배열 report, 정지 기준이 되는 신고 횟수 k가 매개변수로 주어질 때, 각 유저별로 처리 결과 메일을 받은 횟수를 배열에 담아 return하도록 solution 함수를 완성해주세요.

제한 사항

- 2 ≤ id_list의 길이 ≤ 1,000
  - 1 ≤ id_list의 원소 길이 ≤ 10
  - id_list의 원소는 이용자의 id를 나타내는 문자열이며 알파벳 소문자로만 이루어져 있습니다.
  - id_list에는 같은 아이디가 중복해서 들어 있지 않습니다.
- 1 ≤ report의 길이 ≤ 200,000
  - 3 ≤ report의 원소 길이 ≤ 21
  - report의 원소는 "이용자id 신고한id" 형태의 문자열입니다.
  - 예를 들어 "muzi frodo"의 경우 "muzi"가 "frodo"를 신고했다는 의미입니다.
  - id는 알파벳 소문자로만 이루어져 있습니다.
  - 이용자id와 신고한id는 공백(스페이스)하나로 구분되어 있습니다.
  - 자기 자신을 신고하는 경우는 없습니다.
- 1 ≤ k ≤ 200, k는 자연수입니다.
- return하는 배열은 id_list에 담긴 id 순서대로 각 유저가 받은 결과 메일 수를 담으면 됩니다.

입출력 예

id_list	report	k	result
["muzi", "frodo", "apeach", "neo"]	["muzi frodo", "apeach frodo", "frodo neo", "muzi neo", "apeach muzi"]	2	[2,1,1,0]
["con", "ryan"]	["ryan con", "ryan con", "ryan con", "ryan con"]	3	[0,0]

입출력 예 #1

문제의 예시와 같습니다.

입출력 예 #2

"ryan"이 "con"을 4번 신고했으나, 주어진 조건에 따라 한 유저가 같은 유저를 여러 번 신고한 경우는 신고 횟수 1회로 처리합니다. 따라서 "con"은 1회 신고당했습니다. 3번 이상 신고당한 이용자는 없으며, "con"과 "ryan"은 결과 메일을 받지 않습니다. 따라서 [0, 0]을 return합니다.

제한 시간 안내

정확성 테스트: 10초

문제 풀이

k번 이상 신고된 유저를 찾는 방법을 물어보는 문제입니다. 유저의 아이디는 고유하며, 중간에 변경되지 않습니다. 따라서 어떤 유저가 특정 유저를 신고하면 특정 유저의 신고 횟수가 계속해서 누적될 것이고, 마지막에 k번 초과했는지 확인하면 간단하게 해결할 수 있습니다.

유저의 아이디는 어떤 형식을 따르지 않지만 고유하다는 특징이 있으니 **해시**를 사용할 수 있습니다. 파이썬에서는 딕셔너리가 해시에 대응하며, 여기에 키를 아이디, 값을 신고 횟수로 넣으면 몇 번 신고당했는지 간단하게 기록으로 남길 수 있습니다.

이때 초과된 사람을 정답으로 반환하는 것이 아니라, 신고한 해당 유저가 결과 메일을 몇 번 받았는지를 정답으로 반환해야 합니다. 만약 한 유저가 두 유저를 신고하고, 두 유저 모두 정지를 당했다면 결과 메일을 두 번 받아야 하며, 한 유저만 정지당하면 결과 메일을 한 번 받아야 합니다. 따라서 신고 결과를 기준으로 보는 것이 아니라 신고한 유저와 신고당한 유저의 관계를 기준으로 진행하면 무난하게 해결할 수 있습니다.

코드 작성

1. 유저 정보를 정리합니다.

유저가 몇 번 신고당했는지, 그리고 메일이 몇 번 갈 것인지를 담을 자료 구조를 미리 준비합니다. 유저 아이디는 id_list에 존재하기 때문에 꼭 빈 딕셔너리로 선언하지 않아도 초기화를 할 수 있습니다.

```
def solution(id_list, report, k):
    answer = [0] * len(id_list)
    reports = {uid: 0 for id in uid_list}
```

원한다면 배열이 아니라 for 문을 활용할 수도 있습니다.

2. 신고 데이터를 누적합니다.

결과 메일을 받는 사람 기준이라고 하더라도, 신고를 몇 번 당했는지는 알고 있어야 합니다. 정지를 당할 유저가 판별되어야 메일을 보낼 수 있기 때문입니다.

```
for r in set(report):
    reports[r.split()[1]] += 1
```

코드를 잘 보면 순회 데이터를 set 자료형으로 변환했는데, 이는 문제의 조건에서 '한 유저를 여러 번 신고할 수도 있지만, 동일한 유저에 대한 신고 횟수는 1회로 처리됩니다'를 다루기 위해서입니다.

3. 신고한 사람을 기준으로 신고당한 사람의 정보를 확인합니다.

이제 본래 주제였던 몇 명이 신고했는지에 따라 메일을 몇 번 받아볼 수 있을지를 답할 차례입니다. 신고 횟수를 기록할 때 처음부터 신고한 사람을 배열로 만들고 신고 대상을 배열에 넣는 방법을 선택할 수도 있지만, 거기까지 생각할 필요 없이 한 번 더 신고 기록을 되짚어보는 것으로 해결할 수 있습니다.

```
for r in set(report):
    if reports[r.split()[1]] >= k:
        answer[id_list.index(r.split()[0])] += 1
```

신고 결과 기록을 보면서 신고당한 유저가 k번 이상 신고되었을 경우, 신고한 유저에게 (id_list로 찾은 위치) 결과 메일을 보냈다는 의미로 +1을 수행합니다. 신고한 유저의 위치를 계산하기 위해 index() 함수를 사용했는데, 이 부분은 원하면 딕셔너리로 바꿀 수 있습니다(순서를 맞추는 작업이 추가됩니다).

남은 건 answer 변수를 반환하기만 하면 되므로, 결과 코드를 보겠습니다.

전체 코드

13장/신고_결과_받기.py

```python
def solution(id_list, report, k):
    answer = [0] * len(id_list)
    reports = {uid: 0 for uid in id_list}

    for r in set(report):
        reports[r.split()[1]] += 1

    for r in set(report):
        if reports[r.split()[1]] >= k:
            answer[id_list.index(r.split()[0])] += 1

    return answer
```

아직은 어렵지 않네요. 문제의 난이도보다는 문제를 올바르게 이해하고 제약 조건을 잘 지켰는지를 더 중요하게 따지기 때문에, 항상 문제를 풀기 전 제한 조건을 유심히 보세요. 의외로 놓치고 지나가는 내용들이 많습니다.

k진수에서 소수 개수 구하기 - Level 2

URL https://school.programmers.co.kr/learn/courses/30/lessons/92335

양의 정수 n이 주어집니다. 이 숫자를 k진수로 바꿨을 때, 변환된 수 안에 아래 조건에 맞는 소수(prime number)가 몇 개인지 알아보려 합니다.

- 0P0처럼 소수 양쪽에 0이 있는 경우
- P0처럼 소수 오른쪽에만 0이 있고 왼쪽에는 아무것도 없는 경우
- 0P처럼 소수 왼쪽에만 0이 있고 오른쪽에는 아무것도 없는 경우
- P처럼 소수 양쪽에 아무것도 없는 경우
- 단, P는 각 자릿수에 0을 포함하지 않는 소수입니다.
  - 예를 들어, 101은 P가 될 수 없습니다.

예를 들어 437674를 3진수로 바꾸면 211020101011입니다. 여기서 찾을 수 있는 조건에 맞는 소수는 왼쪽부터 순서대로 211, 2, 11이 있으며, 총 3개입니다(211, 2, 11을 k진법으로 보았을 때가 아닌, 10진법으로 보았을 때 소수여야 한다는 점에 주의합니다). 211은 P0 형태에서 찾을 수 있으며, 2는 0P0에서, 11은 0P에서 찾을 수 있습니다.

정수 n과 k가 매개변수로 주어집니다. n을 k진수로 바꿨을 때, 변환된 수 안에서 찾을 수 있는 **위 조건에 맞는 소수**의 개수를 return하도록 solution 함수를 완성해주세요.

제한 사항

- 1 ≤ n ≤ 1,000,000
- 3 ≤ k ≤ 10

입출력 예

n	k	result
437674	3	3
110011	10	2

입출력 예 설명

입출력 예 #1

문제 예시와 같습니다.

입출력 예 #2

110011을 10진수로 바꾸면 110011입니다. 여기서 찾을 수 있는 조건에 맞는 소수는 11, 11 2개입니다. 이와 같이, 중복되는 소수를 발견하더라도 모두 따로 세어야 합니다.

진법을 바꾸라고 하더니, 갑자기 소수는 10진수에서 판별하라고 하고, 머리가 아프네요. 우선 문제를 차분하게 정리해봅시다.

먼저 숫자를 k진수로 바꾼 다음, 다음과 같은 조건에서 소수를 찾아야 합니다.

- 0P0처럼 소수 양쪽에 0이 있는 경우
- P0처럼 소수 오른쪽에만 0이 있고 왼쪽에는 아무것도 없는 경우
- 0P처럼 소수 왼쪽에만 0이 있고 오른쪽에는 아무것도 없는 경우
- P처럼 소수 양쪽에 아무것도 없는 경우
- 단, P는 각 자릿수에 0을 포함하지 않는 소수입니다.

P를 숫자라고 한다면 0〈숫자〉0 모양이 만들어져야 하나의 경우로 판단할 수 있습니다. 중간에 숫자가 있는지, 왼쪽 또는 오른쪽에 숫자가 있는지, 아니면 처음부터 0이 없던지 형태로 조건을 명시했지만, 간단히 요약하자면 **0을 기점으로 숫자를 분리하라는 의미**이며, 여기서 나온 숫자를 10진수로 변환한 다음, 소수인지를 판별하면 됩니다.

숫자를 찾을 수 있다면 다음으로 진수 변환 함수와 소수 판별 함수, 두 개를 만들어야 합니다. 진수 변환의 경우 몫과 나머지를 사용하면 금방 만들 수 있습니다. 소수 판별의 경우 에라토스테네스의 체 또는 숫자를 자신의 루트만큼 나누어지는지 확인하는 방법, 두 가지를 생각해볼 수 있습니다. 이번 문제에서는 소수를 구해야 하는 숫자의 범위가 100만 이하이므로 어떤 방법을 선택해도 상관없습니다. 책에서는 제곱 방식으로 풀어보겠습니다.

여기까지 생각했다면 이제 문제를 풀 준비가 되었습니다. 문제가 말하는 조건을 빠트리지 않고 구현해봅시다.

코드 작성

1. 진법 변환 함수를 만듭니다.

10진수 → k진수로 바꾸는 가장 쉬운 방법은 숫자를 계속해서 k로 나누는 것입니다. k로 나눠서 나온 몫은 다음에 나눌 숫자가 되고, 나머지는 진수를 구성하는 값이 됩니다. 2진수를 만들 때 어떻게 계산했는지 잘 생각해보면 금방 이해할 수 있습니다.

```
def change(n, k):
    ret = []
    while n > 0:
        n, x = divmod(n, k)
        ret.append(str(x))

    return ''.join(ret[::-1])
```

마지막에 진수 변환 결과를 반환할 때 거꾸로 뒤집어서 변환해야 한다는 사실을 잊지 마세요.

2. 소수 판별 함수를 만듭니다.

소수는 1과 자기 자신만 약수로 가지고 있는 숫자를 의미합니다. 다만 주어진 숫자가 소수인지 수학적으로 판별하려면 가장 단순하게는 1부터 자기 자신까지 직접 나눠보면 되지만, 약수의 특성상 자신을 절반으로 나눈 값보다 클 수 없고, 완전제곱수의 경우 루트값이 존재하는지만 확인해도 약수를 구분할 수 있기 때문에 루트값 이전까지만 약수인지 검사해도 소수인지 충분히 판별할 수 있습니다.

```
def is_prime(n):
    if n < 2: return False
    for i in range(2, int(n ** 0.5) + 1):
        if n % i == 0: return False

    return True
```

단, 기저 조건으로 1은 소수가 무조건 아니므로 따로 명시해줘야 합니다.

3. 두 함수를 이용해 문제를 풉니다.

두 함수가 준비되었다면 바로 문제를 풀 수 있습니다. 먼저 숫자를 k진수로 변환해준 다음, 0을 기점으로 분리해주고, 각 숫자를 다시 10진수로 변환해서 이 숫자가 소수인지 확인합니다. 소수라면 1을 증가시킵니다.

```
def solution(n, k):
    answer = 0
    k_num = change(n, k)

    for n in k_num.split('0'):
        if not n: continue
```

```
        if is_prime(int(n)): answer += 1

    return answer
```

마지막으로 answer 변수를 반환하기만 하면 되므로, 정답 코드를 보겠습니다.

전체 코드   13장/k_진수에서_소수_개수_구하기.py

```python
def change(n, k):
    ret = []
    while n > 0:
        n, x = divmod(n, k)
        ret.append(str(x))

    return ''.join(ret[::-1])

def is_prime(n):
    if n < 2: return False
    for i in range(2, int(n ** 0.5) + 1):
        if n % i == 0: return False

    return True

def solution(n, k):
    answer = 0
    k_num = change(n, k)

    for n in k_num.split('0'):
        if not n: continue
        if is_prime(int(n)): answer += 1

    return answer
```

이 문제 역시 문제에서 말하는 대로만 구현하면 됩니다. 단, 소수를 만드는 방법을 모르거나 진법 변환을 모른다면 바로 막히겠죠. 배경 지식이 부족하면 문제를 풀 수 없기 때문에 자주 등장하는 간단한 코드는 외워두는 게 좋습니다.

주차 요금 계산 - Level 2

URL https://school.programmers.co.kr/learn/courses/30/lessons/92341

주차장의 요금표와 차량이 들어오고(입차) 나간(출차) 기록이 주어졌을 때, 차량별로 주차 요금을 계산하려고 합니다. 아래는 하나의 예시를 나타냅니다.

- 요금표

기본 시간(분)	기본 요금(원)	단위 시간(분)	단위 요금(원)
180	5000	10	600

- 입/출차 기록

시각(시:분)	차량 번호	내역
05:34	5961	입차
06:00	0000	입차
06:34	0000	출차
07:59	5961	출차
07:59	0148	입차
18:59	0000	입차
19:09	0148	출차
22:59	5961	입차
23:00	5961	출차

- 자동차별 주차 요금

차량 번호	누적 주차 시간(분)	주차 요금(원)
0000	34 + 300 = 334	5000 + ⌈(334 - 180) / 10⌉ x 600 = 14600
0148	670	5000 + ⌈(670 - 180) / 10⌉ x 600 = 34400
5961	145 + 1 = 146	5000

- 어떤 차량이 입차된 후에 출차된 내역이 없다면 23:59에 출차된 것으로 간주합니다.
  - 0000번 차량은 18:59에 입차된 이후, 출차된 내역이 없습니다. 따라서 23:59에 출차된 것으로 간주합니다.
- 00:00부터 23:59까지의 입/출차 내역을 바탕으로 차량별 누적 주차 시간을 계산하여 요금을 일괄로 정산합니다.
- 누적 주차 시간이 기본 시간 이하라면, 기본 요금을 청구합니다.

- 누적 주차 시간이 기본 시간을 초과하면, 기본 요금에 더해서, 초과한 시간에 대해서 단위 시간 마다 단위 요금을 청구합니다.
  - 초과한 시간이 단위 시간으로 나누어떨어지지 않으면, 올림합니다.
  - $\lceil a \rceil$: a보다 작지 않은 최소의 정수를 의미합니다. 즉, 올림을 의미합니다.

주차 요금을 나타내는 정수 배열 fees, 자동차의 입/출차 내역을 나타내는 문자열 배열 records가 매개변수로 주어집니다. **차량 번호가 작은 자동차부터** 청구할 주차 요금을 차례대로 정수 배열에 담아서 return하도록 solution 함수를 완성해주세요.

제한 사항

- fees의 길이 = 4
  - fees[0] = 기본 시간(분)
  - $1 \leq$ fees[0] $\leq 1,439$
  - fees[1] = 기본 요금(원)
  - $0 \leq$ fees[1] $\leq 100,000$
  - fees[2] = 단위 시간(분)
  - $1 \leq$ fees[2] $\leq 1,439$
  - fees[3] = 단위 요금(원)
  - $1 \leq$ fees[3] $\leq 10,000$
- $1 \leq$ records의 길이 $\leq 1,000$
  - records의 각 원소는 "시각 차량 번호 내역" 형식의 문자열입니다.
  - 시각, 차량 번호, 내역은 하나의 공백으로 구분되어 있습니다.
  - 시각은 차량이 입차되거나 출차된 시각을 나타내며, HH:MM 형식의 길이 5인 문자열입니다.
    - HH:MM은 00:00부터 23:59까지 주어집니다.
    - 잘못된 시각("25:22", "09:65" 등)은 입력으로 주어지지 않습니다.
  - 차량 번호는 자동차를 구분하기 위한, '0'~'9'로 구성된 길이 4인 문자열입니다.
  - 내역은 길이 2 또는 3인 문자열로, IN 또는 OUT입니다. IN은 입차를, OUT은 출차를 의미합니다.
  - records의 원소들은 시각을 기준으로 오름차순으로 정렬되어 주어집니다.
  - records는 하루 동안의 입/출차된 기록만 담고 있으며, 입차된 차량이 다음날 출차되는 경우는 입력으로 주어지지 않습니다.
  - 같은 시각에, 같은 차량 번호의 내역이 2번 이상 나타내지 않습니다.
  - 마지막 시각(23:59)에 입차되는 경우는 입력으로 주어지지 않습니다.
  - 아래의 예를 포함하여, 잘못된 입력은 주어지지 않습니다.
    - 주차장에 없는 차량이 출차되는 경우
    - 주차장에 이미 있는 차량(차량 번호가 같은 차량)이 다시 입차되는 경우

입출력 예

fees	records	result
[180, 5000, 10, 600]	["05:34 5961 IN", "06:00 0000 IN", "06:34 0000 OUT", "07:59 5961 OUT", "07:59 0148 IN", "18:59 0000 IN", "19:09 0148 OUT", "22:59 5961 IN", "23:00 5961 OUT"]	[14600, 34400, 5000]
[120, 0, 60, 591]	["16:00 3961 IN","16:00 0202 IN","18:00 3961 OUT","18:00 0202 OUT","23:58 3961 IN"]	[0, 591]
[1, 461, 1, 10]	["00:00 1234 IN"]	[14841]

입출력 예 설명

입출력 예 #1

문제 예시와 같습니다.

입출력 예 #2

- 요금표

기본 시간(분)	기본 요금(원)	단위 시간(분)	단위 요금(원)
120	0	60	591

- 입/출차 기록

시각(시:분)	차량 번호	내역
16:00	3961	입차
16:00	0202	입차
18:00	3961	출차
18:00	0202	출차
23:58	3961	입차

- 자동차별 주차 요금

차량 번호	누적 주차 시간(분)	주차 요금(원)
0202	120	0
3961	120 + 1 = 121	$0 + \lceil (121 - 120) / 60 \rceil \times 591 = 591$

- 3961번 차량은 2번째 입차된 후에는 출차된 내역이 없으므로, 23:59에 출차되었다고 간주합니다.

입출력 예 #3

- 요금표

기본 시간(분)	기본 요금(원)	단위 시간(분)	단위 요금(원)
1	461	1	10

- 입/출차 기록

시각(시:분)	차량 번호	내역
00:00	1234	입차

- 자동차별 주차 요금

차량 번호	누적 주차 시간(분)	주차 요금(원)
1234	1439	$461 + \lceil (1439 - 1) / 1 \rceil \times 10 = 14841$

- 1234번 차량은 출차 내역이 없으므로, 23:59에 출차되었다고 간주합니다.

제한 시간 안내

정확성 테스트: 10초

문제 풀이

1번, 2번 문제는 준비운동이라면 3번부터는 슬슬 본격적으로 어려워지기 시작합니다. 사용해야 하는 알고리즘 자체의 난이도는 낮지만, 조건이 까다로운 편이라 실수하기 쉬우니, 정확하게 구현해야 할 사항들을 명시하고 시작합시다.

주차장에 차량이 들어오면, 기본적으로 3시간의 주차 시간이 주어지고, 5,000원의 요금이 부가됩니다. 만약 3시간이 지났다면, 10분당 600원씩 추가 요금이 부가됩니다. 시간별로 각 차량이 들어가고 나간 기록이 주어졌을 때, 차량 번호가 가장 작은 순서대로 차량별로 내야 하는 요금은 얼마인지 구하는 문제입니다.

추가 조건으로 입차한 후 출차 기록이 없으면 그날의 마지막 시간(23:59)까지 주차장에 있었다고 간주하며, 마지막 순간에 입차하는 기록은 주어지지 않습니다. 따라서 들어온 시간과 나간 시간을 계속해서 추적하고 기록해둬야 하며, 추가로 시간까지 계산해야 합니다.

가장 쉬운 방법은 역시 딕셔너리를 활용하는 것이며, 각 차량별로 몇 분 주차했는지를 기록하면 기본적인 준비는 끝난 것입니다. 그러려면 몇 가지 과정을 거쳐야 하는지 하나씩 나열해봅시다.

1. 입차/출차 시점을 기록합니다.

   1-1. 입차(IN)를 언제 했는지 차량 번호와 함께 기록합니다.

   1-2. 출차(OUT) 시점에 입차 시간과 현재 시간의 차이를 분 단위로 계산하고 입차 시간을 초기화합니다.

2. 출차되지 않은 차량을 확인하여 마지막 시간까지 모두 분 단위로 더해줍니다.

3. 차량 번호순으로 정렬하여 데이터 순서를 맞춥니다

4. 소요된 시간만큼 분 단위로 계산하여 최종 금액을 구합니다

최종 계산을 할 때 금액 계산 단위는 분 단위입니다. 따라서 원래 주어지는 00:00 시간 형식을 분 단위로 변경해야 합니다. 그래도 ' : ' 문자를 기준으로 두 개로 나누면 시간, 분 단위로 쪼개지니 이를 기반으로 분으로 치환하면 되므로 크게 어렵지 않습니다.

코드 작성

1. 주차할 차량과 시간을 기록할 데이터를 준비합니다.

주차할 차량의 번호를 키로 하고, 주차한 시간을 값으로 하는 딕셔너리를 구성하면 얼마나 많은 차량이 주차했는지를 알 수 있습니다. 그러나 입차만 하고 출차는 하지 않는 차량의 경우 오늘이 끝날 때까지 있었다는 뜻으로, 추가로 시간을 계산해야 하기 때문에 차량이 제대로 나갔는지를 확인해야 합니다.

```
def solution(fees, records):
    answer = []
    dt, df, ut, uf = fees
    check, check_time = dict(), dict()
```

값을 [〈주차한 시간〉, 〈출차 여부〉] 형태로 만들어도 되지만, 가장 간단한 방법은 출차 여부를 확인하도록 차 번호를 키로, 입차 시간을 값으로 가지는 딕셔너리를 하나 더 만드는 겁니다. 추가로 기본 주차 요금, 주차 시간, 기본 시간 이후의 가격과 측정 단위를 미리 분리해서 편하게 사용할 수 있도록 만들어주면 좋습니다.

2. 입차/출차 시간을 기록합니다.

이제 기록을 순회하면서 각 차량이 언제 들어갔고 나갔는지에 대해 계산합니다. 각 기록에는 시간과 차량 번호, 입/출차 여부가 주어져 있으므로 공백을 기준으로 분리해서 사용하면 됩니다.

```
for record in records:
    when, car, status = record.split()
    if status == "IN": check[car] = when
    else:
```

```
        check_time[car] = check_time.get(car, 0) + to_min(check[car], when)
        check[car] = status
```

상태가 IN이라면 들어온 시간을 기록하고, OUT이라면 '현재 시간 − 들어온 시간'의 계산 결과를 기록합니다. 주차된 차가 주차장 밖으로 여러 번 나갔다가 다시 들어왔더라도 (매번 입차 시점부터 새로 계산하지 않고) 가장 첫 입차 시점부터 시간을 계속 누적해야 합니다. 단, 분 단위로 요금을 매겨야 하므로 시간 단위에서 분 단위로 교체해줘야 합니다. to_min이라는 함수를 하나 만듭니다.

차량이 나갈 때 OUT으로 초기화하는 것은 나중에 출차하지 않은 차를 계산할 때 이미 나간 차를 구분하기 위한 목적이므로, 적당히 지정해주면 됩니다.

2-1. 시간 단위를 분 단위로 바꾸는 함수를 생성합니다.

시간 정보를 두 개 받아서 각자 ':' 단어로 분리해준 다음, '시간 × 60 + 분' 형태를 적용해 분 정보로 변경합니다.

```
def to_min(first, second):
    fh, fm = map(int, first.split(':'))
    sh, sm = map(int, second.split(':'))

    return (sh * 60 + sm) - (fh * 60 + fm)
```

시간 바꾸는 함수와 시간을 서로 빼는 함수, 두 개로 분리하는 것도 하나의 방법이지만, 시간만 따로 변환해서 사용할 일이 없으므로 이런 식으로 한 번에 합쳐서 진행하겠습니다.

3. 출차하지 않은 차량에 시간을 추가합니다.

이제 출차해서 출입 기록이 0으로 기록된 차량을 제외하면, 남은 차는 출차하지 않은 차량이니 최고 요금을 부과해야 합니다. 23:59분까지 주차했다고 간주하고 시간을 추가합니다.

```
for key, value in check.items():
    if value != "OUT":
        check_time[key] = check_time.get(key, 0) + to_min(value, "23:59")
```

한 번 들어왔다가 아예 나가지 않은 차와, 여러 번 들어왔다가 결국 나가지 않은 차를 포함해야 하므로 get을 사용해서 안전하게 값을 초기화하는 작업을 거쳐야 합니다. 매번 초기화하는 모습이 마음에 들지 않는다면 defaultdict로 미리 초깃값을 지정해줄 수도 있습니다.

4. 차량 번호순으로 정렬을 수행합니다.

딕셔너리는 바로 정렬할 수 없습니다. 대신 items() 함수로 변환해서 배열 형태를 만들면 정렬할 수 있습니다. 본래 키와 값은 set 자료형에 감싸진 형태인데, [('3961', 121), ('0202', 120)] 형태로 변형됩니다. 배열은 정렬할 수 있는 반복 가능한(iterable) 자료 구조이므로 첫 번째 항목을 기준으로 정렬해주면 됩니다.

```
check_time = sorted(check_time.items())
```

그 후에 더 이상 추가할 자료형이 없으므로 변환한 상태 그대로 할당해도 무방합니다.

5. 최종 금액을 계산합니다.

마지막으로 최종 금액을 계산하면 됩니다. 만약 주차 시간이 기본 주차 시간 이내라면, 기본 요금만 내고 끝납니다. 하지만 기본 주차 시간을 초과한다면, 기본 주차 시간을 제외한 나머지 시간에 분당 요금제를 할당하여 추가 가격을 청구해야 합니다. 이때 기준 시간을 단 1분이라도 채운다면 해당 요금을 내야 하므로 올림 처리를 수행해야 합니다(음수 처리로도 할 수 있지만 이번에는 정석대로 math 라이브러리를 사용하겠습니다).

```
from math import ceil
for car, total_time in check_time:
    if total_time <= dt: answer.append(df)
    else: answer.append(df + ceil((total_time - dt) / ut) * uf)
```

마지막으로 answer 변수를 반환하면 됩니다. 길고 긴 과정 끝에 정답 코드가 완성됐습니다.

전체 코드

13장/주차_요금_계산.py

```
from math import ceil

def to_min(first, second):
    fh, fm = map(int, first.split(':'))
    sh, sm = map(int, second.split(':'))

    return (sh * 60 + sm) - (fh * 60 + fm)

def solution(fees, records):
    answer = []
    dt, df, ut, uf = fees
```

```
check, check_time = dict(), dict()

for record in records:
    when, car, status = record.split()
    if status == "IN": check[car] = when
    else:
        check_time[car] = check_time.get(car, 0) + to_min(check[car], when)
        check[car] = status

for key, value in check.items():
    if value != "OUT":
        check_time[key] = check_time.get(key, 0) + to_min(value, "23:59")

check_time = sorted(check_time.items())

for car, total_time in check_time:
    if total_time <= dt: answer.append(df)
    else: answer.append(df + ceil((total_time - dt) / ut) * uf)

return answer
```

내용 자체는 그렇게 어렵지 않지만, 수많은 조건을 만족시켜야 한다는 점에서 상당한 시간을 소요하는 문제입니다. 실제 정답률 자체는 70%로 제법 높지만, 충분히 준비하지 않으면 풀이하는 데 1시간 이상 걸릴 수 있습니다.

양궁대회 - Level 2

URL https://school.programmers.co.kr/learn/courses/30/lessons/92342

카카오 배 양궁대회가 열렸습니다.

라이언은 저번 카카오 배 양궁대회 우승자이고 이번 대회에도 결승전까지 올라왔습니다. 결승전 상대는 어피치입니다.

카카오 배 양궁대회 운영위원회는 한 선수의 연속 우승보다는 다양한 선수들이 양궁대회에서 우승하기를 원합니다. 따라서, 양궁대회 운영위원회는 결승전 규칙을 전 대회 우승자인 라이언에게 불리하게 다음과 같이 정했습니다.

1. 어피치가 화살 n발을 다 쏜 후에 라이언이 화살 n발을 쏩니다.
2. 점수를 계산합니다.
    1. 과녁판은 아래 그림처럼 생겼으며 가장 작은 원의 과녁 점수는 10점이고 가장 큰 원의 바깥쪽은 과녁 점수가 0점입니다.

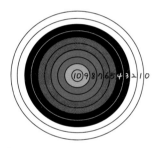

    2. 만약, k(k는 1~10사이의 자연수)점을 어피치가 a발을 맞혔고 라이언이 b발을 맞혔을 경우 더 많은 화살을 k점에 맞힌 선수가 k 점을 가져갑니다. 단, a = b일 경우는 어피치가 k점을 가져갑니다. **k점을 여러 발 맞혀도 k점보다 많은 점수를 가져가는 게 아니고 k점만 가져가는 것을 유의하세요. 또한 a = b = 0인 경우, 즉, 라이언과 어피치 모두 k점에 단 하나의 화살도 맞히지 못한 경우는 어느 누구도 k점을 가져가지 않습니다.**
        - 예를 들어, 어피치가 10점을 2발 맞혔고 라이언도 10점을 2발 맞혔을 경우 어피치가 10점을 가져갑니다.
        - 다른 예로, 어피치가 10점을 0발 맞혔고 라이언이 10점을 2발 맞혔을 경우 라이언이 10점을 가져갑니다.
    3. 모든 과녁 점수에 대하여 각 선수의 최종 점수를 계산합니다.
3. 최종 점수가 더 높은 선수를 우승자로 결정합니다. 단, 최종 점수가 같을 경우 어피치를 우승자로 결정합니다.

현재 상황은 어피치가 화살 n발을 다 쏜 후이고 라이언이 화살을 쏠 차례입니다.

라이언은 어피치를 가장 큰 점수 차이로 이기기 위해서 n발의 화살을 어떤 과녁 점수에 맞혀야 하는지를 구하려고 합니다.

화살의 개수를 담은 자연수 n, 어피치가 맞힌 과녁 점수의 개수를 10점부터 0점까지 순서대로 담은 정수 배열 info가 매개변수로 주어집니다. 이때, 라이언이 가장 큰 점수 차이로 우승하기 위해 n발의 화살을 어떤 과녁 점수에 맞혀야 하는지를 10점부터 0점까지 순서대로 정수 배열에 담아 return하도록 solution 함수를 완성해 주세요. 만약, 라이언이 우승할 수 없는 경우(무조건 지거나 비기는 경우)는 [-1]을 return해주세요.

제한 사항

- $1 ≤ n ≤ 10$
- info의 길이 = 11
    - $0 ≤ info의 원소 ≤ n$
    - info의 원소 총합 = n
    - info의 i번째 원소는 과녁의 10 - i 점을 맞힌 화살 개수입니다(i는 0~10 사이의 정수입니다).
- 라이언이 우승할 방법이 있는 경우, return할 정수 배열의 길이는 11입니다.
    - $0 ≤ return할 정수 배열의 원소 ≤ n$
    - return할 정수 배열의 원소 총합 = n (꼭 n발을 다 쏴야 합니다.)
    - return할 정수 배열의 i번째 원소는 과녁의 10 - i 점을 맞힌 화살 개수입니다(i는 0~10 사이의 정수입니다).
    - **라이언이 가장 큰 점수 차이로 우승할 수 있는 방법이 여러 가지일 경우, 가장 낮은 점수를 더 많이 맞힌 경우를 return해주세요.**
        - 가장 낮은 점수를 맞힌 개수가 같을 경우 계속해서 그다음으로 낮은 점수를 더 많이 맞힌 경우를 return해주세요.
        - 예를 들어, [2,3,1,0,0,0,0,1,3,0,0]과 [2,1,0,2,0,0,0,2,3,0,0]을 비교하면 [2,1,0,2,0,0,0,2,3,0,0]을 return해야 합니다.
        - 다른 예로, [0,0,2,3,4,1,0,0,0,0,0]과 [9,0,0,0,0,0,0,0,1,0,0]을 비교하면 [9,0,0,0,0,0,0,0,1,0,0]를 return해야 합니다.
- 라이언이 우승할 방법이 없는 경우, return할 정수 배열의 길이는 1입니다.
    - 라이언이 어떻게 화살을 쏘든 **라이언의 점수가 어피치의 점수보다 낮거나 같으면 [-1]을 return해야 합니다.**

입출력 예

n	info	result
5	[2,1,1,1,0,0,0,0,0,0,0]	[0,2,2,0,1,0,0,0,0,0,0]
1	[1,0,0,0,0,0,0,0,0,0,0]	[-1]
9	[0,0,1,2,0,1,1,1,1,1,1]	[1,1,2,0,1,2,2,0,0,0,0]
10	[0,0,0,0,0,0,0,0,3,4,3]	[1,1,1,1,1,1,1,1,0,0,2]

입출력 예 #1

어피치와 라이언이 아래와 같이 화살을 맞힐 경우,

과녁 점수	어피치가 맞힌 화살 개수	라이언이 맞힌 화살 개수	결과
10	2	3	라이언이 10점 획득
9	1	2	라이언이 9점 획득
8	1	0	어피치가 8점 획득
7	1	0	어피치가 7점 획득
6	0	0	
5	0	0	
4	0	0	
3	0	0	
2	0	0	
1	0	0	
0	0	0	

어피치의 최종 점수는 15점, 라이언의 최종 점수는 19점입니다. 4점 차이로 라이언이 우승합니다.

하지만 라이언이 아래와 같이 화살을 맞힐 경우 더 큰 점수 차로 우승할 수 있습니다.

과녁 점수	어피치가 맞힌 화살 개수	라이언이 맞힌 화살 개수	결과
10	2	0	어피치가 10점 획득
9	1	2	라이언이 9점 획득
8	1	2	라이언이 8점 획득
7	1	0	어피치가 7점 획득
6	0	1	라이언이 6점 획득
5	0	0	
4	0	0	
3	0	0	
2	0	0	
1	0	0	
0	0	0	

어피치의 최종 점수는 17점, 라이언의 최종 점수는 23점입니다. 6점 차이로 라이언이 우승합니다.

따라서 [0,2,2,0,1,0,0,0,0,0,0]을 return해야 합니다.

라이언이 10점을 맞혀도 어피치가 10점을 가져가게 됩니다.

따라서, 라이언은 우승할 수 없기 때문에 [-1]을 return해야 합니다.

어피치와 라이언이 아래와 같이 화살을 맞힐 경우,

과녁 점수	어피치가 맞힌 화살 개수	라이언이 맞힌 화살 개수	결과
10	0	1	라이언이 10점 획득
9	0	1	라이언이 9점 획득
8	1	2	라이언이 8점 획득
7	2	3	라이언이 7점 획득
6	0	0	
5	1	2	라이언이 5점 획득
4	1	0	어피치가 4점 획득
3	1	0	어피치가 3점 획득
2	1	0	어피치가 2점 획득
1	1	0	어피치가 1점 획득
0	1	0	어피치가 0점 획득

어피치의 최종 점수는 10점, 라이언의 최종 점수는 39점입니다. 29점 차이로 라이언이 우승합니다.

하지만 라이언이 아래와 같이 화살을 맞힐 경우,

과녁 점수	어피치가 맞힌 화살 개수	라이언이 맞힌 화살 개수	결과
10	0	1	라이언이 10점 획득
9	0	1	라이언이 9점 획득
8	1	2	라이언이 8점 획득
7	2	0	어피치가 7점 획득
6	0	1	라이언이 6점 획득
5	1	2	라이언이 5점 획득
4	1	2	라이언이 4점 획득
3	1	0	어피치가 3점 획득
2	1	0	어피치가 2점 획득
1	1	0	어피치가 1점 획득
0	1	0	어피치가 0점 획득

어피치의 최종 점수는 13점, 라이언의 최종 점수는 42점입니다. 이 경우도 29점 차이로 라이언이 우승합니다. 하지만, 첫 번째 경우와 두 번째 경우를 비교했을 때, 두 번째 경우가 두 경우 중 가장 낮은 점수인 4점을 더 많이 맞혔기 때문에 [1,1,2,3,0,2,0,0,0,0,0]이 아닌 [1,1,2,0,1,2,2,0,0,0,0]을 return해야 합니다.

입출력 예 #4
가장 큰 점수 차이로 이기는 경우 중에서 가장 낮은 점수를 가장 많이 맞힌, 10~3점을 한 발씩 맞히고 나머지 두 발을 0점에 맞히는 경우인 [1,1,1,1,1,1,1,1,0,0,2]를 return해야 합니다.

제한 시간 안내
정확성 테스트: 10초

문제 풀이

어피치와 라이언이 양궁대회 결승전을 치르고 있습니다. 어피치는 이미 화살을 모두 쏴서 점수가 나온 상태이고, 라이언의 차례가 왔습니다. 양궁대회 규칙에 의해 라이언은 어피치의 점수와 같거나 낮으면 패배하므로, 무조건 어피치보다 점수가 높아야 합니다. 이때 가장 큰 차이로 라이언이 이길 수 있는 방법을 알아내는 문제입니다.

일단 단순하게 생각해보면 어피치가 과녁판에 몇 점의 화살을 몇 발 쐈는지에 대한 데이터가 이미 존재하기 때문에 최대 점수가 되려면 높은 점수 위주로 어피치가 특정 점수에 쏜 화살의 개수보다 1발만 더 쏘면 됩니다(대신 똑같은 점수 배점이 나온다면 최대한 낮은 점수를 더 많이 쏜 경우를 리턴해야 한다는 특수 조건이 있습니다).

어떤 점수를 가져가는 것이 가장 큰 이득인지에 대해 계산해도 되지만, 조금 무식하게 풀어보겠습니다. 화살 n발이 0점~10점 중 하나에 꽂히는 것을, 반대로 화살이 0점~10점 중 하나를 선택한다고 생각해서 **중복조합**으로 문제를 풀어봅시다. (꽂히는 순서에는 의미가 없으므로) 이러면 나오는 모든 경우의 수 중에서 이기는 경우만 골라 판단하면 되니 상당히 간단하게 문제를 풀 수 있습니다. 최악의 경우라도 $_{11}H_{10}$, 약 18만 개(184,756)의 경우의 수가 발생하므로 제한 시간 이내로 끝납니다.

화살을 쏘는 경우를 중복조합으로 해결한다면, 남은 것은 각 경우에서 얻을 수 있는 점수를 합쳐서 최대 기록이 나오는지 판단하기만 하면 됩니다. 문제를 보면 '동일 점수일 때는 더 적은 점수를 쏜 경우를 반환해야 한다는 조건'이 있습니다. 책처럼 중복조합으로 직접 구현하거나 또는 라이브러리를 사용하거나에 상관없이 항상 점수가 **작은 순서**부터 시작해서 올라가기 때문에 순서를 다시 지정해주지 않아도 됩니다.

코드 작성

1. 최대 점수 차이와 정답 시점의 사격 결과를 기록할 변수를 선언합니다.

```python
def solution(n, info):
    answer = [-1]
    max_gap = -1
```

처음에는 당연히 변수 선언부터 시작합니다. 어떤 경우에도 이길 수 없을 때 반환할 [-1]과, 최대 점수 차이를 기록할 변수를 선언합니다.

2. 중복조합을 사용합니다.

중복조합은 라이브러리를 사용해서 구현하겠습니다. `combinations_with_replacement()` 함수를 사용하며, 간단하게 `cwr`로 이름을 바꿔서 사용합니다.

```python
from itertools import combinations_with_replacement as cwr

for shot in cwr(range(11), n):
    case = [0] * 11
    for i in shot: case[10 - i] += 1

    <둘의 점수 차이를 계산하는 코드>
```

화살을 n번 발사해서 0점 ~ 10점 중에 어디에 꽂히는지에 대한 정보가 나오면, 이 정보를 기반으로 꽂힌 위치 정보를 정리해준 다음 둘의 점수 차이를 계산하면 됩니다.

2-1. 어피치와 라이언의 점수 차이를 계산합니다.

쏜 화살을 바탕으로 점수를 계산합니다. 어피치가 쏜 화살 정보는 이미 존재하므로, 라이언의 화살 정보를 기반으로 한 점수에 몇 개의 화살이 꽂혀 있는지 판단해서 점수를 추가하면 됩니다.

```python
apeach, lion = 0, 0
for idx in range(11):
    if info[idx] == case[idx] == 0: continue
    elif info[idx] >= case[idx]: apeach += 10 - idx
    else: lion += 10 - idx

    <점수를 비교해서 우승할 수 있는지 판단하는 코드>
```

꽂힌 화살의 개수가 같다면 둘 다 무효로 0점이고, 어피치의 화살이 더 많이 꽂혀 있다면 어피치에게 점수를, 반대라면 라이언에게 점수를 추가합니다.

2-2. 최고 차이의 여부를 확인합니다.

이제 두 사람의 성적을 비교해서, 라이언이 이길 수 있다면 최고 기록 갱신과 함께 새 정보로 변경합니다.

```python
if lion > apeach:
    gap = lion - apeach
    if gap > max_gap:
        max_gap = gap
        answer = case
```

이를 계속 반복하다보면 어느 시점에서 정답이 고정될 것입니다.

남은 건 answer 변수를 반환하는 것이므로, 결과 코드를 보면 다음과 같습니다.

전체 코드 13장/양궁대회_중복조합.py

```python
from itertools import combinations_with_replacement as cwr

def solution(n, info):
    answer = [-1]
    max_gap = -1

    for shot in cwr(range(11), n):
        case = [0] * 11
        for i in shot: case[10 - i] += 1

        apeach, lion = 0, 0
        for idx in range(11):
            if info[idx] == case[idx] == 0: continue
            elif info[idx] >= case[idx]: apeach += 10 - idx
            else: lion += 10 - idx

        if lion > apeach:
            gap = lion - apeach
            if gap > max_gap:
                max_gap = gap
                answer = case

    return answer
```

따지고 보면 정말 무식하게 화살이 꽂힐 수 있는 모든 경우를 찾아보면서 정답이 되는 경우를 찾는 것이지만, 화살 개수가 11개 이하로 매우 적기 때문에 정상적인 시간 이내로 충분히 돌아갑니다. 이처럼 가능하다고 판단되면 과감히 경우의 수를 모두 뽑아내 하나씩 비교하는 방법이 훨씬 깔끔하고 빠르게 문제를 풀 수 있습니다.

무조건 느리다고 해서 항상 나쁜 코드는 아닙니다. 실제 시험에서 이렇게 풀면, 화살을 어떻게 선택해야 할지에 대한 부담이 없어지고 단순 비교 과정만 남게 되므로 30분 정도면 문제를 풀 수 있습니다. 걸리는 시간을 생각해본다면 충분히 사용 가능한 전략입니다.

또 다른 문제 풀이

이 외에도 비트마스크 또는 DFS/BFS 등 여러 가지 방법으로 문제를 풀 수 있습니다. 입력 크기가 비교적 적게 주어져 완전 탐색 유형이라면 무엇이든 사용할 수 있기 때문에 다양한 풀이 방법이 나왔습니다. 이번에는 그중 가장 많이 사용된 DFS 방식으로 한 번 더 풀어보겠습니다.

DFS 방식을 사용할 경우, 점수 계산 및 최대 점수 차이 기록 과정까지는 앞의 풀이법과 동일하지만, 화살이 어떻게 꽂힐 것인가에 대한 이야기를 해야 합니다. 완전 탐색이라고 하더라도 말 그대로 꽂힐 수 있는 모든 경우를 하나씩 짚으면 10!이 되므로 시간 초과가 발생합니다. 이럴 때는 탐색 범위부터 좁혀야 합니다.

먼저 라이언이 이길 수 있는 방법을 생각해봅시다. 점수별로 어피치가 쏜 화살이 꽂혀 있고, 여기서 점수를 뺏어 오려면 과녁판에 더 많은 화살을 꽂아야 합니다. 똑같은 개수의 화살을 쏴서 해당 점수를 무효로 처리해버릴 수 있으나 가장 최대 차이로 승리해야 한다는 조건 때문에 좋은 방법이 아닙니다.

대신 어피치가 쏜 화살보다 딱 하나만 더 높은 점수를 획득하면 점수를 가지고 올 수 있으니 이를 중심으로 생각해보면 됩니다. 점수를 가지고 오는 것이 목적이라 필요 이상으로 화살을 쏠 필요가 없으니, 결국 DFS의 탐색 범위는 **어피치가 쏜 화살보다 높은 점수의 과녁에 화살을 1개 더 쏴서 점수를 가지고 올 것인지, 아니면 쏘지 않고 점수를 가지고 오지 않을 것인지**를 선택으로 정의할 수 있습니다.

이렇게 탐색 방법을 정의하면 탐색의 크기가 줄어듭니다. 이제 화살 10개를 모두 살펴보는 것이 아니라 어피치의 점수를 가지고 올 수 있는가에 대한 여부를 따지기 때문에, 어피치의 점수를 가져올 정도의 화살 개수만큼 사용할 화살을 미리 소모할 수 있습니다. 만약 가장 낮은 점수인 1점을 쐈는데도 화살이 남는다면 남은 화살은 0점을 쐈다고 처리하여 '가장 큰 점수 차이가 나면서 가장 낮은 점수를 더 많이 맞힌 경우'를 구할 수 있습니다.

나머지 과정은 이전 풀이와 동일하게 각 선수의 점수와 둘이 몇 점 차이인지 계산하여 최대 점수 차이를 확인하고, 데이터를 갱신해나가면 됩니다.

코드 작성

1. DFS 탐색을 준비합니다.

탐색의 가장 기본은 탐색 정보를 가지고 있을 데이터를 정의하는 것입니다. DFS를 구현할 때 재귀 함수를 사용할 것이므로 변수를 두 개 사용하는 것보다 하나로 묶어서 관리하는 것이 훨씬 편합니다.

```
def solution(n, info):
    answer = [0, [0] * 11]
```

2. DFS 함수를 구현합니다.

재귀 함수로 구현하려면 먼저 사용할 변수와 종료 조건이 명시되어야 합니다. 사용할 변수는 DFS 탐색에서 필요한 사항입니다. 어피치의 화살 정보와, 현재 몇 번째 화살인지, 최고 기록, 라이언이 쏜 화살이 어디에 꽂혔는지, 그리고 현재 몇 개의 화살을 사용했는지에 대해 알면 됩니다. 종료 조건은 사용할 화살이 더 이상 없거나, 마지막 선택 시점(0점)에 도달했을 때 멈춰야 하니 두 상태를 확인하면 됩니다.

```
def dfs(info, idx, case, choose, n):
    if n < 0 or idx == 11: return
    〈10번째 화살을 쏘는 시점〉
```

2-1. 화살을 모두 쐈을 때의 성적을 최고 기록과 비교합니다.

DFS로 탐색을 진행하다 보면 어느 시점에서 화살을 전부 쏘게 될 것입니다. 이제 이 시점에서 어떻게 화살을 쐈는지에 대한 정보가 있기 때문에 몇 점 차이가 나는지, 그리고 최고 기록을 갱신하는지 판단할 수 있습니다.

```
if idx == 10 and n >= 0:
    current = [*choose, n]
    total = calc(current, info)
    if total > case[0]:
        case[0] = total
        case[1] = current
```

```
    elif total == case[0] and compare(current, case[1]):
        case[1] = current
```
〈다음 탐색 진행〉

최고 기록을 계산하려면 쏜 화살에 대해 점수 처리를 해야 합니다. calc( ) 함수로 분리하겠습니다. 또 최종 결과가 같다면, 현재 선택한 방법이 최대 차이의 최저 점수 배점인지를 확인해야합니다. 이는 compare( ) 함수로 분리하겠습니다. 이 두 함수를 만들어주면 점수를 계산할 수있게 됩니다.

1) calc( ) 함수를 생성

점수를 계산하는 방법은 이전에 풀었던 방식과 동일합니다. 하나의 점수에서 어피치의 화살이더 많으면 어피치의 점수, 그렇지 않으면 라이언의 점수가 됩니다.

```
def calc(lion, apeach):
    res = 0
    for i in range(len(lion)):
        if apeach[i] < lion[i]: res += 10 - i
        elif apeach[i] > lion[i]: res -= 10 - i

    return res
```

---

2) compare( ) 함수를 생성

똑같은 점수라면 더 적은 점수에 쏜 쪽이(문제가 원하는 정답에 더 가깝기 때문에) 더 좋은 결과를 냈다고 판단합니다. 각 점수별로 화살의 개수를 비교하여 판단합니다.

```
def compare(current, before):
    for idx in range(10, 0, -1):
        if current[idx] > before[idx]: return True
        elif current[idx] < before[idx]: return False
```

2-2. 다음 탐색 방향을 지정합니다.

다음 탐색은 어피치의 화살 개수보다 딱 하나 더 많이 쏴서 점수를 가져가는 경우 또는 쏘지 않고 화살을 아끼는 선택을 하는 것으로 분리하여 재귀 함수를 호출하도록 구성하면 됩니다.

```
dfs(info, idx + 1, case, [*choose, info[idx] + 1], n - (info[idx] + 1))
dfs(info, idx + 1, case, [*choose, 0], n)
```

또한, 다음 탐색을 위해 인덱스를 +1 하는 것도 잊지 마세요. 만약 동작 방식이 잘 이해되지 않는다면 11장에서 스택을 한 번 더 읽어보세요.

3. 함수를 실행하고 결과를 반환합니다.

이제 만들어진 dfs() 함수를 실행하고, 결과를 반환하면 됩니다. 만약 어피치의 점수를 뛰어넘을 방법이 없어 0점이라면, [-1]을 반환하고, 점수를 뛰어넘을 방법이 있으면 이 방법을 반환하면 됩니다.

```python
def solution(n, info):
    answer = [0, [0] * 11]

    dfs(info, 0, answer, [], n)
    return [-1] if not answer[0] else answer[1]
```

그렇게 많은 작업을 한 것 같지는 않은데 어째서 복잡한 기분이 듭니다. 전체 코드를 볼까요?

전체 코드

13장/양궁대회_DFS.py

```python
def compare(current, before):
    for idx in range(10, 0, -1):
        if current[idx] > before[idx]: return True
        elif current[idx] < before[idx]: return False

def calc(lion, apeach):
    res = 0
    for i in range(len(lion)):
        if apeach[i] < lion[i]: res += 10 - i
        elif apeach[i] > lion[i]: res -= 10 - i

    return res

def dfs(info, idx, case, choose, n):
    if n < 0 or idx == 11: return

    if idx == 10 and n >= 0:
        current = [*choose, n]
        total = calc(current, info)
        if total > case[0]:
            case[0] = total
            case[1] = current
        elif total == case[0] and compare(current, case[1]):
```

```
            case[1] = current

    dfs(info, idx+1, case, [*choose, info[idx] + 1], n - (info[idx] + 1))
    dfs(info, idx+1, case, [*choose, 0], n)

def solution(n, info):
    answer = [0, [0] * 11]

    dfs(info, 0, answer, [], n)
    return [-1] if not answer[0] else answer[1]
```

역시 이번에도 DFS의 기본 코드 블록 형태를 벗어나지 않습니다. 방문 확인을 할 필요가 없기 때문에 생략된 것 말고는, 흐름이 완전 동일합니다.

하지만 체감 난이도는 다릅니다. 이 문제에서 갑자기 정답률이 21% 정도로 확 줄어드는데, 아무래도 기본적인 DFS의 형태만 알고 어떻게 응용해야 하는지에 대해선 전혀 감을 잡지 못해 반쯤 풀다가 만 코드들이 많이 나온 것 같습니다.

따라서 DFS/BFS를 공부할 때는 문제를 다 풀고 '다음 번에도 대충 이러면 되겠지'라며 끝나는 것이 아니라 어떻게 만들어야 할지 아주 세세하게 구현하는 연습을 계속 반복해야 중간에 막히는 일을 최대한 줄일 수 있습니다.

양과 늑대 - Level 3

URL https://school.programmers.co.kr/learn/courses/30/lessons/92343

2진 트리 모양 초원의 각 노드에 늑대와 양이 한 마리씩 놓여 있습니다. 이 초원의 루트 노드에서 출발하여 각 노드를 돌아다니며 양을 모으려 합니다. 각 노드를 방문할 때 마다 해당 노드에 있던 양과 늑대가 당신을 따라오게 됩니다. 이때, 늑대는 양을 잡아먹을 기회를 노리고 있으며, 당신이 모은 양의 수보다 늑대의 수가 같거나 더 많아지면 바로 모든 양을 잡아먹어 버립니다. 당신은 중간에 양이 늑대에게 잡아먹히지 않도록 하면서 최대한 많은 수의 양을 모아서 다시 루트 노드로 돌아오려 합니다.

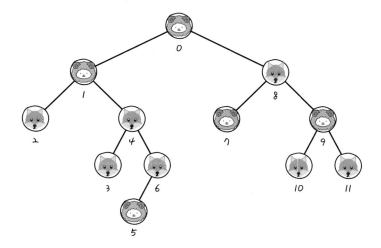

예를 들어 위 그림의 경우(루트 노드에는 항상 양이 있습니다) 0번 노드(루트 노드)에서 출발하면 양을 한 마리 모을 수 있습니다. 다음으로 1번 노드로 이동하면 당신이 모은 양은 두 마리가 됩니다. 이때, 바로 4번 노드로 이동하면 늑대 한 마리가 당신을 따라오게 됩니다. 아직은 양 2마리, 늑대 1마리로 양이 잡아먹히지 않지만, 이후에 갈 수 있는 아직 방문하지 않은 모든 노드(2, 3, 6, 8번)에는 늑대가 있습니다. 이어서 늑대가 있는 노드로 이동한다면(예를 들어 바로 6번 노드로 이동한다면) 양 2마리, 늑대 2마리가 되어 양이 모두 잡아먹힙니다. 여기서는 0번, 1번 노드를 방문하여 양을 2마리 모은 후, 8번 노드로 이동한 후(양 2마리 늑대 1마리) 이어서 7번, 9번 노드를 방문하면 양 4마리 늑대 1마리가 됩니다. 이제 4번, 6번 노드로 이동하면 양 4마리, 늑대 3마리가 되며, 이제 5번 노드로 이동할 수 있게 됩니다. 따라서 양을 최대 5마리 모을 수 있습니다.

각 노드에 있는 양 또는 늑대에 대한 정보가 담긴 배열 info, 2진 트리의 각 노드들의 연결 관계를 담은 2차원 배열 edges가 매개변수로 주어질 때, 문제에 제시된 조건에 따라 각 노드를 방문하면서 모을 수 있는 양은 최대 몇 마리인지 return하도록 solution 함수를 완성해주세요.

제한 사항

- 2 ≤ info의 길이 ≤ 17
  - info의 원소는 0 또는 1 입니다.
  - info[i]는 i번 노드에 있는 양 또는 늑대를 나타냅니다.
  - 0은 양, 1은 늑대를 의미합니다.
  - info[0]의 값은 항상 0입니다. 즉, 0번 노드(루트 노드)에는 항상 양이 있습니다.
- edges의 세로(행) 길이 = info의 길이 - 1
  - edges의 가로(열) 길이 = 2
  - edges의 각 행은 [부모 노드 번호, 자식 노드 번호] 형태로, 서로 연결된 두 노드를 나타냅니다.
  - 동일한 간선에 대한 정보가 중복해서 주어지지 않습니다.
  - 항상 하나의 이진 트리 형태로 입력이 주어지며, 잘못된 데이터가 주어지는 경우는 없습니다.
  - 0번 노드는 항상 루트 노드입니다.

입출력 예

info	edges	result
[0,0,1,1,1,0,1,0,1,0,1,1]	[[0,1],[1,2],[1,4],[0,8],[8,7],[9,10],[9,11],[4,3],[6,5],[4,6],[8,9]]	5
[0,1,0,1,1,0,1,0,0,1,0]	[[0,1],[0,2],[1,3],[1,4],[2,5],[2,6],[3,7],[4,8],[6,9],[9,10]]	5

입출력 예 설명

입출력 예 #1

문제의 예시와 같습니다.

입출력 예 #2

주어진 입력은 다음 그림과 같습니다.

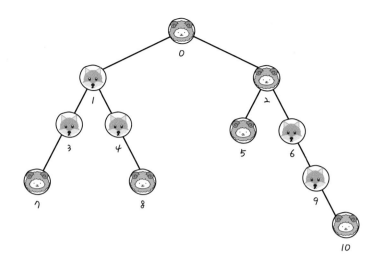

0번-2번-5번-1번-4번-8번-3번-7번 노드순으로 이동하면 양 5마리 늑대 3마리가 됩니다. 여기서 6번, 9번 노드로 이동하면 양 5마리, 늑대 5마리가 되어 양이 모두 잡아먹히게 됩니다. 따라서 늑대에게 잡아먹히지 않도록 하면서 최대로 모을 수 있는 양은 5마리입니다.

제한 시간 안내

정확성 테스트: 10초

문제 풀이

"강 건너기 문제 이진 트리 버전"

이진 트리 모양으로 놓인 노드(정점)에 늑대와 양이 있습니다. 여러분은 이 노드를 돌아다니면서 양을 몰고 다닐 텐데, 한 가지 제약 조건이 있습니다. 양의 숫자가 늑대보다 같거나 작으면 그 즉시 늑대가 양을 몽땅 잡아먹습니다. 그렇다면 결국 이 문제는 조건을 지키면서 양을 얼마나 많이 몰고 다닐 수 있을지에 대해 물어보는 문제입니다.

먼저 트리의 구성과 상관없이 양을 몰고 다닐 수 있을지, 늑대를 몰고 다닐 수 있을지는 직접 탐색해서 판단하기 전까지는 모릅니다. 따라서 완전 탐색을 사용해야 합니다. 트리 탐색이라고 하면 DFS/BFS가 가장 대표적이지만, 이번에는 트리를 단순히 탐색하고 끝나는 것이 아니라 트리의 탐색 순서 또한 굉장히 중요한 변수가 됩니다. 늑대는 양과 숫자가 같아지거나 많아지면 언제라도 양을 모두 잡아먹으므로 입출력 예 2번처럼 0-2-5-1-4-8-3-7 순서를 지키지 않으면 최대로 모을 수 있는 양이 5마리가 될 수 없습니다.

1. **DFS 탐색을 준비합니다.**

   먼저 방문 처리 변수를 생성하고 초기화 작업을 합니다.

   ```python
   def solution(info, edges):
       visited = [0] * len(info)
       visited[0] = 1
       answer = []
   ```

   루트 노드에서 시작하므로 이미 방문했다고 처리해야 노드에서 다음 노드로 갑자기 거슬러 올라가는 일을 막을 수 있습니다.

2. **탐색을 수행합니다.**

   처음 말한대로 종료 조건은 늑대의 수가 양의 수와 같거나 커졌을 때이고, 진행 조건은 이진 탐색의 조건을 만족하는 선에서 수행하면 됩니다. 이때 양이 아직 늑대보다 많다면 계속해서 그 결과를 정답 배열에 기록해두는 추가 작업만 하면 됩니다.

   이제 이진 트리의 탐색을 흉내내기 위해 방문 탐색을 살짝 응용할 것입니다. 각 노드는 부모 노드, 자식 노드를 한 개씩 가지고 있는데, 자식 노드로는 탐색해도 되지만 반대로 부모 노드로는 탐색하면 안 됩니다. 또 부모 노드를 탐색하지 않았는데 바로 자식 노드를 탐색하는 것도 안 됩니다. 따라서 **아직 자식 노드를 탐색하지 않은 부모 노드를 기준으로** 새 함수를 호출해주면, 노드 전체에 계속해서 for 문을 돌리더라도 정해진 수순으로만 탐색을 수행합니다.

   ```python
   def dfs(sheep, wolves):
       if sheep > wolves: answer.append(sheep)
       else: return

       for edge in edges:
           parent, child = edge
           wolf = info[child] == 1

           if visited[parent] and not visited[child]:
               visited[child] = 1
               dfs(sheep + (not wolf), wolves + wolf)
               visited[child] = 0
   ```

   요약하자면 다음 노드를 탐색하지 않는 대신 모든 노드에서 접근 가능한 탐색을 전부 수행하는 방법입니다. 말도 안 되는 접근법이지만, **시간이 허용된다면 충분히 가능한 전략**입니다.

3. 함수를 실행하고, 가장 큰 정답을 반환합니다.

양의 숫자가 늑대의 숫자보다 큰 상태를 계속 유지한다면 한 번 탐색할 때마다 나오는 결과가 하나의 정답이 될 수 있습니다. 이 경우에서 가장 많은 양의 숫자가 정답이 될 것이므로 max( ) 함수로 결과를 얻습니다.

```python
dfs(1, 0)
return max(answer)
```

전체 코드

13장/양과_늑대_DFS_2.py

```python
def solution(info, edges):
    visited = [0] * len(info)
    visited[0] = 1
    answer = []

    def dfs(sheep, wolves):
        if sheep > wolves: answer.append(sheep)
        else: return

        for edge in edges:
            parent, child = edge
            wolf = info[child] == 1

            if visited[parent] and not visited[child]:
                visited[child] = 1
                dfs(sheep + (not wolf), wolves + wolf)
                visited[child] = 0

    dfs(1, 0)
    return max(answer)
```

문제의 입력 크기가 적당하게 주어지고, 여러 완전 탐색 기법을 사용할 수 있을 정도로 여유가 있다면 발생할 수 있는 상황을 일절 고려하지 않고 일부러 무식하게 접근해서 문제를 해결할 수 있습니다. 매 순간마다 가장 효율적으로 코드를 짜는 것도 좋지만, 빠르게 코딩할 수 있다면 이 방법도 사용해볼 만합니다.

파괴되지 않은 건물 - Level 3

URL https://school.programmers.co.kr/learn/courses/30/lessons/92344

[본 문제는 정확성과 효율성 테스트 각각 점수가 있는 문제입니다.]

N x M 크기의 행렬 모양의 게임 맵이 있습니다. 이 맵에는 내구도를 가진 건물이 각 칸마다 하나씩 있습니다. 적은 이 건물들을 공격하여 파괴하려고 합니다. 건물은 적의 공격을 받으면 내구도가 감소하고 내구도가 0 이하가 되면 파괴됩니다. 반대로, 아군은 회복 스킬을 사용하여 건물들의 내구도를 높이려고 합니다.

적의 공격과 아군의 회복 스킬은 항상 직사각형 모양입니다.

예를 들어 아래 그림은 크기가 4 × 5인 맵에 내구도가 5인 건물들이 있는 상태입니다.

첫 번째로 적이 맵의 **(0,0)부터 (3,4)까지 공격하여 4만큼** 건물의 내구도를 낮추면 아래와 같은 상태가 됩니다.

두 번째로 적이 맵의 **(2,0)부터 (2,3)까지 공격하여 2만큼** 건물의 내구도를 낮추면 아래와 같이 4개의 건물이 파괴되는 상태가 됩니다.

세 번째로 아군이 맵의 **(1,0)부터 (3,1)까지 회복하여 2만큼** 건물의 내구도를 높이면 아래와 같이 **2개의 건물이 파괴되었다가 복구**되고 2개의 건물만 파괴되어 있는 상태가 됩니다.

	0	1	2	3	4
0	1	1	1	1	1
1	3	3	1	1	1
2	1	1	-1	-1	1
3	3	3	1	1	1

마지막으로 적이 맵의 **(0,1)부터 (3,3)까지 공격하여 1만큼** 건물의 내구도를 낮추면 아래와 같이 8개의 건물이 더 파괴되어 총 10개의 건물이 파괴된 상태가 됩니다. **(내구도가 0 이하가 된 이미 파괴된 건물도, 공격을 받으면 계속해서 내구도가 하락하는 것에 유의해주세요.)**

	0	1	2	3	4
0	1	0	0	0	1
1	3	2	0	0	1
2	1	0	-2	-2	1
3	3	2	0	0	1

최종적으로 총 10개의 건물이 파괴되지 않았습니다.

건물의 내구도를 나타내는 2차원 정수 배열 board와 적의 공격 혹은 아군의 회복 스킬을 나타내는 2차원 정수 배열 skill이 매개변수로 주어집니다. 적의 공격 혹은 아군의 회복 스킬이 모두 끝난 뒤 파괴되지 않은 건물의 개수를 return하는 solution 함수를 완성해주세요.

제한 사항

- 1 ≤ board의 행의 길이 (= N) ≤ 1,000
- 1 ≤ board의 열의 길이 (= M) ≤ 1,000
- 1 ≤ board의 원소 (각 건물의 내구도) ≤ 1,000
- 1 ≤ skill의 행의 길이 ≤ 250,000
- skill의 열의 길이 = 6
- skill의 각 행은 [type, r1, c1, r2, c2, degree] 형태를 가지고 있습니다.
    - type은 1 혹은 2입니다.
        - type이 1일 경우는 적의 공격을 의미합니다. 건물의 내구도를 낮춥니다.
        - type이 2일 경우는 아군의 회복 스킬을 의미합니다. 건물의 내구도를 높입니다.
    - (r1, c1)부터 (r2, c2)까지 직사각형 모양의 범위 안에 있는 건물의 내구도를 degree만큼 낮추거나 높인다는 뜻입니다.

- 0 ≤ r1 ≤ r2 < board의 행의 길이
- 0 ≤ c1 ≤ c2 < board의 열의 길이
- 1 ≤ degree ≤ 500
- type이 1이면 degree만큼 건물의 내구도를 낮춥니다.
- type이 2이면 degree만큼 건물의 내구도를 높입니다.
- 건물은 파괴되었다가 회복 스킬을 받아 내구도가 1이상이 되면 파괴되지 않은 상태가 됩니다. 즉, 최종적으로 건물의 내구도가 1이상이면 파괴되지 않은 건물입니다.

정확성 테스트 케이스 제한 사항

- 1 ≤ board의 행의 길이 (= N) ≤ 100
- 1 ≤ board의 열의 길이 (= M) ≤ 100
- 1 ≤ board의 원소 (각 건물의 내구도) ≤ 100
- 1 ≤ skill의 행의 길이 ≤ 100
  - 1 ≤ degree ≤ 100

효율성 테스트 케이스 제한 사항

- 주어진 조건 외 추가 제한 사항 없습니다.

입출력 예

board	skill	result
[[5,5,5,5,5],[5,5,5,5,5],[5,5,5,5,5],[5,5,5,5,5]]	[[1,0,0,3,4,4],[1,2,0,2,3,2],[2,1,0,3,1,2],[1,0,1,3,3,1]]	10
[[1,2,3],[4,5,6],[7,8,9]]	[[1,1,1,2,2,4],[1,0,0,1,1,2],[2,2,0,2,0,100]]	6

입출력 예 설명

입출력 예 #1

문제 예시와 같습니다.

입출력 예 #2

초기 맵 상태

첫 번째로 적이 맵의 **(1,1)부터 (2,2)까지 공격하여 4만큼** 건물의 내구도를 낮추면 다음과 같은 상태가 됩니다.

두 번째로 적이 맵의 **(0,0)부터 (1,1)까지 공격하여 2만큼** 건물의 내구도를 낮추면 아래와 같은 상태가 됩니다.

마지막으로 아군이 맵의 **(2,0)부터 (2,0)까지 회복하여 100만큼** 건물의 내구도를 높이면 아래와 같은 상황이 됩니다.

총, 6개의 건물이 파괴되지 않았습니다. 따라서 6을 return해야 합니다.

제한 시간 안내

정확성 테스트: 10초

효율성 테스트: 언어별로 작성된 정답 코드의 실행 시간의 적정 배수

문제 풀이

"그만해! 이미 건물의 HP는 0이야!"

'건물을 파괴시켰다가 다시 회복시켰다가 파괴시켰다가…' 하면서 최종적으로 몇 개의 건물이 남는지 계산하는 문제입니다. 건물의 내구도가 음수에 도달하더라도 계속 깎일 수 있고, 건물이 계속 회복되더라도 상한 없이 계속해서 회복되는 특징이 있습니다.

여기까지만 보면 그냥 2차원 배열에 영역을 지정하고 숫자를 더했다가 빼기만 하면 문제가 풀릴 것 같지만, 이 문제는 효율성 평가가 있습니다. 직접 영역별로 덧셈 뺄셈을 수행하는 코드로 구현해서 제출하면 정확성 평가는 전부 맞지만, 효율성 평가에서는 모두 시간 초과가 발생합니다. 실제로 소요되는 시간 복잡도를 계산하면 O(N × M × K)로, 최악의 경우 O(n³)이 됩니다. 2차원 배열 할당이 이렇게 오래 걸리는 작업인가 싶지만, 극단적으로 건물 전체에 폭격을 날리고 전체를 수리하는 걸 25,000번 반복한다고 생각하면 당연한 결과입니다.

이 문제부터는 모르면 못 푸는 문제입니다. 문제를 읽고 적절한 풀이 알고리즘을 생각하지 못하면 대체안을 꺼내기 힘듭니다. 따라서 문제에서 힌트를 찾아 어떤 방법으로 구현할지 선택하는 게 아니라 이미 정해져 있는 풀이 방법을 얼마나 빨리 알아내는가에 대한 싸움이 됩니다.

먼저 해답부터 말하자면 '2차원 배열에서의 부분합(prefix sum)'을 구현하면 됩니다.[2]

이해하기 쉽게 1차원 배열부터 봅시다. [1, 2, 3, 4, 5]라는 배열이 있고, 0번째부터 2번째까지의 원소를 3씩 빼야 한다고 생각합시다. 일반적인 접근 방법이라면 슬라이싱이나 for 문으로 원소 자체를 직접 조회하여 3씩 뺍니다. 하지만 누적합으로 구하게 된다면 보정할 결괏값을 먼저 생성한 다음, 이 결괏값을 누적해서 합한 후 원래 결과와 더하는 방식을 사용합니다.

0번째부터 2번째까지 3을 뺀다는 것을 누적합으로 표현하려면, 시작 위치를 뺄 숫자를 지정한 다음 끝 위치에 역수를 지정해주면 됩니다. 앞의 예시를 그대로 사용한다면 [−3, 0, 0, 3, 0]이 됩니다. 이제 이 배열을 왼쪽에서 오른쪽으로 이전 결과에 계속 더하면서 넘어가면 [−3, −3, −3, 0, 0]이라는 결과가 나옵니다. 이 결과를 원래 배열인 [1, 2, 3, 4, 5]와 더하면 원래 목표했던 [−2, −1, 0, 4, 5]가 나옵니다.

이 개념을 확장해서 2차원 배열에 적용해봅시다. (0, 0)부터 (2, 2)까지 3씩 뺀다고 할 때 행 기준으로 보면 1차원 배열에서의 [−3, 0, 0, 3, 0]을 여러 번 만든 것이라고 할 수 있습니다. 하지만 2차원 배열은 열 개념도 존재하므로 열에 맞춰서도 보정이 필요합니다. 따라서 일정한 규칙으로 다음 그림처럼 순서가 바뀝니다.

---

2 부분합은 n개의 원소로 이루어진 배열이 주어졌을 때 이들의 합을 누적합으로 알아내는 방법입니다. O(n) 시간 복잡도를 O(1)로 줄이는 기대 효과가 있어 부분 2차원 배열 계산에 자주 사용됩니다.

```
[-3, 0, 0, 3, 0]          [(-3) 0, 0,(3) 0]

[-3, 0, 0, 3, 0]          [0, 0, 0, 0, 0]
                     →
[-3, 0, 0, 3, 0]          [0, 0, 0, 0, 0]

[-3, 0, 0, 3, 0]          [(-3) 0, 0,(-3) 0]
```

이를 좌표로 나타내면, (x1, y1)부터 (x2, y2)까지 계산해야 할 숫자를 n이라고 했을 때 (x1, y1)에 n, (x1, y2 + 1)에 −n, (x2 + 1, y1)에 −n, (x2 + 1, y2 + 1)에 n을 더한 값과 같습니다. 이렇게 만들어진 배열을 위에서 아래로 누적해서 더하고, 왼쪽에서 오른쪽으로 누적해서 더하면(순서가 반대여도 가능합니다. 왼쪽 → 오른쪽 & 위 → 아래) 원하는 만큼의 누적합 결과가 나옵니다. 이 숫자를 더하기만 하면 결과를 얻을 수 있습니다.

따라서 최종적으로 $O(N \times M \times K)$에서 $O(N \times M + K)$로 줄어들기 때문에 최종적으로 $O(n^2)$으로 줄어드는 효과를 얻을 수 있습니다. 크게 개선된 것처럼 보이지 않지만 실제로 제곱 차이는 매우 큽니다.

코드 작성

1. 누적합 배열을 생성합니다.

누적합을 위한 코드를 생성합니다. 계산 오류를 막기 위해 원래 배열의 크기보다 +1 커진 크기로 만들어야 한다는 사실을 잊지 마세요.

```python
def solution(board, skill):
    answer = 0
    temp = [[0] * (len(board[0]) + 1) for _ in range(len(board) + 1)]
```

2. 누적합 배열에 데이터를 삽입합니다.

이제 구간별 데이터를 모두 반영해줍니다. 끝 좌표는 +1을 수행해야 정상적으로 적용되므로 항상 신경 씁니다.

```python
for attack_type, r1, c1, r2, c2, degree in skill:
    degree *= -1 if attack_type == 1 else 1
    temp[r1][c1] += degree
    temp[r1][c2 + 1] += -degree
```

```
temp[r2 + 1][c1] += -degree
temp[r2 + 1][c2 + 1] += degree
```

3. 누적합을 수행합니다.

공식대로 왼쪽 → 오른쪽, 위 → 아래 순으로 누적합 덧셈을 수행합니다. 이후 만들어진 누적합
결과를 원래 배열에 더하는 것으로 결과를 구할 수 있습니다.

```
for i in range(len(temp) - 1):
    for j in range(len(temp[0]) - 1):
        temp[i][j + 1] += temp[i][j]

for j in range(len(temp[0]) - 1):
    for i in range(len(temp) - 1):
        temp[i + 1][j] += temp[i][j]

for i in range(len(board)):
    for j in range(len(board[i])):
        board[i][j] += temp[i][j]
        if board[i][j] > 0: answer += 1
```

마지막으로 본래 목적이었던 내구도가 0 이상인 건물의 개수를 세어 결과를 얻기만 하면 모든
작업이 끝납니다.

전체 코드   13장/파괴되지_않은_건물.py

```
def solution(board, skill):
    answer = 0
    temp = [[0] * (len(board[0]) + 1) for _ in range(len(board) + 1)]

    for attack_type, r1, c1, r2, c2, degree in skill:
        degree *= -1 if attack_type == 1 else 1
        temp[r1][c1] += degree
        temp[r1][c2 + 1] += -degree
        temp[r2 + 1][c1] += -degree
        temp[r2 + 1][c2 + 1] += degree

    for i in range(len(temp) - 1):
        for j in range(len(temp[0]) - 1):
            temp[i][j + 1] += temp[i][j]
```

```
        for j in range(len(temp[0]) - 1):
            for i in range(len(temp) - 1):
                temp[i + 1][j] += temp[i][j]

        for i in range(len(board)):
            for j in range(len(board[i])):
                board[i][j] += temp[i][j]
                if board[i][j] > 0: answer += 1

        return answer
```

책에서 설명하지 않은 유형 중 하나이기도 하고 수학 지식을 알아야 하기 때문에 당황했을 수도 있을 것 같습니다. 고득점을 목표로 한다면 수학은 피할 수 없는 과목 중 하나입니다.

사라지는 발판 - Level 3

URL https://school.programmers.co.kr/learn/courses/30/lessons/92345

플레이어 A와 플레이어 B가 서로 게임을 합니다. 당신은 이 게임이 끝날 때까지 양 플레이어가 캐릭터를 몇 번 움직이게 될지 예측하려고 합니다.

각 플레이어는 자신의 캐릭터 하나를 보드 위에 올려놓고 게임을 시작합니다. 게임 보드는 1 × 1 크기 정사각형 격자로 이루어져 있으며, 보드 안에는 발판이 있는 부분과 없는 부분이 있습니다. 발판이 있는 곳에만 캐릭터가 서 있을 수 있으며, 처음 캐릭터를 올려놓는 곳은 항상 발판이 있는 곳입니다. 캐릭터는 발판이 있는 곳으로만 이동할 수 있으며, 보드 밖으로 이동할 수 없습니다. 밟고 있던 발판은 그 위에 있던 캐릭터가 다른 곳으로 이동하여 다른 발판을 밟음과 동시에 사라집니다. 양 플레이어는 번갈아가며 자기 차례에 자신의 캐릭터를 상하좌우로 인접한 4개의 칸 중에서 발판이 있는 칸으로 옮겨야 합니다.

다음과 같은 2가지 상황에서 패자와 승자가 정해지며, 게임이 종료됩니다.

- 움직일 차례인데 캐릭터의 상하좌우 주변 4칸이 모두 발판이 없거나 보드 밖이라서 이동할 수 없는 경우, 해당 차례 플레이어는 패배합니다.
- 두 캐릭터가 같은 발판 위에 있을 때, 상대 플레이어의 캐릭터가 다른 발판으로 이동하여 자신의 캐릭터가 서 있던 발판이 사라지게 되면 패배합니다.

게임은 항상 플레이어 A가 먼저 시작합니다. 양 플레이어는 최적의 플레이를 합니다. 즉, 이길 수 있는 플레이어는 최대한 빨리 승리하도록 플레이하고, 질 수밖에 없는 플레이어는 최대한 오래 버티도록 플레이합니다. '이길 수 있는 플레이어'는 실수만 하지 않는다면 항상 이기는 플레이어를 의미하며, '질 수밖에 없는 플레이어'는 최선을 다해도 상대가 실수하지 않으면 항상 질 수밖에 없는 플레이어를 의미합니다. 최대한 오래 버틴다는 것은 양 플레이어가 캐릭터를 움직이는 횟수를 최대화한다는 것을 의미합니다.

아래 그림은 초기 보드의 상태와 각 플레이어의 위치를 나타내는 예시입니다.

위와 같은 경우, 플레이어 A는 실수만 하지 않는다면 항상 이길 수 있습니다. 따라서 플레이어 A는 이길 수 있는 플레이어이며, B는 질 수밖에 없는 플레이어입니다. 다음은 A와 B가 최적의 플레이를 하는 과정을 나타냅니다.

1. 플레이어 A가 초기 위치 (1, 0)에서 (1, 1)로 이동합니다. **플레이어 A가 (0, 0)이나 (2, 0)으로 이동할 경우 승리를 보장할 수 없습니다. 따라서 무조건 이길 방법이 있는 (1, 1)로 이동합니다.**

2. 플레이어 B는 (1, 1)로 이동할 경우, 바로 다음 차례에 A가 위 또는 아래 방향으로 이동하면 발판이 없어져 패배하게 됩니다. **질 수밖에 없는 플레이어는 최대한 오래 버티도록 플레이하기 때문에 (1, 1)로 이동하지 않습니다.** (1, 2)에서 위쪽 칸인 (0, 2)로 이동합니다.

3. A가 (1, 1)에서 (0, 1)로 이동합니다.

4. B에게는 남은 선택지가 (0, 1)밖에 없습니다. 따라서 (0, 2)에서 (0, 1)로 이동합니다.

5. A가 (0, 1)에서 (0, 0)으로 이동합니다. 이동을 완료함과 동시에 B가 서 있던 (0, 1)의 발판이 사라집니다. B가 패배합니다.

6. 만약 과정 2에서 B가 아래쪽 칸인 (2, 2)로 이동하더라도 A는 (2, 1)로 이동하면 됩니다. 이후 B가 (2, 1)로 이동, 다음 차례에 A가 (2, 0)으로 이동하면 B가 패배합니다.

위 예시에서 양 플레이어가 최적의 플레이를 했을 경우, 캐릭터의 이동 횟수 합은 5입니다. 최적의 플레이를 하는 방법은 여러 가지일 수 있으나, 이동한 횟수는 모두 5로 같습니다.

게임 보드의 초기 상태를 나타내는 2차원 정수 배열 board와 플레이어 A의 캐릭터 초기 위치를 나타내는 정수 배열 aloc, 플레이어 B의 캐릭터 초기 위치를 나타내는 정수 배열 bloc이 매개변수로 주어집니다. 양 플레이어가 최적의 플레이를 했을 때, 두 캐릭터가 움직인 횟수의 합을 return하도록 solution 함수를 완성해주세요.

제한 사항

- 1 ≤ board의 세로 길이 ≤ 5
- 1 ≤ board의 가로 길이 ≤ 5
- board의 원소는 0 또는 1입니다.
  - 0은 발판이 없음을, 1은 발판이 있음을 나타냅니다.
  - 게임 보드의 좌측 상단 좌표는 (0, 0), 우측 하단 좌표는 (board의 세로 길이 - 1, board의 가로 길이 - 1)입니다.
- aloc과 bloc은 각각 플레이어 A의 캐릭터와 플레이어 B의 캐릭터 초기 위치를 나타내는 좌푯값이며 [r, c] 형태입니다.
  - r은 몇 번째 행인지를 나타냅니다.
  - 0 ≤ r < board의 세로 길이
  - c는 몇 번째 열인지를 나타냅니다.
  - 0 ≤ c < board의 가로 길이
  - 초기 보드의 aloc과 bloc 위치는 항상 발판이 있는 곳입니다.
  - aloc과 bloc이 같을 수 있습니다.
- 상대 플레이어의 캐릭터가 있는 칸으로 이동할 수 있습니다.

board	aloc	bloc	result
[[1, 1, 1], [1, 1, 1], [1, 1, 1]]	[1, 0]	[1, 2]	5
[[1, 1, 1], [1, 0, 1], [1, 1, 1]]	[1, 0]	[1, 2]	4
[[1, 1, 1, 1, 1]]	[0, 0]	[0, 4]	4
[[1]]	[0, 0]	[0, 0]	0

입출력 예 설명

입출력 예 #1

문제 예시와 같습니다.

입출력 예 #2

주어진 조건을 그림으로 나타내면 아래와 같습니다.

항상 이기는 플레이어는 B, 항상 지는 플레이어는 A입니다.

다음은 B가 이기는 방법 중 하나입니다.

1. A가 (1, 0)에서 (0, 0)으로 이동
2. B가 (1, 2)에서 (2, 2)로 이동
3. A가 (0, 0)에서 (0, 1)로 이동
4. B가 (2, 2)에서 (2, 1)로 이동
5. A가 (0, 1)에서 (0, 2)로 이동
6. B가 (2, 1)에서 (2, 0)으로 이동
7. A는 더 이상 이동할 수 없어 패배합니다.

위와 같이 플레이할 경우 이동 횟수 6번 만에 게임을 B의 승리로 끝낼 수 있습니다.

B가 다음과 같이 플레이할 경우 게임을 더 빨리 끝낼 수 있습니다. 이길 수 있는 플레이어는 최대한 빨리 게임을 끝내려 하기 때문에 위 방법 대신 아래 방법을 선택합니다.

1. A가 (1, 0)에서 (0, 0)으로 이동
2. B가 (1, 2)에서 (0, 2)로 이동
3. A가 (0, 0)에서 (0, 1)로 이동

4. B가 (0, 2)에서 (0, 1)로 이동

5. A는 더 이상 이동할 수 없어 패배합니다.

위와 같이 플레이할 경우 이동 횟수 4번 만에 게임을 B의 승리로 끝낼 수 있습니다. 따라서 4를 return합니다.

입출력 예 #3

양 플레이어는 매 차례마다 한 가지 선택지밖에 고를 수 없습니다. 그 결과, (0, 2)에서 어디로도 이동할 수 없는 A가 패배합니다. 양 플레이어가 캐릭터를 움직인 횟수의 합은 4입니다.

입출력 예 #4

게임을 시작하는 플레이어 A가 처음부터 어디로도 이동할 수 없는 상태입니다. 따라서 A의 패배이며, 이동 횟수의 합은 0입니다.

제한 시간 안내

정확성 테스트: 10초

문제 풀이

모르면 못 푸는 문제입니다. 조금 정정해서 말하면 몰라도 풀 수는 있지만 그렇게 풀기에는 너무 어려운 문제입니다. 그도 그럴 것이, 알고리즘 대회에서나 간간히 나오던 게임 이론 문제가 코딩 테스트로 내려왔기 때문입니다. 실제 알고리즘 대회보다는 어느 정도 난이도가 조정된 편이지만, 그래도 절대 만만한 문제는 아닙니다.

문제 풀이의 핵심만 말하자면, 이길 사람과 질 사람이 이미 정해져 있는 상황에서 이길 사람은 최대한 상대의 이동 경로를 끊는 것에 집중하고, 질 사람은 최대한 살아나갈 방법을 모색한다고 했을 때 이런 상황이 몇 턴 동안 지속될지 계산해야 합니다. 따라서 나의 행동이 상대의 행동에 최대한 영향을 주고, 상대의 행동이 나의 행동에 최소한으로 영향을 받도록 만드는 **최소극대화 (minimax) 알고리즘**을 사용해야 합니다.

알고리즘을 정했으니 어떤 점을 기준으로 최대화/최소화할 것인지를 설정해야 합니다. 먼저 문제 조건을 정리해보면 1) 게임은 항상 플레이어 A가 먼저 시작하고, 2) 두 플레이어는 항상 최선을 다하고, 3) 한 번 승기를 잡은 플레이어는 무조건 이깁니다. 그렇다면 최선의 플레이를 할 경우 이기는 플레이어는 제일 적은 이동으로 이길 것이고, 지는 플레이어는 제일 많은 이동으로 질 것입니다. 따라서 이긴다면 최소 이동 거리를 기준으로, 진다면 최대 이동 거리를 기준으로 잡으면 됩니다.

다만 그 결과를 알아내기 위해서는 모든 경우의 수를 짚어야 하니 완전 탐색을 피할 수 없습니다. 만약 체스를 하는 것처럼 발판의 크기가 매우 크고 밟아도 사라지지 않았다면 추가로 동적 프로그 래밍 등의 최적화 기법을 사용해야 하므로 문제가 더 어려워지겠지만, 그런 조건은 없기 때문에 완전 탐색 범위 내에서 끝내면 됩니다. 남는 건 탐색 방식을 어떻게 설정할지 여부인데, 한 경기를 끝까지 가면서 확인하는 게 자연스러우므로 DFS로 구현하겠습니다.

종료 조건과 진행 조건부터 시작해봅시다. 이번에는 종료 조건이 제법 복잡합니다. 1) 더 이상 밟을 발판이 없을 때, 2) 현재 턴이 끝나는 시점에서 이기고 있을 때, 3) 현재 턴이 끝나는 시점에서 지고 있을 때, 4) 서로 같은 발판을 밟고 있을 때, 총 4가지가 필요합니다(제법 많으므로 코드를 작성할 때 한 번 더 설명하겠습니다). 진행 조건은 밟을 발판이 있어야 하는 점만 만족하면 됩니다.

그다음 처리해야 할 작업입니다. 각 함수에서는 게임을 진행시켜야 하므로 게임판의 상태, A와 B의 위치, 밟은 위치 등을 가지고 있어야 합니다. 정보가 갖춰졌으면 현재 이동 횟수를 이용해 플레이어 A의 턴인지 B의 턴인지 구분합니다. 각 플레이어들은 발판이 존재하는 한 4방향에서 최대의 효율을 내는 조건하에 원하는 방향으로 이동할 수 있으며, 게임판의 상태를 바꾼 뒤 다음 플레이어에게 턴을 넘기는 방식으로 진행합니다.

만약 더 이상 움직일 수 없거나 승리나 패배가 확정되었다면 함수에서 승패 결과와 총 몇 번 움직였는지에 대한 정보를 반환합니다. 움직였던 데이터를 배열에 기록한 뒤, 이 데이터를 기반으로 반드시 이기는 싸움이었는지, 혹은 반드시 지는 싸움이었는지 판단하고 이기는 싸움이었다면 최소한의 움직임을, 지는 싸움이었다면 최대한의 움직임을 선택하면 됩니다.

문제의 조건에 의해 항상 플레이어 A가 먼저 시작하므로 함수의 시작은 항상 플레이어 A를 기준으로 잡아준다면, 나머지 결과는 자동으로 상황에 맞게 변경되어 나옵니다. 이 값을 반환하기만 하면 문제를 풀 수 있습니다.

코드 작성

1. 발판의 길이와 이동 경로를 정의합니다.

첫 시작은 탐색을 위한 준비입니다. 게임판의 크기를 미리 계산하고, 진행 방향까지 만들어놓습니다. 4방향의 순서는 어떻게 되어도 상관없습니다.

```
def solution(board, aloc, bloc):
    n, m = len(board), len(board[0])
    move = [(-1, 0), (0, 1), (1, 0), (0, -1)]
    inside = lambda x, y: 0 <= x < n and 0 <= y < m
```

추가로 미리 게임판 안에 있는 좌표인지 판단할 수 있는 함수를 만들어둡니다. 내부적으로 if 문을 사용해도 되지만, 조건이 살짝 복잡하므로 미리 함수 형태로 만들어두는 게 사용하기 편합니다.

2. 현재 턴 상황에 따라 DFS를 수행합니다.

개발의 편의를 위해 중첩 함수로 구현합니다. 이제 dfs() 함수를 사용해 게임을 진행할 것인데, 함수에는 각 플레이어의 위치와, 이미 밟은 발판의 위치, 그리고 현재 움직인 횟수를 인자로 가지고 있습니다. 각 플레이어가 최선의 선택인지를 고르려면 먼저 현재 움직인 횟수를 2로 나누어 나머지를 확인합니다. 플레이어 A가 먼저 시작하므로 나머지가 존재하지 않으면 플레이어 A, 존재하면 플레이어 B입니다.

```
def dfs(aloc, bloc, seen, step):
    x, y = aloc if step % 2 == 0 else bloc
    survive, must_lose = False, True
    win_left, lose_left = [], []

    〈각 방향마다 움직일 수 있는 경우를 체크〉
```

종료 조건을 명시하기 위한 조건 변수가 필요합니다. 이번 움직임을 전부 확인했을 때 생존할 수 있는지, 반드시 지는 상황인지를 판단하는 변수를 추가합니다. 그리고 이기고 있을 때 이동한 발판과 지고 있을 때 이동한 발판에 대한 기록을 모두 가지고 옵니다.

2-1. 각 방향마다 움직일 수 있는 경우를 모두 확인합니다.

현재 위치에서 나아갈 수 있는 모든 방향을 확인합니다. 상태는 크게 세 가지로 나뉘는데, 1) 다음 진행 방향이 유효할 때, 2) 다음 진행 방향이 유효하지 않을 때, 3) 밟은 곳이 다른 플레이어가 이미 있는 곳일 때, 세 가지를 모두 처리해줘야 올바르게 함수를 실행할 수 있습니다.

```
for dx, dy in move:
    nx = x + dx
    ny = y + dy

    if inside(nx, ny) and (nx, ny) not in seen and board[nx][ny]:
        survive = True
        if aloc == bloc: return (True, step + 1)

        〈발판을 밟고 다음 턴 넘겨주기〉
```

먼저 이동할 위치가 배열을 벗어나지 않는지 검사합니다. 다음으로 이미 밟은 위치인지, 이 발판이 유효한지 확인하는 과정을 거칩니다. 만약 이 발판이 밟을 수 있는 위치라면, 적어도 나아갈 방향이 있으므로 이번 턴에서는 생존할 수 있습니다. 그다음 곧바로 먼저 다른 플레이어가 존재하는지 확인합니다. 만약 똑같은 위치라면 다음 플레이어가 움직이는 순간 패배하게 되므로 결과를 미리 반환합니다(결과를 받는 시점은 다른 플레이어이므로 반대로 명시해야 합니다).

2-2. 발판을 밟고, 다음 턴을 넘겨줍니다.

이제 발판을 밟은 판정을 만든 다음, 턴을 상대에게 넘겨줍니다. 함수를 한 번 더 호출하면 됩니다.

```python
next_step = [[nx, ny], bloc] if step % 2 == 0 else [aloc, [nx, ny]]
win, left = dfs(*next_step, seen | {(x, y)}, step + 1)
if win: win_left.append(left)
else: lose_left.append(left)
must_lose &= win
```

〈최종 결과 처리〉

재귀 함수 호출이 끝나면, 이 방향으로 움직였을 때 이겼는지를 알 수 있습니다. 우선 승패 여부에 따라 몇 턴 움직였는지에 대한 정보를 분리해서 배열에 데이터를 넣습니다. 그다음 승리 여부를 패배 플래그와 AND 연산해 보관합니다. 처음에는 패배 플래그가 True이지만, 단 한 번이라도 False가 되면 그다음부터는 어떤 숫자와 연산을 수행하더라도 계속 False 상태를 유지합니다.

2-3. 최종 결과에 따른 결과를 반환합니다.

모든 탐색이 끝나면 최종 결론이 나옵니다. 나오는 상황에 맞춰서 값을 반환하면 됩니다.

- 생존하지 못했을 경우: 패배했다는 정보와 함께 현재 턴을 반환합니다.
- 반드시 지는 상황이었을 경우: 패배했다는 정보와 함께 가장 오래 버틴 기록을 반환합니다
- 반드시 이기는 상황이었을 경우: 승리했다는 정보와 함께 가장 짧게 끝낸 기록을 반환합니다

```python
if not survive: return (False, step)
if must_lose: return (False, max(win_left))
return (True, min(lose_left))
```

질 때는 최대로, 이길 때는 최소로! 최소극대화 기법은 게임 이론에 흔히 등장하는 개념이므로 어려운 문제에 도전할 생각이라면 꼭 기억해둡시다. 알고 있으면 풀 수 있습니다.

3. 첫 턴을 시작하고 나오는 결과를 반환합니다.

마지막으로 플레이어 A를 기준으로 첫 턴을 시작하는 함수를 실행하고, 나온 결과에서 두 번째 결과를(몇 턴에 끝났는지) 반환하면 끝납니다.

```python
return dfs(aloc, bloc, set(), 0)[1]
```

전체 코드 13장/사라지는_발판.py

```python
def solution(board, aloc, bloc):
    n, m = len(board), len(board[0])
    move = [(-1, 0), (0, 1), (1, 0), (0, -1)]
    inside = lambda x, y: 0 <= x < n and 0 <= y < m

    def dfs(aloc, bloc, seen, step):
        x, y = aloc if step % 2 == 0 else bloc
        survive, must_lose = False, True
        win_left, lose_left = [], []

        for dx, dy in move:
            nx = x + dx
            ny = y + dy

            if inside(nx, ny) and (nx, ny) not in seen and board[nx][ny]:
                survive = True
                if aloc == bloc: return (True, step + 1)

                next_step = [[nx, ny], bloc] if step % 2 == 0 else [aloc, [nx, ny]]
                win, left = dfs(*next_step, seen | {(x, y)}, step + 1)

                if win: win_left.append(left)
                else: lose_left.append(left)
                must_lose &= win

        if not survive: return (False, step)
        if must_lose: return (False, max(win_left))
        return (True, min(lose_left))

    return dfs(aloc, bloc, set(), 0)[1]
```

이번 문제의 정답률은 0.78%였습니다. 완전 탐색도 완전 탐색이지만, 종료 조건이 매우 많고 현재 입력 상황에 따른 상태와 시시각각 변하는 결과를 정확하게 추적할 수 있어야 하는 문제입니다. 탐색 순서를 올바르게 이해할 수 있다면 어느 정도는 따라갈 수 있지만, 그럼에도 헷갈릴 요소가 많고 복잡한 변수들이 아주 많습니다.

문제를 읽고 완전 탐색으로는 도저히 보이지 않았다고 해도 정상입니다. 이 문제를 정확하게 파악하려면 사전 지식이 뒷받침되어야 하고, 게임판에서 일어날 수 있는 최대 경우의 수를 직접 계산할 수 있어야 합니다. 발판이 사라진다는 특징 때문에 만들어지는 경우의 수가 굉장히 적다는 것을 캐치했다면 최소극대화 알고리즘을 모르더라도 이것저것 고민해서 풀어나갈 수 있지만, 그렇지 못했다면 문제만 이해하려고 노력하다가 시간을 전부 보내게 됩니다.

드디어 2022년 카카오 블라인드 테스트의 마지막 문제까지 풀었습니다. 수고하셨습니다. 2022년 카카오 블라인드 테스트는 크게 세 가지로 난이도로 나뉘는데, 한두 문제는 말한 대로 구현할 수 있는지, 두세 문제는 자료 구조 및 알고리즘을 올바르게 활용할 수 있는지, 두 문제는 응용을 넘어 심화 과정까지 들어갈 수 있는지를 평가합니다. 1차 시험에서 합격하기 위해선 최소 네다섯 문제 이상은 풀어야 하므로, 사실상 뒤의 두 문제를 빼고 나머지를 다 풀어야 한다는 의미입니다.

따라서 카카오 코딩 테스트를 준비한다면 자료 구조와 알고리즘을 제대로 이해하는 것도 중요하지만 문제를 정확하게 이해하고 알고 있는 지식과 어떻게 엮을 것인지를 중심으로 연습해야 합니다. '~를 구현해라, ~를 만들어라' 형태의 단답형보다는 실제 상황과 비슷한 지문이 주어지면서 구현할 사항들이 나오기 때문에 문제를 정확하게 이해하지 못하면 풀 수 없습니다. 기존 기출 문제들을 풀어보면서 지문에 익숙해지는 시간이 필요합니다.

코딩전문역량인증시험, PCCP 모의고사

프로그래머스에서 국내 최초로 코딩 역량을 객관적으로 측정하기 위한 민간자격인증 시험으로 PCCP(Programmers Certified Coding Professional, 코딩전문역량인증시험), 그리고 PCCE(Programmers Certified Coding Essential, 코딩필수역량인증시험)를 출시했습니다.[1] 이 장에서는 그중 코딩전문역량인증시험인 PCCP 모의고사 2회분의 문제 풀이를 진행합니다. PCCP는 파이썬, 자바, 자바스크립트, C++ 중 1개 언어를 선택할 수 있고, 총 4문제가 출제되며, 제한시간은 120분입니다. 1,000점 만점 기준에서 400점 이상 획득하면 합격이며, 점수에 따라 인증 등급(LV.1~LV.5)이 부여됩니다.

문제의 출제 범위는 다음과 같습니다.

- 기본 프로그램 구현
- 초급 자료 구조/알고리즘(문자열, 배열, 탐욕, 정렬 등)
- 중급 자료 구조/알고리즘(스택, 큐, 덱, 해시, 이진 탐색, DFS/BFS 등)
- 고급 자료 구조/알고리즘(그래프, 트리, 힙, 동적 프로그래밍 등)

모의고사는 총 2회분이며, 각 회차별 문제를 풀어보면서 어떤 느낌으로 접근해야 하는지 설명해 나갈 것입니다. 난이도 자체는 Level 2~Level 3 수준으로 배치되어 있지만, 카카오 블라인드 테스트에서도 문제 이해와 시간 분배가 중요한 것처럼 PCCP 역시 문제를 정확히 이해하고 어떤 알고리즘을 사용할지 빠르게 판단하는 게 중요합니다.

14.1 / PCCP 모의고사 1회
SECTION

 문제 74 **외톨이 알파벳 - Level 1**
URL https://school.programmers.co.kr/learn/courses/15008/lessons/121683

알파벳 소문자로만 이루어진 어떤 문자열에서 2회 이상 나타난 알파벳이 2개 이상의 부분으로 나뉘어 있으면 외톨이 알파벳이라고 정의합니다.

---

1 자격증 관련 자세한 내용은 https://certi.programmers.co.kr을 참고하세요.

문자열 "edeaaabbccd"를 예시로 들어보면,

- a는 2회 이상 나타나지만, 하나의 덩어리로 뭉쳐 있으므로 외톨이 알파벳이 아닙니다.
  - "ede(aaa)bbccd"
- b, c도 a와 같은 이유로 외톨이 알파벳이 아닙니다.
- d는 2회 나타나면서, 2개의 부분으로 나뉘어 있으므로 외톨이 알파벳입니다.
  - "e(d)eaaabbcc(d)"
- e도 d와 같은 이유로 외톨이 알파벳입니다.

문자열 "eeddee"를 예시로 들어보면

- e는 4회 나타나면서, 2개의 부분으로 나뉘어 있으므로 외톨이 알파벳입니다.
  - "(ee)dd(ee)"
- d는 2회 나타나지만, 하나의 덩어리로 뭉쳐 있으므로 외톨이 알파벳이 아닙니다.
  - "ee(dd)ee"

문자열 input_string이 주어졌을 때, 외톨이 알파벳들을 **알파벳순으로** 이어 붙인 문자열을 return하도록 solution 함수를 완성해주세요. 만약, 외톨이 알파벳이 없다면 문자열 "N"을 return합니다.

제한 사항

- 1 ≤ input_string의 길이 ≤ 2,600
- input_string은 알파벳 소문자로만 구성되어 있습니다.

입출력 예

input_string	result
"edeaaabbccd"	"de"
"eeddee"	"e"
"string"	"N"
"zbzbz"	"bz"

입출력 예 설명

입출력 예 #1

- 문제 예시와 같습니다.
- 외톨이 알파벳인 e, d를 알파벳순으로 이어 붙여 문자열을 만들면 "de"가 됩니다.

입출력 예 #2

- 문제 예시와 같습니다.

입출력 예 #3

- 모든 문자들이 한 번씩만 등장하므로 외톨이 알파벳이 없습니다.

- 외톨이 알파벳인 z, b를 알파벳순으로 이어 붙여 문자열을 만들면 "bz"가 됩니다.

문제 풀이

요구하는 대로 구현하기만 하면 풀 수 있는 문제입니다. 조건부터 확인해봅시다. 알파벳 소문자로만 구성된 문자열에서 2회 이상 나타난 알파벳이 2개 이상의 부분으로 나뉘어 있으면 '외톨이 알파벳'이라고 정의합니다. 쉽게 말하면 글자가 여러 개 있는데 서로 떨어져 있다면 조건을 만족한다는 의미입니다.

그렇지만 컴퓨터에게 떨어진 글자를 이해시키는 건 약간 다른 문제입니다. 단어를 읽으면서 해당 글자가 이미 등장했고, 이 단어가 연속적으로 이어져 있는 것이 아니라고 판단하려면 이미 등장한 글자를 계속해서 기억해야 하기 때문입니다. 변수 두 개를 같이 사용하는 것에 익숙하지 않으면 자주 실수하는 지점이기도 합니다.

외톨이 알파벳이라고 결정할 수 있는 조건을 명시적으로 정의하면 다음과 같습니다.

- 글자가 이미 등장했고, 이전 단어가 해당 글자가 아닐 때 → 외톨이 알파벳이 맞다.
- 글자가 처음으로 한 번 등장했을 때 → 외톨이 알파벳이 아니다.

이 두 가지를 제대로 구현하면 손쉽게 외톨이 알파벳을 구분할 수 있습니다.

코드 작성

1. 단어 정보를 모아둘 변수와 이전 글자를 저장할 변수를 선언합니다.

외톨이 알파벳을 찾으려면 문자열을 순회해야 합니다. 그렇다면 순회하는 동안 어떤 글자를 만났는지, 이전 글자는 무엇인지에 대해 기록해놓아야 조건에 맞는 글자가 있는지 판단할 수 있습니다.

```python
def solution(input_string):
    d = {}
    prev = None
```

나왔던 단어를 판단하는 가장 쉬운 방법은 사전을 사용하는 것입니다. 문제에 알파벳 소문자만 가능하다는 조건이 있기 때문에 크기가 26인 배열을 생성할 수도 있지만, 주어진 문자열에 항상 모든 알파벳이 나온다는 보장은 없기 때문에 필요한 데이터만 가지도록 만드는 것이 좋습니다.

2. 문자열을 순회하면서 단어를 검사합니다.

문자열을 하나씩 읽으며 앞서 정의했던 두 조건을 확인해 외톨이 알파벳인지 확인합니다.

```python
for x in input_string:
    if x in d and prev != x: d[x] = True
    elif x not in d: d[x] = False
    prev = x
```

조건이 맞는지 확인하는 것도 중요하지만, 조건을 만족시키기 위한 연산도 중요합니다. 이어지는 글자인지 판단하기 위해 이전 글자를 담는 변수 prev를 만들고, 가장 마지막에 글자를 계속 갱신시키면서 순회하면 됩니다. 이 순서를 지킵시다!

3. 외톨이 알파벳인 경우만 모아서 반환합니다.

문자열 순회가 끝나면 외톨이 알파벳인 글자와 그렇지 않은 글자가 True와 False로 나뉘어 사전에 담깁니다. 이제 이 사전 변수를 확인하여 외톨이 알파벳만 골라서 정렬한 뒤 하나의 문자열로 만들기만 하면 됩니다.

```python
answer = [k if d[k] else '' for k in d]
return ''.join(sorted(answer)) or 'N'
```

사전을 for 문으로 순회하면 사전의 키만 나오게 됩니다(키와 값을 동시에 참고하고 싶다면 items() 함수를 통해 배열로 바꿔야 합니다). 키값을 조회하면서 외톨이 알파벳인지 확인되면 글자 자체를, 그렇지 않으면 공백을 반환합니다.

마지막으로 반환된 글자를 정렬한 뒤 `''.join()` 함수로 합치면 공백이 전부 사라지고 원하는 문자열이 나옵니다.

14장/외톨이_알파벳.py

전체 코드

```python
def solution(input_string):
    d = {}
    prev = None

    for x in input_string:
        if x in d and prev != x: d[x] = True
        elif x not in d: d[x] = False
        prev = x

    answer = [k if d[k] else '' for k in d]
    return ''.join(sorted(answer)) or 'N'
```

이 문제는 제시된 조건 그대로 잘 구현하는지를 평가하는 문제입니다. 조건에 맞춰 변수를 몇 개 사용할 것이고, 어떻게 사용할 것인지에 대한 판단이 적절하게 이루어져야 올바르게 문제를 풀 수 있습니다.

체육대회 - Level 2

URL https://school.programmers.co.kr/learn/courses/15008/lessons/121684

당신이 다니는 학교는 매년 체육대회를 합니다. 체육대회는 여러 종목에 대해 각 반의 해당 종목 대표가 1명씩 나와 대결을 하며, 한 학생은 최대 한 개의 종목 대표만 할 수 있습니다. 당신의 반에서도 한 종목당 1명의 대표를 뽑으려고 합니다. 학생들마다 각 종목에 대한 능력이 다르지만 이 능력은 수치화되어 있어 미리 알 수 있습니다. 당신의 반의 전략은 각 종목 대표의 해당 종목에 대한 능력치의 합을 최대화하는 것입니다.

다음은 당신의 반 학생이 5명이고, 종목의 개수가 3개이며, 각 종목에 대한 학생들의 능력치가 아래 표와 같을 때, 각 종목의 대표를 뽑는 예시입니다.

	테니스	탁구	수영
석환	40	10	10
영재	20	5	0
인용	30	30	30
정현	70	0	70
준모	100	100	100

테니스 대표로 준모, 탁구 대표로 인용, 수영 대표로 정현을 뽑는다면, 세 명의 각 종목에 대한 능력치의 합은 200(=100 + 30 + 70)이 됩니다.

하지만 테니스 대표로 석환, 탁구 대표로 준모, 수영 대표로 정현을 뽑는다면 세 명의 각 종목에 대한 능력치 합은 210(=40 + 100 + 70)이 됩니다. 이 경우가 당신의 반의 각 종목 대표의 능력치 합이 최대가 되는 경우입니다. 당신의 반 학생들의 각 종목에 대한 능력치를 나타내는 2차원 정수 배열 ability가 주어졌을 때, 선발된 대표들의 해당 종목에 대한 능력치 합의 최댓값을 return하는 solution 함수를 완성하세요.

제한 사항

- 1 ≤ ability의 행의 길이 = 학생 수 ≤ 10
- 1 ≤ ability의 열의 길이 = 종목 수 ≤ ability의 행의 길이
- 0 ≤ ability[i][j] ≤ 10,000
  - ability[i][j]는 i + 1번 학생의 j + 1번 종목에 대한 능력치를 의미합니다.

입출력 예

ability	result
[[40, 10, 10], [20, 5, 0], [30, 30, 30], [70, 0, 70], [100, 100, 100]]	210
[[20, 30], [30, 20], [20, 30]]	60

입출력 예 #1

- 문제 예시와 같습니다.

입출력 예 #2

- 1번 학생이 2번 종목을, 2번 학생이 1번 종목의 대표로 참가하는 경우에 대표들의 해당 종목에 대한 능력치의 합이 최대가 되며, 이는 60입니다.

문제 풀이

이번 체육대회에서는 기필코 우승하겠다는 목표로 작전을 구상하기 시작했습니다. 체육대회에는 여러 가지 종목이 있는데, 각 종목에는 반을 대표하는 선수가 한 명씩 등장해서 경기를 치릅니다. 대신 특정 종목에 하나라도 출전하는 선수는 다른 종목에 출전할 수 없기 때문에 현재 수치화된 전체 반 학생의 능력치를 기반으로 가장 성적이 높은 학생을 출전시킬 계획입니다.

그런데 한 종목만 승리하면 되는 것이 아니라 가능한 많은 종목에서 우승해야 하므로, 종목마다 무조건 성적이 높은 학생을 선택해서 출전시키는 것보다는 각 종목 대표의 능력치 합을 최대화하는 것이 더 나은 선택지라고 판단했습니다. 선수들의 능력치 데이터와 출전 종목이 주어졌을 때, 가장 높은 점수는 몇 점일지 계산해봅시다.

각 종목에서 가장 높은 점수가 아니라, 전체적으로 가장 높은 점수를 유지해야 합니다. 가장 높은 점수를 선택하면 자연스럽게 가장 높은 점수가 되지 않을까 싶지만, 극단적인 경우를 따지고 보면 그렇지 않습니다. 테니스, 탁구, 수영 세 종목이 있는데 테니스에서 가장 높은 선수를 고른 결과, 다른 종목에서 선수들의 성적이 너무 낮아서 오히려 전체 점수가 낮아지는 경우가 존재합니다.

결국 탐욕 알고리즘으로 접근하는 것은 불가능하고, 학생별로 어떤 규칙이나 정해진 조건이 없기 때문에 전부 확인하는 것 말고는 선택지가 없습니다. 즉, 완전 탐색을 사용해야 합니다. 종목별로 선수를 선택하고, 나올 수 있는 모든 점수를 계산해보면 최적의 결과를 얻을 수 있을 것입니다.

여기서 선택지가 나뉩니다. 문제 풀이에 걸리는 시간을 줄이고 싶다면 라이브러리를 활용하고, 제일 빠른 속도로 (효율적으로) 해결하고 싶다면 동적 프로그래밍을 통해 최적화합니다. 먼저 라이브러리를 활용해서 문제를 풀어보겠습니다.

각 종목의 대표를 찾는 가장 쉬운 방법은 조합과 순열을 이용하는 것입니다. 전체적으로 높은 점수를 얻으려면 학생이 종목을 선택하는 것이 아니라, 종목이 학생을 선택한다고 생각하고 완전 탐색을 수행하면 됩니다.

종목이 3가지이고, 학생이 5명이라고 가정해봅시다. 점수를 얻으려면 종목별로 학생을 선택해야 하므로 5명 중 3명을 선별해야 합니다. 하지만 선별된 3명 중에서 가장 높은 점수를 찾으려면 3명이서 만들 수 있는 모든 조합을 확인해야 합니다. 따라서 학생을 어떤 순서로 뽑든 모든 종목에서의 성적을 확인해볼 것이므로 '학생을 뽑는 경우'를 **조합**으로, '종목을 선택하는 경우'를 **순열**로 뽑아서 나올 수 있는 모든 경우를 비교하면 최대 점수를 알 수 있습니다.

코드 작성

1. 학생 번호와 종목 번호를 따로 선언합니다.

순열과 조합 함수를 사용하려면 먼저 배열 데이터가 필요합니다. 데이터를 직접 활용해볼 수도 있겠지만, 완전 탐색의 대상은 종목별 점수가 아니라 종목이기 때문에 번호를 붙인 데이터를 따로 생성합니다.

```python
def solution(ability):
    answer = 0
    people, event_size = len(ability), len(ability[0])
    scores = [i for i in range(people)]
    events = [i for i in range(event_size)]
```

모든 종목의 개수 event_size를 초기화하면 모든 준비는 끝납니다.

2. 조합과 순열을 섞어 각 학생이 만들어낼 수 있는 최대 점수를 계산합니다.

학생을 선택하는 것은 순서와 관련 없으니 조합으로, 종목을 선택하는 것은 순서와 관련 있으니 순열로 데이터를 뽑습니다. 이후 종목별로 점수를 합산한 다음, 가장 큰 점수를 찾으면 됩니다.

```python
from itertools import combinations, permutations

for i in combinations(scores, event_size):
    for j in permutations(events, event_size):
        power = 0
        for k in range(len(j)): power += ability[i[k]][j[k]]
        answer = max(power, answer)
```

최대 기록에 미치지 못하는 점수를 어떻게 미리 제거할지 전혀 고민하지 않고, 조금 단순하게 모든 걸 확인해본다는 생각으로 완전 탐색을 수행하겠습니다. 순열과 조합은 시간 복잡도가 매우 크다는 단점이 있지만, 이번 문제에서는 학생 수를 최대 10명까지, 종목 수 또한 10개까지만 가능하다는 조건이 있기 때문에 충분히 사용할 수 있습니다.

남은 건 최대 점수 정보가 담겨 있는 answer 변수를 반환하기만 하면 됩니다. 전체 코드를 봅시다.

전체 코드   14장/체육대회_순열조합.py

```python
from itertools import combinations, permutations

def solution(ability):
    answer = 0
    people, event_size = len(ability), len(ability[0])
    scores = [i for i in range(people)]
    events = [i for i in range(event_size)]

    for i in combinations(scores, event_size):
        for j in permutations(events, event_size):
            power = 0
            for k in range(len(j)): power += ability[i[k]][j[k]]
            answer = max(power, answer)

    return answer
```

시간 복잡도를 계산한다면 조합은 $O(2^n)$, 순열은 $O(n!)$이니 단순 계산으로도 $2^{10} \times 10!$번 연산하게 됩니다. 연산 결과는 약 37억이지만, 실제로는 아무리 늦어도 6초 안에 실행 종료됩니다.

```
테스트 3 > 통과 (5314.47ms, 10.2MB)
테스트 8 > 통과 (5631.49ms, 10.2MB)
```

프로그래머스 채점 시스템은 따로 명시한 사항이 없다면 기본적으로 제한 시간이 10초입니다. 단순히 1초에 1억 번이라고 생각해서 포기하지 말고, 먼저 실행해보고 판단하세요. 연산 횟수로 계산하면 불가능하게 보여도 의외로 통과되는 경우가 제법 있습니다. 비효율적인 접근 방법이지만, 제한 시간 안에 푸는 게 목적이므로 당장 좋은 해결책이 떠오르지 않는다면 무식한 방법이라도 시도해보세요!

시험을 치른 후 문제를 복기할 때는 좀 더 효율적인 방법은 없는지 고민해볼 필요가 있습니다.

일단 학생과 종목을 선택하는 부분부터 다시 생각해봅시다. 학생을 선택하는 순서는 전혀 관련 없지만, 종목은 순서가 중요합니다. 이유를 생각해보면 학생별 성적은 종목마다 다르기 때문에 각 학생별로 선택하는 종목이 달라지면 자연스럽게 성적의 차이가 발생하고, 여기서 최대 점수를 계산할 수 있기 때문입니다. 그런데 조금 더 생각해보면 일정한 규칙이 있다는 것을 알 수 있습니다.

석환, 영재, 인용, 정현, 준모 5명의 학생과 테니스, 탁구, 수영 3개의 종목이 있다고 가정해봅시다(입출력 예 1번). 여기서 학생 3명을 선택해서 3개의 종목을 계속해서 돌려가면서 최대 점수를 확인하면 각 조합끼리 어느 정도 겹치는 부분이 존재합니다. 예를 들어 석환 → 영재 → 인용 순으로 출전할 학생을 선택했을 때, 만약 석환이 정현 또는 준모로 바뀐다고 하더라도 남은 두 명의 성적은 동일하게 나올 것입니다. 즉, X → 영재 → 인용 조합에선 X를 제외하면 동일한 점수가 나옵니다. 이 개념을 확장하면 석환 → X → 인용 또는 석환 → 영재 → X 순으로 선택하더라도 '이미 정해진 점수 + X' 구조를 가지고 있다는 것을 알 수 있으며, 조금 더 나아가면 X → X → 인용 순으로 아예 두 사람을 빼더라도 동일한 구조를 가지고 있다고 생각할 수 있습니다.

즉, **선택하는 학생을 누적하는 과정에서 최적 부분 구조가 발생한다는 사실을 알 수 있습니다.** 따라서 이 부분을 동적 프로그래밍으로 최적화한다면 겹치는 구조를 다시 연산할 필요가 없어 연산 시간을 대폭 줄일 수 있습니다.

코드 작성

1. 동적 프로그래밍 기법을 적용합니다.

처음부터 완성된 조합에서 최선의 경우를 선택하는 순열 기법 대신, 시작부터 하나씩 학생을 선택해나가는 것으로 부분 구조를 만들 수 있는 DFS 방식으로 접근해야 합니다. 여기서 만들어진 부분 구조를 동적 프로그래밍을 적용해 최적화를 해주면 됩니다.

이 구조는 학생들의 조합에 따라 결정되므로, 조합으로 선택하는 학생들 순서에 고유 번호를 부여하여 하나의 형식으로 만들어야 합니다(1번 학생 → 2번 학생 → 3번 학생과 2번 학생 → 3번 학생 → 1번 학생의 결과는 서로 다른 경우입니다).

이때 학생의 수와 종목의 개수는 여러 가지가 등장할 수 있으니, 비트마스킹을 사용해 전체 경우의 수를 관리해주겠습니다. 그 외의 흐름은 일반적인 DFS와 동일하게 이미 선택한 학생을 다시 선택하는 경우를 제외하고 모두 선택할 때까지 재귀 호출을 반복합니다. 함수 호출이 끝났을 때 나온 결과를 기록해두면 나중에 재귀 호출을 처리하던 도중이라도 해당 조합이 이미 만들어졌다는 것을 확인해서 더 계산하지 않고 조합의 결과를 곧바로 반환하면 됩니다.

```python
def dfs(depth, selected, ability, dp):
    students, sports = len(ability), len(ability[0])
    if depth == sports: return 0

    if not dp[selected]:
        for student in range(students):
            if selected & (1 << student): continue
            current = ability[student][depth]
            select = dfs(depth + 1, selected | (1 << student), ability, dp)
            dp[selected] = max(current + select, dp[selected])

    return dp[selected]
```

2. 조합을 저장해 둘 배열을 생성하고 탐색 함수를 호출합니다.

비트마스킹을 사용한다면 배열 역시 2진법의 결과를 감안한 크기로 생성해줘야 합니다. 모든 종목 숫자를 왼쪽으로 비트 시프트하여 나온 결과만큼의 크기로 배열을 생성하면 됩니다.

```python
def solution(ability):
    dp = [0] * (1 << len(ability))
    return dfs(0, 0, ability, dp)
```

전체 코드

14장/체육대회_동적.py

```python
def dfs(depth, selected, ability, dp):
    students, sports = len(ability), len(ability[0])
    if depth == sports: return 0

    if not dp[selected]:
        for student in range(students):
            if selected & (1 << student): continue
            current = ability[student][depth]
            select = dfs(depth + 1, selected | (1 << student), ability, dp)
            dp[selected] = max(current + select, dp[selected])

    return dp[selected]

def solution(ability):
    dp = [0] * (1 << len(ability))
    return dfs(0, 0, ability, dp)
```

학생을 선택할 때 일정한 규칙이 나온다는 사실을 바로 찾을 수 있다면, 이처럼 비트마스킹과 조합하여 동적 프로그래밍을 할 수 있습니다. 최적 부분 구조를 찾았다면 사실상 문제를 다 푼 것이나 다름없습니다.

```
테스트 3  〉 통과 (3.24ms, 10.2MB)
테스트 8  〉 통과 (3.25ms, 10.1MB)
```

최적화를 하니 5~6초 → 0.003초로 줄었습니다. 반복되는 규칙이 중복해서 얼마나 많이 발생했는지 실감될 정도입니다. 실제 시험에서 이렇게 해답을 바로 찾았다면 최고이지만, 이런 식으로 규칙을 찾아내기 위해선 다양한 문제를 풀며 경험을 쌓아야 가능하다는 점 잊지 마세요.

유전법칙 - Level 2

URL https://school.programmers.co.kr/learn/courses/15008/lessons/121685

멘델은 완두콩을 이용하여 7년간 실험한 결과, 다음과 같은 특별한 법칙을 발견하였습니다.

1. 둥근 완두 순종(RR)을 자가 수분, 즉 같은 유전자끼리 교배할 경우, 다음 세대에 둥근 완두 순종 형질만 나타 난다.
2. 주름진 완두 순종(rr)을 자가 수분할 경우, 다음 세대에 주름진 완두 순종 형질만 나타난다.
3. 두 순종을 교배한 잡종(Rr)을 자가 수분할 경우, 다음 세대의 형질은 RR:Rr:rr=1:2:1의 비율로 나타난다. (아 래 그림 참조)

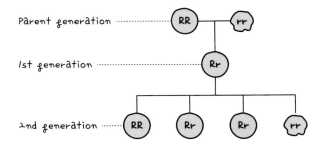

멘델의 법칙을 공부한 진송이는 직접 완두콩의 자가 수분 실험을 진행했습니다. 진송이의 실험에서 완두콩 한 개를 자가 수분한 결과는 다음과 같습니다.

1. 각 완두콩은 자가 수분해서 정확히 4개의 완두콩 후손을 남긴다.
2. 잡종 완두콩(Rr)은 자가 수분해서 첫째는 RR, 둘째와 셋째는 Rr, 넷째는 rr 형질의 후손을 남긴다.
3. 순종 완두콩(RR, rr)은 자가 수분해서 자신과 같은 형질의 후손을 남긴다.

잡종 완두콩(Rr) 1대부터 시작한 가계도로 그려보면 다음 그림과 같습니다.

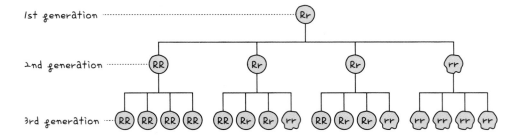

진송이는 이러한 완두콩의 자가 수분 실험 결과를 정리하고 싶어합니다. 하지만 세대를 거듭할수록 완두콩의 수가 너무 많아져 모든 가계도를 기록하기 어려워졌습니다. 진송이는 가계도를 전부 기록하는 것 대신, 완두콩의 세대와 해당 세대에서 몇 번째 개체인지를 알면 형질을 바로 계산하는 프로그램을 만들려 합니다.

각 세대에서 맨 왼쪽 개체부터 첫 번째, 두 번째, 세 번째, … 개체로 나타냅니다. 예를 들어 두 번째 그림에서 2세대의 네 번째 개체의 형질은 "rr"이며, 3세대의 9번째 개체의 형질은 "RR"입니다.

형질을 알고 싶은 완두콩의 세대를 나타내는 정수 n과, 해당 완두콩이 세대 내에서 몇 번째 개체인지를 나타내는 정수 p가 2차원 정수 배열 queries의 원소로 주어집니다. queries에 담긴 순서대로 n세대의 p번째 개체의 형질을 문자열 배열에 담아서 return하도록 solution 함수를 완성해주세요.

제한 사항

- 1 ≤ queries의 길이(쿼리의 개수) ≤ 5
- queries의 원소는 [n, p] 형태입니다.
  - 1 ≤ n ≤ 16
  - 1 ≤ p ≤ 4^{n-1}

입출력 예

queries	result
[[3, 5]]	["RR"]
[[3, 8], [2, 2]]	["rr", "Rr"]
[[3, 1], [2, 3], [3, 9]]	["RR", "Rr", "RR"]
[[4, 26]]	["Rr"]

입출력 예 설명

입출력 예 #1

- 본문의 가계도를 참고하면 3세대의 5번째 개체의 형질이 RR임을 알 수 있습니다.

입출력 예 #2

- 본문의 가계도를 참고하면 3세대의 8번째 개체의 형질이 rr임을 알 수 있습니다.
- 본문의 가계도를 참고하면 2세대의 2번째 개체의 형질이 Rr임을 알 수 있습니다.

입출력 예 #3

- 본문의 가계도를 참고하면 3세대의 1번째 개체의 형질이 RR임을 알 수 있습니다.
- 본문의 가계도를 참고하면 2세대의 3번째 개체의 형질이 Rr임을 알 수 있습니다.
- 본문의 가계도를 참고하면 3세대의 9번째 개체의 형질이 RR임을 알 수 있습니다.

입출력 예 #4

- 4세대의 26번째 개체는 3세대의 7번째 개체(Rr)의 둘째 후손으로, 형질은 Rr이 됩니다.

완두콩의 유전 법칙은 약속이라도 한 것처럼 정해진 법칙을 따릅니다. 둥근 완두 순종(RR)끼리 수분하면 다음 세대는 무조건 둥근 완두 순종만 나타나고, 반대로 주름진 완두 순종(rr)끼리 수분하면 다음 세대는 무조건 주름진 완두 순종만 나타납니다.

둥근 완두 순종과 주름진 완두 순종을 수분하면 잡종(Rr)이 생기며, 잡종끼리 수분하면 다음 세대는 1:2:1 비율로 RR, Rr, rr이 나옵니다. 이 수분을 계속해서 반복했을 때 특정 세대의 특정 개체가 어떤 유전자를 가지고 있는지 알아내는 문제입니다.

얼핏 보면 세대별로 나올 수 있는 완두콩의 조합을 모두 계산하면 바로 정답이 나올 것 같지만, 완두콩은 세대를 거듭하면서 4의 거듭제곱순으로 커집니다. 이 결과를 배열로 저장한다면 14번째 세대에서는 **268,435,456개**의 완두콩이 만들어지겠죠. 심지어 이전 세대의 결과를 누적하지도 않은 결과이기 때문에 이전 세대까지 전부 계산한다면 메모리는 물론이고 실행 시간도 감당할 수 없습니다(14세대를 직접 계산하는 시점에서 시간 초과가 발생합니다). 하지만 문제에서 나올 수 있는 최대 세대는 **16세대**입니다. 2세대나 모자라네요.

그러면 차선책으로 13세대까지만 계산한 다음, 나머지 세대는 현재 주어진 위치에 맞춰 비율로 쪼갠 뒤 해당 비율에서 나올 수 있는 조합을 다시 계산해서 결과를 뽑아낼 수 있지 않을까라고 생각할 수도 있지만, 이런 접근 방법은 좋지 않습니다. 다음 세대는 비율로 구했다고 하더라도 15세대와 16세대는 다시 비율을 구하고 위치를 계산해야 하는데, 이렇게 일관적이지 않은 접근 방식은 디버깅도 어렵고 오히려 더 많은 혼동을 가져올 수 있습니다.

이럴 때는 처음부터 계산식으로 접근해야 합니다. 완두콩은 한 세대를 거듭할 때마다 반드시 4개씩만 생기고, 순종끼리의 조합은 무조건 같은 순종, 잡종끼리의 조합은 1:2:1 비율로 등장한다는 점을 생각해본다면 충분히 계산식을 만들 수 있습니다.

3세대의 완두콩을 봅시다. 3세대의 경우 RR, RR, RR, RR, RR, Rr, Rr, rr, RR, Rr, Rr, rr, rr, rr, rr, rr의 완두콩이 있습니다. 그렇다면 8번째 완두콩은 어떤 세대일까요? 눈으로 8번째를 찾는 것이 아니라 부모 완두콩에서 내려온다고 생각하고 거슬러 올라가 봅시다. 8번째 완두콩의 조상은 2번째 세대의 2번째 완두콩입니다. 세대가 한 번 넘어갈 때마다 새 완두콩이 4개 생긴다면, 2번째 세대의 완두콩은 4개였으므로 16개가 나옵니다. 이 상태에서 부모 완두콩으로 올라간다면 $\frac{1}{4}$을 계산하면 된다는 결론이 나오네요.

똑같은 원리로 4세대의 26번째 완두콩을 봅시다. 26을 4로 나누면 6, 나머지가 2가 나옵니다. 3번째 세대의 6번째 완두콩은 Rr로 잡종입니다. 잡종은 1:2:1로 형질이 갈리기 때문에 나머지 2가 이 형질을 결정짓습니다. 4개 중 2번째, 즉 Rr이라는 것을 알 수 있습니다. 이 결론을 정리하면 다음과 같습니다.

1. 부모는 자식 완두콩 위치를 4로 나눈 몫입니다.

2. 형질은 자식 완두콩 위치를 4로 나눈 나머지입니다.

이제 이 두 가지 규칙으로 세대를 계산할 수 있게 되었으니, 문제를 풀면 됩니다.

코드 작성

1. 부모 세대로 거슬러 올라가 형질을 구하는 함수를 생성합니다.

앞서 언급한 바와 같이 순종의 수분은 항상 순종으로 나오고, 잡종의 수분은 1:2:1로 나뉜다고 했습니다. 따라서 부모 세대를 거슬러 올라갔을 때 순종이었다면 순종 그대로 반환하고, 잡종이었다면 몫과 나머지를 이용해 형질을 알아내면 됩니다.

```python
def back(gen, x):
    child = ["RR", "Rr", "Rr", "rr"]
    if gen == 1: return "Rr"

    parent = back(gen - 1, x // 4)
    if parent == "Rr": return child[x % 4]
    else: return parent
```

코드에서는 문제의 규칙을 살짝 응용하여 결과를 도출했습니다. 첫 세대는 항상 잡종(Rr)부터 시작하므로 결과적으로는 2세대는 무조건 1:2:1 비율로 형질을 가진 완두콩이 4개 만들어집니다. 그렇다면 4로 나눈 몫은 세대를 거슬러 올라갈 것이니 4로 나눈 나머지를 통해 형질이 무엇인지 알 수 있게 됩니다. 만약 순종이라면 계속 올라간다 하더라도 결국 부모 형질에서 결론이 날 것이니 잡종만 처리한다는 생각으로 접근해도 정답이 나옵니다.

2. 입력받은 각 세대와 개체의 숫자를 기반으로 어떤 형질을 가지고 있는지 탐색하여 결과를 반환합니다.

계산해야 할 완두콩의 형질은 하나가 아닙니다. 몇 개든지 등장할 수 있습니다. 따라서 입력 데이터를 받은 뒤 for 문을 사용해 계속해서 결과를 찾을 수 있어야 합니다.

```python
def solution(queries):
    answer = []

    for query in queries:
        n, p = query
        result = back(n, p - 1)
        answer.append(result)

    return answer
```

단, p번째 순서는 **1번부터 시작한다는 사실**을 반드시 기억하세요. 4로 나눈 나머지는 0부터 시작하기 때문에 차이를 보정하지 않으면 정답이 아닙니다.

전체 코드

14장/유전법칙.py

```python
def back(gen, x):
    child = ["RR", "Rr", "Rr", "rr"]
    if gen == 1: return "Rr"

    parent = back(gen - 1, x // 4)
    if parent == "Rr": return child[x % 4]
    else: return parent

def solution(queries):
    answer = []

    for query in queries:
        n, p = query
        result = back(n, p - 1)
        answer.append(result)

    return answer
```

규칙이 주어지는 문제는 먼저 공식을 만들 수 있는지 확인해야 합니다. 쉬운 문제는 규칙을 따라가면서 하나씩 결과를 만들고 그 중에 하나를 선택하는 방식으로 풀어도 정답이 나오지만, 난이도가 높아지면 직접 계산하는 것조차 힘듭니다. 따라서 보이는 대로 바로 접근하는 것이 아니라 특정 규칙을 찾아 공식으로 만들어야 하며, 시간 여유가 있을 때 계속 연습해보는 것이 좋습니다.

운영체제 - Level 3

URL https://school.programmers.co.kr/learn/courses/15008/lessons/121686

개발자 준모는 운영체제를 만들었습니다. 준모가 만든 운영체제는 프로그램의 우선순위와 호출된 시각에 따라 실행 순서를 결정합니다. 모든 프로그램에는 1부터 10까지의 점수가 매겨져 있으며, 이 점수가 낮을수록 우선순위가 높은 프로그램입니다. 각 프로그램들은 실행 시간이 정해져 있으며 프로그램이 호출되면 대기 상태에 있다가 자신의 순서가 되면 실행 시간 동안 실행된 뒤 종료됩니다.

준모가 만든 운영체제는 호출된 프로그램들 중 우선순위가 가장 높은 프로그램을 먼저 실행합니다. 호출된 각 프로그램은 자신보다 우선순위가 높은 호출된 프로그램이 모두 종료된 후에 실행됩니다. 단, 실행 중인 프로그램보다 우선순위가 높은 프로그램이 호출되어도 실행 중이던 프로그램은 중단되지 않고 종료될 때까지 계속 실행됩니다. 또한, 우선순위가 같은 프로그램들 중에서는 먼저 호출된 프로그램이 먼저 실행됩니다.

다음은 1번부터 4번까지의 4개의 프로그램이 호출된 예시입니다.

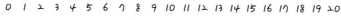

예를 들어 1번부터 4번까지 4개의 프로그램 점수가 순서대로 2, 1, 3, 3이며, 호출된 시각은 0, 5, 5, 12초이고, 수행시간은 10, 5, 3, 2라고 가정해봅시다.

1. 1번 프로그램이 0초에 호출될 때 실행 중인 프로그램이 없으므로, 0초에 1번 프로그램이 바로 실행됩니다. 1번 프로그램은 10초에 종료되며, 2, 3번 프로그램이 새로 호출됐습니다.

2. 호출된 2, 3번 프로그램 중 2번 프로그램의 점수가 1로 우선순위가 높습니다. 2번 프로그램은 5초에 호출되어 10초에 실행될 때까지 5초 동안 대기했습니다. 2번 프로그램은 15초에 종료되며, 4번 프로그램이 새로 호출됐습니다.

3. 호출된 3, 4번 프로그램은 점수가 같지만, 3번 프로그램이 먼저 호출되었기 때문에 3번 프로그램이 먼저 실행됩니다. 3번 프로그램은 5초에 호출되어 15초에 실행될 때까지 10초 동안 대기했습니다. 3번 프로그램은 18초에 종료됩니다.

4. 4번 프로그램이 마지막으로 실행되며, 4번 프로그램은 12초에 호출되어 18초에 실행될 때까지 6초 동안 대기했습니다. 4번 프로그램은 20초에 종료됩니다.

모든 프로그램이 종료되는 시각은 20초이며, 각 프로그램이 대기한 시간은 순서대로 0, 5, 10, 6초입니다. 점수가 1인 프로그램의 대기 시간 합은 5이고, 점수가 3인 프로그램의 대기 시간 합은 16 임을 알 수 있습니다.

프로그램들의 정보를 나타내는 2차원 정수 배열 program이 주어질 때, 모든 프로그램들이 종료되는 시각과 프로그램의 점수마다 대기 시간의 합을 정수 배열에 담아 return하는 solution 함수를 완성하세요. return해야 하는 answer 배열은 길이가 11인 정수 배열입니다. answer[0]은 모든 프로그램들이 종료되는 시각을 의미하며, answer[i](1 ≤ i ≤ 10)는 프로그램의 점수가 i인 프로그램들의 대기 시간의 합을 의미합니다.

제한 사항

- 1 ≤ program의 길이 ≤ 100,000
- program[i]은 i + 1번 프로그램의 정보를 의미하며, [a, b, c]의 형태로 주어집니다.
    - a는 프로그램의 점수를 의미하며, 1 ≤ a ≤ 10을 만족합니다.
    - b는 프로그램이 호출된 시각을 의미하며, 0 ≤ b ≤ 10,000,000을 만족합니다.
    - c는 프로그램의 실행 시간을 의미하며, 1 ≤ c ≤ 1,000을 만족합니다.
    - a, b쌍이 중복되는 프로그램은 입력으로 주어지지 않습니다. 즉, 호출된 시각이 같으면서 점수도 같은 프로그램은 없습니다.

입출력 예

program	result(answer)
[[2, 0, 10], [1, 5, 5], [3, 5, 3], [3, 12, 2]]	[20, 5, 0, 16, 0, 0, 0, 0, 0, 0, 0]
[[3, 6, 4], [4, 2, 5], [1, 0, 5], [5, 0, 5]]	[19, 0, 0, 4, 3, 14, 0, 0, 0, 0, 0]

입출력 예 설명

입출력 예 #1

- 문제 예시와 같습니다.

입출력 예 #2

- 그림으로 나타내면 아래 그림과 같습니다.

운영체제는 프로그램을 어떻게 실행할 것인지에 대한 기준이 필요합니다. 들어오는 대로 처리할 수도 있지만 어떤 프로그램이 등장할지는 아무도 모르고, 어떤 방식이 가장 효율적인지에 대한 보장도 없습니다. 이런 상황에서 운영체제가 다중 프로그램을 지원하려면 CPU는 전략을 세워 끊김 없이 프로그램을 실행할 수 있어야 합니다. 만약 특정 작업이 계속해서 CPU를 차지하고 있다면 많은 프로그램이 계속 대기 상태일 것이고, 무한 정지 또는 기아(starving) 상태에 빠지게 됩니다.

하지만 개발자 준모는 이런 복잡하고 어려운 문제를 깊게 고민하기보다는 우선 운영체제를 돌아가게만 만든다는 목적하에 프로그램별로 우선순위를 두고, 그 우선순위에 따라 다음 프로그램을 선택하는 **비선점 우선순위 스케줄링(non-preemptive priority scheduling) 기법**[2]**으로 구현**하기로 결정했습니다.

만약 [우선순위, 호출 시각, 실행 시간] 순으로 담긴 프로그램이 들어와 해당 스케줄링 기법으로 처리한다면 우선순위별로 기다려야 하는 시간과 최종적으로 모든 작업을 처리했을 때 종료되는 시점의 시간을 반환해야 합니다.

CPU가 우선순위를 기준으로 작업을 선택한다고 했을 때, 발생할 수 있는 상황을 생각해봅시다. 만약 들어온 모든 프로그램이 전부 실행되기 전이라면(대기 중) 우선순위를 기준으로 정렬하면 됩니다. 실행 중에는 우선순위가 더 높은 프로그램이 중간에 들어오더라도 대기하기 때문에 특별히 문제될 게 없습니다.

하지만 CPU가 어떤 일을 처리하던 도중 새로운 작업이 들어온다면 매번 새로 들어온 프로그램의 우선순위를 확인하여 정렬해야 합니다. 하지만 정렬은 O(nlogn)이라는 시간 복잡도를 가지고 있으므로 **10만 개**의 프로그램을 계속 정렬하다 보면 시간 초과가 발생합니다.

그렇다고 정렬하지 않을 수는 없기 때문에 **최소 힙**을 사용하여 정렬 구조를 계속 유지해주는 방법을 사용하겠습니다. 마침 우선순위 번호가 작을수록 더 높은 중요도를 가지기 때문에 추가로 데이터를 변형할 필요 없이 바로 사용할 수 있습니다. 대신 우선순위가 같은 상황에서는 먼저 들어온 프로그램을 호출해야 하므로, 이 조건까지 고려해 복합 기준으로 정렬할 수도 있지만, 책에서는 간단하게 최소 힙을 하나 더 만들어서 대응하겠습니다.

---

2 CPU가 작동하는 도중에 우선순위가 더 높은 프로그램이 오더라도 대기합니다.

따라서 호출 시간이 짧은 순으로 프로그램을 가지고 있는 최소 힙 A, 우선순위 번호가 작은 순으로 프로그램을 가지고 있는 최소 힙 B를 구성했다고 가정했을 때 **모든 데이터를 A에 넣은 다음**, 다음과 같은 규칙으로 스케줄이 관리됩니다.

- CPU에서 실행할 프로그램이 없을 때

  1. A에서 B로 데이터를 넣고, B에서 프로그램을 하나 가지고 옵니다.

  2. 프로그램의 우선순위 번호에 대기한 시간을 추가합니다.

  3. 작동 시간을 최종 실행 시간에 더합니다.

- CPU가 종료되기 전에 호출된 프로그램들이 있을 때

  1. 종료 시점 이전에 들어온 프로그램을 모두 B에 추가합니다.

이렇게 프로그램이 모두 실행되면 [최종적으로 프로그램이 끝난 시간, 〈각 우선순위별 대기 시간〉] 형태로 값을 반환하면 정답을 맞힐 수 있습니다.

코드 작성

1. 최소 힙을 2개 준비합니다.

최소 힙을 선언하는 것부터 시작합니다. 라이브러리를 사용할 것이므로 간단하게 배열로 정의하겠습니다.

```
from heapq import heappush as push, heappop as pop

def solution(program):
    answer = [0 for _ in range(11)]
    tasks, waiting, curr = [], [], 0
```

이 외에는 정답 배열, 최종 시간을 추가로 선언하여 계산에 필요한 요소를 모두 준비하면 됩니다.

2. 프로그램을 최소 힙 A에 모두 넣습니다.

먼저 실행 시간이 가장 짧은 순으로 정렬해야 합니다. 모든 프로그램을 최소 힙 A에 넣어 시간 순으로 정렬된 데이터를 만듭니다.

```
for p in program:
    push(tasks, (p[1], p[0], p[2]))
```

p[1]은 시작 시간, p[0]은 우선순위, p[2]는 진행 시간입니다.

3. 스케줄링에 기반하여 작업을 처리합니다.

CPU가 대기하고 있을 때 A에 있는 프로그램을 우선순위 기준으로 정렬하는 B 힙에 집어넣고, B에서 데이터를 꺼냅니다. 이 작업을 여러 번 수행해야 하니, 함수로 따로 만들겠습니다.

3-1. A에 넣은 데이터를 B에 넣는 함수를 생성합니다.

A 순으로 넣은 데이터를 다시 원래 순서대로 바꿔 넣어야 한다는 사실을 잊지 마세요.

```
def push_task(waiting, tasks):
    start, priority, end = pop(tasks)
    push(waiting, (priority, start, end))
    return start
```

3-2. 최소 힙 B에서 데이터를 꺼내면서 시간을 계산합니다.

프로그램이 실행된다고 했을 때 우선순위별 소요 시간을 더한 다음, 시점을 실행 시간만큼 옮깁니다. 그러면 해당 시점보다 이전에 호출된 프로그램이 생기는데, 이 프로그램을 A에서 B로 옮기고, 이 과정을 계속해서 반복하면 됩니다.

```
while tasks or waiting:
    if not waiting: curr = push_task(waiting, tasks)

    priority, start, end = pop(waiting)
    answer[priority] += curr - start
    curr += end

    while tasks and tasks[0][0] <= curr:
        push_task(waiting, tasks)
```

참고로 시점을 계산하는 동안 중간에 어떤 프로그램도 들어오지 않을 수도 있습니다. 이런 상황을 대비하여 대기하고 있는 작업이 없을 때 처음 호출한 작업의 시작 시간으로 시점을 옮겨야 합니다.

4. 최종 시간을 정답에 넣고 반환합니다.

while 문을 탈출하면 모든 프로그램이 실행 완료되었다는 의미입니다. 최종 소요 시간을 정답에 추가한 다음, answer 변수를 반환하면 모든 작업이 끝납니다.

```
answer[0] = curr
return answer
```

전체 코드 14장/운영체제.py

```python
from heapq import heappush as push, heappop as pop

def push_task(waiting, tasks):
    start, priority, end = pop(tasks)
    push(waiting, (priority, start, end))
    return start

def solution(program):
    answer = [0 for _ in range(11)]
    tasks, waiting, curr = [], [], 0

    for p in program:
        push(tasks, (p[1], p[0], p[2]))

    while tasks or waiting:
        if not waiting: curr = push_task(waiting, tasks)

        priority, start, end = pop(waiting)
        answer[priority] += curr - start
        curr += end

        while tasks and tasks[0][0] <= curr:
            push_task(waiting, tasks)

    answer[0] = curr
    return answer
```

IT 전공자라면 CPU 스케줄링에 대해 듣거나 배운 바가 있을 테니, 어렵지 않게 우선순위 스케줄링과 연결할 수 있습니다. 하지만 그렇지 않으면 최소 힙을 생각하는 것조차 어려웠을 겁니다. 정렬이 필수지만 계속 반복되기 때문에 어떤 방법을 적용해도 시간 초과가 발생하는 딜레마가 생깁니다. 결국 이 문제도 **'모르면 틀리는 문제'**의 유형에 속한다고 할 수 있습니다.

지금까지 PCCP 1회 모의고사 문제를 풀어보았습니다. 난이도 자체가 매우 난해하지는 않았지만, 그렇다고 지금까지 배운 것만으로 대응하기에는 쉽지 않은 수준입니다. 4개의 문제를 모두 풀지 못해도 합격할 수 있지만, 만점이 목표라면 계속해서 유형만 외우는 것이 아니라 다른 관련 지식도 충분히 공부해야 한다는 사실을 잊지 맙시다.

14.2 SECTION / PCCP 모의고사 2회

 문제 78 **실습용 로봇 - Level 1**
URL https://school.programmers.co.kr/learn/courses/15009/lessons/121687

컴퓨터공학과에서는 실습용 로봇을 이용해서 로봇 프로그래밍을 학습합니다. 실습용 로봇은 입력된 명령에 따라 x 좌표와 y 좌표로 표현되는 2차원 좌표 평면 위를 이동합니다. 하나의 명령은 하나의 문자로 주어지며 각 명령어에 따라 로봇이 수행하는 일은 다음과 같이 네 종류입니다.

- 'R': 로봇이 오른쪽으로 90도 회전합니다.
- 'L': 로봇이 왼쪽으로 90도 회전합니다.
- 'G': 로봇이 한 칸 전진합니다.
- 'B': 로봇이 한 칸 후진합니다.

명령어는 각각의 명령들이 모인 하나의 문자열로 주어지며, 차례대로 수행됩니다.
로봇은 처음에 (0, 0) 위치에 +y 축을 향하여 놓여 있습니다.
다음 그림은 번호 순서대로 명령어 "GRGLGRG"의 과정을 보여줍니다.

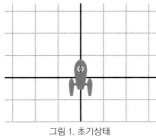

그림 1. 초기상태
좌표:(0, 0)

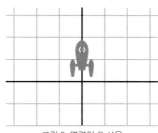

그림 2. 명령어 G 사용
좌표:(0, 1)

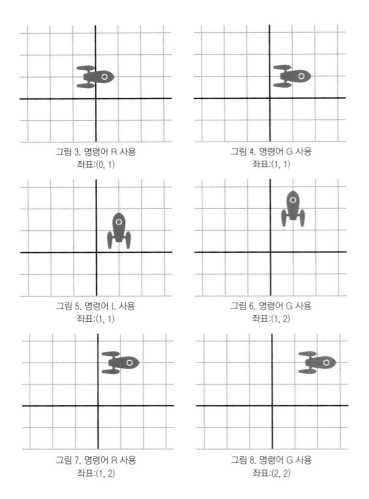

그림 3. 명령어 R 사용
좌표:(0, 1)

그림 4. 명령어 G 사용
좌표:(1, 1)

그림 5. 명령어 L 사용
좌표:(1, 1)

그림 6. 명령어 G 사용
좌표:(1, 2)

그림 7. 명령어 R 사용
좌표:(1, 2)

그림 8. 명령어 G 사용
좌표:(2, 2)

로봇에 입력된 명령어를 순서대로 담고 있는 문자열 command가 주어집니다. 로봇이 주어진 명령어들을 순서대로 모두 수행한 뒤 도착한 최종 위치의 좌푯값 x, y를 순서대로 배열에 담아서 return하도록 solution 함수를 완성해주세요.

제한 사항

- 1 ≤ commad의 길이 ≤ 1,000,000
- command는 'R', 'L', 'G', 'B'으로 구성된 문자열입니다.
- command에 들어있는 문자 하나하나가 각 명령을 나타내며, 문자열에 먼저 등장하는 명령을 먼저 수행해야 합니다.

입출력 예

command	result
"GRGLGRG"	[2, 2]
"GRGRGRB"	[2, 0]

입출력 예 설명

입출력 예 #1

- 문제 예시와 같습니다.

입출력 예 #2

- 로봇이 이동한 좌표는 (0, 0) → (0, 1) → (1, 1) → (1, 0) → (2, 0)입니다.

문제 풀이

문제의 조건대로 구현하면 되는 문제입니다. 조건이 살짝 복잡해보여도 지시하는 사항들을 하나로 잘 정리한 후에 코드를 짜면 실수를 줄일 수 있습니다.

여러분의 명령에 따라 움직이는 로봇이 하나 있습니다. 이 로봇은 좌표 평면에 존재하며, 처음 위치는 (0, 0)에 있고, +y축 방향으로 초기 방향이 지정되어 있습니다. 이제 적절한 명령으로 로봇을 움직일 텐데, 로봇은 총 4가지의 명령을 이해할 수 있습니다.

- 'R' : 로봇이 오른쪽으로 90도 회전합니다.

- 'L' : 로봇이 왼쪽으로 90도 회전합니다.

- 'G' : 로봇이 한 칸 전진합니다.

- 'B' : 로봇이 한 칸 후진합니다.

먼저 명령어가 주어졌을 때 최종적으로 도착하는 위치가 어디인지 구해야 합니다. 명령어가 단순히 특정 위치로 이동하라는 형태였다면 고민할 필요 없이 좌표만 계산해도 충분하지만, 이 로봇은 오로지 앞/뒤로 갈 수 있고, 오른쪽/왼쪽으로 회전할 수 있습니다. +y 방향을 바라보는 상태에서 앞으로 전진하면 (0, 1)에 위치하지만, 오른쪽으로 방향을 틀고 (+x 방향) 앞으로 전진하면 (1, 0)이 됩니다. 이 차이를 올바르게 보정해주려면 회전하는 방향을 변수로 가지고 있어야겠네요.

방향 정보를 표현하는 방법은 의외로 간단합니다. 회전 명령은 항상 90도로만 가능하기 때문에 어떻게 회전해도 총 4가지의 경우만 나올 수 있습니다. 따라서 로봇이 특정 방향에 있을 때 나아갈 수 있는 좌표를 만들어 배열 하나로 생성하고, 현재 각도에 따라 선택하면 바로 다음 좌표를 얻을 수 있습니다. 그러면 매번 달라진 방향에 맞춰 다시 계산해야 하는 일 없이 좌표 계산을 마칠 수 있습니다.

단, 오른쪽/왼쪽으로 회전할 때의 좌표 지정 방법이 달라진다는 점에 유의해야 합니다. 만약 좌표 정보를 위 → 오른쪽 → 아래 → 왼쪽 순서로 만들었다면 시작은 +y이므로 0, 오른쪽으로 회전하면 1이지만 **왼쪽으로 회전하면 -1이 아니라 3이 되어야 합니다(배열의 특징)**. 음수가 나왔을 때 양수로 돌려주거나 일정 크기 이상이면 0으로 돌려주는 것도 괜찮지만, 돌리는 방향에 따라 추가로 덧셈한 뒤 나머지를 구하면 손쉽게 해결할 수 있습니다.

이제 이 정보를 기반으로 로봇의 움직임을 따라가면 최종 좌푯값을 얻을 수 있습니다. 바로 코드 작성으로 들어갑시다!

코드 작성

1. **방향별로 나아갈 수 있는 좌표를 선언합니다.**

   각 방향별로 전진한다고 했을 때 나아갈 수 있는 좌표를 만들어 하나의 배열로 생성합니다(후진의 경우 –를 사용해 역방향을 취해주면 됩니다). 위 → 오른쪽 → 아래 → 왼쪽으로 시계 방향을 기준으로 하겠습니다.

```
def solution(command):
    path = [[0, 1], [1, 0], [0, -1], [-1, 0]]
    x = y = d = 0
```

   이제 문제 조건에 맞게 초기 위치 (0, 0)과, 방향 0을 선언하면 탐색할 준비는 끝납니다.

2. **명령에 맞게 회전하거나 전진하는 기능을 구현합니다.**

   각 명령에 맞게 회전 또는 전진하는 기능을 구현합니다. 전진하는 기능 자체는 어렵지 않지만, 방향을 회전할 때 계산식이 존재합니다. 오른쪽으로 회전하면 현재 방향에 +1을 해주고 4를 나눈 나머지를 취하고, 왼쪽으로 회전하면 현재 방향에 +3을 해주고 4를 나눈 나머지를 취합니다. 사소해 보이지만 굉장히 중요한 보정이므로 꼭 기억해두세요(시계 방향 보정).

```
for i in command:
    if i == 'R': d = (d + 1) % 4
    elif i == 'L': d = (d + 3) % 4
    elif i == 'G':
```

```
            x += path[d][0]
            y += path[d][1]
        elif i == 'B':
            x -= path[d][0]
            y -= path[d][1]
```

3. 최종 좌표를 반환합니다.

모든 명령이 끝났을 때 로봇의 최종 위치 좌표를 배열 형식으로 반환합니다.

```
return [x,y]
```

전체 코드

14장/실습용_로봇.py

```python
def solution(command):
    path = [[0, 1], [1, 0], [0, -1], [-1, 0]]
    x = y = d = 0

    for i in command:
        if i == 'R': d = (d + 1) % 4
        elif i == 'L': d = (d + 3) % 4
        elif i == 'G':
            x += path[d][0]
            y += path[d][1]
        elif i == 'B':
            x -= path[d][0]
            y -= path[d][1]

    return [x,y]
```

코드의 구성은 크게 따질 것이 없는 단순 구현 문제입니다. 그렇게 어려운 문제가 아니므로 중간에 시계 보정 실수만 하지 않는다면 빠르게 끝낼 수 있습니다. 만약 방향 조건이 등장했을 때 제대로 처리하지 못했다면 이 조건이 문제 풀이에 어떻게 영향을 주는지 다시 한 번 생각해보세요.

신입 사원 교육 - Level 2

URL https://school.programmers.co.kr/learn/courses/15009/lessons/121688

산업 스파이 민수는 A 회사에 위장 취업했습니다. 이를 모르는 민수의 상사는 신입 사원 교육 중 일부를 민수에게 맡겼습니다. 민수가 맡은 임무는 신입 사원 중 2명을 선발하고 선발된 2명이 같이 공부하게 하는 것입니다. 모든 신입 사원의 능력치는 정수로 표현되어 있는데, 2명의 신입 사원이 같이 공부하면 서로의 능력을 흡수하여 두 신입 사원의 능력치는 공부 전 두 사람의 능력치의 합이 됩니다. 즉, 능력치가 3과 7인 두 사원이 같이 공부하면 두 사원의 능력치가 모두 10이 됩니다. 선발한 2인의 교육이 끝나면 민수는 다시 2인을 선발하여 교육을 진행할 수 있습니다. 이때 한 번 민수에게 선발된 사원이 다시 선발될 수도 있습니다. 민수가 교육한 신입 사원들을 제외한 다른 신입 사원들의 능력치는 변하지 않습니다.

민수는 산업 스파이이기 때문에 교육 후 모든 신입 사원의 능력치의 합을 최소화하고 싶습니다. 예를 들어 신입 사원들의 능력치가 순서대로 10, 3, 7, 2이며, 민수가 2번 교육을 해야 한다면, 첫 번째 교육은 두 번째 사원과 네 번째 사원을 선발하면 두 사원의 능력치가 5가 되어 신입 사원들의 능력치가 10, 5, 7, 5가 됩니다. 두 번째 교육도 두 번째 사원과 네 번째 사원을 선발하면 신입 사원들의 능력치는 순서대로 10, 10, 7, 10이 됩니다. 이 경우가 교육 후 모든 신입 사원들의 능력치의 합이 37로 최소가 되는 경우입니다.

신입 사원들의 능력치를 나타내는 정수 배열 ability와 민수가 교육을 진행해야 하는 횟수를 나타내는 정수 number가 주어졌을 때, 교육 후 모든 신입 사원들의 능력치의 합의 최솟값을 return하는 solution 함수를 완성하세요.

제한 사항

- 2 ≤ ability의 길이 ≤ 1,000,000
- 1 ≤ ability의 원소 ≤ 100
- 1 ≤ number ≤ 10,000
- return 값이 10억 이하가 되도록 ability와 number가 주어집니다.

입출력 예

ability	number	result
[10, 3, 7, 2]	2	37
[1, 2, 3, 4]	3	26

입출력 예 설명

입출력 예 #1

- 문제 예시와 같습니다.

- 첫 번째 사원과 두 번째 사원을 선발하여 공부를 시킨 후, 세 번째 사원과 네 번째 사원을 선발하여 공부를 시킵니다. 그 후 첫 번째 사원과 두 번째 사원을 한 번 더 선발해 공부를 시키면, 신입 사원들의 능력치는 순서대로 6, 6, 7, 7이 되고, 이때가 능력치의 합이 최소인 26이 됩니다.

문제 풀이

회사에 위장 취업한 민수는 정체를 들키지 않고 무사히 신입 사원 교육의 일부를 맡게 되었습니다. 민수가 해야 할 일은 신입 사원 중 두 명을 선발하여 같이 공부하게 만드는 것입니다. 신입 사원들은 열정이 넘쳐 같이 공부하면 서로의 능력을 흡수하여 성장하게 되는데, 회사에서는 최대의 공부 효율을 얻기 위해 다시 두 명을 선발해서 공부를 시킬 수 있도록 했습니다. 하지만 민수는 위장 취업할 때 '교육 후 모든 신입 사원의 능력치의 합을 최소로 만들라'는 지시에 따라 이를 지키면서 신입 사원들의 능력치를 최소로 만들 방법을 알아내야 합니다.

이 질문에 대한 대답은 매우 간단합니다. 신입 사원 두 명을 뽑아 공부를 시키면 두 명 모두 서로의 능력치 합을 가지므로, 점수가 가장 낮은 신입 사원 두 명을 공부시키면 능력치의 합을 최소로 만들 수 있습니다. 하지만 **공부한 결과로 두 신입 사원의 능력치가 변화하기 때문에** 능력치가 최소인 사원을 계속해서 선택하려면 특단의 조치가 필요합니다.

최소 능력치를 얻는 가장 직관적인 방법은 데이터를 정렬하는 것이지만, 정렬은 시간 복잡도가 $O(n\log n)$이라 이번 문제의 입력 크기를(백만 개) 생각해보면 사용하기 어렵습니다. 대신 최소 힙을 사용해서 데이터를 구성한다면 매번 정렬을 하지 않아도 최솟값이 계속 나올 것이고, 값을 마음껏 추가해도 내부적으로 처리하여 항상 최소 구성을 유지하게 됩니다.

따라서 능력치를 기반으로 최소 힙을 구성한 다음, 최소 능력치를 가진 두 사원을 뽑아 공부시켜서 능력치를 올린 뒤, 두 사원을 힙에 넣는 과정을 지정된 반복 횟수만큼 실행하면 정답을 얻을 수 있습니다. 나머지는 능력치의 총합을 구하기만 하면 됩니다.

코드 작성

1. 능력치를 최소 힙으로 구성합니다.

heapq 라이브러리를 사용해서 최소 힙을 구현합니다.

```
from heapq import heapify, heappush as push, heappop as pop

def solution(ability, number):
    heapify(ability)
```

최소 힙을 생성할 때 빈 배열을 만들고 데이터를 넣을 수도 있지만, 그보다 더 빠르고 편한 heapify() 함수를 사용하겠습니다. 대신 한 번 실행하면 해당 배열을 최소 힙 구조로 변경하므로, 이전 값이 필요하다면 따로 데이터를 복사해야 합니다.

2. 공부시키는 과정을 반복합니다.

이제 공부를 시킬 차례입니다. 능력치가 최소인 사원을 두 번 뽑은 다음, 공부를 시킵니다. 공부가 끝나면 두 사원의 능력치는 서로의 능력치 합이 될 것이고, 이 결과를 다시 힙에 넣으면 됩니다. 해당 과정을 number번 반복합니다.

```
for i in range(number):
    a, b = pop(ability), pop(ability)
    push(ability, a + b)
    push(ability, a + b)
```

데이터를 추가하면 매번 정렬을 수행하지 않아도 최소 힙이 일련의 과정을 거치면서 자동으로 정렬된 구조를 갖추므로 O(logn)이라는 훨씬 적은 시간 복잡도로 똑같은 일을 마칠 수 있습니다.

3. 신입 사원들의 능력치 합을 구합니다.

마지막으로 신입 사원들의 능력치 합을 구하면 됩니다. 최소의 효율로 계속 공부를 시켰기 때문에 능력치 합은 자연스럽게 최소가 됩니다.

```
return sum(ability)
```

```
from heapq import heapify, heappush as push, heappop as pop

def solution(ability, number):
    heapify(ability)

    for i in range(number):
        a, b = pop(ability), pop(ability)
        push(ability, a + b)
        push(ability, a + b)

    return sum(ability)
```

정렬을 여러 번 해야 하는 문제이거나, 최솟값, 최댓값을 계속해서 알아내야 하는 문제라면 최소 힙을 사용하세요. 첫 번째 모의고사 4번 문제도 같은 상황에서 최소 힙을 사용했습니다.

이처럼 문제를 기존에 알던 방법대로 풀 수 없을 경우, 숨겨진 조건을 찾지 못한 것이 아니라면 해당 케이스에 맞는 자료 구조나 알고리즘을 사용해서 문제를 풀어야 합니다.

카페 확장 - Level 2

URL https://school.programmers.co.kr/learn/courses/15009/lessons/121689

주원이는 카페를 운영하고 있습니다. 주원이의 카페는 맛집으로 소문나서 항상 줄이 끊이지 않습니다. 하지만 카페가 협소하여 커피를 기다리는 손님들은 종종 불만을 토로하고 있습니다. 주원이는 카페를 확장하기로 하고, 얼마나 많은 손님들이 동시에 카페에 머무는지 확인해보려 합니다.

주원이네 카페에는 영업을 시작하자마자 0초에 손님 한 명이 가게에 도착하고, 정확히 k초마다 새로운 손님 한 명이 카페에 와서 줄을 섭니다. 손님들은 키오스크를 통해 주문하고, 주원이는 주문받은 순서대로 음료를 만듭니다. 주원이는 음료를 한 번에 하나씩 만들며, 지금 만들고 있는 음료를 다 만들면 다음 음료를 만들기 시작합니다. 손님은 자신이 주문한 음료를 받자마자 카페를 나갑니다. 주원이네 카페에는 여러 종류의 음료를 판매하고 있는데 각 음료들은 0번부터 차례대로 번호가 지정되어 있습니다. 또한 주원이가 같은 종류의 음료를 만드는 데 걸리는 시간은 항상 동일합니다.

주원이는 오늘 주문받은 음료 목록을 이용하여, 카페에서 손님들이 동시에 최대 몇 명이 머물렀는지 알고 싶습니다. 손님들이 카페에 도착하여 주문하기까지 걸린 시간과 음료를 받은 후 카페를 나가는 시간은 음료 제조 시간에 비해 대단히 짧기 때문에 무시합니다. 한 손님이 카페에서 나감과 동시에 다른 손님이 카페에 들어올 경우, 나가는 손님이 먼저 퇴장한 다음 들어오는 손님이 입장합니다.

예를 들어 주원이네 카페에서 세 종류의 음료를 판매하고 제조 시간은 0번 음료가 5초, 1번 음료가 12초, 2번 음료는 30초 소요된다고 가정합니다. 영업을 시작한 뒤 4명의 손님이 각각 0초, 10초, 20초, 30초에 카페에 도착하여 순서대로 1번, 2번, 0번, 1번 음료를 주문한 경우, 영업 시작 후 30초부터 42초 사이에 3명의 손님이 기다리게 되고, 이때가 동시에 기다리고 있는 손님이 가장 많은 시간입니다.

주원이네 카페에서 판매하는 각 음료들의 제조 시간을 담은 정수 배열 menu와 오늘 손님들이 주문한 음료가 순서대로 적힌 배열 order, 새로운 한 명의 손님이 방문하는 데 걸리는 시간인 k가 매개변수로 주어집니다. 오늘 카페에 동시에 존재한 손님 수의 최댓값을 return하도록 solution 함수를 작성해주세요.

제한 사항

- $1 \leq$ menu의 길이 ≤ 100
  - menu[i]는 i번 음료의 제조 시간을 의미합니다.
  - $1 \leq$ menu의 원소 ≤ 100
- $1 \leq$ order의 길이 $\leq 10,000$
  - order[i]는 i번째 손님이 주문한 음료의 번호입니다.
  - $0 \leq$ order의 원소 $<$ menu의 길이
- $1 \leq k \leq 100$

684

입출력 예

menu	order	k	result
[5, 12, 30]	[1, 2, 0, 1]	10	3
[5, 12, 30]	[2, 1, 0, 0, 0, 1, 0]	10	4
[5]	[0, 0, 0, 0, 0]	5	1

입출력 예 설명

입출력 예 #1

- 본문에서 설명한 예시입니다.

입출력 예 #2

- 영업 시작 후 가장 먼저 도착한 손님은 0초에 주문을 받고 30초에 카페를 나갑니다. 영업 시작 후 10초에 도착한 손님은 42초에 음료를 받고 카페를 나가게 됩니다. 그사이 20초, 30초, 40초에 손님들이 각각 들어와, 40초~42초 사이에 총 4명의 손님들이 동시에 카페에서 기다리고, 이 수가 동시에 기다리는 손님 수의 최댓값입니다.

입출력 예 #3

- 0초, 5초, 10초, 15초, 20초에 손님이 들어오고, 5초, 10초, 15초, 20초, 25초에 손님이 나갑니다. 입장과 퇴장 시간이 겹치는 경우, 나가는 손님이 먼저 퇴장한 다음에 들어오는 손님이 입장하므로, 카페에서 동시에 기다리는 손님 수의 최댓값은 1입니다.

문제 풀이

주원이네 카페는 인기가 많아 항상 줄이 끊이질 않습니다. 그래서 종종 손님들이 카페가 너무 좁다고 불평을 하네요. 그래서 이번 기회에 카페를 확장하기로 하고, 얼마나 많은 손님이 오가는지를 확인하기로 했습니다. 영업을 시작하고 키오스크를 통해 주문을 받으면(손님이 들어오자마자 주문을 한다고 가정합니다), 남은 주문이 전부 끝나기 전까지는 쉬는 시간 없이 계속해서 음료를 순서대로 만들겠죠. 이런 상황에서 주문이 가장 많이 밀렸을 때(기다리고 있는 손님이 가장 많을 때) 손님이 얼마나 밀리는지에 대해 확인해야 합니다.

처리할 수 있는 일은 하나인데, 처리해야 할 일은 여러 개가 동시에 들어옵니다. 그렇다면 처리할 일을 순차적으로 쌓는 구조인 **큐**를 사용해서 대응할 수 있겠네요. 주문이 계속 밀리다 보면 계속해서 큐의 크기가 커질 것이고, 자연스럽게 큐가 가장 큰 순간을 확인하는 것이 문제의 해답이 될 것입니다.

대신 밀리는 시점을 정확히 구현해야 합니다. 시간이 소요되는 경우는 총 두 가지로, 하나는 주문을 받고 처리하는 시간, 그리고 새로운 손님이 들어오는 시간입니다. 각 음료는 제조 시간이 다르므로 음료마다 제조 시간을 정확하게 확인해야 하며, 손님이 카페에 들어오는 시간이 있지만 나가는 시간은 없습니다.

여기서 **카페에 들어오는 시간은 있지만 나가는 시간이 없다**는 의미는 무엇일까요? 단순히 들어오는 시간을 계산해야 한다는 의미 외에, 카페에서 동시에 들어오고 나가는 손님이 있다면 들어오는 시간만 기록해서 계산하면 된다는 의미입니다. 이는 곧 **카페를 열었을 때 처음으로 오는 손님부터** 들어오는 시간이 계산되어야 한다는 뜻입니다. 동시에 손님이 들어오는 경우는 존재하지 않는다는 의미가 되고 **주문을 처리하는 시간보다 손님이 들어오는 시간이 더 빠르다면** 계속해서 주문이 쌓이는 구조가 된다는 것을 알 수 있습니다.

결과적으로 주문한 음료가 순서대로 적힌 배열을 시간대별로 큐에 넣어주는 점만 신경 써준다면 다른 변수를 고민하지 않아도 충분히 문제를 풀 수 있습니다.

코드 작성

1. 작업 큐를 준비합니다.

큐 역시 라이브러리를 사용하여 구성합니다. 덱(deque)을 사용하겠습니다.

```python
from collections import deque

def solution(menu, order, k):
    queue = deque()
    busy = -1
    idx = answer = 0
```

음료를 제조하면서 걸리는 시간 동안 주문이 쌓이는 상황을 구현해야 하므로 현재 일을 처리하고 있는지와, 주문 번호와 주문이 몇 개 밀렸는지에 대한 정보를 가지고 있을 변수를 선언합니다.

2. 주문을 처리하는 과정을 구현합니다.

시점을 직접 구현한다는 게 어렵게 느껴지지만, 주문 처리 도중에 새로운 주문이 들어오면 큐에 등록하고, 주문 처리가 끝난 시점에서 새로운 주문을 받아들인다고 생각하면 쉽게 접근할 수 있습니다. 기준을 명확하게 정의하고 그 기준에 따라 방식을 맞추면 됩니다. 대략적인 형태는 다음과 같을 겁니다.

```
for <최대로 걸리는 시간>:
    <현재 시간이 다음 주문 시간과 일치할 때>
    <주문 시간이 지나서 주문을 처리했을 때>
    <하는 작업이 없고 처리해야 할 일이 있을 때>
```

2-1. 최대 소요 시간을 결정합니다.

손님이 카페에 들어오는 데 걸리는 시간 k와 총 주문 개수는 시간 기준에서 보면 비례 관계입니다. 손님이 동시에 카페에 들어오는 것은 불가능하므로, 결국 '들어오는 시간 × 주문 개수'가 최대로 걸리는 시간이 됩니다. 대신 마지막 주문의 경우 남은 시간을 바로 계산할 수 있어 소요 시간을 따지는 것은 큰 의미가 없으므로 최대로 걸리는 시간을 'k × (전체 주문 개수 − 1) + 1'로 조정할 수 있습니다.

```
for t in range(k * (len(order) - 1) + 1):
    <현재 시간이 다음 주문 시간과 일치할 때>
```

2-2. 음료 제작 도중 (시간이 되었을 때) 다음 주문을 받습니다.

주문을 처리하던 도중 시간이 지나 다음 손님이 들어온다면 작업 큐에 다음 주문을 추가합니다.

```
if k * idx == t:
    queue.append(order[idx])
    idx += 1
<주문 시간이 지나서 주문을 처리했을 때>
```

현재 들어온 주문을 계속해서 추적해야 하므로 주문 번호를 누적하는 작업도 잊지 맙시다.

2-3. 주문이 완료되었을 때 작업 큐에서 해당 주문을 제거합니다.

처리해야 할 일이 현재 시점에 도달했으면 음료 제작이 끝난 것입니다. 이제 음료를 손님에게 드리고 작업 큐에서 해당 음료를 제거하면 됩니다.

```
if busy == t:
    queue.popleft()
    busy = -1
<하는 작업이 없고 처리해야 할 일이 있을 때>
```

작업 큐에서 제거했다면 바로 다음 작업을 받을 수 있게 대기 상태로 변경합니다. 알아보기 쉽도록 −1로 부여했지만, 논리에서 어긋나지 않는 선이면 어떤 값을 할당해도 상관없습니다.

2-4. 바쁘지 않다면 바로 다음 작업을 처리합니다.

처음으로 주문을 받는 시점이거나 직전에 주문 처리를 끝낸 시점이라면 이제 새 주문을 받아야 합니다. 현재 시점에서 작업을 하지 않고 작업 큐에 주문이 있다면, 음료의 종류에 따라 제조 시간을 새로 할당합니다.

```python
if busy == -1 and len(queue) > 0:
    busy = t + menu[queue[0]]
```

다음 처리까지 걸리는 시간은 '현재 시점 + 음료를 만드는 데 걸리는 시간'입니다. 여기서 주문을 받았다고 가정하고 큐를 제거해야 한다고 생각할 수 있지만, 그렇게 되면 정말로 주문이 끝난 것인지에 대해 따로 판단해야 하므로 손님에게 음료를 건넸을 때 큐에서 빼는 방식이 좋습니다.

2-5. 현재 시점에서 밀린 일의 개수를 확인합니다.

마지막으로 현 시점에서 주문이 몇 개 밀려 있는지 확인하고, 최대 기록을 갱신하는지 확인하면 됩니다.

```python
answer = max(answer, len(queue))
```

남은 건 최대로 주문이 밀린 개수를 가지고 있는 answer 변수를 반환하기만 하면 됩니다.

전체 코드

14장/카페_확장.py

```python
from collections import deque

def solution(menu, order, k):
    queue = deque()
    busy = -1
    idx = answer = 0

    for t in range(k * (len(order) - 1) + 1):
        if k * idx == t:
            queue.append(order[idx])
```

```
            idx += 1

        if busy == t:
            queue.popleft()
            busy = -1

        if busy == -1 and len(queue) > 0:
            busy = t + menu[queue[0]]

        answer = max(answer, len(queue))

    return answer
```

'한 번에 하나의 일밖에 처리하지 못하는데 일이 여러 개 들어온다'라는 설명만으로는 큐를 떠올리기 어려웠을 수 있습니다. 문제가 원하는 정보를 해석하고 목적에 맞는 방법을 사용하려면 먼저 어떤 형태가 만들어져야 하는지 파악해야 합니다. 작업을 쌓아서 처리한다는 점을 떠올려 큐를 사용했다면 쉽게 해결할 수 있는 문제입니다.

보물 지도 - Level 3

URL https://school.programmers.co.kr/learn/courses/15009/lessons/121690

진수는 보물이 묻힌 장소와 함정이 표시된 보물 지도를 이용해 보물을 찾으려 합니다. 보물 지도는 가로 길이가 n, 세로 길이가 m인 직사각형 모양입니다.

맨 왼쪽 아래 칸의 좌표를 (1, 1)로, 맨 오른쪽 위 칸의 좌표를 (n, m)으로 나타냈을 때, 보물은 (n, m) 좌표에 묻혀 있습니다. 또한, 일부 칸에는 함정이 있으며, 해당 칸으로는 지나갈 수 없습니다.

진수는 처음에 (1, 1) 좌표에서 출발해 보물이 있는 칸으로 이동하려 합니다. 이동할 때는 [상, 하, 좌, 우]로 인접한 네 칸 중 한 칸으로 걸어서 이동합니다. 한 칸을 걸어서 이동하는 데 걸리는 시간은 1입니다.

진수는 보물이 위치한 칸으로 수월하게 이동하기 위해 신비로운 신발을 하나 준비했습니다. 이 신발을 신고 뛰면 한 번에 두 칸을 이동할 수 있으며, 함정이 있는 칸도 넘을 수 있습니다. 하지만, 이 신발은 한 번밖에 사용할 수 없습니다. 신비로운 신발을 사용하여 뛰어서 두 칸을 이동하는 시간도 1입니다.

이때 진수가 출발점에서 보물이 위치한 칸으로 이동하는 데 필요한 최소 시간을 구해야 합니다.

예를 들어, 진수의 보물 지도가 아래 그림과 같을 때, 진수가 걸어서 오른쪽으로 3칸, 걸어서 위쪽으로 3칸 이동하면 6의 시간에 보물이 위치한 칸으로 이동할 수 있습니다. 만약, 오른쪽으로 걸어서 1칸, 위쪽으로 걸어서 1칸, 신비로운 신발을 사용하여 위로 뛰어 2칸, 오른쪽으로 걸어서 2칸 이동한다면 총 5의 시간에 보물이 위치한 칸으로 이동할 수 있으며, 이보다 빠른 시간 내에 보물이 있는 위치에 도착할 수 없습니다.

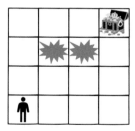

진수의 보물 지도가 표현하는 지역의 가로 길이를 나타내는 정수 n, 세로 길이를 나타내는 정수 m, 함정의 위치를 나타내는 2차원 정수 배열 hole이 주어졌을 때, 진수가 보물이 있는 칸으로 이동하는 데 필요한 최소 시간을 return하는 solution 함수를 완성해주세요. **단, 보물이 있는 칸으로 이동할 수 없다면, -1을 return해야 합니다.**

제한 사항

- 1 ≤ n, m ≤ 1,000
  - 단, n * m이 3 이상인 경우만 입력으로 주어집니다.
- 1 ≤ hole의 길이 ≤ n * m - 2

- hole[i]는 [a, b]의 형태이며, (a, b) 칸에 함정이 존재한다는 의미이며, 1 ≤ a ≤ n, 1 ≤ b ≤ m을 만족합니다.
    - 같은 함정에 대한 정보가 중복해서 들어 있지 않습니다.
- (1, 1) 칸과 (n, m) 칸은 항상 함정이 없습니다.

입출력 예

n	m	hole	result
4	4	[[2, 3], [3, 3]]	5
5	4	[[1, 4], [2, 1], [2, 2], [2, 3], [2, 4], [3, 3], [4, 1], [4, 3], [5, 3]]	-1

입출력 예 설명

입출력 예 #1

- 본문의 예시와 같습니다.

입출력 예 #2

- 보물 지도를 그림으로 나타내면 아래와 같으며, 보물이 위치한 칸으로 이동할 수 없습니다. 따라서 -1을 return해야 합니다.

문제 풀이

오랜 여행 끝에 진수는 보물이 묻힌 장소에 도착했습니다. 하지만 이 장소는 온갖 함정이 존재하기 때문에 발을 함부로 내딛으면 위험한 상황에 처할 수 있습니다. 다행히도 진수는 이런 상황을 대비하여 함정 위치가 표시된 지도와 딱 한 번만 사용할 수 있는 '한꺼번에 두 칸을 뛰어넘는 신비한 신발'을 준비했습니다. 남은 건 보물이 있는 위치에 도달할 수 있는 가장 짧은 방법이 무엇인지만 알아내면 됩니다.

단순히 함정을 피해 최단 거리로 보물에 도달하는 방법을 알아내려면 BFS를 사용하면 됩니다. 하지만 **한 번에 두 칸을 건너뛸 수 있는 신발**이라는 엄청나게 큰 변수가 존재합니다. 원래대로라면 도달할 수 없는 구성이더라도 함정을 뛰어넘으면 새로 도달할 수 있는 길이 만들어질 수 있어, 현재 위치에서 건너뛰었는지 또는 건너뛰지 않았는지에 대한 선택에 따라 새로운 방법이 파생되므로 이에 대한 것도 모두 대응해야 합니다.

우선 신발을 사용하지 않고 탐색하는 것을 가정해보겠습니다. 먼저 2차원 배열에서의 BFS 탐색이기 때문에 탐색 방향은 총 4방향이 나옵니다. 진수는 항상 왼쪽 하단에 있고 보물은 우측 상단에 있기 때문에 위로 또는 오른쪽으로만 가도 충분할 것 같지만 두 방향 모두 갈 수 없는 상황이 생겼을 때는 돌아가서 다른 방향으로 가야 할 수도 있으므로 생략할 수 있는 방향은 없습니다.

다음으로 문제가 요구하는 '보물이 위치한 칸으로 이동하는 데 필요한 최소 시간'을 만족시킬 수 있는 방법을 생각해볼까요? 매번 이동하는 시간이 1이라고 가정하면 이동할 때마다 시간이 1씩 늘어나는 구조임을 알 수 있습니다. 그렇다면 이전 위치에서 새로운 방향을 선택해서 전진한다는 최적 부분 구조를 이루기 때문에 동적 프로그래밍을 활용해야 합니다. 이전 위치에서 +1을 하면 새 위치에 도달할 때까지의 시간을 계산하여 최종적으로 보물을 찾았을 때 시간이 얼마나 걸렸는지 우측 상단 위치(보물의 위치)에 기록될 것입니다.

또한, 길이 막혔을 때 돌아가면 다른 길이 존재할 수 있다는 가능성 때문에 4방향을 모두 탐색해야 하지만, 전체적인 흐름상 위쪽이나 오른쪽으로만 흘러야 하므로 현재 좌표의 위치가 할당되었다면 다른 길에서 똑같은 위치를 참조할 때 그 길로는 나아갈 수 없게 막아야 합니다. BFS의 특징상 한 번 길이 할당되면 그 경로는 최단 거리임을 보장할 수 있으므로, 만약 더 긴 시간이 걸리면서 해당 위치에 도달했다면 최소 시간 조건을 만족할 수 없습니다. 따라서 위치별 시간 정보를 방문 처리에도 사용할 수 있습니다.

▼ **그림 14-1** 동적 프로그래밍의 사용 목적

❶ 방문 처리 & 비용 계산   ❷ 최소 비용 유지

: 최소 ×
: 최소 ○

이제 여기에 신발을 사용할 수 있다는 조건을 추가해봅시다. 그렇다면 두 가지 사용법으로 나뉘는데, 하나는 **원래 가능한 길을 조금 더 빠르게 가는 용도**, 그리고 다른 하나는 원래 방법으로는 지나갈 수 없는 길을 지나가는 용도로 사용할 수 있습니다.

원래 가능한 길을 조금이라도 단축하기 위해 신발을 사용한다고 했을 때, 어떻게 보면 원래 나온 결과에서 −1을 하기만 해도 되는 간단한 문제 같지만 실제로는 살짝 다릅니다. 잘못 다루면 건너뛰는 시점에 따라 최소 비용 유지 논리가 깨질 수 있습니다. 신발을 사용해서 건너뛰면 건너뛴 위치부터 다시 탐색할 텐데, 기존의 비용 계산 변수로는 '이전에 신발을 사용해서 건너뛴 결과 vs 지금 신발을 사용해서 건너뛴 결과'를 비교할 수 없습니다. 무조건 빨리 신발을 쓴 쪽이 비용을 덮어버리게 되므로[3] 정상적인 계산이 불가능합니다.

▼ **그림 14-2** 무조건 먼저 사용하는 것이 능사는 아니다

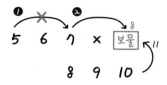

따라서 비용을 계산할 때는 신발을 **사용한 경우와 사용하지 않은 경우 두 개로 분리해서 대응해야 합니다.** 비용 결과를 두 번 계산하는 셈이지만, 이렇게 대응하면 지나갈 수 없는 길을 지나가기 위한 목적으로 신발을 사용할 때도 편하게 비용을 계산할 수 있습니다.

추가적으로 탐색에 실패했다는 것을 증명하는 데 요긴하게 사용할 수 있습니다. 어차피 신발을 쓰지 않고는 도달할 수 없었던 경우라면 이전 결과가 덮일 일이 없으므로 직접적으로는 크게 관계없지만, 신발을 사용했는데도 목적지에 도달할 수 없는 상황이라면 신발을 사용한 경우와 신발을 사용하지 않은 경우 두 가지 모두 마지막 위치 비용이 계산되지 않았음을 통해 간단하게 목적지까지 가지 못했다는 것을 확인할 수 있습니다.

정리하면 비용 계산을 중심으로 방문 처리를 하면서 BFS 탐색을 그대로 수행하되, 현재 위치에서 신발을 사용하는가 또는 사용하지 않는가를 기점으로 두 가지 탐색을 동시에 진행하면 문제를 풀 수 있습니다.

---

3 동적 프로그래밍 변수에 값을 먼저 할당시켜 이미 방문한 것으로 판단시키므로 올바른 계산을 할 수 없습니다.

코드 작성

1. 전진 방향, 비용 배열, 지도 배열을 초기화합니다.

먼저 지도 정보를 알맞게 조정합니다. 앞 그림에서는 진수가 좌측 하단에 있고 보물이 우측 상단에 있지만, 지도 정보를 배열로 쉽게 다루려면 지도를 **오른쪽으로 90도 회전시켜** 진수가 좌측 상단 (1, 1)에 있고 보물이 우측 하단 (n, m)에 존재하게 만들면 됩니다. 배열을 회전만 시키므로 결과에는 어떠한 영향도 미치지 않습니다.

```python
def solution(n, m, hole):
    direction = [[0, 1], [1, 0], [0, -1], [-1, 0]]
    dp = [[[-1, -1] for _ in range(m + 1)] for __ in range(n + 1)]
    dp[1][1][0] = 0

    mp = [[0] * (m + 1) for _ in range(n + 1)]
    for x, y in hole: mp[x][y] = 1 #y, x 좌표가 아니라 x, y 좌표로 취급할 수 있음!
```

단, 문제의 조건에 따라 첫 위치는 (1, 1)이므로 최종적으로 만들어야 할 비용 배열의 크기는 주어진 가로 & 세로 크기보다 1씩 커야 합니다. 물론 이를 무시하고 (0, 0)으로 직접 보정할 수도 있지만, 배열의 최대 크기는 1000 × 1000이라 1001 × 1001 정도는 메모리에 크게 영향을 미치지 않으므로 가독성을 조금 더 챙기겠습니다.

2. BFS 탐색을 수행합니다.

첫 위치로 진수의 초기 위치 (1, 1, 0)을 넣은 다음, BFS 탐색을 시작합니다.

```python
from collections import deque

q = deque()
q.append((1, 1, 0))
<BFS 탐색 시작>
```

2-1. 큐에 데이터가 남아 있다면 탐색을 계속 수행합니다.

큐가 빌 때까지 계속해서 탐색을 수행합니다. 만약 큐에 데이터가 있다면 현재 위치와 신발 사용 여부를 담은 데이터를 가지고 옵니다.

```
while q:
    x, y, b = q.popleft()
    <각 방향별로 이동. 신발 사용 여부 판단>
```

2-2. 각 위치마다 신발을 사용할 것인지, 사용하지 않을 것인지를 판단하고 이동합니다.

현재 위치에서 넘어갈 수 있는 방향은 4가지이며, 여기서 추가적으로 신발을 사용할지, 사용하지 않을지에 대한 두 가지 상황을 계산해 총 8개의 진행 방법이 계산되어야 합니다.

```
for dx, dy in direction:
    for s in range(2):
        if b & s == 1: continue
        nx, ny, nb = x + dx * (s + 1), y + dy * (s + 1), b | s
        <진행할 수 있는 위치인지 판단>
```

만약 이미 신발을 사용했는데 다시 신발을 사용하고자 한다면 가능한 방법이 아니므로 무효 처리합니다. 즉, 신발을 사용하겠다고 판단한다면 or 연산으로 신발을 사용했다고 표기합니다.

2-3. 진행할 수 있는 위치만 새로 큐에 데이터를 넣어줍니다.

하지만 새로 도달한 위치가 배열 범위를 벗어나거나, 함정이거나, 이미 방문한 위치였다면 진행할 수 없는 위치이기 때문에 이 경우 역시 무효로 처리해야 합니다. 만약 앞의 세 가지 조건 어느 것에도 해당하지 않는다면 이 위치에 방문할 수 있으므로 '직전 좌표에서의 시간 값 + 1'을 해서 시간 배열에 할당하고 큐에 데이터를 집어넣습니다.

```
outside = nx < 1 or ny < 1 or nx > n or ny > m
if outside or mp[nx][ny] > 0 or dp[nx][ny][nb] != -1: continue

q.append((nx, ny, nb))
dp[nx][ny][nb] = dp[x][y][b] + 1
```

3. 보물에 도달했는지 판단합니다.

BFS 탐색이 모두 종료되면 진수가 보물을 찾았는지 검증해야 합니다. 신발을 사용하지 않은 경우 또는 사용한 경우를 모두 확인하여 결과에 도달했는지 확인합니다. 시간 정보를 담고 있는 배열에서 보물의 위치 (n, m)을 확인했을 때 −1이 아니라면 도달한 것이고, 그렇지 않으면 도달하지 못한 것입니다.

```
        res = dp[n][m][1]
        if res == -1 or (dp[n][m][0] >= 0 and res > dp[n][m][0]): res = dp[n][m][0]

        return res
```

통상적인 경우 신발을 사용한 결과가 사용하지 않았을 때보다 더 빨리 도달하므로, 처음 값을 신발을 사용한 경우로 잡아준 다음, 수치를 비교하여 사용하지 않았을 때가 더 이득이었을 때만 값을 바꿔주면 비교 논리를 쉽게 만들 수 있습니다.

전체 코드

14장/보물_지도.py

```python
from collections import deque

def solution(n, m, hole):
    direction = [[0, 1], [1, 0], [0, -1], [-1, 0]]
    dp = [[[-1, -1] for _ in range(m + 1)] for __ in range(n + 1)]
    dp[1][1][0] = 0

    mp = [[0] * (m + 1) for _ in range(n + 1)]
    for x, y in hole: mp[x][y] = 1

    q = deque()
    q.append((1, 1, 0))

    while q:
        x, y, b = q.popleft()

        for dx, dy in direction:
            for s in range(2):
                if b & s == 1: continue
                nx, ny, nb = x + dx * (s + 1), y + dy * (s + 1), b | s

                outside = nx < 1 or ny < 1 or nx > n or ny > m
                if outside or mp[nx][ny] > 0 or dp[nx][ny][nb] != -1: continue

                q.append((nx, ny, nb))
                dp[nx][ny][nb] = dp[x][y][b] + 1

    res = dp[n][m][1]
    if res == -1 or (dp[n][m][0] >= 0 and res > dp[n][m][0]): res = dp[n][m][0]

    return res
```

BFS를 어떻게 응용하는지뿐만 아니라, 전반적으로 코드를 어디까지 이해하고 활용할 수 있는지에 대해서도 함께 물어보는 문제입니다. 지도 정보를 배열로 만들 때 어떻게 만들면 좋을지, BFS의 방문 처리를 어떻게 처리하면 좋을지, 신발을 사용한 경우를 어떻게 판단할지, 도달하지 못하는 경우를 어떻게 증명할지 등 지금까지 공부한 지식을 총동원해서 풀어야 합니다. 하나씩만 보면 굉장히 사소해 보이지만 이렇게 뭉쳐 하나의 문제가 만들어지면 굉장히 큰 요소들이 되어 돌아옵니다. 아직 풀기에 버겁다면, 좀 더 많은 문제를 풀어보고 다시 도전해보세요.

이렇게 PCCP 모의고사 2회까지 모두 풀어보았습니다. 전체적으로 '너 이거 알아?'라는 형태로 물어보는 문제가 많았습니다. 1회와의 차이라면 '공식을 잘 뽑아낼 수 있는가 vs 이 설명에 해당하는 자료 구조나 알고리즘을 잘 대응시킬 수 있는가' 정도인 것 같네요.

코드 구현은 삼박자가 올바르게 갖춰졌을 때만 가능합니다. 문제를 정확하게 해석하고 어떤 알고리즘을 사용할지 판단하고, 문제에 맞춰 어떤 부분을 응용해야 하는지 구분하고, 제약 조건에 맞게 코드를 짤 수 있을 때 비로소 하나의 해답이 나올 수 있습니다. 해답을 구했어도 정답이 아니라면 처음부터 새로 이 과정을 밟아야 하므로 사람에 따라서는 기약이 보이지 않는 일을 무한히 반복한다고 생각할 수도 있습니다.

물론 시험이 아니라면 인터넷을 활용할 수 있지만, **아예 모르는 걸 검색할 수는 없습니다.** 적어도 무엇을 검색할지 정도는 알아야 하듯이, 개념도 모르고 어떻게 접근할지도 모르는 걸 검색으로 찾는 것은 불가능에 가까운 일입니다. 예를 들어 검색 비용이 많이 들어 검색 알고리즘을 개선하기로 했는데, 검색하려는 글자가 특정 단어와 유사할 경우 해당 단어로 대신 처리하여 계산하기로 했다면 레벤슈타인 거리(Levenshtein distance) 알고리즘을 사용해야 하지만 만약 이 알고리즘이 존재하는지조차 모른다면 검색창에 '단어끼리 비교해서 유사성이 얼마나 되는지 판단하는 알고리즘', '특정 단어와 비교하는 알고리즘' 형태로만 검색하고 있을 것입니다.

알고리즘 공부는 주어진 문제를 효율적으로 해결하기 위해서도 필요하지만, **자신이 모르는 걸 정확하게 정의**하기 위해서도 필요합니다. 물론 공부의 범위는 끝이 없듯이 파다 보면 모르는 게 등장하고 또 새로운 개념이 등장하기 마련이지만, 기초를 어느 정도 알고 있다면 어떤 부분을 모르는지는 판단할 수 있습니다. 문제 풀이가 실패하는 이유는 경험 미숙인 부분도 영향을 주지만, 본인이 어떤 부분을 모르는지 정확히 짚지 못해서 실패하는 경우가 훨씬 많습니다.

책에서도 모든 개념을 다루면 좋겠지만, 말 그대로 모든 개념을 다루면 알고리즘 대회에서 사용하는 개념도 다뤄야 하기 때문에 어느 정도 실력을 쌓지 않으면 오히려 더 이해하기 힘듭니다. 또 특정 상황에 맞춘 자료 구조나 알고리즘 문제를 모두 포함하면 분량이 엄청나게 많아지므로 시험 기간이 빠듯하다면 문제를 이해하고 푸는 것이 아니라 유형을 외워서 시험을 보게 될 것입니다.

책을 다 읽었다고 해서 알고리즘 공부가 끝나는 것이 아니라, 이제 한 단계를 마쳤다고 생각해주세요. 프로그래머스에는 지금도 새로운 문제가 추가되고 있으며, 다양한 경우와 조건에 맞춰 좀 더 폭넓은 문제 범위를 제공하므로 시간이 될 때마다 끊임없이 문제를 푸는 습관을 들이세요. 합격도 중요하지만, 제일 중요한 건 여러분의 실력 향상입니다. 지금 너무 어렵고 과연 쓸 일이 있을까 하고 고민하겠지만, 한 번 제대로 공부해두면 결코 후회할 일은 없습니다.

꿈을 향해 한 발자국씩 걸어가는 여러분의 모습을 응원합니다!